Ana Carolina **Brochado Teixeira**
Joyceane **Bezerra de Menezes**
C O O R D E N A D O R A S

GÊNERO, VULNERABILIDADE E AUTONOMIA
Repercussões Jurídicas

Dados Internacionais de Catalogação na Publicação (CIP) de acordo com ISBD

D598 Gênero, vulnerabilidade e autonomia: repercussões jurídicas/ Adriana Vidal de Oliveira ... [etal. ; coordenado por Ana Carolina Brochado Teixeira, Joyceane Bezerra de Menezes. - Indaiatuba, SP : Editora Foco, 2020.

512 p. ; 17cm x 24cm.

Inclui bibliografia e índice.

ISBN: 978-65-5515-095-7

1. Direito. 2. Direito de gênero. I. Oliveira, Adriana Vidal de. II. Palacios, Agustina. III. Terra, Aline de Miranda Valverde. IV. Brilhante, Aline Veras Morais. V. Lopes, Ana Beatriz Lima Pimentel. VI. Matos, Ana Carla Harmatiuk. VII. Teixeira, Ana Carolina Brochado. VIII. Frazão, Ana. IX. Nevares, Ana Luiza Maia. X. Lins, Ana Paola de Castro e. XI. Barbosa-Fohrmann, Ana Paula. XII. Ramos, André Luiz Arnt. XIII. Conceição, Andreza Cássia da Silva. XIV. Pires, Caio Ribeiro. XV. Mulholland, Caitlin. XVI. Konder, Carlos Nelson. XVII. Brasil, Christina César Praça. XVIII. Konder, Cíntia Muniz de Souza. XIX. Bucar, Daniel. XX. Teixeira, Daniele Chaves. XXI. Arruda, Desdêmona Tenório de Brito Toledo. XXII. Lobo, Fabíola Albuquerque. XXIII. Braga Netto, Felipe Peixoto. XXIV. Real, Gustavo Câmara Corte. XXV. Barboza, Heloisa Helena. XXVI. Tesón, Inmaculada Vivas. XXVII. Menezes, Joyceane Bezerra de. XXVIII. Oliveira, Lígia Ziggiotti de. XXIX. Leal, Livia Teixeira. XXX. Araújo, Luana Adriano. XXX. Brasileiro, Luciana. XXXI. Dadalto, Luciana. XXXII. Fachin, Luiz Edson. XXXIII. Lorentz, Lutiana Nacur. XXXIV. Gonçalves, Marcos Alberto Rocha. XXXV. Bicalho, Maria Aparecida Camargos. XXXVI. Moraes, Maria Celina Bodin de. XXXVII. Lindoso, Maria Cristine Branco. XXXVIII. Holanda, Maria Rita. XXXIX. Real, Mariana Santos Lyra Corte. XXXX. Fachin, Melina Girardi. XXXXI. Rosenvald, Nelson. XXXXII. Pereira, Paula Moura Francesconi de Lemos. XXXXIII. Hermosa, Pedro Botello. XXXXIV. Borensztein, Rafaela. XXXXV. Madaleno, Rolf. XXXXVI. Marzagão, Silvia Felipe. XXXXVII. Rabelo, Sofia Miranda. XXXXVIII. Pereira, Tânia da Silva. XXXXIX. Aguiar, Tiago José Nunes de. XXXXX. Mendes, Vanessa Correia. XXXXXI. Almeida, Vitor. XXXXXII. Título.

2020-1531   CDD 341.272   CDU 34:316.7

Elaborado por Vagner Rodolfo da Silva - CRB-8/9410

Índices para Catálogo Sistemático:

1. Direito de gênero 341.272

2. Direito de gênero 34:316.7

Ana Carolina **Brochado Teixeira**
Joyceane **Bezerra de Menezes**

COORDENADORAS

GÊNERO, VULNERABILIDADE E AUTONOMIA

Repercussões Jurídicas

2020 © Editora Foco

Coordenadoras: Ana Carolina Brochado Teixeira e Joyceane Bezerra de Menezes

Autores: Adriana Vidal de Oliveira, Agustina Palacios, Aline de Miranda Valverde Terra, Aline Veras Morais Brilhante, Ana Beatriz Lima Pimentel Lopes, Ana Carla Harmatiuk Matos, Ana Carolina Brochado Teixeira, Ana Frazão, Ana Luiza Maia Nevares, Ana Paola de Castro e Lins, Ana Paula Barbosa-Fohrmann, André Luiz Arnt Ramos, Andreza Cássia da Silva Conceição, Caio Ribeiro Pires, Caitlin Mulholland, Carlos Nelson Konder, Christina César Praça Brasil, Cíntia Muniz de Souza Konder, Daniel Bucar, Daniele Chaves Teixeira, Desdêmona Tenório de Brito Toledo Arruda, Fabíola Albuquerque Lobo, Felipe Peixoto Braga Netto, Gustavo Câmara Corte Real, Heloisa Helena Barboza, Inmaculada Vivas Tesón, Joyceane Bezerra de Menezes, Lígia Ziggiotti de Oliveira, Livia Teixeira Leal, Luana Adriano Araújo, Luciana Brasileiro, Luciana Dadalto, Luiz Edson Fachin, Lutiana Nacur Lorentz, Marcos Alberto Rocha Gonçalves, Maria Aparecida Camargos Bicalho, Maria Celina Bodin de Moraes, Maria Cristine Branco Lindoso, Maria Rita Holanda, Mariana Santos Lyra Corte Real, Melina Girardi Fachin, Nelson Rosenvald, Paula Moura Francesconi de Lemos Pereira, Pedro Botello Hermosa, Rafaela Borensztein, Rolf Madaleno, Silvia Felipe Marzagão, Sofia Miranda Rabelo, Tânia da Silva Pereira, Tiago José Nunes de Aguiar, Vanessa Correia Mendes e Vitor Almeida

Diretor Acadêmico: Leonardo Pereira

Editor: Roberta Densa

Assistente Editorial: Paula Morishita

Revisora Sênior: Georgia Renata Dias

Capa Criação: Leonardo Hermano

Diagramação: Ladislau Lima e Aparecida Lima

Impressão MIOLO e CAPA: GRAFNORTE

DIREITOS AUTORAIS: É proibida a reprodução parcial ou total desta publicação, por qualquer forma ou meio, sem a prévia autorização da Editora FOCO, com exceção do teor das questões de concursos públicos que, por serem atos oficiais, não são protegidas como Direitos Autorais, na forma do Artigo 8º, IV, da Lei 9.610/1998. Referida vedação se estende às características gráficas da obra e sua editoração. A punição para a violação dos Direitos Autorais é crime previsto no Artigo 184 do Código Penal e as sanções civis às violações dos Direitos Autorais estão previstas nos Artigos 101 a 110 da Lei 9.610/1998. Os comentários das questões são de responsabilidade dos autores.

NOTAS DA EDITORA:

Atualizações e erratas: A presente obra é vendida como está, atualizada até a data do seu fechamento, informação que consta na página II do livro. Havendo a publicação de legislação de suma relevância, a editora, de forma discricionária, se empenhará em disponibilizar atualização futura.

Erratas: A Editora se compromete a disponibilizar no site www.editorafoco.com.br, na seção Atualizações, eventuais erratas por razões de erros técnicos ou de conteúdo. Solicitamos, outrossim, que o leitor faça a gentileza de colaborar com a perfeição da obra, comunicando eventual erro encontrado por meio de mensagem para contato@editorafoco.com.br. O acesso será disponibilizado durante a vigência da edição da obra.

Impresso no Brasil (08.2020) – Data de Fechamento (08.2020)

2020

Todos os direitos reservados à
Editora Foco Jurídico Ltda.

Rua Nove de Julho, 1779 – Vila Areal
CEP 13333-070 – Indaiatuba – SP

E-mail: contato@editorafoco.com.br
www.editorafoco.com.br

APRESENTAÇÃO

O reconhecimento dos direitos de personalidade e a soma dos direitos fundamentais lastreados no princípio-garantia *dignidade da pessoa humana* não tem sido suficientes para debelar as práticas sociais discriminatórias em virtude de fatores como gênero, idade e deficiência. Persiste no imaginário social, a figura do sujeito de direitos abstrato ilustrado por sua normalidade e autonomia insulares que findam por diminuir e invisibilizar aquela pessoa que traz consigo um ou vários traços de vulnerabilidade.

Quando elementos como gênero e deficiência se associam à certa condição social, nacionalidade e cor, potencializam as práticas de discriminação e de opressão das identidades, desafiando as doutrinas antidiscriminatórias. A sinergia entre essas diversas fontes de discriminação demanda que o enfrentamento também se faça de forma sistêmica, segundo o paradigma da interseccionalidade.

Nessa perspectiva, a análise de gênero e deficiência como critérios de discriminação e vulnerabilidade no âmbito do direito privado, esbarrará, inequivocamente, na interseccionalidade – ou seja, na interação sinergética entre diversas modalidades de discriminação que vulnera ainda mais a pessoa. Mais vulnerável e espoliado em sua autonomia será aquele que sofre os efeitos dos múltiplos fatores de opressão e discriminação.

A condição da mulher negra, de baixa renda, com deficiência pode se tornar ainda mais gravosa se ela for idosa; pessoa com deficiência que também é transgênero sofrerá maior sorte de preconceito. Isso força a conclusão de que a classificação das pessoas em grupos específicos, segundo o gênero, a idade ou a deficiência não formará coletivos homogêneos. Em cada um deles, haverá pessoas que sofrem mais severamente a discriminação e um maior déficit na sua cidadania pelo entrelaçamento de outros fatores discriminantes, o que também intensifica a sua vulnerabilidade social.

Neste grande grupo formado pelo gênero feminino, há aquelas mulheres que se assentam em lugares altos e gozam de franca autonomia no ambiente doméstico e profissional, enquanto muitas outras vivem imersas em um sistema de opressão doméstica, social e/ou econômica do qual não consegue se libertar. No Brasil, o vasto rol dos trabalhadores informais, considerados altamente vulneráveis pela ausência de vínculos e condições dignas de trabalho, representa 38% (trinta e oito por cento) da população e desse contingente, 64% (sessenta e quatro por cento) são mulheres negras.[1]

---

1. Dados consolidados pela Folha de São Paulo dão conta de que 38% da população é considerada altamente vulnerável, em razão da informalidade de seus vínculos. Tratam-se de trabalhadores sem carteira assinada que atuam em empresas, realizam serviços domésticos ou que trabalham por iniciativa própria sem registro formal. Nesse universo, as mulheres negras ocupam a faixa de 64%. Crise do coronavírus acentua desigualdade de gênero e cor. Disponível em: < https://www1.folha.uol.com.br/mercado/2020/04/crise-do--coronavirus-acentua-desigualdade-de-genero-e-cor-diz-estudo.shtml?utm_source=whatsapp&utm_medium=social&utm_campaign=compwa. Acesso em: 26/04/2020.

Enquanto isso, a legislação afirma a igualdade entre homens e mulheres, proibindo qualquer forma de discriminação. O Supremo Tribunal Federal reconhece o direito à identidade de gênero e autodeterminação sexual, estendendo essa igualdade às pessoas transgênero, e, nem assim, deixaram de sofrer os efeitos da exclusão e do preconceito que se materializa até mesmo na violência física.

A despeito dessa igualdade prevista na Constituição e na jurisprudência da alta corte, o patriarcado persiste na apropriação do feminino pela ocultação do valor do cuidado, na domesticação de sua autonomia corporal e nas diversas formas de violência coibidas pela Lei Maria da Penha. Manifesta-se, sutil ou escancaradamente, nas decisões judiciais que alteram a guarda ou a convivência com os filhos em virtude da vida pessoal das mães. Julgado recente, originário da primeira instância do Tribunal de Justiça do Rio de Janeiro, transferiu a guarda de filho menor para o pai sob a fundamentação simplista e discriminatória de que o homem, apenas por ser homem, reúne melhores condições para educar um menino.

Contraditoriamente, quando o tema é o pagamento de alimentos, desconsidera-se a vulnerabilidade daquela mulher que se manteve fora do mercado para dedicar-se às atividades do "cuidado" dirigidas ao marido e aos filhos, garantindo-se-lhe, quando muito, os alimentos compensatórios. As exceções que acompanham a tese dos alimentos temporários consolidada pelo Superior Tribunal de Justiça, não tem sido aplicada às mulheres com 55 ou 60 anos que nunca trabalharam. Ainda que disponham de formação em curso superior, muito dificilmente conseguirão um emprego para, assim, arcarem com o próprio sustento.

A heteronormatividade, por seu turno, é tão forte no imaginário de parte da população que retroalimenta a homofobia, importante causa das elevadas estatísticas de violência contra pessoas homossexuais e transgêneros, no Brasil. É em nome da heteronormatividade que os seguimentos mais conservadores da população ergueram suas bandeiras em defesa da "família" tradicional, opondo-se às conquistas que o público LGBT alcançou no âmbito dos seus direitos civis. Arregimentaram-se contra a família democrática para apequenar os filhos ante à autoridade parental agigantada e para inferiorizar o casamento e a união estável formada por pessoas homossexuais. Tudo sob o norte de uma moralidade coletiva que apregoa a restrição das liberdades e coíbe a diversidade. Cunharam a expressão "ideologia de gênero" para expressar um dos "males" que pretendiam evitar com a chamada "Escola sem Partido", proibindo a abordagem de temáticas como a orientação sexual e diversidade de gênero entre as crianças e adolescentes.

A subtrair esse conteúdo do currículo escolar, desprestigia-se a pluralidade de ideias e favorece a reprodução do paradigma discriminatório. A educação sexual nas escolas é conteúdo transversal voltado à formação da cidadania: presta-se a evitar o preconceito e a discriminação e para educar a criança para reagir e denunciar possíveis abusos que comumente ocorre no seio da própria família. Segundo os princípios de Yogyakarta, a educação sexual é uma "ferramenta básica para acabar com a discriminação contra pessoas de diversas orientações sexuais" (art.16).

Essa matéria chegou ao Supremo Tribunal Federal por meio da Ação Direta de Inconstitucionalidade nº 5.537/AL, que discutia a constitucionalidade da Lei nº 7.800/2016, do Estado de Alagoas. A lei instituía o "Programa Escola Livre", fundado nos princípios da *"neutralidade política, ideológica e religiosa do Estado"*, para conferir aos alunos uma *"educação moral livre de doutrinação política, religiosa ou ideológica"* (artigo 1º, incisos I e VI da Lei Estadual nº 7.800, de 5 de maio de 2016). O julgamento da ação afirmou a inconstitucionalidade do dispositivo, em virtude da competência exclusiva da União para legislar sobre educação e direito civil (artigo 22, incisos I e XXIV e artigo 24, inciso, IX da CRFB/1988). Mas também reconheceu a impossibilidade dos pais limitarem *"o universo informacional de seus filhos ou impor à escola que não veicule qualquer conteúdo com o qual não estejam de acordo"*. Nunca se demandou tanto o STF sobre os direitos civis, mas o seu papel tem sido decisivo para a garantia das liberdades.

A deficiência é outro fator de vulnerabilidade que, ao longo de toda a história, justificou um tratamento discriminatório e espoliador. Sob a desculpa de tutelar a pessoa, o direito protetivo reduziu ou negou a sua capacidade civil de exercício, privando-a da sua autonomia, dos direitos políticos, da possiblidade de constituir família, do trabalho etc. O advento da Convenção sobre os Direitos da Pessoa com Deficiência que ingressou na ordem jurídica com o *status* de norma constitucional, visando promover a inclusão, ainda não afastou as perspectivas capacitistas que tem dominado as decisões judiciais e o trato com essas pessoas, inclusive, nas relações intrafamiliares. Mal se empregam a curatela e a tomada de decisão apoiada porque, tantas vezes, a própria família não tem condições de educar a pessoa com deficiência para uma vida mais independente. Em consequência, os mecanismos de apoio como a curatela e tomada de decisão apoiada não são aplicados de acordo com o propósito convencional. Persiste o apelo formal-dogmático oitocentista de que a autonomia somente pode ser exercida de maneira insular.

Idosos também sofrem com a tentativa, muitas vezes exitosa, de domínio de sua vontade. O mesmo pensamento capacitista que manieta as pessoas com deficiência, nega a autonomia do idoso, confundindo algumas de suas limitações com incapacidade civil. Esse apagamento da vontade, não raro, é justificado no cuidado e sob a fundamentação do que seja o seu *melhor interesse*, princípio tomado por empréstimo da doutrina da proteção integral da criança e do adolescente. É imperioso reconhecer as vicissitudes da pessoa nessas diferentes fases de seu desenvolvimento: infância e ancianidade. No primeiro momento, a personalidade em formação requer a intervenção heterônoma dos pais e, em hipóteses extremas, do Estado. Na ancianidade, tem-se uma pessoa com personalidade formada, cuja vontade há que ser respeitada e amparada. O cuidado do idoso não justifica a negação da autonomia.

Conquanto haja idosos nos principais postos de comando, há também aqueles que acabam subjugados, esquecidos, abandonados. De uma vida ativa, produtiva, afetiva, acabam na invisibilidade, como se eles não mais importassem ao mundo e à família. Por isso, exaltar tudo que a pessoa idosa já fez e o que ela representa hoje, com a bagagem que carrega, sua história biográfica construída, é agir com o respeito que ela merece e requer.

Diante dessas reflexões, é necessário compreender a vulnerabilidade como uma característica, transitória ou permanente, que impõe uma desigualdade grave se comparada com aqueles que não carregam essa particularidade. E por isso a necessidade de intervenções que reequilibrem a relação jurídica para proteger e promover essa pessoa ou grupo vulnerado.

A partir daí, nota-se a importância do princípio da solidariedade, previsto no art. 3°, I, do Texto Constitucional, como fator viabilizador da minimização das desigualdades. Esse princípio desempenha a importante função de emanar deveres para as pessoas, Estado e sociedade, com o escopo de operacionalizar uma intervenção positiva para reequilibrar as relações jurídicas. Portanto, ao se verificar situações jurídicas desniveladas por alguma vulnerabilidade concreta, o princípio da solidariedade convoca uma participação social e estatal importante para se produzir ações concretas com o fim de se implementar maior igualdade.

As situações de desigualdade serão tanto mais profundas quando entrelaçarem-se os diversos fatores de discriminação como o gênero, a condição social, a ancianidade e deficiência, por exemplo. De forma jocosa, a velhice já foi comparada a uma mulher pobre e negra, como que afirmando-se o peso e a discriminação que recai sobre a pessoa idosa. Pior situação: a mulher idosa, negra e com deficiência. Nesses casos, fazem-se urgentes e necessárias ações positivas, fundadas no princípio da solidariedade, para eliminar discriminações e promover ações balanceadoras das situações jurídicas, mediante a distribuição de deveres jurídicos de maior abrangência voltados ao acolhimento das vulnerabilidades.

Mesmo quando a ordem jurídica reconhece a igualdade em respeito à diferença, a prática social tende a reforçar as relações desiguais. Por isso, mais do que instrumentos jurídicos aplicáveis positivamente, é necessária uma mudança cultural e não apenas jurídica - a sociedade precisa se reabilitar. É com esse objetivo que esse livro foi concebido, para funcionar como um instrumento de atuação positiva para a redução das mais diversas situações de desigualdades, tanto no âmbito jurídico, quanto social.

Aproveitamos para agradecer a todos os autores que acreditaram nesse projeto e que se empenham para a minimização das vulnerabilidades em todos os campos de sua atuação.

Para nós, é isso que faz valer a pena a vida e os nossos trabalhos.

Ana Carolina Brochado Teixeira

Joyceane Bezerra de Menezes

SOBRE OS AUTORES

ADRIANA VIDAL DE OLIVEIRA
Doutora em Teoria do Estado e Direito Constitucional (PUC-Rio). Professora do Departamento de Direito da PUC-Rio.

AGUSTINA PALACIOS
Abogada. Doctora en Derecho por la Universidad Carlos III de Madrid (España). Investigadora Adjunta CONICET. Centro de Investigación y Docencia en Derechos Humanos "Alicia Moreau", Facultad de Derecho, Universidad Nacional de Mar del Plata. Relatora Argentina de la Red Iberoamericana de Expertos/as en la Convención Internacional sobre los Derechos de las Personas con Discapacidad.

ALINE DE MIRANDA VALVERDE TERRA
Doutora e mestra em Direito Civil pela Universidade do Estado do Rio de Janeiro (UERJ). Professora Adjunta de Direito Civil da Faculdade de Direito da UERJ. Professora de Direito Civil da Pontifícia Universidade Católica do Rio de Janeiro (PUC--Rio). Coordenadora editorial da Revista Brasileira de Direito Civil – RBDCivil. Advogada.

ALINE VERAS MORAIS BRILHANTE
Doutora em Saúde Coletiva pelo Programa de Pós--Graduação em Saúde Coletiva em Associação Ampla – Universidade Estadual do Ceará, Universidade Federal do Ceará e Universidade de Fortaleza. Professora do Programa de Pós-Graduação em Saúde Coletiva da Universidade de Fortaleza. Membro da Linha de Pesquisa Ciências Sociais e Epistemologia em Saúde. E-mail: alineveras@unifor.br.

ANA BEATRIZ LIMA PIMENTEL LOPES
Doutoranda em Direito Constitucional nas Relações Privadas pela Universidade de Fortaleza (UNIFOR); Mestre em Direito Público – Ordem Jurídica Constitucional pela Universidade Federal do Ceará (UFC); Especialista em Direito Privado pela Universidade de Fortaleza (UNIFOR); Graduada em Direito pela Universidade de Fortaleza (UNIFOR). Professora de Direito Civil do Curso de Direito da Universidade de Fortaleza (UNIFOR) e do Centro Universitário Christus (UNICHRISTUS). Membro do Grupo de pesquisa Direito Constitu-

cional nas Relações Privadas – Direito dos danos e proteção à pessoa do PPGD/UNIFOR.

ANA CARLA HARMATIUK MATOS
Mestra e Doutora em Direito pela UFPR e mestre em Derecho Humano pela Universidad Internacional de Andalucía. Tutora Diritto na Universidade di Pisa – Italia. Professora na graduação, mestrado e doutorado em Direito da Universidade Federal do Paraná. Professora Colaboradora do Mestrado profissional em Direito da UNIFOR. Diretora da Região Sul do IBDFAM. Vice-Presidente do IBDCivil. Autora de livros e artigos. Conselheira Estadual da OAB-PR. Advogada.

ANA CAROLINA BROCHADO TEIXEIRA
Doutora em Direito Civil pela Universidade do Estado do Rio de Janeiro (UERJ). Mestra em Direito Privado pela Pontifícia Universidade Católica de Minas Gerais (PUC Minas). Professora do Centro Universitário UNA. Coordenadora editorial da Revista Brasileira de Direito Civil – RBDCivil. Advogada.

ANA FRAZÃO
Advogada e Professora de Direito Civil, Comercial e Econômico da Universidade de Brasília – UnB.

ANA LUIZA MAIA NEVARES
Doutora e Mestre em Direito Civil pela UERJ. Professora de Direito Civil da PUC-Rio e Coordenadora do Curso de Pós-Graduação lato senso de Direito das Famílias e das Sucessões da PUC-Rio. Membro do IBDFAM, do IBDCivil e do IAB. Advogada.

ANA PAOLA DE CASTRO E LINS
Doutoranda em Direito Constitucional pelo Programa de Pós-graduação em Direito da Universidade de Fortaleza. Mestra em Direito Constitucional pelo Programa de Pós-graduação em Direito da Universidade de Fortaleza. Professora do curso de graduação do Centro Universitário Farias Brito. Membro do Grupo de Pesquisa de Direito Civil na legalidade constitucional. Coordenadora da Linha de Pesquisa Autonomia, Diversidade e Gênero do Laboratório de Estudos sobre Violências contra Mulheres, Meninas e Minorias da Universidade de Fortaleza. E-mail: paola@unifor.br.

ANA PAULA BARBOSA-FOHRMANN
Professora Adjunta da Faculdade Nacional de Direito da Universidade Federal do Rio de Janeiro (FND/UFRJ). Professora Permanente do Programa de Pós-Graduação em Direito da UFRJ. Pós-Doutora e Doutora pela Ruprecht-Karls Universität Heidelberg. E-mail: anapbarbosa@direito.ufrj.br.

ANDRÉ LUIZ ARNT RAMOS
Doutor e Mestre em Direito das Relações Sociais pela Universidade Federal do Paraná – UFPR; pesquisador visitante junto ao Instituto Max Planck para Direito Comparado e Internacional Privado; membro do Grupo de Pesquisa Virada de Copérnico; associado ao Instituto Brasileiro de Estudos em Responsabilidade Civil – IBERC – e ao Instituto dos Advogados do Paraná – IAP. Professor de Direito Civil na Universidade Positivo. Advogado.

ANDREZA CÁSSIA DA SILVA CONCEIÇÃO
Mestranda em Direito Privado pela Pontifícia Universidade Católica de Minas Gerais. Pesquisadora do CEDIB. PUC-Minas. Bolsista CAPES. Integrante do Conselho Assessor da Revista Brasileira de Direito Civil-RBDCivil. Advogada.

CAITLIN MULHOLLAND
Doutora em Direito Civil (UERJ). Professora da graduação e do programa de pós-graduação em Teoria do Estado e Direito Constitucional, do Departamento de Direito PUC-Rio. Pesquisadora do INCT Proprietas.

CAIO RIBEIRO PIRES
Mestre em Direito Civil pela Universidade do Estado do Rio de Janeiro-UERJ.

CARLOS NELSON KONDER
Doutor e mestre em direito civil pela UERJ. Especialista em direito civil pela Universidade de Camerino (Itália). Professor do Departamento de Direito Civil da Universidade do Estado do Rio de Janeiro (UERJ) e do Departamento de Direito da Pontifícia Universidade Católica do Rio de Janeiro (PUC-Rio).

CHRISTINA CÉSAR PRAÇA BRASIL
Pós-Doutora em Tecnologia em Saúde pela Faculdade de Medicina da Universidade do Porto – Portugal. Doutora em Saúde Coletiva pelo Programa de Pós-Graduação em Saúde Coletiva em Associação Ampla – Universidade Estadual do Ceará, Universidade Federal do Ceará e Universidade de Fortaleza. Professora do Programa de Pós-Graduação em Saúde Coletiva da Universidade de Fortaleza. Membro da Linha de Pesquisa Política, Planejamento e Avaliação em Saúde. E-mail: cpraca@unifor.br.

CÍNTIA MUNIZ DE SOUZA KONDER
Doutora em direito civil pela UERJ. Professora da Faculdade Nacional de Direito da Universidade Federal do Rio de Janeiro (UFRJ). Professora do curso de direito do IBMEC. Professora dos cursos de Pós-graduação lato sensu da UERJ e da PUC-Rio.

DANIEL BUCAR
Doutor pela Universidade do Estado do Rio de Janeiro – UERJ. Professor Titular de Direito Civil no IBMEC/RJ.

DANIELE CHAVES TEIXEIRA
Doutora e Mestre em Direito Civil pela Universidade do Estado do Rio de Janeiro – UERJ; Especialista em Direito Civil pela *Scuola di Specializzazione in Diritto Civile* pela *Università degli Studi di Camerino* – Itália. Pesquisadora bolsista do Max Planck *Institut für Ausländisches und Internationales Privatrecht* – Alemanha; Especialista em Direito Privado pela PUC-RJ; Professora e Coordenadora de Pós-Graduação *Lato Sensu* em Direito Civil Constitucional no CEPED/UERJ. Advogada.

DESDÊMONA TENÓRIO DE BRITO TOLEDO ARRUDA
Especialista em Direito Público. Assessora de Ministro no Supremo Tribunal Federal.

FABÍOLA ALBUQUERQUE LOBO
Doutora em Direito Civil. Professora do Departamento de Direito Privado do Centro de Ciências Jurídicas da Universidade Federal de Pernambuco. Professora dos Cursos de Pós Graduação Stricto Sensu do Centro de Ciências Jurídicas da Universidade Federal de Pernambuco. Co-lider do Grupo de Pesquisa Constitucionalização das Relações Privadas (CONREP)- UFPE/CNPq.

FELIPE PEIXOTO BRAGA NETTO
Pós-Doutor em Direito Civil pela Universidade de Bologna (*Alma Mater Studiorium*). Doutor em Teoria do Estado e Direito Constitucional pela PUC-RJ; Mestre em Direito Civil pela Universidade de Pernambuco; Procurador da República em Minas

Gerais; Profesor da Escola Superior do Ministério Público da União – ESMPU.

GUSTAVO CÂMARA CORTE REAL
Mestre em Direito pela Cumberland School of Law, Samford University, EUA. Juiz de Direito do Tribunal de Justiça do Estado de Minas Gerais. Professor de Sociologia Jurídica na Faculdade da Ecologia e Saúde Humana, Minas Gerais.

HELOISA HELENA BARBOZA
Professora Titular de Direito Civil da Faculdade de Direito da Universidade do Estado do Rio de Janeiro (UERJ). Doutora em Direito pela UERJ e em Ciências pela ENSP/FIOCRUZ. Procuradora de Justiça do Estado do Rio de Janeiro (aposentada). Advogada.

INMACULADA VIVAS TESÓN
Professora titular de Direito civil na Universidade de Sevilla (Espanha).

JOYCEANE BEZERRA DE MENEZES
Doutora em Direito pela Universidade Federal de Pernambuco. Mestre em Direito pela Universidade Federal do Ceará. Professora titular da Universidade de Fortaleza – Programa de Pós-Graduação Strictu Senso em Direito (Mestrado/Doutorado) da Universidade de Fortaleza, na Disciplina de Direitos de Personalidade. Professora adjunto da Universidade Federal do Ceará. Coordenadora do Grupo de Pesquisa CNPQ: Direito Constitucional nas Relações Privadas. Fortaleza, Ceará, Brasil. Editora da Pensar, Revista de Ciências Jurídicas – Unifor. E-mail: joyceane@unifor.br.

LÍGIA ZIGGIOTTI DE OLIVEIRA
Doutora em Direitos Humanos e Democracia pela Universidade Federal do Paraná. Mestra em Direito das Relações Sociais pela mesma instituição. Professora de Direito Civil da Universidade Positivo. Autora de livros e artigos. Membra das Comissões de Estudos sobre Violência de Gênero e de Diversidade Sexual e de Gênero da OAB-PR. Advogada.

LIVIA TEIXEIRA LEAL
Doutoranda e Mestre em Direito Civil pela Universidade do Estado do Rio de Janeiro – UERJ. Pós-Graduada pela Escola da Magistratura do Estado do Rio de Janeiro – EMERJ. Professora convidada da PUC-Rio e do EBRADI. Assessora no Tribunal de Justiça do Rio de Janeiro – TJRJ.

LUANA ADRIANO ARAÚJO
Doutoranda em Direito do Programa de Pós-Graduação em Direito da UFRJ. Mestre em Direito Constitucional pela Universidade Federal do Ceará E-mail: luana.adriano88@gmail.com.

LUCIANA BRASILEIRO
Doutora em direito privado pela UFPE. Professora universitária. Advogada. Parecerista.

LUCIANA DADALTO
Doutora em Ciências da Saúde pela Faculdade de Medicina da UFMG. Mestre em Direito Privado pela PUCMinas. Sócia da Luciana Dadalto Sociedade de Advogados. Administradora do portal www.testamentovital.com.br.

LUIZ EDSON FACHIN
Ministro do Supremo Tribunal Federal. Professor da Faculdade de Direito da UFPR.

LUTIANA NACUR LORENTZ
Procuradora Regional do Trabalho em Minas Gerais. Assessora do Conselho Nacional do Ministério Público na Comissão de Defesa de Direitos Fundamentais. Professora Adjunta I da Universidade FUMEC. Professora da Escola Superior do Ministério Público da União. Visitante na Universidade *La Sapienza*, de Roma. Doutora e Mestra em Direito Processual pela PUC Minas.

MARCOS ALBERTO ROCHA GONÇALVES
Graduação em Direito pela Universidade Federal do Paraná (2006). Mestrado em Direito pela Pontifícia Universidade Católica de São Paulo (2012) e doutorado em Direito pela Universidade do Estado do Rio de Janeiro (2019). Advogado e Professor de Cursos de Graduação e Pós-graduação.

MARIA APARECIDA CAMARGOS BICALHO
Doutora em Medicina pela UFMG, Médica Geriatra pela Sociedade Brasileira de Geriatria e Gerontologia. Professora Associada do Departamento de Clínica Médica da Universidade Federal de Minas Gerais, membro da *Alzheimer Association*.

MARIA CELINA BODIN DE MORAES
Doutora em Direito Civil pela *Università degli studi di Camerino*, Itália. Professora Titular de Direito

Civil da Faculdade de Direito da UERJ e Professora Associada do Departamento de Direito da PUC--Rio. Editora-chefe da *Civilistica.com* – Revista Eletrônica de Direito Civil. Advogada, árbitra e parecerista.

MARIA CRISTINE BRANCO LINDOSO
Advogada e Mestranda em Direito pela Universidade de Brasília – UnB.

MARIA RITA HOLANDA
Pós-Doutora em Direito pela Universidade de Sevilha (Espanha). Doutora em direito privado pela UFPE, professora universitária, advogada e parecerista.

MARIANA SANTOS LYRA CORTE REAL
Médica Geriatra do serviço de geriatria do Hospital das Clínicas da Universidade Federal de Minas Gerais, membro titulado da Sociedade Brasileira de Geriatria e Gerontologia – SBGG / Associação Médica |Brasileira – AMB. Professora de Pós-Graduação em Geriatria na Faculdade IPEMED de Ciências Médicas, Minas Gerais.

MELINA GIRARDI FACHIN
Professora Adjunta dos Cursos de Graduação e Pós-Graduação da Faculdade de Direito da Universidade Federal do Paraná (UFPR). Estágio de pós-doutoramento em curso pela Universidade de Coimbra no Instituto de direitos humanos e democracia (2019/2020). Doutora em Direito Constitucional, com ênfase em direitos humanos, pela Pontifícia Universidade Católica de São Paulo (PUC/SP). Mestre em Direitos Humanos pela Pontifícia Universidade Católica de São Paulo (PUC/SP). Bacharel em Direito pela Universidade Federal do Paraná (UFPR). Advogada.

NELSON ROSENVALD
Pós-Doutor em Direito Civil pela Universidade Roma-Tre-IT. Pós-Doutor em Direito Societário pela Universidade de Coimbra. Doutor e Mestre em Direito Civil pela PUC/SP. Procurador de Justiça do Ministério Público de Minas Gerais. Professor do Doutorado e Mestrado do IDP-DF.

PAULA MOURA FRANCESCONI DE LEMOS PEREIRA
Doutora e mestre em Direito Civil pela Universidade do Estado do Rio de Janeiro (UERJ). Pós--graduada em Advocacia Pública pelo Centro de Estudos e Pesquisa no Ensino do Direito da Universidade do Estado do Rio de Janeiro – CEPED-UERJ. Pós-graduada em Direito da Medicina pelo Centro de Direito Biomédico da Universidade de Coimbra. Professora da Graduação e Pós-Graduação da Universidade Católica do Rio de Janeiro (PUC-RJ) e da Pós-Graduação Lato Sensu do CEPED-UERJ. Diretora do Instituto Brasileiro de Biodireito, Bioética e Sociedade (IBIOS). Membro da Comissão de Direito Civil e Órfãos e Sucessões da OAB-RJ. Advogada. E-mail: paula@francesconilemos.com.br.

PEDRO BOTELLO HERMOSA
Profesor de la Universidad Pablo de Olavide de Sevilla, acreditado como Profesor Contratado Doctor.

RAFAELA BORENSZTEIN
Pós-Graduanda em Direito à Saúde pela Faculdade Arnaldo – Supremo Concursos. Pós-Graduada em Direito do Consumidor pela Universidade Cândido Mendes no Rio de Janeiro. Advogada, sócia e fundadora da Rafaela Borensztein Sociedade Individual de Advocacia.

ROLF MADALENO
Advogado de Direito de Família e Sucessões. Professor de Direito das Sucessões na Pós-Graduação da PUC/RS. Direitor Nacional e sócio fundador do IBDFAM. Membro da AIJUDEFA. Mestre em Processo Civil pela PUC/RS.

SILVIA FELIPE MARZAGÃO
Advogada especializada em Direito de Família e das Sucessões. Mestranda em Direito Civil pela PUC-SP. Extensão em Direito Processual Civil pela PUC-SP. Diretora do Instituto Brasileiro de Direito de Família – IBDFAM/SP; Secretária da Comissão de Direito de Família do Instituto dos Advogados de São Paulo – IASP .

SOFIA MIRANDA RABELO
Doutora em Direito Privado pela Pontifícia Universidade Católica de Minas Gerais. Mestre em Direito pela Universidade Federal de Minas Gerais. Advogada de direito de família, sucessões, infância e juventude. Segunda vice-presidente do Instituto dos Advogados de Minas Gerais (IAMG), membro da International Society of Family Law (ISFL), da Academia Brasileira de Direito Civil (ABDC), do Instituto dos Advogados de São Paulo (IASP) e

da Associação Brasileira de Direito Processual (ABDPRO).

TÂNIA DA SILVA PEREIRA
Advogada especializada em Direito de Família, Infância e Juventude. Mestre em Direito Privado pela UFRJ, com equivalência em Mestrado em Ciências Civilísticas pela Universidade de Coimbra (Portugal). Professora de Direito aposentada da PUC/Rio e da UERJ.

TIAGO JOSÉ NUNES DE AGUIAR
Especialista em Voz pela Universidade de Fortaleza e em Habilitação e Reabilitação Auditiva em Crianças, pela Universidade de São Paulo. Fonoaudiólogo do Núcleo de Atenção Médica Integrada da Universidade de Fortaleza. E-mail: tiagoaguiar@unifor.br.

VANESSA CORREIA MENDES
Mestre em Direito Constitucional nas Relações Privadas pela Universidade de Fortaleza (2015). Graduada em Direito pela Universidade de Fortaleza (2012). Professora e coordenadora adjunta do curso de graduação do Centro Universitário Farias Brito. Membro do Grupo de pesquisa Direito Constitucional nas Relações Privadas – Direito dos danos e proteção à pessoa do PPGD/UNIFOR.

VITOR ALMEIDA
Doutor e Mestre em Direito Civil pela Universidade do Estado do Rio de Janeiro (UERJ). Professor Adjunto de Direito Civil da Universidade Federal Rural do Rio de Janeiro (ITR/UFRRJ). Professor dos cursos de especialização do CEPED-UERJ, PUC-Rio e EMERJ. Advogado.

SUMÁRIO

APRESENTAÇÃO V

SOBRE OS AUTORES IX

PARTE I
GÊNERO, VULNERABILIDADE E DEFICIÊNCIA

LA PERSPECTIVA DE GÉNERO EN LA CONVENCIÓN INTERNACIONAL SOBRE LOS DERECHOS DE LAS PERSONAS CON DISCAPACIDAD
Agustina Palacios.. 3

É POSSÍVEL MITIGAR A CAPACIDADE E A AUTONOMIA DA PESSOA COM DEFI-CIÊNCIA PARA A PRÁTICA DE ATOS PATRIMONIAIS E EXISTENCIAIS?
Aline de Miranda Valverde Terra e Ana Carolina Brochado Teixeira 25

A PLENA CAPACIDADE CIVIL DA PESSOA MAIOR COM DEFICIÊNCIA INTELEC-TUAL OU PSÍQUICA E A FUNCIONALIZAÇÃO DO SISTEMA DE APOIO POR MEIO DA CURATELA
Ana Beatriz Lima Pimentel Lopes e Vanessa Correia Mendes.......................... 45

AS AUTONOMIAS DAS PESSOAS COM DEFICIÊNCIAS INTELECTUAIS E COG-NITIVAS GRAVES
Ana Paula Barbosa-Fohrmann e Luana Adriano Araújo 65

O CONCEITO JURÍDICO DE HIPERVULNERABILIDADE É NECESSÁRIO PARA O DIREITO?
Carlos Nelson Konder e Cíntia Muniz de Souza Konder 91

AFIRMAÇÃO DE GÊNERO NA TUTELA DA PESSOA COM DEFICIÊNCIA: UM TABU A SER QUEBRADO
Heloisa Helena Barboza e Vitor Almeida.. 103

EL DERECHO DE HABITACIÓN COMO MEDIO DE PROTECCIÓN DE LAS PER-SONAS ESPAÑOLAS CON DISCAPACIDAD
Pedro Botello Hermosa... 121

REQUISITOS DO LAUDO PERICIAL DO PORTADOR DE DEMÊNCIA NO PRO-CESSO DE INTERDIÇÃO PARA ELABORAÇÃO DE UM PLANO DE CURATELA
Maria Aparecida Camargos Bicalho, Mariana Santos Lyra Corte Real e Gustavo Câmara Corte Real 133

PARTE II
GÊNERO E VULNERABILIDADE

MULHERES EM TEMPOS DE COVID-19

    Maria Celina Bodin de Moraes 151

PARADIGMAS E PARADOXOS DOS MOVIMENTOS DE MULHERES (FEMINIS-TAS?) NO BRASIL

    Lutiana Nacur Lorentz 157

A LIBERDADE DE EXPRESSÃO É TOLHIDA EM FUNÇÃO DO GÊNERO?

    Adriana Vidal de Oliveira e Caitlin Mulholland 175

GÊNERO E TECNOLOGIA: PERSPECTIVAS SOBRE A RELAÇÃO ENTRE O FEMINI-NO E AS DECISÕES TOMADAS POR ALGORITMOS NO MERCADO DE TRABALHO

    Ana Frazão e Maria Cristine Branco Lindoso 193

SUPERENDIVIDAMENTO E GÊNERO: ENTRE NÚMEROS, PROBLEMAS E SOLUÇÕES

    Daniel Bucar e Caio Ribeiro Pires 209

AS DISCUSSÕES SOBRE GÊNERO E VULNERABILIDADE PODEM SER MEDIADAS PELOS PRINCÍPIOS DA DIGNIDADE HUMANA E DA SOLIDARIEDADE?

    Fabíola Albuquerque Lobo 223

¿A VIOLÊNCIA DOMÉSTICA REFLETE A DISCRIMINAÇÃO DE GÊNERO?

    Inmaculada Vivas Tesón.. 235

DESIGUALDADE DE GÊNERO NOS CUIDADOS DE FIM DE VIDA

    Luciana Dadalto e Rafaela Borensztein 251

DIREITOS E PROTEÇÃO: DIGNIDADE DA MULHER NA ORDEM CONSTITUCIO-NAL E PENAL

    Luiz Edson Fachin e Desdêmona Tenório de Brito Toledo Arruda...................... 261

POR QUE AS FORÇAS ARMADAS ENVIAM MILITARES TRANSGÊNEROS PARA A RESERVA OU NÃO OS APROVAM NA ETAPA INICIAL DE INGRESSO?

    Marcos Alberto Rocha Gonçalves e Melina Girardi Fachin 275

COMO OS TRIBUNAIS BRASILEIROS TÊM TRATADO AS ATITUDES DISCRIMI-NATÓRIAS, SOB AS LENTES DA RESPONSABILIDADE CIVIL?

    Nelson Rosenvald e Felipe Peixoto Braga Netto.. 291

PARTE III
IDOSO E VULNERABILIDADE

REFLEXÕES SOBRE O CONTEÚDO DIFERENCIADO DO PRINCÍPIO DO MELHOR INTERESSE QUANDO APLICÁVEL AO IDOSO

Ana Carolina Brochado Teixeira e Joyceane Bezerra de Menezes 319

A ALIENAÇÃO PARENTAL DO IDOSO

Rolf Madaleno.. 339

COMO O DIREITO DE FAMÍLIA TRATA A VULNERABILIDADE DO IDOSO?

Sofia Miranda Rabelo e Andreza Cássia da Silva Conceição............................ 347

É POSSÍVEL APLICAR AO IDOSO A MESMA SOLUÇÃO DO "ABANDONO AFETIVO"?

Tânia da Silva Pereira e Livia Teixeira Leal... 363

PARTE IV
GÊNERO E VULNERABILIDADE NO DIREITO DE FAMÍLIA E DAS SUCESSÕES

A VULNERABILIDADE É UM CONCEITO QUE DEVE SER LEVADO EM CONTA PARA A RECONFIGURAÇÃO DA LEGÍTIMA?

Ana Luiza Maia Nevares... 379

COMO O GÊNERO PODE INTERFERIR NO PLANEJAMENTO SUCESSÓRIO?

Daniele Chaves Teixeira e André Luiz Arnt Ramos.. 393

É POSSÍVEL AFIRMAR A EXISTÊNCIA DE UMA FAMÍLIA FORMADA PELO CONCUBINATO? QUAIS SERIAM SEUS EFEITOS JURÍDICOS?

Luciana Brasileiro e Maria Rita Holanda 405

A AUTONOMIA REPRODUTIVA DA MULHER E O ACESSO ÀS TÉCNICAS DE REPRODUÇÃO HUMANA ASSISTIDA À LUZ DA JURISPRUDÊNCIA

Paula Moura Francesconi de Lemos Pereira 417

A FIXAÇÃO DOS ALIMENTOS NO MOMENTO DO DIVÓRCIO RESSALTA A QUESTÃO DE GÊNERO E OFERECE RESPOSTA JURÍDICA SATISFATÓRIA A UMA EVENTUAL VULNERABILIDADE?

Silvia Felipe Marzagão 435

PARTE V
GÊNERO, SAÚDE E EDUCAÇÃO

EDUCAÇÃO E TRABALHO INTERDISCIPLINAR NA ASSISTÊNCIA À SAÚDE DE PESSOAS TRANSGÊNERO – RELATO DE EXPERIÊNCIA

Aline Veras Morais Brilhante, Ana Paola de Castro e Lins, Christina César Praça Brasil e Tiago José Nunes de Aguiar 449

GÊNERO, VULNERABILIDADE E AUTONOMIA: REPERCUSSÕES JURÍDICAS

O ALCANCE DO PODER PARENTAL E AS DISCUSSÕES SOBRE "IDEOLOGIA DE GÊNERO" EM ESCOLAS

Ana Carla Harmatiuk Matos e Lígia Ziggiotti de Oliveira 463

APONTAMENTOS JURÍDICOS DA VIABILIDADE DO ENSINO SOBRE DIVERSIDADE DE GÊNERO NAS ESCOLAS BRASILEIRAS

Gustavo Câmara Corte Real 477

PARTE I
GÊNERO, VULNERABILIDADE E DEFICIÊNCIA

LA PERSPECTIVA DE GÉNERO EN LA CONVENCIÓN INTERNACIONAL SOBRE LOS DERECHOS DE LAS PERSONAS CON DISCAPACIDAD

Agustina Palacios

Abogada. Doctora en Derecho por la Universidad Carlos III de Madrid (España). Investigadora Adjunta CONICET. Centro de Investigación y Docencia en Derechos Humanos "Alicia Moreau", Facultad de Derecho, Universidad Nacional de Mar del Plata. Relatora Argentina de la Red Iberoamericana de Expertos/as en la Convención Internacional sobre los Derechos de las Personas con Discapacidad.

Sumário: 1. Mujer, discapacidad y una necesaria mirada interseccional. 1.1 Interseccionalidad de condiciones y/o situaciones. 1.2 Intersecciones entre el feminismo y el modelo social. 2. La mujer con discapacidad y su intersección en la Convención Internacional sobre los Derechos de las Personas con Discapacidad. 2.1 El debate prévio. 3. La mujer con discapacidad y su intersección en el Comité sobre los Derechos de las Personas con Discapacidad. 4. La Convención sobre los Derechos de las Personas con Discapacidad y el sistema de justicia. 5. Referencias.

1. MUJER, DISCAPACIDAD Y UNA NECESARIA MIRADA INTERSECCIONAL

La intersección entre la condición de mujer y la discapacidad origina la necesidad de una política pública que pueda reconocer, visibilizar, y brindar las herramientas necesarias – y obligatorias – para erradicar una situación de discriminación estructural que requiere de medidas estructurales (PALACIOS, 2013, p. 143 y ss.).

Las mujeres con discapacidad deben superar fuertes dificultades para, en primer lugar advertir, y en segundo expresar, la discriminación y la violencia estructural como consecuencia de barreras de comunicación, y de acceso a cualquier ámbito de información y asesoramiento. Las mujeres con discapacidad conforman su identidad desde una mirada externa que se traduce en una baja autoestima al enfrentar el menosprecio de la propia imagen como mujer. La intersección entre los papeles tradicionales asignados a la condición de mujer, y la negación de dichos roles en la mujer con discapacidad, sin duda genera una realidad muy compleja. La mayor situación de vulnerabilidad, la carga de asistencia y cuidados de otras personas; el miedo a denunciar el abuso por la posibilidad de la pérdida de los vínculos y de la prestación de apoyos; sumado a la menor credibilidad a la hora de denunciar hechos de este tipo, muestran una realidad donde la opresión social termina siendo parte de la vida cotidiana. Una vida cotidiana que se desarrolla, muchas veces, en entornos que favorecen la violencia: familias desestructuradas, instituciones, y/o residencias. [1]

---

1. Cfr. Reviriego Picon (2010, p. 44-49).

Ahora bien, ¿Reconocen las leyes y las políticas públicas esta situación? La respuesta se encuentra muy cercana al no. Las normas, las prácticas, los programas y las políticas raramente toman en cuenta esta realidad. Sin duda aun no existe un nivel adecuado de conciencia de las múltiples e interseccionales formas de discriminación, que rara vez son abordadas, y cuando lo son, es a través de miradas y compartimentos estancos, y no desde una visión global e integradora de su complejidad (DE SILVA DE ALWIS, 2008, p. 71 y ss.).

Por esta razón la interseccionalidad pasa a ser una de las primeras herramientas necesarias – y obligatorias – a la hora de abordar esta temática.

1.1 Interseccionalidad de condiciones y/o situaciones

La interseccionalidad puede ser concebida como un instrumento de análisis, un enfoque, una mirada, un concepto, que describe la interacción entre sistemas de opresión, desde el entendimiento de que nuestra identidad no se encuentra conformada por una categoría, sino por varias. No soy solo mujer, ni soy solo cualquier otra condición, ni tampoco soy la simple sumatoria de dos o más de dichas condiciones. La identidad, en realidad, se edifica a partir de varias categorías – a veces estancas, otras dinámicas – pero que siempre interaccionan, y me definen como persona. Así, la interseccionalidad como herramienta analítica demuestra que las situaciones de desigualdad se encuentran construidas a partir de la interacción de varios factores de opresión (BARRERE UNZUETA, 2010).

A su vez, la interseccionalidad ilustra el modo en que pasan a ser necesarios tanto el contexto como su análisis crítico, a la hora de querer comprender la situación de las personas que están siendo oprimidas y discriminadas (SERRA, 2017). De este modo, el contexto está conformado por varios factores de opresión que intersectan simultáneamente, y cuyo análisis es crucial (CERMI, 2018, p. 12).

La interseccionalidad como paradigma trabaja como un marco interpretativo, reconociendo que los sistemas de raza, clase social, género, sexualidad, etnicidad, nacionalidad, discapacidad, edad, entre otros, configuran y dan forma a las características de las organizaciones sociales, que al mismo tiempo dan forma a las experiencias de las personas oprimidas. Esas características son convertidas por los sistemas de poder en estereotipos capacitistas y sexistas, para el caso de las mujeres y niñas con discapacidad, que se transforman en los dos ejes de mayor subordinación (CERMI, 2018, p. 13).

Explica Serra (2017) que la interseccionalidad se encuentra presente asimismo en la discriminación. Se trata de algo más que la discriminación por varias categorías que se suman, algo más que la discriminación múltiple, en la cual se observa la suma de capas discriminatorias: género + discapacidad + raza + migrante + (…). Los factores de opresión o ejes de subordinación por los cuales una persona es discriminada pueden ser innumerables y la suma de las capas discriminatorias tiene un cierto impacto particular sobre la persona que merece ser tratada con un enfoque diferente al unidimensional o bidirecional.

Desde el prisma de la discriminación, resulta oportuno recordar a Crenshaw (1989), quien puso en escena el paradigma de la interseccionalidad en el plano del Derecho, mostrando la necesidad de revisar la doctrina del derecho antidiscriminatorio a fin de que las mujeres negras tuvieran un lugar en el discurso y fueran visibilizadas en la conceptualización, identificación y prestación de herramientas frente a la discriminación por razón de raza o sexo, limitando estas acciones a los y las integrantes privilegiados/as de cada grupo. De este modo, "el feminismo negro" cuestionó "la tendencia a tratar la raza y el género como categorías de experiencia y análisis mutuamente excluyentes" (CRENSHAW, 1989, p. 139).

El conocido caso *De Graffenreid v General Motors*, en el año 1976, demostró que la discriminación interseccional, a diferencia de la múltiple, no se configura por la simple sumatoria de categorías o condiciones.[2] Porque dichas condiciones conectan unas con otras, provocando entre sí una sinergia, lo cual forma una nueva y diferente forma de discriminación. En la discriminación múltiple el tratamiento de cada una de las capas discriminatorias es en paralelo, pero cuando toca enfrentar una discriminación interseccional, las capas no pueden individualizarse, dado que esa intersección, esa sinergia, provoca una sola forma de discriminación (CERMI, 2018, p. 72).

1.2 Intersecciones entre el feminismo y el modelo social

El cruce de miradas e intersecciones enriquece el análisis en cualquier materia, y el feminismo y la discapacidad no son ajenos a ello. Autoras formadas en feminismo mostraron hace unos años la necesidad de un modelo social de discapacidad renovado (PALACIOS, 2008.). Así, Morris (1996) y Wendell (1996), – entre otras –, sostuvieron que, al igual que con las mujeres, la politización de las personas con discapacidad tiene sus raíces en la afirmación de que *lo personal es político*, y que sus experiencias personales respecto a la denegación de oportunidades no deben ser explicadas mediante sus *limitaciones* corporales, sino a través de las barreras sociales, ambientales y de actitud, que forman parte de sus vidas cotidianas. De este modo, destacaron que una perspectiva feminista puede tener gran relevancia en las personas con discapacidad y en las políticas sobre discapacidad.[3] Y que si *lo personal como político* fue un concepto poderoso y provechoso, también lo puede ser en su aplicación a la temática de la discapacidad.

Morris (1991) afirma que – al igual que en lo concerniente a las mujeres – el sufrimiento en la vida de las personas con discapacidad no es siempre natural, sino que es muchas veces la consecuencia de la distribución de poder. Por ello, sostiene: "nuestra disconformidad con nuestras vidas no es un defecto personal, sino una sana respuesta a la opresión a la que somos sometidas" (MORRIS, 1991, p. 9). Y por ello considera útil trasladar la perspectiva del feminismo a un análisis sobre la experiencia de la discapacidad,

---

2. De Graffenreid v. GENERAL MOTORS ASSEMBLY DIV., ETC., 413 F. Supp. 142 (E.D. Mo. 1976) U.S. District Court for the Eastern District of Missouri – 413 F. Supp. 142 (E.D. Mo. 1976) May 4, 1976. Disponible en: https://law.justia.com/cases/federal/district-courts/FSupp/413/142/1660699/ La pretensión se basaba en el hecho de que las mujeres negras habían sido contratadas por la empresa a partir del año 1970 y, por lo tanto, con posterioridad a las mujeres blancas (que lo habían sido antes del año 1964), pero a su vez con posterioridad a los hombres negros (que lo habían sido después de 1964 pero con anterioridad a 1970). De este modo, cuando en un momento de recesión la empresa decidió despedir al personal *siguiendo el criterio de la antigüedad*, las mujeres negras fueron las primeras en ser despedidas.
3. Cfr. Morris (1996, p. 21).

utilizando el principio de transformar lo personal en político como su herramienta de trabajo principal. La autora plantea que una representación de sus vidas que combine las perspectivas feministas y de los derechos de las personas con discapacidad tiene que enraizarse en la oposición a la opresión; formar parte de la lucha contra la discriminación y los prejuicios.

> Al igual que las feministas de los años 60 y 70, que *descubrieron* la exclusión de las mujeres de la historia, que pusieron de manifiesto la experiencia de la pobreza y la discriminación de las mujeres, que insistieron en que había que reconocer y detener la violencia contra las mujeres, nosotras estamos motivadas por la sensación de ofensa e injusticia. Nos ofende que se silencien nuestras voces, de manera que no se reconozca la opresión que padecemos, y definimos como injusticia la exclusión de las personas discapacitadas del núcleo de la sociedad (MORRIS, 1996, p. 20).[4]

De este modo, estas autoras mostraron que las aportaciones que pueden hacerse desde el feminismo hacia el modelo social de discapacidad son de gran trascendencia. Pero para ello, algunas otras entienden que existe la necesidad de reflexionar y traer al discurso el tema de la *diversidad funcional* (PALACIOS; ROMAÑACH, 2007). Ello resulta bastante rechazado desde el modelo social, que desde sus inicios ha intentado desligar de su discurso el abordaje de la *diversidad funcional*. Sin embargo, resultan interesantes algunos planteos que remarcan la necesidad de incluir su tratamiento de la diversidad funcional en el análisis de la discapacidad.

Liz Crow (1996), por ejemplo, sostiene que es necesario introducir en la política de la discapacidad la experiencia de la diversidad funcional, ya que entiende que debe escribirse sobre la experiencia personal del cuerpo y la mente, investigarla y analizarla, porque si no se imponen estas definiciones y perspectivas, el mundo *no discapacitado* seguirá haciéndolo por las personas con discapacidad, y lo hará de manera descalificadora. Esta autora reconoce que la contribución del modelo social de discapacidad hacia el logro de la igualdad de derechos para las personas con discapacidad es incalculable. Sin embargo, considera que quizás sea el momento de cuestionarlo. Reconoce que, teniendo en cuenta el modo en que desde el modelo anterior se abordaba la discapacidad, centrándose en las limitaciones individuales de las personas, no parece sorprendente que el modelo social se haya centrado tan rotunda y exclusivamente en la importancia de las barreras *discapacitantes* y luchado para desmantelarlas.

Sin embargo, Crow entiende que se ha tendido a considerar la discapacidad como si fuese *la totalidad* de la cuestión; corriendo el riesgo de suponer que la diversidad

---

4. La autora le reclama al feminismo no haber incluido dentro de sus investigaciones a las mujeres con discapacidad. Señala que una de las investigaciones de mayor éxito durante la década de los años setenta y ochenta ha sido la relativa a la violencia doméstica. Sin embargo, ninguno de los estudios sobre violencia doméstica ha considerado el problema desde la perspectiva de las mujeres con discapacidad y, por tanto, no sorprende en absoluto que sólo desde hace pocos años los hogares de acogida de mujeres hayan comenzado a estudiar de qué modo prestar sus servicios a las mujeres con discapacidad. Y, asimismo reclama al movimiento de personas con discapacidad el no tener en cuenta las necesidades particulares de las mujeres con discapacidad. Como ejemplo aduce que las mujeres con discapacidad buscan una asistencia personal que les permita ocuparse de sus hijos, llevar sus hogares o atender a sus padres o a otras personas también necesitadas de asistencia. En cambio, el movimiento de las personas con discapacidad ha tendido a centrarse en un tipo de asistencia que permita el empleo asalariado u otras actividades ajenas al hogar. Debe dejarse en claro que para las personas con discapacidad –tanto hombres como mujeres – la vida independiente supone tanto la posibilidad de mantener sus relaciones privadas como la de participar en el mundo público del trabajo.

funcional no tiene nada que ver en la determinación de las experiencias de las personas con discapacidad. En vez de afrontar las contradicciones y la complejidad de dichas experiencias, se ha optado por presentar a la diversidad funcional como algo irrelevante y neutro y, a veces, positivo, pero nunca como lo que implica en realidad. Pero la experiencia de la diversidad funcional no siempre es irrelevante, neutra, ni positiva. Para muchas personas con discapacidad, la lucha personal relacionada con la diversidad funcional seguirá presente incluso cuando ya no existan las barreras discapacitantes.

Las barreras externas discapacitantes pueden crear situaciones sociales y económicas desventajosas, pero la experiencia subjetiva también forma parte de la realidad cotidiana. Por ello, Crow (1996) afirma que debe hallarse un modo de integrar la diversidad funcional en la experiencia total y en la auto percepción y que ello redundará en beneficio del propio bienestar físico y emocional y, además, de la capacidad individual y colectiva para luchar contra la discapacidad. Para muchas personas con discapacidad, la experiencia de sus cuerpos – y no sólo las barreras discapacitantes, como la imposibilidad de acceder a los medios de transporte público – dificulta su participación política. Por ejemplo, la energía limitada de una persona puede reducir su capacidad para asistir a reuniones y otros acontecimientos. Si no se reconocen estas circunstancias, es improbable que se busquen formas alternativas de participación. Si el movimiento excluye a muchas personas con discapacidad, el conocimiento de la situación será parcial: la capacidad colectiva de concebir un mundo que no discapacite se verá disminuida.

La autora afirma que el reconocimiento de la importancia que para las personas con discapacidad tiene la diversidad funcional no significa que se deba adoptar la forma de interpretar la experiencia que se genera desde las personas sin discapacidad. De hecho, la diversidad funcional, en su nivel más básico, es un concepto puramente objetivo que no lleva consigo ningún significado intrínseco. La diversidad funcional no significa más que los aspectos del cuerpo de una persona que no funcionan o lo hacen con dificultad. Con frecuencia, este significado se amplía asumiendo que el cuerpo de la persona y, en última instancia, la persona misma es inferior. No obstante, lo primero es el hecho; lo segundo la interpretación. "Si estas interpretaciones son construcciones sociales, no son fijas ni inevitables y es posible reemplazarlas con interpretaciones diferentes, basadas en nuestra propia experiencia de la deficiencia, en vez de hacerlo con lo que las deficiencia significan para las personas *sin* discapacidad" (CROW, 1996, p. 55-72).

El modelo social de la discapacidad ha negado en sus inicios que la idea de diversidad funcional fuera problemática; centrándose, en cambio, en la discriminación como el obstáculo clave para la calidad de vida de las personas con discapacidad. La consecuencia lógica de este enfoque consistió en buscar la solución mediante la eliminación de los factores sociales, y a ello se dedicaron los esfuerzos del movimiento de personas con discapacidad. Es decir, que el movimiento ha hecho especial hincapié en el cambio social para acabar con la discriminación contra las personas con discapacidad. Existiendo una resistencia muy fuerte a considerar la diversidad funcional como un aspecto relevante para el análisis político. Y la autora considera que la negación del carácter problemático de la diversidad funcional constituye el error del modelo social (la carencia, la falla). Aunque, por regla general, en la determinación de la experiencia y de la calidad de vida *predominan* los factores sociales, la diversidad funcional *continua siendo* relevante. De este modo, Crow entiende que por temor a que parezca que se suscriben las respuestas usuales, se corre el riesgo de no reconocer que las desventajas de algunas personas se deben tanto a su diversidad funcional como a las barreras sociales.[5]

El debate y la revisión del modelo social exceden en objeto de este trabajo, pero considero importante reflejarlo dado que estas reflexiones e intersecciones han sido y son muy necesarias para avanzar hacia un enfoque holístico desde y hacia los derechos humanos, que sigue necesitando un desarrollo y profundización desde los valores que lo sustentan (DE ASIS, 2014).

2. LA MUJER CON DISCAPACIDAD Y SU INTERSECCIÓN EN LA CONVENCIÓN INTERNACIONAL SOBRE LOS DERECHOS DE LAS PERSONAS CON DISCAPACIDAD

2.1 El debate previo

Es sabido que la Convención Internacional sobre los Derechos de las Personas con Discapacidad (de aquí en adelante CDPD) es el instrumento que ha impulsado un importante cambio de paradigma en materia de derechos humanos.[6] En el contexto e implicancias de dicho salto, la CDPD ha asumido y desarrollado algunas intersecciones muy necesarias, como por ejemplo la niñez. En cuanto al género, la perspectiva ha sido limitada solo a la condición y/o situación de la mujer. Por ende, en lo que sigue se abordará el tratamiento de los derechos de las mujeres con discapacidad.[7] Ello, sin embargo, no pretende ignorar la ausencia de una perspectiva de género amplia en la CDPD, y la necesidad de que se incluya no solo la condición y/o situación de la mujer, sino la condición y/o situación de toda persona que se autoperciba de cualquier manera interseccionada por el género.

Durante los inicios del proceso de elaboración de la CDPD la perspectiva de la mujer con discapacidad fue casi inexistente (SERRA, 2017).[8] Hasta que el 24 de junio de 2003 se llevó a cabo un evento paralelo a la segunda sesión del Comité Ad Hoc, en el cual se discutieron diversas formas de integrar áreas de género que fueran de interés a

---

5. Por otro lado, la autora considera que el enfoque actual tampoco tiene en cuenta el hecho de que las personas puedan estar *discapacitadas* sin necesidad de tener una diversidad funcional. Las pruebas genéticas y víricas se utilizan en forma generalizada para prever la posibilidad de aparición posterior de una diversidad funcional concreta. Se ha manifestado el temor a que la predisposición a una diversidad funcional sea utilizada como fundamento de la discriminación, sobre todo en servicios médicos y financieros.
6. Jerarquía constitucional conforme Ley 27.044, 22/12/2014.
7. Se aclara que en este trabajo, al hablar de derechos de la mujer con discapacidad se incluye también a las niñas y adolescentes.
8. De este modo, se acordó enviar un texto para que fuera examinado por el Comité Ad Hoc e iniciar un contacto con expertos y expertas de la CEDAW y grupos gubernamentales y no gubernamentales de promoción de los derechos humanos de las mujeres para solicitar su colaboración en la integración de las áreas de interés de su trabajo respecto a las niñas y mujeres con discapacidad; para revisar estas áreas de interés en próximas conferencias y reuniones y para mantenerse en contacto para identificar otros enfoques para asegurar que el proceso y el texto de la Convención de discapacidad fuera representativo y totalmente inclusivo de todas las mujeres con discapacidad.

una Convención sobre los derechos de las personas con discapacidad.[9] Se concluyó la necesidad de que niñas y mujeres con discapacidad fueran mencionadas explícitamente en el Tratado, dado que ya que habían sido invisibles demasiado tiempo en el sistema de protección internacional de derechos humanos. En particular, el Grupo de Trabajo observó que los derechos de las mujeres con discapacidad a la autodeterminación se violaban frecuentemente. Se abordó el análisis de varias dimensiones en materia de discriminación de mujeres con discapacidad, y se identificaron algunas áreas centrales, en base a los derechos ya establecidos en otros Tratados Internacionales: Igualdad, Derecho a la Educación, Derecho al empleo, Derecho a la protección contra toda forma de violencia, y Derecho a la protección contra los programas de salud y prácticas eugenésicas (SERRA, 2017, p. 253-254).

Durante la tercera reunión del Comité Ad-Hoc, la Delegación de la República de Corea sugirió la incorporación de un artículo que abordara de manera específica la temática. En sesiones posteriores se hizo hincapié en el hecho de que las mujeres con discapacidad han permanecido invisibles en los esfuerzos legislativos y políticos, tanto a nivel nacional como internacional, sin reconocimiento ni en el discurso de la discapacidad, ni en el discurso de los derechos de la mujer. De este modo, se expresó que un artículo específico sobre los derechos de las mujeres con discapacidad sería un elemento vital de una Convención sobre los derechos de las personas con discapacidad, además de las referencias al género que se pudieran hacer en las disposiciones generales (SERRA, 2017, p. 253-254).

A partir de ese momento el debate se centró en decidir si era conveniente adoptar solo un artículo sobre mujer con discapacidad, o una perspectiva de transversalidad a lo largo de toda la Convención, o ambas vías.

La ventaja sobre un artículo específico sería visibilizar y llamar la atención a los Estados, respecto de las principales cuestiones de género implicadas, y la necesidad de medidas específicas diseñadas a dicho fin. La desventaja que se puso sobre la mesa fue que la inclusión de un artículo específico sobre mujeres con discapacidad, pudiera generar que solo se incluyeran medidas específicas, y que ello pudiera contradecirse con la estrategia de la transversalidad. El peligro – que alegaban algunas Delegaciones – era que sucediera de igual modo que con la Convención de Derechos del Niño – que contiene una cláusula específica sobre niñez con discapacidad –, pero que era interpretado y aplicado por los Estados como si la niñez con discapacidad solo se analizara bajo la protección del artículo 23, y no bajo el resto del articulado.[10]

Los debates llevaron a la necesidad de nombrar a una facilitadora, con el objetivo de acercar posiciones y poder llegar a un acuerdo. El rol de facilitadora fue llevado adelante muy positivamente por la Profesora Theresia Degener, abogada, mujer con discapacidad

---

9. Los y las participantes representaban entidades gubernamentales y no gubernamentales con la temática de la discapacidad y de derechos humanos pertenecientes a los siguientes países: Brasil, Canadá, Costa Rica, Finlandia, Alemania, Irlanda, India, Corea, México, Nueva Zelanda, Perú, Sudáfrica, Suecia, Uganda y Estados Unidos.

10. El trabajo posterior a la Convención de Derechos del Niño demostró que los Estados solo informaban sobre la niñez con discapacidad a través del artículo 23, lo restringían a esa sola norma; y no realizaban un informe sobre la situación de los derechos del niño y la niña con discapacidad a través de toda la Convención (de manera transversal).

e integrante de la Delegación del gobierno alemán. Su labor merece ser destacada (no solo durante este momento histórico, sino varios años más tarde en su papel de Presidenta del Comité sobre los Derechos de las Personas con Discapacidad, entre otras funciones). El proceso de la facilitadora culminó en la adopción del texto final, que refleja lo que se comúnmente se conoce como la "doble vía". Esto es, un artículo específico, que otorga visibilidad a la situación de mujeres y niñas con discapacidad; y por otro lado, la inclusión de una mirada o perspectiva respecto de la mujer a través de varias normas que requerían dicha transversalidad.

a) La "doble vía" en Convención Internacional sobre los Derechos de las Personas con Discapacidad

La doble vía se materializó a través del artículo 6 sobre mujeres con discapacidad, a lo que se le sumó la mirada transversal. La especificidad pudo brindar visibilidad a la situación de opresión y discriminación que las mujeres y niñas con discapacidad enfrentan en su vida diaria, pero además el artículo 6 trabaja de manera trasversal a toda la CDPD con una perspectiva de género que se refleja en temáticas relacionadas con la salud, violencia, derechos de familia y participación plena y efectiva en la sociedad, entre otros (SERRA, 2017, p. 288 y ss.).

El artículo específico establece que:

1. Los Estados Partes reconocen que las mujeres y las niñas con discapacidad están sujetas a múltiples formas de discriminación y que, a ese respecto, deben adoptar medidas para asegurar que puedan disfrutar plenamente y en condiciones de igualdad de todos los derechos humanos y libertades fundamentales.

2. Los Estados Partes tomarán todas las medidas pertinentes para asegurar el pleno desarrollo, adelanto y potenciación de la mujer, con el propósito de garantizarle el ejercicio y disfrute de los derechos humanos y las libertades fundamentales establecidos en la presente Convención.[11]

La norma reconoce en primer lugar que las mujeres y niñas con discapacidad enfrentan discriminación múltiple, y establece la obligación de adoptar medidas para el ejercicio y disfrute pleno de los derechos en condiciones de igualdad. Sumado a ello, el artículo destaca la importancia del desarrollo, adelanto y empoderamiento de las mujeres y niñas con discapacidad para garantizar dicho disfrute y ejercicio de derechos humanos y libertades fundamentales.

Partiendo del reconocimiento de que las mujeres con discapacidad enfrentan discriminaciones múltiples, ambos párrafos del artículo 6 tienen el mismo objetivo: que las mujeres con discapacidad puedan gozar y ejercer plenamente y en igualdad de condiciones de todos los derechos humanos y libertades fundamentales. Sin embargo, ilustra Serra que las medidas que los Estados partes que ratificaron esta Convención se comprometieron a tomar varían por la causa que las motiva, y en esto radica la diferencia de ambos párrafos (SERRA, 2017, p. 292).

El párrafo 1 visibiliza la discriminación múltiple y aboga por garantizar el disfrute pleno y en condiciones de igualdad de los derechos humanos y libertades fundamentales.

---

11. Artículo 6 de la Convención Internacional sobre los Derechos de las Personas con Discapacidad.

Nótese quela CDPD no alude a la discriminación interseccional, sino que adopta la fórmula de la discriminación múltiple. En este sentido, podría decirse que esta fórmula es un punto de partida, a partir del cual el Comité sobre los Derechos de las Personas con Discapacidad ha venido desarrollando un enfoque más integral.[12]

El párrafo 2 establece las medidas que deben ser adoptadas por los Estados para asegurar tres objetivos fundamentales: desarrollo, adelanto y potenciación de la mujer con discapacidad a fin de que pueda ejercer sus derechos. Desde una lectura holística de la CDPD es posible advertir que el desarrollo – si bien obviamente los incluye y exhorta – no se refiere solo a crecimiento económico y erradicación de la pobreza, sino que requiere de un "desarrollo sensible al género y a la discapacidad en el ámbito de educación, empleo, generación de ingresos y temas relativos a la lucha contra la violencia pueden ser medidas apropiadas para asegurar el empoderamiento económico completo de las mujeres con discapacidad, las medidas adicionales son necesarias con respecto a la salud y a la participación política y cultural de deportes".[13]

Complementando el contenido y alcance del término "desarrollo", el Comité de la CDPD estableció en su Observación general nro. 3 que el "adelanto y potenciación" de las mujeres con discapacidad acompañan la meta del desarrollo, y deben orientarse a la mejora de la situación de las mujeres con discapacidad a lo largo de su esperanza de vida. Esto significa que no basta con establecer medidas de desarrollo, sino que hace falta brindar herramientas destinadas a que mujeres y niñas con discapacidad puedan participar y enriquecer a la sociedad.[14]

Dichas herramientas deben, sin duda, contener desde el origen la mirada interseccional, el enfoque de derechos humanos y las políticas de reconocimiento, sin olvidar que tanto la discapacidad como el género pueden ser concebidas desde dichas dimensiones (YOUNG, 2000, p. 12 y ss.).[15] En este sentido, como explica Patricia Brogna

---

12. A través de las Observaciones Generales Nro.3 sobre Niñas y Mujeres con Discapacidad y Nro. 6 sobre el Derecho a la Igualdad. Asimismo, es importante destacar que la noción de discriminación interseccional ha sido reconocida en una serie de conferencias de mujeres en Naciones Unidas y, en la Recomendación General 28 (2010) del Comité de la CEDAW, en la Observación General 3 (2016) del Comité de la CDPD y, en la Resolución del 2017 de la Asamblea General relativa a la implementación de la CDPD y la situación de las mujeres y niñas con discapacidad y en el informe del Secretario General del mismo año en la misma temática. ONU Mujeres, a propósito de los veinte años desde la Declaración y Plataforma de Acción de Beijing, señala que a pesar de que son muchos los avances tanto de los gobiernos como de la sociedad civil para eliminar la discriminación contra la mujer y alcanzar la igualdad, el progreso ha sido inaceptablemente lento y desigual, especialmente para las mujeres y las niñas más marginadas que sufren múltiples formas interrelacionadas de discriminación.

13. Comité sobre los Derechos de las Personas con Discapacidad, General comment No. 3 (2016), Article 6: Women and girls with disabilities, CRPD/C/GC/3, 2 de septiembre de 2016, párrafo 21.

14. Comité sobre los Derechos de las Personas con Discapacidad, General comment No. 3 (2016), Article 6: Women and girls with disabilities, CRPD/C/GC/3, 2 de septiembre de 2016, párrafo 22.

15. La autora, al analizar las reivindicaciones de los nuevos movimientos sociales sostiene que en vez de centrarse en la distribución, una concepción de la justicia debería comenzar por los conceptos de dominación y opresión. Asimismo, sostiene que cuando los nuevos movimientos sociales hablan de opresión, se refieran a las desventajas e injusticias que sufren algunas personas como consecuencia de las prácticas cotidianas de una buena intencionada sociedad liberal. De este modo, además de la tiranía en términos de gobierno –acepción comúnmente aceptada del término – la opresión se refiere también a los impedimentos sistemáticos que sufren algunos grupos y que no necesariamente son el resultado de las intenciones de un tirano... Sus causas están insertas en normas, hábitos y símbolos que no se cuestionan, en los presupuestos que subyacen a las reglas institucionales y en las consecuencias colectivas de seguir dichas reglas (YOUNG, 2000, p. 74-75).

(2009), la discapacidad puede entenderse como una condición, como una situación y/o como una posición (y sin duda de igual modo puede analizarse al género).

La *condición de discapacidad* es la dimensión personal – diversidad funcional –. Es *personal*, no natural ni biológica. No debe surgir de un diagnóstico/deficiencia que pase a colonizar la vida, dado a que va a tener incidencia en la identidad de la persona. Y la identidad de la discapacidad suele ser una identidad heterónoma y en negativo (FERREIRA, 2008). Es la identidad de la insuficiencia, la carencia y la falta de autonomía. La persona con discapacidad "se da cuenta" de su diferencia, no la construye.[16] Y desde dicha concepción es muy difícil construir una identidad porque suelen reproducirse criterios y clasificaciones médicas (FERREIRA, 2008).

La segunda dimensión a tener en cuenta pasa a ser la *situación* de discapacidad, es decir la dimensión interrelacional, situacional y dinámica, cuando entran en juego las barreras sociales. Dichas barreras pueden ser arquitectónicas, comunicacionales y/o actitudinales (basadas en prejuicios y estereotipos). Son las que impiden en muchas ocasiones el ejercicio de derechos sin discriminación. Esta situación de discapacidad ha sido puesta de manifiesto desde el activismo político y el modelo social de discapacidad desde la década de los años setenta del Siglo pasado (PALACIOS, 2008).

La tercera dimensión es la *posición* de discapacidad que es estructural. Su origen surge de la estructura social, se encuentra en las representaciones, en las valoraciones, en la cultura. Es el resultado de nuestros prejuicios y estereotipos (BROGNA, 2009). La posición de discapacidad se relaciona con el valor que le asignamos a esa condición y a esa situación… Porque la representación social de la discapacidad no es la de la diversidad, sino que es la de la deficiencia, de la minus-valia (la discapacidad la asimilamos al pecado, al déficit, a lo "anormal", a la incapacidad…).[17]

No parece caber duda respecto de que el "desarrollo, adelanto y potenciación" de la mujer con discapacidad al que se refiere al art. 6 requiere tener presentes estas tres dimensiones y esta mirada, que no se agotan en esta norma, sino que asimismo se imponen en la interpretación y aplicación del resto del Tratado bajo análisis. Así, como se mencionaba y en virtud de la fórmula que implica esta doble vía, la CDPD además de visibilizar la perspectiva de la mujer con discapacidad en un artículo específico, la incorpora de manera transversal en otras partes del texto.

Una de ellas es el Preámbulo. Si bien no es parte del Texto vinculante de la Convención, el Preámbulo es importante a los efectos de la interpretación, expresando que:

Los Estados Parte en la presente Convención: (…)

p) *Preocupados* por la difícil situación en que se encuentran las personas con discapacidad que son víctimas de múltiples o graves formas de discriminación por motivos de raza, color, sexo, idioma, religión, opinión política o de cualquier otra índole, origen nacional, étnico o social, patrimonio, nacimiento, edad o cualquier otra condición,

---

16. Con excepción del caso de las personas Sordas que se consideran pertenecen a una minoría cultural y lingüística. Véase: Cuenca Gómez (2011).

17. Ferreira (2008) ha propuesto el término de alter-valia para contrarrestar esa percepción y concepción.

q) *Reconociendo* que las mujeres y las niñas con discapacidad suelen estar expuestas a un riesgo mayor, dentro o fuera del hogar, de violencia, lesión o abuso, abandono o trato negligente, malos tratos o explotación, (…)

s) *Subrayando* la necesidad de incorporar una perspectiva de género en todas las actividades destinadas a promover el pleno goce de los derechos humanos y las libertades fundamentales por las personas con discapacidad, (…).

Adentrándonos en las normas vinculantes, el artículo 3 es otra norma fundante mediante la cual se establecen los principios, siendo uno de ellos "la igualdad entre el hombre y la mujer".

El artículo 8 sobre toma de conciencia establece el compromiso de los Estados de adoptar medidas inmediatas, eficaces y apropiadas para: (…)

b) Luchar contra los estereotipos, los prejuicios y las prácticas nocivas respecto de las personas con discapacidad, *incluidos los que se basan en el género* o la edad, en todos los ámbitos de la vida; (…)

La norma es importante dado a los prejuicios que suelen existir en relación con las mujeres con discapacidad en lo que se refiere al desarrollo de su autonomía en cuestiones que atañen a sus propias vidas, tales como las relacionadas con la sexualidad, la reproducción, la maternidad, el cuidado de sus hijos/as, la adopción, el diseño y desarrollo de la vida profesional y otras necesidades específicas de la mujer. Y por ello, era necesario incluir estas cuestiones que afectan a la mujer con discapacidad dentro de la toma de conciencia pública. Sin duda esta norma impone el análisis de la normativa y regulaciones en la materia, desde una doble visión: la dirigida a personas con discapacidad en general (analizando si está asumida la perspectiva de género) y la dirigida a mujeres en general (analizando si está asumida la perspectiva de discapacidad).

Un tema acuciante en la intersección de la mujer con discapacidad ha sido abordado por el artículo 16 de la CDPD sobre Protección contra la explotación, la violencia y los abusos.

1. Los Estados Partes adoptarán todas las medidas legislativas, administrativas, sociales, educativas y de otra índole que sean pertinentes para proteger a las personas con discapacidad, tanto en el seno del hogar como fuera de él, contra todas las formas de explotación, violencia y abusos, *incluidos los aspectos relacionados con el género.*

2. Los Estados Partes también adoptarán todas las medidas pertinentes para impedir todas las formas de explotación, violencia y abusos asegurando, entre otras cosas, que existan *formas adecuadas de asistencia y apoyo que tengan en cuenta el género* y la edad para las personas con discapacidad y sus familiares y cuidadores, incluso proporcionando información y educación sobre la forma de prevenir, reconocer y denunciar los casos de explotación, violencia y abusos. *Los Estados Partes asegurarán que los servicios de protección tengan en cuenta la edad, el género y la discapacidad.*

3. (…)

4. Los Estados Partes tomarán todas las medidas pertinentes para promover la recuperación física, cognitiva y psicológica, la rehabilitación y la reintegración social de las personas con discapacidad que sean víctimas de cualquier forma de explotación, violencia o abusos, incluso mediante la prestación de servicios de protección. *Dicha recuperación e integración* tendrán lugar en un entorno favorable para la salud, el bienestar, la autoestima, la dignidad y la autonomía de la persona y *que tenga en cuenta las necesidades específicas del género* y la edad.

5. Los Estados Partes adoptarán legislación y políticas efectivas, *incluidas legislación y políticas centradas en la mujer* y en la infancia, para asegurar que los casos de explotación, violencia y abusos contra personas con discapacidad sean detectados, investigados y, en su caso, juzgados.

Respecto del derecho a la salud, la CDPD reconoce que las personas con discapacidad tienen derecho a gozar del más alto nivel posible de salud, sin discriminación por motivos de discapacidad. Los Estados Partes adoptarán las medidas pertinentes para asegurar el acceso de las personas con discapacidad a servicios de salud *que tengan en cuenta las cuestiones de género,* incluida la rehabilitación relacionada con la salud. En particular, los Estados Partes:

a) Proporcionarán a las personas con discapacidad programas y atención de la salud gratuitos o a precios asequibles de la misma variedad y calidad que a las demás personas, incluso en el ámbito de la *salud sexual y reproductiva* y programas de salud pública dirigidos a la población; (…)

El objetivo perseguido mediante este artículo es que los Estados aseguren que cuando se presten servicios de salud, esto se haga sin discriminar por motivos de discapacidad (teniendo en cuenta el contenido y alcance de esta dimensión de la igualdad). Una mención especial merece la salud sexual y reproductiva, dado que en esta materia los derechos generalmente son denegados a las mujeres con discapacidad, por ser consideradas asexuadas, y generalmente situadas en roles pasivos o subordinados, en los cuales su autodeterminación no es apoyada (MINIERI, 2017).

Y en este sentido asimismo debe hacerse una lectura sistemática con el artículo 12, dada la implicancia que tiene la capacidad jurídica como puerta de acceso al goce y ejercicio de los derechos; influyendo entre muchas otras cuestiones trascendentales, en la posibilidad de que se reconozca y respete el derecho a la identidad, el derecho a elegir con quien vivir, donde vivir, de qué modo vivir, con quien/es construir nuestras relaciones personales – entre ellas el derecho a formar una familia –, la posibilidad de participación ciudadana y democrática, y un largo etcétera que incluye diferentes condiciones, necesarias para la construcción de un proyecto de vida propio y singular. Y sin duda incluye el ejercicio de derechos personalísimos que hacen a nuestra esencia como seres humanos.

Otro artículo que incluyó la mirada de género ha sido el artículo 28 sobre nivel de vida adecuado y protección social, que establece:

(…) 2. Los Estados Partes reconocen el derecho de las personas con discapacidad a la protección social y a disfrutar de ese derecho sin discriminación por motivos de discapacidad y adoptarán medidas pertinentes para proteger y promover la realización de ese derecho, entre ellas: (…)

b) Asegurar el acceso de las personas con discapacidad, *en particular las mujeres y las niñas* y las personas de edad con discapacidad, a programas de protección social y estrategias de reducción de la pobreza; (…).

La norma resulta de trascendencia, dada las múltiples dificultades y barreras que enfrentan las mujeres y niñas con discapacidad en diferentes ámbitos de su desarrollo. Uno de ellos es el relativo a la alfabetización y educación. Es sabido que os niveles de alfabetización y de educación son menores que los de los hombres con discapacidad.

Finalmente, el artículo 34 prevé la conformación del Comité sobre los Derechos de las Personas con Discapacidad.

(…) 4. Los miembros del Comité serán elegidos por los Estados Partes, que tomarán en consideración una distribución geográfica equitativa, la representación de las diferentes formas de civilización y los principales ordenamientos jurídicos, una *representación de género equilibrada* y la participación de expertos con discapacidad. (…).

La norma previó que al momento elegirse las y los miembros del Comité sobre los Derechos de las Personas con Discapacidad, la representación de género se encuentre equilibrada. La realidad nos muestra que este precepto, si bien claramente necesario, no ha sido suficiente para alcanzar dicho objetivo, dada la conformación actual del Organismo en cuestión.[18]

La transversalidad hubiera exigido que otros artículos de la Convención contuvieran, asimismo un enfoque de género. Entre ellos, el artículo 14, sobre libertad y seguridad de la persona, hubiese requerido un enfoque de género, en lo relativo a las necesidades específicas de las mujeres con discapacidad cuando son privadas de su libertad. En el artículo 19, sobre el derecho a vivir independientemente y a ser incluido/a en la comunidad, se podría haber dado un enfoque de género a la asistencia personal y otras herramientas, dirigidas a apoyar la autonomía de la mujer al asumir la maternidad y el cuidado de sus hijos/as. El artículo 23, sobre respeto del hogar y de la familia, hubiera, asimismo requerido de un enfoque de género. Las mujeres con discapacidad enfrentan múltiples barreras y prejuicios en lo relativo a sus roles como madres, y en general como miembros de la familia. Hubiera sido necesario que se reconocieran ciertas necesidades especiales en lo que respecta a la planificación familiar, el embarazo, el post parto, el cuidado de los niños y niñas, etc.

El artículo 24 sobre Educación, hubiera requerido el establecimiento del derecho de todas las personas con discapacidad a la educación, sobre la base de la igualdad entre hombre y mujer. Dado a que en muchos países las mujeres con discapacidad no tienen el mismo acceso a los servicios de rehabilitación que los hombres con discapacidad, y además muchas veces dichos servicios son diseñados sin tener en cuenta las necesidades de la mujer con discapacidad, hubiera sido muy importante que el artículo 26 sobre Habilitación y rehabilitación, hubiera tenido un enfoque de género. En el artículo 27, sobre trabajo y empleo, hubiera sido necesario, quizás, que se hiciera alusión a la protección específica de la mujer con discapacidad a la hora de acceder al empleo, y/o a la especificidad requerida durante el embarazo o la época de crianza de los hijos. Finalmente, y de vital importancia, el artículo 31, sobre recopilación de datos y estadísticas, hubiera requerido un enfoque de género. Esto realmente era importante, dado que sin datos relativos a las niñas y mujeres con discapacidad, es imposible el desarrollo de medidas específicas y apropiadas que aborden las necesidades y cuestiones relativas al género.

De todos modos, puede entenderse que las omisiones señaladas quedarían salvadas a partir del artículo 6, el Preámbulo, y el resto de instrumentos de protección de los derechos humanos en general. Y sin duda han sido superadas a partir de la Observación General Nro. 3 sobre Mujeres y Niñas con Discapacidad, a partir de la cual el Comité realiza una lectura sistemática e integradora.

---

18. Puede consultarse en: [https://www.ohchr.org/EN/HRBodies/CRPD/Pages/Elections2018.aspx].

3. LA MUJER CON DISCAPACIDAD Y SU INTERSECCIÓN EN EL COMITÉ SOBRE LOS DERECHOS DE LAS PERSONAS CON DISCAPACIDAD

El Comité sobre los Derechos de las Personas con Discapacidad abordó de manera particular la situación de mujeres y niñas con discapacidad a través de su Observación General Nº 3.[19] Siguiendo el esquema clásico, la Observación describe el contenido normativo sobre el artículo 6,[20] se identifican las obligaciones de los Estados Parte,[21] asimismo desde una interpretación sistemática se analiza el artículo en relación con otras disposiciones.[22] En este punto, se destaca la perspectiva transversal de género que prevé el Tratado, y se profundiza en tres ámbitos principales: la especial situación de vulnerabilidad de las mujeres con discapacidad en relación a la violencia, la explotación y el abuso;[23] la salud sexual y reproductiva, incluyendo el respeto por el hogar y la familia;[24] a la vez que se enfatiza las esferas de discriminación contra mujeres con discapacidad en otros artículos relevantes.[25]

El documento describe la existencia de una fuerte evidencia que muestra que las mujeres y niñas con discapacidad enfrentan barreras en la mayoría de las áreas de la vida. Y que dichas barreras crean situaciones de discriminación múltiple e interseccional.[26] Asimismo describe la heterogeneidad de condiciones y situaciones dentro del colectivo de mujeres y niñas con discapacidad.[27] Y sitúa la igualdad de género como un elemento fundamental dentro del discurso de los derechos humanos.[28] Asimismo expresa que las mujeres con discapacidad se encuentran expuestas a estereotipos que pueden ser particularmente perjudiciales. Entre ellos, las mujeres como una carga para las demás personas (deben ser cuidadas, son una causa de dificultades, aflicciones, responsabilidades y requieren de protección), son vulnerables (indefensas, inseguras y dependientes) o víctimas (tienen sufrimiento, son pasivas e indefensas), son inferiores (tienen incapacidad, insuficiencia, son débiles e inútiles); tienen una anormalidad sexual (estereotipadas como asexuadas, inactivas, hiperactivas, incapaces y perversas sexuales), son un ser místico o siniestro (estereotipados como malditas, poseídas por los espíritus, practicantes de la brujería); son utilizadas como 'amuletos' de buena o mala suerte y son perjudiciales.[29]

Por otro lado, y en línea con el trabajo de la Relatora Especial sobre los derechos de las personas con discapacidad se destaca que las mujeres y las niñas con discapacidad históricamente han encontrado muchas barreras a la participación en la adopción de decisiones en la esfera pública. Debido a los desequilibrios de poder y múltiples formas de discriminación, han tenido menos oportunidades de constituir o afiliarse a

---

19. Observación General Nro. 3 del Comité sobre los Derechos de las Personas con Discapacidad, sobre el artículo 6: Mujeres y Niñas con Discapacidad, 2/09/2016, CRPD/C/GC/3.
20. Idem, Sección II.
21. Ibidem, Sección III.
22. Ibidem, Sección IV.
23. Ibidem, Sección IV, Punto A.
24. Ibidem, Sección IV, Punto B.
25. Ibidem, Sección IV, Punto B.
26. Idem, parr.2.
27. Ibidem, parr. 5.
28. Ibidem, parr. 8.
29. Ibidem, parr. 47.

organizaciones que pueden representar sus necesidades como mujeres y como personas con discapacidad.[30]

Al abordar el concepto de discriminación interseccional, el Comité reconoce que las personas no sufren discriminación como miembros de un grupo homogéneo, sino como individuos con identidades, condiciones y circunstancias vitales multidimensionales. Reconoce las vivencias y experiencias de agravamiento de la situación de desventaja de las personas a causa de formas de discriminación múltiples e interseccionales, que requieren la adopción de medidas específicas con respecto a la recopilación de datos desglosados, la consulta, la formulación de políticas, la ejecutabilidad de las políticas de no discriminación y la provisión de recursos eficaces.[31]

Esta dimensión ha sido reforzada por la Observación General Nro. 6 del Comité, al explicar que la discriminación puede basarse en una característica única, como la discapacidad o el género, o en características múltiples y/o interrelacionadas. La "discriminación interseccional" se produce cuando una persona con discapacidad o asociada a una discapacidad experimenta algún tipo de discriminación a causa de esa discapacidad, en combinación con el color, el sexo, el idioma, la religión, el origen étnico, el género u otra condición. La discriminación interseccional puede aparecer en forma de discriminación directa o indirecta, denegación de ajustes razonables o acoso. Por ejemplo, aunque denegar el acceso a información general relacionada con la salud debido a la utilización de un formato inaccesible afecta a todas las personas en razón de su discapacidad, denegar a una mujer ciega el acceso a servicios de planificación familiar restringe sus derechos por la intersección del género y la discapacidad.[32]

Y en relación específica con el derecho a la igualdad y su reflejo en el articulo 6 sobre mujeres y niñas con discapacidad, la Observación citada entiende que este colectivo es uno de los grupos de personas con discapacidad que con mayor frecuencia experimentan discriminación múltiple e interseccional.[33] Es por ello que artículo 6 es un artículo transversal y debe tenerse en cuenta en relación con todas las disposiciones de la Convención. Aunque el término "múltiples formas de discriminación" solo se menciona en el artículo 6, la discriminación múltiple e interseccional puede ocurrir con cualquier combinación de dos o más motivos. Sumado a ello, se afirma que esta norma es vinculante respecto de la igualdad y la no discriminación en la que se prohíbe la discriminación contra las mujeres y las niñas con discapacidad y se obliga a los Estados

---

30. Ibidem, parr. 23; e Informe de la Relatora Especial sobre los derechos de las personas con discapacidad al Consejo de Derechos Humanos, Catalina Devandas-Aguilar, sobre el derecho de las personas con discapacidad a participar en la adopción de decisiones, A/HRC/31/62, 12 de enero de 2016, párrafos 58 y 59. El informe destaca que pese a las vulneraciones generalizadas de los derechos humanos que les afectan, la interseccionalidad entre las cuestiones de género y las cuestiones basadas en la discapacidad todavía no se han incluido plenamente en la labor de las distintas partes que promueven los derechos de las personas con discapacidad o los derechos de la mujer.

31. Ibidem, parr. 16 Se señala además que la discriminación contra las mujeres y las niñas con discapacidad puede adoptar muchas formas: a) discriminación directa; b) discriminación indirecta; c) discriminación por asociación; d) denegación de ajustes razonables; y e) discriminación estructural o sistémica. Independientemente de la forma que esta adopte, las consecuencias de la discriminación vulneran los derechos de las mujeres con discapacidad, Ibidem. Parr. 17.

32. Observación General Nro. 6 sobre Igualdad y No Discriminación, parr.19.

33. Véase Comité para la Eliminación de la Discriminación contra la Mujer, recomendación general núm. 28 (2010), relativa a las obligaciones básicas de los Estados partes de conformidad con el artículo 2 de la Convención, párr. 31.

partes a promover la igualdad tanto de oportunidades como de resultados. Además, al igual que el artículo 7, el Comité entiende que tiene carácter ilustrativo y no exhaustivo, y establece obligaciones en relación con los dos ejemplos destacados de discriminación múltiple e interseccional.[34]

Unas líneas especiales merece el tratamiento en materia de derechos sexuales y reproductivos, incluido el respeto del hogar y de la familia (artículos 25 y 23 de la CDPD, respectivamente). La Observación General Nro.3 establece que la falta de accesibilidad en la información, en los servicios y las barreras actitudinales así como los sistemas sustitutivos de la voluntad contribuyen a las violaciones sexuales, sobre todo por causa de esa falta de información especialmente a mujeres con discapacidad intelectual y sensorial y también contribuye a la anticoncepción forzosa y a la esterilización forzosa así como a la denegación de la responsabilidad parental respecto de sus hijos/as.[35]

En relación a la esterilización forzosa de personas con discapacidad, la gravedad del tema ha llevado a que esta cuestión no sólo se aborde desde el marco de los derechos mencionados, sino también en otro ámbito como es el marco general de la protección contra la tortura. Así lo ha manifestado el Relator de la ONU contra la Tortura al señalar que "la esterilización forzada es un acto de violencia, una forma de control social y una violación del derecho a no ser sometido a torturas y otros tratos o penas crueles, inhumanos o degradantes".[36] Pero cuando dichas prácticas son realizadas en mujeres con discapacidad suelen pasar inadvertidas o se justifican y no se las considera una forma de tortura u otros tratos o penas crueles, inhumanos o degradantes.[37] En la misma línea, la Relatora Especial sobre la violencia contra la mujer, sus causas y consecuencias señaló que "existe un largo historial de esterilizaciones forzosas y no consensuadas de mujeres con discapacidad aceptadas socialmente e incluso legalmente."[38]

En nuestra región, la Corte IDH, reconoció que "las esterilizaciones afectan de forma desproporcionada a las mujeres por el hecho de ser mujeres y con base en la percepción de su rol primordialmente reproductivo y de que no son capaces de tomar decisiones responsables sobre su salud reproductiva y la planificación familiar." Dada la prevalencia de los estereotipos mencionados en el párrafo anterior, "la esterilización sin consentimiento... ha tenido un mayor impacto en mujeres que son parte de grupos con una mayor vulnerabilidad a sufrir esta violación de derechos humanos... por su... discapacidad."[39]

Cabe mencionar asimismo el Informe anual de la Relatora Especial sobre los derechos de las personas con discapacidad sobre la "Salud sexual y reproductiva y derechos de niñas y mujeres jóvenes con discapacidad", a través del cual se desarrolla y

---

34. Observación General 6 del Comité sobre los Derechos de las Personas con discapacidad, sobre Igualdad y No discriminación, CRDP/C/GC/, 2018, parr. 36.
35. Ibidem., parr. 42 a 46.
36. A/HRC/22/53, 1 de febrero de 2013, parr. 48.
37. Informe provisional del Relator Especial sobre la cuestión de la tortura y otros tratos o penas crueles, inhumanos o degradantes, A/63/175, 28 de julio de 2008, parr.. 41.
38. *Informe* de la Relatora Especial sobre la violencia contra la mujer, sus causas y consecuencias, A/67/227, 3 de agosto de 2012, parr. 36.
39. Corte IDH, *Caso I.V. vs. Bolivia*, Sentencia de 30 de noviembre de 2016 (Excepciones Preliminares, Fondo, Reparaciones y Costas) [*Caso I.V. vs. Bolivia*], parr. 252.

pone de manifiesto la situación que viene siendo advertida en el ámbito internacional y la necesidad imperiosa de garantizar el ejercicio de estos derechos en igualdad de condiciones que el resto de personas, lo que implica la adopción de una serie de medidas en materia de accesibilidad, ajustes y apoyos.[40] En este sentido parece muy importante que las condiciones de accesibilidad, los ajustes razonables y los apoyos puedan ser concebidos (tanto doctrinaria, como judicial y legamente) como parte del contenido esencial del derecho a la igualdad, como parte del contenido esencial de cualquier derecho en juego, y específicamente como parte del contenido esencial del derecho de acceso a la justicia.

4. LA CONVENCIÓN SOBRE LOS DERECHOS DE LAS PERSONAS CON DISCAPACIDAD Y EL SISTEMA DE JUSTICIA

La CDPD es una herramienta significativa en el ámbito de los derechos de las niñas y mujeres con discapacidad. Su texto es el resultado de intersecciones de teorías, activismo y movimientos, tanto en materia de discapacidad como en materia de de derechos de mujeres. Dichas intersecciones, a su vez, se encuentran nutridas desde los valores que sustentan a los derechos humanos. Como norma del derecho internacional de los derechos humanos estipula una serie de obligaciones para los Estados (desde sus diversas esferas), que implica, entre otras, la adopción de medidas jurídicas, políticas, administrativas y educativas. La totalidad de estas medidas requiere, como es sabido, obligaciones de respeto, protección y efectividad.

En este cruce de derechos y obligaciones, el acceso a la justicia parece ser un derecho absolutamente necesario y sobre el que sin duda hace falta profundizar. Y ello es así dado que sistema de justicia actúa en muchas ocasiones como barreras (ya sea físicas, comunicacionales y/o actitudinales).

Y si pensamos en la intersección de mujer y discapacidad, siguiendo a Ortoleva (2010), advertimos que las principales barreras aparecen:[41]

En una primera etapa, cuando las mujeres con discapacidad buscan información o quieren entender el modo en que funciona el sistema de justicia. Ello se debe a que información sobre derechos humanos, el sistema legal, y la manera en que se pueden reivindicar dichos derechos raramente se encuentran diseñadas con perspectiva de género, ni se encuentran disponibles en formato accesible para mujeres con discapacidad.

Las barreras también aparecen cuando las organizaciones de personas con discapacidad intentan reivindicar sus derechos. El lema "nada sobre nosotros y nosotras sin nosotros y nosotras", que se encuentra reflejado expresamente en la CDPD, no logra plasmarse en los procedimientos, políticas y leyes relativas al acceso a la justicia en lo que se refiere a las mujeres con discapacidad. Ello como consecuencia de la falta de medidas que garanticen la participación del colectivo en estos procesos, como así también la falta de enfoque de género en aquellos pocos casos en que las asociaciones acceden a dicha participación.

---

40. A/72/133, 14 de Julio del 2017.
41. Si bien la autora describe la mayoría de estas barreras para el colectivo de personas con discapacidad en general, muchas de ellas se acrecientan notablemente cuando a la diversidad funcional se le suma el hecho de ser mujer.

Asimismo las mujeres con discapacidad enfrentan barreras como justiciables de manera individual. Disponibilidad, asequibilidad y adaptabilidad son los tres principales desafíos para la obtención de asistencia legal que deben enfrentar las personas en situación de vulnerabilidad. Una cuarta barrera en este caso es la falta de conocimiento por parte de los y las profesionales del Derecho respecto del modo de trabajar con clientes con discapacidad, y la falta de conocimiento respecto de las cuestiones legales que enfrentan las mujeres con discapacidad (generalmente en las Facultades de Derecho no se tiene presente de manera transversal las cuestiones de género, ni se capacita a los y las estudiantes respecto del Derecho de la Discapacidad ni tampoco sobre el modo de tratar a clientes con discapacidad).

Sumado a ello, el componente de la pobreza que es bastante común a mujeres con discapacidad impide el acceso a la justicia porque no pueden afrontar los gastos que ello implica. De este modo, el acceso a la justicia desaparece si no hay acceso a una asistencia legal gratuita, y ello es mucho más grave para las mujeres con discapacidad por su falta de conocimiento sobre el sistema legal y la situación de extrema pobreza que muchas veces les afecta.

Las barreras asimismo aparecen al momento en que las mujeres con discapacidad actúan como profesionales de la justicia. Si bien es cierto que no se cuenta con muchas abogadas con discapacidad, debido a la exclusión histórica que ha sufrido este colectivo en el ámbito universitario (falta de accesibilidad, de ajustes razonables en razón de género y de discapacidad, entre otras circunstancias); este camino de discriminación y exclusión se mantiene a la hora del ejercicio de la profesión. Cuando son excluidas de la posibilidad de actuar como jurados. La responsabilidad de actuar como jurado es un derecho fundamental en la mayoría de los países. Cuando a una persona con discapacidad se le deniega dicho derecho se le está denegando la oportunidad de servir a su comunidad. En este ámbito existen barreras de todo tipo (comunicacionales, arquitectónicas, *actitudinales*, etc.). Cuando no pueden acceder a los edificios en los que se imparte justicia. La falta de accesibilidad física de los edificios de tribunales y demás instituciones relacionadas con la impartición de justicia es un problema mayúsculo, que además simboliza algo muy grave. Cuando se encuentran acusadas y/o privadas de libertad. Es sabido que el sistema penitenciario dista mucho de ser accesible ni se adoptan los ajustes razonables que requiere la intersección de género y de discapacidad, a fin de garantizar que las mujeres con discapacidad no sean discriminadas dentro del sistema penal. Cuando son víctimas de un delito. Las mujeres no solo se encuentran en una situación de mayor vulnerabilidad como víctimas de delitos, sino que una vez que ello sucede el sistema policial y de justicia está lejos de remediar dicha situación. Inaccesibilidad, falta de capacitación para tratar a mujeres víctimas con discapacidad, falta de perspectiva de género, falta de disponibilidad de intérprete de lengua de señas, de medios alternativos de comunicación y un largo etcétera, demuestran una situación de clara discriminación y de doble victimización manifiesta.

Sumado a lo anterior, es importante destacar que las disposiciones de las sentencias judiciales que no tienen en cuenta la perspectiva de género, ni el modelo social de discapacidad e ignoran el contenido de los derechos reconocidos en la CDPD y la CEDAW son barreras *actitudinales*, que asimismo se traducen en discriminación para las mujeres con discapacidad. En este sentido no debe olvidarse que obligaciones asumidas a través de un Tratado internacional de derechos humanos son autoejecutables y si no pueden ser aplicadas de manera instantánea, los Estados deben adoptar las medidas legales o de otro carácter –y entre esas medidas de otro carácter están las sentencias judiciales– que permitan trasladar a la realidad dichos compromisos.[42]

Por otro lado, no debe olvidarse que la situación de dependencia en la que se encuentran muchas mujeres con discapacidad respecto de la persona encargada de su asistencia, que es también la que le agrede y abusa de ella, se tienen que asegurar formas independientes de comunicación, a fin de ofrecer posibilidades de denuncia y acompañamiento durante todo el proceso, como asimismo la derivación inmediata a centros de atención integral de manera transitoria, hasta resolver judicialmente el caso. Para ello, en primer lugar se debe garantizar que las mujeres con discapacidad cuenten con las condiciones básicas de accesibilidad, a lo que se suma contar en cada fase del proceso con los sistemas y tecnologías de apoyo a la comunicación oral que ellas elijan, incluida la presencia de intérpretes de lengua de señas o guías intérpretes para personas sordociegas, a fin de garantizar su correcta comunicación con el personal policial y judicial.[43] De este modo, los servicios disponibles para las mujeres en general (incluidos los de violencia contra la mujer y atención a la infancia) han de ofrecerse en todos los lenguajes, formas y formatos posibles de manera fácil y segura. Cuando dichos servicios se ofrezcan a través de atención telefónica o teleasistencia, éstos deberán ser también accesibles para mujeres sordas y sordociegas.[44] Los documentos relativos a las mujeres y niñas con discapacidad y sus derechos deben ser comprensibles y estar disponibles en lenguas vernáculas, en lengua de signos, Braille, formatos aumentativos y alternativos de comunicación, y todos los demás modos, medios y formatos de comunicación accesibles, incluidos los electrónicos.[45] Todos los servicios específicos y materiales concretos dirigidos a las mujeres tienen que ser accesibles también para las mujeres y niñas con discapacidad intelectual. La lectura fácil, el uso de pictogramas o contar con una persona de apoyo para la comunicación, cuando sea necesario, son recursos que deben ser contemplados para su correcta atención.[46]

En este sentido, reproduciendo la Observación General Nro. 6 sobre Igualdad y No Discriminación, parece necesario que:[47]

> (....) A fin de promover un respeto e implementación adecuados de los derechos y las obligaciones, es necesario capacitar a los funcionarios encargados de hacer cumplir la ley, crear conciencia entre los titulares de derechos e incrementar la capacidad de los garantes de derechos. Una capacitación adecuada debe incluir: a) Las complejidades de la interseccionalidad y el hecho de que las personas no deben

---

42. CEA EGAÑA, 1997.
43. Segundo Manifiesto de Mujeres y Niñas con discapacidad de la Unión Europea. Una herramienta para activistas y responsables políticos, Adoptado en Budapest los días 28 y 29 de Mayo de 2011 por la Asamblea General del Foro Europeo de la Discapacidad, a propuesta de su Comité de Mujeres Con el respaldo del Lobby Europeo de Mujeres, p. 5.6.
44. Idem, p. 3.10.
45. Ibidem, p. 3.13.
46. Ibidem, p. 3.12.
47. Observación General 6, cit. parr.55.

identificarse exclusivamente en razón de la deficiencia. La creación de conciencia sobre las cuestiones de interseccionalidad debe ser pertinente para formas concretas de discriminación y opresión; b) La diversidad de personas con discapacidad y lo que cada una requiere para tener un acceso efectivo a todos los aspectos del sistema de justicia en igualdad de condiciones con las demás; c) La autonomía individual de las personas con discapacidad y la importancia de la capacidad jurídica para todos; d) La capital importancia de una comunicación eficaz y auténtica para una inclusión satisfactoria; e) Las medidas adoptadas para asegurar la capacitación eficaz acerca de los derechos de las personas con discapacidad de todo el personal, lo que incluye a abogados, magistrados, jueces, funcionarios de prisiones, intérpretes de lengua de señas e integrantes del sistema policial y penitenciario.[48]

Sin duda los ámbitos mencionados requieren de medidas perfiladas a la altura de las circunstancias. Para ello no debe perderse de vista que la garantía de las condiciones de accesibilidad, la adopción de ajustes razonables y los apoyos forman parte del contenido esencial del derecho a la justicia.[49] A fin de perfilar e implementar, entonces, dichas garantías a favor de la igualdad de niñas y mujeres con discapacidad, entiendo que la propuesta de la CDPD exige el paradigma de la interseccionalidad de categorías, sumado al paradigma de la interseccionalidad de teorías, a la luz del enfoque y discurso de los derechos humanos. Todo ello orientado a alcanzar una igualdad transformativa e inclusiva, que contenga, como lo exige el Comité sobre los Derechos de las Personas con Discapacidad, una dimensión redistributiva justa para afrontar las desventajas socioeconómicas; una dimensión de reconocimiento que combata el estigma, los estereotipos, los prejuicios y la violencia, a la vez que reconozca la dignidad de los seres humanos y su interseccionalidad; una dimensión participativa que reafirme el carácter social de las personas como integrantes de grupos sociales; y finalmente una dimensión de ajustes que pueda dar cabida a la diferencia como aspecto esencia de la dignidad humana.[50]

5. REFERENCIAS

BARRERE UNZUETA, María Ángeles. La interseccionalidad como desafío al mainstreaming de género en las políticas públicas. *Revista Vasca de Administración Pública*, n. 87-88, p. 225-252, 2010. ISSN: 0211-9560.

BROGNA, Patricia. *Visiones y Revisiones de la discapacidad*. México: Fondo de Cultura Económica, 2009.

CEA EGAÑA, J. Los tratados de derechos humanos y la constitución política de la República. *Ius et Praxis*, Talca (Chile), p. 81-92, 1997.

COMITÉ ESPAÑOL DEL REPRESENTANTES DE PERSONAS CON DISCAPACIDAD – CERMI. *Derechos humanos y discapacidad*. Informe España 2018. Madrid: Cinca, 2018.

CROW, Liz. Including all for our lives: renewing the social model of disability. In: BARNES, C., AND MERCER, G. (ed.). *Exploring the Divide*. Leeds: The Disability Press, 1996. p. 55-72.

CUENCA GÓMEZ, Patricia. *Estudios sobre los Derechos de las Personas Sordas*. Madrid: Dykinson, 2011.

DE ASIS ROIG, Rafael. *Sobre discapacidad y derechos*. Madrid: Dykinson, 2014.

---

48. Idem.
49. Reforzado por el Código Civil y Comercial de la Nación Argentina, arts. 35 y cc.
50. Observación General Nro. 6, cit., parr. 11.

DE SILVA DE ALWIS, Ranguita. *Disability Rights, Gender, and Development*: A Resource Tool for Action. UN CRPD/DESA, UNFPA, Wellesley Centers for Women, 2008.

FERREIRA, Miguel Ángel. La construcción social de la discapacidad: habitus, estereotipos y exclusión social. *Nómadas*, Revista Crítica de Ciencias Sociales, v. 17, n. 1, 2008.

MINIERI, Sofía. *Derechos sexuales y derechos reproductivos de las mujeres con discapacidad*. Aportes teóricos para una agencia de incidencia inclusiva. Buenos Aires: Red por los Derechos de las Personas con Discapacidad (REDI), noviembre 2017

MORRIS, Jenny. *Pride against prejudice*. A Personal Politics of Disability. London: Women´s Press Ltd., 1991.

MORRIS, Jenny (ed.). *Encuentros con desconocidas*. Feminismo y discapacidad. Madrid: Narcea, 1996.

ORTOLEVA, Stephanie. Inaccessible Justice: Human Rights, Persons With Disabilities And The Legal System. *ILSA Journal of International & Comparative Law*, v. 17, n. 2, Article 1, 2010.

PALACIOS, Agustina. *El modelo social de discapacidad*. Orígenes, caracterización y plasmación en la Convención Internacional sobre los Derechos de las Personas con Discapacidad. Madrid: Cinca, 2008.

PALACIOS, Agustina (Coord.). Igual reconocimiento como persona ante la Ley y acceso efectivo a la Justicia. *La transversalidad del género en las políticas públicas de la discapacidad*, Manual, v. 1, Serie Cermi.es, n. 54, 2013. p. 143 y ss.

PALACIOS, Agustina; ROMAÑACH, Javier. *El modelo de la diversidad*. La bioética y los derechos humanos como herramienta para alcanzar la plena dignidad en la diversidad funcional. Madrid: Diversitas, 2007.

REVIRIEGO PICON, Fernando. *Violencia de Género y Mujeres con Discapacidad*. El Cronista del Estado Social y Democrático de Derecho, n. 9, 2010. ISSN 1889-0016.

SERRA, María Laura. *Mujeres con discapacidad*: sobre la discriminación y opresión interseccional. Madrid: Dykinson, 2017.

YOUNG, Iris Marion. *La justicia y la política de la diferencia*. Traducción de Silvina Álvarez. Ediciones Cátedra. Madrid: Universidad de Valencia, 2000.

WENDELL, Susan. Disability and Feminist Ethics. *The Rejected Body*. Feminist Philosophical Reflections on Disability. New York: Routledge, 1996.

É POSSÍVEL MITIGAR A CAPACIDADE E A AUTONOMIA DA PESSOA COM DEFICIÊNCIA PARA A PRÁTICA DE ATOS PATRIMONIAIS E EXISTENCIAIS?

Aline de Miranda Valverde Terra

Doutora e mestre em Direito Civil pela Universidade do Estado do Rio de Janeiro (UERJ). Professora Adjunta de Direito Civil da Faculdade de Direito da UERJ. Professora de Direito Civil da Pontifícia Universidade Católica do Rio de Janeiro (PUC-Rio). Coordenadora editorial da Revista Brasileira de Direito Civil – RBDCivil. Advogada.

Ana Carolina Brochado Teixeira

Doutora em Direito Civil pela Universidade do Estado do Rio de Janeiro (UERJ). Mestre em Direito Privado pela Pontifícia Universidade Católica de Minas Gerais (PUC Minas). Professora do Centro Universitário UNA. Coordenadora editorial da Revista Brasileira de Direito Civil – RBDCivil. Advogada.

"Consentir equivale a ser."

(RODOTÀ, 2007, item 5)

Sumário: 1. O modelo médico da deficiência e o regime abstrato e excludente das incapacidades da pessoa com deficiência no Código Civil de 2002. 2. O modelo social da deficiência e o novo regime das incapacidades das pessoas com deficiência introduzido pelo Estatuto da Pessoa com Deficiência, a partir da Convenção sobre os Direitos da Pessoa com Deficiência. 3. Possibilidade de restringir a capacidade e a autonomia das pessoas com deficiência para a prática de atos patrimoniais e existenciais. 4. Conclusão. 5. Referências.

1. O MODELO MÉDICO DA DEFICIÊNCIA E O REGIME ABSTRATO E EXCLUDENTE DAS INCAPACIDADES DA PESSOA COM DEFICIÊNCIA NO CÓDIGO CIVIL DE 2002

No Brasil, como em todo o mundo, o conceito de deficiência vem passando por profundas transformações a fim de acompanhar as inovações na área da saúde, bem como a forma pela qual a sociedade se relaciona com a parcela da população que apresenta algum tipo de deficiência.

Na Antiguidade, vigia o modelo moral de deficiência, por meio do qual se buscava uma justificativa religiosa para a deficiência, que transformava a pessoa em alguém improdutiva, alguém a ser tolerada pela família e pela sociedade (PALACIOS, 2008, p. 37). Essa ideologia foi sucedida pelo modelo médico de incapacidade, que considerava somente a patologia física e o sintoma associado que dava origem a uma incapacidade.

Esse modelo foi adotado pelo Código Civil de 1916 e reproduzido no Código Civil de 2002, que estabeleceu disciplina abstrata das incapacidades baseada no sistema de tudo--ou-nada:[1] a pessoa com deficiência mental, que não tivesse o necessário discernimento para a prática dos atos civis, seria considerada absolutamente incapaz, sendo-lhe negado o exercício autônomo de qualquer ato da vida civil; fazia-se imperioso um representante para, em seu lugar, manifestar a vontade necessária à prática de referidos atos. A vontade do representante, portanto, substituía inteiramente a vontade da pessoa com deficiência. Se, no entanto, a pessoa com deficiência mental ostentasse discernimento reduzido, seria considerada relativamente incapaz, e a validade de sua manifestação de vontade vinculava-se à conjunta manifestação de vontade de seu assistente. Para os atos da vida civil, de maneira geral, exigia-se também a manifestação do assistente.

O modelo médico acabou por negar a inúmeras pessoas com deficiência, sujeitos de direito, em primeiro lugar, o exercício de parcela de autonomia relativa a atos que teriam plenas condições de exercer livremente, a revelar um regime excludente, que retira da pessoa com deficiência a possibilidade de decidir mesmo sobre os atos mais prosaicos da vida. Embora absoluta ou relativamente incapaz, a pessoa com deficiência raramente será desprovida de qualquer possibilidade de manifestação de vontade autônoma, sendo necessário assegurar-lhe espaços de liberdade dentro dos quais possa exercer sua autonomia, por menor e mais singela que seja.

Além disso, e ainda mais grave, o sistema das incapacidades codificado permitia, como regra, a dissociação entre titularidade e exercício também dos direitos inerentes à pessoa humana. Em um sistema abstrato, do tudo-ou-nada, isso acaba por impedir que a pessoa com deficiência pratique todo e qualquer ato ligado diretamente à realização do seu projeto de vida e ao livre desenvolvimento de sua personalidade. E mais, no extremo, semelhante modelo pode mesmo permitir que lhes seja negada a própria qualidade de pessoa humana: a dissociação abstrata e absoluta entre titularidade e exercício de direitos inerentes à pessoa humana acaba, na prática, por promover a própria desconsideração das titularidades, fomentando um processo de reificação da pessoa com deficiência.

No Brasil, o exemplo mais emblemático e chocante desse fenômeno de reificação da pessoa com deficiência a partir da própria negação da titularidade de direitos inerentes à pessoa humana se passou no Hospital Colônia de Barbacena, fundado em 12 de outubro de 1903. O Hospital Colônia de Barbacena se tornou conhecido pelo público na década de 1980, em razão do tratamento desumano que oferecia aos pacientes, aos quais eram negados os mais básicos direitos inerentes à pessoa humana. O psiquiatra italiano Franco Basaglia, pioneiro na luta antimanicomial na Itália, esteve no Brasil e conheceu o Hospital Colônia em 1979. Na ocasião, em uma coletiva de imprensa, desabafou: "Estive hoje num campo de concentração nazista. Em lugar nenhum do mundo, presenciei uma tragédia como essa".[2]

---

1. Em crítica ao regime das incapacidades do Código Civil de 2002, afirmam Anderson Schreiber e Ana Luiza Nevares: "Manteve-se um regime unitário que reúne todas as incapacidades sob o mesmo rótulo sempre sob a lógica do 'tudo-ou-nada'. Quem é incapaz o é para todos os atos da vida civil, expressão que abrange desde a doação de um imóvel à compra de um refrigerante" (SCHREIBER; NEVARES, 2016, p. 42).
2. Disponível em: [http://justificando.cartacapital.com.br/2015/03/05/o-holocausto-manicomial-trechos-da-historia-do-maior-hospicio-do-brasil/]. Acesso em: 28.02.2018.

Os pacientes chegavam ao local em grandes vagões de carga, conhecidos como "trem do doido". Embora a instituição tenha sido fundada com capacidade para 200 leitos, contava com cerca de cinco mil pacientes em 1961. Estima-se que pelo menos 60 mil pessoas tenham morrido no Hospital Colônia de Barbacena de frio, de fome, de doenças e de eletrochoques, cuja intensidade era tão forte que, não raro, causava sobrecarga no sistema e derrubava a rede elétrica do município.

Se o modelo codificado é criticável para os atos de natureza patrimonial, para os atos de natureza existencial se afigura, como se vê, conflitante com a noção de que a titularidade e o exercício do direito devem estar conjugados. Ademais, o mero estabelecimento de uma disciplina única para os requisitos de validade dos atos patrimoniais e existenciais se revela incompatível com a axiologia constitucional.

O ordenamento jurídico brasileiro atribui tutela prioritária às situações jurídicas existenciais, e instrumentaliza as situações jurídicas patrimoniais à sua realização. Nessa direção, parece equivocado igualar, *a priori* e abstratamente, os requisitos relativos ao elemento *vontade* para a prática de atos patrimoniais e para a prática de atos existenciais. A diferença entre os atos de autonomia patrimonial e existencial é, sobretudo, de fundamento constitucional (PERLINGIERI, 1999, p. 18).

Quando o ato diz respeito a situações subjetivas patrimoniais, ele se reconduz à liberdade econômica garantida pelo art. 170, IV, da Constituição da República. Por outro lado, quando o ato se referir à situação subjetiva não patrimonial, o fundamento constitucional reside na cláusula geral de tutela da pessoa humana. Nessa direção, se, como afirma Pietro Perlingieri (1999, p. 19), "ao diverso fundamento corresponde uma diversa colocação na hierarquia das fontes", há de se reconhecer que ao diverso fundamento corresponde, também, uma diversa disciplina jurídica do ato de autonomia, a abranger também os requisitos de validade da vontade; trata-se de um tratamento qualitativamente diverso. Cuidando-se de atos de natureza existencial, a regra deve ser, sempre que possível, o exercício pelo próprio titular do direito, sem intermediários ou substituições da vontade.

O Estatuto da Pessoa com Deficiência superou algumas críticas ao modelo codificado, estabelecendo regramento diverso para a capacidade das pessoas com deficiência relativa à prática de atos existenciais e de atos patrimoniais, e mitigou, em parte, a abstrativização do regime, como se verá adiante. Importa sublinhar, no entanto, que a adoção de um novo modelo da deficiência contribuiu, decisivamente, para essas mudanças. É o que se passa a examinar.

2. O MODELO SOCIAL DA DEFICIÊNCIA E O NOVO REGIME DAS INCAPACIDADES DAS PESSOAS COM DEFICIÊNCIA INTRODUZIDO PELO ESTATUTO DA PESSOA COM DEFICIÊNCIA, A PARTIR DA CONVENÇÃO SOBRE OS DIREITOS DA PESSOA COM DEFICIÊNCIA

A Classificação Internacional de Funcionalidade, Incapacidade e Saúde – CIF, divulgada pela Organização Mundial da Saúde em 2001, passou a conjugar, ao modelo médico de deficiência, o modelo social, que considera a questão da deficiência sobretudo um problema criado pela sociedade, e cujo principal desafio é a integração plena do indivíduo na sociedade. Sob tal perspectiva, a incapacidade não é um atributo inerente ao indivíduo, mas "um conjunto complexo de condições, muitas das quais criadas pelo ambiente social". Com efeito, a solução do problema requer uma ação social, consistente na realização das "modificações ambientais necessárias para a participação plena das pessoas com incapacidades em todas as áreas da vida social". Cuida-se, portanto, a incapacidade de uma questão política (OMS, 2004, p. 22).

A integração do modelo médico e do modelo social enseja uma abordagem biopsicossocial da deficiência, que oferece uma compreensão das diferentes perspectivas de saúde: biológica, individual e social. Nesse contexto, a incapacidade é, necessariamente, "resultado tanto da limitação das funções e estruturas do corpo quanto da influência de fatores sociais e ambientais sobre essa limitação" (BRASIL, 2010, p. 71).

De acordo com a Classificação Internacional de Funcionalidade, Incapacidade e Saúde, deficiências "são problemas nas funções ou na estrutura do corpo, tais como, um desvio importante ou uma perda" (OMS, 2004, p. 14), que nem sempre, contudo, importam em limitação da capacidade ou da funcionalidade (OMS, 2004, p. 20). Nesse contexto, de acordo com a CIF, uma pessoa pode:

> ter deficiências sem limitações de capacidade (*e.g.* uma desfiguração resultante da Doença de Hansen pode não ter efeito sobre a capacidade da pessoa); ter problemas de desempenho e limitações de capacidade sem deficiências evidentes (*e.g.* redução de desempenho nas actividades diárias associado a várias doenças); ter problemas de desempenho sem deficiências ou limitações de capacidade (*e.g.* indivíduo VIH positivo, ou um ex. doente curado de doença mental, que enfrenta estigmas ou discriminação nas relações interpessoais ou no trabalho); ter limitações de capacidade se não tiver assistência, e nenhum problema de desempenho no ambiente habitual (*e.g.* um indivíduo com limitações de mobilidade pode beneficiar, por parte da sociedade, de ajudas tecnológicas de assistência para se movimentar). [...] (OMS, 2004, p. 21).

Referido modelo foi adotado expressamente pela Convenção da ONU sobre os Direitos da Pessoa com Deficiência, aprovada pelo Decreto Legislativo 186, em 9 de julho de 2008, passando a integrar o ordenamento jurídico brasileiro com status de emenda constitucional. Ainda no preâmbulo da Convenção, reconhece-se que a deficiência, um conceito em evolução, "resulta da interação entre pessoas com deficiência e as barreiras devidas às atitudes e ao ambiente que impedem a plena e efetiva participação dessas pessoas na sociedade em igualdade de oportunidades com as demais pessoas" (BRASIL, 2010). A propósito, afirma Mary Keys: "*previous reliance solely on a narrower medical approach is no longer considered appropriate, and instead a social and human rights approach focused on removing barriers to participation is essential to the achievement of equality*" (KEYS, 2017, p. 265).

O Estatuto da Pessoa com Deficiência[3] contemplou o mesmo modelo, já em seu art. 2º, de acordo com o qual "considera-se pessoa com deficiência aquela que tem impedimento de longo prazo de natureza física, mental, intelectual ou sensorial, o qual,

---

3. No Brasil, o Estatuto veio tutelar aproximadamente 45,5 milhões de pessoas que, de acordo com o Censo Demográfico de 2010, declararam ter pelo menos uma das deficiências investigadas, o que corresponde a 23,9% da população brasileira. No que tange a cada uma das deficiências analisadas, 18,8% das pessoas declararam ter deficiência visual; 5,1%, auditiva; 7,0%, motora; e 1,4%, mental ou intelectual (BRASIL, 2010, p. 73).

em interação com uma ou mais barreiras, pode obstruir sua participação plena e efetiva na sociedade em igualdade de condições com as demais pessoas". Nos termos do § 1º "a avaliação da deficiência, quando necessária, será biopsicossocial, realizada por equipe multiprofissional e interdisciplinar e considerará: I – os impedimentos nas funções e nas estruturas do corpo; II – os fatores socioambientais, psicológicos e pessoais; III – a limitação no desempenho de atividades; e IV – a restrição de participação."

Essa nova perspectiva da deficiência permitiu a reformulação do regime brasileiro das incapacidades da pessoa com deficiência. De acordo com o Estatuto, "a pessoa com deficiência tem assegurado o direito ao exercício de sua capacidade legal em igualdade de condições com as demais pessoas" (art. 84). Afirma-se, ainda, que

> a deficiência não afeta a plena capacidade civil da pessoa, inclusive para: I – casar-se e constituir união estável; II – exercer direitos sexuais e reprodutivos; III – exercer o direito de decidir sobre o número de filhos e de ter acesso a informações adequadas sobre reprodução e planejamento familiar; IV – conservar sua fertilidade, sendo vedada a esterilização compulsória; V – exercer o direito à família e à convivência familiar e comunitária; e VI – exercer o direito à guarda, à tutela, à curatela e à adoção, como adotante ou adotando, em igualdade de oportunidades com as demais pessoas (art. 6º).

Diante dessa nova normativa, constata-se que a regra passou a ser a capacidade e a autonomia da pessoa com deficiência. Trata-se de mudança fundamental voltada a garantir à considerável parcela da população brasileira a necessária autonomia para o controle sobre suas próprias decisões, interrompendo um perverso ciclo de desempoderamento das pessoas com deficiência. Resta investigar, no entanto, se é possível excepcionar a regra, e restringir sua capacidade, considerando todo o arcabouço legislativo que disciplina a questão. É o que se passa a analisar a seguir.

3. POSSIBILIDADE DE RESTRINGIR A CAPACIDADE E A AUTONOMIA DAS PESSOAS COM DEFICIÊNCIA PARA A PRÁTICA DE ATOS PATRIMONIAIS E EXISTENCIAIS

Posto que a regra seja a plena capacidade civil, o Estatuto admite, excepcionalmente, que a pessoa com deficiência seja submetida à curatela, que "constitui medida protetiva extraordinária, proporcional às necessidades e às circunstâncias de cada caso, e durará o menor tempo possível", nos termos do art. 84, *caput*, §§ 1º e 3º. Ademais, de acordo com o art. 85, *caput* e § 1º, "a curatela afetará tão somente os atos relacionados aos direitos de natureza patrimonial e negocial" e não alcançará "o direito ao próprio corpo, à sexualidade, ao matrimônio, à privacidade, à educação, à saúde, ao trabalho e ao voto".

Verifica-se, assim, que o próprio Estatuto parece responder afirmativamente à possibilidade de restrição da capacidade de fato das pessoas com deficiência para a prática de atos e negócios jurídicos relativos a situações jurídicas patrimoniais, admitindo que a curatela os alcance. No entanto, se a regra é a capacidade e a curatela é excepcional e proporcional às necessidades e às circunstâncias do sujeito concreto[4] (art. 84, § 2º), parece

---

4. "Com a figura da "tomada de decisão apoiada" e o reconhecimento da autonomia da pessoa com deficiência, graças à influência marcante do art. 12, da CDPD e da alteração legislativa diretamente operada pela Lei n.13.146/15 (Estatuto da Pessoa com Deficiência), a curatela se confirma como uma medida in extremis que somente poderá

vedado o estabelecimento de curatela genérica, que afirme, simplesmente, a sua extensão a todos os "atos relacionados aos direitos de natureza patrimonial e negocial" (art. 85).[5] A restrição da capacidade deixa, em definitivo, de ser no modelo do tudo-ou-nada, e passa a ser construída e delimitada no caso concreto, a partir das circunstâncias particulares da pessoa com deficiência, fazendo-se imperioso que o juiz elenque e justifique, um por um, os atos e negócios patrimoniais que estão submetidos à curatela.[6]

Para tanto, evidentemente, deverá o juiz ter em consideração em que medida a deficiência compromete a funcionalidade de cada indivíduo, vale dizer, a sua capacidade de interagir com os fatores contextuais, para a qual, evidentemente, a sua funcionalidade se afigura imprescindível. Significa, com efeito, que em relação aos atos patrimoniais não

---

ser utilizada nos restritos limites da necessidade do curatelado e para atender aos seus interesses" (MENEZES, 2015, p. 18).

5. No entanto, usualmente, as curatelas são estabelecidas em termos genéricos, como se constata na jurisprudência dos Tribunais Estaduais brasileiros: "Apelação cível – ação de interdição – curatela – interditando com graves problemas psiquiátricos – ausência de plena capacidade para o exercício dos atos da vida civil – caso concreto – laudo pericial e estudo social – recurso provido. – A curatela possui a finalidade de propiciar a representação legal e a administração de bens de sujeitos incapazes de praticar os atos do cotidiano, protegendo, assim, os interesses daqueles que se encontram em situação de incapacidade na gestão de sua própria vida. – Embora a pessoa com deficiência tenha assegurado o direito ao exercício de sua capacidade legal em igualdade de condições com as demais pessoas, nos termos da Lei 13.146/2015, uma vez demonstrado, por meio de laudo pericial e estudo social, o comprometimento na gestão da própria vida civil do interditando, cabível a decretação de interdição. – *Nessa hipótese, consoante reza o art. 85, do Estatuto do Deficiente, a curatela afetará tão somente os atos relacionados aos direitos de natureza patrimonial e negocial*" (TJMG, 7ª C.C., Apel. Cív. 1.0427.13.001117-9/001, Rel. Des. Wilson Benevides, julg. 25.4.2017, DJ 5.5.2017, grifou-se).

6. A previsão contida no art. 753, § 2º do CPC/15 de que o laudo pericial deve indicar de forma especificada os atos submetidos à curatela reforça a necessidade de se discriminar e justificar na sentença os atos e negócios para os quais haverá a restrição. Desse modo, a simples apresentação de atestado médico, por não envolver em geral essa análise pormenorizada, não deve ser suficiente para a determinação da curatela: "De acordo com o art. 753, caput, do CPC/15, a realização de prova pericial é imprescindível no processo relativo à curatela, devendo o respectivo laudo indicar especificamente, se for o caso, os atos para os quais haverá necessidade de curatela (§ 2º do art. 753). A ausência de exame pericial, tal como é exigido pelo dispositivo legal supracitado, não é sanável pela apresentação de simples atestado médico." (TJRS, 8ª C.C., Apel. Cív. 70073947145, Rel. Des. Luiz Felipe Brasil Santos, julg. 17.8.2017, DJ 24.8.2017). A ausência de indicação específica acerca dos atos de natureza patrimonial e negocial sujeitos à curatela pode ensejar divergências futuras. Nesse caso, julgado pela 2ª CC do TJMG, a curadora interpôs apelação da sentença que determinou a incidência da curatela para atos de natureza patrimonial, alegando que teria pleiteado a curatela apenas e tão somente para representação do curatelado junto ao INSS. Contudo, considerando a curatela como um encargo público e o melhor interesse do curatelado, afastou-se a restrição do *múnus* a apenas este ato: "Concluindo o laudo pericial que o curatelado possui limitações que atingem a manifestação de vontade e a capacidade de gerência de seus bens, não é razoável a restrição da curatela a um único ato (recebimento do benefício previdenciário), sob pena de deixar descobertas outras necessidades." (TJMG, 2ª C.C., Apelação Cível 1.0592.15.000049-1/001, Rel. Des. Raimundo Messias Júnior, julg. 31.10.2017, publ. 8.11.2017)". Novamente, a ausência de indicação específica acerca dos atos de natureza patrimonial e negocial sujeitos à curatela pode gerar a necessidade de novo pronunciamento judicial para que se determine se um ato estará ou não abarcado pela curatela. Esse acórdão, que trata da condução de veículos automotores, é um exemplo disso: "II – A submissão da pessoa com discernimento mental reduzido à curatela constitui medida extraordinária, que, quando imposta, deve ser precedida da exposição das razões e motivações de sua definição, conforme as necessidades e as circunstâncias de cada caso. III – Em se tratando incapacidade fundada em critério subjetivo (psicológico), o julgador deve buscar aferir o grau da redução do discernimento e o seu reflexo na vida do sujeito, para então estabelecer os limites da curatela, sempre sob a ótica civil e constitucional da incapacidade do interditando. IV – A incapacidade relativa para a prática dos atos da vida civil do portador de transtornos mentais e comportamentais decorrentes do uso de múltiplas drogas e substâncias psicoativas afigura-se incompatível com a permissão para a condução de veículos automotores, máxime quando o próprio laudo médico expressamente não a recomenda. V - Negou-se provimento ao recurso." (TJDFT, 6ª T. Cív., Apel. cív. 20130111809777, Rel. Des. José Divino, julg. 29.11.2017, DJ 5.12.2017).

expressamente mencionados pelo juiz na decisão de curatela, o curatelado conservará toda a sua capacidade e autonomia.

De todo modo, parece que nem todo ato ou negócio jurídico patrimonial pode ser objeto da curatela. Aqueles personalíssimos, a exemplo do testamento (art. 1.858, CC), estão fora do seu escopo, não sendo dado ao curador sequer assistir o curatelado na confecção do seu ato de última vontade. A rigor, considerando-se que o testamento só produz efeitos após a morte do testador, de modo que em nada o prejudicará, e que os herdeiros necessários já estão suficientemente protegidos pela intangibilidade da legítima, entende-se que a pessoa com deficiência pode validamente testar, desde que tenha um mínimo de compreensão sobre os efeitos da sua manifestação de vontade.

Cuidando-se, portanto, de ato de última vontade, a regra não é exigir-se a plena funcionalidade e entendimento, mas a funcionalidade mínima, já que os efeitos daquela declaração em nada prejudicarão a pessoa com deficiência.[7] Se o escopo da restrição da capacidade e da autonomia é proteger a pessoa com deficiência, não parece compatível com esse objetivo exigir a total compreensão da realidade para atos de última vontade, uma vez que seus efeitos não recaem sobre o testador – o exigível é que se tenha o entendimento acerca dos efeitos daquilo que se pratica. Ademais, os herdeiros necessários já estão suficientemente protegidos pela intangibilidade da legítima, de modo que qualquer disposição testamentária que se revele lesiva à legítima poderá ser objeto de redução. Nessa direção, não parece merecedor de tutela impedir o exercício da autonomia testamentária, ainda que haja redução do discernimento, em favor da proteção de interesses patrimoniais dos herdeiros para além da tutela da legítima. Em uma ponderação de interesses, o interesse do testador, pessoa com deficiência, deve prevalecer, reconhecendo-se como lícita e legítima a sua última manifestação de vontade reveladora de grau de discernimento compatível com o ato. É sob esse enfoque que deve se perquirir a capacidade testamentária do testador.

Importa destacar que a possibilidade de restrição da capacidade da pessoa com deficiência para a prática de atos patrimoniais admitida pelo Estatuto da Pessoa com Deficiência não parece incompatível com a Convenção da ONU, de *status* constitucional, como já se apontou.

A Convenção estatui, no art. 12, n. 2, que "os Estados Partes reconhecerão que as pessoas com deficiência gozam de capacidade legal em igualdade de condições com as demais pessoas em todos os aspectos da vida". A Convenção proíbe, ao que parece, a substituição de vontade da pessoa com deficiência, e impõe aos Estados signatários que

---

7. É justamente por essa razão que o pródigo, apesar de não ter capacidade de fato para atos de disposição patrimonial, tem capacidade para testar. "Embora situado entre os relativamente incapazes (Código Civil, art. 4º, n. IV), ao pródigo apenas se proíbe a realização, sem a assistência do curador, de negócios jurídicos *inter vivos* de disposição patrimonial (art. 1.782). Tem, pois, capacidade para testar, ressalvada a hipótese de a prodigalidade ser resultante de deficiência mental". (PEREIRA, 2017, p. 199); "Já os pródigos possuem plena capacidade para testar. Em que pese o silêncio do dispositivo (art. 1.860) em exame a respeito da incapacidade absoluta e da relativa, o testamento só vai produzir efeitos após a morte do agente, não lhe acarretando, portanto, prejuízos. Além disso, a família do pródigo se encontra protegida pela reserva hereditária, que contempla como herdeiros necessários os descendentes, os ascendentes, o cônjuge e o companheiro". (TEPEDINO; BARBOZA; BODIN DE MORAES, 2014, p. 677).

adotem sistemas de suporte ao exercício da capacidade legal pela pessoa com deficiência que respeitem seus desejos e suas preferências individuais.[8]

Aliás, no mesmo art. 12, n. 4, a Convenção estabelece que

> os Estados Partes assegurarão que *todas as medidas relativas ao exercício da capacidade legal* incluam salvaguardas apropriadas e efetivas para prevenir abusos, em conformidade com o direito internacional dos direitos humanos. Essas salvaguardas assegurarão que as *medidas relativas ao exercício da capacidade legal* respeitem os direitos, a vontade e as preferências da pessoa, sejam isentas de conflito de interesses e de influência indevida, sejam proporcionais e apropriadas às circunstâncias da pessoa, apliquem-se pelo período mais curto possível e sejam submetidas à revisão regular por uma autoridade ou órgão judiciário competente, independente e imparcial. As salvaguardas serão proporcionais ao grau em que tais medidas afetarem os direitos e interesses da pessoa (grifou-se).

Nota-se, assim, que embora no art. 12 a Convenção afirme a universalização da plena capacidade da pessoa com deficiência, reconhece que é possível que necessitem da adoção de certas medidas para que possam exercer sua capacidade legal, desde que sejam "proporcionais e apropriadas às circunstâncias da pessoa, apliquem-se pelo período mais curto possível e sejam submetidas à revisão regular por uma autoridade ou órgão judiciário competente, independente e imparcial".

No Brasil, há duas medidas a adotar: 1º) a tomada de decisão apoiada (art. 1.783-A, CC),[9] que não repercute na capacidade civil do indivíduo; e 2º) a curatela das pessoas com deficiência, a importar em sua incapacidade relativa quando, "por causa transitória ou permanente, não puderem exprimir sua vontade" (art. 4º, III, CC) – já que retiradas do rol dos absolutamente incapazes do art. 3º do Código Civil por alteração implementada pelo art. 114 do Estatuto. Não há mais que se falar, portanto, em incapacidade absoluta, diante da qual se adota o sistema de substituição de vontade, conferindo ao representante o poder de decidir no lugar do incapaz. Semelhante modelo se afigura de todo incompatível com o escopo promocional da autonomia da pessoa com deficiência.[10]

---

8. "The debate on whether substitute decision-making is permissible under the CRPD is ongoing, although both the CRPD Committee and General Comment No. 1 are very clear that it is not permitted. The Committee has repeatedly said that States Parties must take action to replace systems of substitute decision-making with supported decision-making that respects the will and preference of the person. Based on initial reports to the Committee, the General Comment refers to 'the general misunderstanding of the exact scope of the obligations of States parties under Article 12 and a general failure to understand that the human rights-based model of disability implies a shift from the substitute decision-making paradigm to one that is based on supported decision-making'. It states clearly that States Parties' obligations require both the abolition of substitute decision-making regimes and their replacement with supported decision-making alternatives" (KEYS, 2017, p. 268).

9. "Art. 1.783-A. A tomada de decisão apoiada é o processo pelo qual a pessoa com deficiência elege pelo menos 2 (duas) pessoas idôneas, com as quais mantenha vínculos e que gozem de sua confiança, para prestar-lhe apoio na tomada de decisão sobre atos da vida civil, fornecendo-lhes os elementos e informações necessários para que possa exercer sua capacidade."

10. No mesmo sentido, veja-se lição de Heloisa Helena Barboza e Vitor Almeida Júnior: "Não se cogita, no entanto, da incapacidade absoluta, eis que incompatível com a promoção da autonomia da pessoa com deficiência. É de se ressaltar ainda que, nos termos do art. 4º, III, do Código Civil, é considerada relativamente incapaz a pessoa que não possa exprimir sua vontade, temporária ou permanentemente, de forma consciente e autônoma, relativa a determinados atos patrimoniais/negociais, mas que, eventualmente, podem atingir os existenciais, desde que como salvaguarda para prevenir abusos e impedir que direitos sejam frustrados. Assim, tal dispositivo deve ser lido conforme a CPDP, incluindo as pessoas com deficiência, que, embora possam exprimir a vontade, esta objetivamente não venha a ser considerada válida e autônoma em razão do severo comprometimento das faculdades mentais. Entende-se, dessa forma, que o inciso III do art. 4º do CC é compatível com a proteção destinada à inclusão dos direitos e liberdades fundamentais da pessoa com deficiência, pois cria regra genérica que se aplica a qualquer

A tomada de decisão apoiada encerra instrumento "voltado a auxiliar a pessoa que se sente fragilizada no exercício de sua autonomia", mas que reúne "condições de, por si, realizar suas escolhas e celebrar quaisquer negócios jurídicos sem a necessidade de assistência ou representação" (MENEZES, 2016, p. 42-44). Já a curatela se revela como medida de apoio mais intensa, em que se outorgam poderes de assistência para o curador,[11] e se reconhece a incapacidade relativa da pessoa com deficiência, a qual, de todo modo, para a validade do ato, deverá também manifestar sua vontade ao lado do seu assistente.[12]

Veja-se, portanto, que em ambas as situações, a vontade da pessoa com deficiência é fundamental para a prática do ato, e havendo divergência entre a vontade do apoiador ou do assistente, e a vontade da pessoa com deficiência, será o juiz que dirimirá a controvérsia quando se tratar de questão que envolva risco para o apoiado.[13] Como se observa, não há, em nenhuma das situações, supremacia da vontade do apoiador ou assistente sobre a vontade da pessoa apoiada ou assistida.

A diferença fundamental entre os dois institutos reside no fato de que, na tomada de decisão apoiada, basta a vontade da pessoa com deficiência para a validade do ato – vale dizer, a ausência de manifestação do apoiador não torna o ato anulável, mesmo porque o apoiado é plenamente capaz –,enquanto na incapacidade relativa, é imperiosa a conjunta manifestação do assistente, sob pena de anulabilidade (MENEZES, 2016, p. 42). Neste caso, o processo decisório é complexo, a exigir, repita-se, duas manifestações de vontade: a do assistente e a do assistido. Não há, com efeito, substituição de vontade ou a prevalência da vontade da assistente na incapacidade relativa, nos termos do que exige a convenção, mas sim, um apoio mais intenso, em atenção à necessidade do indivíduo.

Importante sublinhar, no entanto, que em situações extremas e justificáveis, dado o máximo grau de comprometimento da funcionalidade da pessoa com deficiência, que não ostenta qualquer condição de se manifestar, a doutrina brasileira tem admitido a excepcional outorga de poderes de representação no âmbito da curatela, hipótese em que o negócio será válido com a só manifestação de vontade do curador.[14] Mas mesmo nessas situações, o curador tem como obrigação tentar reconstruir a vontade do curatelado, a sua história biográfica, de forma a decidir, da forma mais fiel possível, de acordo com os seus desejos e preferências.

Além disso, já no preâmbulo da Convenção, a alínea "j" reconhece "a necessidade de promover e proteger os direitos humanos de todas as pessoas com deficiência, inclusive

---

pessoa, independentemente da deficiência, que não puder por motivos físicos (estado comatoso, por exemplo) ou em razão de severa deficiência mental ou intelectual, evitando a discriminação e oportunizando o tratamento em igualdade de condições" (BARBOZA; ALMEIDA JÚNIOR, 2016, p. 219-220).

11. Em situações extremas e justificáveis, a doutrina tem admitido a excepcional outorga de poderes de representação (MENEZES, 2016, p. 35).

12. "Os relativamente incapazes não são privados de ingerência ou participação na vida jurídica. Ao contrário, o exercício de seus direitos somente se realiza com a sua presença" (PEREIRA, 2017, p. 238).

13. Em relação à tomada de decisão apoiada, confira-se o art. 1.783-A, § 6º: "Em caso de negócio jurídico que possa trazer risco ou prejuízo relevante, havendo divergência de opiniões entre a pessoa apoiada e um dos apoiadores, deverá o juiz, ouvido o Ministério Público, decidir sobre a questão."

14. "Excepcionalmente, se for para prover a concreta e particular necessidade da pessoa, entende-se que o juiz poderá atribuir poderes de representação ao curador. Mas ainda nessa hipótese, os interesses, as preferências e o bem-estar da pessoa sob curatela serão o guia para as decisões e não a mera vontade discricionária do curador". (MENEZES, 2016, p. 35-36).

daquelas que requerem maior apoio", e o art. 3º elenca dentre os princípios da Convenção "o respeito pela dignidade inerente, a autonomia individual, inclusive a liberdade de fazer as próprias escolhas, e a independência das pessoas". Encerra, portanto, princípio da Convenção – e, portanto, princípio da Constituição da República Federativa do Brasil – a promoção da proteção dos direitos humanos da pessoa com deficiência, dos seus desejos e preferências, e o respeito pela dignidade inerente.

Nessa direção, o modelo de restrição da capacidade civil para a prática de atos patrimoniais adotado pelo direito brasileiro por meio da curatela – que não é substitutivo da vontade – afigura-se compatível com a Convenção, desde que implementado nos termos já referidos, e que se revele a medida necessária e mais adequada para a promoção dos direitos humanos e da dignidade da pessoa com deficiência, seus desejos e preferências.[15]

No que tange ao exercício de atos e negócios existenciais, a análise se afigura bem mais complexa. Como se apontou, o Estatuto determina, no art. 6º, a plena capacidade civil da pessoa com deficiência em relação a diversas situações jurídicas existenciais; no art. 85, *caput*, que a curatela abrange apenas "atos relacionados aos direitos de natureza patrimonial e negocial", e no § 1º, que "a definição da curatela não alcança o direito ao próprio corpo, à sexualidade, ao matrimônio, à privacidade, à educação, à saúde, ao trabalho e ao voto". Diante dessa normativa, há que se interpretar, em primeiro lugar, a expressão "atos relacionados aos direitos de natureza patrimonial e negocial". Duas são as possibilidades: i) entender que os atos submetidos à curatela são aqueles relacionados a direitos que a um só tempo sejam patrimoniais e negociais, vale dizer, o direito deve ostentar, cumulativamente, a natureza patrimonial e negocial; ou ii) compreender que os atos submetidos à curatela podem ser aqueles relacionados a direitos de natureza patrimonial, bem como aqueles relacionados a direitos de natureza negocial.

A primeira interpretação reduz sensivelmente os atos objeto da curatela: somente os atos relativos a direitos decorrentes de negócios jurídicos patrimoniais poderiam ser abrangidos pela curatela, a excluir tanto os direitos decorrentes de atos jurídicos *stricto sensu* quanto os direitos decorrentes de negócios jurídicos existenciais.[16] Este entendimento pode mesmo acabar por desproteger a pessoa com deficiência, pois nega, *a priori* e em abstrato, qualquer possibilidade de o curador se envolver em negócios existenciais ou atos jurídicos *stricto sensu*, relegando a pessoa com deficiência à própria sorte quando ela, na realidade da vida, não for efetivamente capaz de tomar uma série de decisões

---

15. No âmbito do direito espanhol, afirma Inmaculada: "De dicho pronunciamiento judicial de nuestro Tribunal Supremo compartimos la afirmación de que la incapacitación judicial no es, en si misma considerada, una institución contraria a los valores de la Convención ONU (...) pero, en cambio, a la vista de lo dispuesto por el art. 12.4 del citado tratado, sí podría no ser ajustado a los principios y valores de la Convención su actual ámbito de aplicación, el cual debería reducirse, limitándose a aquellos supuestos residuales para los cuales sea la única medida de protección (en defecto, pues, de otras) verdaderamente necesaria y beneficiosa para la persona, esto es, cuando sea ineludible su aplicación, contraviniendo, sin duda alguna, la Convención, su adopción desproporcionada en determinados supuestos en los cuales es superflua o inútil la limitación o privación de la capacidad de obrar, llamándose judicialmente enfermedad a la tristeza, a la violencia, a la inestabilidad familiar o a una deficiente instrucción" (VIVAS-TESÓN, 2016, p. 39).

16. Ato jurídico *stricto sensu* é a manifestação de vontade obediente à lei, porém geradora de "efeitos que nascem da própria lei". Negócio jurídico é a declaração de vontade destinada "à produção de efeitos jurídicos queridos pelo agente" (PEREIRA, 2017, p. 400).

existenciais, como, por exemplo, aquelas relativas ao tratamento de saúde que podem ser cruciais para a cura e, até mesmo, para a manutenção da sua vida.

A segunda interpretação, de outro lado, amplia os confins da curatela, admitindo-a para qualquer direito de natureza patrimonial, seja ele decorrente de ato jurídico *stricto sensu* ou de negócio jurídico, bem como para os direitos decorrentes de negócios jurídicos existenciais, sempre que tal expansão se revele medida necessária e proporcional à promoção prioritária da dignidade humana, dos desejos e preferências da pessoa com deficiência. Estariam fora do escopo da curatela os direitos existenciais decorrentes de ato jurídico *stricto sensu*, bem como aqueles decorrentes de negócios jurídicos existenciais expressamente excluídos pelo Estatuto do alcance da curatela (art. 85, § 1º) e aqueles para os quais não se admite a restrição da capacidade civil (art. 6º).

Assim, parece possível, por exemplo, submeter à curatela negócio jurídico referente a alguns direitos morais de autor,[17] a exemplo do direito de conservar a integridade da obra e o direito de modificação da obra. Pense-se, por exemplo, em um famoso escritor que, acometido por alguma deficiência ao longo de sua vida, é submetido à curatela. Poderia o juiz, ao que parece, determinar a necessária manifestação de vontade do curador, ao lado da vontade do curatelado, para a celebração de negócios jurídicos voltados à modificação de obra de sua autoria, sempre com o escopo de proteger e promover seus desejos, preferências e interesses.

No entanto, mesmo em relação àqueles direitos que o Estatuto expressamente impede a limitação da capacidade (art. 6º), bem como àqueles que impede sejam objeto de curatela (art. 85, § 1º), é preciso fazer algumas considerações.

Em primeiro lugar, embora não admita estruturalmente a restrição da capacidade e a submissão à curatela, é sempre possível – como o é em relação a atos e negócios praticados por pessoas sem qualquer deficiência –, a partir de análise funcional realizada *a posteriori*, o desfazimento do ato/negócio existencial quando comprovado que a pessoa com deficiência não tinha a funcionalidade necessária para praticá-lo, protegendo-a de forma prioritária, nos termos da principiologia da Convenção, da qual se extraem os princípios da promoção dos desejos, preferências e interesses, bem como da dignidade da pessoa com deficiência, de status constitucional.[18]

---

17. Os direitos morais de autor são direitos da personalidade, portanto, existenciais. Os direitos morais voltam-se à proteção da subjetividade do criador intelectual. A obra está indissoluvelmente ligada àquele que a criou, e revela-se essência da sua personalidade. Sobre a natureza dos direitos morais de autor, confira-se: "Os direitos respeitantes ao liame pessoal entre autor e obra são, assim, inseridos, pela doutrina, entre os direitos da personalidade, embora, por força do poder de exploração econômica da criação, decorram proventos, classificáveis sob a rubrica de direitos patrimoniais, portanto, de cunho real". (BITTAR, 2015, p. 215); "A paternidade intelectual, sendo um bem interior da pessoa, dela inseparável existe permanentemente na sua esfera jurídica. Assim, o direito que tem um tal objeto é munido dos atributos necessários para poder ser classificado entre os direitos da personalidade". (CUPIS, 2008, p. 337); A preservação do vínculo de paternidade entre autor e obra, "considerado, por muitos, indelével, é a função dos direitos morais do autor. E a proteção do vínculo e dos consequentes interesses existenciais do autor projetados nas obras tem por fim a proteção da própria pessoalidade do criador. Por isso os direitos morais são compreendidos, por parte substancial da doutrina, como sendo direitos pessoais do autor, inseridos entre os direitos de personalidade". (SOUZA, 2013, p. 6).

18. "Muito mais relevante do que a previsão legal de incapacidade (e do respectivo grau) ou a qualificação do interesse (se predominantemente patrimonial ou existencial) da pessoa com deficiência psíquica ou intelectual será a individuação da normativa de cada caso particular, do modo que melhor promova a dignidade da pessoa concretamente considerada. Nesse sentido, no regime das invalidades em geral propõe-se a possibilidade de o intérprete

Essa solução, embora prestigie a capacidade e a autonomia da pessoa com deficiência, que não sofre restrições iniciais, admite, no caso concreto e apenas posteriormente ao exercício do ato de autonomia, a sua valoração axiológica, a aferição de sua compatibilidade com os valores constitucionais. Ficando comprovado que a decisão existencial foi tomada sem a necessária compreensão pela pessoa com deficiência dos seus efeitos em sua esfera pessoal, esse ato de autonomia, na realidade, poderá importar em lesão aos interesses da pessoa com deficiência, violando os princípios constitucionais da promoção dos seus desejos, preferências e interesses, bem como da dignidade da pessoa com deficiência e, por isso, poderá ser desfeito. Em verdade, nenhum ato de autonomia, quem quer que o pratique, pessoa com ou sem deficiência, está imune ao exame axiológico. E no que tange à pessoa com deficiência, esse exame axiológico deve levar em conta a especial axiologia introduzida na Constituição brasileira pela Convenção, axiologia essa, repita-se, voltada à tutela prioritária e à promoção dos desejos e preferências da pessoa com deficiência.

No entanto, em casos extremos, considerando-se a vulnerabilidade exacerbada da pessoa com deficiência tendo em vista o grave comprometimento de sua funcionalidade, bem como naquelas situações em que o ato de autonomia existencial é irreversível, a exemplo do que ocorre em uma doação de órgãos, essa solução *a posteriori* tampouco é suficiente para proteger adequadamente a pessoa com deficiência.

Nessa direção, como já afirmou Joyceane Bezerra de Menezes,

> Em verdade, o dispositivo procura evitar a coisificação da pessoa curatelada que não pode ter a sua integridade fisiopsíquica comprometida pela atuação indevida do curador. Porém, se o curatelado não tiver qualquer capacidade de agir, estiver sob tratamento médico, houver a necessidade de se decidir sobre certa intervenção em matéria de saúde e não existir familiar em condição de fazê-lo? *Haveria sim a possibilidade de intervenção do curador, mas sempre com a intenção de realizar o interesse fundamental do curatelado*, assim entendido como as suas preferências genuínas, sua percepção do mundo, suas convicções pessoais acerca da própria identidade. Caso o curatelado houver nascido sem qualquer competência volitiva e, por isso, não houver registrado por seu modo de viver, quais seriam esses interesses fundamentais, a atuação do curador deverá se guiar pelo princípio da beneficência, seguindo padrões respeitáveis à dignidade da pessoa humana e os direitos do curatelado, na tentativa de atender, sempre que possível, às suas inclinações e relações afetivas (MENEZES, 2016, p. 532. Grifou-se).[19]

À mesma conclusão chegaram Heloisa Helena Barboza e Vitor Almeida Júnior (2016, p. 265):

---

modular as consequências do regime jurídico de nulidade ou anulabilidade indicado por lei para certos vícios dos atos de autonomia privada – e, particularmente no caso das incapacidades, sustenta-se a necessidade de avaliá-las em concreto, à luz do discernimento e da vulnerabilidade apresentadas pelo agente, tomando-se como norte o referido imperativo de proteção da pessoa humana independentemente do enquadramento a priori que lhe seja conferido por lei". (SOUZA; SILVA, 2016, p. 309).

19. Em outra oportunidade, ratifica a autora: "Dito isto, a fixação dos limites da curatela deve evitar dois extremos: de um lado, a proteção excessiva que aniquila toda autonomia da pessoa, lançando-a em um estado semelhante ao da morte civil. De outro lado, a limitação da curatela apenas à administração do patrimônio, excluindo, em abstrato e a priori, eventual e necessária proteção no plano das questões existenciais. *Se houver necessidade de proteger o interdito no âmbito dessas questões não patrimoniais, a curatela deverá recair também sobre tais interesses, respeitadas as salvaguardas importantes à efetivação dos direitos humanos*" (MENEZES, 2015, p. 22-23).

MITIGAÇÃO DE CAPACIDADE E ATOS PATRIMONIAIS E EXISTENCIAIS **37**

[...] a afirmativa de que os direitos existenciais da pessoa interdita são intangíveis, há de ser entendida nos limites da razoabilidade. *O respeito a esses direitos não significa o abandono da pessoa a suas próprias decisões, quando se sabe não haver evidentemente condições de tomá-las, por causas físicas ou mentais.* Não seria razoável permitir que pessoa com deficiência se autoamputasse, a pretexto de lhe assegurar o direito sobre o próprio corpo. Certamente, porém, haverá situações em que o curador deverá tomar providências que impliquem interferência no corpo do curatelado, por exemplo, para cuidar de sua saúde. (Grifou-se).

A solução se justifica. Embora o direito ostente importante papel transformador da sociedade,[20] há de se reconhecer que há limites para essa transformação. Não é porque o Estatuto determina que as pessoas com deficiência gozam de plena capacidade para a prática de certos atos existenciais que eles realmente serão capazes de exercê-los por si só. A depender do grau da deficiência, do comprometimento da sua funcionalidade, do ponto de vista prático, a pessoa não conseguirá exercer tais atos autonomamente, e o direito precisará reconhecer essa situação a fim de promover sua adequada proteção.

Além disso, a não admissão de qualquer espécie de limitação da capacidade da pessoa com deficiência para o exercício dos direitos referidos nos arts. 6° e 85, § 1° decorre, em verdade, de análise isolada do Estatuto, desconsiderando o ordenamento jurídico no qual ele está incluído. A interpretação, como preconiza a metodologia do direito civil-constitucional, ou é sistemática ou não é interpretação.[21] O intérprete deve considerar todo o arcabouço legislativo em cotejo com as especificidades do caso concreto para eleger a solução que, de acordo com a legalidade constitucional, melhor discipline os fatos apresentados.

Na esteira do que se apontou acima, a Convenção é norma constitucional, sendo hierarquicamente superior ao Estatuto. Considerando-se, por conseguinte, que a Convenção impõe a promoção da proteção dos direitos humanos da pessoa com deficiência e o respeito pela dignidade inerente, se no caso concreto apenas a restrição pontual, episódica e excepcional de parcela da capacidade civil for capaz de promover a proteção adequada da pessoa com deficiência, o intérprete poderá afastar algum dos comandos contido nos arts. 6° e 85, § 1°, do Estatuto, e identificar a disciplina mais adequada ao caso concreto, de acordo com a suas peculiares circunstâncias. Trata-se, todavia, de medida excepcionalíssima, justificada exclusivamente pela promoção da dignidade da

---

20. "Dado que na realidade como um todo não existem somente velhas 'estruturas' a serem modificadas, mas também exigências – ideais e práticas – que requerem satisfação, também a norma promocional (ou seja, a norma que se propõe à função inovadora da realidade) é sempre fruto de demandas, de necessidades, de impulsos "já existentes", em uma certa sociedade. O Direito de tal modo, torna possível, com os seus instrumentos, a transformação social". (PERLINGIERI, 2002, p. 2-3).

21. "O sistema jurídico não é puramente eventual porque as relações conteudísticas (*contenutistiche*), do qual é expressão, representam um componente essencial mesmo na interpretação do enunciado legislativo individualmente considerado. A unidade interna não é um dado contingente, mas, ao contrário, é essencial ao ordenamento, sendo representado pelo complexo de relações e de ligações efetivas e potenciais entre as normas singulares e entre os institutos". (PERLINGIERI, 2002, p. 78).

"[...] consolida-se hoje o entendimento de que cada regra deve ser interpretada e aplicada em conjunto com a totalidade do ordenamento, refletindo a integralidade das normas em vigor. A norma do caso concreto é definida pelas circunstâncias fáticas nas quais incide, sendo extraída do complexo de textos normativos em que se constitui o ordenamento. O objeto da interpretação são as disposições infraconstitucionais integradas visceralmente às normas constitucionais, sendo certo que cada decisão abrange a totalidade do ordenamento, complexo e unitário". (TEPEDINO, 2014, p. 82-83).

pessoa com deficiência, voltada à concretização de seus desejos e preferências sempre que possível identificá-los.[22][23]

O que se sustenta, em suma, é que o § 1º do art. 85, que proíbe a curatela para os direitos nele referidos, e o art. 6º, que proíbe a restrição da capacidade civil para o exercício dos direitos que elenca, podem ser afastados para permitir, por exemplo, que, em relação a uma situação específica, para a prática de um certo ato ou negócio existencial, o curador deve submeter a questão ao juiz, que decidirá se a pessoa com deficiência pode ou não o praticar. Não se trata, portanto, de dar um cheque em branco para o curador decidir, ele mesmo, sobre referidos direitos existenciais. Trata-se, sim, de lhe conferir o *dever* de levar ao conhecimento do juiz o desejo da pessoa com deficiência de exercer certo e determinado direito existencial, para que *o juiz* decida se ele pode ou não o praticar, em decisão fundamentada de acordo com a racionalidade da CDPD.

Essa construção vai ao encontro da ideia de que, contemporaneamente, o intérprete não está vinculado à letra da lei, mas à norma, identificada a partir do confronto dialético entre disposições legislativas e fatos, em uma unidade incindível. No âmbito de um ordenamento unitário e complexo, caracterizado por clara hierarquia de fontes, o jurista deve buscar a solução mais adequada ao caso concreto, observados os valores e os interesses considerados normativamente preponderantes, à luz da Constituição. Não se trata, evidentemente, de admitir a arbitrariedade do intérprete. Cuida-se, sim, de reconhecer que o intérprete é dotado de discricionariedade interpretativa,[24] exercida nos limites do princípio da legalidade constitucional, "entendido certamente, não como uma subserviente interpretação e aplicação de uma lei particular e isolada, mas como dever de interpretá-la e aplicá-la em respeito às normas e escolhas constitucionais, como a obrigação da correta motivação e argumentação" (PERLINGIERI, 2008, p. 24).

Logo, se no caso concreto o intérprete concluir que a mitigação da capacidade civil da pessoa com deficiência é o único instrumento adequado para a concretização do princípio

---

22. Trata-se de situação em que o absoluto respeito à impossibilidade de desvinculação entre titularidade e exercício dos direitos da personalidade pode prejudicar a pessoa com deficiência. Nessas hipóteses, em caráter excepcionalíssimo, é possível separá-los, de modo que a pessoa com deficiência não fique desprotegida pelo próprio ordenamento jurídico.

23. Já se admitiu que a curatela deveria ser ampliada para atos que exigissem do curatelado "capacidade de autodeterminação e senso de responsabilidade": "Admite-se que o Ministério Público, como defensor dos interesses dos incapazes, interponha recurso requerendo a ampliação do âmbito protetivo da curatela, para abranger, além dos atos patrimoniais e negociais, a prática de atos que exigem do interditando capacidade de autodeterminação e senso de responsabilidade. 4. No caso em concreto, considerando a uníssona conclusão pericial de que a interditanda não possui capacidade de autodeterminação que lhe permita reger sua própria vida de forma autônoma e independente, e ainda, tendo por intuito proteger sua dignidade como sujeito de direitos em condição de vulnerabilidade, o exercício da curatela deve ser ampliado para abarcar a prática dos atos de dirigir veículos, exercer o poder familiar e casar, bem como no tocante às decisões a respeito dos direitos referentes ao próprio corpo, à sexualidade, à privacidade, à educação, à saúde, ao trabalho e aos atos de demandar e ser demandada. (...) 6. Nos termos dos artigos 1.778 do Código Civil e 757 do Código de Processo Civil, a autoridade do curador estende-se à pessoa e aos bens dos filhos do curatelado. 7. Apelo conhecido e parcialmente provido." (TJDFT, 8ª T. Cív., Apel. cív. 20150610076122A, Rel. Des. Ana Cantarino, julg. 22.2.2018, DJ 1.3.2018).

24. Fabrizio di Marzio define, com precisão, o conceito de discricionariedade interpretativa: "Con il sintagma 'discrezionalità interpretativa' intendo referirme al potere, proprio dell'attività decisoria, di scelta nel merito, considerato tuttavia non in se stesso ma in quanto conseguenza del potere di scelta che il giudice esercita – prima che sulla soluzione da adottare – sulla interpretazione da effettuare per giungere alla soluzione" (DI MARZIO, 2006, p. 399). Confira-se, ainda, Terra (2015, p. 372 e ss.).

constitucional da promoção da proteção dos direitos humanos da pessoa com deficiência e do respeito pela dignidade inerente, poderá afastar a regra do Estatuto, fazendo com que o curador leve ao conhecimento do juiz a questão, que decidirá pela possibilidade ou não de a pessoa com deficiência exercer o direito. Para tanto, será sempre necessário justificativa consistente, baseada em argumentos racionais-constitucionais, uma vez que está contrariando regra expressa de proteção prevista no EPD.

Aliás, e ratificando essa construção, importa observar que embora o Estatuto estabeleça que a curatela não alcança, por exemplo, o direito à saúde, ele próprio parece reconhecer que, excepcionalmente, a curatela pode sim alcançá-lo. Veja-se o art. 12, segundo o qual "o consentimento prévio, livre e esclarecido da pessoa com deficiência é indispensável para a realização de tratamento, procedimento, hospitalização e pesquisa científica", e, o § 1º, que determina que "em caso de pessoa com deficiência em situação de curatela, deve ser assegurada sua participação, no maior grau possível, para a obtenção de consentimento". Ora, se o Estatuto estabelece que se deve assegurar à pessoa em situação de curatela sua participação para a obtenção do consentimento *no maior grau possível*, é porque reconhece que haverá situações em que a possibilidade de participação da pessoa em situação de curatela é em grau mínimo, ou mesmo que não será possível a sua participação no consentimento.[25] Nesses casos, evidentemente, o consentimento deverá ser dado pelo próprio curador.[26]

Importante sublinhar que mesmo nas situações em que a pessoa com deficiência não puder participar do consentimento, o curador não poderá substituir sua vontade em

---

25. Gustavo Pereira Leite Ribeiro se filia à corrente que entende que capacidade para consentir não se confunde com a capacidade de fato: "Na experiência estrangeira, a capacidade para consentir é resultado de construção doutrinária e jurisprudencial comprometida com a viabilização de atos e de decisões relativos aos direitos de personalidade, em consonância com as exigências do livre desenvolvimento da personalidade e do respeito incondicional da dignidade da pessoa humana. (...) A capacidade para consentir possui caráter instrumental. Sua finalidade é distinguir aquelas pessoas que emitem decisões autênticas sobre os cuidados de saúde e aquelas cujas decisões precisam ser supervisionadas ou substituídas por outra pessoa. Se o paciente não tem capacidade para consentir, seu assentimento não constitui uma autorização idônea para a execução de intervenção diagnóstica ou terapêutica, assim como dissentimento não é suficiente para obstar a legítima atuação do médico" (RIBEIRO, 2016, p. 747-748).

26. A jurisprudência já vem reconhecendo essa possibilidade: "Apelação. Direito civil e processual civil. Ação de interdição. Nomeação de curador. Controvérsia entre os genitores do interditado. Maior afinidade como critério de escolha. Melhor interesse do interditado. Ampliação dos efeitos da tutela. Acompanhamento médico e preservação da saúde do doente. Recurso conhecido e parcialmente provido. 1. Quando os genitores litigam pela curatela do filho, mostra-se essencial a mínima manifestação de vontade do interditado com relação a quem terá o encargo de zelar pelos seus bens e interesses. Mesmo que não seja o caso de se levar em conta a opinião do interditado, ao julgador cabe avaliar, ao nomear o curador, o mínimo indício de vínculo afetivo ou afinidade com o interditado, a fim de preservar sempre o melhor convívio e, por óbvio, o melhor interesse do incapaz. 2. Não constando dos autos qualquer prova, informação ou mesmo sinal de que a genitora do interditado, nomeada curadora, não preze pelo bem estar do filho, que não o acompanhe no tratamento médico ou ainda que interfira negativamente na sua recuperação, não há motivos para que seja alterada a curatela. 3. *Uma vez que a perícia conclua que o interditado está em estado de 'comprometimento do pensamento, do afeto, do juízo de realidade, da memória recente e tardia, da atenção, da concentração e do pragmatismo', é necessária a ampliação dos efeitos da curatela para, além do encargo à prática de atos de natureza patrimonial e negocial, a curadora nomeada também fique responsável por orientar e acompanhar o interditado em seu tratamento médico, além de prover a sua saúde, de acordo com as necessidades do filho.* 4. Recurso conhecido e parcialmente provido" (TJDF, 5ª Turma Cível, Apel. Cív. 20140310159903, Rel. Des. Robson Barbosa de Azevedo, julg. 19.4.2017, DJ 9.5.2017, grifou-se). Na mesma direção, e também em relação a questões de saúde do curatelado, confira-se: TJRS, 8ª C.C., Apel. Cív. 70069713683, Rel. Des. Rui Portanova, julg. 15.9.2016, DJ 19.9.2016; TJSP, 5ª Câmara de Direito Privado, Apel. Cív. 0001611-45.2013.8.26.0547, Rel. Des. James Siano, julg. 13.3.2016, DJ 13.3.2016.

toda e qualquer questão de saúde. Não poderá o curador, por exemplo, decidir submeter o curatelado a uma cirurgia eletiva, como uma plástica com finalidade exclusivamente estética. Isso porque, o art. 13 apenas admite que a pessoa com deficiência seja "atendida sem seu consentimento prévio, livre e esclarecido em casos de risco de morte e de emergência em saúde, resguardado seu superior interesse e adotadas as salvaguardas legais cabíveis".

E, mesmo nestes casos, surge a difícil questão relativa aos parâmetros a serem adotados pelo curador na tomada de decisão.

Pense-se na situação em que uma pessoa que a vida inteira foi testemunha de Jeová adquire alguma grave deficiência que compromete em grau máximo as suas funcionalidades, e precisa se submeter a uma cirurgia já quando sob curatela, para a qual os médicos advertem, antecipadamente, a necessidade de realização de transfusão de sangue. Deve o curador autorizar a transfusão de sangue, violando a liberdade religiosa, ou deve negá-la? A questão de fundo que se coloca é: deve o curador adotar como parâmetro o "melhor interesse" da pessoa com deficiência, ou deve nortear a decisão por sua história biográfica?

O mencionado art. 13 se refere a "superior interesse"; a expressão tem recebido críticas, ao argumento de que pode ensejar um negativo paternalismo (KEYS, 2017, p. 277), autorizando o curador a tomar as decisões considerando o que ele, curador, entende como melhor interesse do curatelado. Na situação descrita, se o curador não for testemunha de Jeová, certamente entenderá que o melhor interesse da pessoa com deficiência é se submeter à transfusão a fim de manter-se vivo.

A Convenção, em seu art. 12, n. 4, refere-se a respeito à "vontade e as preferências da pessoa", a remeter à história biográfica da pessoa com deficiência, o que, conduziria à recusa à transfusão de sangue. Esta, ao que parece, é a solução que garante o respeito à personalidade da pessoa com deficiência.

A questão se torna mais tormentosa quando a pessoa com deficiência não tem uma história biográfica que possa conduzir o curador à decisão mais consentânea com seus desejos e preferências – quando, por exemplo, já nasceu com uma deficiência severa que nunca possibilitou que fizesse escolhas prévias. Em situações como essa, o parâmetro do melhor interesse se aplica, que deve conduzir à decisão que proporcione a maior qualidade de vida para a pessoa com deficiência (BACH; KERZNER *apud* KEYS, 2017, p. 277).

Em suma, conclui-se que embora a regra seja a plena capacidade e autonomia da pessoa com deficiência para o exercício dos direitos contemplados nos arts. 6º e 85, §1º, a possibilidade de mitigação não pode ser afastada de forma absoluta. A rigor, recusar qualquer tipo de mitigação da capacidade e da autonomia da pessoa com deficiência nesses casos revela o mesmo problema já referido acerca do regime das incapacidades estabelecido originalmente pelo Código Civil de 2002: a adoção de um esquema formal e abstrato, elaborado a partir de um sujeito etéreo e fictício, e que ignora a complexidade da vida real. Embora não se negue que as normas jurídicas devam ser dotadas de algum grau de abstração, os princípios constitucionais da igualdade material e da solidariedade social impõem a proteção das vulnerabilidades concretas, da pessoa humana individual identificada a partir de sua conjuntura única e complexa (TEPEDINO, 2008).

MITIGAÇÃO DE CAPACIDADE E ATOS PATRIMONIAIS E EXISTENCIAIS

Nessa esteira, a restrição da capacidade e da autonomia será admitida quando se revelar a única medida capaz de concretizar os princípios da Convenção, vale dizer, sempre que se revelar o único instrumento de tutela necessário e adequado à promoção da proteção dos direitos humanos da pessoa com deficiência, seus desejos e preferências, e do respeito pela dignidade inerente. Essa mitigação da capacidade e da autonomia para o exercício dos direitos existenciais expressamente mencionados pelo Estatuto deve ser sempre excepcionalíssima e justificada pelas circunstâncias especiais do caso concreto, a partir de análise biopsicossocial por equipe multidisciplinar. Evidentemente, o ônus argumentativo do juiz, nesses casos, será ainda maior.

Ela deve, ademais, ser episódica, vale dizer, referida a certo e determinado ato existencial. Jamais poderá ser genérica – como aliás, não pode ser qualquer restrição de capacidade da pessoa com deficiência, mesmo em relação a atos e negócios patrimoniais. Além disso, a mitigação da capacidade deve ser sempre temporária, estabelecida pelo menor tempo possível, a exigir periódicas avaliações acerca da possibilidade de autodeterminação da pessoa com deficiência para a prática dos atos existenciais abrangidos pela restrição de sua capacidade.

4. CONCLUSÃO

Não obstante o grande avanço rumo à tutela integral da pessoa com deficiência sob a perspectiva emancipatória inaugurado pela Convenção e regulamentado pelo EPD, deve-se buscar uma interpretação que, efetivamente, promova a pessoa com deficiência proporcionalmente às suas necessidades e funcionalidade. Nesse sentido, faz-se necessário interpretar a amplitude do art. 85 do EPD, ao mencionar que a curatela apenas afeta atos de natureza patrimonial e negocial, pois, por ser medida excepcional, deve ser sempre funcionalizada à promoção da pessoa humana.

A solução parece estar na adoção de um sistema em que a regra seja a autonomia e a capacidade. É sempre possível, todavia, desfazer o ato ou o negócio, seja existencial ou patrimonial, mesmo sem existir qualquer alteração estrutural da capacidade da pessoa com deficiência, quando, no caso concreto, e posteriormente à sua realização, ficar provado, a partir de análise funcional, que ele não atende aos valores constitucionais, vale dizer, que ele, ao invés de proteger, vulnera a pessoa com deficiência, e que ela o praticou porque não tinha a compreensão necessária de seus efeitos.

Além disso, excepcionalmente, sempre que ficar comprovado por análise biopsicossocial, levada a cabo por equipe multidisciplinar, que a pessoa com deficiência não tem, de fato, condições de decidir sozinha sobre algum aspecto existencial e a restrição da capacidade se revelar o único expediente técnico capaz de tutelar seus interesses, ela poderá ocorrer. Cuida-se, portanto, de medida de caráter excepcional, e que deve ser determinada a medida exata da necessidade para proteger a pessoa com deficiência, tendo em vista o princípio constitucional da promoção dos desejos e preferências da pessoa com deficiência.

Quanto ao exercício dos direitos contemplados nos arts. 6º e 85, § 1º, embora a regra seja a plena capacidade e autonomia da pessoa com deficiência, a possibilidade de mitigação não pode ser afastada de forma absoluta. Caso contrário, haveria o risco de retroceder ao mesmo esquema abstrato que ignora a pessoa humana concreta, o que não se pode aceitar em nome dos princípios constitucionais da igualdade material e da solidariedade social.

A restrição da capacidade é permitida quando se revelar o único meio para salvaguardar a pessoa com deficiência, seus direitos humanos, desejos e preferências. Faz-se necessário interpretar o art. 85 do EPD no sentido de que a curatela só pode ser decretada para atos patrimoniais e negócios jurídicos *lato sensu*. Em relação às situações existenciais expressas nos arts. 6º e 85, § 1º EPD, incluí-las no programa de curatela deve ser situação excepcionalíssima e justificada pelas circunstâncias inerentes ao caso concreto, a partir de análise biopsicossocial por equipe multidisciplinar, cabendo ao juiz, de forma ainda mais detalhada, justificar as razões de contrariedade *a priori* ao EPD.

Nesse plano de curatela, modulado e individualizado na sentença, o magistrado deverá minudenciar de forma detalhada e motivada os atos existenciais que, excepcionalmente, estarão sob curatela. Além de episódica, qualquer mitigação da capacidade deve ser sempre temporária, estabelecida pelo menor tempo possível, a exigir revisões de tempos em tempos, a fim de se verificar a necessidade de nova modulação, preservando-se, preferencialmente, os atos existenciais.

5. REFERÊNCIAS

BARBOZA, Heloisa Helena; ALMEIDA JÚNIOR, Vitor. A capacidade civil à luz do Estatuto da Pessoa com Deficiência. In: MENEZES, Joyceane Bezerra de (Org.). *Direito das pessoas com deficiência psíquica e intelectual nas relações privadas*: Convenção sobre os direitos das pessoas com deficiência e Lei Brasileira de Inclusão. Rio de Janeiro: Processo, 2016. p. 315-342.

BARBOZA, Heloisa Helena; ALMEIDA JÚNIOR, Vitor de Azevedo. A (in)capacidade da pessoa com deficiência mental ou intelectual e o regime das invalidades: primeiras reflexões. In: EHRHARDT JÚNIOR, Marcos (Coord.). *Impactos do novo CPC e do EDP no Direito Civil Brasileiro*. Belo Horizonte: Fórum, 2016. p. 205-228.

BITTAR, Carlos Alberto. *Os direitos da personalidade*. 8. ed. Atualizado por Eduardo C. B. Bittar. São Paulo: Saraiva, 2015.

BRASIL. Instituto Brasileiro de Geografia e Estatística – IBGE. *Censo Demográfico 2010*: características gerais da população, religião e pessoas com deficiência. Rio de Janeiro, 2010, p. 71. Disponível em: [https://biblioteca.ibge.gov.br/visualizacao/periodicos/94/cd_2010_religiao_deficiencia.pdf]. Acesso em: 10.09.2018.

BRASIL. Presidência da República. *Convenção sobre os Direitos das Pessoas com Deficiência*: Protocolo Facultativo à Convenção sobre os Direitos das Pessoas com Deficiência: Decreto Legislativo 186, de 09 de julho de 2008: Decreto 6.949, de 25 de agosto de 2009. 4. ed., rev. e atual. Brasília: Secretaria de Direitos Humanos, 2010 Disponível em: [http://www.pessoacomdeficiencia.gov.br/app/sites/default/files/publicacoes/convencaopessoascomdeficiencia.pdf]. Acesso em: 01.09.2018.

BRASIL. Instituto Brasileiro de Geografia e Estatística – IBGE. *Censo Demográfico 2010*: características gerais da população, religião e pessoas com deficiência. Rio de Janeiro, 2010, p. 73. Disponível em: [https://biblioteca.ibge.gov.br/visualizacao/periodicos/94/cd_2010_religiao_deficiencia.pdf]. Acesso em: 10.09.2018.

CUPIS, Adriano de. *Os direitos da personalidade*. Tradução Afonso Celso Furtado Rezende. 2. ed. São Paulo: Quorum, 2008.

DI MARZIO, Fabrizio. Interpretazione giudiziale e constrizione. Ipotesi sulla legittimazione della discrezionalità interpretativa. *Rivista di Diritto Civile*, Padova, a. LII, n. 3, p. 399, maio/jun. 2006.

KEYS, Mary. Article 12 [Equal Recognition Before the Law]. In: DELLA FINA et al. (Ed.). *The United Nations Convention on the Rights of Persons with Disabilities*: a commentary. Switzerland: Springer International Publishing, 2017.

MENEZES, Joyceane Bezerra de. O direito protetivo no Brasil após a convenção sobre a proteção da pessoa com deficiência: impactos do novo CPC e do estatuto da pessoa com deficiência. *Civilistica. com*. Rio de Janeiro, a. 4, n. 1, p. 1-34, jan.-jun./2015. Disponível em: [http://civilistica.com/o-direito-protetivo-no-brasil/. Acesso em: 25 jan. 2018.

MENEZES, Joyceane Bezerra de. Tomada de decisão apoiada: instrumento de apoio ao exercício da capacidade civil da pessoa com deficiência instituído pela Lei Brasileira de Inclusão (Lei n. 13.146/2015). *Revista Brasileira de Direito Civil*, v. 9, p. 31-57, jul./set. 2016.

ORGANIZAÇÃO MUNDIAL DE SAÚDE. Direcção-Geral da Saúde. *Classificação Internacional de Funcionalidade, Incapacidade e Saúde*. Tradução e revisão Amélia Leitão. Lisboa, 2004, p. 22. Disponível em: [http://www.inr.pt/uploads/docs/cif/CIF_port_%202004.pdf]. Acesso em: 19.09.2018.

PALACIOS, Augustina. *El modelo social de discapacidad*: origenes, caracterización y plasmación em la Convención Internacional sobre los Derechos de las Personas con discapacidad. Ceri. Madrid: Cinca, 2008.

PEREIRA, Caio Mário da Silva. *Instituições de Direito Civil*. v. I, 30. ed. Rio de Janeiro: Forense, 2017.

PERLINGIERI, Pietro. *Perfis do Direito Civil*: introdução ao direito civil constitucional. Tradução Maria Cristina De Cicco. Rio de Janeiro: Renovar, 1999.

PERLINGIERI, Pietro. *Perfis do direito civil*: introdução ao Direito Civil Constitucional. 3. ed. Tradução de Maria Cristina De Cicco. Rio de Janeiro: Renovar, 2002.

PERLINGIERI, Pietro. *O Direito Civil na Legalidade Constitucional*. Rio de Janeiro: Renovar, 2008.

RIBEIRO, Gustavo Pereira Leite. As pessoas com deficiência mental e o consentimento informado nas intervenções médicas. In: MENEZES, Joyceane Bezerra de (Org.). *Direito das pessoas com deficiência psíquica e intelectual nas relações privadas*. Convenção sobre os direitos da pessoa com deficiência e Lei Brasileira de Inclusão. Rio de Janeiro: Processo, 2016. p. 733-761.

RODOTÀ, Stefano. *Dal soggetto alla persona*. Napoli: Editoriale Scientifica, 2007.

SCHREIBER, Anderson; NEVARES, Ana Luiza Maia. Do sujeito à pessoa: uma análise da incapacidade. In: TEPEDINO, Gustavo; TEIXEIRA, Ana Carolina Brochado; ALMEIDA JÚNIOR, Vitor (Coord.). *O Direito Civil entre o Sujeito e a Pessoa*: estudos em homenagem ao Professor Stefano Rodotà. Belo Horizonte: Fórum, 2016. p. 39-56.

SOUZA, Allan Rocha de. Direitos morais do autor. *Civilistica.com*. Rio de Janeiro, a. 2, n. 1, p. 1-23, jan.-mar./2013. Disponível em: [http://civilistica.com/direitos-morais-autor/]. Acesso em: 04.03.2018.

SOUZA, Eduardo Nunes de; SILVA, Rodrigo da Guia. Influxos de uma perspectiva funcional sobre as (in)validades dos negócios jurídicos praticados por pessoas com deficiência intelectual ou psíquica. In: EHRHARDT JR., Marcos (Coord.). *Impactos do novo CPC e do EDP no direito civil brasileiro*. Belo Horizonte: Fórum, 2016. p. 279-310.

TEPEDINO, Gustavo. Premissas metodológicas para a constitucionalização do direito Civil. In: TEPEDINO, Gustavo. *Temas de Direito Civil*. 4. ed., Rio de Janeiro: Renovar, 2008. p. 1-23.

TEPEDINO, Gustavo; BARBOZA, Heloisa Helena; BODIN DE MORAES, Maria Celina. *Código Civil interpretado conforme a Constituição da República*. Rio de Janeiro: Renovar, 2014. v. IV.

TEPEDINO, Gustavo. Liberdades, tecnologia e teoria da interpretação. *Revista Forense*, Rio de Janeiro, ano 110, v. 419, p. 77-96, jan./jun., 2014.

TERRA, Aline de Miranda Valverde. A discricionariedade judicial na metodologia civil-constitucional. *Revista da Faculdade de Direito da UFPR*, Curitiba, v. 60, p. 367-382, 2015.

VIVAS-TESÓN, Inmaculada. La convención ONU de 13 de diciembre de 2006 sobre los derechos de las personas con discapacidad. La experiencia española. In: MENEZES, Joyceane Bezerra de (Org.). *Direito das pessoas com deficiência psíquica e intelectual nas relações privadas*: Convenção sobre os direitos das pessoas com deficiência e Lei Brasileira de Inclusão. Rio de Janeiro: Processo, 2016.

A PLENA CAPACIDADE CIVIL DA PESSOA MAIOR COM DEFICIÊNCIA INTELECTUAL OU PSÍQUICA E A FUNCIONALIZAÇÃO DO SISTEMA DE APOIO POR MEIO DA CURATELA

Ana Beatriz Lima Pimentel Lopes

Doutoranda em Direito Constitucional nas Relações Privadas pela Universidade de Fortaleza K(UNIFOR); Mestre em Direito Público – Ordem Jurídica Constitucional pela Universidade Federal do Ceará (UFC); Especialista em Direito Privado pela Universidade de Fortaleza (UNIFOR); Graduada em Direito pela Universidade de Fortaleza (UNIFOR). Professora de Direito Civil do Curso de Direito da Universidade de Fortaleza (UNIFOR) e do Centro Universitário Christus (UNICHRISTUS). Membro do Grupo de pesquisa Direito Constitucional nas Relações Privadas – Direito dos danos e proteção à pessoa do PPGD/UNIFOR.

Vanessa Correia Mendes

Mestre em Direito Constitucional nas Relações Privadas pela Universidade de Fortaleza (2015). Graduada em Direito pela Universidade de Fortaleza (2012). Professora e coordenadora adjunta do curso de graduação do Centro Universitário Farias Brito. Membro do Grupo de pesquisa Direito Constitucional nas Relações Privadas – Direito dos danos e proteção à pessoa do PPGD/UNIFOR.

Sumário: 1. Introdução. 2. O influxo da Convenção da Organização das Nações Unidas sobre os direitos das pessoas com deficiência no ordenamento jurídico brasileiro: a pessoa com deficiência e o reconhecimento de igual capacidade perante a lei. 3. Regime das incapacidades no Código Civil: antes e depois do Estatuto da Pessoa com Deficiência. 4. Interdição ou curatela? A promoção do melhor interesse da pessoa com deficiência. 5. Conclusão. 6. Referências.

1. INTRODUÇÃO

O estudo da proteção da pessoa com deficiência demanda um olhar apurado para antigos conceitos que devem estar remodelados à uma nova sistemática a fim de permanecerem no sistema jurídico. Parte-se da percepção que o ordenamento jurídico possui solução para todos os casos que se apresentem à realidade concreta. Seja uma solução prevista na generalidade da lei, seja uma solução construída por meio da interpretação de outras fontes do Direito. O fato é que, seja num ou noutro aspecto, o Direito não é estanque nem nas soluções nem mesmo na problemática que envolve o cotidiano.

Assim também ocorre com o estudo que envolve a pessoa. Há uma infinidade de questionamentos e situações aguardando a construção de novas soluções pelo intérprete, o qual fica vinculado aos postulados constitucionais na realização de sua tarefa.

A presente provocação partiu de uma dúvida um tanto quanto recorrente nos dias atuais: a pessoa maior de idade com deficiência intelectual ou psíquica pode ser considerada incapaz e, assim, ser submetida ao processo de interdição? Para sistematizar a análise da discussão e oferecer, ao final, a solução que se entende possível, parte-se da verificação do impacto decorrente das mudanças na conservadora plataforma da incapacidade civil feitas pela Convenção das Nações Unidas sobre os Direitos das Pessoas com Deficiência (CDPD) e complementadas pelo Estatuto da Pessoa com Deficiência (EPD), também denominado Lei Brasileira de Inclusão (LBI).

Segue-se com o exame da mudança de eixo no panorama jurídico por meio da alteração das categorias jurídicas da incapacidade, absoluta e relativa, há muito consolidadas na civilística tradicional e imbricadas à segurança jurídica demandada nas relações patrimoniais. A par do novo viés de aferição da capacidade restrita, inaugurou-se o sistema de apoio e salvaguardas previsto no texto do documento internacional.

A CDPD não impôs nenhum modelo pronto para o sistema de apoio. Ao contrário, deixou os Estados signatários livres para modelarem a proposta de modo mais compatível com o ordenamento jurídico de cada Nação. No Brasil, o EPD trouxe um novo instrumento de apoio (tomada de decisão apoiada) e renovou o antigo instituto da curatela ao prever diversas alterações na forma de constituição e exercício desse *múnus público*.

A questão central do presente trabalho está focada justamente na (nova) curatela, sua confrontação com a interdição e a avaliação se esse mecanismo tão antigo – curatela – tem aptidão para servir como apoio da pessoa maior com limitação psíquica ou intelectual (denominada pessoa com deficiência daqui para frente).

Buscou-se, tanto na sistemática da legalidade constitucional como na revisão de institutos tradicionais do direito civil nacional, a construção da solução que se entendeu mais adequada para sanar o questionamento de partida.

2. O INFLUXO DA CONVENÇÃO DA ORGANIZAÇÃO DAS NAÇÕES UNIDAS SOBRE OS DIREITOS DAS PESSOAS COM DEFICIÊNCIA NO ORDENAMENTO JURÍDICO BRASILEIRO: A PESSOA COM DEFICIÊNCIA E O RECONHECIMENTO DE IGUAL CAPACIDADE PERANTE A LEI

A Constituição Federal de 1988 (CF/1988) inaugura um novo Estado jurídico no Brasil cujo cerne principal é a tutela da pessoa. À vista disso, eleva a dignidade da pessoa humana a um dos fundamentos da República Federativa do Brasil e anuncia como alguns de seus objetivos a construção de uma sociedade livre, justa e igualitária; a erradicação da pobreza e a promoção do bem de todos, sem preconceitos de qualquer natureza.

Além de elencar um extenso rol exemplificativo de direitos fundamentais, a CF/1988 estabelece regra de abertura a novos direitos (art. 5º, § 2º).[1] Dessa forma, são direitos fundamentais todos os apresentados no Título II da Constituição, os decorrentes do regime e dos princípios por ela adotados, desde que vinculados à dignidade humana e

---

1. De acordo com Tepedino (2001, p. 48), esses princípios constituem cláusula geral de tutela e promoção da pessoa humana, tomada como valor máximo do ordenamento jurídico.

à limitação do poder, e os provenientes de tratados internacionais de direitos humanos, observado o rito do art. 5º, § 3º, CF/1988.[2]

Assim, tratados e convenções internacionais sobre direitos humanos aprovados, em cada Casa do Congresso Nacional, em dois turnos, por três quintos dos votos dos respectivos membros, serão equivalentes às emendas constitucionais. No Brasil, a Convenção da Organização das Nações Unidas sobre os Direitos da Pessoa com Deficiência (CDPD), constitui o primeiro documento internacional a alcançar esse *status*.[3]

Em 20 de março de 2007, o Estado brasileiro assinou a CDPD e seu Protocolo Facultativo. Por conseguinte, os documentos foram aprovados pelo Congresso Nacional, por meio do Decreto n. 186/2008, e sancionados pelo Presidente da República, pelo Decreto Presidencial n. 6.949/2009.[4] Assim, uma vez cumpridos os trâmites de ratificação, a CDPD passou a estar incorporada ao ordenamento jurídico brasileiro desde 2009 logrando posição hierárquica no topo do ordenamento jurídico.

Fundando-se em um modelo social de abordagem,[5] a CDPD objetiva promover, proteger e assegurar o exercício pleno e equitativo de todos os direitos humanos e liberdades fundamentais por todas as pessoas com deficiência e incitar o respeito pela sua

---

2. A atribuição qualificada disposta pelo § 3º do art. 5º da CF enseja três efeitos: a) em caso de conflito entre lei e tratado de direitos humanos predominará o tratado, por sua equivalência a emenda constitucional (independentemente de critério cronológico); b) os tratados de direitos humanos poderão servir de parâmetro para o controle de constitucionalidade das leis e dos atos normativos, ampliando o "bloco de constitucionalidade"; c) não poderão ser objeto de denúncia do Presidente da República, de acordo com o artigo 60, § 4º, da CF. Ressalta-se que os tratados em vigor antes da Emenda Constitucional 45 mantêm o seu status. Todavia, nada impede que sejam novamente submetidas à deliberação do Congresso Nacional, com observância das regras do artigo 5º, § 3º, e sua eficácia ser elevada à de emenda constitucional. (BARROSO, 2009, p. 36-37)

3. Até a presente data, apenas a Convenção da ONU sobre os Direitos das Pessoas com Deficiência e o Tratado de Marraqueche, cujo escopo é facilitar o acesso a obras publicadas às pessoas cegas, com deficiência visual ou com outras dificuldades para ter acesso ao texto impresso, são equivalentes a emendas constitucionais no ordenamento jurídico brasileiro. (BRASIL, 2019).

4. Em relação à incorporação dos tratados de direitos humanos no Brasil, Piovesan (2012, p. 447) entende que por força do artigo 5º, §1º há aplicabilidade imediata no ordenamento jurídico brasileiro. Em outros termos, a ratificação do tratado (antecedido da assinatura pelo Presidente da República e de sua aprovação pelo Legislativo) seria suficiente para que as normas de direitos humanos tivessem aplicabilidade no âmbito internacional e interno. Para a autora, artigo 5º, §3º, confirma esse entendimento, uma vez que o processo solene e especial de aprovação dos tratados de direitos humanos (com a observância do artigo 60, §2º) seria bastante para sua incorporação, sendo dispensável o condicionamento ao Decreto Executivo do Presidente da República. Por conseguinte, o Decreto Presidencial n. 6949/2009 seria desnecessário para que a CDPD fosse integrada ao sistema jurídico brasileiro. Todavia, esse entendimento não é uniforme. O STF entende que o tratado internacional apenas terá vigência no âmbito interno após o decreto do Presidente da República, conforme fundamento apresentado na decisão da Ação direta de constitucionalidade 1480/199742. Compartilha-se do entendimento do STF. Entende-se que a qualificação especial concedida aos tratados de direitos humanos aprovados pelo artigo 5º, §3º da CF, não anula o procedimento geral de ratificação dos tratados emanados pelo pelos artigos 84, inciso VIII, e 49, inciso I. A vista desse entendimento, o decreto executivo é fundamental para evitar possíveis contradições sobre a validade do tratado como emenda constitucional.

5. Destaca-se como os principais modelos de abordagem da deficiência: a) a prescindência, que considerava as pessoas com deficiência desnecessárias para o desenvolvimento da sociedade; b) a marginalização, que isolava a pessoa com deficiência psíquica e intelectual do convívio social e a submetia a ações de caridade e assistência; c) o reabilitador, também designado modelo médico, cuja premissa era reputar o sujeito com deficiência como desígnio de programas assistenciais e sanitários e, d) o social, que considera a deficiência como uma questão a ser tratada em atenção aos direitos humanos (PALACIOS, 2004, p. 188-189). Em obra posterior, a autora defende nova abordagem da deficiência, denominada "modelo da diversidade". Segundo ela, *"En el nuevo modelo, el eje teórico es la dignidad de las personas que pertenecen a la diversidad, en este caso a la diversidad funcional. Una dignidad que es inherente a todos los seres humanos y que no está vinculada a la capacidad. Es en éste concepto de dignidad, en el que*

dignidade inerente. Para tanto, define pessoas com deficiências como aquelas que têm impedimentos de longo prazo de natureza física, mental, intelectual ou sensorial, os quais, em interação com diversas barreiras, podem obstruir sua participação plena e efetiva na sociedade em igualdades de condições com as demais pessoas (Art. 1º). A fonte das limitações, portanto, não é a dificuldade ou impedimento individual, mas as barreiras postas pela sociedade deficitária de "meios/serviços/instrumentos adequados para que essas pessoas sejam incluídas na sociedade" (BARBOZA; ALMEIDA, 2017, p. 17).

Em outros termos, a CDPD põe fim à compreensão de deficiência como característica intrínseca à pessoa para conceituá-la como uma limitação, das mais diversas ordens, agravada pela interação com as barreiras sociais, institucionais e ambientais, que excluem ou dificultam a participação dessas pessoas na dinâmica social (MENEZES, 2018, p. 580). Na verdade, os direitos humanos tiveram como parâmetro, durante muito tempo, a pessoa sem deficiência. Mesmo garantindo um rol extenso de direitos, as normas protetivas da pessoa não incluíam a percepção das características próprias da pessoa com deficiência, o que dificultava a própria efetividade dos direitos enunciados. Reconheceu-se, com a CDPD, que a deficiência não decorre tão somente de aspectos ínsitos à pessoa, mas também do fato de que a sociedade muitas vezes não está preparada para lidar com as necessidades daqueles que fogem ao padrão da pessoa considerada "normal" (PALACIOS, 2008, p. 32).[6]

O texto internacional determina ainda como princípios o respeito pela dignidade inerente à autonomia individual, inclusive a liberdade de fazer as próprias escolhas, e a independência das pessoas; a não discriminação; a plena e efetiva participação e inclusão na sociedade; o respeito pela diferença e pela aceitação das pessoas com deficiência como parte da diversidade humana e da humanidade; a igualdade de oportunidades; a acessibilidade; a igualdade entre o homem e a mulher e o respeito pelo desenvolvimento das capacidades das crianças com deficiência e pelo direito das crianças com deficiência de preservar sua identidade (BRASIL, Decreto n. 6949, de 25 de agosto de 2009, Art. 3º).

Partindo-se da premissa que cada pessoa deve buscar seu bem-estar e que a cada um é dada a possibilidade de autorregular-se ou de autodeterminar-se (PERLINGIERI, 2008, p. 340) tem-se que a autonomia é instrumento da liberdade na medida em que capacita a pessoa ao exercício do "direito ao livre desenvolvimento da personalidade" (SARLET, 2010, p. 99) em busca da realização do seu projeto de vida em cotejo com a liberdade das demais pessoas. Para Rodotà (2010, p. 301), a limitação da livre determinação é possível desde que assentida pela própria pessoa diretamente ou por meio da intervenção de leis legítimas.

Dentre outros direitos e garantias, a CDPD reconhece expressamente a igualdade perante a lei das pessoas com deficiência. Destarte, determina que os Estados Partes reconhecerão que as pessoas com deficiência gozam de capacidade legal em igualdade de

---

parece estar una de las claves de las incoherencias discriminatorias de la realidad actua" (PALACIOS; ROMAÑACH, 2007, p. 8).

6. Art. 1º, CDPD: [...] "Pessoas com deficiência são aquelas que têm impedimentos de longo prazo de natureza física, mental, intelectual ou sensorial, os quais, em interação com diversas barreiras, podem obstruir sua participação plena e efetiva na sociedade em igualdades de condições com as demais pessoas." (BRASIL, Decreto n. 6949, de 25 de agosto de 2009).

condições com as demais pessoas em todos os aspectos da vida (Art. 12).[7] Essa igualdade deve ser garantida especialmente no âmbito das questões existenciais, como direito à privacidade, ao casamento, ao planejamento familiar, à reprodução etc. (Art. 23).[8]

Nesse contexto, com a finalidade de garantir o pleno exercício da capacidade legal pelas pessoas com deficiência, a Convenção salienta que os Estados-Partes devem assegurar salvaguardas e apoio apropriados e efetivos para prevenir abusos, em conformidade com as diretrizes internacionais dos direitos humanos. Essas salvaguardas deverão garantir que as medidas relativas ao exercício da capacidade legal respeitem os direitos, a vontade e as preferências da pessoa; sejam isentas de conflito de interesses e de influência indevida; sejam proporcionais e apropriadas às circunstâncias da pessoa; sejam aplicadas pelo período mais curto possível e sejam submetidas à revisão regular por uma autoridade ou órgão judiciário competente, independente e imparcial. As salvaguardas serão proporcionais ao grau em que tais medidas afetarem os direitos e interesses da pessoa (BRASIL, Decreto n. 6949, de 25 de agosto de 2009).

A CDPD não apresenta de forma pormenorizada quais seriam os mecanismos de apoio, apenas define que as salvaguardas devem apresentar-se como cautelas e providências com a finalidade de evitar que os mecanismos de apoio prejudiquem os direitos dessas pessoas por meio de abusos, excessos e ilegalidades. A partir dessas diretrizes básicas, cada Estado responsabiliza-se de instituir seus próprios mecanismos de apoio,[9] considerando as necessidades para o exercício pleno de direitos pelas pessoas com deficiência de forma a conciliar a proteção, a promoção da autonomia e o respeito à vontade da pessoa. Para Almeida Júnior (2019, p. 220-221), a grande diversidade das pessoas com deficiência demanda um sistema de apoio também diversificado e flexível às diferentes necessidades de cada um.

---

7. Artigo 12, CDPD: 1. Os Estados Partes reafirmam que as pessoas com deficiência têm o direito de ser reconhecidas em qualquer lugar como pessoas perante a lei. 2. Os Estados Partes reconhecerão que as pessoas com deficiência gozam de capacidade legal em igualdade de condições com as demais pessoas em todos os aspectos da vida. 3.Os Estados Partes tomarão medidas apropriadas para prover o acesso de pessoas com deficiência ao apoio que necessitarem no exercício de sua capacidade legal. 4. Os Estados Partes assegurarão que todas as medidas relativas ao exercício da capacidade legal incluam salvaguardas apropriadas e efetivas para prevenir abusos, em conformidade com o direito internacional dos direitos humanos. Essas salvaguardas assegurarão que as medidas relativas ao exercício da capacidade legal respeitem os direitos, a vontade e as preferências da pessoa, sejam isentas de conflito de interesses e de influência indevida, sejam proporcionais e apropriadas às circunstâncias da pessoa, se apliquem pelo período mais curto possível e sejam submetidas à revisão regular por uma autoridade ou órgão judiciário competente, independente e imparcial. As salvaguardas serão proporcionais ao grau em que tais medidas afetarem os direitos e interesses da pessoa. (BRASIL, Decreto n. 6949. de 25 de agosto de 2009).
8. "Além do destaque especial que a CDPC dedicou à capacidade legal, outros pontos que importam diretamente ao direito civil também foram ressaltados. Dentre eles, o direito das pessoas com deficiência à integridade fisiopsíquica (art.17); à liberdade de locomoção e à nacionalidade (art. 18); à vida independente e à inclusão na comunidade, facultando-lhes a escolha do local de sua residência e daqueles com quem deseja morar, de sorte que não seja obrigado a viver em determinado tipo de moradia (art. 19); à ampla mobilidade (art. 20); à liberdade de expressão e opinião (art.21); à privacidade (art.22). Merece relevo o direito à constituição e proteção da família (art.23). Nesse ponto, a CDPD estabelece para os Estados, o dever de assegurar à pessoa com deficiência a possibilidade de exercer o poder familiar, a guarda, a custódia, a curatela e pleitear a adoção de crianças, respeitado sempre o superior interesse dessas" (MENEZES, 2015, p. 6).
9. No Brasil, o principal mecanismo de apoio utilizado é a curatela. Entretanto, a partir da promulgação do EPD, institui-se a "Tomada de Decisão Apoiada" (TDA), alterando-se o Código Civil. (MENEZES, 2015, p. 6).

A fim de assegurar e promover o pleno exercício dos direitos humanos pelas pessoas com deficiência, a Convenção determina uma série de obrigações aos Estados Partes, como a adoção de programas e políticas para a proteção e a promoção dos direitos humanos das pessoas com deficiência; a abstenção de participar em qualquer ato ou prática incompatível com a presente Convenção e assegurar que as autoridades públicas e instituições atuem em conformidade com a presente Convenção; propiciar informação acessível para as pessoas com deficiência a respeito de ajudas técnicas para locomoção, dispositivos e tecnologias assistivas, incluindo novas tecnologias bem como outras formas de assistência, serviços de apoio e instalações (Art. 4º). (BRASIL, Decreto n. 6949, de 25 de agosto de 2009).

Entretanto, dentre as obrigações assumidas pelos Estados Partes é importante destacar o compromisso de adotar todas as medidas legislativas, administrativas e de qualquer outra natureza, necessárias para a realização dos direitos reconhecidos na Convenção e realizar todas as medidas necessárias, inclusive legislativas, para modificar ou revogar leis, regulamentos, costumes e práticas vigentes, que constituírem discriminação contra pessoas com deficiência. Isso inclui a previsão legal de mesmo *status* da capacidade civil entre as pessoas maiores de idade, de modo a afastar qualquer possibilidade de supressão ou restrição da plena capacidade civil em virtude de deficiência.

A fim de cumprir as obrigações assumidas perante a ONU, as primeiras alterações legislativas no Brasil surgem em 2015, por meio do novo Código de Processo Civil (CPC), Lei 13.105/2015, e do Estatuto da Pessoa com Deficiência (EPD), Lei 13.146/2015. No sentido de tornar adequado o exercício das prerrogativas existenciais, a reestruturação do regime das incapacidades e a humanização da curatela apresentam-se como os maiores impactos na atualização da estrutura normativa brasileira. Enquanto o EPD reestrutura as salvaguardas instituindo a Tomada de Decisão Apoiada (TDA) e adaptando o instituto da curatela a fim de cumprir a *ratio* da Convenção, o CPC também trouxe alterações na curatela e abriu a discussão sobre a interdição, que adiante será tratada.

3. REGIME DAS INCAPACIDADES NO CÓDIGO CIVIL: ANTES E DEPOIS DO ESTATUTO DA PESSOA COM DEFICIÊNCIA

Historicamente, define-se a capacidade como a aptidão para ser sujeito de direitos e obrigações e exercer por si só ou por outrem, atos da vida civil (MONTEIRO, 1997, p. 61). De acordo com essa definição, a capacidade civil é dividida em capacidade de direito (também denominada capacidade jurídica) e capacidade de exercício (também denominada de capacidade de agir). A todas as pessoas é garantida capacidade jurídica, definida como a prerrogativa de adquirir direitos e deveres na ordem civil, desde o nascimento com vida. Por sua vez, a capacidade de exercício é atribuição para exercer pessoalmente esses atos da vida civil, é o atributo que possibilita a pessoa agir com eficácia jurídica (LÔBO, 2018, p. 121).

Assim, o atributo capacidade civil foi estabelecido como sendo integrado de dois elementos: a capacidade jurídica e a capacidade de exercício (o que se assemelha ao previsto em outras legislações mundo afora).[10] Diferente da personalidade jurídica que é um atributo absoluto, a capacidade civil é modulada, é passível de quantificação e, portanto, não se confunde com a personalidade em si, mas a complementa.

Verifica-se, no entanto, que a capacidade jurídica prevista no Direito Civil brasileiro foi construída a partir das ideias liberais do final do século XIX cujo centro de interesse era formado pelas questões patrimoniais. Cunhou-se o sistema da capacidade civil de modo que favorecesse ao máximo a esperada segurança jurídica nos atos negociais prevendo um modelo de sujeito que estivesse apto a garantir tal objetivo.

O sujeito idealizado seria aquele que estivesse na titularidade do direito de propriedade e, para realizar a administração patrimonial e/ou fazê-la circular na sociedade, passava a estar identificado com a figura do contratante e/ou testador e/ou chefe do grupo familiar. Esse sujeito idealizado serviu de molde para a identificação da pessoa plenamente capaz para os atos da vida civil no Brasil.

Para Fachin (2012, p. 101-103), a concepção de pessoa para o direito civil tradicional releva a projeção de um sujeito abstrato e genérico que, em geral, está vinculado a um dos polos ativo ou passivo de uma relação jurídica patrimonial distante das peculiaridades e vicissitudes típicas da vida real e concreta. Tudo que fugia do modelo esperado para tanto foi rejeitado, a exemplo da deficiência já que não se encaixava no modelo de normalidade.

Ao considerar a perspectiva tradicional do direito civil, confirma-se que já existiam duas premissas à ideia proposta sobre a pessoa: o reconhecimento da personalidade jurídica e da capacidade civil. E era por meio da união dos dois atributos que seria possível perceber a dinâmica das relações jurídicas, especialmente as patrimoniais.

O CC de 1916, em vigor até início de janeiro de 2003, já tratava do regime jurídico das incapacidades. Deixando transparecer o conceito de deficiência vigente à época de sua promulgação, considerava absolutamente incapazes para exercer direitos e deveres: "os loucos de todo gênero";[11] "os surdos-mudos que não pudessem exprimir sua vontade" e os "pródigos". O diploma civil não abria exceções em relação ao grau de discernimento da pessoa declarada incapaz, ou seja, mesmo que essa tivesse intervalos de lucidez, os seus atos não eram considerados e estariam sujeitos à nulidade ou anulação (MEDEIROS, 2007, p. 96-97).

Em 2002, o advento do Código Civil (Lei 10.406/2002) prenunciava expectativas de novas diretrizes para o regime das incapacidades. Por ter sido votado e aprovado sob a égide da CF/1988, que se estrutura no mecanismo de repersonalização dos institutos e que desloca a proteção do sujeito de direito abstrato para a pessoa concretamente

---

10. Por exemplo: na Alemanha, tem-se capacidade de direito e capacidade de negócio; na França é capacidade de gozo e capacidade de fato.

11. A denominação "loucos de todo gênero" conjugava todo e qualquer tipo de deficiências mentais possíveis de serem diagnosticadas usualmente e que comprometiam a prática dos atos da vida civil. Para Bevil10ua (1927, p. 176), a expressão não era a ideal, mas era a mais comum no direito. Para ele, a expressão mais adequada seria "alienado de qualquer espécie", uma vez que reconhecia que nem todos os casos de comprometimento do discernimento seria oriundo da loucura. O autor afirma que a alienação mental poderia ser caracterizada como uma "organização cerebral incompleta" que comprometeria a vida social do sujeito em razão de grave interferência na inteligência ou nas emoções ou na possibilidade de manifestação de vontade de modo permanente ou duradouro (BEVILÁQUA, 1927, p. 176-177).

considerada, esperava-se que o instituto da capacidade fosse funcionalizado em razão da dignidade da pessoa humana.[12]

Frustra-se, no entanto, a expectação, pois o CC guarda muitas semelhanças com a legislação anterior. Ignorando valorização da pessoa e o pleno desenvolvimento da personalidade, o diploma civil de 2002 permanece com sua essência patrimonialista, que repercute no regime jurídico das incapacidades.[13]

Apesar de o CC de 2002 alterar as denominações em relação às pessoas com deficiência, afastando a expressão "loucos de todo gênero", os critérios adotados para limitar a capacidade de agir foram mantidos. Sob esse prisma, o CC de 2002 manteve os dispositivos que limitavam a capacidade de exercício em razão da idade, saúde ou desenvolvimento intelectual. Entendia que, por não apresentarem discernimento suficiente para entender suas escolhas ou manifestar plenamente sua vontade, essas pessoas deveriam ser declaradas incapazes e representadas ou assistidas por terceiros (BRASIL, Lei 10.406, de 10 de janeiro de 2002).

Consideravam-se absolutamente incapazes os menores de dezesseis anos; aqueles que, por enfermidade ou deficiência mental, não tinham o necessário discernimento para a prática desses atos e os que, mesmo por causa transitória, não podiam exprimir sua vontade (BRASIL, Lei 10.406, de 10 de janeiro de 2002, Artigo 3º). Apesar de serem titulares de direitos, uma vez dotados de personalidade e, consequentemente, capacidade de gozo, essas pessoas não podiam pessoalmente exercer os atos da vida civil, por não terem autonomia para tanto. Eram privados da vida civil e a única conexão se dava por meio da representação (RODRIGUES, 2007, p. 27). Entendia-se que os representantes das pessoas declaradas absolutamente incapazes "agiam em seu nome, falavam e pensavam por elas" (PEREIRA, 2004, p. 169).

Por sua vez, eram relativamente incapazes os maiores de dezesseis e menores de dezoito anos; os ébrios habituais, os viciados em tóxicos, e os que, por deficiência mental, tivessem o discernimento reduzido; os excepcionais, sem desenvolvimento mental completo e os pródigos (BRASIL, Lei 10.406, de 10 de janeiro de 2002, Artigo 4º). Esses gozavam de um pouco mais de liberdade, uma vez que o ordenamento jurídico lhes possibilitava o exercício de alguns direitos, além de poderem participar diretamente do exercício de atos que lhe eram interditados, desde que assistidos pelo responsável por tutelar sua subjetividade (RODRIGUES, 2007, p. 27-28).

---

12. A pessoa passa a ser considerada como protagonista de sua própria construção identitária guiada pela sua vontade sem que seja necessária a interferência de terceiros nesse processo de transformação (MENEZES; LINS, 2019, p. 167).

13. Como bem afirma Tepedino (2001, p. 440): "Os últimos 30 anos marcaram profunda transformação do direito civil, simplesmente desconsiderada pelo projeto do novo (?) código: os institutos de direito privado, em particular a família, a propriedade, a empresa e o contrato, ganharam função social que passa a integrar o seu conteúdo. As relações patrimoniais são funcionalizadas à dignidade da pessoa humana e aos valores sociais insculpidos na Constituição de 1988. Fala-se, por isso mesmo, de uma despatrimonialização do direito privado, de modo a bem demarcar a diferença entre o atual sistema em relação àquele de 1916, patrimonialista e individualista. Os quatro personagens do Código Civil – o marido, o proprietário, o contratante e o testador – que exauriram as atenções (sociais) do codificador, renascem redivivos, com o projeto, agora em companhia de mais um quinto personagem: o empresário".

PLENA CAPACIDADE CIVIL E APOIO POR MEIO DA CURATELA **53**

Esses conceitos tecnicamente imprecisos de incapacidade abriam margem para que a curatela se tornasse instrumento jurídico comum na sociedade. Uma vez declaradas incapazes, essas pessoas eram submetidas ao instituto da curatela, função conferida à determinada pessoa para gerir os atos da vida civil do incapaz, regulada pelos artigos 1.768 a 1.778 do CC. Em regra, a curatela só poderia ser declarada em razão das pessoas expressamente enunciadas pela lei (Artigos 3º, 4º, 1.767 e 1772, CC).

Adotava-se o modelo de substituição da vontade, ou seja, o curador indicado judicialmente seria responsável por decidir sobre os atos da vida civil do indivíduo, fossem essas relativas às questões patrimoniais ou existenciais. Justificava-se a imposição da medida com o objetivo de proteger as pessoas que, segundo o legislador, não poderia transitar de maneira autônoma nas relações jurídicas diárias.[14] Dessa forma, as pessoas perdiam a condição de sujeitos de direitos para figurarem como sujeitos de proteção (MENEZES; TEIXEIRA, 2016, p. 584). Concedia-se aos curadores o poder de decidir sobre tratamento médico, esterilização etc.,[15] o que deixava explícito o conflito normativo decorrente da possibilidade de o curador deliberar sobre questões existenciais, que são caracterizadas por sua natureza personalíssima.

Nesse sentido, ao analisar o Código Civil de 2002 (CC), evidenciava-se que o regime das incapacidades apresentava diretrizes contrárias aos fundamentos da Convenção, por limitar o exercício dos atos da vida civil pelas pessoas com deficiência (Arts. 3º e 4º, CC).[16] A plataforma das incapacidades do CC representava uma significativa barreira ao acesso das pessoas com deficiência à concretização de seus direitos.

Ora, a vista dos compromissos assumidos pelo Estado brasileiro ao tornar-se signatário da CDPD, somado ao consequente processo legislativo que incorporou a Convenção com *status* de emenda constitucional, além da desconformidade da legislação cível com o texto do tratado, era inequívoco que os dispositivos em questão deveriam ser expurgados do ordenamento jurídico brasileiro, fosse de atuação do Poder Judiciário, a vista dos mecanismos do controle de constitucionalidade, ou por atuação do próprio Poder

---

14. Nesse sentido, Caio Mário da Silva Pereira (2004, p. 68) já anunciava: "A lei não institui o regime das incapacidades com o propósito de prejudicar aquelas pessoas que delas padecem, mas, ao revés, com o intuito de oferecer proteção, atendendo a que uma falta de discernimento, de quem sejam pacientes, aconselha tratamento especial, por cujo intermédio o ordenamento jurídico procura restabelecer um equilíbrio psíquico, rompido em consequência das condições peculiares dos mentalmente deficitários".

15. Suprimento De Consentimento Interdita – alienada mental que, resistindo à ingestão regular de anticoncepcionais, ou à prática eficaz de outros métodos contraceptivos, foge ao controle da curadora, afasta-se do lar e, em pelo menos três vezes, tornou grávida ao lar – nascimento consequente de filhos, que a própria interdita não reconhece como tais, muito menos os pais diferentes os assumem, para lhes prover criação e sustento, encargos que terminam por conta de parentes da apelada – espécie em que, ademais, a requerida se aproxima dos quarenta anos de idade, fator acrescido para agravar a situação, em caso de eventual gravidez futura, de evidente alto risco, inclusive por força da medicação que lhe é submetida, como terapia da esquizofrenia paranoide consentimento suprido – apelação provida. (SÃO PAULO, online, 2003).

16. Verificava-se limitações nos mais variados tipos de atos jurídicos como o impedimento de serem testemunhas (Art. 228, II e III, CC); ao considerar erro essencial sobre o outro cônjuge a ignorância, anterior ao casamento, de defeito físico irremediável e de doença mental grave que, por sua natureza, tornasse insuportável a vida em comum ao cônjuge enganado (Art. 1.557, III e IV, CC); a imposição de curatela às pessoas com deficiência (Art. 1.767, CC); a possibilidade do curatelado ser submetido à tratamento médico pelo curador (Art. 1.776, CC). (BRASIL, Lei 10.406, de 10 de janeiro de 2002), dentre outras.

Legislativo.[17] Com a inserção da CDPD no ordenamento pátrio aliada à promulgação do EPD, buscou-se dar conformidade entre a legislação nacional e as regras estabelecidas pela convenção. Ocorreu um giro normativo no sentido da concretização da igualdade e promoção da pessoa com deficiência.

A partir do novo comando legal as pessoas maiores, mesmo em vista a impedimento de natureza física, psíquica, intelectual ou sensorial, desfrutam da plena capacidade, especialmente em relação às questões existenciais, posto que esses direitos são intrínsecos à personalidade e à dignidade da pessoa humana, ou seja, são de natureza personalíssima. Caso haja limitação de alguma ordem no exercício desses direitos, deve haver uma análise concreta e detalhada. Com isso, impôs-se a observância das particularidades de cada caso. Ao contrário da categorização abstrata e pautada unicamente no discernimento da pessoa, como o regime das incapacidades disposto pelos diplomas cíveis de outrora.

No direito civil atual, as questões relacionadas à pessoa devem estar inseridas e funcionalizadas aos objetivos constitucionais. A mudança promovida pela CDPD e, consequentemente, pelo EPD foi muito mais além que alteração ou substituição de palavras em alguns artigos. É a modificação de todo o sistema das incapacidades e sua funcionalidade. Se antes o sistema fora construído com base no discernimento, com função assistencialista e possível supressão de direitos fundamentais; o novo modelo propõe o reconhecimento da existência relacional da pessoa aliada à função da proteção e da promoção da autonomia da pessoa com deficiência.

A plena capacidade, contudo, não significa a viabilidade de pronta e esclarecida declaração de vontade para todos os atos da vida em sociedade. Isso, a bem da verdade, parece ser algo intangível a qualquer ser humano a partir do momento que se reconheça a limitação, que é natural, do conhecimento de todos os aspectos da vida. A CDPD inova ao reconhecer a validade da "vontade consolidada e externalizada com o apoio de terceiros que estejam no auxílio da pessoa, apresentando-lhe melhor a clareza dos fatos e de suas consequências" (MENEZES; LOPES, 2018, p. 6).

Repise-se que não há mais como ser admitida *ipso facto* qualquer restrição à plena capacidade da pessoa maior em decorrência de algum tipo de deficiência e/ou vulnerabilidade (TEPEDINO; OLIVA, 2016, p. 227). Ressalte-se, contudo, que isso não afasta a possibilidade – ou mesmo necessidade – de se estabelecer o apoio necessário e personalizado para o exercício de certos e determinados atos da vida

---

17. Entre 2009 e 2015, poucas foram as manifestações da doutrina e da jurisprudência a respeito da matéria. No período, destaca-se, por exemplo, a pesquisa desenvolvida pela Doutora Joyceane Bezerra de Menezes, em parceria com a Coordenação de Aperfeiçoamento de Pessoal de Nível Superior (CAPES), no âmbito do projeto "A simbiose entre o direito público e privado no Direito civil-constitucional: uma discussão sobre o espaço da autonomia ético existencial, intimidade e vida privada". Salienta-se ainda atuação da Procuradoria-Geral de Justiça (PGJ) de São Paulo, que ratificou recusa apresentada pelo Promotor de Justiça em ajuizar ação anulatória de casamento, cuja nubente era interditada por deficiência psíquica. Não obstante o casamento ter ocorrido com o pleno consentimento dos nubentes e da curadora da noiva, o caso foi encaminhado para o Ministério Público. Apesar de o promotor não citar a CDPD em sua recusa, afirma, entretanto, que a proibição do casamento imposta à pessoa com deficiência não coaduna com a dignidade da pessoa humana, princípio diretor da República Federativa do Brasil. Por outro lado, a confirmação do PGJ invoca como argumento que as interpretações dos artigos 3º, inciso II, e do 1.548, inciso I, do CC sucumbem frente à CDPD sobre os direitos das pessoas com deficiência. Afirma ainda que a incorporação da CDPD com *status* de emenda constitucional torna insubsistente qualquer norma jurídica infraconstitucional ou interpretação que neguem à pessoa com deficiência o direito de contrair núpcias. (SÃO PAULO, 2014).

civil. Para Rosenvald (ROSENVALD, 2015, p. 744), "o divisor de águas da capacidade para a incapacidade não mais reside nas características da pessoa, mas no fato de se encontrar em uma situação que as impeça, por qualquer motivo, de expressar ou confrontar sua vontade".

Na perspectiva do direito civil constitucional impõe-se o reconhecimento de que toda pessoa ao ter personalidade também tem "um mínimo de capacidade" (BARBOZA, 2011, p. 223). Mais ainda. Após a alteração do sistema de incapacidades pelo EPD, reforçou-se a regra da plena (e não mínima) capacidade civil mesmo que, por vezes, seja necessário um apoio no exercício de certos e determinados direitos por força do artigo 12, CDPD.

Se antes do EDP a incapacidade das pessoas com maioridade estava vinculada ao *discernimento*[18] (ou a supressão/restrição dele), agora esse conceito foi inteiramente substituído na enunciação das hipóteses de incapacidade (arts. 3º e 4º, CC) pelo critério declaração da vontade.[19] Desde então tem-se que: 1. a plena capacidade civil é presumida a partir da maioridade, o que somente poderá ser afastada se, quando e na medida que não for possível a comunicação da vontade; 2. não há mais como atribuir a sinonímia entre deficiência e incapacidade e qualquer iniciativa neste sentido seria maculado por frontal inconstitucionalidade por força da CDPD.

Reforça-se que o fundamento[20] atual para a declaração excepcional da incapacidade relativa da pessoa maior é a impossibilidade de comunicação da vontade com o mundo exterior seja essa impossibilidade de exteriorização da vontade de modo expressa ou tácita com ou sem apoio. Neste ponto, a questão volta-se ao estabelecimento e modelo do apoio possível e adequado a cada caso utilizando as ferramentas disponíveis na legislação nacional o que passa pela questão da verificação da pertinência da interdição e da curatela.

4. INTERDIÇÃO OU CURATELA? A PROMOÇÃO DO MELHOR INTERESSE DA PESSOA COM DEFICIÊNCIA

Até o advento do EPD, os termos da curatela eram definidos em um processo denominado interdição. De acordo com o conceito apresentado pelo Dicionário Michaelis (2019), interdição significa "ato ou efeito de interditar; impedimento, proibição". Sob a percepção jurídica, define o termo como "ato pelo qual um juiz declara alguém incapaz, temporária ou permanentemente, para a prática de atos jurídicos, mesmo que digam respeito a seus bens ou a sua pessoa. Proibição imposta por juiz que tira de um indivíduo o direito de exercer determinada atividade". A partir dessas definições, conclui-se que o processo de interdição estava fundamentado no objetivo de proibir que algumas pessoas

---

18. Compreende-se o discernimento como conceito de dificultosa definição uma vez que demanda a interação de estudo integrado e sistematizado de diversas áreas do conhecimento como, por exemplo, filosofia, direito, psicologia e psiquiatria. O Código Civil nunca tratou de definir o substrato desse termo para fins de definição da incapacidade civil.

19. No entendimento de Betti (2008, p. 190), a declaração da vontade é considerada a "saída do pensamento do íntimo de cada um, para se tornar expressão objetiva, dotada de vida própria, perceptível e apreciável no mundo social", ou seja, é a possibilidade de se conhecer a vontade construída internamente pela pessoa.

20. Deixou-se de lado a análise da questão relacionada aos ébrios habituais, aos viciados em tóxicos e aos pródigos por não ser objeto do presente estudo.

não exercessem por sim só os atos da vida civil, pois entendia-se que não experimentavam maturidade suficiente para a tomada de decisões.[21]

Ademais, destaca-se que a interdição não permitia a avaliação das habilidades e competências das pessoas sujeitas ao seu procedimento, ou seja, realizava-se exame abstrato sobre a capacidade. Nesse sentido, ressalta-se que:

> [...] os tradicionais processos de interdição não permitiam a análise pormenorizada das vicissitudes circundantes à história de vida e às preferências de cada pessoa. Observava-se apenas deficiência enquanto uma patologia [...]. Desconsiderava-se que, independentemente do diagnóstico, o conjunto de fatores pessoais e de experiências externas pode afetar substancialmente o modo como a pessoa passa a responder às suas limitações psíquicas e/ou intelectuais. Fatores como gênero, idade, status socioeconômico, apoio familiar, educação, sexualidade, preferências, etnia e herança cultural podem interferir de tal modo no desenvolvimento de competências e habilidades de cada um que o diagnóstico, por si, não constitui um dado suficiente para aferir o grau de discernimento ou o tipo de apoio de que a pessoa necessita (MENEZES; TEIXEIRA, 2016, p. 586).

No ano de 2015, a legislação civil sofre profunda alteração. Com o propósito de concretizar a inclusão social e a cidadania da pessoa com deficiência, o EPD revoga expressamente, no artigo 114, os seguintes dispositivos do CC (Lei 10.406/2002): incisos I, II, III do artigo 3º; os incisos I e IV do artigo 4º; os incisos II e III do artigo 228; o inciso I do artigo 1.548; o inciso IV do artigo 1.557; o inciso II e IV do artigo 1.767; e os artigos 1.776 e 1.780.

Não são mais submetidos ao regime da incapacidade absoluta os que, por enfermidade ou deficiência mental, não tiverem o necessário discernimento para a prática dos atos da vida civil e os que, mesmo por causa transitória, não puderem exprimir sua vontade. (BRASIL, Lei 10.406, de 10 de janeiro de 2002). Conclui-se, assim, que a lei, em regra, põe fim a incapacidade absoluta das pessoas maiores de idade.

Ressalta-se ainda que as "pessoas com deficiência mental" e os "excepcionais sem o desenvolvimento mental completo" são excluídas do rol dos relativamente incapazes. Assim, a incapacidade relativa só poderá ocorrer para os maiores de dezesseis e menores de dezoito anos; os ébrios habituais; os viciados em tóxico; aqueles que, por causa transitória ou permanente, não puderem exprimir sua vontade e os pródigos.

Nesse esteio, a CDPD e o EPD, além de subtraírem do rol do regime das incapacidades a pessoa com deficiência, pois, segundo os documentos legislativos, a limitação física, psíquica, intelectual ou sensorial, não configura razão suficiente para limitar o exercício dos atos da vida civil, eliminam o termo "interdição", extinguindo-se a possibilidade de a pessoa com deficiência ter sua vontade substituída.

O termo "interdição" foi, aparentemente, resgatado pelo advento do Código de Processo Civil (2015). A questão lança luzes sobre o que deve ser o foco da tutela da pessoa na legalidade constitucional. Tomando-se como critério inicial a regra prevista no art. 2º da LINDB (Decreto Lei 4.657/42), a revogação expressa ou tácita é feita por uma lei

---

21. "O alienado interdito recebe tratamento em casa particular ou em hospícios; e, desde o dia de sentença definitiva, é absolutamente incapaz, não pode casar, nem reconhecer filho natural, nem testar, atos que, aliás, pode praticar um menor púbere. O alienado é equiparado ao impúbere, e *em tudo é substituído* pelo tutor." (BEVILÁQUA, 1904, p. 421). Grifo nosso.

posterior em relação a uma lei anterior e, neste caso, o EPD (Lei 13.146, de 13 de julho de 2015) é posterior ao Código de Processo Civil (Lei 13.105, de 16 de março de 2015), tendo as duas normas entrado em vigor em momentos distintos, em decorrência do período diferenciado de *vacatio legis* escolhido pelo legislador. Araújo e Ruzyk (ARAÚJO E RUZYK, 2017, p. 242-243) elegem ainda um segundo critério respaldado no art. 5º, também da LINDB, o qual estabelece que "na aplicação da lei, o juiz atenderá aos fins sociais a que ela se dirige e as exigências do bem comum". Para os autores,

> [...] esse parâmetro impõe uma interpretação sistemático-teleológica das referências do EPD ao Código Civil, de modo a permitir compreendê-las como aplicáveis tanto ao CCB 2002 quanto ao CPC 2015 – norma já existente, ainda que não vigente, ao tempo de publicação do EPD. Se a norma nova – EPD – promoveu modificação no sistema da curatela, e coexistiam, no ordenamento, duas normas sobre o tema – sendo uma vigente, e outra em *vacatio legis* –, não pode ser outra a interpretação senão a de que o EPD se reporta a ambas as normas sobre curatela (ARAÚJO; RUZYK, 2017, p. 242).

Nesse sentido, Menezes (2017, p. 167) defende que sejam suprimidas as mais de trinta referências aos termos interdição, interdito e interditando no CPC de modo a adequar "a linguagem ao direito atual e para o fim de evitar a reprodução do estigma e da discriminação". Propõe, ainda, "a substituição do termo interdição pela expressão 'ação de estabelecimento de curatela' [...] e, ainda, a substituição do termo interdito, por curatelado; e de interditando, por curatelando".

Seguindo a premissa de conciliação das normas ao comando constitucional, entende-se que o termo interdição foi vencido pela sistemática de proteção e promoção em favor da pessoa com deficiência e, em seu lugar, despontou o sistema de apoio a fim de garantir a máxima atenção à dignidade da pessoa humana em sua acepção concreta.[22]

Apesar de trazer muitas inovações para o direito protetivo brasileiro e assegurar a capacidade plena das pessoas com deficiência, o EPD não altera a realidade das limitações e impedimentos inerentes à diversidade humana. Logo, a lei não torna uma pessoa com deficiência apta a decidir sozinha sobre fatos e emitir uma vontade perfeita e jurígena diante de toda e qualquer circunstância da vida. Na verdade, o EPD propõe respeito pelas diferenças e não sua eliminação e a ratificação que a vida independente é concretizada na interdependência.

Nesse sentido, o objetivo a ser alcançado é a proteção da "pessoa humana em sua dimensão coexistencial, cuja rede de relações constitui a sociedade. Não é possível conceber o indivíduo sem o outro, pelo que a tutela da dignidade humana é sempre interindividual, baseada em ética da alteridade, e jamais individualista" (FACHIN; RUZYK, 2011, p. 312).

Para tanto, a CDPD prevê que sejam adotadas medidas proporcionais e efetivas de apoio de forma a ser garantida a participação da pessoa com deficiência na vida em sociedade em igualdade de oportunidades para atender o seu melhor interesse tanto existencial como patrimonial. Na legislação nacional, os instrumentos de apoio hábeis

---

22. Sobre o princípio da dignidade humana, Fachin e Ruzyk (2011, p. 311) afirmam que "a dignidade da pessoa é dado concreto aferível no atendimento das necessidades que propiciam ao sujeito se desenvolver com efetiva liberdade – que não se apresenta apenas em um âmbito formal, mas se baseia, também, na efetiva presença de condições materiais de existência que assegurem a viabilidade real do exercício dessa liberdade."

a promover a autonomia pessoal esperada são a curatela e a tomada de decisão apoiada (TDA), novidade trazida pelo EPD. A par dos dois institutos legais, podem-se citar ainda as diretivas antecipadas da vontade (DAV's) e o mandato ou a procuração de saúde e a autocuratela[23] como ferramentas já utilizadas na prática (as duas primeiras) na construção da autonomia pessoal.

A curatela, espécie em análise,[24] já não pode mais ser considerada como meio formal de substituição de vontade exercitada pela representação. Ao contrário, deve ser ajustada às necessidades da pessoa com comprometimento mais severo na habilidade de comunicar a vontade. Desde a CDPD esperava-se pelo incremento dos meios de realização de apoio, mas a única nova forma trazida pelo EPD foi a tomada de decisão apoiada não havendo a superação da insuficiência desses meios de concretização da autonomia da pessoa com deficiência. Poderia ter o EPD incluído, além da TDA, algum outro instrumento que se mostrasse intermediário entre a já antiga curatela e a recente tomada de decisão apoiada.

Mesmo com a escassez de institutos, o escopo da CDPD pode ser materializado por meio do direito brasileiro desde que a curatela passe a estar funcionalizada à superação das barreiras para inclusão do sujeito à margem da sociedade e, muitas vezes, destituído de seus direitos fundamentais "promovendo o livre desenvolvimento da sua personalidade, de modo que respeitem suas vontades e preferências ao máximo, buscando-se que o próprio possa como o apoio e tratamento adequados exercer, por si, seu poder de autodeterminar-se, de escrever sua própria biografia" (ALMEIDA JÚNIOR, 2019, p. 204).

O que autoriza a curatela não é a deficiência da pessoa maior de idade. O que autoriza a curatela é algum tipo de impedimento ou limitação de comunicação da própria vontade que dificulte a vida em sociedade. A curatela, então, deve ser instrumento do sistema de apoio a fim de auxiliar a realização da declaração volitiva da pessoa com deficiência para o mundo externo de modo adequado, excepcional e temporário.

A curatela deve estar amoldada, à necessidade estampada a partir do conhecimento sobre a pessoa e suas circunstâncias, e não ao contrário. Antes do EPD, impunha-se a curatela por meio de decisões judiciais padronizadas e repetitivas, de regra, aos incapazes afastando-os dos atos de administração de seus bens e até mesmo de sua própria pessoa como todos fossem exatamente iguais em suas peculiaridades.

Na atualidade, a curatela deve ser utilizada como um dos possíveis instrumentos do sistema de apoio respeitando-se, ao máximo, a vontade, o melhor interesse e as preferências do curatelado. A possibilidade da flexibilidade da curatela é coerente com a intensidade maior ou menor do apoio que seja necessário no caso concreto, principalmente, nas questões patrimoniais,[25] o que vai demandar que o magistrado exponha, de

---

23. Não obstante a discussão que envolve a questão da autocuratela, compreende-se ser possível a autocuratela, a despeito da redação do CPC ser omissa a esse respeito uma vez que o EPD é lei posterior ao CPC. É a mesma conclusão que chega Didier (online) esclarecendo que é necessário se considerar que o art. 747, CPC tem mais um inciso que permite pedido feito pela própria pessoa conforme redação do EPD.
24. Repise-se o entendimento que a interdição fora revogada pelo EPD.
25. A previsão legal é de que a curatela tenha lugar apenas nos atos patrimoniais por força do art. 85, EPD que dispõe: "A curatela afetará tão somente os atos relacionados aos direitos de natureza patrimonial e negocial. § 1º A definição da curatela não alcança o direito ao próprio corpo, à sexualidade, ao matrimônio, à privacidade, à educação, à saúde, ao trabalho e ao voto. § 2º A curatela constitui medida extraordinária, devendo constar da sentença as

modo fundamentado, quais os atos devem ser praticados pelo curador e de que forma será a participação deste na vida da pessoa curatelada.

A plena capacidade civil é decorrência legal (art. 5º, CC) da maioridade o que enseja o reconhecimento da aptidão pessoal para a prática de todos os atos da vida civil, inclusive os patrimoniais. A verificação da adequação da curatela pressupõe o afastamento dessa regra geral (e legal), o que dá a medida de sua especialidade. Assim, o juízo que analisar um pedido de curatela deverá investigar se não há outros instrumentos de apoio mais adequados só deferindo a curatela em casos excepcionais e em favor do melhor interesse da pessoa com deficiência.

Tanto quanto adequada e excepcional ao caso concreto, a sentença judicial que nomear curador(a) por reconhecer que seja medida mais adequada à proteção da pessoa (incluindo a com deficiência) deve ter como fundamento uma das hipóteses do art. 1.767, CC e haverá de determinar o prazo de duração da curatela antes de ser revisionada pelo mesmo juízo.

Ao sistematizar a reserva legal feita pelo EPD ao princípio do melhor interesse da pessoa com deficiência é possível defender a extensão dos efeitos da curatela para o plano dos atos de natureza existencial se e quando for absolutamente imprescindível. Nessa hipótese, a interferência do curador(a) deve estar acompanhada de obrigatória autorização judicial.[26] Mas apenas e tão somente se estiver em sintonia com o melhor interesse da pessoa com deficiência e tendo como premissa a proteção e promoção da pessoa.

No que tange a forma de exercício da curatela, Almeida Júnior (2019, p. 241) lembra que pode ocorrer sob três formatos diferentes:

(i) o curador pode representar a pessoa relativamente incapaz em todos os atos patrimoniais e alguns existenciais (mencionados expressamente na decisão judicial); (ii) o curador pode ser um representante para certos e específicos atos e assistente para outros, em um regime misto; (iii) o curador será sempre um assistente para atos patrimoniais ou negociais, regra quando na decisão não especificar a forma de apoio.

Antes do EPD, a representação e a assistência eram formas rígidas vinculadas ao estado de incapacidade absoluta (a primeira) e ao estado de incapacidade relativa (a segunda) facilitando a sedimentação da segurança jurídica desejada aos atos patrimoniais. A atribuição da representação aos absolutamente incapazes fazia-se sem qualquer verificação de parâmetros para sua constituição, abrangência e exercício. Convencionou-se a vincular a representação e a assistência de acordo com que fosse o tipo da incapacidade reconhecida do sujeito em juízo.

Agora, representação e assistência passam a ser utilizadas dentro da nova sistemática como apoio e/ou salvaguarda funcionalizados ao melhor interesse da pessoa com deficiência. Desprendem-se da função de substituição e suprimento da vontade em razão do tipo de incapacidade e passam a ser meios de concretizar o projeto de vida da pessoa

---

razões e motivações de sua definição, preservados os interesses do curatelado. § 3º No caso de pessoa em situação de institucionalização, ao nomear curador, o juiz deve dar preferência a pessoa que tenha vínculo de natureza familiar, afetiva ou comunitária com o curatelado.". É caso de verdadeira reserva legal em relação à abrangência da curatela. (BRASIL, Lei n. 13.146, de 6 de julho de 2015).

26. Imagina-se situação na qual haja risco de morte a depender da amputação de um membro ou da submissão a algum tratamento médico e/ou cirúrgico.

sob curatela garantindo a prevalência da sua vontade ao mesmo tempo em que devem os apoiadores,[27] representante e/ou assistente, promover a emancipação da pessoa com deficiência.

Conforme supracitado, as alterações legislativas não alteraram as limitações das pessoas com deficiência, é fato. Por isso, podem ocorrer situações em que um sujeito seja completamente inapto para emitir sua vontade,[28] o que poderia autorizar o curador agir como representante nos limites estabelecidos judicialmente em favor do relativamente incapaz[29], assim reconhecido como aquele que não pode exprimir sua vontade pessoalmente. Nesses casos, o juiz poderá indicar um curador com poderes mais amplos que os da assistência, limitados aos interesses e às vontades do curatelado. Destaca-se:

> [...] o Estatuto da Pessoa com Deficiência previu a possibilidade de delinear uma curatela aberta à demanda do curatelando, inclusive, para atender às necessidades daquela pessoa absolutamente faltosa de juízo crítico e autonomia. Assim, é possível que nos autos do processo, o juiz reconheça a necessidade de confiar ao curador mais amplos poderes (art.84, § 3º) – fixando os limites da curatela na proporção das necessidades e das circunstâncias do caso sob exame. Por uma questão formal, no entanto, esses poderes não serão nominados como representação legal (MENEZES, 2015, p. 22).

Propõe-se que, nesses casos, a representação a ser exercida a partir do estabelecimento da curatela não pode assumir o mesmo papel de substituição de vontade que já teve outrora. Necessário que tenha natureza jurídica mais próxima da representação convencional, com a máxima preservação e materialização da vontade do representado, que deve ser apurada pelos mais variados meios possíveis, inclusive a partir da análise de sua biografia.

Em suma, caso seja verificado que a pessoa curatelanda não seja habilitada para decidir sozinha, poderá ser assistida nos atos da vida civil. Em casos mais excepcionais – posto que estar sob curatela já é, em regra, excepcional[30] – em que haja impedimento de comunicação da vontade, a sentença que estabelecer a curatela deverá apresentar os atos que poderão ser realizados pelo curador, observadas as aptidões, interesses e projeto biográfico (ALMEIDA JÚNIOR, 2019, p. 218) do curatelado. Os atos não mencionados, em regra, devem ser considerados como possíveis de serem praticados pelo curatelado (a) pessoalmente. Ao escolher o curador, o juiz deverá verificar os interesses e preferências do curatelado, ou seja, deverá se guiar pelos valores constitucionais que realizam a proteção da pessoa (MENEZES, 2015, p. 11).

Nesses termos, conclui-se que, em regra, as pessoas maiores de 18 anos são plenamente capazes de exercerem todos os atos da vida civil, não podendo ser submetidas à curatela em razão de deficiência, mormente quando os poderes do curador sejam de representação.

---

27. Apoiadores considerados em sentido amplo.
28. É a situação de uma pessoa em coma.
29. Houve, na verdade ainda há, resistência em vincular a representação à hipótese da incapacidade relativa como se um instituto algum dia tivesse sido sinônimo do outro.
30. Neste sentido, Colombo (2017, p. 267) sintetiza que "não se deve tratar a exceção como regra e restabelecer o poder irrestrito dos curadores para todo e qualquer caso de incapacidade".

Entretanto, em situações pontuais, reconhecidas em juízo, que visem o melhor interesse da pessoa com deficiência impedida de comunicar a vontade pode ser deferida a curatela observados alguns critérios, como a imperiosa revisão periódica e a modulação judicial dos poderes do curador, com possibilidade de determinar que seu poder de decisão se realize mediante representação. Reconhece-se a viabilidade de os poderes do curador ultrapassar, com maior excepcionalidade ainda, as questões patrimoniais e albergar também certas e determinadas situações existenciais, desde que autorizadas judicialmente e funcionalizadas ao princípio do melhor interesse da pessoa com deficiência.

5. CONCLUSÃO

1. O direito protetivo em favor da pessoa com deficiência foi profundamente modificado pela Convenção dos Direitos da Pessoa com Deficiência (CDPD) de 2007 e pelo Estatuto da Pessoa com Deficiência (EPD) ou Lei Brasileira de Inclusão de 2015 que promoveram a alteração da plataforma das incapacidades do Direito Civil a fim de garantir a inclusão e igualdade de tratamento da pessoa com deficiência.

2. O conceito de deficiência também foi ajustado para o modelo de social de abordagem o qual identifica a deficiência como um problema social e não da pessoa. Reconheceu-se que as barreiras existentes na sociedade é que são impeditivas da realização da plena autonomia da pessoa com deficiência.

3. Desta forma, foi ratificada a plena capacidade da pessoa maior de idade independentemente de deficiência ou não. O critério para averiguar a incapacidade da pessoa maior passou a ser a exteriorização da vontade, a comunicação da expressão volitiva constituída internamente em relação à pessoa. Ao mesmo tempo, admite-se que, embora seja plenamente capaz, a pessoa com deficiência pode precisar de um auxílio, de um apoio para a prática dos atos de vontade.

4. A incapacidade absoluta passou a ser apenas pelo critério de idade assim fixada para os menores de 16 anos. Já a incapacidade absoluta tem como hipóteses, além do critério etário (maiores de 16 e menores de 18 anos); os ébrios habituais; os viciados em tóxico; aqueles que, por causa transitória ou permanente, não puderem exprimir sua vontade e os pródigos. A pessoa maior de idade somente poderá ser considerada relativamente incapaz nos casos extraordinários previstos no art. 4º, CC.

5. Compreende-se que processo de interdição, mesmo que ainda previsto expressamente pelo Código de Processo Civil de 2015, foi revogado pelo EPD (norma posterior) e substituído pelo processo de curatela. Antes de ser apenas uma troca de palavras é, na verdade, um ajuste adequado aos objetivos do sistema de proteção e promoção da pessoa com deficiência. É um esforço de afastar o instituto que por muito tempo afastou a pessoa com deficiência da sua própria vida.

6. A CDPD prevê um sistema de apoio e salvaguardas que deve ser adotado por todos os países signatários da Convenção, mas não especifica quais instrumentos poderão ser criados e/ou mantidos. No Brasil, há uma insuficiência de mecanismos de apoio. Tem-se a curatela e a recente tomada de decisão apoiada. A curatela é caracterizada por ser

medida excepcional, adequada à circunstância de cada caso, com inferência no campo patrimonial e temporária.

7. Pela falta de instrumentos mais especializados, é necessário que a curatela seja flexibilizada e modelada às necessidades, à vontade, aos interesses e às preferências da pessoa curatelada. A ductibilidade do instituto dá-se no contexto da promoção da cláusula geral de tutela da personalidade da pessoa com deficiência a fim de garantir a máxima materialização de sua dignidade e autonomia na vida inter-relacional.

8. A *priori* a curatela deve ficar adstrita ao apoio para os atos patrimoniais a serem praticados em favor dos interesses da pessoa com deficiência com restrições ou supressão da exteriorização da vontade. Admite-se que a sentença judicial deve ser proferida tomando em consideração todas as peculiaridades de cada caso a fim de construir uma curatela personalizada para cada caso. O magistrado deve indicar quais os atos a serem praticados mediante apoio e na omissão de algum ato específico a interpretação deve ser pela possibilidade de ser praticado independentemente da participação do curador. Admite-se, contudo, a possibilidade, mais excepcional ainda, de o curador interferir nas decisões relacionadas a questões existenciais desde que seja coerente com o melhor interesse da pessoa com deficiência e mediante autorização judicial.

9. Observa-se, por oportuno, que a curatela pode ser exercida por meio da assistência ou da representação ou por meio de um misto dos dois institutos. Se antes representação e assistência eram vinculadas à estratificação do discernimento e, consequentemente, da incapacidade civil, na legalidade constitucional tem-se que admitir a funcionalização de todos os institutos à proteção dos interesses e da promoção da autonomia da pessoa com deficiência como consectárias da concretização da dignidade da pessoa humana.

6. REFERÊNCIAS

ALMEIDA JUNIOR, Vitor de Azevedo. *A capacidade civil das pessoas com deficiência e os perfis da curatela*. Belo Horizonte: Fórum, 2019.

ARAUJO, Luiz Alberto David; RUZYK, Carlos Eduardo Pianovski. A perícia multidisciplinar no processo de curatela e o aparente conflito entre o Estatuto da Pessoa com Deficiência e o Código de Processo Civil: reflexões metodológicas à luz da teoria geral do direito. *Revista de Direitos e Garantias Fundamentais*, Vitória, v. 18, n. 1, p. 227–256, jan./abr. 2017.

BARBOZA, Heloisa Helena; ALMEIDA JUNIOR, Vitor de Azevedo. Reconhecimento, inclusão e autonomia da pessoa com deficiência: novos rumos na proteção dos vulneráveis. In: BARBOZA, Heloisa Helena; MENDONÇA, Bruna Lima de; ALMEIDA JUNIOR, Vitor de Azevedo (Coord.). *O Código Civil e o Estatuto da Pessoa com Deficiência*. Rio de Janeiro: Processo, 2017. p. 1-30.

BARBOZA, Heloisa Helena. Capacidade. In: CASABONA, Carlos Maria Romeo (Dir.). *Enciclopedia de Bioderecho y Bioetica*. Granada, 2011, t. 1. Disponível em: [https://enciclopedia-bioderecho.com/voces/56]. Acesso em: 18.05.2019.

BARROSO, Luís Roberto. *Interpretação e aplicação da constituição*. 7. ed. São Paulo: Saraiva, 2009.

BETTI, Emílio. *Teoria geral do negócio jurídico*. Campinas, SP: Servanda, 2008.

BEVILÁQUA, Clóvis. *Código Civil dos Estados Unidos do Brasil Comentado*. Rio de Janeiro: Livraria Francisco Alves, 1927, v. 1.

BEVILÁQUA, Clóvis. *Direito da Família*. Recife: Ramiro M. Costa & Filhos, 1903.

BRASIL. Tratados equivalentes a emendas constitucionais. *Portal da Legislação*. Disponível em: http://www4.planalto.gov.br/legislacao/portal-legis/internacional/tratados-equivalentes-a-emendas-cons-titucionais-1. Acesso em: 14 maio 2019.

BRASIL. *Decreto 6.949, de 25 de agosto de 2009*. Promulga a Convenção Internacional sobre os Direitos das Pessoas com Deficiência e seu Protocolo Facultativo, assinados em Nova York, em 30 de março de 2007. Presidência da República. Disponível em: http://www.planalto.gov.br/ccivil_03/_ato2007-2010/2009/decreto/d6949.htm. Acesso em: 26 maio 2019.

BRASIL. *Lei 10.406, de 10 de janeiro de 2002*. Institui o Código Civil. Presidência da República. Disponível em: [http://www.planalto.gov.br/ccivil_03/leis/2002/l10406.htm]. Acesso em: 26.05.2019.

BRASIL. *Lei 13.146, de 6 de julho de 2015*. Institui a Lei Brasileira de Inclusão da Pessoa com Deficiência (Estatuto da Pessoa com Deficiência). Presidência da República. Disponível em: [http://www.planalto.gov.br/ccivil_03/_ato2015-2018/2015/lei/l13146.htm]. Acesso em: 26.05.2019.

COLOMBO, Maici Barboza dos Santos. Limitação da curatela aos atos patrimoniais: reflexões sobre a pessoa com deficiência intelectual e a pessoa que não pode se exprimir. In: BARBOZA, Heloisa Helena; MENDONÇA, Bruna Lima de; ALMEIDA JUNIOR, Vitor de Azevedo (Coord.). *O Código Civil e o Estatuto da Pessoa com Deficiência*. Rio de Janeiro: Processo, 2017. p. 243-270.

DIDIER JÚNIOR, Fredie. *Estatuto da Pessoa com Deficiência, Código de Processo Civil de 2015 e Código Civil*: uma primeira reflexão. Disponível em: [http://www.frediedidier.com.br/editorial/editorial-187/]. Acesso em: 24.05.2019.

FACHIN, Luiz Edson. *Teoria crítica do direito civil*: à luz do novo Código Civil Brasileiro. 3. ed., rev. e atual., Rio de Janeiro: Renovar, 2012.

FACHIN, Luiz Edson; RUZYK, Carlos Eduardo Pianovski. Princípio da dignidade humana no direito civil. In: TORRES, Ricardo Lobo; KATAOKA, Eduardo Takemi; GALDINO, Flávio (Org.). *Dicionário de Princípios Jurídicos*. Rio de janeiro: Elsevier, 2011. p. 306-321.

INTERDIÇÃO. *Dicionário Michelis*. 2019. Disponível em: [https://michaelis.uol.com.br/moderno--portugues/busca/portugues-brasileiro/interdi%C3%A7%C3%A3o%20/]. Acesso em: 25.05.2019.

MEDEIROS, Maria Bernadette de Moraes. *Interdição civil*: proteção ou exclusão? São Paulo: Cortez, 2007.

MENEZES, Joyceane Bezerra de. O direito protetivo no Brasil após a Convenção sobre a Proteção da Pessoa com Deficiência: impactos do novo CPC e do Estatuto da Pessoa com Deficiência. *Civilistica. com* – Revista Eletrônica de Direito Civil, Rio de Janeiro, ano 4, n. 1, 2015. Disponível em: http://migre.me/r8lJT. Acesso em: 20 maio 2019.

MENEZES, Joyceane Bezerra de. O risco do retrocesso: uma análise sobre a proposta de harmonização dos dispositivos do Código Civil, do CPC, do EPD e da CDPD a partir da alteração da lei n. 13.146, de 06 de julho de 2015. *Revista Brasileira de Direito Civil* – RBDCivil, Belo Horizonte, v. 12, p. 137-171, abr./jun. 2017.

MENEZES, Joyceane Bezerra de; TEIXEIRA, Ana Carolina Brochado. Desvendando o conteúdo da capacidade civil a partir do Estatuto da Pessoa com Deficiência. *Pensar* – Revista de Ciências Jurídicas, Fortaleza, v. 21, n. 2, p. 568-599, maio/ago. 2016. Disponível em: https://periodicos.unifor.br/rpen/article/view/5619. Acesso em: 19 maio 2019.

MENEZES, Joyceane Bezerra de. O Direito de família entre o Código Civil e a Lei Brasileira de Inclusão ou Estatuto da Pessoa com Deficiência. In: PEREIRA, Rodrigo da Cunha; DIAS, Maria Berenice (Coord.). *Família e Sucessões*. Polêmicas, tendências e inovações. Belo Horizonte: IBDFAM, 2018. p. 579-618.

MENEZES, Joyceane Bezerra de; LOPES, Ana Beatriz Lima Pimentel. O direito de testar da pessoa com deficiência intelectual e/ou psíquica. *Civilistica.com*, Rio de Janeiro, a. 7, n. 2, 2018. Disponível em: http://civilistica.com/o-direito-de-testar-da-pessoa-com-deficiencia/. Acesso em: 20 de maio 2019.

MONTEIRO, Washington de Barros. *Curso de direito civil*: direitos das coisas. 35. ed. São Paulo: Saraiva, 1997.

PALACIOS, Agustina. El derecho a la igualdad de las personas com discapacidad y La obligación de realizar ajustes razonables. In: CERVERA, Ignacio Campoy (Org.). *Los derechos de lãs personas com discapacidad*: perspectivas sociales, políticas, jurídicas y filosóficas. Madrid: Dykinson, 2004. p. 187-204.

PALACIOS, Agustina. *El modelo social de discapacidad*: orígenes, caracterización y plasmación en la Convención Internacional sobre los Derechos de las Personas con Discapacidad. Madri: Cinca, 2008.

PALACIOS, Agustina; ROMAÑACH, Javier. *El modelo de la diversidad*. La Bioética y los Derechos Humanos como herramientas para alcanzar la plena dignidad en la diversidad funcional. Madrid: Ediciones DiversitasAIES, 2006. Disponível em: [http://www.asoc-ies.org/docs/modelo%20diversidad.pdf]. Acesso em: 10 maio 2019.

PEREIRA, Caio Mário da Silva. *Instituições de direito civil*: Introdução ao direito civil e teoria geral do direito civil. 20. ed. Atualizado por Maria Celina Bodin de Moraes. Rio de Janeiro: Forense, 2004, v. 1.

PEREIRA, Jacqueline Lopes; MATOS, Ana Carla Harmatiuk. Avanços e retrocessos ao sentido de capacidade legal: panorama prospectivo sobre decisões existenciais de pessoas com deficiência. *Pensar – Revista de Ciências Jurídicas*, Fortaleza, v. 23, n. 3, p. 1-13, jul./set. 2018. Disponível em: https://periodicos.unifor.br/rpen/article/view/7583. Acesso em: 20 maio 2019.

PERLINGIERI, Pietro. *O direito civil na legalidade constitucional*. Rio de Janeiro: Renovar, 2008.

PIOVESAN, Flávia. *Direitos humanos e o direito constitucional internacional*. 13. ed. São Paulo: Saraiva, 2012.

RODRIGUES, Renata de Lima. *Incapacidade, curatela e autonomia privada*: estudos no marco do estado democrático de direito. 2007. 198 f. Dissertação (Mestrado em Direito Constitucional) – PUC – Minas Gerais, Belo Horizonte, 2007.

ROSENVALD, Nelson. Curatela. In: PEREIRA, Rodrigo da Cunha (Org.). *Tratado de Direito das Famílias*. Belo Horizonte: IBDFAM, 2015. p. 809-932.

SÃO PAULO. Procuradoria-Geral de Justiça. *Recusa de atribuição*. 21 fev. 2014. Disponível em: [http://migre.me/qTeNL]. Acesso em: 08.05. 2019.

SÃO PAULO. Tribunal de Justiça. Apelação 262.646-4/4. Relator Quaglia Barbosa. Julgamento 17 jun. 2003. *Diário de Justiça*. Disponível em: [http://migre.me/rgIYu]. Acesso em: 08.05.2019.

SARLET, Ingo Wolfgang. *Dignidade da pessoa humana e direitos fundamentais*. Porto Alegre: Livraria do Advogado, 2010.

TEPEDINO, Gustavo. *Temas de direito civil*. Rio de Janeiro: Renovar, 2001.

TEPEDINO, Gustavo; OLIVA, Milena Donato. Personalidade e capacidade na legalidade constitucional. In: MENEZES, Joyceane Bezerra de (Org.). *Direito das pessoas com deficiência psíquica e intelectual nas relações privadas*: Convenção Sobre os direitos da pessoa com deficiência e Lei Brasileira de Inclusão. Rio de Janeiro: Processo, 2016. p. 227-248.

AS AUTONOMIAS DAS PESSOAS COM DEFICIÊNCIAS INTELECTUAIS E COGNITIVAS GRAVES

Ana Paula Barbosa-Fohrmann

Professora Adjunta da Faculdade Nacional de Direito da Universidade Federal do Rio de Janeiro (FND/UFRJ). Professora Permanente do Programa de Pós-Graduação em Direito da UFRJ. Pós-Doutora e Doutora pela Ruprecht-Karls Universität Heidelberg. E-mail: anapbarbosa@direito.ufrj.br.

Luana Adriano Araújo

Doutoranda em Direito do Programa de Pós-Graduação em Direito da UFRJ. Mestre em Direito Constitucional pela Universidade Federal do Ceará E-mail: luana.adriano88@gmail.com.

"Por meu campo perceptivo, com seus horizontes espaciais, estou presente à minha circunvizinhança, coexisto com todas as outras paisagens que se estendem para além dela, e todas essas perspectivas formam em conjunto uma única vaga temporal, um instante do mundo; por meu campo perceptivo com seus horizontes temporais, estou presente ao meu presente, a todo o passado que o precedeu e a um futuro." – Maurice Merleau-Ponty

"Fique você com a mente positiva/Que eu quero é a voz ativa (ela é que é uma boa!)/Pois sou uma pessoa/Esta é minha canoa/Eu nela embarco/Eu sou pessoa!/A palavra pessoa hoje não soa bem/Pouco me importa!" – Belchior

Sumário: 1. Introdução. 2. Quem são as pessoas com deficiências intelectuais e cognitivas graves? 2.1 Um lugar "entre" os modelos de deficiência. 2.2 Repensar a pessoalidade para reinterpretar as autonomias no fenômeno da deficiência. 3. Igualdade na dependência: a ética do cuidado de Eva Kittay. 3.1 Crítica feminista: a autonomia relacional e interdependente na justiça igualitária. 3.2 Ética do cuidado: reinterpretar ou desqualificar a autonomia? 4. Revisão do paternalismo e reestruturação da autonomia liberal em Thomas Gutmann. 4.1 Reanálise e alternativas para se manter o conceito kantiano de autonomia. 4.2 Repensando o paternalismo fraco sob o viés da ação autodeterminada. 5. O conceito limiar de autonomia em Michael Quante e a proposta da contrafactualidade. 5.1 Autonomia: uma capacidade complexa, mas binária. 5.2 Autonomia contrafactual: com Quante, contra Quante. 6. A bidimensionalidade da autonomia em Ana Paula Barbosa-Fohrmann: prolongando a memória para reconhecer a pessoa. 6.1 Análise em dois níveis: reformulação e ampliação de dignidade e autonomia em Kant. 6.2 A aplicação das concepções de "autonomia" e "dignidade" aos sujeitos com Alzheimer. 7. Conclusão. 8. Referências.

1. INTRODUÇÃO

Em virtude da concepção Kantiana de autonomia – segundo a qual o conceito se constitui como o fundamento da dignidade da natureza humana e de toda a natureza racional –, torna-se objeto de reflexão o porquê de pessoas com deficiências intelectuais e cognitivas[1] graves não se qualificarem como autônomas devido à ausência de atributos ou caracteres específicos. Em virtude dessa avaliação acerca da definição da autonomia, citados sujeitos têm provocado desafios analíticos e jurídicos aos campos da Filosofia Moral, da Filosofia do Direito e do Direito Civil, consubstanciados em questionamentos diversos, tais como: Deve-se respeitar a vontade de pessoas com mencionadas deficiências, assim como se respeita a daquelas sem deficiências? Como se delimita a capacidade desses indivíduos em exercer direitos e contrair obrigações na esfera privada? Afinal, seriam esses sujeitos qualificados como pessoas no sentido normativo e descritivo? Se sim, que compreensões de "pessoa" garantem o reconhecimento desses sujeitos como moralmente iguais aos demais?

Considerando tais indagações, busca-se, a partir desta investigação, como objetivo geral, realizar uma revisão de literatura acerca da estruturação conceitual da autonomia para autores da Filosofia do Direito e da Bioética – mais especificamente Michael Quante, Eva Feder Kittay, Thomas Gutmann e Ana Paula Barbosa-Fohrmann – cujas obras se voltam para a temática das deficiências intelectuais e cognitivas graves. Em específico, a investigação possui um rol de metas, cujo intento de logro se fez em duas partes.

Na primeira, busca-se caracterizar o sujeito com deficiência intelectual ou cognitiva graves na classificação de modelos de deficiência, para arvorar-se na percepção que fixa seu *status* moral de pessoa. Na segunda, almeja-se: expor o conceito de autonomia em Quante enquanto uma definição de limiar, associada às capacidades para a autodeterminação; compreender a crítica da dependência à igualdade, de Eva Kittay, como pano de fundo de estruturação de sua perspectiva de autonomia; elucidar a crítica erigida por Gutmann à concepção perfeccionista de autonomia, de natureza filosófica, e seu impacto na formatação da autonomia jurídica, principalmente no que

---

1. Não se definirá "deficiência intelectual ou cognitiva" a partir de critérios diagnósticos, tais como os constantes no Manual de Diagnóstico e Estatística e na Classificação Internacional de Doenças. Por outro lado, não se considerará que aqueles que apresentam manifestações de ordem intelectual, cognitiva ou neurológica diversas do quadro considerado neurotípico (Cf. BARNBAUM, 2013) possuam uma "deficiência mental", "psíquica" ou "psicológica", pois, em primeiro lugar, não versam tais condições sobre o funcionamento mental, psíquico ou psicológico desacoplado ou desnaturado de um corpo físico – o que levaria a um rejeitado dualismo cartesiano – e, em segundo lugar, evita-se, desse modo, relações com os chamados "transtornos", "doenças", "distúrbios" ou "sofrimentos" psíquicos. Seguindo Kittay e Carlson, propõe-se que a expressão "deficiência cognitiva" é mais ampla que "deficiência intelectual", albergando autismo, Alzheimer, demência e retardamento mental (2009), acrescendo, ademais, esta última em virtude da tendência de sua utilização (SASSAKI, 2005). Reconhecem-se, de início, as dificuldades de se costurar uma condição existencial de pessoa a partir de uma classificação que precede sua existência, categorizando um corpo antes que ele possa ser no mundo. As classificações de deficiências tratam os corpos como "soma de objetos determinados" (MERLEAU-PONTY, 2011, p. 136), ignorando que cada corpo é, antes, a atualidade de uma existência. Para repensar referida perspectiva classificatória, sem, contudo, com ela romper abruptamente, as deficiências cognitivas e intelectuais serão abordadas sob uma tessitura aberta, destacando mais seu contraste com o racionalismo do que sua materialidade essencial. Dessa forma, está-se em conformidade com Wasserman et al (2017), que consideram a caracterização da deficiência intelectual e cognitiva como "estipulativa", sem se presumir que qualquer ser humano específico se encaixe nessa categoria.

diz respeito às ações de cunho paternalista; clarificar a distinção realizada por Barbosa-Fohrmann entre dois níveis do conceito de autonomia que, em primeiro grau, analisam sua existência e sua potencialidade e latência e, em segundo grau, averiguam suas facetas interna e externa.

2. QUEM SÃO AS PESSOAS COM DEFICIÊNCIAS INTELECTUAIS E COGNITIVAS GRAVES?

Na história da humanidade, a deficiência marca o desvio da normalidade, realçando o desatendimento de um padrão de desenvolvimento.[2] Referido olhar classificatório demarca a deficiência pelo seu oposto – pela não deficiência, que considera, assim, uma categorização de ausências ou de má-estruturações, de maneira que a pessoa com deficiência "tem sido descrita, narrada, interpretada, dirigida, vigiada, protegida, controlada, inferiorizada, infantilizada, fragmentada, rejeitada, 'endemoniada', divinizada, rotulada, estereotipada, dessexualizada, desracionalizada, (...) desumanizada pelos olhares classificatórios" (ROSS, 2002).

Especificamente, no caso de pessoas com deficiências físicas, enfoca-se na locomoção ou na formação física segundo o descumprimento de um padrão orgânico; a seu turno, pessoas com deficiências auditivas e visuais, evidenciam ausência de dois sentidos corporais tidos por característicos do humano; por fim, no caso de pessoas com deficiências intelectuais e cognitivas, marca-se a incongruência com um parâmetro específico de funcionamento da razão. Conforme Aguado (1995, p. 25), no tratamento dado às pessoas com deficiência, existem variações históricas entre épocas e entre culturas, mas também há certas linhas persistentes que giram em torno de uma simbologia permanente: a marginalização.

Em virtude desse desenrolar historiográfico, divide-se investigativamente o pensar sobre a temática em "modelos de deficiência", que fornecem parâmetros interpretativos sobre seu significado social, filosófico, político e jurídico. Em Palacios, os modelos se segmentam em de prescindência, reabilitador e social de deficiência (PALACIOS, 2008; 2006). Precursor do modelo social de deficiência, que reanalisa a deficiência sob o ponto de vista materialista da interação da condição orgânica com barreiras impeditivas, Oliver, por sua vez, considera a existência binária de dois modelos: o individual, para o qual a correção da falha ou o suprimento da ausência biológica são aspectos prioritários; e o social, que realoca a deficiência na coletividade, estruturada de acordo com um paradigma

---

2. Foucault, interpretando a formação histórica da deficiência como uma palavra que materializa, ela mesma, o que pretende conceituar idealmente, estabelece-a como um dispositivo positivo de controle da normalidade. Explora três categorias de sujeitos apontados historicamente como desviantes – o monstro humano, o indivíduo a ser corrigido e a criança masturbadora (FOUCAULT, 2003, p. 69-101) – que, na modernidade, se reconfiguram no conceito de "sujeito anormal". Veja-se: "O indivíduo anormal do século XIX vai ficar marcado – e muito tardiamente na prática médica, na prática judiciária, no saber como nas instituições que vão rodeá-lo, por essa espécie de monstruosidade que se tornou cada vez mais apagada e diáfana, por essa incorrigibilidade retificável e cada vez mais investida por aparelhos de retificação" (FOUCAULT, 2003, p. 75). A deficiência, na visão do autor, é um conceito construído para controlar e retificar, sob o ponto de vista normalizador de quem controla e retifica.

social excludente e opressor, falho na providência de serviços adequados às demandas do segmento[3] (OLIVER, 2004; 1990a; 1990b).

Do ponto de vista dos impactos do modelo social no Direito, Asís Roig descreve-o segundo os seguintes postulados: o enfoque de direitos humanos é o adequado normativamente para abordar a questão da deficiência; a deficiência é uma situação na qual se encontram ou podem se encontrar uma ou mais pessoas, inexistindo um traço individual que a caracterize; a deficiência tem uma origem social, devendo a sociedade ser a destinatária das medidas executivas relacionadas ao direito das pessoas com deficiência; e, por fim, a política normativa voltada para lidar com o direito das pessoas com deficiência deve pautar-se na igualdade, na não discriminação e na generalização (ASÍS ROIG, 2013, p. 2).

A partir do *modelo social*, estrutura-se uma linhagem de teóricos em diferentes campos do conhecimento, como French e Swain (2004, p. 34-37), que propõem, no âmbito da pesquisa no Serviço Social, visão não trágica da experiência da deficiência, ao sugerir um modelo de identidade da deficiência a partir de sua afirmação positiva. Para esses autores, a noção de identidade, ao ampliar o âmbito do pessoal para o político, transforma o "eu" no "nós", encorajando movimentos de pessoas com deficiências associados por essa identidade, nos quais os membros criam imagens positivas de si e se unem para demandar o direito de ser como são[4] (FRENCH; SWAIN, 2004, p. 38).

Pautados no reconhecimento positivo da identidade da pessoa com deficiência, Palacios e Romañach (2006, p. 207-222) propugnam, no campo da Bioética, o *modelo de diversidade funcional*, que se pauta nos postulados da Vida Independente para considerar que a pessoa com deficiência, independentemente do que venha a aportar à sociedade, consubstancia-se em um ser valioso em si mesmo, dotado de dignidade, que enriquece a comunidade com sua diferença. A partir desse modelo, as funções desenvolvidas por um indivíduo não condicionam o reconhecimento de seu valor, sendo que a diversidade de exercícios funcionais representa, por si mesma, um fator natural da vida em sociedade, matizada por diferentes indivíduos, com habilidades múltiplas e não hierarquizáveis.

O conceito de "diversidade funcional" foi inicialmente proposto por Manuel Lobato e Javier Romañach, em 12 de maio de 2005, na mensagem nº 13.457 do Fórum de Vida Independente, tendo obtido aceitação nos espaços de congregação militante desde então (PALACIOS; ROMAÑACH, 2007). Paralelamente a esse modelo, nos campos da Teoria da Justiça e da Economia, Nussbaum e Sen propõem, a partir da Abordagem de Capaci-

---

3. Em uma clara explicação da dicotomia individual, social, Oliver inaugura a definição de "barreiras", atualmente incorporada no conceito convencional e legislativo de "deficiência": "*In the broadest sense, the social model of disability is about nothing more complicated than a clear focus on the economic, environmental and cultural barriers encountered by people who are viewed by others as having some form of impairment – whether physical, sensory or intellectual. The barriers disabled people encounter include inaccessible education systems, working environments, inadequate disability benefits, discriminatory health and social support services, inaccessible transport, houses and public buildings and amenities, and the devaluing of disabled people through negative images in the media – films, television and newspapers*" (OLIVER, 2004, p. 6).

4. Ressalve-se que a afirmação positiva da identidade gera ainda o modelo da identidade, chamado também por Cuenca de modelo sociocultural (2011, p. 10-11) e, por Shakespeare, de modelo de etnicidade, ao considerar a comunidade surda como uma minoria linguística (2014, p. 93-95). Não se investigarão os limites específicos de referidos modelos, dado que os sujeitos aqui estudados não se encontram, de plano, dentre os grupos em análise.

dades, uma reformulação de justiça distributiva (NUSSBAUM; SEN, 2003; NUSSBAUM, 2003, 2013) que se concentra não propriamente no modo como as pessoas funcionam, mas em suas capacidades humanas, isto é, naquilo que as pessoas são de fato capazes de ser e fazer, atendendo os limites da sua identidade e individualidade.

Referido modelo tem ganhado espaço paralelamente ao *modelo de direitos humanos de deficiência*, cuja teorização é de particular interesse às ciências jurídicas em virtude de dois aspectos fundamentais: sua formulação por Theresia Degener, Professora de Direito que, em coautoria com Gerard Quinn, forneceu o estudo de fundo para a redação da Convenção Internacional sobre Direitos das Pessoas com Deficiência (CIDPCD), ocupando, atualmente, o posto de membro do Comitê sobre Direitos das Pessoas com Deficiência (CDPD); e sua abertura para uma vinculação teórica dos direitos das pessoas com deficiência ao Sistema Internacional de Direitos Humanos, com a elaboração da CIDPCD (DEGENER, 2016).

Assim, existem quatro modelos de deficiência predominantemente endossados jurídica e filosoficamente: o de *diversidade funcional*, o de *capacidades humanas*, o *social* e o de *direitos humanos*.[5] Quando se aborda, contudo, igualdade entre pessoas com deficiências intelectuais e cognitivas e pessoas sem essas deficiências, a formatação desses modelos apresenta-se comprometida em virtude de seus respectivos léxicos. Se o modelo de diversidade funcional conecta-se intrinsecamente à noção de capacidade, o modelo social, por sua vez, imbrica-se conceitualmente na definição de vida independente, enquanto, por fim, o modelo de direitos humanos se mostra fincado na concepção tradicional de sujeito de direitos. Todos esses conceitos refletem a mesma matriz filosófica, derivadas do que MacIntyre chama de "Projeto do Iluminismo", a partir da qual se objetiva justificar secularmente as alegações morais do indivíduo moral autônomo (MACINTYRE, 2006, p. 68). Deriva dessa tradição a intelecção de que o predicado da autonomia é um fator poderoso nas práticas sociais, que determina a atribuição de *status,* titularidades, imunidades e liberdades (ANDERSON, 2014).

Não se trata, portanto, de ignorar ou desconhecer a existência da pessoa com deficiências intelectuais e cognitivas, mas, sim, de reconhecê-la negativamente a partir de uma dogmática jurídica tecnicista de incapacitação, que a inclui no ordenamento

---

5. Embora não de forma tão explícita quanto esses três modelos, a abordagem das capacidades humanas pode ser considerada para uma conceituação de deficiência. Em comum com o modelo funcionalista, a abordagem das capacidades evidencia o traço de "habilidades"; em distinção, o traço de analisar as deficiências uma a uma, dentro de um grupo com deficiências determinadas e aparentemente uniformes. Em comum com o modelo de direitos humanos, a abordagem de capacidades tem uma estruturação deontológica e pragmática, visto que Nussbaum (2013) objetiva, com sua lista de capacidades humanas, a incorporação desse rol na lista de direitos fundamentais das Constituições de países democráticos. Pode-se argumentar, por outro lado – a partir do referencial dos Estudos de Deficiência – que a abordagem das capacidades não é um "modelo" de deficiência; ou seja, não é um modo de encará-la, visto que não propõe uma definição específica da condição, mas sim: proposições éticas e econômicas para a estruturação de uma política desenvolvimentista, em Nussbaum e Sen, respectivamente; um rol de capacidades cujo atingimento condiciona a dignidade humana, em Nussbaum. Ainda, não se requer, nessa abordagem, uma conceituação de deficiência, como fazem o modelo de diversidade funcional (a partir do postulado de que a "deficiência é um modo diferente de funcionar"), o modelo social (que considera que a "deficiência é o resultado da interação da condição pessoal com as barreiras sociais") e o modelo de direitos humanos (que institui que a "deficiência é uma questão de direitos humanos"). Por ora, garanta-se a ressalva de que é possível argumentar pela independência do enfoque das capacidades como um modelo conceitualmente próprio de deficiência.

a partir de sua presumida exclusão do exercício de direitos. Assim, se, por um lado, o modelo social critica a matriz teórica liberal e iluminista, que trata a deficiência como fruto de uma incapacidade natural, por outro, não desfaz ou revê o ideal de racionalidade demandado pelo sujeito de direitos autônomo e independente. Se o modelo de diversidade funcional, com a crítica da hierarquia funcional, e o modelo de direitos humanos, com a reestruturação do conceito de sujeito de direitos humanos, fazem referida "virada autonomista", isso só se torna possível perceber a partir de uma análise detalhada de cada modelo proposto.

2.1   Um lugar "entre" os modelos de deficiência

Ao se perscrutar o modelo social, percebe-se que seu nascimento se dá similarmente ao modelo de diversidade funcional, estruturando-se a partir da contraposição a práticas marginalizantes e de desvalorização dos sujeitos com deficiência. Com a proposição do "Fundamental Principles of Disability", grupos de pessoas com deficiência reúnem-se, na década de 1970, em face da oposição às políticas sectaristas e assistenciais, popularizando-se, nesse documento, uma concepção relacional de desigualdade material para infirmar a noção de que diferenças naturais geram diretamente distinções sociais. Nesse sentido, a primeira geração de teóricos associadas a este modelo possuía fortes influências do materialismo histórico, colocando-se fortemente contra as barreiras impeditivas da igualdade. Derrubadas essas, pessoas com deficiências poderiam contribuir para a sociedade tanto quanto os demais, sem deficiência, logrando, dessa forma, autonomia paritária.

Sem repensar as ideias de autonomia e de independência, esses primeiros teóricos compreendiam que as pessoas com deficiência podem ser tão autônomas, independentes e produtivas quanto às demais, sem deficiência, bastando que, para tanto, sejam destruídas as barreiras. Dessa maneira, pode-se afirmar que a concepção proposta pelo modelo social de deficiência parte de uma idealização pré-formatada de autonomia, embora defenda que a existência concreta do corpo com deficiência anteceda a ideia de autonomia, o que é por si só uma argumentação contraditória."

Isso porque ao buscar primariamente a materialidade da deficiência, os primeiros teóricos do modelo social veem entrar, nas entrelinhas de sua teoria, um transcendentalismo ideal que pressupõe a independência subjetiva. Ademais, o modelo social admite que a deficiência é um construto de matriz inteiramente social, advinda da inter-relação com barreiras, e finda, dessa forma, por olvidar a experiência pessoal corporal inerente a cada pessoa com deficiência.[6] (DEGENER, 2016, p. 6-8). Reflita se não seria "a concepção proposta pelo modelo social de deficiência parte de uma idealização pré-formatada de autonomia, embora defenda que a existência concreta do corpo com deficiência anteceda a ideia de autonomia, o que é por si só uma argumentação contraditória".

---

6.   Relevante ressaltar que, de acordo com Diniz (2003, p. 3), o modelo social erige-se sob o ponto de vista de homens com deficiência resultante de lesão medular. Por esse motivo, a ideia da "típica" pessoa com deficiência foi eternizada na imagem do homem jovem em uma cadeira de rodas que nunca está doente e cujas necessidades resumem-se unicamente à estruturação de ambientes fisicamente acessíveis.

Em sequência, sobre o modelo de diversidade funcional – e, correlatamente, sobre a abordagem das capacidades –, cumpre destacar, de início, sua gênese emancipadora e ideológica, visto que seu surgimento se dá por meio do diálogo encetado organicamente ao movimento de pessoas com deficiência (RODRIGUEZ DÍAZ; FERREIRA, 2010). A despeito de não se constituir como objeto desta investigação dedicar-se a uma contraposição epistêmica ao funcionalismo ou ao capacitismo, respectivamente do modelo de diversidade funcional e da abordagem das capacidades, ressalvamos, de início, três possíveis contrastes com o que se proporá como lugar "entre" os modelos de deficiência.

Primeiramente, o modelo de diversidade funcional enquadra-se na Perspectiva de Funcionamentos, que se fundamenta na existência de funcionamentos básicos cujo atingimento deve ser assegurado para uma plena realização humana (DIAS, 2018), sendo que, em face de seu malogro, há possibilidade de descaracterização do ser humano (DIAS, 2012) ou de sentença de inapetência para a qualificação da dignidade humana (NUSSBAUM, 2013). Em segundo lugar, a diversidade funcional e sua inversão da crítica da normalidade de matriz Foucaultiana, desenvolvida em Canguilhem (2008), nega paradoxalmente a hierarquia entre as capacidades humanas enquanto cliva profundamente suas demarcações, obstaculizando, por um lado, a passagem do exercício de determinadas funções para outras e, por outro, demandando a classificação de cada momento humano em funções determinadas. Por fim, os funcionamentos e as capacidades, sejam eles determinados de forma estrita ou aberta, fixam uma distinção moralmente forte entre seu logro e seu malogro, justificando-se um paternalismo *a priori* a sujeitos socialmente compreendidos como inaptos, sobretudo os com deficiências intelectuais e/ou cognitivas, em face do que, nesse ponto, há uma forte aproximação dessas perspectivas com o "leque normal de variação" Rawlsiano (2000, p. 68).

Considerado como um desenvolvimento do modelo social, o modelo de direitos humanos se propõe inovador em virtude de seis características principais, expostas em Degener como vinculadas intrinsecamente ao texto da CIDPCD (2016; 2017).[7] Em relação às pessoas com deficiências intelectuais e cognitivas, esse modelo apresenta-se particularmente relevante em dois aspectos. Primeiramente, aponta a autora que a CIDPCD não tece nenhuma distinção entre as diversas deficiências no que diz respeito à titularidade e ao exercício de direitos das pessoas que as possuem, atingindo frontalmente os textos dos Estados-partes que reconheciam teorias de (in)capacidades civis derivadas de condições de deficiência específicas.[8] Explica que, sob a égide do modelo social, a universalização da titularidade de direitos humanos – contida na ideia de que a pessoa,

---

7. Resumidamente, a lista de aspectos diferenciais em relação ao modelo social do modelo de direitos humanos consiste no reconhecimento do *status* de sujeito de direitos não ser condicionado a nenhuma capacidade ou qualidade específica; na afirmação de que se impõe, a partir desse modelo, a implementação tanto de direitos civis e políticos quanto de direitos sociais, políticos e culturais em um caleidoscópio jurídico; na mirada inclusiva que esse modelo permite ter em relação à dor e à deterioração da qualidade de vida que pessoas com deficiência podem vir a experimentar; no respeito que possibilita às diferentes camadas de identidade de um indivíduo; na viabilização de políticas de prevenção à deficiência, sem que necessariamente se aporte mensagens negativas; e na compatibilização entre a visão de direitos humanos e desenvolvimentista promovida pela cooperação internacional institucionalizada na CIDPCD (DEGENER, 2017; 2016).
8. Nesse sentido, a redação original dos arts. 3º e 4º do Código Civil de 2002 considerava respectivamente absolutamente incapazes aqueles que, por enfermidade ou deficiência mental, não tivessem o necessário discernimento para a prática dos atos da vida civil; e os excepcionais, sem desenvolvimento mental completo.

pelo simples fato de ser pessoa, possui tais direitos – convivia sem grandes atritos com as clássicas teorias da capacidade, que condicionam o exercício direto de tais direitos a determinados caracteres intelectuais e cognitivos. A CIDPCD altera tal sistemática, garantindo não apenas a titularidade, mas também o exercício direto dos direitos humanos, independentemente de quaisquer condições particulares.[9]

Em segundo lugar, o modelo de direitos humanos propõe-se eficaz para lidar com duas questões invisibilizadas sob o viés do modelo social: a dependência permanente que pessoas com determinadas deficiências terão em relação a seus cuidadores e a dor e deterioração da qualidade de vida que ambos os agentes, dependentes e cuidadores, poderão enfrentar. Dessa forma, Degener (2016, p. 24) defende que seu modelo de direitos humanos é atento à experiência concreta da deficiência, "que pode nem sempre ser ruim, mas certamente pode vir a ser".

Apesar de referidas proposições de Degener, Cuenca argumenta que o discurso teórico sobre direitos humanos tem sido construído a partir de referenciais cuja compreensão estandardizada finda por excluir – de maneira mais sutil ou mais direta, a depender da ocasião – as pessoas com deficiência, especialmente – ainda que não exclusivamente – aquelas com deficiência intelectual ou cognitiva (CUENCA, 2012, p. 103-137). Mais recentemente, a autora afirmou que o discurso dos direitos tem identificado a posse de certas capacidades cognitivas individuais, mais ou menos sofisticadas, como justificativa determinante do valor especial e da consideração moral que os seres humanos merecem. Essa abordagem é caracterizada, portanto, assumindo como paradigma do conceito de sujeito moral o modelo do adulto "racional", no qual nem todos os seres humanos se encaixam.

Propõe-se pensar a deficiência segundo o momento vivido pelo sujeito que a detém, de maneira a restaurar a experiência individual, sem que se olvide a inter-relacionalidade das barreiras materiais e a intersubjetividade da diversidade funcional. Tratar de deficiências intelectuais e/ou cognitivas leva a se fixar um ponto de vista "entre" os modelos de deficiência, em suas margens, questionando a rigidez fronteiriça dos parâmetros interpretativos dos modelos apresentados. Mais do que encarar a deficiência sob uma única perspectiva multifacetada, trata-se de reconhecer que a consideração de pessoas com deficiências cognitivas ou intelectuais se dá a partir de perspectivas que se tensionam mutuamente ao olhar subjetivo do estudioso, sem se excluírem, ganhando concretude nas situações do mundo vivido.[10]

---

9. Por tal motivo – e para sepultar a celeuma que havia se instaurado entre os civilistas, que insistiam em afirmar que o "reconhecimento igual perante a lei" e a "capacidade legal em igualdade de condições com as demais pessoas em todos os aspectos da vida", respectivamente do caput e do parágrafo 2º do art. 12 da CIDPCD, não significavam capacidade absoluta em termos de exercício de direitos por parte de pessoas com deficiências intelectuais e cognitivas –, o CDPD promoveu entendimento de que "capacidade jurídica e a capacidade mental são conceitos distintos. A capacidade jurídica é a capacidade de ser titular de direitos e obrigações (capacidade legal) e de exercer estes direitos e obrigações (legitimação para atuar). É a chave para acessar uma participação verdadeira em sociedade. A capacidade mental se refere à aptidão de uma pessoa adotar decisões, que naturalmente varia de uma pessoa a outra e pode ser diferente para uma pessoa determinada, em função de muitos fatores, entre eles fatores ambientais e sociais" (ONU, 2014).

10. O olhar proposto se estrutura em analogia ao proposto em Sokolowski: "Considere o modo pelo qual percebemos um objeto material, tal como um cubo. Vemos o cubo desde um ângulo, desde uma perspectiva. Não se pode ver o cubo de todos os lados de uma vez. É essencial para a experiência de um cubo que a percepção seja parcial, com apenas uma parte do objeto sendo diretamente dada a cada momento. (...) Num dado momento, apenas certos lados do cubo estão presentes para nós e os outros estão ausentes. Mas sabemos que a qualquer momento podemos

A qualificação da deficiência como fenômeno polidimensional ressalta a afirmação positiva da diferença que o modelo da diversidade funcional propõe, convergindo para a derrocada de barreiras sociais, ambientais, atitudinais e jurídicas que impedem o pleno gozo de direitos e garantias em coletividade, como proposto pelo modelo social, ao mesmo tempo em que assegura o reconhecimento da condição de sujeito de direitos como o modelo de direitos humanos. A partir dessa interseção de modelos, propõe-se, em sequência, endereçar o questionamento: sobre que pessoa se fala quando se fala de pessoa com deficiência intelectual e/ou cognitiva?

2.2 Repensar a pessoalidade para reinterpretar as autonomias no fenômeno da deficiência

Ser respeitado enquanto pessoa, liderar a própria vida e ser sujeito de decisões e ações autônomas: são estes, para Quante, valores indubitavelmente importantes e partilhados na cultura ocidental (QUANTE, 2006, p. 146). O primeiro desses atributos apresenta-se moldado pela filosofia moral Kantiana, que, a seu turno, tem sua pedra angular no conceito de racionalidade (BARBOSA-FOHRMANN; BARRETO, 2017). Em Kant, é a racionalidade que fundamenta o especial *status* moral de pessoa (KANT, 2015). Em outros termos, apenas pessoas merecem respeito como sujeitos morais por serem dotadas de racionalidade, da qual deriva o *status* moral. Em consonância, a independência na condução da própria vida e a autonomia factualmente manifestada na tomada de decisão qualificam-se como dois atributos intrinsecamente conectados a referido reconhecimento moral como pessoa (MACINTYRE, 1999). Entretanto, de acordo com Carlson e Kittay, pessoas com deficiência cognitivas são indivíduos que têm, na melhor das hipóteses, uma capacidade reduzida de deliberação racional. Por esse motivo, perguntam as autoras: Como se deve pensar sobre esses indivíduos? (KITTAY; CARLSON, 2009, p. 1).

A eleição de determinados caracteres intelectuais, cognitivos e mentais[11] traça uma linha de importância moral entre pessoas com determinados tipos de deficiências e pessoas sem essas deficiências. Os parâmetros para essa avaliação – defendida, no geral, por aqueles que se autoconsideram como dotados de tais qualidades (MACINTYRE, 1999) – têm se mostrado determinantes para que se dispense ou não consideração ao *status* moral de pessoa para sujeitos com deficiências intelectuais e cognitivas graves. Dessa maneira, o reconhecimento do *status* moral desses sujeitos tornou-se, direta ou indiretamente[12], um assunto de intenso debate entre os filósofos da ética aplicada e dos estudos de deficiência, dado que propõe um desafio direto à filosofia moral, consubstanciado na

---

caminhar ao redor do cubo ou virar o cubo e os lados ausentes entrarão no campo de visão, enquanto os lados presentes sairão. Nossa percepção é dinâmica, não estática" (SOKOLOWSKI, 2014, p. 25-26).

11. Algumas das características que determinam o *status* de pessoa são expostas em Wasserman et al: "These accounts identify overlapping clusters of psychological and cognitive attributes – self-consciousness, awareness of and concern for oneself as a temporally-extended subject; practical rationality, rational agency, or autonomy; moral responsibility; a capacity to recognize other selves and to be motivated to justify one's actions to them; the capacity to be held, and hold others, morally accountable". (WASSERMAN et al, 2017, p. 19).

12. Diretamente, quando pessoas com deficiências intelectuais são o objeto da pesquisa filosófica, centrada na variedade de questões éticas e bioéticas acerca do *status* moral, da personalidade e do tratamento dessas. Indiretamente, quando as pessoas com deficiência intelectual são apenas experimentos mentais casuísticos, utilizados para provar o *status* moral de outros grupos de indivíduos, como animais (CARLSON, 2009, p. 315).

questão: há indivíduos menos moralmente relevantes que outros? (CALRSON, 2009). De outra maneira, pode-se perguntar: haveria pessoas com deficiência "não pessoas", desprovidas de pessoalidade?

Paralelamente, de acordo com Bariffi (2011, p. 325), a condição de pessoa é a porta de acesso ao direito a ter direitos, e a capacidade legal, por sua vez, é a porta de acesso para exercê-los. Sem um pleno reconhecimento da capacidade legal, não é possível acessar verdadeiramente o exercício dos direitos humanos em geral. Mais profundamente: não é possível efetivar o rol de direitos reconhecidos na própria CIDPCD, destinado a todas as pessoas com deficiências. Nesse sentido, veja-se que o contexto dos filósofos morais que negam a pessoalidade às pessoas com deficiências intelectuais e cognitivas é o mesmo dos juristas que negam a capacidade civil para esses mesmos sujeitos, encarando investigadores de um lado e de outro como determinante o fato de que os investigados, não raro, não são capazes de articular independentemente suas ideias de bem e suas preferências, segundo um padrão de normalidade. Embora se tente, dentro do Direito, negar que a égide da "dignidade da pessoa humana" está assegurada a despeito de se conferir capacidade civil absoluta ou plena, não há que se negar que *status* moral igual e autonomia jurídica imbricam-se na mesma entidade vitruviana – a qual possui, sob o ponto de vista tradicional, vontade válida, aptidão para consentimento e voz ativa.

Na contramão, outras perspectivas morais e jurídicas se interconectam, explícita ou implicitamente, para propor teorias que confiram aos sujeitos com deficiências intelectuais e cognitivas as mesmas condições de pessoas, dotados, ademais, de uma mesma autonomia ou de uma autonomia ressignificada, a qual pode ou não ser igual ou cuja igualdade pode ou não interessar para o respeito à integridade humana. Por um lado, há filósofos que baseiam o *status* moral reponderado mais em atributos compartilhados por um espectro maior de indivíduos do que em caracteres como a independência racional prática. Tais atributos compartilhados seriam a capacidade para o amor e o envolvimento em relações de cuidado. Por outro lado, há um segmento que fundamenta a relevância moral na caracterização como membro de uma espécie ou nas relações que tecemos intersubjetivamente dentro de comunidades humanas. Essas duas perspectivas, chamadas, respectivamente, por Wasserman et al de "Abordagem dos Atributos Morais Inclusivos" e "Abordagens Grupais de Status Moral" (WASSERMAN et al, 2017) podem ser sequencialmente identificadas, em primeiro lugar, em Kittay e Gutmann e, em segundo lugar, em Quante e Barbosa-Fohrmann.

3. IGUALDADE NA DEPENDÊNCIA: A ÉTICA DO CUIDADO DE EVA KITTAY

Partindo de sua experiência pessoal como uma mãe de uma pessoa com deficiência cognitiva, Kittay desenvolve uma ética do cuidado atenta às capacidades humanas para o amor e para a felicidade (KITTAY, 2009). Juntamente com Carlson, analisa a questão das deficiências cognitivas na filosofia política, destaca que esse campo tem considerado a habilidade de raciocínio como um marco do caractere da humanidade, sendo que fora para os dotados desse atributo que as teorias têm estendido os mantos da igualdade, da dignidade, da justiça, da responsabilidade e da sociedade moral. Isso, em consideração a pessoas com deficiências intelectuais ou cognitivas – cuja habilidade de raciocínio pode apresentar-se diminuída sem que isso afete seu status de "pessoa" –, pode evidenciar o "cobertor curto" de conceitos, como justiça, direitos, respeito, cuidado e responsabilidade (KITTAY; CARLSON, 2009, p. 1-2).

Pode-se dizer que Kittay estabelece sua crítica em duas esferas. A primeira delas, que parte de uma crítica da interdependência em relação às teorias contratualistas liberais, cujo principal propósito é opor-se à concepção rawlsiana de justiça, advém de uma matriz feminista. Em segundo lugar, em uma perspectiva de cunho estritamente moral, Kittay sugere que não são as capacidades psicológicas intrínsecas, como a racionalidade e a autonomia, requisitos determinantes para uma consideração moral da pessoalidade – isto é, que essas capacidades não são os caracteres essenciais para se pertencer a uma comunidade moral (KITTAY, 2005, p. 100).

3.1 Crítica feminista: a autonomia relacional e interdependente na justiça igualitária

A partir da crítica feminista,[13] introduziu-se, nas filosofias contratuais modernas, a ideia da igualdade pela interdependência, que se insurge contra a noção idealizada de que todas as pessoas com deficiência almejariam ou conseguiriam lograr a autonomia e a independência visadas pelo modelo social. Nesse movimento, Kittay (1999, p. 25-29) sugere uma alternativa aos discursos dominantes das teorias políticas liberais, que parte não do que as pessoas são individualmente ou das propriedades que particularmente detêm, nem de sua nacionalidade ou interesses, mas, sim, do que as pessoas são de forma relacional. Nesse sentido, a autora propõe uma noção de igualdade baseada nas relações em vez de uma baseada na individualidade.[14]

---

13. Resumindo a crítica feminista, argumenta Diniz (2003, p. 3-4): "Foram as teóricas feministas que, pela primeira vez, mencionaram a importância do cuidado, falaram sobre a experiência do corpo doente, exigiram uma discussão sobre a dor e trouxeram os gravemente deficientes para o centro das discussões – aqueles que jamais serão independentes, produtivos ou capacitados à vida social, não importando quais ajustes arquitetônicos ou de transporte sejam feitos. Foram as feministas que introduziram a questão das crianças deficientes, das restrições intelectuais e, o mais revolucionário e estrategicamente esquecido pelos teóricos do modelo social, o papel das cuidadoras dos deficientes. Foi o feminismo quem levantou a bandeira da subjetividade na experiência do corpo lesado, o significado da transcendência do corpo para a experiência da dor, forçando uma discussão não apenas sobre a deficiência, mas sobre o que significava viver em um corpo doente ou lesado. Foram as feministas que passaram a falar nos "corpos temporariamente não deficientes", sugerindo a ampliação do conceito de deficiência para condições como o envelhecimento ou as doenças crônicas. Diferentemente dos teóricos do modelo social, muitas feministas não hesitaram em pôr lado a lado a experiência das doenças crônicas e das lesões, considerando-as igualmente como deficiências. Por fim, foram as feministas que mostraram que, para além da experiência da opressão pelo corpo deficiente, havia uma convergência de outras variáveis de desigualdade, tais como raça, gênero, orientação sexual ou idade. Ser uma mulher deficiente ou ser uma mulher cuidadora de uma criança ou de um adulto deficiente era uma experiência muito diferente daquela descrita pelos homens com lesão medular que iniciaram o modelo social da deficiência".
14. A autora não busca construir uma nova teoria de justiça. Ela apenas apresenta os problemas da concepção rawlsiana. Veja-se: "*My claim is that those within relations of dependency fall outside the conceptual perimeters of Rawls's egalitarianism. (...) I argue that the two principles of justice cannot accommodate the objections of dependency critique unless Rawls's foundational assumptions are altered. In pointing to omissions in this theory, I contemplate ways in which the Rawlsian position could be amended. (...) My aim is neither to reform Rawls's political theory, nor to say that it cannot be reformed. Rather, I offer arguments of dependency critique as criterion of adequacy, one applicable to any political theory claiming to be egalitarian*" (KITTAY, 1999, p. 79).

De acordo com a autora, as deficiências intelectuais e cognitivas são um caso "limite" do liberalismo, que invoca uma noção de participação política correlata à concepção da pessoa como independente, racional e capaz de autossuficiência, na medida em que a sociedade resulta de um contrato associativo entre indivíduos autônomos e iguais (KITTAY, 2001, p. 559). A teoria atualmente reinante do liberalismo, de acordo com Kittay, fixa-se no estruturado por John Rawls, que entende a justiça como formada por princípios derivados de um procedimento conduzido por pessoas moralmente iguais e plenamente cooperativas (KITTAY, 2001, p. 563).

A autora evidencia que essa percepção de justiça, derivada da posição Kantiana, de que a autonomia é o aspecto da existência humana que confere um valor especial de dignidade, carrega consigo a ficção de que a incapacidade de funcionar como um membro plenamente cooperativo é uma exceção no curso de vida humana, e não uma variação normal (KITTAY, 1999, p. 92). Assim é que Kittay sustenta que "uma justiça que não incorpora a necessidade de responder à vulnerabilidade com cuidado é incompleta, e uma ordem social que ignora o cuidado, por si só, deixa de ser justa"(KITTAY, 1999, p. 100-103). Propõe, portanto, que se deixe de encarar a independência como a regra e a dependência como a exceção. É essa e não aquela que pauta a real associação comunitária entre seres humanos dotados de um especial valor de dignidade.

3.2 Ética do cuidado: reinterpretar ou desqualificar a autonomia?

Kittay argumenta que os seres humanos não são, de fato, independentes, mas, sim, inextricavelmente dependentes uns dos outros; nada obstante, ao obliterar a dependência – sobretudo a associada à infância, velhice, doença e deficiência –, a filosofia ocidental contribuiu para a privatização do cuidado e das responsabilidades coletivas para com os dependentes, permitindo que a coletividade evite sua responsabilidade pública para com seus membros dependentes. Nesse sentido, conforme aponta Kittay, a privatização do cuidado nos faz esquecer que qualquer um de nós pode vir a estar em um estado de dependência profunda (KITTAY, 200).[15]

Em verdade, apenas no contexto dessas relações de cuidado – que devem ser tratadas como questões de relevância pública e como essenciais ao funcionamento da sociedade –, é que se pode depreender o desenvolvimento factual ou potencial da autonomia. Ao mesmo tempo, Kittay (2005) sugere que não há razões para assumir que qualquer ser humano seja, de fato, severamente deficiente a ponto de deixar de possuir características essenciais à humanidade, de modo que todos os seres humanos – excluídos, de antemão, animais não humanos – possuiriam uma autonomia, ainda que contrafactual.[16]

---

15. Similarmente, Macintyre: "*I suggested earlier that for the rest of us an important thought about such individuals is 'I might have been that individual.' But that thought has to be translated into a particular kind of regard. The care that we ourselves need from others and the care that they need from us require a commitment and a regard that is not conditional upon the contingencies of injury, disease and other afflictions*" (MACINTYRE, 1999, p. 128).

16. Numa prosa poética, Kittay descreve a aceitação de que não se pode medir, externamente, as capacidades de alguém: "*Now what cognitive capacities Sesha possesses I do not know, nor do others. And it is hubris to presume to know. I am often surprised find out that Sesha has understood something or is capable of something I did not expect. These surprises can only keep coming when she and her friends are treated in a manner based not on the limitations we know they have but on our understanding that our knowledge is limited*" (KITTAY, 2009, p. 619).

Não fica claro, nesse ponto, se Kittay deseja reinterpretar o conceito kantiano de autonomia por meio de um viés relacional ou se busca reinterpretar o papel da autonomia kantiana, relacionada à autodeterminação de regras morais, na aferição da pessoalidade[17]. A despeito de possuírem resultados similares, citadas perspectivas fornecem caminhos profundamente diversos, sobretudo do ponto de vista jurídico. Enquanto a primeira dessas saídas teóricas poderia fornecer a fundamentação filosófica para o fornecimento de apoios na expressão plena da capacidade civil, a segunda se coloca implicitamente contra a própria noção perfeccionista de autonomia para a capacidade civil.

Assim, na medida em que uma parte de sua teoria reconhece a "complementação" das habilidades a partir de uma rede intersubjetiva de suportes relacionais, em um contexto de cuidado, a outra tece críticas à própria concepção de autonomia que subjaz ao conceito de sujeito de direitos membro da comunidade moral. De uma forma ou de outra, pode-se dizer que Kittay se coloca nas trincheiras contra o "mito do exercício independente da autonomia", que tem se mostrado excludente para pessoas com deficiências que podem depender de outros para expressar e formular suas concepções de bem (CUENCA, 2012; 2016).

4. REVISÃO DO PATERNALISMO E REESTRUTURAÇÃO DA AUTONOMIA LIBERAL EM THOMAS GUTMANN

O debate sobre autonomia tem ganhado, nas últimas duas décadas, crescente atenção (GUTMANN, 2013; 2012). Gutmann se dedica ao assunto a partir de um trabalho conceitual relevante não apenas para as questões da teoria jurídica, mas também para a ética biomédica, "já que o respeito à autonomia é um dos princípios centrais deste campo e as relações contratuais são um meio predominante da ação autônoma coberto por ele" (GUTMANN, 2013, p. 2). Para tanto, sua contribuição se dá em dois âmbitos. Primeiramente, o autor se mostra crítico aos potenciais inclusivos da teoria tradicional kantiana para incluir moralmente sujeitos "não racionais". Em segundo lugar, orienta-se a uma revisão sistemática da diferenciação entre paternalismo forte e fraco, devido à inconsistência da definição legal – e liberal – de autonomia, elaborando, especificamente, uma teoria do paternalismo orientado para a autodeterminação (GUTMANN, 2014; 2018).

---

17. Veja-se que, por um lado, Kittay diz que não quer desconsiderar totalmente o papel da autonomia e da racionalidade na filosofia moral – "*That I have lauded qualities that contrast with rationality as qualities important to morality should not be understood to mean that I advocate dispensing altogether with rationality and autonomy. My intent instead has been to show that whether or not an individual possesses any one set of intrinsic properties is not sufficient to determine whether or not this individual can have a moral life and be part of a moral community and it is not the basis on which to assign him or her a moral status*" (KITTAY, 2005, p. 123) –, por outro lado diz que a dependência é intrínseca à experiência humana – "*If we conceive of all persons as moving in and out of relationships of dependence through different life-stages and conditions of health and functionings, the fact that the disabled person requires the assistance of a caregiver is not the exception, the special case. The disabled person occupies what is surely a moment in each of our lives, a possibility that is inherent in being human*" (KITTAY, 2011, p. 54) – sem fazer uma devida articulação entre o que significa jamais ser completamente autônomo com não ser possível ler a autonomia fora de um contexto relacional.

4.1 Reanálise e alternativas para se manter o conceito kantiano de autonomia

Gutmann ensina que o vínculo entre personalidade e dignidade, isto é, o princípio do respeito às pessoas, remonta a Immanuel Kant e ainda se nutre predominantemente de um pensamento que, deixando de lado todas as diferenciações, pode ser caracterizado como "a tradição kantiana". Referida Escola está estruturada em dois livros básicos da filosofia moral – os *Fundamentos da Metafísica da Moral*, de 1785, e a *Crítica da Razão Prática*, publicado três anos depois, de 1788 –, para os quais, percebe Gutmann, nem todos os seres humanos são pessoas e possuem, como tais, o direito ao respeito (GUTMANN, 2019, p. 234-235). Para concluí-lo, Gutmann considera a chamada "Fórmula do Fim" – expressa no imperativo categórico "Age de tal maneira que uses a humanidade, tanto na tua pessoa como na pessoa de qualquer outro, sempre e simultaneamente como fim e nunca simplesmente como meio" – (KANT, 2015, p. 69), a qual é estrutural para perceber a condição humana como um fim em si, permitindo reanalisar a problemática da valoração moral dos seres não racionais.

A ética kantiana baseia, diz Gutmann, uma moral exclusiva do respeito recíproco das pessoas autônomas. A ideia de reciprocidade estrutural e a simetria dos deveres morais é constitutiva dela. *Dentro* do círculo limitado de pessoas moralmente capazes de agir, a ética kantiana procede de maneira igualitária e inclusiva. Dessa maneira, dicotomicamente, os que estão *fora* do círculo da moralidade recíproca não tem valor de pessoas, mas, sim, de coisas, sendo intercambiáveis e instrumentalizáveis (GUTMANN, 2019, p. 240-241). Essa configuração resulta em uma estrutura arquitetônica ambivalente da teoria kantiana, que fundamenta uma posição moral suficientemente forte e sólida (e de outro modo igualitária) suficiente para os seres humanos racionais, por um lado, e exclui seres humanos não autônomos do mundo moral em sentido estrito, por outro. Esse é o preço que se paga quando, como Kant, se atribui "um alto significado normativo à autonomia" (GUTMANN, 2019, p. 245).

Precisamente por esse alto custo é que se deveria, afirma Gutmann, levar a sério as consequências da consideração kantiana na estruturação do Estado de Direito Liberal. Nesse sentido, apresenta quatro alternativas que possibilitam manter a tradição kantiana, ampliando seu potencial inclusivo. Primeiramente, Gutmann lembra que, na *Metafísica dos Costumes,* Kant esboçou uma teoria indiretamente abrangente a seres não racionais, como animais, determinando que o tratamento em relação a esses deve ser análogo aos deveres mantidos mutuamente entre seres racionais (GUTMANN, 2019, p. 246-247). Essa perspectiva, a despeito de garantir o respeito, não confere nem pessoalidade nem autonomia a esses seres, que só por extensão são dignos de respeito em uma comunidade moral à qual não pertencem. Em segundo lugar, o autor propõe que a autonomia Kantiana pode ser encarada sob um ponto de vista temporal, em que se considere o desenvolvimento futuro ou passado da atualização autônoma, de maneira que "não pessoas" podem ser percebidas como "ainda não pessoas" ou "não mais pessoas". Novamente, é preciso lembrar que essa teoria não justifica a pessoalidade e a autonomia daqueles que nunca foram e claramente jamais serão pessoas no conceito kantiano, demarcando-se sua delimitação excludente em relação a certos sujeitos (GUTMANN, 2019, p. 247-248).

Como terceira alternativa, Gutmann sugere que se reinterprete Kant de maneira que a capacidade para autodeterminação requerida pela autonomia só seja respeitada pela pessoa que a encarna, renunciando-se ao "princípio da personificação". Possibilita-se, assim, a manutenção da caracterização kantiana da natureza racional, de modo a respeitá-la abstratamente – como no caso de latência da autonomia em crianças ou da recuperabilidade da autonomia em pessoas com deficiências cognitivas ou intelectuais adquiridas. Contudo, Gutmann diz, os conceitos de pessoa e de *status* moral em Kant são inseparáveis da capacidade para a autonomia, sendo impossível despersonificar esse conceito sem atingir o epicentro da arquitetura Kantiana (GUTMANN, 2019, p. 249-250).

Por último, em uma quarta estratégia, Gutmann relembra a relevância da proibição da instrumentalização do respeito universal, considerando-se que a condição de um fim em si da pessoa não deve ser assumida como condicionada a certas propriedades. Mais uma vez, o problema dessa acepção está na mutualidade e na cooperação responsável da cooperação fixada reciprocamente entre sujeitos pertencentes a um "nós" – assim, a questão é saber quem é o "nós" e quem são os "eles" (GUTMANN, 2019, p. 249). Ao fim, Gutmann (2019, p. 250-251) lembra que há a possibilidade de a teoria Kantiana seja apenas muito limitada para sustentar a relevância moral dos seres humanos não (suficientemente) racionais, apesar da extensão sistemática da argumentação fornecida por essa definição moral, convidando, assim, ao repensar sobre a qualificação do conceito de "autonomia" da matriz liberal kantiana como conglobante.

4.2 Repensando o paternalismo fraco sob o viés da ação autodeterminada

O reconhecimento factual da autonomia e da independência na tomada de decisões influencia diretamente a ideia de competência, a qual configura pré-requisito para um consentimento voluntário[18] – permissão voluntária e consciente dada em virtude de informações prévias. Ausente o consentimento, a prática de submissão qualifica-se sob o viés do paternalismo, cujo conceito designa a intervenção na liberdade de ação de uma pessoa, devendo servir ao bem desta, conquanto ocorra contra ou sem a vontade dela.[19] Destaque-se que, no caso de pessoas com deficiências intelectuais e cognitivas, estabelece-se socialmente a presunção da incompetência, o que configura empecilho à tomada de decisões acerca desses sujeitos fora de esquemas paternalistas (CUENCA, 2012).

Divide-se, tradicionalmente, o paternalismo em duas acepções: o forte, configurado quando se toma decisões em nome de uma pessoa, ainda que autônoma; e o fraco, quando se decide por aqueles que não têm autonomia comprometida (BEAUCHAMP; CHILDRESS, 1999, p. 262-263). Assim, devido à qualificação de pessoas com deficiências cognitivas e intelectuais como agentes não racionais ou de racionalidade reduzida, definem-se as intervenções nas esferas de deliberação pessoal sobre as vidas dessas pessoas sob o viés

---

18. Em uma noção ampla, voluntariedade alberga a competência e a ausência de informações (GUTMANN, 2018).
19. Esta é uma definição ampla de paternalismo, pautada na possibilidade de reconhecê-lo ainda que não haja desejos e preferências reconhecidos (GUTMANN, 2014, p. 383). Uma definição estrita parte da noção de Beauchamp e Childress, no sentido de que o paternalismo é "a desautorização intencionada das preferências ou ações conhecidas de uma pessoa, na qual a pessoa que as desautoriza justifica sua ação com o propósito de beneficiar ou evitar um dano à pessoa cuja vontade está desautorizando" (BEAUCHAMP; CHILDRESS, 1999, p. 260).

do paternalismo de tipo "fraco", cuja resolução não se dá, de fato, em uma intervenção na autonomia, mas sim na observância do princípio da não maleficência (QUANTE, 2017).

Gutmann questiona, por outro lado, a definição prática essencial de autonomia, legal ou moralmente fixada, que fundamenta essa divisão entre acepções forte e fraca. Nesse sentido, destaca que a autonomia liberal para a tomada de decisões não é passível de ser medida empiricamente ou diagnosticada psicologicamente, o que tem consequências diretas sobre a definição do que venha a ser uma medida paternalista. Dessa forma, a definição contingente desse termo, do tipo binário – que considera apenas dois estados: existência ou inexistência –, pautada por um regime neoliberal de autonomia (ANDER-SON, 2014) pode fornecer bases diferenciadas para uma definição do que é paternalismo fraco (GUTMANN, 2014, p. 389-390). Sua proposição é a de que, para que se preserve um sentido de autonomia menos perfeccionista e mais afeto à autodeterminação, é preciso que, em primeiro lugar, a casuística desempenhe um papel fundamental na delimitação dos limites de interferência na autonomia; em segundo lugar, que, ainda quando não se verifique uma autonomia (no sentido liberal de independência individual do termo "autonomia"), na qual se interferir, que o tratamento da medida seja considerado sob o viés da crítica que a valorização da autonomia contrapõe ao paternalismo.[20]

Citados direcionamentos ganham ainda maior complexidade com o argumento de que a aplicação paternalística de determinados tratamentos produz o incremento da autonomia factual do paciente, demandando, além de um sopesamento entre benefícios e malefícios, o acordo sobre as bases dessa avaliação. Nesse sentido, seria possível argumentar que a possibilidade de desenvolvimento da autonomia deve ser um fator considerado na qualificação do paternalismo? Respostas para esse questionamento têm efeitos dramáticos se se considera uma aplicação dos condicionamentos pertinentes à ação paternalista a casos de paternalismo fraco. Gutmann, sobre isso, propõe uma autonomia relacionada ao direito à autodeterminação, que permite "ao interessado tomar a decisão final na medida do possível", (GUTMANN, 2014, p. 393) o que envolve inclusive a decisão racional em não ser racional e a liberdade de a pessoa com deficiência intelectual ou cognitiva manter sua condição, mesmo em face do surgimento de uma cura.

5. O CONCEITO LIMIAR DE AUTONOMIA EM MICHAEL QUANTE E A PROPOSTA DA CONTRAFACTUALIDADE

Quante identifica três usos do conceito de pessoa: o descritivo, para o qual a pessoa é uma entidade com determinadas capacidades ou características; o normativo, segundo o qual pessoa é a entidade dotada de um *status* ético específico; e o descritivo-normativo, a partir do qual, no conceito de pessoa, descreve-se um determinado conjunto de propriedades e capacidades e atribui-se um *status* moral excepcional a uma entidade. É a partir dessas distinções conceituais que Quante defende um respeito à autonomia

---

20. Em conclusão e resumo à sua análise sobre o paternalismo fraco, veja-se: "(...) *the solution presented by the conventional liberal model of soft paternalism is linked to numerous problems. If the extent of (legal) liberty of selfdetermination in practical contexts is a point of interest, critique of hard paternalism must be supplemented by a theory of soft paternalism which also specifies its limits*" (GUTMANN, 2013, p. 16).

AS AUTONOMIAS DAS PESSOAS COM DEFICIÊNCIAS INTELECTUAIS E COGNITIVAS GRAVES

pessoal (*personal autonomy*) quando avaliada a competência para a tomada de decisões, sendo que o *status* ético específico que garante esse respeito é justificado a partir das capacidades que constituem a pessoalidade (*personhood*) (QUANTE, 2017, p. 3-4). Considera-se, primeiramente, a definição binária de autonomia em Quante para, em sequência, repensá-la a partir da estratégia da contrafactualidade.

5.1 Autonomia: uma capacidade complexa, mas binária

Quante define que autonomia significa a capacidade de pessoas (ou de suas vontades) para autodeterminação, manifestada em decisões e ações. Parte do entendimento prévio "amplamente incontroverso" de que as pessoas são autônomas se e quando forem capazes de decidir e agir de maneira autodeterminada.[21] Afirma ainda que, para que as pessoas possam ser autônomas, elas devem possuir certas capacidades psicológicas, como a do pensamento racional ou a avaliação apropriada das situações e possíveis opções de ação, bem como o conhecimento de suas próprias vontades, ideais e intenções (de longo prazo). Ainda para o autor, a autonomia lida com uma capacidade complexa que, embora possa estar presente em graus, é, como regra, adquirida em grau adequado por membros medianamente desenvolvidos de nossa sociedade, no curso normal da socialização (QUANTE, 2017, p. 116-125). Por esse motivo, no caso de pessoas cuja capacidade de ação autodeterminada não é jamais instanciada, dando lugar à ação determinada pelo cuidado externo, o reconhecimento da autonomia é, na teoria quantiana, tolhido. Isso não significa, contudo, que se possa fazer um mal a esses sujeitos. Veja-se, que, em Quante, "não se discute que nossa ação em relação a crianças pequenas ou pacientes incompetentes deve estar alinhada ao seu bem-estar" (QUANTE, 2017, p. 207), consignando, por outro lado, concepções de bem e visões de bem-estar intersubjetivamente determinadas.

A intersubjetividade permite a arguição de fatores externos na formatação da autonomia. Elementos como a socialização pervertida, a condição enfraquecida de coerência ou a avaliação dos elementos contrafactuais referentes a padrões de avaliação social devem ser considerados na avaliação da condição biográfica da autonomia. Assim, aponta uma concepção externalista de personalidade, na qual o ambiente social e os processos intersubjetivos de reconhecimento são atribuídos como uma função constitutiva da autonomia pessoal. Contudo, retorna para a essencialidade da autodeterminação ao identificar que a internalização de fatores externos constitutivos da autonomia subjaz uma autocompreensão avaliativa de uma pessoa e, dessa forma, à integração desses fatores em sua autonomia pessoal (QUANTE, 2017, p. 120-125).

5.2 Autonomia contrafactual: com Quante, contra Quante

Quante distingue quatro casos em que um ser humano não leva uma vida enquanto pessoa, em face de sua autonomia: seres humanos sem qualquer potencial de desenvolver

---

21. *"Personhood is also a so-called 'threshold concept', i.e. all individuals who exhibit the required properties and capacities to an adequate degree are persons in the same sense"/"The everyday concept of autonomy that is appropriate for biomedical ethics is a threshold concept: if the capacities necessary for personal autonomy are present to an adequate extent, then autonomy is recognized in its full sense"* (QUANTE, 2017. p. 4-5/117).

autonomia pessoal; seres humanos com potencial de desenvolver autonomia no futuro; seres humanos que perderam sua autonomia, mas tem potencial de recuperá-la; e seres humanos que perderam sua autonomia e não a recuperarão. Aponta o autor que, nos terceiro e quarto casos, trata-se de estender a autonomia para conferir o *status* de pessoa ao sujeito. Na segunda situação apontada, o critério interpessoal pode ser usado para derivar a autonomia, porquanto o ser humano avaliado pode ser considerado contrafactualmente, em potencial (QUANTE, 2005).

A contrafactualidade consiste em um experimento mental, derivado da possibilidade de imaginar cenários destoantes do atual, gerando a avaliação sobre relações de causalidade em mundos possíveis (JOHANSSON, 2011). Nesse sentido, contrafactualmente, pode-se pensar na derivação da autonomia possível da pessoa com deficiências cognitivas e intelectuais a partir do seguinte raciocínio contrafactual: "se este sujeito houvesse desenvolvido autonomia, ela não permitiria não ser tratada como pessoa".

Este raciocínio tem três consequências: primeiro, a de que, independentemente do regime de autonomia eleito, se baseado na dotação de caracteres, será possível derivar a autonomia potencial; segundo, a de que a potencialidade da autonomia, contrafactualmente derivada, não pode ser neutra, dado que as atitudes atuais em relação ao indivíduo devem considerar a possibilidade de ele vir a ser autônomo; e, terceiro, contrariamente ao proposto por Quante, a autonomia deixa de ser um conceito de tudo ou nada. Há, por fim, a ideia de que não se pauta a caracterização de pessoa moral a partir do desenvolvimento do intelecto, sendo necessário apenas a potencialidade de desenvolvê-lo. Nesse sentido, entende Barbosa Fohrmann (BARBOSA-FOHRMANN, 2013, p. 93) que "é isso que confere a toda pessoa autonomia potencial e o que a coloca numa situação de mesma igualdade em relação a todos os seus pares, que se encontram nessa mesma condição". Dessa forma, caracteres como a irracionalidade não podem ser presumidos, de maneira que todos os humanos, *a priori*, possuem acesso potencial à autonomia.

6. A BIDIMENSIONALIDADE DA AUTONOMIA EM ANA PAULA BARBOSA-FOHRMANN: PROLONGANDO A MEMÓRIA PARA RECONHECER A PESSOA[22]

Em Barbosa-Fohrmann (2018), "razão", "autonomia" e "dignidade" formam uma relação motivacional, sendo necessário perscrutá-las de forma conexa e polilateral. Partindo de uma matriz Kantiana, no sentido de que a dignidade humana, com fundamento no valor absoluto do ser humano, pressupõe que ele seja um fim em si mesmo e não simplesmente um meio para o uso desta ou daquela vontade, Barbosa-Fohrmann propõe um exercício de interpretação em dois níveis, que pretende extrapolar o sentido dado pela concepção kantiana de autonomia.

---

22. Esta seção se baseia, com reformulações pontuais, nas seguintes palestras, proferidas respectivamente na Universidade de Fortaleza (UNIFOR) e na Universidade Federal do Ceará (UFC): "O Prolongamento da Autonomia para Pessoas com Deficiência Mental Severa. O Caso dos Pacientes com Alzheimer Avançado", de 04/09/2018, e "Uma Crítica ao Enfoque das Capacidades Humanas de Martha Nussbaum sobre Deficiências Mentais Profundas a partir de uma Interpretação Inclusiva da Teoria Moral de Kant sobre Autonomia e Dignidade Humana", de 14/03/2018.

6.1 Análise em dois níveis: reformulação e ampliação de dignidade e autonomia em Kant

No primeiro nível, a autonomia refere-se não ao ato de efetivamente usar a razão ou o intelecto, mas, sim, a uma autonomia existente que é própria do existir como um "humano". Além disso, nela também está incluída a latência e a potencialidade próprias do ser humano, mas que, no caso da latência, pode estar oculta, subentendida. A latência, dessa forma, é aquele instante que antecede à potencialidade, cujo significado foi atribuído pela filosofia aristotélica, como possibilidade de desenvolver uma faculdade ou função. Barbosa-Fohrmann propõe que a autonomia existente, juntamente com a latência e a potencialidade, tornam o ser humano uma pessoa. Essa característica de existência atribui a todo ser humano uma autonomia existente, bem como, de forma latente e potente, provê todas as pessoas com autonomia latente e potencial. Ainda sobre a autonomia, com suas características de latência e potencialidade, pode-se dizer que, evidenciadas simultaneamente no ser humano, implicam uma ação ou um ato do ser humano em sua relação com o seu entorno físico e emocional, espacial e temporal.

No segundo nível, a autonomia existente origina a chamada "autonomia interna" e, de forma paralela, a autonomia latente e potencial origina a "autonomia externa". Por um lado, a autonomia interna é fundamentada na existência do ser humano. Essa existência por si só diferencia cada ser humano de todos os outros seres não humanos. A autonomia interna está, assim, diretamente ligada à identidade humana como única; em suma, ao fato de cada ser humano ter nascido humano. Ela também se refere à humanidade em cada um de nós e em nós mesmos, o que significa dizer que se refere à nossa característica intrinsecamente distintiva de não estabelecer diferenças dentro da mesma espécie humana.

Por outro lado, a autonomia externa é um atributo de cada ser humano na sua ação, como pessoa, com o meio que o circunda. A ação aqui já não é mais latente ou potencial. Não é uma possibilidade de desenvolvimento ou de realização de um ato. Ela se tornou concreta e, por isso, se caracteriza pela sua manifestação e visibilidade.

Explicados esses dois níveis de autonomia, Barbosa-Fohrmann volta-se para a autonomia existente, com a qual todo ser humano nasce, sem a pressuposição do seu exercício. Partindo do princípio de que todo ser humano sem exceção tem autonomia interna, todos têm, seguindo essa lógica, dignidade humana. A dignidade humana ganha, no entanto, concreção no campo da autonomia latente e potencial, e autonomia externa, quando cada ser humano recebe o status específico de pessoa. Nesse passo, ela é alcunhada como dignidade da pessoa humana.

6.2 A aplicação das concepções de "autonomia" e "dignidade" aos sujeitos com Alzheimer

O ponto de partida dessa construção é se indagar se se deixa de ser quem em essência se é em virtude de uma deficiência; em outros termos, se um sujeito pode perder a identidade em consequência de uma extrema condição. Entenda-se aqui a identidade como uma unidade com duas facetas: uma estática e outra dinâmica.[23] Sobre a estática, pode-se dizer que se nasce com ela e não se a perde no curso da vida. Ela distingue o ser humano daquilo que não é: um ser não humano. A faceta dinâmica depende da estática e pode influenciá-la, mas não pode aniquilá-la. Em outras palavras, ela não pode tornar um ser humano em um ser não humano. A identidade dinâmica se refere à interação física e emocional com o meio que circunda o corpo (psicossoma).

O entendimento kantiano de que se é, ao mesmo tempo, razão e fim em si mesmo – o que implica que não se pode ser transformado em uma outra coisa, em um não humano ou em um objeto – configura a identidade em qualquer fase da vida humana. Aqui, a constituição da identidade não é fundada na pessoa, mas no ser "humano". Nesse sentido, pessoas com deficiências intelectuais e cognitivas têm "identidade interna como resultado do seu *status* humano", visto que eles não perdem sua identidade ou não se transformam em um ser não humano em decorrência de sua deficiência. O argumento se aplica, veja-se, por um lado, tanto àqueles que possuem uma deficiência congênita – dentre estes, o grupo de autistas graves – e que, portanto, não possuiriam, *a priori*, factualmente os caracteres distintivos da moralidade, àqueles que, por outro lado, tiveram suas capacidades intelectuais reduzidas por doença ou acidente, como sujeitos com Alzheimer. Se o primeiro grupamento tem autonomia existente, autonomia interna, dignidade humana e identidade estática, o segundo segmento também apresenta esses caracteres, apresentando, ademais, ambos a possibilidade de vir a desenvolver suas facetas de autonomia latente e potência, autonomia externa, dignidade de pessoa humana e identidade dinâmica.

No caso específico de sujeitos com Alzheimer grave, pode-se dizer que, a partir de relações interpessoais e de prolongamento da memória na ação de seus cuidadores e familiares, está presente o *status* de pessoa que assegura o reconhecimento de uma trajetória de vida, manifestada em um corpo (psicossoma) presente. Ademais, a identidade interna baseada no status humano nos fornece um único "código" interno, que nos torna original. Isso não nos permite modificar a identidade interna mais tarde, na vida, em razão da eventual ocorrência de uma deficiência. Afinal, ao se afirmar, por exemplo, que pacientes com Alzheimer grave são pessoas diferentes de quem eles foram no passado, não se leva em consideração a identidade entendida como código único, exclusivo e original, que nasceu com eles e que os tornou quem eles são, razão, fim e um absoluto em si mesmos em diferentes fases de suas vidas.

Nesse sentido, Barbosa-Fohrmann aponta preferir a denominação "identidade externa" porque essa depende, para a sua compreensão, da construção conceitual de "autonomia externa latente e potencial" e personalidade. Em casos de deficiências cognitivas e intelectuais graves, o corpo é vivo, parafraseando Merleau-Ponty, não se tem outra forma de conhecê-lo, senão vivê-lo, inclusive com os seus dramas, pois é o corpo que manifesta sintomas, feições, cicatrizes, rugas, gestos, que possibilitam o contínuo

---

23. Referidas perspectivas são usadas, primeiramente, em John Locke, no Capítulo XXVII do Livro II, intitulado "Da identidade e diversidade", na obra "Ensaio acerca do entendimento humano" (1999). As expressões são retomadas em Parfit, que as trabalha em Reasons and Persons (1987). Embora tenham sido propostas e usadas por esses autores, as expressões como usadas em Barbosa-Fohrmann se afastam das perspectivas de ambos.

desenvolvimento de uma narrativa biográfica, escrita por um terceiro observador, que testemunha, interpreta e relata um conjunto de manifestações somáticas que constitui no mundo da vida o sujeito com deficiências intelectuais e cognitivas como pessoa a partir do corpo próprio.

Assim, para Barbosa-Fohrmann, pessoas com deficiências intelectuais e cognitivas grave também são considerados pessoas, possuindo uma autonomia interna que independente, ao mesmo tempo em que viabiliza e fundamenta, uma autonomia externa – seja ela relacional ou individual. Especificamente no caso de pessoas com Alzheimer, é possível considerar que, nesses casos, a interpretação da autonomia latente e potencial, de um lado, e a externa, de outro, possa ser estendida à sua memória. Assim, a preservação da memória de pacientes com Alzheimer, por exemplo, pode ser exercitada autonomamente, não propriamente por eles, mas com a assistência de outros indivíduos, com os quais eles tiveram ligação antes da perda de memória.

Expliquem-se, em síntese, os conceitos propostos segundo o quadro abaixo:

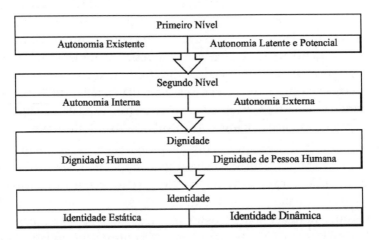

Fonte: Elaborado pelas autoras

Nesse sentido, Barbosa-Fohrmann propõe que histórias contadas por pessoas com Alzheimer no passado, por exemplo, por meio de escritos, gravações, filmes, podem contribuir para preservar sua memória no presente. Eles podem, por tais meios, afirmar sua própria identidade externa e revelar sua vontade e seus valores. A autonomia latente e potencial, assim como a externa dessas pessoas serão estendidas, prolongadas ao círculo de outras pessoas que lhes são próximas, como familiares, amigos, que em sua interação diária com elas são capazes de continuar a escrever a sua narrativa de vida e, portanto, biográfica por meio da relação existente que tiveram no passado. No caso dos cuidadores, se não for um membro da família, também se estabelece uma relação de construção narrativa.

O cuidador é capaz de continuar a construir a biografia dessas pessoas por meio da interlocução que mantém com seus familiares, assim como é capaz de distinguir traços de personalidade no corpo vivo, presente e somático desses sujeitos. Tal compreensão pode levar ao exercício de sua autonomia por meio de outros. O exercício de tal autonomia não implica a substituição da vontade da pessoa com essa deficiência, mas o reconhecimento de que a sua vontade era conhecida pela sua família, amigos e/ou conhecidos no passado, assim como é conhecida pelos seus cuidadores no presente, que interage com ele e com seus parentes e amigos. O passado da pessoa pode, assim, servir para embasar sua identidade externa, sua autonomia latente e potencial, de um lado, e sua autonomia externa, de outro. Por fim, o passado também serve para fundamentar sua dignidade, como pessoa, no presente.

7. CONCLUSÃO

Se o postar-se em igualdade com os demais requer usar os mesmos códigos de racionalidade – e, portanto, de autonomia individual –, que o sujeito de direitos do "Projeto do Iluminismo", como se dá a qualificação como sujeito de direitos daquele que fala mais por seu existir no mundo e diz mais por seu viver em comunidade que por suas articulações linguisticamente padronizadas? Qual seria, portanto, o lugar do qual fala e é interpretado o corpo com deficiência de classificação intelectual ou cognitiva? Considerando referidas reflexões e as questões lançadas, a investigação se destinou a uma revisão de literatura em dois âmbitos: primeiro, fixou-se uma visão sincrética, fenomenológica e interseccional dos modelos de diversidade funcional, de direitos humanos e social como um mirante de reinterpretação da autonomia de pessoas com deficiências intelectuais e cognitivas. Em um segundo momento, revelou-se a revisão de literatura da temática em Eva Kittay, Thomas Gutmann, Michael Quante e Ana Paula Barbosa-Fohrmann.

Perpassou-se, assim, segundo a divisão proposta em Wasserman et al (2017), em primeiro lugar, as "Abordagens Inclusivas", que propõem novos atributos morais e releituras para a consideração da autonomia. Nesse sentido, enquanto Kittay entende que a capacidade de racionalidade e de autonomia não são necessárias nem suficientes para evitar danos ou para trazer benefícios ao mundo, sendo, ao revés, mais determinantes as capacidades de dar e de receber amor em um contexto de cuidado e de interdependência, Gutmann propõe reler a autonomia sobre um viés não liberal, ao reconceituar as distinções acentuadas entre paternalismo forte e fraco para reconhecer a competência das pessoas no que diz respeito às escolhas em suas vidas.

Por outro lado, há abordagens que fixam no sentido biológico de ser humano um respeito moral inerente, embora nem sempre vinculado à autonomia – são as "Abordagens Grupais". Entre essas, analisou-se a descrição de Quante do conceito limiar de autonomia pessoal, de cunho autoavaliativo, cujo caráter é intersubjetivo e complexo, porém, binário. Por fim, viu-se que Barbosa-Fohrmann propõe uma autonomia bidimensional, reconhecedora de uma autonomia existente e interna vinculada à dignidade humana e a uma identidade estática, independentemente das competências e capacidades pessoais do sujeito investigado.

Propôs-se, nas entrelinhas, que respostas definitivas enclausuram e padronizam momentos existenciais complexos, cujas arestas trespassam o que tradicionalmente se chamou de "pessoa moral", de "independência", de "sujeito de direitos" e, por fim, de "autonomia". Por esse motivo, antes de se buscar responder se as pessoas com deficiências intelectuais e cognitivas possuem ou não autonomia, apresenta-se como precípua uma refundação relacional desses conceitos. Uma análise assim efetivada torna atual o objeto que se busca compreender, o qual será plenamente entendido "quando os poderes de meu corpo" – investigador – "se ajustam a ele e o recobrem" – investigado (MERLEAU-PONTY, 2011, p. 251).

Para classificar um objeto, é preciso, antes, eviscerar a própria classificação, justificando-a e atravessando-a com o próprio objeto ao qual pretende análise. Para dizer se há ou não há autonomia em um sujeito, faz-se necessário pensar o que este sujeito – com sua vivência composta momentaneamente por todos os momentos pretéritos – representa para a análise que pretende categorizá-lo em um dos lados de uma fronteira conceitual. Nesse processo, pode-se descobrir que o analítico (intelectualista ou racionalista) cede ao existencial quando a atualidade do corpo no mundo vivido se mostra demasiado vasta para um conceito. Restaura-se, com essa percepção, a "experiência do outro deformada pelas análises intelectualistas, assim como se restaura "a experiência perceptiva da coisa", pois "o gesto está diante de mim como uma questão, ele me indica certos pontos sensíveis do mundo, convida-me a encontrá-lo ali. A comunicação realiza-se quando minha conduta encontra neste caminho o seu próprio caminho. Há confirmação do outro por mim e de mim pelo outro" (MERLEAU-PONTY, 2011, p. 251-252).

Assim, não se propõe diretamente a expansão da concepção de sujeito de direitos para albergar e promover a autonomia de indivíduos com deficiências cognitivas e intelectuais. Na contramão, pergunta-se: o que as concepções jurídicas de autonomia, tradicionalmente estruturadas, oferecem à plenitude de existência desses sujeitos? São eles que, no reino dos fins, apresentam valor em si mesmos, não podendo sofrer instrumentalização. Os conceitos jurídicos de "pessoalidade", de "autonomia" e de "capacidade", por outro lado, podem ser esgarçados, fenomenológica e contrafactualmente, para atender ao sujeito intersubjetivamente considerado que o fundamenta.

8. REFERÊNCIAS

AGUADO DÍAZ, A. L. *Historia de las deficiencias*. Escuela Libre, Madrid: Editorial Fundación Once, 1995.

ANDERSON, Joel; DUFNER, Annette et al. Regimes of autonomy. Private Autonomy, Public Paternalism? *Ethical Theory and Moral Practice*, [S.l.], v. 17, n. 3, p. 355–368, 2014.

ASÍS ROIG, Rafael de. Sobre el modelo social de discapacidad: críticas y éxito. *Papeles el tiempo de los derechos*, Madrid, ano 13, p. 1-12, Disponível em: [https://e-archivo.uc3m.es/handle/10016/19304#preview]. Acesso em: 01.04.2020.

BARBOSA-FOHRMANN, Ana Paula; BARRETO, Gustavo. Are Human Beings with Extreme Mental Disabilities and Animals Comparable? An Account of Personality. In: KURKI, Visa A. J. et al (Ed.). *Legal Personhood*: Animals, Artificial Intelligence and the Unborn. Suíça: Springer, 2017. p. 127-140.

BARBOSA-FOHRMANN, Ana Paula. Os modelos médico e social de deficiência a partir dos significados de segregação e inclusão nos discursos de Michel Foucault e de Martha Nussbaum. *Rei-Revista Estudos Institucionais*, Rio de Janeiro, v. 2, n. 2, p. 736-755, 2017.

BARBOSA-FOHRMANN, Ana Paula. Boa vontade e beneficência para pessoas com deficiência mental extrema? Revisitando a teoria moral de Kant. *Rev Bio y Der.*, Barcelona, v. 35, p. 108-120, 2015.

BARBOSA-FOHRMANN, Ana Paula. Algumas reflexões sobre os fundamentos dos discursos de direitos humanos e de justiça social para pessoas com deficiência mental ou cognitiva severa ou extrema. *Revista Direitos Fundamentais e Justiça*, Porto Alegre, v. 7, n. 22, p. 80-97, 2013.

BARIFFI, Francisco José. *El régimen jurídico internacional de la capacidad jurídica de las personas con discapacidad y sus relaciones con la regulación actual de los ordenamientos jurídicos internos*. Tesis doctoral. Universidad Carlos III de Madrid. Repositorio institucional e-Archivo. Disponível em: [https://e-archivo.uc3m.es/bitstream/handle/10016/18991/Francisco_%20Bariffi_tesis.pdf?sequence=1]. Acesso em: 11.04.2019.

BARNBAUM, Deborah R. The neurodiverse and the neurotypical: still talking across an ethical divide. In: HERRERA, C.D. et al. *Ethics and Neurodiversity*. Cambridge: Cambridge Scholar Publishing, 2013. p. 131-145.

BEAUCHAMP, Tom et al. *Principios de Ética Biomédica*. Barcelona: Masson, S.A, 1999.

BEAUCHAMP, Tom. The concept of paternalism in biomedical ethics. In: HONNEFELDER, L.; STURMA, D. (Ed.). *Jahrbuch für Wissenschaft und Ethik*, Berlin: De Gruyter, 2009. p. 77-92.

CARLSON, Licia. Philosophers of intellectual disability: a taxonomy. In: KITTAY, Eva; CARLSON, Licia (Ed.). *Cognitive Disability and Its Challenge to Moral Philosophy*, United Kingdom: Wiley-blackwell, 2009.

CUENCA, Patricia. Sobre la inclusión de la discapacidad en la teoría de los derechos humanos. *Revista de Estudios Políticos* (nueva época), Madrid, n. 158, p. 103-137, out.-dez., 2012.

CUENCA, Patricia. Derechos humanos y modelos de tratamiento de la discapacidad. *Papeles El Tiempo de los Derechos*. Número 3, Año 2011.

DEGENER, Theresia. A Human Rights Model of Disability. In: BLANCK, Peter; FLYNN, Eilionóir (Ed.). *Routledge Handbook of Disability Law and Human Rights*. London: Routledge, 2017.

DEGENER, Theresia. Disability in a Human Rights Context. *Laws*, Basileia, v. 5, n. 3, p. 1-24, 2016.

DIAS, Maria Clara. A perspectiva dos funcionamentos: um olhar ecofeminista decolonial. *Rev. Direito e Práx.*, Rio de Janeiro, v. 9, n. 4, p. 2503-2521, 2018.

DIAS, Maria Clara. *Ensaios sobre a moralidade*: ensaios filosóficos. 2. ed. Rio de Janeiro: Pirilampo, 2015.

DINIZ, Debora. Modelo social de deficiência: a crítica feminista. *Série Anis*, Brasília, 28, Letras Livres, p. 1-8, julho, 2003.

FOUCAULT, Michel. *Os anormais*. São Paulo: Martins Fontes, 2003.

GUTMANN, Thomas. Voluntary consent. In: MÜLLER, Andreas et al (Ed.). *The Routledge Handbook of the Ethics of Consent*. Abingdon: Routledge, 2018. p. 211-221.

GUTMANN, Thomas. Is "autonomy talk" misleading? In: Thick (Concepts of) Autonomy? *Conference at the Centre for Advanced Study in Bioethics*, Universidade de Münster, 19 oct., 2012.

GUTMANN, Thomas. Dignidad y autonomia. Reflexiones sobre la tradición kantiana. *Estud.filos*, Medellín, Universidad de Antioquia, n. 59, p. 233-254, enero-junio, 2019.

GUTMANN, Thomas. Theories of contract and the concept of autonomy. *Preprints and Working Papers of the Centre for Advanced Study in Bioethics*, Münster, 2013. Disponível em: [https://www.uni-muenster.de/imperia/md/content/kfg-normenbegruendung/intern/publikationen/gutmann/55_gutmann_-_contract_and_autonomy.pdf]. Acesso em: 02.04.2020.

GUTMANN, Thomas et al. Governing [through] Autonomy. The Moral and Legal Limits of "Soft Paternalism". *Ethic Theory Moral Prac*, New York, v. 17, p. 383-397, 2014.

JOHANSSON, Mats et al. Counterfactual reasoning in surrogate decision making – another look. *Bioethics*, Hoboken, v. 25, n. 5, p. 244-249, 2011.

KANT, Immanuel. *Fundamentação da Metafísica dos Costumes*. Tradução: Paulo Quintela. Lisboa: Edições 70, LDA, 2015.

KITTAY, Eva. The personal is philosophical is political: A philosopher and mother of a cognitively disabled person sends notes from the battlefield. *Metaphilosophy*, Connecticut, v. 40, p. 606–627, 2009.

KITTAY, Eva. *Love's Labor*: essays on women, equality and dependency. New York: Routledge, 1999.

KITTAY, Eva. The Ethics of Care, Dependence, and Disability. *Ratio Juris*, Medellín, v. 24, n. 1, p. 49-58, 2011.

KITTAY, Eva. When Caring is Just and Justice is Caring: Justice and Mental Retardation. *Public Culture*, New York, v. 13, n. 3, p. 557-579, 2001.

KITTAY, Eva. At the Margins of Moral Personhood. *Ethics*, Chicago, v. 116, n. 1, Symposium on Disability (October 2005), p. 100-131, 2005.

KITTAY, Eva; CARLSON, Licia. Introduction: Rethinking Philosophical Presumptions in Light of Cognitive Disability. In: KITTAY, Eva; CARLSON, Licia (Ed.). *Cognitive Disability and Its Challenge to Moral Philosophy*, United Kingdom: Wiley-blackwell, p. 1-26, 2009.

LOCKE, John. *Ensaio acerca do entendimento humano*. Trad. de Anoar Aiex. São Paulo: Nova Cultural, 1999.

MACINTYRE, Alasdair. *After virtue*: a study in moral theory. 3. ed. London: University of Notre Dame Press, 2006.

MACINTYRE, Alasdair. *Dependent rational animals*: why humans beings need the virtues (The Paul Carus Lectures). Chicago: Open Court, 1999.

MERLEAU-PONTY, Maurice. *Fenomenologia da percepção*. Trad. Carlos Alberto Ribeiro de Moura. 2. ed. São Paulo: Martins Fontes, 1999.

NUSSBAUM, Martha. *Fronteiras da justiça*: deficiência, nacionalidade, pertencimento à espécie. Tradução de Susana de Castro. São Paulo: WMF Martins Fontes, 2013.

NUSSBAUM, Martha. Capabilities as fundamental entitlements: Sen and social justice. *Feminist Economics*, England, v. 9, n. 2-3, p. 33-59, 2003.

NUSSBAUM, Martha; SEN, Amartya (Ed.). The quality of life. Master of Trinity College, Cambridge *The Quality of Life*. Oxford: Clarendon Press, 1993.

OLIVER, Michael. The Social Model in Action: if I had a hammer. In: BARNES, Colin; MERCER, Geof (Ed.). *Implementing the Social Model of Disability*: Theory and Research. Leeds: The Disability Press, 2004. p. 18-31.

OLIVER, Michael. *The Politics of Disablement*. London: MacMillan. 1990a.

OLIVER, Michael. *The individual and social models of disability*. Apresentação em Workshop of the Living Options Group and the Research Unit of the Royal College of Physicians: people with established locomotor disabilities in hospitals. 23. Jul. 1990b. Disponível em: [http://www.leeds.ac.uk/disability-studies/archiveuk/Oliver/in%20soc%20dis.pdf]. Acesso em: 02.04.2020.

ORGANIZAÇÃO DAS NAÇÕES UNIDAS - ONU. General comment No. 1 (2014) on Article 12: Equal recognition before the law. CRPD/C/GC/1. Distr.: General. 19 May 2014. Disponível em: [https://documents-dds-ny.un.org/doc/UNDOC/GEN/G14/031/20/PDF/G1403120.pdf?OpenElement]. Acesso em: 28.03.2019.

PALACIOS, Agustina. *El modelo social de discapacidad*: Orígenes, caracterización y plasmación en la Convención Internacional sobre los Derechos de las Personas con Discapacidad. Madrid: CINCA, 2008.

PALACIOS, Agustina; ROMAÑACH, Javier. *El modelo de la diversidad*: la bioética y los derechos humanos como herramientas para alcanzar la plena dignidad en la diversidad funcional. Madrid: Ediciones Diversitas- AIES, 2006.

PARFIT, Derek. *Reasons and Persons*. Oxford: Cambridge Press, 1987.

QUANTE, Michael. *Personal Identity as a Principle of Biomedical Ethics* (Philosophy and Medicine). v. 126. Suíça: Springer, 2017.

QUANTE, Michael. Quality of life assessment and human dignity: against the incompatibility-assumption. *Poiesis Prax*, Essen, v. 3, p. 168-180, 2005.

QUANTE, Michael. Personal identity between survival and integrity. *Poiesis Prax*, Essen, v. 4, p. 145-161, 2006.

QUANTE, Michael. Dignidade Humana e Autonomia Pessoal: Valores Democráticos no Contexto das Ciências da Vida. [*S.l.*]. Texto não publicado. 2018.

QUANTE, Michael. In defense of personal autonomy. *J Med Ethics*, Dunedin, v. 37, p. 597–600, 2011.

QUANTE, Michael. Pessoa, pessoa de direito e o status moral do indivíduo humano. *Teoria Jurídica Contemporânea*, [*S.l.*], v. 1, n. 1, p. 206-227, nov. 2016.

RODRÍGUEZ DÍAZ, S., FERREIRA, M. Diversidad funcional: Sobre lo normal y lo patológico en torno a la condición social de la dis-capacidad. *Cuadernos de Relaciones Laborales*, Madrid, 28, 1, p. 151-172, 2010.

ROSS, Paulo Ricardo. Exclusão das pessoas com história de deficiência: a era da não alteridade. *IV Seminário de Pesquisa em Educação da Região Sul*. Ced, Florianópolis, 2002.

SASSAKI, Romeu Kazumi. Atualizações semânticas na inclusão de pessoas: Deficiência mental ou intelectual? Doença ou transtorno mental? *Revista Nacional de Reabilitação*, São Paulo, ano IX, n. 43, p. 9-10, mar./abr, 2005.

SHAKESPEARE, Tom. *Disability rights and wrongs revisited*. 2 ed. Londres, Nova York: Routledge. 2014.

SOKOLOWSKI, Robert. *Introdução à fenomenologia*. Tradução Alfredo de Oliveira Moraes. 4. ed. São Paulo: Edições Loyola, 2014.

SWAIN, John; FRENCH Sally. Whose Tragedy: Towards a personal non-tragedy view of disability. In: SWAIN, John et al (Ed.) *Disabling Barriers – Enabling Environments*. 2. ed. London: Sage, 2004. p. 1-17.

WASSERMAN, David; ASCH, Adrienne; BLUSTEIN, Jeffrey; PUTNAM, Daniel. Cognitive Disability and Moral Status. In: ZALTA, Edward (Ed.), *The Stanford Encyclopedia of Philosophy* (Fall 2017 Edition), 2017. Disponível em: [https://plato.stanford.edu/entries/cognitive-disability/]. Acesso em: 02.04.2020.

O CONCEITO JURÍDICO DE HIPERVULNERABILIDADE É NECESSÁRIO PARA O DIREITO?

Carlos Nelson Konder

Doutor e mestre em direito civil pela UERJ. Especialista em direito civil pela Universidade de Camerino (Itália). Professor do Departamento de Direito Civil da Universidade do Estado do Rio de Janeiro (UERJ) e do Departamento de Direito da Pontifícia Universidade Católica do Rio de Janeiro (PUC-Rio).

Cíntia Muniz de Souza Konder

Doutora em direito civil pela UERJ. Professora da Faculdade Nacional de Direito da Universidade Federal do Rio de Janeiro (UFRJ). Professora do curso de direito do IBMEC. Professora dos cursos de Pós-graduação lato sensu da UERJ e da PUC-Rio.

Sumário: 1. Introdução. 2. Raízes do conceito de vulnerabilidade. 3. A apropriação do conceito de vulnerabilidade pelo direito do consumidor. 4. A construção do conceito de hipervulnerabilidade. 5. A expansão do conceito de hipervulnerabilidade. 6. Por uma leitura sistemática à luz da distinção entre situações patrimoniais e existenciais. 7. Conclusão. 8. Referências.

1. INTRODUÇÃO

A utilização do conceito jurídico de hipervulnerabilidade se insere em um movimento salutar de preocupação com a proteção da dignidade da pessoa humana em seus aspectos mais essenciais e de adequar a dogmática tradicional do direito privado à ordem constitucional que privilegia os imperativos de solidariedade social. No entanto, a construção da categoria da "hipervulnerabilidade" é também reflexo da proliferação das referências, em contextos e com significados diversos, do conceito de vulnerabilidade, o que gera o receio de superutilização desta categoria, que lhe venha a esvaziar o conteúdo normativo. Esse tipo de processo de banalização de conceitos, impondo a construção de novas categorias, demanda atenção e cuidado, pois pode transformar importantes instrumentos jurídicos de alteração da realidade em meras invocações retóricas, sem força normativa efetiva.

Pretende-se, portanto, neste estudo, refletir sobre a utilidade da categoria da hipervulnerabilidade em contraposição à definição mais precisa dos conteúdos e dos efeitos da categoria jurídica da vulnerabilidade. Essa análise será realizada a partir da premissa da distinção entre as situações patrimoniais e as existenciais e da unidade do ordenamento jurídico, frente às quais se pode questionar excessiva ampliação e desvirtuação do significado original da vulnerabilidade.

2. RAÍZES DO CONCEITO DE VULNERABILIDADE

A despeito da polissemia do vocábulo vulnerabilidade e de sua utilização em diversas áreas da ciência, costuma-se identificar suas raízes na designação de pessoas ou grupos fragilizados (BARBOZA, 2009, p. 114-115). Mais especificamente, foi nos estudos na área da saúde que o conceito parece ter encontrado as primeiras aplicações. Em 1996, Jonathan Mann e Daniel Tarantola trabalharam o uso do termo vulnerabilidade a partir da chance de alguém se expor ao HIV e de adoecer pela AIDS (MANN; TARANTOLA, 1996, p. 38). Ayres ressaltou:

> A noção de vulnerabilidade busca responder à percepção de que a chance de exposição das pessoas ao HIV e ao adoecimento pela AIDS não é resultante de um conjunto de aspectos apenas individuais, mas também coletivos, contextuais, que acarretam maior susceptibilidade à infecção e ao adoecimento, e, de modo inseparável, maior ou menor disponibilidade de recursos de todas as ordens para se proteger de ambos (AYRES *et al.*; p. 396).

A partir dos fatores de vulnerabilidade apresentados por Mann na análise da epidemia mundial de Aids, Ayres propôs três dimensões da vulnerabilidade – individual, social e programática (ou institucional) –, buscando estudar esses três eixos interdependentes de compreensão da vida das pessoas em comunidades (AYRES *et al*, 2006, p. 399).

O conceito de vulnerabilidade objetiva, portanto, compreender como certos grupos, em virtude de determinadas características, estão mais suscetíveis a determinados riscos. Trata-se de categoria que, dessa forma, constrói-se como uma questão de direitos humanos, "destinada a vinculá-las às suas raízes sociais mais profundas, estimulando e potencializando a mobilização das pessoas para a transformação destas condições" (ACSELRAD, 2010, p. 96).

Sob acepção mais ampla, a vulnerabilidade liga-se à própria condição humana, já que qualquer ser humano pode ser atingido, fragilizado, desamparado ou vulnerado em situações contingenciais (SCHRAMM, 2008, p. 20). Todavia, o conceito de vulnerabilidade ganha em força quando remete justamente ao seu viés original, ou seja, à condição de certos grupos de maior suscetibilidade de serem feridos, em razões de condições individuais, sociais e institucionais. Como ressalta Barboza:

> Todos os humanos são, por natureza, vulneráveis, visto que todos os seres humanos são passíveis de serem feridos, atingidos em seu complexo psicofísico. Mas nem todos serão atingidos do mesmo modo, ainda que se encontrem em situações idênticas, em razão de circunstâncias pessoais, que agravam o estado de suscetibilidade que lhe é inerente. Embora em princípio iguais, os humanos se revelam diferentes no que respeita à vulnerabilidade (BARBOZA, 2009, p. 107).

A vulnerabilidade entra no âmbito do direito com essa marca, referente à suscetibilidade, própria de certos grupos de pessoas, que, em razão de determinadas condições, encontram-se mais expostos a riscos, a justificar a intervenção protetiva do direito. Explicam Marques e Miragem:

> Podemos afirmar, assim, que a vulnerabilidade é mais um estado da pessoa, um estado inerente de risco ou um sinal de confrontação excessiva de interesses identificado no mercado, é uma situação permanente ou provisória, individual ou coletiva, que fragiliza, enfraquece o sujeito de direitos, desequilibrando a relação. A vulnerabilidade não é, pois, o fundamento das regras de proteção do sujeito

mais fraco, é apenas a 'explicação' destas regras ou da atuação do legislador, é a técnica para as aplicar bem, é a noção instrumental que guia e ilumina a aplicação destas normas protetivas e reequilibradoras, à procura do fundamento da Igualdade e da Justiça equitativa (MIRAGEM; MARQUES, 2012, p. 117).

Constata-se, todavia, que a acepção do termo vulnerabilidade amplia-se no âmbito do direito, no qual a exposição a risco ou a suscetibilidade de ser ferido é apreendida de forma menos literal, desassociada de sua ligação com a saúde psicofísica do titular. Nesse contexto, a vulnerabilidade é utilizada para se referir a qualquer situação de inferioridade socioeconômica que justifique a atuação reequilibradora do direito. Sob esse viés mais amplo, a proteção jurídica dos vulneráveis é associada mesmo aos juros usurários e à proteção ao trabalhador, perpassando pela defesa do consumidor e do contratante aderente, até o Código Civil de 2002 (LÔBO, 2012, p. 6185/6186). Essa ampliação do conceito de vulnerabilidade no âmbito do direito foi causada, principalmente, pelo advento do Código de Defesa do Consumidor, como se passa a expor.

3. A APROPRIAÇÃO DO CONCEITO DE VULNERABILIDADE PELO DIREITO DO CONSUMIDOR

Em 1990, a promulgação do Código de Defesa do Consumidor (Lei 8.078/90) firmou a presunção absoluta de vulnerabilidade de todos os consumidores. Reconhecendo a inevitável inferioridade de uma das partes nas relações de consumo, utilizou-se o termo "vulnerabilidade" para fazer referência a essa condição. A partir de então, no nosso ordenamento, todo consumidor é vulnerável: "vulnerabilidade é a característica de todos os consumidores, de todos aqueles que realizam a destinação final de um produto ou serviço" (CALIXTO, 2006, p. 325).

Parte-se da premissa de que os detentores dos meios de produção controlam o mercado, isto é, "o que produzir, como produzir e para quem produzir, sem falar-se na fixação de suas margens de lucro", razão pela qual, diante deles, o consumidor é "sem dúvida a parte mais fraca, vulnerável" (FILOMENO, 1993, p. 54). Nesse contexto, todo consumidor é vulnerável, ou não é consumido (NISHIYAMA; DENSA, 2010, p. 13), razão pela qual se constata uso mais largo do termo vulnerabilidade, ligado à mera inferioridade contratual. Explica Lôbo:

> A vulnerabilidade, sob o ponto de vista jurídico, é o reconhecimento pelo direito de que determinadas posições contratuais, nas quais se inserem as pessoas, são merecedoras de proteção.
>
> [...]
>
> A vulnerabilidade contratual independe de aferição real ou de prova. A presunção legal absoluta não admite prova em contrário ou considerações valorativas, até porque a presunção é consequência que a lei deduz de certos fatos, às vezes prevalecendo sobre as provas em contrário. A presunção é o meio de prova pressuposta que dispensa a comprovação real. (LÔBO, 2012, p. 6188/6189).

Ilustra-se em doutrina referindo-se a diversos tipos de vulnerabilidade: informacional, técnica, jurídica, fática, política, psíquica, ambiental (SCHMITT, 2014, p. 207-210), mas trata-se de exemplificação, eis que a verificação concreta da ocorrência de alguma delas não é necessária, pois prevalece a presunção legal. Mesmo um homem rico, jovem, saudável e devidamente informado, com enorme força econômica, vasto conhecimento técnico sobre o assunto e uma equipe de advogados a seu dispor, será reputado vulnerável – nos termos do CDC – se for destinatário final de produto ou serviço, ainda que não esteja exposto a qualquer risco especial de ser ferido.

Embora a consagração generalizada desse tipo de proteção seja enorme conquista social, pois em qualquer relação de consumo há inferioridade contratual que justifica a intervenção reequilibradora do legislador, deve-se ter atenção à terminologia: ao utilizar a expressão "vulnerabilidade" para referir-se à condição de todo consumidor, ela foi dissociada de seu significado original, vinculado ao aspecto existencial da pessoa humana (KONDER, 2015, p. 122). Presumindo a vulnerabilidade de todos os atores de uma relação de consumo, o estatuto consumerista não aborda os casos em que, para além da inferioridade inerente ao desequilíbrio socioeconômico, também as condições da pessoa natural exijam tratamento jurídico especial (KONDER, 2014, p. 84).

Trata-se de situações em que o consumidor se vê afligido não apenas por ser consumidor, mas por alguma daquelas características pessoais que o tornam mais exposto a risco, mais suscetível de ser ferido, na acepção original do conceito de vulnerabilidade. Diante da situação desses sujeitos, em confronto com a generalização do conceito de vulnerabilidade para todos os consumidores, foi construída a categoria da hipervulnerabilidade.

4. A CONSTRUÇÃO DO CONCEITO DE HIPERVULNERABILIDADE

No âmbito da interpretação setorizada, doutrina e jurisprudência passaram a utilizar o termo "hipervulnerável" para justificar um tratamento diferenciado para as pessoas naturais consideradas mais suscetíveis ou que estejam em situação de vulnerabilidade agravada ou potencializada em comparação com o consumidor padrão. Trata-se, por exemplo, dos idosos, dos pacientes médicos, das pessoas com deficiência, dos alérgicos ou hipersensíveis a determinadas substâncias – como os celíacos –, dentre outras situações de agravamento do estado de vulnerabilidade. Schmitt explica que "a hipervulnerabilidade resulta da soma da vulnerabilidade intrínseca à pessoa do consumidor com a fragilidade que atinge determinados indivíduos" (SCHMITT, 2014, p. 219).

Alguns casos julgados pelo Superior Tribunal de Justiça envolvendo o conceito de hipervulnerabilidade em cenários diferentes ilustram o desenvolvimento dessa categoria.

É possível encontrar, de plano, julgados em que o termo foi invocado para se referir à vulnerabilidade existencial, no seu sentido original, isto é, a grupos que se encontram em situação de maior risco de serem feridos. Por exemplo, a hipervulnerabilidade foi utilizada para justificar a medida protetiva de alimentos em favor da mulher vítima de violência doméstica, já que "compreensão diversa tornaria inócuo o propósito de se conferir efetiva proteção à mulher, em situação de hipervulnerabilidade, indiscutivelmente" (BRASIL, 2018a). Pode-se aduzir ainda, usando o vocábulo na mesma acepção, julgado visando coibir programas televisivos que ridicularizavam crianças, cuja privacidade era exposta em quadro de investigação de paternidade apresentado de forma jocosa (BRASIL, 2018c).

No âmbito das questões de saúde, também é comum encontrar a referência a hipervulnerabilidade nesse sentido mais próximo do significado original de vulnerabilidade. É o caso da discussão sobre a legitimidade do Ministério Público para exigir o fornecimento de prótese auditiva para pessoas com esse tipo de deficiência, ao argumento de que "a tutela dos interesses e direitos dos hipervulneráveis é de inafastável e evidente conteúdo social, mesmo quando a ação civil pública, no seu resultado imediato, aparenta tutelar apenas uma única pessoa" (BRASIL, 2010). Outro exemplo pode ser aduzido no julgado relativo à obrigação bancária de fornecer informações em Braille para deficientes visuais, afirmando-se que a "não utilização [do Braille], durante todo o ajuste bancário, impede o referido consumidor hipervulnerável de exercer, em igualdade de condições, os direitos básicos, consubstanciando, além de intolerável discriminação e evidente violação aos deveres de informação adequada, vulneração à dignidade humana" (BRASIL, 2016a).

Em todos esses casos, observa-se a clara vulnerabilidade do sujeito quanto a aspectos de sua dignidade e o julgado versa justamente sobre como a pretensão visa a protegê-lo de graves riscos a que se encontra especialmente exposto. A jurisprudência superior, todavia, vem utilizando o conceito de hipervulnerabilidade também com abrangência maior, de forma a ampliar o seu alcance para situações e objetivos diversos daqueles ligados à acepção original do conceito de vulnerabilidade, como se passa a analisar.

5. A EXPANSÃO DO CONCEITO DE HIPERVULNERABILIDADE

Ainda na área da saúde, já é possível identificar julgados em que o conceito de hipervulnerabilidade é invocado não para a proteção do sujeito em condição de risco, mas, por exemplo, para atingir terceiros. É o caso de um dos primeiros julgados do STJ invocando o tema, referente a consumidores celíacos, isto é, com intolerância a glúten. O tribunal entendeu não ser suficiente a advertência "contém glúten", que já seria suficiente para os consumidores que saibam terem intolerância, mas ser cabível ainda exigir do fornecedor que indique que "a existência do glúten é prejudicial à saúde dos doentes celíacos", para atingir também os consumidores que desconhecem o que seja a doença celíaca (BRASIL, 2009). O tema voltou ao STJ mais recentemente em sede de embargos de divergência, para confirmar que o "fornecedor de alimentos deve complementar a informação-conteúdo "contém glúten" com a informação-advertência de que o glúten é prejudicial à saúde dos consumidores com doença celíaca" (BRASIL, 2017). Ou seja, a advertência não se volta exclusivamente aós celíacos, mas a conscientizar a população como um todo da existência dessa condição.

O conceito foi utilizado de forma expansiva, igualmente, para abranger não somente a pessoa vitimada em sua saúde, mas também seus parentes, aproximando-se de situações que se assemelham mais ao aproveitamento de situação de necessidade, discutido nos negócios viciados por lesão. Foi o caso do julgado relativo à venda do produto "cogumelo do sol" alardeando possibilidades curativas para pai de paciente com câncer: "aquisição do produto decorreu da inadequada veiculação de falsas expectativas quanto à possibilidade de cura de câncer agressivo e da exploração da hipervulnerabilidade do recorrente, naturalmente fragilizado pelo mal sofrido por seu filho" (BRASIL, 2014).

Indo além dos julgados vinculados diretamente a questões de saúde, observa-se que a hipervulnerabilidade é associada com frequência a decisões em que, de qualquer forma, são envolvidas determinadas categorias de sujeitos, como idosos, crianças e indígenas. No âmbito dessas categorias é que se observa com ainda maior nitidez processo de expansão de seu significado. Em diversos desses julgados, a questão em jogo não diz respeito à maior suscetibilidade de serem feridos, mas é tomada como premissa, em abstrato.

Mesmo que a saúde seja tomada como uma premissa em abstrato, praticamente um caso-paradigma, nem todo julgado do Superior Tribunal de Justiça relacionado a esse tema teve como resultado a fixação do critério da hipervulnerabilidade. A ação civil pública envolvendo a Souza Cruz S/A no tema dos cartões *insert* e *onsert* nos maços de cigarro não teve julgamento unânime. Para o voto vencido, tais cartões caracterizavam publicidade, e por isso violavam as advertências obrigatórias sobre os males que o tabaco causa à saúde e que têm por objetivo desestimular o consumidor viciado nesses produtos. Um dos principais fundamentos é descrito no voto vencido:

> O consumidor de produtos fumígenos merece uma proteção adicional, mais intransigente, em virtude de sua fragilidade frente ao estímulo de permanecer consumindo um produto nocivo à sua saúde. A doutrina destaca que o consumidor regular de produtos fumígenos tem seu livre arbítrio reduzido, porquanto "a própria OMS já constatou que os riscos do tabagismo são percebidos como muito distantes, facilmente compensados pelos benefícios psicológicos imediatos" e também porque "depois de viciado (e o vício se instala rapidamente), não é nada fácil deixar de fumar" (FACCHINI NETO, Eugênio. A relatividade do livre-arbítrio e a responsabilização da indústria do fumo. A desconstrução de um mito. Revista de Derecho Privado, ISSN-e 0123-4366, n. 31, 2016). Esse consumidor qualifica-se, de fato, como hipervulnerável, de vulnerabilidade agravada ou potencializada, conforme previsto no art. 39, IV, do CDC, em razão do manifesto desequilíbrio entre ele e o fornecedor na livre escolha pela adoção de um comportamento de consumo" (BRASIL, 2019a).

A maioria dos julgadores da Terceira Turma, no entanto, assim não entendeu. Três das principais partes da ementa assim ficaram estipuladas:

> 1.1. Os cartões inserts ou onserts não caracterizam publicidade, uma vez que se encontram no interior das embalagens de cigarro, ou seja, não têm o condão de transmitir nenhum elemento de persuasão ao consumidor, por impossibilidade física do objeto.
>
> [...]
>
> 1.1. Os cartões inserts ou onserts não caracterizam publicidade, uma vez que se encontram no interior das embalagens de cigarro, ou seja, não têm o condão de transmitir nenhum elemento de persuasão ao consumidor, por impossibilidade física do objeto.
>
> [...]
>
> 3.2. O fumante que se utiliza dos cartões inserts ou onserts quer tampar a visão do aviso dos malefícios que ele sabe que o cigarro causa à saúde. (BRASIL, 2019a).

No tocante aos idosos, é o caso da validade de "cartão de crédito sênior", com débito automático no provento recebido pelo INSS, tendo em vista pressuposição de "capacidade cognitiva e discernimento menores do que a população em geral" (BRASIL, 2018b). No tocante às crianças, aduz-se julgado sobre direito marcário, em que se discute se seriam atingidas pela confusão entre a marca "cheese.ki.tos" e a marca "chee.tos", ambas comercializadas no mercado de salgadinhos (BRASIL, 2013b), ou ainda julgado sobre seguro DPVAT, em que se limita a aplicar a regra relativa à suspensão da prescrição diante de credor absolutamente incapaz (BRASIL, 2017b).

Diversos exemplos podem ser encontrados nos debates sobre a legitimidade do Ministério Público e da Defensoria Pública para defender os interesses dessas categorias. Assim, por exemplo, na discussão sobre a legitimidade do Ministério Público para ajuizar ação civil pública em favor de interesse indígena, relativo à oferta de serviço odontológico pelo SUS (BRASIL, 2011); ou da Defensoria Pública para atuar em favor de idosos, em caso referente à gratuidade em transporte intermunicipal (BRASIL, 2019b).

Em linha ainda mais abrangente, pode-se aduzir o julgado em que se debateu a legitimidade da Defensoria Pública para impugnar edital de vestibular que previa regras para os candidatos poderem concorrer as vagas reservadas para cotas (BRASIL, 2016b) ou para atuar em nome dos beneficiários de planos de saúde, com base no dispositivo constitucional que prevê "a defesa dos necessitados" e no qual todos os consumidores de planos de saúde foram reputados hipervulneráveis, que seriam:

> os socialmente estigmatizados ou excluídos, as crianças, os idosos, as gerações futuras), enfim todos aqueles que, como indivíduo ou classe, por conta de sua real debilidade perante abusos ou arbítrio dos detentores de poder econômico ou político, 'necessitem' da mão benevolente e solidarista do Estado para sua proteção (BRASIL, 2015).

Por fim, não se pode deixar de aduzir julgado em que o conceito de hipervulnerabilidade foi utilizado para se referir à consumidora que desenvolveu alergia a sabão em pó porque, em lugar de utilizá-lo para lavar roupa, usou o produto para a limpeza da casa inteira:

> DIREITO DO CONSUMIDOR. VIOLAÇÃO DO DEVER DE INFORMAÇÃO PELO FORNECEDOR. No caso em que consumidor tenha apresentado reação alérgica ocasionada pela utilização de sabão em pó, não apenas para a lavagem de roupas, mas também para a limpeza doméstica, o fornecedor do produto responderá pelos danos causados ao consumidor na hipótese em que conste, na embalagem do produto, apenas pequena e discreta anotação de que deve ser evitado o "contato prolongado com a pele" e que, "depois de utilizar" o produto, o usuário deve lavar e secar as mãos. Isso porque, embora não se possa falar na ocorrência de defeito intrínseco do produto – haja vista que a hipersensibilidade ao produto é condição inerente e individual do consumidor –, tem-se por configurado defeito extrínseco do produto, qual seja, a inadequada informação na embalagem do produto, o que implica configuração de fato do produto (CDC, art. 12) e, por efeito, responsabilização civil do fornecedor. Esse entendimento deve prevalecer, porquanto a informação deve ser prestada de forma inequívoca, ostensiva e de fácil compreensão, principalmente no tocante às situações de perigo, haja vista que se trata de direito básico do consumidor (art. 6º, III, do CDC) que se baseia no princípio da boa-fé objetiva. Nesse contexto, além do dever de informar, por meio de instruções, a forma correta de utilização do produto, todo fornecedor deve, também, advertir os usuários acerca de cuidados e precauções a serem adotados, alertando sobre os riscos correspondentes, principalmente na hipótese em que se trate de um grupo de hipervulneráveis (como aqueles que têm hipersensibilidade ou problemas imunológicos ao produto). [...] (BRASIL, 2013a).

A trajetória do conceito de hipervulnerabilidade na jurisprudência corrobora a premissa inicial: como o conceito de vulnerabilidade foi associado de forma generalizada a todas as hipóteses de inferioridade econômica comuns aos consumidores, foi necessário novo conceito para tratar daquelas situações de suscetibilidade de natureza existencial (condições de saúde e de idade). Corrobora, ainda, o receio quanto ao ciclo vicioso, decorrente da nova expansão e generalização, partindo para sua atribuição em abstrato para determinadas categorias, ainda que o tema discutido em concreto não guarde relação com a fragilidade referida. Para além do paternalismo possivelmente injustificado, as decisões refletem a possibilidade de tendência expansiva da própria hipervulnerabilidade.

Com efeito, independente do cuidado, a construção de novos conceitos para identificar a necessidade de proteção especial aos infindáveis aspectos existenciais da pessoa humana pode levar a uma espiral que, ao categorizar, pode acabar por limitar a proteção à dignidade da pessoa humana. Por exemplo, se agora todo consumidor é vulnerável, e o consumidor criança e o consumidor idoso são hipervulneráveis, quando estivermos diante de uma criança com sensibilidades alimentares, um idoso com deficiência visual ou um paciente médico em estado terminal, seria necessária a construção de mais uma categoria, um *über*vulnerável? (KONDER, 2014, p. 89). Parece mais adequado, em lugar da hierarquização de categorias, buscar a interpretação sistemática do problema, que, já de início, se paute pela distinção entre aspectos patrimoniais e aspectos existenciais.

6. POR UMA LEITURA SISTEMÁTICA À LUZ DA DISTINÇÃO ENTRE SITUAÇÕES PATRIMONIAIS E EXISTENCIAIS

Os problemas decorrentes da construção do conceito de hipervulnerabilidade como forma de compensar a banalização do conceito de vulnerabilidade, parecem decorrer da inobservância de duas premissas metodológicas centrais ao estudo contemporâneo do direito civil.

A primeira é a distinção entre as situações jurídicas patrimoniais e as situações jurídicas existenciais e a instrumentalidade daquelas a estas. A superioridade normativa da Constituição e a centralidade do princípio da dignidade da pessoa humana impõe a releitura de todos os institutos de direito civil, reconhecendo que nosso ordenamento fez uma escolha no sentido de privilegiar o "ser" sobre o "ter" (PERLINGIERI, 1972, p. 338). Em que pese a dificuldade de distinção, eis que mesmo sob o perfil funcional identificam-se situações dúplices,[1] é fundamental reconhecer que, quando se está diante de uma situação jurídica com função existencial, o respeito ao princípio da dignidade da pessoa humana impõe ao intérprete um tratamento diferenciado. Como explica Perlingieri:

> Não é suficiente, então, insistir sobre a importância dos 'interesses da personalidade no direito privado': é necessário reconstruir o Direito civil não com uma redução ou um aumento de tutela das situações patrimoniais, mas com uma tutela qualitativamente diversa (PERLINGIERI, 2008, p. 122).

Esse viés fundamental foi perdido com o desvirtuamento do conceito de vulnerabilidade: o termo remetia à suscetibilidade a ser ferido – e, portanto, vinculava-se mais diretamente à esfera existencial –, mas foi generalizado para aplicar-se a diversas situações de inferioridade contratual, de natureza essencialmente patrimonial. Cunhou-se então a hipervulnerabilidade que, a despeito das melhores intenções, além de não exprimir seu cerne não-patrimonial, leva a crer que se trata de uma mudança puramente quantitativa ("hiper"), em lugar de qualitativa.[2] Parece mais adequado, nesse sentido, referir-se

---

1. Sobre o tema, v. Teixeira; Konder (2012); e Meireles (2009).
2. A difusão do termo tem origem na decisão: STJ, 2ª T., REsp 1064009/SC, Rel. Ministro Herman Benjamin, julg. 04/08/2009, publ. DJe 27/04/2011.

simplesmente a "vulnerabilidade existencial", retomando o sentido original do termo, entendida como "a situação jurídica subjetiva em que o titular se encontra sob maior suscetibilidade de ser lesionado na sua esfera extrapatrimonial, impondo a aplicação de normas jurídicas de tutela diferenciada para a satisfação do princípio da dignidade da pessoa humana" (KONDER, 2015, p. 111).

Mais do que isso, parece que a generalização do conceito de vulnerabilidade e a construção do conceito de hipervulnerabilidade poderiam ser evitados se observada com mais rigor outra premissa metodológica fundamental, qual seja, a unidade do ordenamento jurídico. O Código de Defesa do Consumidor não deve ser concebido como um microssistema alheio ao restante do sistema jurídico: o ordenamento ou bem é uno, ou não é ordenamento (PERLINGIERI, 2008, p. 200-201). A unidade é característica essencial a qualquer sistema e, portanto, em que pese existirem relações jurídicas que, por suas peculiaridades, demandam regras e princípios próprios, não há como conceber tal conjunto normativo como sistema autônomo, mas sim como expressão dos princípios gerais do ordenamento sobre aquela situação específica. Em que pese sua enorme complexidade, o ordenamento jurídico encontra unidade no texto constitucional, que lhe provê os princípios e valores fundamentais a serem perseguidos em qualquer âmbito.

Dessa forma, o legislador federal, ao cumprir o comando constitucional de promover a defesa do consumidor, partiu da posição contratual de inferioridade das pessoas que integram ou venham a integrar uma relação de consumo na condição de destinatários finais. Esta qualificação, todavia, não afasta nem reduz a importância da proteção mais ampla do sujeito como pessoa humana, imposta pela normativa constitucional, em especial pelo princípio da dignidade da pessoa humana. Assim, mais importante do que a criação de novas categorias de tutela, é reconhecer a necessidade de *in concreto*, verificar a forma mais adequada e ponderada de realização do preceito constitucional (KONDER, 2014, p. 90).

Independente de categorização, o intérprete deve voltar o olhar para uma o sistema jurídico em que aquele consumidor está inserido, de forma a interpretar o contrato com base no equilíbrio econômico, mas, sobretudo, com base na dignidade da pessoa humana. Em lugar da construção de novas categorias, que podem acabar por encarcerar o olhar do intérprete a exemplos predefinidos, é prioritário manter em vista a necessidade constante de aplicação direta do princípio da dignidade da pessoa humana quando houver ameaça ou risco aos seus aspectos existenciais. Gustavo Tepedino assim leciona:

> O constituinte, assim procedendo, não somente inseriu a tutela dos consumidores entre os direitos e garantias individuais, mas afirma que sua proteção deve ser feita do ponto de vista instrumental, ou seja, com a instrumentalização dos seus interesses patrimoniais à tutela de sua dignidade e aos valores existenciais. Trata-se, portanto, do ponto de vista normativo, de proteger a pessoa humana nas relações de consumo, não já o consumidor como uma categoria *per se* considerada.
>
> A proteção jurídica do consumidor, nesta perspectiva, deve ser estudada como momento particular e essencial de uma tutela mais ampla: aquela da personalidade humana; seja do ponto de vista de seus interesses individuais indisponíveis, seja do ponto de vista dos interesses coletivos e difusos (TEPEDINO, 2008, p. 293-294).

A interpretação sistemática também possibilita que o intérprete não se deixe cobrir pelo manto da hipervulnerabilidade a qualquer preço e em qualquer caso, pois ao interpretar o sistema como uno, relembra ao intérprete da capacidade, autonomia e responsabilidade que o consumidor também possui, evitando-se paternalismos injustificados à luz da legalidade constitucional.

7. CONCLUSÃO

O conceito de vulnerabilidade refere-se, em sua essência, à condição de certos sujeitos serem mais suscetíveis a serem feridos e encontrarem-se mais expostos a certos riscos, em razão de condições individuais, sociais e institucionais. Entretanto, a utilização do termo no âmbito do Código de Defesa do Consumidor, generalizado para todos os destinatários finais de produtos e serviços na cadeia de consumo, acarretou significativa ampliação – ou mesmo banalização – do seu significado. A associação a qualquer forma de inferioridade contratual, ainda que de impacto exclusivamente econômico, levou à construção de outro termo, idôneo a retomar o significado original da vulnerabilidade, referente à ameaça de lesão a aspectos existenciais da pessoa humana, e capaz de abarcar situações como consumidores idosos, crianças e com deficiência.

Entretanto, observou-se que a criação sucessiva de novas categorias pode gerar círculo vicioso, ensejando outro processo de banalização do termo, bem como o encarceramento da tutela da pessoa humana em modelos típicos ou categorias predeterminadas. Nessa linha, foi indicada a necessidade de ter em vista, prioritariamente, duas premissas metodológicas centrais. A primeira referente à distinção das situações patrimoniais frente às existenciais, sendo as primeiras instrumentais às segundas. A segunda referente à unidade do ordenamento jurídico, afastando a análise puramente setorial em favor de uma abordagem sistemática, centrada no texto constitucional. Sob essas premissas, a incidência direta e imediata do princípio da dignidade da pessoa humana às relações privadas, em especial diante da ameaça de lesão a aspectos existenciais, prescinde de categorizações e deve ser feita à luz do sistema jurídico como um todo.

8. REFERÊNCIAS

ACSELRAD. Henri. Vulnerabilidade, processos e relações. In: FERREIRA, Heline Sivini; LEITE, Jose Rubens Morato; BORATTI, Larissa Verri. (Org.). *Estado de direito ambiental*: tendências. 2. ed. Rio de Janeiro: Forense Universitária, 2010.

AYRES, José Ricardo de Carvalho de Mesquita et al. Risco, vulnerabilidade e práticas de prevenção e promoção de saúde. In: CAMPOS, Gastão Wagner de Souza et al. *Tratado de Saúde Coletiva*. Rio de Janeiro: Fiocruz, 2006. p. 375-417.

BARBOZA, Heloisa Helena. Vulnerabilidade e cuidado: aspectos jurídicos. In: OLIVEIRA, Guilherme de; PEREIRA, Tânia da Silva (Coord.). *Cuidado e vulnerabilidade*. São Paulo: Atlas, 2009. p. 106-118.

BRASIL, SUPERIOR TRIBUNAL DE JUSTIÇA, 3ª Turma, REsp 1703077, Rel. Min. Nancy Andrighi, Rel. p/ acórdão Min. Moura Ribeiro, julg. 11/12/2018, publ. 15/02/2019. [2019a].

BRASIL, SUPERIOR TRIBUNAL DE JUSTIÇA, 1ª Turma, AgInt no AREsp 1220572, Rel. Min. Napoleão Nunes Maia Filho, julg. 18/03/2019, publ. 26/03/2019. [2019b].

BRASIL, SUPERIOR TRIBUNAL DE JUSTIÇA, 3ª Turma, RHC 100446, Rel. Min. Marco Aurélio Bellizze, julg. 27/11/2018, publ. 05/12/2018. [2018a].

BRASIL, SUPERIOR TRIBUNAL DE JUSTIÇA, 3ª Turma, REsp 1358057, Rel. Min. Moura Ribeiro, julg. 22/05/2018, publ. 25/06/2018. [2018b].

BRASIL, SUPERIOR TRIBUNAL DE JUSTIÇA, 4ª Turma, REsp 1517973, Rel. Min. Luis Felipe Salomão, julg. 16/11/2017, publ. 01/02/2018. [2018c].

BRASIL, SUPERIOR TRIBUNAL DE JUSTIÇA, Corte Especial, EREsp 1515895, Rel. Min. Humberto Martins, julg. 20/09/2017, publ. 27/09/2017. [2017a].

BRASIL, SUPERIOR TRIBUNAL DE JUSTIÇA, 4ª Turma, REsp 1349599, Rel. Min. Luis Felipe Salomão, julg. 13/06/2017, publ. 01/08/2017. [2017b].

BRASIL, SUPERIOR TRIBUNAL DE JUSTIÇA, 4ª Turma, REsp 1349188, Rel. Min. Luis Felipe Salomão, julg. 10/05/2016, publ. 22/06/2016. [2016a].

BRASIL, SUPERIOR TRIBUNAL DE JUSTIÇA, 2ª turma, AgInt no REsp 1573481, Rel. Min. Herman Benjamin, julg. 26/04/2016, publ. 27/05/2016. [2016b].

BRASIL, SUPERIOR TRIBUNAL DE JUSTIÇA, Corte Especial, EREsp 1192577, Rel. Min. Laurita Vaz, julg. 21/10/2015, publ. 13/11/2015.

BRASIL, SUPERIOR TRIBUNAL DE JUSTIÇA, 3ª Turma, REsp 1329556/SP, Rel. Min. Ricardo Villas Bôas Cueva, julg. 25/11/2014, publ. 09/12/2014.

BRASIL, SUPERIOR TRIBUNAL DE JUSTIÇA, AREsp n. 390560, Rel. Min. Sidnei Beneti, julg. 29/08/2013, publ. 11/09/2013. [2013b].

BRASIL, SUPERIOR TRIBUNAL DE JUSTIÇA, 2ª TURMA, REsp 1064009, Rel. Min. Herman Benjamin, julg. 04/08/2009, publ. 27/04/2011.

BRASIL, SUPERIOR TRIBUNAL DE JUSTIÇA, 2ª Turma, REsp n. 586316, Rel. Min. Herman Benjamin, julg. 17/04/2007, publ. 18/03/2009.

BRASIL, SUPERIOR TRIBUNAL DE JUSTIÇA, 4ª Turma, REsp n. 1358615, Rel. Min. Luís Felipe Salomão, julg. 02/05/2013, publ. 01/07/2013. [2013a].

BRASIL, SUPERIOR TRIBUNAL DE JUSTIÇA, 1ª Seção, REsp 931513, Rel. Min. Carlos Fernando Mathias, Rel. p/ acórdão Min. Herman Benjamin, julg. 25/11/2009, publ. 27/09/2010.

CALIXTO, Marcelo Junqueira. O princípio da vulnerabilidade do consumidor. In: MORAES, Maria Celina Bodin de (Coord.) *Princípios do direito civil contemporâneo*. Rio de Janeiro: Renovar, 2006. p. 315-356.

FILOMENO, José Geraldo Brito. Da política nacional de relações de consumo. In: AAVV. *Código de Defesa do Comentado pelos autores do Anteprojeto*. 7. ed. São Paulo: Forense Universitária, 1993. p. 52-115.

KONDER, Carlos Nelson. Vulnerabilidade patrimonial e vulnerabilidade existencial: por um sistema diferenciador. *Revista de direito do consumidor*, São Paulo, v. 99, p. 101-123, 2015.

KONDER, Cintia Muniz de Souza. Vulnerabilidade, hipervulnerabilidade ou simplesmente dignidade da pessoa humana? Uma abordagem a partir do exemplo do consumidor superendividado. In: MONTEIRO FILHO, C. E. R. (Coord.). *Direito das relações patrimoniais*: estrutura e função na contemporaneidade. Curitiba: Juruá, 2014. p. 69-93.

LÔBO, Paulo Luiz Neto. Contratante vulnerável e autonomia privada. *Revista do Instituto do Direito Brasileiro*, Lisboa, ano 1, n. 10, p. 6184-6185, 2012.

MANN, Jonathan M.; TARANTOLA, Daniel. *AIDS in the World II*: Global Dimensions, Social Roots, and Responses. Oxford University Press, 1996.

MARQUES, Claudia Lima; MIRAGEM, Bruno. *O novo direito privado e a proteção dos vulneráveis*. São Paulo: Ed. RT, 2012.

MEIRELES, Rose Melo Vencelau. *Autonomia privada e dignidade humana*. Rio de Janeiro: Renovar, 2009.

NISHIYAMA, Adolfo Mamoru; DENSA, Roberta. A proteção dos consumidores hipervulneráveis: os portadores de deficiência, os idosos, as crianças e os adolescentes. *Revista de Direito do Consumidor*, São Paulo, v. 76, p. 13-45, out./2010.

PERLINGIERI, Pietro. *La personalità umana nell'ordinamento giuridico*. Napoli: ESI, 1972.

PERLINGIERI, Pietro. *O direito civil na legalidade constitucional*. Rio de Janeiro: Renovar, 2008.

SCHMITT, Cristiano Heineck. *Consumidores hipervulneráveis*: a proteção do idoso no mercado de consumo. São Paulo: Atlas, 2014.

SCHRAMM, Fermin Roland. Bioética da Proteção: ferramenta válida para enfrentar problemas morais na era da globalização. *Revista Bioética*, Brasília, v. 16, n. 1, p. 11-23, 2008.

TEIXEIRA, Ana Carolina Brochado; KONDER, Carlos Nelson. Situações jurídicas dúplices: controvérsias na nebulosa fronteira entre patrimonialidade e extrapatrimonialidade. In: TEPEDINO, G. e FACHIN, L. E. (Coord.). *Diálogos sobre direito civil*. Rio de Janeiro: Renovar, 2012, p. 3-24. t. III.

TEPEDINO, Gustavo. *Temas de direito civil*. 4. ed. Rio de Janeiro: Renovar, 2008.

AFIRMAÇÃO DE GÊNERO NA TUTELA DA PESSOA COM DEFICIÊNCIA: UM TABU A SER QUEBRADO[1]

Heloisa Helena Barboza

Professora Titular de Direito Civil da Faculdade de Direito da Universidade do Estado do Rio de Janeiro (UERJ). Doutora em Direito pela UERJ e em Ciências pela ENSP/FIOCRUZ. Procuradora de Justiça do Estado do Rio de Janeiro (aposentada). Advogada.

Vitor Almeida

Doutor e Mestre em Direito Civil pela Universidade do Estado do Rio de Janeiro (UERJ). Professor Adjunto de Direito Civil da Universidade Federal Rural do Rio de Janeiro (ITR/UFRRJ). Professor dos cursos de especialização do CEPED-UERJ, PUC-Rio e EMERJ. Advogado.

> *Negar o direito a uma vida sexual implica em negar a natureza humana dessa pessoa e, consequentemente, todos os seus demais direitos. Viver a sexualidade é tão fundamental quanto o direito à vida* (BRASIL. *Direitos sexuais e reprodutivos na integralidade da atenção à saúde de pessoas com deficiência*. Brasília: Ministério da Saúde, 2009, p. 14).

Sumário: 1. Introdução. 2. Afirmação de gênero: considerações indispensáveis. 3. Pessoa com deficiência, gênero e sexualidade. 4. Reconhecimento dos direitos sexuais e reprodutivos das pessoas com deficiência: um grande desafio. 5. Conclusão. 6. Referências.

1. INTRODUÇÃO

A Lei Brasileira de Inclusão (Lei 13.146/2015) contém dispositivos que asseguram a plena capacidade civil das pessoas com deficiência para exercer seus direitos sexuais e reprodutivos, que não podem ser atingidos pela curatela. Tais disposições legais, possivelmente preteridas por muitos, certamente causam espanto, se não rejeição por boa parte da população. Tais direitos são a todos assegurados pela Constituição da República, e de modo expresso os reprodutivos, e não haveria razão para sua reafirmação, salvo não fossem francamente reconhecidos. A deficiência física e sensorial gera para o

---

1. * O presente trabalho foi desenvolvido no âmbito do projeto interdisciplinar e interinstitucional (UFRJ, UFF, UERJ e FIOCRZ) denominado "Uma perspectiva de justiça mais inclusiva: aplicação do enfoque dos funcionamentos à saúde, à educação, à tecnologia e aos direitos de pessoas com deficiências", aprovado pelo Programa de Apoio à Pós-Graduação e à Pesquisa Científica e Tecnológica em Tecnologia Assistiva no Brasil (PGPTA), objeto do Edital "Tecnologia Assistiva no Brasil e Estudos sobre Deficiência (PGPTA) N° 59/2014", cujos autores deste artigo atuam, respectivamente, como Coordenadora Associada da Instituição UERJ e pesquisador vinculado ao projeto em andamento.

senso comum uma presunção de assexualidade, e a manifestação da sexualidade no caso de deficiência mental ou intelectual não raro está associada à imoralidade ou mesmo à perversão ou depravação.

Na verdade, a sexualidade em qualquer de suas dimensões, como a reprodutiva, é tema tradicionalmente escasso no Direito Privado, e apenas em fins do século passado iniciaram-se no Brasil os debates sobre sexualidade, mais precisamente sobre questões de gênero, trazidas à baila pelas demandas jurídicas da população LGBTI (lésbicas, gays, bissexuais, transexuais/travestis e intersex). A própria noção de gênero pode-se dizer é juridicamente "nova", quando considerada como elemento integrante da identidade vinculado ao sexo biológico. O mesmo se constata em relação aos direitos reprodutivos, garantidos constitucionalmente sob a forma de direito ao planejamento familiar, os quais somente tiveram sua regulamentação em 1996, através da Lei 9.263. O tema, não obstante suas importantes repercussões para o direito das famílias, não tem merecido atenção maior da doutrina civilista.

Diante deste cenário, pode-se verificar o grau de dificuldade existente para se conferir efetividade aos direitos sexuais e reprodutivos das pessoas com deficiência, quando se busca sua plena inclusão social, em condições de igualdade. Crescem os entraves quando se adentra ao mundo LGBTI, notadamente nas complexas questões de afirmação de gênero, que potencializam a discriminação sofrida por essas pessoas, a qual atinge dimensões inimagináveis quando se somam circunstâncias de cor, raça, religião e condição social.

Lembre-se que entre as preocupações expressas da Convenção Internacional sobre Direitos das Pessoas com Deficiência e seu Protocolo Facultativo, assinados em Nova York, em 30 de março de 2007,[2] se encontram as difíceis situações enfrentadas por pessoas com deficiência que estão sujeitas a formas múltiplas ou agravadas de discriminação por causa de sexo, além do reconhecimento, igualmente expresso, de que mulheres e meninas com deficiência estão frequentemente expostas a maiores riscos, tanto no lar como fora dele, de sofrer violência, lesões ou abuso, descaso ou tratamento negligente, maus-tratos ou exploração (Preâmbulo, *p* e *q*).

Ao aderir à Convenção, o Brasil comprometeu-se a adotar medidas imediatas, efetivas e apropriadas para combater estereótipos, preconceitos e práticas nocivas em relação às pessoas com deficiência, inclusive aqueles relacionados a sexo (art. 8, 1, *b*).

Trata-se de questão que está a exigir atenção detida. Em primeiro lugar, em razão das notórias dificuldades que a matéria apresenta, desde a constante imprecisão terminológica que, não raro, dificulta a compreensão dos problemas e demandas das pessoas que não se alinham ao sistema heteronormativo. Em segundo e de igual ou maior relevância, a pouca ou menor importância que se atribui ao debate jurídico da sexualidade em sua ampla abrangência, fato que se agrava quando se envolvem pessoas com deficiência.

O presente trabalho, realizado a partir de pesquisa bibliográfica, procura dentro de seus estreitos limites analisar alguns aspectos necessários à melhor compreensão do problema, e assim contribuir para no debate e construção das soluções já reclamadas,

---

2. A referida Convenção foi aprovada pelo Congresso Nacional por meio do Decreto Legislativo n. 186, de 9 de julho de 2008, e internalizada como emenda constitucional por força do Decreto n. 6.949, de 25 de agosto de 2009.

para que se efetivem os direitos sexuais das pessoas com deficiência, notadamente no que respeita à afirmação de gênero.

2. AFIRMAÇÃO DE GÊNERO: CONSIDERAÇÕES INDISPENSÁVEIS

Como observa Marilena Villela Corrêa (1998, p. 69-91), não é possível identificar, a princípio, a existência de *um* discurso sobre o sexo e a sexualidade, tendo esta uma forte carga de ambiguidades e uma polissemia, que agravam o quadro de instabilidade das definições e categorizações. Não obstante, como esclarece Maria Andrea Loyola, a sexualidade constitui um dos pilares sobre o quais se assenta a própria sociedade, e está sujeita, por conseguinte, a normas, que variam de uma sociedade para outra, embora a sexualidade seja um fato universalmente observável (LOYOLA, 1998, p. 18-19).

A "sexualidade", como qualidade do que é sexual, algumas vezes se confunde com o sexo, como se tivesse o mesmo significado, em outras com uma formação ao mesmo tempo discursiva e institucional. Quando se considera a multiplicidade e complexidade do conjunto dos fenômenos da vida sexual, constata-se que ele se manifesta em várias dimensões, como a *reprodução*, o *sexo biológico*, o *gênero* e o *sexo erótico*, e se expressa através do modo pelo qual os indivíduos se comportam e tomam consciência de si mesmos. Isto é o que ocorre, por exemplo, na dimensão que associa o sexo e o gênero e atua diretamente na construção da identidade das pessoas.

A noção de sexualidade se refere, portanto, ao conjunto dos fenômenos da vida sexual. Cada uma das dimensões da sexualidade enfatiza determinado aspecto do sexo, a saber: (*a*) a visão médico-científica privilegia o *sexo biológico*, a constituição biológica do ser humano, o conjunto de características físicas (como o aspecto anatômico, cromossômico, gonadal) distintivas de macho e fêmea, correspondentes à qualificação de masculino e feminino, conforme se refira ao macho-homem ou à fêmea-mulher, respectivamente; (*b*) sob a *ótica sociológica*, é uma construção variável no tempo, fruto de discursos científicos a serviço de interesses políticos e sociais, sendo utilizada como suporte físico para construção da identidade das pessoas; (*c*) o *gênero* é uma construção cultural, elaborada para questionar o determinismo biológico, e que abre espaço para múltiplas interpretações do sexo; são significados culturais atribuídos ao corpo sexuado e, por conseguinte, não decorre de um sexo de maneira pré-determinada; é a concepção que permite reconhecer os procedimentos que são constitutivos do homem e da mulher, além dos limites biológicos, e que se manifesta na reiterada interpretação de uma série de atos, renovados, revisados e consolidados no tempo, a qual é imposta pelas práticas reguladoras da coerência do gênero, isto é, que determinam os comportamentos previstos e esperados para cada sexo.

Para o senso comum, do mesmo modo que o sexo é pressupostamente um dado natural, que teria originado o conceito de sexualidade, imagina-se que o gênero seria uma decorrência também do sexo. Para Joel Birman (2003, orelha da capa), há uma tendência a considerar natural o que é masculino e feminino, como evidências incontornáveis de ordem biológica. Na contemporaneidade, critica-se a categoria sexo, uma vez que as figuras do homem e da mulher são construções sociais e culturais de grande complexidade, modeladas por regras e códigos simbólicos meticulosos, e que não se restringem, portanto, à condição de macho ou de fêmea. Em lugar do sexo, adota-se a concepção de gênero, que permite reconhecer os procedimentos que são constitutivos do homem e da mulher, além dos caracteres biológicos.

O Direito vem tratando ao longo do tempo de algumas das múltiplas situações existentes em cada dimensão da sexualidade, informado por diferentes razões, tais como as de ordem moral (religiosa e laica), de bons costumes, e médicas. Os objetivos são diversificados: ora tem por fim a proteção da dignidade e liberdade sexual, através de normas penais, ora restringir uniões geneticamente não aconselháveis, caso dos impedimentos para casamento. A sexualidade reprodutiva, que constitui ação de saúde, goza de normatização própria (Lei 9.263/1996).

De acordo com Maria Andrea Loyola, a sexualidade constitui um dos pilares sobre o quais se assenta a própria sociedade, e está sujeita, por conseguinte, a normas, que variam de uma sociedade para outra. Sob o ponto de vista restrito à reprodução biológica, a sexualidade participa da criação da ordem social. Mas, é em decorrência do tabu do incesto, a mais básica e fundamental dentre todas as normas de interdição, que a sexualidade ultrapassa o aspecto puramente biológico da reprodução. Em razão da proibição do incesto, os casamentos são realizados entre integrantes de grupos sanguíneos diferentes, dando origem a laços naturais de aliança, os primeiros que podem ser classificados como sociais. Afora esse aspecto, o sistema de regulação da sexualidade preocupa-se apenas com o seu exercício: com quem, em que momento e segundo que modalidade (LOYOLA, 1998, p. 18-19).

Em um mundo biológico perfeito, os seres humanos se dividiriam em dois tipos: (*a*) machos que têm um cromossoma X e um Y, testículos, um pênis e todo um sistema interno para produzir sêmen; suas características sexuais secundárias são bem conhecidas, tais como pelos no rosto e uma constituição física muscular; e (*b*) fêmeas que têm dois cromossomas X, ovários e um sistema interno para suportar a gravidez e o desenvolvimento fetal; têm também uma variedade de características sexuais secundárias reconhecíveis, como a textura da pele e voz fina. Contudo, algumas mulheres têm pelos no rosto e falam com voz grossa; vários homens não têm pelo algum no rosto e sua voz é feminina. Numa inspeção mais próxima, o dimorfismo absoluto se desintegra inclusive no nível biológico: cromossomas, hormônios e estruturas sexuais internas variam mais do que a maioria das pessoas pode imaginar. Em consequência, os que nascem fora do modelo dimórfico são qualificados como intersexuais ou portadores de anomalias da diferença sexual (FAUSTO-STERLING, 1992, p. 3).

Contudo, para compreensão da sexualidade, especialmente na contemporaneidade, não é suficiente examiná-la, isoladamente, sob o ângulo do erotismo, do comportamento ou das práticas sexuais, da reprodução, da orientação sexual, da identidade sexual, e do gênero, denominação dada, como visto, ao papel que deve ser representado socialmente pelos indivíduos, em razão do seu sexo biológico. É preciso que a análise, ainda que voltada para uma dessas dimensões, considere as constantes e contínuas interações com as demais, pois não há na sexualidade departamentos estanques. A sexualidade é, portanto, um fenômeno literalmente complexo, que não pode ser mutilado, embora sejam distintos seus vários aspectos.

Segundo Fausto-Sterling (1992, p. 88), uma explicação puramente biológica para qualquer coisa tão complexa e imprevisível quanto o comportamento humano seria, por sua própria natureza, uma tarefa desigual. Do mesmo modo, para se compreender o desenvolvimento humano, que não surge pelos simples crescimento ou justaposição de um conjunto de macromoléculas, é necessário saber muito mais sobre de que modo o ambiente afeta o crescimento físico e as formas, e sobre de que maneira ocorre a variação individual, incluída a genética, em cada história de vida, para produzir adultos com competências e potencialidades diferentes (FAUSTO-STERLING, 1992, p. 89).

Existe, assim, uma matriz cultural que torna o gênero inteligível. Os indivíduos que não apresentam um gênero inteligível, conforme acima esclarecido, afrontam as regras sociais e sofrem, em consequência, os efeitos negativos da não adequação ao sistema de coerência sexo-gênero-comportamento sexual, especialmente no que respeita ao desejo e à prática sexual, que deve ser heterossexual.

Judith Butller reconhece a importância de se ter um gênero inteligível e entende que é equivocada a discussão sobre identidade em momento anterior à identidade de gênero, visto que as pessoas só se tornam inteligíveis ao adquirir seu gênero, conforme os padrões estabelecidos e reconhecidos de intelegibilidade de gênero (BUTLER, 2003, p. 37). Mas gêneros "inteligíveis" são os que instituem e mantêm relações de coerência e continuidade entre sexo, gênero, prática sexual e desejo (BUTLER, 2003, p. 21-37).

O sistema sexo-gênero se completa e se fecha com o comportamento sexual esperado: os indivíduos de um sexo devem se relacionar, necessária e exclusivamente, com os do sexo diferente. O indivíduo que não desempenhe adequadamente o papel de gênero coerente com seu sexo biológico, mas que tenha relações heterossexuais, ou que, por qualquer motivo, não mantenha relações sexuais, será mais tolerado pela sociedade em geral. A heterossexualidade coroa o sistema sexo-gênero, e funciona como uma prova "cabal" de que todas as demais regras do sistema estão sendo cumpridas. Em consequência, o indivíduo casado é heterossexual, até prova em contrário; da mesma presunção gozam os indivíduos não casados, mas que procriaram. Como observa Guimarães (2009, p. 21), a mera prática sexual entre pessoas do mesmo sexo, nem sempre descaracteriza a heterossexualidade, como comprova o reconhecimento da categoria "homens que fazem sexo com homens" (HSH), que não se confundem necessariamente com homossexuais ou *gays*, pelo Programa Brasil sem homofobia.

Ainda de acordo com Guimarães (2009, p. 23), a "heterodiscordância", entendida como o conjunto de processos no âmbito dos quais a heterossexualidade é contestada como único meio de expressão da identidade sexual traduz a não aceitação da "heteronormatividade", que, por sua vez, pode ser definida como o "processo pelo qual a heterossexualidade é instituída e vivenciada como a única possibilidade legítima e natural de expressão da identidade sexual", compreendida esta como o sentimento da pessoa em relação ao fato de pertencer ao sexo feminino ou masculino (GLOSSÁRIO MS, 2004, p. 63).

Em consequência, qualquer comportamento "heterodiscordante" afronta o sistema sexo-gênero, ainda que os demais aspectos dos papeis de gênero guardem coerência com o sexo biológico. Assim, o indivíduo do sexo masculino, que use roupas tradicionais de homem e tenha maneiras masculinas, poderá ser considerado homossexual se mantiver relações sexuais com outro homem, mesmo que não se identifique como tal. Como homossexual sofrerá os efeitos negativos gerados pelo comportamento heterodiscordante, infração máxima do sistema sexo-gênero.

O primeiro dos efeitos sofridos pelos infratores do sistema sexo-gênero é receberem uma qualificação social diferenciada, que se inscreve irreversivelmente em suas vidas. A partir do momento em que deixam de ter ou de manter as *performances* de gênero esperadas, passam a ser rotulados, na verdade, socialmente (re)qualificados. Deixam de ser apenas homens e mulheres, e ingressam no rol das lésbicas, homossexuais, bissexuais, travestis, transexuais e intersex (intersexuais). Indistintamente são designados pelo senso comum como *gays*,[3] e constituem a população LGBT,[4] que só em data recente começou a ser ouvida. Ter uma "identidade *gay*" significa não ser mais reconhecido como heterossexual, e passar a sofrer todas as consequências (negativas) que resultam desse fato.

A passagem da "categoria" heterossexual para "*gay*", implica a criação de um estigma para o indivíduo, e, sobretudo, sua exclusão e discriminação social, que prejudicam de modo significativo sua vida social e comunitária, e em especial o exercício de seus direitos civis, políticos, econômicos e culturais. A discriminação e a exclusão social dos heterodiscordantes são agravadas, como nos demais casos, se o indivíduo é negro e pobre. No caso de pessoas com deficiência, o processo de discriminação e exclusão já existente se potencializa, transformando-se em negação: por presunção do senso comum pessoa com deficiência não tem sexualidade, em qualquer de suas dimensões, muito menos se cogita de terem identidade heterodiscordante.

3. PESSOA COM DEFICIÊNCIA, GÊNERO E SEXUALIDADE

Segundo afirmativa de Butler (2003, p. 37), a identidade das pessoas somente se perfaz quando adquirem seu gênero. É preciso, contudo que o gênero esteja de acordo com os padrões estabelecidos e reconhecidos de inteligibilidade, vale dizer, que se instituem e mantêm relações de coerência e continuidade entre sexo, gênero, prática sexual e desejo, permita-se a insistência (BUTLER, 2003, p. 21-37).

Tanto quanto se verifica em relação à sexualidade, há grande complexidade no conceito de gênero, que não é um termo exaustivo, visto que nem sempre se constitui de maneira coerente ou consistente nos diferentes contextos históricos. Mais do que isso, "o gênero estabelece interseções com modalidades raciais, classistas, étnicas, sexuais e regionais de identidades discursivamente constituídas". Em consequência, não há como

---

3. Esse tipo de generalização foi registrado por Freud (1972, p. 147).
4. O acrônimo GLBT foi substituído por LGBT, como decidido na I Conferência Nacional de Lésbicas, Gays, Bissexuais, Travestis e Transexuais, ocorrida em Brasília, em junho de 2008. Atendeu-se, assim, à reivindicação no sentido de dar maior visibilidade às mulheres lésbicas no movimento (GUIMARÃES, 2009, p. 17-18).

se desvincular o gênero das interseções políticas e culturais que o produzem e mantém (BUTLER, 2003, p. 20).

Considerados os dois aspectos acima, a afirmação de gênero, como integrante da construção da identidade, emerge como fator indispensável às pessoas com deficiência. Além disso a deficiência inclui-se dentre as modalidades discursivamente constituídas que interage com as demais enunciadas, e vincula o gênero em tal caso, conferindo-lhe aspectos peculiares.

Sob outra perspectiva, a sexualidade em suas diferentes dimensões integra uma das áreas de atuação prioritárias da Atenção Básica à Saúde, e deve ser ofertada tendo como como princípio o respeito aos direitos sexuais e aos direitos reprodutivos. A reafirmar sua importância, cabe ressaltar que entre os oito Objetivos de Desenvolvimento do Milênio definidos na Conferência do Milênio, realizada pela Organização das Nações Unidas (ONU) em setembro de 2000, quatro possuem relação direta com a saúde sexual e com a saúde reprodutiva: a promoção da igualdade entre os sexos e a autonomia das mulheres; a melhoria da saúde materna; o combate ao HIV/Aids, malária e outras doenças; e a redução da mortalidade infantil. Em 2007, o Ministério da Saúde elaborou o Programa Mais Saúde: Direito de Todos, no qual uma das medidas propostas é a expansão das ações de planejamento familiar. A atenção em planejamento familiar implica não só a oferta de métodos e técnicas para a concepção e a anticoncepção, mas também a oferta de informações e acompanhamento, num contexto de escolha livre e informada (BRASIL, 2013, p. 9). Todos os objetivos mencionados e em particular o planejamento familiar atingem diretamente as pessoas com deficiência.

O Ministério da Saúde, reconhecendo expressamente que as pessoas com deficiência são, antes e acima de tudo, sujeitos de direito, reafirma ser direito de qualquer pessoa ter uma vida sexual livre, segura e prazerosa como anterior a qualquer ação neste campo. Nesse sentido, o direito se sobrepõe à presença da deficiência. Não se pode, inclusive, falar de uma sexualidade própria e específica das pessoas com deficiência. Não existe esta distinção. Todos são igualmente seres desejantes e, portanto, sexuais. Contudo, para a vivência e a expressão da sexualidade, no caso das pessoas com deficiência, há que se reconhecer especificidades e, às vezes, garantir condições ou suportes que se façam necessários (BRASIL, 2009, p. 14).

Não sem razão, como se vê, preocupou-se o legislador em assegurar às pessoas com deficiência seus direitos sexuais e reprodutivos. A Convenção de 2007 já referida, no item dedicado ao Respeito pelo Lar e pela Família (art. 23, 1, *b* e *c*) prevê que os Estados-Partes tomarão medidas efetivas e apropriadas para eliminar a discriminação contra pessoas com deficiência, assegurando: todos os aspectos relativos ao casamento, à família, à paternidade e aos relacionamentos; o reconhecimento dos direitos das pessoas com deficiência de decidir livre e responsavelmente sobre o número de filhos e o seu espaçamento e de ter acesso a informações adequadas à idade e à educação em matéria de reprodução e de planejamento familiar, bem como ter acesso a todos os meios necessários para exercer esses direitos; a preservação, extensiva às crianças, de sua fertilidade, em igualdade de condições com as demais pessoas.

Nessa linha, a Convenção, no artigo dedicado à saúde (art. 25, *a*), estabelece expressamente que os Estados-Partes devem tomar todas as medidas apropriadas para assegurar às pessoas com deficiência o acesso a serviços de saúde, incluindo os serviços de reabilitação, que levarão em conta as *especificidades de gênero*. Em especial devem ser oferecidos às pessoas com deficiência programas e atenção à saúde gratuitos ou a custos acessíveis da mesma variedade, qualidade e padrão que são oferecidos às demais pessoas, inclusive na área da saúde sexual e reprodutiva e de programas de saúde pública destinados à população em geral (art. 25, *a*).

A Lei 13.146/2015, também conhecida como Estatuto da Pessoa com Deficiência (EPD), em seus artigos 6º e 85, parágrafo único, por sua vez, reproduz os dispositivos da Convenção e exclui do alcance da curatela, considerada medida extraordinária, o direito ao próprio corpo, à sexualidade, ao matrimônio, à privacidade, à educação, à saúde, ao trabalho e ao voto (art. 85, § 1º).

No que respeita ao art. 6º, do EPD, já se assinalou (BARBOZA; ALMEIDA, 2018, p. 61) seu caráter estratégico, por estar inserido nas Disposições Preliminares (Título I), da Parte Geral (Livro I) do EPD, no capítulo (II) que trata "Da Igualdade e da Não Discriminação", como que a reafirmar para o intérprete, de modo claro e objetivo, constituir a capacidade civil verdadeiro pressuposto para que seja possível assegurar a igualdade e a não discriminação às pessoas com deficiência. A Lei é clara: a deficiência não afeta a plena capacidade civil da pessoa, inclusive para exercer direitos sexuais e reprodutivos, sendo vedada a esterilização compulsória (art. 6º, II e IV). É dever do Estado, da sociedade e da família assegurar à pessoa com deficiência, com prioridade, a efetivação dos direitos referentes à saúde, à sexualidade, à paternidade e à maternidade.

Como já observado, foram incluídas no elenco do art. 6º as situações nas quais são fortes a desigualdade e a discriminação das pessoas com deficiência, inclusive na legislação como restava claro no Código Civil de 1916. A presença de uma deficiência era suficiente para retirar das pessoas a capacidade jurídica para estabelecer relações existenciais. As deficiências mais severas constituíam sempre o paradigma, que era generalizado acriticamente para impedir, de modo difuso, o exercício de direitos existenciais, notadamente os relacionados à vida familiar, visto que os direitos sexuais e reprodutivos não eram sequer cogitados (BARBOZA; ALMEIDA, 2018, p. 61-62). O Código Civil de 2002 teve o mérito de afastar os "loucos de todo gênero", mas na verdade não promoveu nenhuma alteração em profundidade na situação das pessoas com deficiência, especialmente mental ou intelectual, no que tange ao direito de constituir família e muito menos aos direitos sexuais e reprodutivos. Lembre-se que o direito de constituir família é reconhecido e assegurado a todas as pessoas indistintamente desde 1948 (Declaração Universal dos Direitos Humanos, art. XVI).

O Supremo Tribunal Federal, em mais de uma oportunidade, afirma expressamente que: "Toda pessoa tem o direito fundamental de constituir família, independentemente de sua orientação sexual ou de identidade de gênero" (STF, RE 477554, Rel. Min. Celso de Mello, julg. 16 ago. 2011). Em data recente o STF acolheu mais um pleito da população LGBT, a criminalizar a homofobia e a transfobia em razão da omissão inconstitucional do Congresso nacional por não editar lei que criminalizasse tais atos atentatórios a direitos fundamentais dos integrantes da comunidade LGBT. O Plenário, por maioria, aprovou a tese proposta pelo Min. Celso de Mello formulada em três pontos. O primeiro estabelece que até que o Congresso Nacional edite lei específica, as condutas homofóbicas e transfóbicas, reais ou supostas, se enquadram nos crimes previstos na Lei 7.716/2018 e, no caso de homicídio doloso, constitui circunstância que o qualifica, por configurar motivo torpe. No segundo ponto, determina que a repressão penal à prática da homotransfobia não alcança e nem restringe o exercício da liberdade religiosa, salvo se configurar discurso de ódio. Por fim, reconhece que o conceito de racismo ultrapassa aspectos estritamente biológicos ou fenótipos e alcança a negação da dignidade e da humanidade de grupos vulneráveis (STF, ADO 26, Rel. Min. Celso de Mello, julg. 13 jun. 2019; MI 4733, Rel. Min. Edson Fachin, julg. 13 jun. 2019).

Nada autoriza a exclusão das pessoas com deficiência da incidência das normas internacionais sobre direito à constituição de família e da proteção concedida pelo STF. Ao contrário, a Convenção de 2008 e o EPD asseguram os direitos sexuais e reprodutivos, sendo indiscutível o direito dessas pessoas à identidade de gênero, vale dizer, à afirmação de uma identidade que não mantenha relações de coerência e continuidade entre sexo, gênero, prática sexual e desejo.

4. RECONHECIMENTO DOS DIREITOS SEXUAIS E REPRODUTIVOS DAS PESSOAS COM DEFICIÊNCIA: UM GRANDE DESAFIO

A forte omissão de estudos acerca da deficiência contribuiu para a perpetuação da lógica de invisibilidade e exclusão, o que se potencializava nas questões relacionadas à autonomia sobre o próprio corpo e aos direitos sexuais e reprodutivos das pessoas com deficiência, eis que tais temáticas foram ainda mais negligenciadas no curso da história social das pessoas com deficiência (ALMEIDA, 2019, p. 29-56). Somente com o intenso ativismo a partir da década de setenta do século passado em países como Estados Unidos e Inglaterra emergiu a preocupação da sociedade na abordagem do tema, que tem procurado descortinar a estrutura de opressão e negligência em relação às pessoas com deficiência (MARTINS; FONTES; HESPANHA; BERG, 2012, p. 46). Apenas em fins da década de noventa do século passado se observou a emergência dos estudos da deficiência (*disability studies*), em que se procurava descortinar a realidade dessas pessoas com fins à sua efetiva inclusão social (BARNES, 1997, p. 3-24; BARNES, 2003; DRAKE, 1999; STRIKER, 1999). Inaugurou-se, desse modo, ainda que de modo acanhado uma análise da deficiência como questão social, e não meramente patológica, em que procurava dar voz a esse "corpo silencioso" (MURPHY, 1990), que, ao mesmo tempo, rotulava a pessoa com impedimento e a excluía da participação social em igualdade de condições com as demais pessoas.

Na verdade, o "corpo silencioso" não pertencia à pessoa com deficiência, mas sujeitava-se ao controle externo a partir de uma lógica paternalista, em que médicos e familiares decidiam as intervenções na esfera corporal do indivíduo com lesão. Não é demasia lembrar as cirurgias de lobotomia,[5] os eletrochoques e as cirurgias de esterilização

---

5. A lobotomia foi uma cirurgia comum durante os meados do século passado. A prática cirúrgica é relatada em trecho da biografia da Nise da Silveira: "Apesar de sua incansável luta contra o confinamento e os tratamentos violentos, Nise, em 1949, não conseguiu evitar que um dos frequentadores do ateliê do museu, Lúcio, fosse submetido à

não consentida, exemplos de práticas fracamente adotadas pela medicina e, não raras vezes, chanceladas pelo Poder Judiciário, todos sob o argumento de proteção e benefícios à pessoa com deficiência.[6] O próprio processo de enclausuramento dos chamados alienados mentais em hospitais psiquiátricos encampado a partir do século XVIII e XIX é bom exemplo de controle e exclusão de corpos "patológicos" da vida em sociedade (FOUCAULT, 2012, p. 3).

Nessa lógica de controle dos corpos das pessoas com deficiência, de sujeição à vontade de terceiros, a questão da sexualidade e do gênero sempre foram ignoradas, o que, em parte, se explica em razão das teorias da degenerescência e higienistas que dominaram o pensamento social ao longo do século XIX e parte do século XX (PEREIRA, 2008). Elas propunham a intervenção social de cunho sanitário, com objetivo de controle e regeneração, de forma alcançar a manutenção social (ALMEIDA, 2019, p. 56-59). Nessa linha, resta claro que as interseções entre deficiência, sexualidade e gênero ainda são intrincadas e pouco enfrentadas, sobretudo a partir das restrições impostas ao exercício da autonomia corporal por pessoas com deficiência. A rigor, a construção desses conceitos abarca componentes culturais e históricos de forte marginalização e de padrões de normalidade socialmente admitidos que desconsideravam as vontades, desejos e preferências das pessoas com deficiência no que tange às suas práticas sexuais e afirmação da identidade de gênero. Sem dúvida, diante das dificuldades de reconhecimento de direitos básicos como acessibilidade e participação social, questões ligadas à sexualidade e gênero se tornavam secundárias como pauta das reivindicações.

Atualmente, as temáticas em separado são francamente debatidas, porém a associação ainda causa intenso incômodo (OMOTE, 2006, orelha do livro). Tal ocultamento ou repúdio se deve, portanto, em reunir questões esquecidas ou negligenciadas pela sociedade, que, ainda, hoje apresenta forte resistência em debater a sexualidade das pessoas com deficiência, o que, no fundo, revela inda um tabu em relação ao próprio corpo com impedimentos e suas práticas sexuais e afirmação de gênero. Nesta seara, os estereótipos se proliferam diante da diversidade de expressões da deficiência que percorreriam desde a assexualidade até a hiperssexualidade, o que reafirma a dupla visão patológica impregnada no campo da sexualidade e do gênero das pessoas com deficiência, que decorre do traço de desvio de padrão considerado normal historicamente atribuído à esse grupo, sempre rotulando de forma pejorativa. No que tange às mulheres com deficiência, sobretudo, as demandas se direcionam à conquista e ao reconhecimento dos direitos à uma vida sexual plena e de liberdade reprodutiva, o que nem sempre coincide com as agendas reivindicatórias feministas como a legalização do aborto nos casos de má-formação fetal, eis que a comunidade das pessoas com deficiência assumem uma

---

lobotomia – operação no cérebro que causa lesão irreversível, com o objetivo de separar o pensamento de suas ressonâncias emocionais. O objetivo 'médico' seria neutralizar a agressividade do indivíduo" (MELLO, 2015, p. 15 e 17).

6. "Os pacientes de colônia morriam de frio, de fome, de doença. Morriam também de choque. Em alguns dias, os eletrochoques eram tantos e tão fortes, que a sobrecarga derrubava a rede do município. Nos períodos de maior lotação, dezesseis pessoas morriam a cada dia. Morriam de tudo – e também de invisibilidade. Ao morrer, davam lucro. Entre 1969 e 1980, 1.853 corpos de paciente do manicômio foram vendidos para dezessete faculdades de medicina do país, sem que ninguém questionasse. Quando houve excesso de cadáveres e o mercado encolheu, os corpos foram decompostos em ácido, no pátio de Colônia, na frente dos pacientes, para que as ossadas pudessem ser comercializadas. Nada se perdia, exceto a vida" (BRUM, 2013, *Prefácio*, p. 14).

AFIRMAÇÃO DE GÊNERO NA TUTELA DA PESSOA COM DEFICIÊNCIA: UM TABU A SER QUEBRADO **113**

posição identitária de grupo em defesa do direito à vida (MERTENS, 2010), de modo a evitar discursos eugênicos.

As pessoas com deficiência estão mais vulneráveis aos abusos sexuais e, não raras vezes, os agressores são pessoas próximas (MERTENS et. al., 2012). Tal constatação se deve ao fato da dificuldade de identificação dos sinais de abuso, intimidação e medo de perder a assistência de pessoa próxima, bem como da desconfiança e descrença em relação às denúncias feitas por pessoa com deficiência, que ignoradas ou desacreditadas. O abuso sexual contra adolescentes e mulheres com deficiência atinge níveis alarmantes mundo afora, configura, portanto, verdadeira epidemia como alertado por Joseph Shapiro (2018).[7] Cabe registrar que, além dos abusos e violências sexuais, as pessoas com deficiência também sofrem com a chamada violência obstétrica. A prática, que já se configura em si gravosa, assume dimensão ainda mais intensa quando a ofensa é "intentada contra pessoas em situações de hipervulnerabilidade, como o são as pessoas com deficiência, que sempre estiveram estigmatizadas e desprovidas de autonomia diante do modelo médico de deficiência" (TERRA; MATOS, 2019, p. 11).

Tais exemplos demonstram que o velamento de questões sobre a sexualidade e afirmação de gênero em relação às pessoas com deficiência provocam esse cenário epidêmico de violências sexuais contra população já vulnerabilizada em razão da condição psicofísica. Trata-se de situação em que a própria vulnerabilidade da pessoa com deficiência acaba por permitir que novas situações de abusos e violências sejam vivenciadas em razão da sua condição. Por isso, não falar sobre os direitos sexuais e reprodutivos das pessoas com deficiência e ainda encará-lo como um tabu acaba alimentando a odiosa e reiterada prática de abusos e violências.

A CDPD assegura que as pessoas com deficiência têm o "direito de gozar do estado de saúde mais elevado possível, sem discriminação baseada na deficiência". Para alcançar tal desiderato, os Estados-Partes devem tomar medidas apropriadas de acesso aos serviços de saúde, "incluindo os serviços de reabilitação, que levarão em conta as especificidades de gênero" (art. 25). De todo relevante, é a disposição na CDPD que estabelece a oferta de programas de "atenção à saúde gratuitos ou a custos acessíveis da mesma variedade, qualidade e padrão oferecidos às demais pessoas, inclusive na área de saúde sexual e reprodutiva" (art. 25, *a*).

---

7. "O quadro coincide com os estudos do UNFPA, Fundo de Populações das Nações Unidas, que afirma que em todo mundo meninas e mulheres jovens com deficiências correm o maior risco de violência sexual, sendo muito mais vulneráveis do que seus pares sem deficiência. Crianças com deficiência têm quase quatro vezes mais probabilidade de se tornarem vítimas de violência do que crianças sem deficiência, e são quase três vezes mais propensas a sofrer violência sexual, sendo que as meninas têm o maior risco. Em um estudo do Fórum Africano de Políticas para Crianças sobre violência contra crianças com deficiência, quase todos os entrevistados sofreram abuso sexual pelo menos uma vez – e mais do que uma vez. Outro estudo conduzido na Austrália constatou que 62% das mulheres com deficiência com menos de 50 anos experimentaram violência desde os 15 anos de idade, e que as mulheres com deficiência sofreram violência sexual a três vezes mais do que aquelas que não tinham deficiências. As crianças surdas, cegas, autistas ou com deficiências psicossociais ou intelectuais são mais vulneráveis à violência. Estudos descobriram que essas crianças têm cinco vezes mais chances de serem abusadas do que outras e são muito mais vulneráveis ao bullying". Disponível em: [http://www.movimentodown. org.br/2019/02/abuso-sexual-contra-meninas-e-mulheres-com-deficiencia-uma-epidemia-sobre-a-qual-ninguem-fala/]. Acesso em: 12.08.2019.

No Brasil, o Ministério da Saúde ao tratar da saúde sexual e reprodutiva, considerada uma das áreas de atuação prioritárias da Atenção Básica à saúde no Brasil, como antes referido, assinala que "em geral, os profissionais de saúde sentem dificuldades de abordar os aspectos relacionados à saúde sexual. Trata-se de uma questão que levanta polêmicas, na medida em que a compreensão da sexualidade está muito marcada por preconceitos e tabus" (BRASIL, 2013, p. 10). Diante dessa afirmativa, plenamente compreensível se torna o esclarecimento de Gomes (GOMES, 2007, p. 10):

> A sexualidade é tabu para todo mundo, independente de ter deficiência ou não. Quando nós juntamos os dois temas, sexualidade e deficiência, nós temos o tabu em dobro. Pior do que isso é a desinformação sobre os direitos e as possibilidades reais da pessoa com deficiência ter uma vida sexual, reprodutiva, sadia e normal como qualquer pessoa. Por isso é preocupante para nós e para o mundo todo, *porque ninguém pode ser feliz pela metade, temos que ser respeitados como um ser total.* (GOMES, 2007, p. 49). (s.g.o.)

Preocupado com a afirmação da autonomia corporal da pessoa com deficiência e com sua saúde sexual e reprodutiva, o EPD assegurou a sua plena capacidade, conforme disposto no art. 6º, inclusive para exercer os direitos sexuais e reprodutivos, bem como conservar sua fertilidade, sendo vedada a esterilização compulsória. De forma expressa, é assegurado à pessoa com deficiência com prioridade a efetivação do direito à sexualidade, sendo um dever do Estado, da sociedade e da família (art. 8º). Reitera tal preocupação ao prever que a admissão da curatela é feita "quando necessário", o que deve ser entendido como "for necessário para atender o melhor interesse da pessoa com deficiência" e não outro qualquer (art. 84, § 1º), e somente deve afetar tão somente os atos relacionados aos direitos de natureza patrimonial e negocial (art. 85), e, portanto, não alcança o direito ao próprio corpo, à sexualidade, ao matrimônio, à privacidade, à educação, à saúde, ao trabalho e ao voto (art. 85, § 1º).

Indispensável salientar que a garantia aos direitos sexuais e reprodutivos são fundamentais sobretudo para assegurar o direito de constituir família, tendo em vista que o art. 6º do EPD igualmente reconhece o direito de se casar e constituir união estável, bem como o direito de decidir sobre a quantidade de filhos e de ter acesso a informações adequadas sobre reprodução e planejamento familiar. Diante do silencio da codificação anterior sobre o direito de constituir família, em diversas situações as pessoas com deficiência encontravam dificuldade em se casar ou exercer o direito de ter filhos. Necessário destacar, contudo que há mais de meio século se reconhece a todas as pessoas o *direito de constituir família.* A Declaração Universal dos Direitos Humanos (DUDH), adotada pela ONU em 1948, em seu artigo XVI, estabelece que a família é "o núcleo natural e fundamental da sociedade e tem direito à proteção da sociedade e do Estado" e que "os homens e mulheres de maior idade, sem qualquer restrição de raça, nacionalidade ou religião, têm o direito de contrair matrimônio e fundar uma família", mas "o casamento não será válido senão com o livre e pleno consentimento dos nubentes" (DUDH, artigo XVI, 1 a 3).

O Pacto Internacional sobre Direitos Econômicos, Sociais e Culturais de 1966, promulgado em 1992, reconhece a família como o elemento natural e fundamental da sociedade, a qual deve ser concedida proteção e assistência possíveis, especialmente para a sua constituição, ratificando a exigência do livre consentimento para o casamento,

AFIRMAÇÃO DE GÊNERO NA TUTELA DA PESSOA COM DEFICIÊNCIA: UM TABU A SER QUEBRADO **115**

conforme item 10, 1 (Decreto 591, de 06 de julho de 1992). Em 1999, foi promulgado o Pacto Internacional sobre Direitos Civis e Políticos, também de 1966, que reconhece igualmente a família como elemento natural e fundamental da sociedade, bem como o direito do homem e da mulher de, em idade núbil, contrair casamento e constituir família, exigindo o consentimento livre e pleno dos futuros esposos, nos termos do art. 23, 1 a 3 (Decreto 592, de 06 de julho de 1992).

A Convenção Americana sobre Direitos Humanos – Pacto de São José da Costa Rica de 1969, adotada no âmbito da Organização dos Estados Americanos, em São José da Costa Rica, em 22 de novembro de 1969, entrou em vigor internacional em 18 de julho de 1978 e foi promulgada no Brasil em 1992. Preceitua o citado Pacto ser a família o núcleo natural e fundamental da sociedade, a qual deve ser protegida pela sociedade e pelo Estado (art. 17). Reconhece também o direito do homem e da mulher de contraírem casamento e de constituírem uma família, se tiverem a idade e as condições para isso exigidas pelas leis internas, na medida em que não afetem estas o princípio da não discriminação estabelecido naquela Convenção. O casamento não poderá ser celebrado sem o consentimento livre e pleno dos contraentes, conforme art. 17, 1 a 3 (Decreto 678, de 06 de novembro de 1992).

O Protocolo Adicional à Convenção Americana sobre Direitos Humanos em Matéria de Direitos Econômicos, Sociais e Culturais – "Protocolo de São Salvador", de 1988, promulgado em 1999, destaca o direito à constituição e à proteção à família (art. 15) e reafirma: (a) ser a família o elemento natural e fundamental da sociedade, sendo dever do Estado protegê-la e velar pelo melhoramento de sua situação moral e material; (b) ter toda pessoa o direito a constituir família, direito esse que deverá exercer de acordo com as disposições da legislação interna correspondente. Em seu artigo 18, trata da Proteção de Deficientes, estabelecendo que toda pessoa afetada pela diminuição de suas capacidades físicas e mentais tem direito a receber atenção especial, a fim de alcançar o máximo desenvolvimento de sua personalidade. Os Estados-Partes comprometem-se a adotar as medidas necessárias para esse fim, dentre as ali especialmente indicadas (Decreto 3.321, de 30 de dezembro de 1999).

O Supremo Tribunal Federal reconheceu expressamente que "toda pessoa tem o direito fundamental de constituir família, independentemente de sua orientação sexual ou de identidade de gênero" (STF, RE 477554, Rel. Min. Celso de Mello, julg. 16 ago. 2011). Invoca o STF, em diferentes julgados, os Princípios de Yogyakarta, fruto de conferência realizada na Indonésia, em novembro de 2006, sob a coordenação da Comissão Internacional de Juristas e do Serviço Internacional de Direitos Humanos, que traduzem recomendações dirigidas aos Estados nacionais sobre a aplicação da legislação internacional de direitos humanos em relação à orientação sexual e identidade de gênero. De acordo com a Carta de Princípios, então assinada inclusive pelo Brasil, os Estados deverão: (a) tomar todas as medidas legislativas, administrativas e outras medidas necessárias para assegurar o direito de *constituir família*, inclusive pelo acesso à adoção ou à procriação assistida (incluindo as técnicas com participação de doador), sem discriminação por motivo de orientação sexual ou identidade de gênero; (b) assegurar que leis e políticas reconheçam a *diversidade de formas de família*, incluindo aquelas não definidas por descendência ou casamento e tomar todas as medidas legislativas, administrativas e outras medidas necessárias para garantir que nenhuma família possa ser sujeita à discriminação com base na orientação sexual ou identidade de gênero de qualquer de seus membros, inclusive no que diz respeito à assistência social relacionada à família e outros benefícios públicos, emprego e imigração; (c) tomar todas as medidas legislativas, administrativas e outras medidas necessárias para assegurar que qualquer obrigação, prerrogativa, privilégio ou benefício disponível para parceiros não casados de sexo diferente esteja igualmente disponível para parceiros não casados do mesmo sexo (Disponível em: [http://www.yogyakartaprinciples.org/]. Acesso em: 30.06.2017).

Embora direcionados à aplicação da legislação internacional de direitos humanos em relação à orientação sexual e identidade de gênero, os Princípios de Yogyakarta ajustam-se à matéria ora em exame, não apenas em razão do EPD assegurar às pessoas com deficiência a efetivação do direito à sexualidade (art. 8º) e o respeito à especificidade, à identidade de gênero e a sua orientação sexual (art. 18, § 4º, VI), mas, *principalmente por se encontrarem tais princípios vinculados ao direito à busca da felicidade, bem como ao "afeto como valor jurídico impregnado de natureza constitucional"* (STF, RE 477554, Rel. Min. Celso de Mello, julg. 16 ago. 2011).

No que concerne ao respeito pelo lar e pela família, a CDPD estabelece que os Estados-Partes da Convenção devem tomar medidas efetivas e apropriadas para eliminar a discriminação contra pessoas com deficiência, em todos os aspectos relativos a casamento, família, paternidade e relacionamentos, em igualdade de condições com as demais pessoas (art. 23 *caput*). Nesse sentido, devem assegurar que: (a) seja reconhecido o direito das pessoas com deficiência, em idade de contrair matrimônio, de casar-se e estabelecer família, *com base no livre e pleno consentimento dos pretendentes;* (b) sejam reconhecidos os direitos das pessoas com deficiência de *decidir livre e responsavelmente sobre o número de filhos* e o espaçamento entre esses filhos e de ter acesso a informações adequadas à idade e a educação em matéria de reprodução e de planejamento familiar, bem como os meios necessários para exercer esses direitos; e (c) as pessoas com deficiência, inclusive crianças, conservem sua fertilidade, em igualdade de condições com as demais pessoas (art. 23, a, b e c).

O conteúdo dos incisos II, III e IV do art. 6º do EPD está compreendido no conceito de autonomia reprodutiva, assegurada no art. 226, § 7º, da CR, segundo o qual, com fundamento nos princípios da dignidade da pessoa humana e da paternidade responsável, é livre a decisão do casal sobre o planejamento familiar, competindo ao Estado propiciar recursos educacionais e científicos para o exercício desse direito, vedada qualquer forma coercitiva por parte de instituições oficiais ou privadas (BARBOZA; ALMEIDA, 2018, p. 67). A autonomia reprodutiva corresponde ao direito de "decidir livremente e responsavelmente sobre o número de filhos e sobre o intervalo entre eles, e de acessar as informações, instruções e serviços sobre planejamento familiar". Em outras palavras, é "o direito à escolha reprodutiva", como direito à liberdade reprodutiva, relativa a "se" e "quando" reproduzir-se, ensejando incluir nessa escolha o "como" reproduzir-se, relacionado às técnicas de reprodução artificial, compreendidas, portanto, nos mesmos termos, como opção pessoal absolutamente fundamental (IAGULLI, 2001, p. 5).

O citado § 7º foi regulamentado pela Lei 9.263, de 12 de janeiro de 1996, que expressamente declara ser o planejamento familiar direito de *todo cidadão* (art. 1º), entendendo como tal "o conjunto de ações de regulação da fecundidade que garanta direitos iguais de constituição, limitação ou aumento da prole pela mulher, pelo homem ou pelo casal", proibindo a utilização dessas ações para qualquer tipo de controle demográfico (artigo 2º e parágrafo único). De acordo com a referida lei, o planejamento familiar integra as ações de atendimento global e integral à saúde, obrigando-se o Sistema Único de Saúde, em todos os níveis, a garantir programa que inclua como atividades básicas, entre outras, "a assistência à concepção e à contracepção", devendo ser oferecidos para o exercício do planejamento familiar "todos os métodos e técnicas de concepção e contracepção cientificamente aceitas e que não coloquem em risco a vida e a saúde das pessoas, garantida a liberdade de opção" (artigos 3º, parágrafo único, I e 9º).

Flávia Piovesan (1998, p. 176) destaca ter se afirmado na Conferência de Beijing que "os direitos sexuais e reprodutivos constituem parte inalienável dos direitos humanos universais e indivisíveis". Segundo a mesma autora, o artigo 226, § 7º, da Constituição Federal, elevou à categoria de norma constitucional muitos princípios correlacionados aos direitos reprodutivos veiculados pelos documentos internacionais de direitos humanos, notadamente o Plano de Ação da Conferência Internacional do Cairo sobre População e Desenvolvimento de 1994 e a Plataforma de Ação de Beijing de 1995.

O direito ao planejamento familiar pode ser inscrito no rol dos direitos que permitem a realização das potencialidades da pessoa humana, uma das mais importantes e que, por tal motivo, deve estar diretamente submetida à sua autonomia (BARBOZA; ALMEIDA, 2018, p. 68). O reconhecimento da plena capacidade da pessoa com deficiência para conservar sua fertilidade e a vedação da esterilização compulsória, conforme inciso IV do artigo 6º do EPD, são compatíveis com o disposto na Lei 9.263/1996. Segundo essa Lei, é condição para que se realize a esterilização, o registro de expressa manifestação da vontade em documento escrito e firmado, após a informação a respeito dos riscos da cirurgia, possíveis efeitos colaterais, dificuldades de sua reversão e opções de contracepção reversíveis existentes (art. 10, § 1º).

Nesses termos, a pessoa com deficiência poderá se submeter à esterilização voluntária, como qualquer outra, desde que tenha aptidão para entender a natureza do procedimento e seus efeitos e de consentir com o mesmo. Só por exceção e em casos de comprovada e imperiosa necessidade médica ou emergência – e sempre em benefício da pessoa com deficiência – será admissível a esterilização, à semelhança do que ocorre em relação a qualquer outra pessoa (BARBOZA; ALMEIDA, 2018, p. 68).

Necessário, porém, afirmar que o reconhecimento dos direitos sexuais e reprodutivos das pessoas com deficiência não se resume somente ao direito de constituir família. A rigor, os direitos sexuais dizem respeito ao exercício da sexualidade livre de discriminação, coerção ou violência. Em especial, a defesa desse direito releva para o caso de homossexuais, transgêneros e mulheres, que historicamente sofrem discriminação, perseguições e submissão em razão do gênero ou da orientação sexual. Afirmar tal direito para homossexuais, transexuais e mulheres com deficiência é um desafio ainda longe de ser efetivamente conquistado, eis que sofrem de duplo estigma.

No entanto, é de se frisar que o EPD foi claro ao assegurar o exercício dos direitos sexuais das pessoas com deficiência, além de protegê-la de toda forma de "negligência, discriminação, exploração, violência, tortura, crueldade, opressão e tratamento desumano ou degradante" (art. 5º). No caso das mulheres, é reconhecida sua especial vulnerabilidade se for pessoa com deficiência (art. 5º, p. u.), o que exige reforçada atenção nos casos de violência e discriminação de gênero. Nada impede que para tais casos a vulnerabilidade agravada mencionada no dispositivo sirva para proteção especial de homossexuais e transexuais, uma vez que sua *ratio* se ampara na vulnerabilidade potencializada em razão do preconceito e exclusão sociais, o que nitidamente se observa no caso de homossexuais e transexuais com deficiência.

É bastante comum alinhar o sentido dos direitos sexuais em sua dimensão negativa, ou seja, relacionada ao combate de violações e impedir abuso ou exploração. Não há dúvida que o EPD, cioso da vulnerabilidade da pessoa com deficiência, se preocupa com tal vertente, sobretudo se lido em chave conjunta o art. 6º, II com o disposto no art. 5º, em especial seu parágrafo único, em interpretação não restritiva para alcançar outros sujeitos com fragilidade potencializada. No entanto, o EPD não se restringe à tal dimensão e absorve a liberdade sexual em sentido positivo e emancipatório, isto é, garante o desenvolvimento dos direitos sexuais, inclusive de matriz heterodiscordante, e o direito de usufruir plenamente de seu corpo, facultado o direito de se submeter à hormonioterapias trans e à cirurgia de transgenitalização (a Resolução 1955/2010 do CFM dispõe sobre a cirurgia de transgenitalização). A deficiência, por si só, não impossibilita a pessoa com deficiência de realizar intervenções médico-cirúrgicas, mesmo que curateladas, quando for possível obter o consentimento livre e informado, nos termos do arts. 12 e 13 do EPD.

O EPD é eloquente ao assegurar que as ações e serviços de saúde pública destinados às pessoas com deficiência devem despeitar à identidade de gênero e à orientação sexual (art. 18, § 4º, VI). Tal dispositivo deve ser interpretado em conjunto com a obrigação atribuída ao Estado, sociedade e família de promover, com prioridade, o direito fundamental à sexualidade, previsto no art. 8º do Estatuto protetivo. Fundamental compreender que as pessoas com deficiência também têm reconhecido os direitos sexuais, o que assinala a importância da dimensão sexual na vida humana de pessoas com ou sem deficiência, bem como servem ao resguardo da dignidade humana. Desse modo, uma interpretação sistemática da CDPD e do EPD impõe o reconhecimento da liberdade sexual, reprodutiva e de afirmação de gênero, que são indispensáveis para o objetivo maior que repousa em assegurar e promover, em condições de igualdade, o exercício dos direitos e das liberdades fundamentais por pessoa com deficiência, visando à sua inclusão social e cidadania. O respeito às sexualidades heterodiscordantes e à identidade de gênero se insere no plano mais amplo do exercício da cidadania por meio do acesso aos direitos e às liberdades fundamentais que fundam a democracia e garantem a concretização do princípio da dignidade da pessoa humana através do reconhecimento jurídico e social de todas as dimensões da vida humana de uma pessoa com deficiência.

5. CONCLUSÃO

Em tempos mais recentes, as pautas relacionadas ao gênero e sexualidade e à pessoa com deficiência ganharam terreno nos mais diferentes setores da sociedade e hoje são francamente debatidos. Por outro lado, tais temáticas compartilham de um longo histórico de marginalização que gerou a invisibilização e estigmatização das pessoas que não seguiam o padrão de normalidade imposto pelo meio social. No campo dos direitos sexuais e reprodutivos, ainda é um tabu a ser quebrado o reconhecimento, em igualdade de condições, do direito à diversidade sexual, de exercer livremente sua orientação sexual e sua identidade de gênero.

O legado de opressão, exclusão e discriminação que cerca a deficiência é fruto de uma concepção que sempre a enxergou como desvantagem social (ALMEIDA, 2019, p. 273). Uma desigualdade inscrita no corpo com impedimentos permanentes de ordem física, mental, intelectual ou sensorial que impediu o reconhecimento de uma vida sexual sadia e livre, impedindo inclusive de procriar em algumas situações, como as já descritas. Por isso, indispensável asseverar que a emancipação plena das pessoas com deficiência também impõe o reconhecimento da liberdade sexual, reprodutiva e de afirmação de gênero à luz do disposto na CDPD e no EPD. Aliás, mais do que simplesmente reconhecer tais direito, as diretrizes dos marcos normativos citados induzem à promoção de um direito à diversidade sexual das pessoas com deficiência para afirmar suas singularidades em relação à sexualidade e ao gênero.

6. REFERÊNCIAS

ALMEIDA, Vitor. *A capacidade civil das pessoas com deficiência e os perfis da curatela*. Belo Horizonte: Fórum, 2019.

BARBOZA, Heloisa Helena; ALMEIDA, Vitor (Org.). *Comentários ao Estatuto da Pessoa com Deficiência à luz da Constituição da República*. Belo Horizonte: Fórum, 2018.

BARBOZA, Heloisa Helena; ALMEIDA, Vitor. *Comentários ao Estatuto da Pessoa com Deficiência à luz da Constituição*. Belo Horizonte: Fórum, 2018.

BARNES, Colin. A Legacy of Oppression: A History of Disability in Western Culture. In: BARTON, Len; OLIVER, Michael (Org.). *Disability Studies*: Past, Present and Future. Leeds: The Disability Press, 1997. p. 3-24.

BARNES, Colin; MERCER, Geof. *Disability*. Cambridge: Polity Press, 2003.

BIRMAN, Joel. Texto retirado da orelha da capa. In: BUTLER, Judith P. *Problemas de gênero*: feminino e subversão da identidade. Trad. de Renato Aguiar. Rio de Janeiro: Civilização Brasileira, 2003.

BRASIL. Ministério da Saúde. Glossário: *Projeto de Terminologia em Saúde*. Brasília: Ministério da Saúde, 2004. 144 p. Disponível em: [http://dtr2001.saude.gov.br/editora/produtos/livros/pdf/04_0644_M.pdf]. Acesso em: 23.09.2009.

BRASIL. Ministério da Saúde. Secretaria de Atenção à Saúde. Departamento de Ações Programáticas Estratégicas. *Direitos sexuais e reprodutivos na integralidade da atenção à saúde de pessoas com deficiência*. Brasília: Ministério da Saúde, 2009, p. 14. Disponível em: [http://www.unfpa.org.br/Arquivos/direitos_sexuais_integralidade_pessoas_deficiencia.pdf]. Acesso em: 28.08.2019.

BRASIL. Ministério da Saúde. Secretaria de Atenção à Saúde. Departamento de Atenção Básica. *Cadernos de Atenção Básica n. 26*: Saúde sexual e saúde reprodutiva, Brasília: Ministério da Saúde, 2013, p.

9. Disponível em: [http://bvsms.saude.gov.br/bvs/publicacoes/saude_sexual_saude_reprodutiva.pdf]. Acesso em: 04.08.2019.

BRUM, Eliane. *Prefácio*. In: ARBEX, Daniela. *Holocausto brasileiro*. São Paulo: Geração Editorial, 2013.

BUTLER, Judith P. *Problemas de gênero*: feminismo e subversão da identidade. Tradução Renato Aguiar. Rio de Janeiro: Civilização Brasileira, 2003.

CORRÊA, Marilena Villela. Sexo, sexualidade e diferença sexual no discurso médico: algumas reflexões. In: LOYOLA, Maria Andréa (Org.). *A sexualidade nas ciências humanas*. Rio de Janeiro: Eduerj, 1998, p. 69-91.

DRAKE, Robert. *Understanding Disability Policies*. London: MacMillan, 1999.

FAUSTO-STERLING, Anne. The five sexes revisited. *Sciences* (New York), Nova Iorque, v. 40, n. 4, jul./aug., p. 18-23, 2000. Disponível em: [https://pdfs.semanticscholar.org/21a4/4d10b40354a974c8d-1d3a9a0e66fef731e75.pdf]. Acesso em: 12.09.2009.

FOUCAULT, Michel. *História da loucura*: na idade clássica. São Paulo: Perspectiva, 2012.

FREUD, Sigmund. *Edição standard brasileira das obras psicológicas completas de Sigmund Freud*: Três ensaios sobre a teoria da sexualidade, v. VII. Rio de Janeiro: Imago, 1972.

GOMES, Gláucia. Saúde elabora políticas de educação sexual para pessoas com deficiência. *Agência Brasil*, Brasília, 12 dez. 2007. Disponível em: [http://www.agen-ciabrasil.gov.br/noticias/2007/12/11/materia.2007-12-11.9070495213/view]. Acesso em: 28.08.2019.

GUIMARÃES, Aníbal. *A bioética da proteção e a população transexual feminina*. 2009. 117 f. Dissertação (Mestrado em Saúde Pública) – Escola Nacional de Saúde Pública, Fundação Osvaldo Cruz, Rio de Janeiro, 2009.

IAGULLI, Paolo. *"Diritti Riproduttivi" e Riproduzione artificiale*. Torino: G. Giappichelli Editore, 2001.

LOYOLA, Maria Andréa. Sexo e sexualidade na antropologia. In: LOYOLA, Maria Andréa (Org.). *A sexualidade nas ciências humanas*. Rio de Janeiro: Eduerj, 1998. p. 17-47.

MARTINS, Bruno Sena; FONTES, Fernando; HESPANHA, Pedro; BERG, Aleksandra. A emancipação dos estudos da deficiência. *Revista Crítica de Ciências Sociais*, n. 98, Coimbra, Centro de Estudos Sociais da Universidade de Coimbra, p. 45-64, set., 2012.

MELLO, Luiz Carlos. *Nise da Silveira*: caminhos de uma psiquiatria rebelde. In: MELLO, Marisa S. (Coord.). 2. ed. Rio de Janeiro: Automatica; Hólos Consultores Associados, 2015.

MERTENS, D. et al. (Org.). *Handbook for achieving gender equity through education*. 2. ed. New York: Routledge, 2010.

MURPHY, Robert Francis. *The Body Silent*. New York: H. Holt, 1990.

OMOTE, S. Orelha do livro. In: MAIA, A. C. B. *Sexualidade e deficiências*. São Paulo: Editora UNESP, 2006.

PEREIRA Mário Eduardo Costa. Morel e a questão da degenerescência. *Revista latino-americana de psicopatologias fundamentais*, São Paulo, v. 11, n. 3, p. 490-496, São Paulo, set., 2008.

PIOVESAN, Flávia. *Temas de Direitos Humanos*. São Paulo: Max Limonad, 1998.

SHAPIRO, Joseph. The Sexual Assault Epidemic No One Talks About. *National Public Radio* – NPR, Special Series Abused and Betrayed, publ. 8 jan. 2018. Disponível em: [https://www.npr.org/2018/01/08/570224090/the-sexual-assault-epidemic-no-one-talks-about]. Acesso em: 08.08.2019.

STRIKER, Henri-Jacques. *A History of Disability*. Ann Arbor: University of Michigan Press, 1999.

TERRA, Aline de Miranda Valverde; MATOS, Ana Carla Harmatiuk. Violência obstétrica contra a gestante com deficiência. *Pensar* – Revista de Ciências Jurídicas Fortaleza, v. 24, n. 1, p. 1-13, jan./mar. 2019.

EL DERECHO DE HABITACIÓN COMO MEDIO DE PROTECCIÓN DE LAS PERSONAS ESPAÑOLAS CON DISCAPACIDAD[1]

Pedro Botello Hermosa

Profesor de la Universidad Pablo de Olavide de Sevilla, acreditado como Profesor Contratado Doctor.

Sumário: 1. El importantísimo alcance del actual artículo 822 del Código Civil en el ordenamiento jurídico español. 2. La nueva redacción del artículo 822 que propone el anteproyecto de ley por la que se reforma la legislación civil y procesal en materia de discapacidad. 3. Conclusiones. 4. Referencias.

1. EL IMPORTANTÍSIMO ALCANCE DEL ACTUAL ARTÍCULO 822 DEL CÓDIGO CIVIL EN EL ORDENAMIENTO JURÍDICO ESPAÑOL

Hoy puedo estar tranquilo porque sé que mientras yo viva protegeré a mi familiar con discapacidad o con su capacidad modificada judicialmente[2] en todo aquello que necesite, pero, ¿quién lo atenderá cuando yo muera? Esta es la pregunta que atormenta a muchos españoles. Así lo manifiesta, entre otros, el notario Ripoll Soler (SOLER, 2005, p. 823) cuando expone que

> un testamento que siempre tiene un carácter especial o una nota diferenciadora es el de los padres de un discapaz. Muchas veces son los padres los que tienen la preocupación de que no falten recursos al hijo cuando ellos no estén y ya no puedan velar por él; [...] Antes de la reforma del Código civil con ocasión de la Ley 41/2.003, el Notario advertía desolado la decepción de esos padres y hermanos cuando se les informaba sobre las limitaciones legitimarias o de la imposibilidad de renunciar en vida a la legítima.

Con la intención de solventar, al menos en parte, dicha preocupación, el legislador español aprobó hace ya más de 15 años la Ley 41/2003,[3] de 18 de noviembre, de Protección Patrimonial de las Personas con Discapacidad y de modificación del Código Civil, de la Ley de Enjuiciamiento Civil y de la Normativa Tributaria con esta finalidad (en adelante LPPD).

---

1. El presente artículo se ha elaborado en el marco del Grupo de investigación SEJ617: Nuevas Dinámicas del Derecho Privado Español y Comparado.
2. Aunque actualmente el C.c. en sus artículos dedicados a la materia sigue haciendo referencia al procedimiento de incapacitación y persona incapacitada, por mi parte a lo largo del presente artículo siempre usaré los términos de procedimiento de modificación de la capacidad y persona con capacidad modificada judicialmente, por ser éstos términos que también quedan comprendidos en nuestro
3. Publicada en el *B.O.E. núm. 277, de 19 noviembre de 2003.*

Dicha norma supuso la modificación de nuestro C.c. en materia de autotutela, mandato, contrato de alimentos y régimen sucesorio.

Concretamente, las nuevas medidas introducidas por la LPPD en el régimen sucesorio español fueron:

1. Las facultades concedidas por el testador a favor del cónyuge supérstite para mejorar y distribuir la herencia del premuerto entre los hijos o descendientes comunes.

2. Una nueva causa de indignidad sucesoria por no prestar los alimentos legales al pariente con discapacidad.

3. La exención de traer a colación los gastos realizados por los padres y ascendientes para cubrir las necesidades especiales de sus hijos o descendientes con discapacidad.

4. La sustitución fideicomisaria especial que puede establecerse a favor de los descendientes incapacitados judicialmente sobre todo el tercio de legítima estricta.

5. Las donaciones y legados del derecho de habitación a favor de personas con discapacidad.

Pues bien, este trabajo tiene como objeto el estudio de esta última medida de protección que introdujo la LPPD a través de una nueva redacción de su artículo 822, en el cual re regula un derecho importantísimo[4] desde el punto de vista práctico que existe en nuestra sociedad a favor de las personas con discapacidad, como es el derecho de habitación sobre la vivienda habitual que los testadores españoles que tengan legitimarios con discapacidad podrán establecer a favor de éstos, siempre y cuando ambos conviviesen en el inmueble al momento de la muerte del testador, y éste no se haya opuesto a ello.

Su enorme importancia se refleja, entre otros extremos, en que el legitimario con discapacidad que se beneficie de este derecho no se verá perjudicado en su legítima por ello (ya que el derecho de habitación expuesto no se computará para el cálculo de las legítimas), por lo que seguirá teniendo la misma cuota de legítima que el resto de herederos, lo cual implica que a través del mismo se vulnera el principio histórico sucesorio español de la intangibilidad de la legítima estricta, y todo ello en beneficio de las personas con discapacidad.

Por otra parte, desde un punto de vista práctico destaca el hecho de que en aquellos casos en los que el testador no se haya dispuesto otra cosa, ni se haya opuesto expresamente al derecho de habitación, éste se otorgará igualmente por ministerio de ley a favor de aquel legitimario con discapacidad que lo necesite, lo cual implica que en España, cualquier persona con discapacidad que lo necesite y que ostente la condición de legitimario respecto a un testador, tendrá por ley derecho de habitación en el inmueble que conviviese con el testador, siempre que éste, reitero, no haya dispuesto otra cosa o se hubiese opuesto expresamente.

En este sentido me permito traer a colación el contenido de la sentencia[5] de la Audiencia Provincial de Vizcaya de 15 de noviembre, cuando expone que:

---

4. Y por desgracia no todo lo conocido que debiera por el colectivo de personas con discapacidad.
5. JUR\2012\171718.

El art. 822 del Código civil fue reformado por Ley 41/2003, de 18 de noviembre, vigente al momento del fallecimiento de la madre del discapacitado; el precepto dispone en su párrafo 2, refiriéndose al derecho de habitación a favor del discapacitado que estuviera conviviendo con el causante en el domicilio familiar, que "este derecho de habitación se atribuirá por ministerio de la Ley en las mismas condiciones al legitimario discapacitado que lo necesite y que estuviera conviviendo con el fallecido, a menos que el testador hubiera dispuesto otras cosa o lo hubiera excluido expresamente; pero su titular no podrá impedir que continúen conviviendo los demás legitimarios mientras lo necesiten.

Esta Ley se dictó para protección de las personas discapacitadas estableciendo la posibilidad de que sus progenitores otorgaran disposiciones testamentarias que los protegieran cuando falten o disponiendo, como es el caso, un haz de derechos imperativos (por ministerio de la Ley) que asisten al discapacitado y que prevalecen frente a los intereses de los restantes coherederos, a menos que el causante haya dispuesto otra cosa o lo hubiera excluido expresamente.

El causante no ha dispuesto otra cosa ni lo ha excluido expresamente; de la literalidad del precepto debemos concluir que fuera de los casos en que se excluya o de aquellos otros en que el testador disponga a favor del discapacitado de otra manera, entra en aplicación la Ley y le asiste el derecho de habitación del domicilio del causante, derecho que se extinguirá por muerte del usuario. (…)

Por tanto nos encontramos con una persona que entra dentro del ámbito de la mencionada Ley y que necesita de la vivienda familiar al no disponer de otra, siendo una carga de la herencia la atribución del domicilio familiar en los términos señalados por la Ley y sin que concurra ninguna de las circunstancias que la excluya.

En tal sentido y habida cuenta que el interés del discapacitado representado por el Instituto Tutelar de Bizkaia debe prevalecer sobre el de los restantes coherederos, entrañando el derecho de habitación una carga que por ministerio de la Ley reciben al heredar, los argumentos de la sentencia recurrida no pueden ser compartidos por esta Sala y debe ser revocada, estimado el recurso y reconocido el derecho de Don Fernando al uso de la vivienda familiar.

En definitiva, lo que se consiguió tras la promulgación de dicha norma fue la protección de las personas con discapacidad legitimarias que lo necesitasen y que estuviesen viviendo con el testador, mediante la adjudicación del derecho a tener una habitación en una vivienda sin que nadie pueda arrebatárselo bajo ningún concepto, ya sea por voluntad del causante, o bien por ministerio de la ley, siempre y cuando el testador no se haya opuesto a ello.

2. LA NUEVA REDACCIÓN DEL ARTÍCULO 822 QUE PROPONE EL ANTEPROYECTO DE LEY POR LA QUE SE REFORMA LA LEGISLACIÓN CIVIL Y PROCESAL EN MATERIA DE DISCAPACIDAD

Junto al estudio del alcance del artículo 822 del C.c. (que fue introducido por la LPPD[6]), a continuación también analizaremos la nueva redacción que del mismo artículo propone, a mi juicio insuficientemente, el Anteproyecto de Ley por la que se reforma la legislación civil y procesal en materia de discapacidad[7] (en adelante APL), presentado ante el Consejo de Ministros en septiembre de 2018.

---

6. El hasta entonces artículo 822 del C.c. pasó a convertirse en el párrafo tercero del artículo 821, y así sigue siendo en la actualidad.

7. Entre noviembre de 2015 y diciembre de 2017 la Sección Primera, de lo Civil, de la Comisión General de Codificación trabajó en la elaboración de un texto que finalmente fue presentado a la consideración del Ministro de Justicia el 20 de febrero de 2018, no siendo hasta el 21 de septiembre de 2018 cuando el conocido como APL, fue presentado a la consideración del Consejo de Ministros, que lo informó en primera vuelta.

Antes de exponer literalmente el contenido del artículo 822 hemos de adelantar que la doctrina española fue casi unánime al calificar, por una parte, de muy importante la LPPD por las novedades que introdujo en nuestro ordenamiento jurídico a favor de las personas con discapacidad, pero, por otra, también se le consideró una norma muy deficiente en cuanto a su redacción técnico jurídica.

En tal sentido Leña Fernández (2005, p. 183) cuenta que

> [...] desde el punto de vista técnico-jurídico, la Ley es muy imperfecta, con demasiadas imprecisiones, lagunas clamorosas y una evidente cortedad de alcance en las soluciones planteadas, lo que ha llevado a SEDA HERMOSÍN a calificarla, como un verdadero parto de los montes. No era así en su primer anteproyecto, pero, sin duda, las sucesivas y numerosas manos (y mentes) puestas sobre ella han conseguido realizar este verdadero estropicio.

> Bien, pues, a pesar de todo eso, o mejor, por encima de todo eso, creo que hay que saludarla como un avance importante en lo que hace referencia al entorno jurídico del discapacitado, y ello, porque abre espacios de libertad en ese entorno, unos espacios de libertad que permiten una mayor igualación, sobre todo en el ámbito patrimonial, con los plenamente capaces y que llevamos reclamando, desde hace ya bastantes años, algunos de los que nos venimos ocupando de estas materias. (…) Por eso mi posición, respecto a ella y por encima de sus muchas imperfecciones e insuficiencias formales y materiales, es sumamente favorable: aprecio en ella su apertura a espacios de libertad.

Precisamente el artículo 822 es un claro ejemplo de la deficiente redacción técnico jurídica otorgada por el legislador español a la LPPD, ya que el derecho de habitación a favor de las personas con discapacidad que recoge nuestro C.c. plantea una serie de interrogantes jurídicos de gran envergadura desde su entrada en vigor.

Dicho esto, establece literalmente el artículo 822 lo siguiente:

> La donación o legado de un derecho de habitación sobre la vivienda habitual que su titular haga a favor de un legitimario persona con discapacidad, no se computará para el cálculo de las legítimas si en el momento del fallecimiento ambos estuvieren conviviendo en ella.

> Este derecho de habitación se atribuirá por ministerio de la ley en las mismas condiciones al legitimario discapacitado que lo necesite y que estuviera conviviendo con el fallecido, a menos que el testador hubiera dispuesto otra cosa o lo hubiera excluido expresamente, pero su titular no podrá impedir que continúen conviviendo los demás legitimarios mientras lo necesiten.

> El derecho a que se refieren los dos párrafos anteriores será intransmisible.

> Lo dispuesto en los dos primeros párrafos no impedirá la atribución al cónyuge de los derechos regulados en los artículos 1406 y 1407 de este Código, que coexistirán con el de habitación.

Mientras que por su parte, el apartado 38 del artículo primero del APL fija lo siguiente:

> Treinta y ocho. Se da nueva redacción a los párrafos primero y segundo del artículo 822, con el siguiente texto:

> «La donación o legado de un derecho de habitación sobre la vivienda habitual que su titular haga a favor de un legitimario que se encuentre en una situación física o psíquica que le impida desenvolverse de forma autónoma, no se computará para el cálculo de las legítimas si en el momento del fallecimiento ambos estuvieren conviviendo en ella. Este derecho de habitación se atribuirá por ministerio de la ley en las mismas condiciones al legitimario que se halle en la situación prevista en el párrafo anterior, que lo necesite y que estuviere conviviendo con el fallecido, a menos que el testador hubiera dispuesto otra

cosa o lo hubiera excluido expresamente, pero su titular no podrá impedir que continúen conviviendo los demás legitimarios mientras lo necesiten.»

Por ello, y tras resaltar la deficiente redacción técnico jurídica del actual 822, me sorprende bastante que la única diferencia que propone el APL sobre la redacción actual sea que los posibles beneficiarios dejen de ser los legitimarios con discapacidad, para pasar a ser los legitimarios que se encuentren en una situación física o psíquica que le impida desenvolverse de forma autónoma. ¿Acaso no necesitaba ninguna otra reforma el mencionado artículo?

Es más, ¿quiénes son las personas que se encuentran en una situación física o psíquica que les impide desenvolverse de forma autónoma? ¿Dónde aparece su regulación legal?

Como en el C.c. ni en el APL se define quiénes son esas personas que no pueden desenvolverse de forma autónoma por su situación física o psíquica, entiendo que hay que acudir a la 39/2006, de 14 de diciembre, de Promoción de la Autonomía Personal y Atención a las personas en situación de dependencia, en cuyo artículo 2 dedicado a las definiciones se recoge lo siguiente:

> 1.- Autonomía: la capacidad de controlar, afrontar y tomar, por propia iniciativa, decisiones personales acerca de cómo vivir de acuerdo con las normas y preferencias propias así como de desarrollar las actividades básicas de la vida diaria.
>
> 4. Necesidades de apoyo para la autonomía personal: las que requieren las personas que tienen discapacidad intelectual o mental para hacer efectivo un grado satisfactorio de autonomía personal en el seno de la comunidad.

Pero entonces se me ocurren varias cuestiones: ¿ha de fijar concretamente la resolución administrativa que fija la discapacidad de una persona si ésta puede o no puede desenvolverse de forma autónoma? La persona con discapacidad que sí pueda hacerlo, y que hasta ahora es beneficiaria del derecho de habitación que estudiamos por ser una persona con discapacidad, ¿dejará de ostentar tal condición de beneficiario?

Sin embargo, creo que es más grave aún la oportunidad perdida para resolver la gran cantidad de interrogantes que existen respecto al actual 822 hoy en día y que van a seguir existiendo si finalmente la Ley propuesta en el APL acaba promulgándose, dado que en el mismo se mantiene casi intacta la redacción del 822 tal y como acabamos de establecer.

De esos interrogantes podemos destacar los siguientes:

Legitimario con discapacidad como posible beneficiario

Expone el artículo 822 que *la donación o legado de un derecho de habitación sobre la vivienda habitual que su titular haga* a favor de un legitimario persona con discapacidad, *no se computará para el cálculo de las legítimas si en el momento del fallecimiento ambos estuvieren conviviendo en ella.*

Por tanto, a diferencia de lo que ocurre con la sustitución fideicomisaria especial introducida por la LPPD, de la cual únicamente podrán disfrutar como beneficiarios los hijos o descendientes judicialmente incapacitados del testador, en el derecho de habitación a favor de las personas con discapacidad regulado en el artículo 822 el beneficiario podrá ser cualquier legitimario con discapacidad del causante, es decir, serán posibles beneficiarios de esta medida de protección (siempre que tengan la consideración de persona con discapacidad) no sólo sus hijos o descendientes, sino también sus padres o ascendientes, o incluso su cónyuge viudo, ya que todos ellos pueden llegar a tener la condición de legitimarios.

Sin embargo, llegados a este punto hemos de aclarar que, tal y como expone el artículo 807 del C.c., son legitimarios (o herederos forzosos): "1º Los hijos y descendientes respecto de sus padres y ascendientes. 2º *A falta de los anteriores*, los padres y ascendientes respecto de sus hijos y descendientes. 3.º El viudo o viuda en la forma y medida que establece este Código.

Dicho de otra forma, sólo y exclusivamente cuando no haya hijos o descendientes del causante serán legitimarios sus padres o ascendientes, lo cual implica que una persona con hijos no puede establecer el derecho de habitación del 822 a favor de su padre con discapacidad,[8] ya que en este caso los legitimarios del causante son sólo y exclusivamente sus hijos.

En tal sentido, Díaz Alabart (2006, p. 25) considera que

Aunque en la mayor parte de los casos los legitimarios discapacitados que se beneficien de la excepción del art. 822 serán los hijos o descendientes, también podrían hacerlo el cónyuge viudo, y -si faltaran los hijos o descendientes-, los padres o ascendientes. Con toda razón se ha señalado que, pese a la afirmación de la Exposición de Motivos de la Ley 41/2003 de querer proteger a las personas de edad, al exigir la condición de legitimario al discapacitado habitacionista, lo cierto es que los ascendientes, sólo podrán gozar del derecho del art. 822 CC, en el supuesto de que no existan descendientes. Dándose la paradoja de que la Ley 41/2003, cuando protege a los ascendientes discapacitados, es en la situación en que más protegidos estaban ya; cuando tienen la condición de legitimarios.

Pero más llamativa resulta incluso la exclusión de los nietos con discapacidad como beneficiario del derecho de habitación que venimos estudiando en aquellos casos en los que sus padres vivan.

Y es que, establecen los artículos 932 y 933 del C.c., que los hijos del difunto le heredarán siempre por su derecho propio, mientras que los nietos y demás descendientes heredarán por derecho de representación; o dicho de otra forma, los nietos sólo se considerarán legitimarios cuando su padre (hijo del causante) le premuera.

Es decir, que con la redacción actual del artículo 822 del C.c., aunque un testador quisiera beneficiar con el derecho que venimos estudiando a su nieto con discapacidad no podría si el padre[9] de éste también viviese.

En la misma línea expone Serrano García (2008, p. 491-492) que "El donatario o legatario tiene que ser un discapacitado con derecho a legítima (descendiente, ascendiente o cónyuge); no cabe por vía de este legado el derecho de habitación sobre la vivienda habitual al nieto, viviendo el hijo (el padre es el legitimario, y no el nieto)".

Personalmente considero que el APL era la ocasión perfecta para otorgar una nueva redacción al artículo 822 con la intención de conseguir que no sólo puedan beneficiarse de un derecho tan importante los ascendientes y descendientes legitimarios con

---

8. No sería legitimario del causante, ya que éste tiene hijos.
9. Hijo del testador, por tanto su legitimario.

discapacidad, sino que pudiesen hacerlo también aquellos ascendientes y descendientes con discapacidad que no fueran legitimarios.

En dicha situación se encuentran en la actualidad los cónyuges supérstites con discapacidad del causante, los cuales, son siempre considerados legitimarios, independientemente de que concurran con ascendientes o con descendientes del causante, ya que mientras que el artículo 834 del C.c. expone que "*El cónyuge que al morir su consorte no se hallase separado de éste legalmente o de hecho, si concurre a la herencia con hijos o descendientes, tendrá derecho al usufructo del tercio destinado a mejora*", el 837, por su parte, expone que "No existiendo descendientes, pero sí ascendientes, el cónyuge sobreviviente tendrá derecho al usufructo de la mitad de la herencia".

Llegados a este punto me gustaría resaltar que tal vez el APL era la ocasión perfecta para equiparar a cualquier ascendiente o descendiente con discapacidad del causante con el cónyuge supérstite, lo cual equivaldría a no exigirle a aquéllos la condición de legitimarios para poder beneficiarse de este derecho de habitación, sino que el único requisito fuese el de ostentar la condición de persona con discapacidad.

La vivienda habitual como objeto del derecho de habitación legado o donado

También exige el primer párrafo del artículo 822 del C.c. en su primer párrafo que el derecho de habitación donado o legado tenga por objeto *la vivienda habitual*, y de ahí que dicho derecho no surtirá efecto cuando la donación o el legado del derecho de habitación a persona legitimaria con discapacidad se produzca sobre otra vivienda del causante que no sea la habitual. Pero en este sentido lo primero qué podemos cuestionarnos es: ¿qué se entiende por "*vivienda habitual*" para este tipo de supuestos? Si un causante vive con su legitimario con discapacidad seis meses en un domicilio, y seis meses en otro, ¿cuál de ellos será considerada vivienda habitual a los efectos del 822 del C.c.?

En mi opinión, el legislador del 2003 no estuvo muy acertado al restringir exclusivamente la donación o legado de habitación sobre la vivienda habitual, ya que, con ello, puede llegar a perjudicar sin ninguna necesidad tanto a la propia persona con discapacidad, como al resto de colegitimarios.

Imaginemos, por ejemplo, el caso en el que el causante vive los últimos años de su vida con su legitimario con discapacidad en una casa muy grande en la playa, pero al mismo tiempo tiene un piso pequeño en la ciudad perfectamente habilitado para dicho legitimario.

En tal supuesto, aunque el causante quisiera, no puede concederle el derecho de habitación sobre el piso de la ciudad al legitimario con discapacidad ya que la vivienda habitual sería la casa de la playa, por tanto sólo sobre dicho inmueble podría establecer tal derecho, lo cual perjudicaría al resto de colegitimarios (la casa de la playa puede tener más valor económico y facilidad a la hora de enajenarse, pero si tiene un derecho de habitación gravándola su enajenación será más complicada), lo cual podría incluso suponer que el causante finalmente apueste por no establecer el derecho de habitación sobre la casa de la playa a favor del legitimario con discapacidad para no acabar perjudicando al resto de legitimarios.

¿Por qué no se aprovechó el APL para otorgar un nuevo alcance al derecho de habitación recogido en el artículo 822, con la finalidad de superar su actual limitación sobre la vivienda habitual?

La convivencia exigida entre causante y beneficiario

Igualmente se exige en el texto del C.c. que para que un legitimario con discapacidad pueda beneficiarse del artículo 822 debe convivir con el causante en el momento del fallecimiento de éste, tal y como recoge dicho artículo en su primer párrafo cuando expone que "la donación o legado de un derecho de habitación sobre la vivienda habitual que su titular haga a favor de un legitimario persona con discapacidad, no se computará para el cálculo de las legítimas *si en el momento del fallecimiento ambos estuvieren conviviendo en ella*".

En mi opinión, con tal exigencia restringe mucho las posibilidades de los familiares con discapacidad del testador de verse beneficiados por el derecho de habitación especial, ya que, por ejemplo, si no convivían al momento de su fallecimiento, un abuelo no podrá beneficiar a un nieto legitimario con discapacidad con el derecho de habitación correspondiente.

A parte, y coincidiendo con Vivas Tesón (2009, p.175), considero que con la exigencia legal de convivencia de la persona con discapacidad con el causante al fin y al cabo se actúa en contra de una de las finalidades de la Convención de Naciones Unidas de 13 de Diciembre de 2006 sobre los derechos de las personas con discapacidad, como es, precisamente, que todas las personas con discapacidad puedan vivir de forma autónoma e independiente.

Imaginemos el caso de personas con una discapacidad auditiva o visual del 65 por ciento,[10] que ostentan la condición de legitimarios del causante, pero que han decidido independizarse y vivir su vida de forma autónoma. ¿Por qué no podrán beneficiarse en el futuro de un derecho de habitación en el domicilio del testador si fuese precisamente esta su voluntad, si cumple los requisitos de ser legitimario del causante y tener una discapacidad?

Esta situación, en mi opinión, podría fomentar que los padres no quisieran fomentar la autonomía e independencia de sus hijos con discapacidad, sino que justo al contrario luchasen porque éstos siempre viviesen con ellos, precisamente para que en un futuro sí puedan beneficiarse del derecho que centra el estudio del presente artículo.

Tal vez la intención del legislador de 2003 era que de esta medida de protección sólo y exclusivamente pudiesen beneficiarse aquellas personas que sufren una discapacidad tan severa que les impida desarrollar una vida autónoma e independiente, situación ésta que parece que sí va a quedar resuelta con el nuevo contenido del 822 propuesto en el APL, ya que en el Anteproyecto se fija como posible beneficiario del derecho de habitación a aquella persona que se encuentre en una situación física o psíquica que le impida desenvolverse de forma autónoma, definición más cercana al tipo de persona que

---

10. Lo cual la convierte en una persona con discapacidad beneficiaria de las medidas de protección patrimonial introducidas por la LPPD.

seguramente quería proteger el legislador de 2003 con este derecho, aunque se limitó a definirla como persona con discapacidad.

Su condición de legado legal o por ministerio de la ley

Esta puede ser, en mi opinión, la característica más importante que ofrece el derecho de habitación que contempla desde 2003 nuestro C.c. en su artículo 822, ya que expone en su segundo párrafo que:

> Este derecho de habitación se atribuirá por ministerio de la ley en las mismas condiciones al legitimario discapacitado que lo necesite y que estuviera conviviendo con el fallecido, a menos que el testador hubiera dispuesto otra cosa o lo hubiera excluido expresamente, pero su titular no podrá impedir que continúen conviviendo los demás legitimarios mientras lo necesiten.

Es decir, que siempre que la persona con discapacidad lo necesite es el C.c. el que le atribuye tal derecho de habitación con el mismo alcance que si lo hubiese establecido a su favor el testador, por lo que este derecho de habitación por ministerio de la ley tampoco se computará a la hora de calcular la legítima de los herederos forzosos del causante.

Por tanto podemos llegar a la conclusión de que, cualquier legitimario con discapacidad que conviva con el causante en su vivienda habitual, se beneficiará del derecho de habitación del artículo 822 sin necesidad de que así lo haya establecido el testador, siempre y cuando se cumpla una triple condición, condiciones que no se exigen para el derecho de habitación a favor del legitimario con discapacidad que el testador haya establecido como donación o legado, y que son:

1ª Que el legitimario con discapacidad necesite este derecho de habitación.

Pero, ¿cuándo sabemos si la persona en cuestión necesita o no la vivienda?

Particularmente entiendo que con ello se refiere el legislador a que no disponga de otro alojamiento, ni de recursos económicos que le permitan acceder a ello (ya sea mediante arrendamiento o adquiriéndola).

Es decir, que la persona con discapacidad que tenga concedida una pensión por tal motivo, y que pueda pagarse al menos una habitación en un piso compartido, no será entonces beneficiaria, ¿no?

O la persona con discapacidad que en base a dicha herencia se calcule que puede adjudicarse en la misma 30.000 , por ejemplo, tampoco podrá adjudicársele tal derecho por ministerio de ley porque podrá hacer frente con dicha cantidad de dinero a, al menos, una habitación en un piso compartido durante varios años, ¿no?

Todo este tipo de interrogantes considero que podían haber sido resueltos mediante una nueva redacción más completa del artículo 822 a través del APL.

2ª Que el testador no haya excluido expresamente el legado legal al que nos referimos, o haya dispuesto otra cosa.

Por tanto, podemos pensar que en realidad, la voluntad del testador no estará tan ausente ya que podía haberse opuesto mediante una manifestación o disposición en el testamento para prohibir la posibilidad del legado legal, aunque parece que la pregunta correcta es: ¿realmente es conocedora la sociedad española de que aquéllos que convivan con algún legitimario con discapacidad que necesite una habitación y no hagan testamento, o no se opongan expresamente a ello, acabarán otorgándole el tan mencionado derecho de habitación por ley sobre la vivienda en la que ambos convivían?

3ª El legitimario con discapacidad titular del derecho de habitación no podrá impedir que continúen conviviendo con él en el inmueble los demás legitimarios mientras lo necesiten.

Con este último límite el legislador intenta salvaguardar un poco más la figura del colegitimario no beneficiado, o mejor dicho, gravado, con el derecho de habitación por ministerio de la ley, el cual ya experimenta un perjuicio como consecuencia de no poder computar el legado del derecho de habitación para el cálculo de las legítimas del beneficiado, como para que, además, se le pueda obligar a abandonar inmediatamente la que también viene siendo su vivienda habitual.

Eso sí, queda claro que la persona con discapacidad que disfruta del derecho de habitación por ministerio de la ley[11] no puede impedir que continúen conviviendo con ella en la vivienda los demás colegitimarios *"mientras"* lo necesiten.

¿Qué debe entenderse por necesidad del resto de colegitimarios en tal sentido? ¿Podrán incluirse aquéllos que estén en paro? ¿O aquellos cuyos ingresos no sean lo suficientemente altos como para afrontar el pago del alquiler de un piso, pero en cambio si pudiese afrontar el alquiler de una habitación en otra vivienda que no sea la del causante? ¿Y la familia del colegitimario que necesite una habitación en el domicilio del causante, podrá instalarse también en dicha habitación?

Dudas, dudas y más dudas que, por desgracia, seguirán planteándose con la nueva redacción del artículo 822 del C.c. propuesta en el APL.

3.   CONCLUSIONES

La enorme importancia del derecho de habitación a favor de las personas con discapacidad que desde 2003 existe en nuestro Ordenamiento jurídico en base a la redacción que la LPPD otorgó al artículo 822 del C.c. (el hasta entonces artículo 822 pasó a formar parte del actual 821) destaca en un doble sentido:

1º La donación o legado de dicho derecho no se computará para el cálculo de las legítimas si en el momento del fallecimiento el testador y la persona con discapacidad conviviesen en la vivienda, lo cual atenta contra el principio histórico del Derecho sucesorio español de la intangibilidad de la legítima.

2º Dicho derecho de habitación se establece por ministerio de la ley siempre y cuando el legitimario con discapacidad lo necesite y estuviese conviviese en el inmueble con el causante cuando este fallezca, a menos que el testador hubiera dispuesto otra cosa o lo hubiera excluido expresamente.

Pero si es destacable la enorme importancia de tal derecho, también lo es la deficiente redacción que al mismo le otorgó el legislador del 2003 en el referido artículo, el cual,

---

11.   Que es un derecho vitalicio, mientras que el otorgado por el causante puede ser temporal, dependiendo de la voluntad de éste.

desde su inclusión en el C.c. viene despertando una serie de interrogantes de gran calado jurídico que, en mi opinión, podrían haberse solucionado, o al menos haberse intentado, con el APL, el cual tiene precisamente como finalidad la reforma de la legislación civil en materia de discapacidad, y sin embargo, en dicho Anteproyecto la única modificación que se hace respecto a la redacción actual del artículo 822 es la sustitución del término personas con discapacidad por el de persona que se encuentre en una situación física o psíquica que le impida desenvolverse de forma autónoma como posibles beneficiarios del derecho que regula.

¿Por qué no se aprovechó la ocasión para otorgar a través del APL una nueva redacción más amplia y concisa al actual artículo 822 que disipase las dudas existentes respecto a un derecho tan importante como el que tratamos en el presente artículo?

4. REFERENCIAS

DÍAZ ALABART. El discapacitado y la tangibilidad de la legítima: fideicomiso, exención de colación y derecho de habitación (Ley 41/2.003, de 18 de Noviembre, de protección patrimonial de personas con discapacidad). *Aranzadi Civil*, n. 1, 2006. p. 25.

LEÑA FERNÁNDEZ. Posibilidades testamentarias y otras disposiciones en materia de sucesiones que ofrece la Ley 41/2003. Discapacitado, patrimonio separado y legítima. *Cuadernos de Derecho Judicial*, XX, Consejo General del Poder Judicial, Madrid, 2005.p. 183

RIPOLL SOLER. La sustitución fideicomisaria del nuevo artículo 808 C.C.: Fideicomiso de Residuo. *Boletín del Colegio de Registradores de España*, Editorial Centro de Estudios, N. 114, 2005. p. 823

SERRANO GARCÍA. *Protección Patrimonial de las personas con discapacidad, Tratamiento sistemático de la Ley 41/2003*. Madrid: Editorial Iustel, 2008.

VIVAS TESÓN, Imaculada. *La protección económica de la discapacidad*. Barcelona: Editorial Bosch, 2009.

REQUISITOS DO LAUDO PERICIAL DO PORTADOR DE DEMÊNCIA NO PROCESSO DE INTERDIÇÃO PARA ELABORAÇÃO DE UM PLANO DE CURATELA

Maria Aparecida Camargos Bicalho

Doutora em Medicina pela UFMG, Médica Geriatra pela Sociedade Brasileira de Geriatria e Gerontologia. Professora Associada do Departamento de Clínica Médica da Universidade Federal de Minas Gerais, membro da *Alzheimer Association*.

Mariana Santos Lyra Corte Real

Médica Geriatra do serviço de geriatria do Hospital das Clínicas da Universidade Federal de Minas Gerais, membro titulado da Sociedade Brasileira de Geriatria e Gerontologia – SBGG / Associação Médica |Brasileira – AMB. Professora de Pós-Graduação em Geriatria na Faculdade IPEMED de Ciências Médicas, Minas Gerais.

Gustavo Câmara Corte Real

Mestre em Direito pela Cumberland School of Law, Samford University, EUA. Juiz de Direito do Tribunal de Justiça do Estado de Minas Gerais. Professor de Sociologia Jurídica na Faculdade da Ecologia e Saúde Humana, Minas Gerais.

> "Eu não tinha este rosto de hoje, assim calmo, assim triste, assim magro, nem estes olhos tão vazios, nem o lábio amargo... Eu não dei por esta mudança, tão simples, tão certa, tão fácil: – Em que espelho ficou perdida a minha face?"
>
> Cecília Meireles.

Sumário: 1. Introdução. 2. O processo de interdição e curatela no direito brasileiro. 3. O processo de interdição e curatela no direito comparado. 4. A síndrome demencial. 5. O estigma do diagnóstico de demência e o seu isolamento social: caso clínico. 6. Funcionalidade: A premissa básica da funcionalidade na geriatria e gerontologia como avaliação inicial do idoso. 7. Estágio e classificação de demência. 8. Laudo pericial. 9. Conclusão. 10. Referências.

1. INTRODUÇÃO

A partir da segunda década do Século XX, o Brasil iniciou um processo de alteração de sua estrutura demográfica. Os avanços médicos e tecnológicos impactaram a saúde da população, reduzindo expressivamente a mortalidade infantil e estendendo a sua expectativa de vida. A composição etária populacional modificou-se a partir da diminuição das taxas de fecundidade e de natalidade, resultando em redução da população jovem e aumento das faixas etárias mais elevadas. As modificações nas estruturas demográfica e populacional que determinam crescimento vegetativo negativo há pelo menos 50 anos em muitos países da Europa, têm ocorrido rapidamente na população brasileira e em outros países em desenvolvimento. No Brasil, a população com 60 anos ou mais, apresenta perspectiva de sobrevida em média de 80,6 para os homens e de 84,2 para as mulheres (IBGE, 2018). O crescente aumento da longevidade tem impactado no aumento nas demandas por serviços de saúde. Atualmente, estima-se a população idosa mundial em torno de 900 milhões de pessoas. O aumento da expectativa de vida, assim como as mudanças no estilo de vida e no comportamento das pessoas, torna as doenças crônicas mais prevalentes (PRINCE, 2015). Neste contexto, se desenvolve a epidemia de demência, em grande parte concentrada nos países de baixo e médio nível socioeconômico.

De acordo com o *World Alzheimer Report* 2018, a estimativa de prevalência de portadores de demência no mundo era de 50 milhões de pessoas. Estima-se que esse número atingirá 82 milhões em 2030 e 152 milhões em 2050.

O impacto da demência poderia ser entendido em três níveis inter-relacionados: (1) ao portador de demência, que sofre de problemas de saúde, incapacidade, prejudicando a qualidade e reduzindo a sua expectativa de vida; (2) à família/amigos da pessoa com demência, pedra angular do sistema de cuidado e apoio ao paciente; (3) à sociedade, de forma mais ampla, seja diretamente através de gastos do governo ou, de forma indireta, devido ao custo relacionado à perda da capacidade produtiva de pacientes e seus cuidadores familiares que muitas vezes abandonam suas atividades laborais com o objetivo de cuidar do enfermo, bem como pelo custo despendido para prover cuidados sociais e de saúde ao portador de demência e, até mesmo, para tratar do processo de adoecimento de seus familiares e cuidadores ocasionado pelo fardo do cuidador. Outros impactos sociais podem ser mais difíceis de quantificar, mas não menos reais e importantes. A demência associa-se à grande impacto econômico. O custo mundial estimado para o tratamento da demência foi de US$ 1 trilhão em 2018, com estimativa de atingir US$ 2 trilhões em 2030 2018 (*World Alzheimer Report*, 2018).

2. O PROCESSO DE INTERDIÇÃO E CURATELA NO DIREITO BRASILEIRO

O portador de demência, independentemente de sua causa, necessitará, em algum momento do curso evolutivo da doença, do auxílio e suporte social de um familiar/cuidador para o cuidado integral e pleno de sua saúde. Ressalta-se a importância da manutenção do binômio – dignidade humana e autonomia do paciente – respeitando suas vontades e escolhas quanto a sua participação na vida civil, até que as funções cognitivas cerebrais não o permitam.

O novo Código de Processo Civil (Lei 13.105, de 16 de março de 2015) e o Estatuto da Pessoa com Deficiência (Lei 13.146, de 6 de julho de 2015) contemplam o plano de *curatela*, como documento formal capaz de restringir a capacidade do interdito apenas aos limites de sua necessidade e, em atenção aos seus interesses fundamentais. Nesse Estatuto considera-se a pessoa com deficiência aquela que tem "impedimento de longo prazo de natureza física, mental, intelectual ou sensorial, o qual, em interação com uma ou mais barreiras, pode obstruir sua participação plena e efetiva na sociedade em igualdade de condições com as demais pessoas." (Art. 2º da Lei 13.146, de 6 de julho de 2015; MENEZES, 2015, p. 12).

Esse Estatuto, ainda, reitera o direito à igualdade e não discriminação, além da visão humanizadora, onde se reconhece a capacidade civil da pessoa com deficiência, inclusive permitindo traçar um plano de apoio para as suas decisões, podendo pleitear a sua própria curatela e indicar seu curador. Menezes descreve e exemplifica a doença em pauta:

> É também oportuno e plenamente compatível a principiologia da Convenção sobre os Direitos da Pessoa com Deficiência (CDPD) e a Constituição Federal, permitir uma prévia indicação do curador pela pessoa que sabe que perderá integralmente o seu discernimento, como aquelas que estão no estágio inicial de doenças como o Alzheimer. Fariam a indicação por documento autêntico, firmando uma curatela por vontade antecipada ou autocuratela (MENEZES, 2015, p. 26).

No artigo 1º da CDPD (Decreto 6.949, de 25 de agosto de 2009), é estabelecido como propósito fundamental a tarefa de: "promover, proteger e assegurar o exercício pleno e equitativo de todos os direitos humanos e liberdades fundamentais por todas as pessoas com deficiência e promover o respeito pela sua dignidade inerente". Quando aborda o direito de igualdade perante a lei, no artigo 12, o diploma reafirma a capacidade legal dessas pessoas para todos os aspectos da vida, em igualdade de condições com as demais. No Brasil, a curatela foi usada como o principal mecanismo de apoio, mas, com a promulgação do Estatuto da Pessoa com Deficiência, instituiu-se o mecanismo de "tomada de decisão apoiada", alterando substancialmente o Código Civil (MENEZES, 2015, p. 5).

O processo de *tomada de decisão apoiada*, medida de apoio mais branda, ocorre quando o indivíduo ainda possui certa autonomia para exercício de sua capacidade legal e, desta forma, é possível estabelecer os limites de apoio, compromisso dos apoiadores e o prazo de vigência do acordo (art. 84 da Lei 13.146, de 6 de julho de 2015). Já a curatela teria efeito de restringir a capacidade para prática de atos da vida civil e aos seus direitos existenciais, porém sempre proporcional à demanda específica do curatelado e com duração do menor tempo possível.

A *interdição* serve como medida de proteção para preservar o idoso de determinados riscos que envolvem a prática de certos atos de ordem patrimonial e moral. A sua decretação pressupõe os conceitos de proibição, impedimento e privação legal do exercício de direitos que são inerentes à pessoa. Em seu aspecto formal, corresponde a um processo judicial, no qual um juiz analisa o nível de comprometimento de uma pessoa adulta em exprimir a sua vontade, decidindo se ela pode ou não praticar atos da vida civil (lícitos ou ilícitos, inclusive) autonomamente, ou se precisará de ajuda para tanto.[1]

O pedido de interdição por ser realizado pelo cônjuge ou companheiro, parentes ou tutores, Ministério Público (atuando como autor em defesa dos interesses do interditando de forma excludente, ou seja, na falta dos demais), ou ainda por represen-

---

1. O Código Civil dispõe, em seu artigo 1.767, que poderá ser submetido a tal processo aqueles que, por causa transitória ou permanente, não puderem exprimir sua vontade; os ébrios habituais e os viciados em tóxico; e a figura do pródigo. Em relação aos dois últimos (adictos em álcool ou drogas e perdulários), o diagnóstico não se mostra de grande complexidade, até pela externalidade óbvia dos respectivos comportamentos. Contudo, quando o caso é de análise da expressão da vontade, a hipótese é bem diversa, necessitando de um laudo elaborado por profissional médico especializado.

tante da entidade na qual se encontra abrigado o interditando (artigo 747 do Código de Processo Civil).

Para fins de ajuizamento do pedido, deverá o requerente anexar laudo médico para fazer prova da suposta incapacidade ou informar a impossibilidade de fazê-lo (artigo 750 do Código de Processo Civil). Tal laudo não é necessariamente conclusivo, sendo apenas uma prova inicial do estado de incapacidade do interditando, podendo o juiz determinar a realização de uma perícia judicial.

Após o ajuizamento regular do pedido, o interditando será citado para comparecer em uma audiência de entrevista, sendo que no caso de impossibilidade de deslocamento, deverá o juiz ouvir o interditando "onde estiver" (artigo 751, § 1º do Código de Processo Civil). Em tal ato, o juiz irá ouvir o interditando, questionando-o sobre sua vida, negócios, bens, vontades, laços familiares e afetivos e sobre o que mais lhe parecer necessário para convencimento quanto à sua capacidade para praticar atos da vida civil (artigo 751, *caput* do Código de Processo Civil).[2]

O interditando poderá apresentar impugnação ao pedido em 15 dias (artigo 752 do Código de Processo Civil), por meio de advogado constituído ou, ainda, curador especial se manifestar tal vontade.[3] Ultrapassada a fase de contestação do pedido pelo interditando, seja pela sua manifestação ou até inércia, o juiz irá nomear um perito para proceder com a produção de prova pericial para avaliação da capacidade do interditando de praticar por si só atos da vida civil (artigo 753 do Código de Processo Civil). Sendo necessário, ainda, poderá o juiz designar audiência para a oitiva de testemunhas e até do próprio perito que confeccionou o laudo.

Em seguida à produção de todas as provas (laudo pericial e testemunhas, se houver), o juiz irá proferir a sentença, decretando a interdição de direitos. Nessa decisão deverá o juiz fixar os limites da curatela, segundo o estado e o desenvolvimento mental do interdito, levando em consideração as suas características pessoais, potencialidades, habilidades, vontades e preferências, bem como nomeando um curador (artigo 755, I e II do Código de Processo Civil).

A principal finalidade da curatela é cuidar dos interesses da pessoa que, por sua condição pessoal, sofreu limitações (parciais ou totais) no exercício de seus direitos. A sentença judicial é muitas vezes ampla ao decretar a interdição, deixando de especificar quais direitos seriam restringidos pelo seu dispositivo. Neste caso, subentende-se que a

---

2. Convém destacar que tanto o laudo inicialmente apresentado, como as transcrições da entrevista e até a perícia judicial são apenas elementos de convencimento do juiz. De acordo com a sistemática do artigo 371 do Código de Processo Civil, caberá ao juiz apreciar toda a prova produzida nos autos, apontando as razões de seu convencimento na decisão.

3. A hipótese de nomeação de curador especial decorre da manifestação de vontade do interditando em impugnar o pedido, contudo, sem que o mesmo tenha possibilidades de constituir um advogado por si só, cabendo ao juízo determinar a intervenção da defensoria pública instalada na comarca, que irá atuar em favor do interditando. Em que pese se tratar de processo de jurisdição voluntária, sem declaração de direito ou obrigação de uma pessoa em face de outra no final do processo, inexistindo, em princípio, uma lide constituída, pode ocorrer a hipótese de conflitos de interesses entre o interditando e a pessoa que requereu a instauração do processo, cabendo ao curador, assim, atuar em favor dos interesses do interditando (artigo 752, § 2º do Código de Processo Civil).

interdição seria total.[4] Trata-se de um encargo, cujo titular, o curador nomeado, assume o compromisso legal de atuar em nome do interditando segundo os seus melhores interesses, devendo, inclusive, prestar contas de suas atividades.

O curador será nomeado tendo como diretriz os interesses do interdito, cabendo tal ônus a quem melhor puder atender aos seus interesses (artigo 755, § 2º do Código de Processo Civil). Também no intuito de preservar a integridade psíquica e moral do interdito, o Código Civil determina que as pessoas submetidas ao processo de interdição por incapacidade de exprimir a sua vontade "receberão todo o apoio necessário para ter preservado o direito à convivência familiar e comunitária, sendo evitado o seu recolhimento em estabelecimento que os afaste desse convívio" (artigo 1.777 do Código Civil).

Ocorre que na maioria dos casos, as sentenças de interdição apenas se referem à incapacidade do interditando de praticar os atos da vida civil, sem qualquer especificação quanto aos limites de tal intervenção, em que pese a previsão legal de se poder incluir, no referido decreto, a parcialidade de seus efeitos. Muitas vezes, o interdito acaba por ser privado quase que absolutamente de sua vida civil, sendo que poderia, em tese, praticar atos menos comprometedores de sua integridade, tais como pequenos negócios ou até a redação de codicilos.

Em 1º de outubro de 2003 foi promulgada a Lei 10.741, instituindo o Estatuto do Idoso, estabelecendo em seu artigo 1º a idade igual ou superior a 60 (sessenta) anos como marco de incidência dos seus dispositivos. Referido estatuto atribui não somente à família, mas também a toda a sociedade a responsabilidade pela efetivação dos direitos dos idosos:

> Artigo 3º É obrigação da família, da comunidade, da sociedade e do Poder Público assegurar ao idoso, com absoluta prioridade, a efetivação do direito à vida, à saúde, à alimentação, à educação, à cultura, ao esporte, ao lazer, ao trabalho, à cidadania, à liberdade, à dignidade, ao respeito e à convivência familiar e comunitário.

Como já mencionado, tal lei institui a Doutrina de Proteção Integral ao idoso, reconhecendo que o exercício de direitos por parte da pessoa idosa é repleto de peculiaridades, merecendo uma tutela especial e perfeitamente adequada à sua condição. Assim, é imprescindível a aplicação de políticas de atenção ao idoso que atendam às suas necessidades como ser humano, para que lhe proporcione a igualdade de condições e a efetividade das garantias em relação às demais pessoas.

A necessidade de um maior aprofundamento na elaboração dos laudos que subsidiam as decisões, especificando o nível de comprometimento do indivíduo levado ao processo de interdição, atende diretamente às diretrizes do próprio Estatuto do Idoso, que instituiu a chamada Doutrina de Proteção Integral (Lei 10.471/2003).

---

4. O artigo 9º, III do Código Civil, estabelece que a sentença de interdição será submetida ao registro público, devendo constar se "relativa" ou "absoluta". O artigo 92, 6º da Lei nº 6.015/1977 (Lei de Registros Públicos), dispõe que os "limites da curadoria" serão averbados à margem do registro somente no caso de interdição parcial.

3. O PROCESSO DE INTERDIÇÃO E CURATELA NO DIREITO COMPARADO

A maioria dos países com legislação revisada vêm adotando um posicionamento comum em relação ao decreto de interdição. Referidos códigos seguem um padrão de restrição aos efeitos de um processo de interdição, com uma leitura tendendo à parcialidade de sua abrangência, delegando ao curador poderes parciais e específicos, evitando-se assim a perda automática (e muitas vezes desnecessária) de toda a capacidade civil (MECLER, K. e outros, 2004, p. 7-8). Ainda, verifica-se uma ênfase no fundamento da decisão de decretação, devendo ser embasado, dentre outros fatores, no nível de funcionamento sociopragmático – adaptativo do curatelado.[5]

A legislação civil brasileira atual foi promulgada em 2002, com vigência a partir do ano seguinte. Dentre as principais alterações, destaca-se a extinção da combatida expressão "loucos de todos os gêneros", prevista na legislação promulgada em 1916 (Lei 3.071, de 1.1.1916), bem como da interdição absoluta para a hipótese de enfermidade ou deficiência mental, também foi revogado pela Lei 13.146/2015. Atualmente, portanto, a legislação vigente no país sequer elenca as hipóteses de perda absoluta da capacidade civil, ficando a critério do juiz, com base nas provas produzidas nos autos, fixar os limites de abrangência do decreto de interdição e, consequentemente, dos poderes do curador.

O direito alemão possui uma previsão bastante semelhante à brasileira. O Código Civil Alemão prevê, em seu artigo 1.898, a nomeação de um responsável, em caráter parcial ou integral, para um adulto portador de uma doença mental ou de dificuldades físicas, espirituais ou mentais (MECLER, 2004, p. 9).

Os limites da interdição e o consequente exercício da curatela, na legislação alemã, muito se assemelham ao direito brasileiro. A nomeação de um curador assume o papel de último recurso no cuidado da pessoa com uma incapacidade. Um destaque interessante é a possibilidade do interditando ser ouvido, cabendo ao juiz, dentro do possível, respeitar a sua decisão quanto à escolha do curador (artigos 1.896, (1a) e 1.897, (4), ambos do Código Civil Alemão). Ainda, mesmo no exercício da curatela, caberá ao curador sempre ouvir (e levar em consideração) a opinião do interditando em assuntos que dizem respeito a sua pessoa, podendo ele, inclusive, suscitar conflito perante a corte judicial, no intuito de fazer valer a sua vontade, mesmo que limitada (artigo 1.901(3) do Código Civil Alemão).

O Código Civil Francês também segue disposições semelhantes ao brasileiro e alemão. Um conjunto de leis, aprovadas em 2007, modificou o Código Civil Francês, estendendo o escopo protetivo da interdição para além dos bens do interditado, podendo tal medida também ser tomada para a preservação de seu bem-estar ("*Salvo disposição em contrário, a medida destina-se a proteger tanto a pessoa como os interesses patrimoniais da pessoa*", artigo 425 do Código Civil Francês).

Ao invés de tratar das hipóteses de interdição relativa ou absoluta, como no caso do Brasil, o Código Civil Francês elenca três institutos protetivos à pessoa maior. O primeiro seria a "salvaguarda de justiça", correspondendo a "*proteção legal temporária*

---

5. O laudo pericial, portanto, também deveria responder a tal questionamento, devendo o juiz buscar, dentre os possíveis peritos, aquelas especialidades médicas que consigam abranger o indivíduo como um conjunto de fatores (mobilidade, cognição, estrutura protetiva familiar, dentre outros).

ou representação para a execução de determinados atos específicos" (artigo 433 do Código Civil Francês)[6]. Uma pessoa pode precisar, somente, de uma medida dessa natureza para atender ao exercício regular de seus direitos. Essa salvaguarda corresponderia a uma interdição relativa, prevista no direito brasileiro, com um decreto interditório limitado à prática de determinados atos da vida civil. O próprio artigo 435 do Código dispõe que a pessoa que venha a ser beneficiada por tal decreto "retém o exercício de seus direitos", sendo nulos os atos por ela praticados somente se corresponderem àqueles salvaguardados por um guardião.

Além do caso da mera salvaguarda de direitos, a legislação francesa prevê a decretação da curatela ou tutela.[7] A primeira poderia ser solicitada para os indivíduos que sem poder agir por conta própria, necessitam de assistência (permanente ou eventual) em atos importantes da vida civil (artigo 440 do Código Civil Francês). O conceito se refere a uma possível incapacidade relativa, com direcionamento específico, no decreto instituidor, das limitações aplicáveis. Ainda, somente pode ser aplicada caso a medida anterior (salvaguarda) não tenha sido eficaz. Já a tutela comportaria uma proteção integral. Ela somente pode ser declarada quando as medidas anteriores (salvaguarda de justiça e tutela) não forem suficientes para a proteção do indivíduo (artigo 440 do Código Civil Francês). Equivaleria, no caso, à curatela prevista no direito brasileiro. Ambas possuem prazo de validade de 5 anos, com possibilidade de renovação (artigo 441 do Código Civil Francês).[8]

Na Itália, a legislação civil dispõe de institutos semelhantes às legislações alemã e francesa. O Código Civil Italiano estabelece basicamente duas instâncias de limitação de direitos. A primeira seria a incapacitação, incidente para aqueles "cujo estado não é tão sério a ponto de causar interdição" (artigo 415 do Código Civil Italiano). Sendo o segundo meio protetivo, justamente, a interdição, de caráter mais grave e comprometedor do exercício dos direitos. A interdição seria a segunda e última medida, podendo ser decretada para a pessoa incapaz de prover o seu próprio interesse, por "enfermidade mental habitual" (artigo 414 do Código Civil Italiano).

Um aspecto semelhante com a legislação brasileira é a imprescindibilidade de exame do interditando diretamente pelo juiz, podendo ser auxiliado por um consultor técnico (artigo 419 do Código Civil Italiano).[9]

---

6. Seria uma espécie de medida preliminar e menos invasiva do que uma interdição absoluta, aplicada para os sujeitos enquadrados na definição do artigo 425 do mesmo Código: "*Qualquer pessoa que seja incapaz de prover seus próprios interesses em razão de uma alteração clinicamente estabelecida, seja de suas faculdades mentais ou de suas faculdades corporais, de tal natureza que impeça a expressão de sua vontade*".

7. Convém destacar que, apesar da semelhança com o nome, os institutos da tutela e curatela, no direito brasileiro, possuem significados bastante diversos. A tutela seria aplicada somente aos menores de 18 anos (artigo 1.728 do Código Civil Brasileiro). Enquanto a curatela seria o instituto aplicado aos maiores de idade que demonstrem incapacidade (artigo 1.767 do Código Civil Brasileiro).

8. Um ponto de destaque no direito francês, integrando essa rede protetiva às pessoas com capacidade reduzida, é a possibilidade de uma "medida de acompanhamento judicial", aplicável às pessoas que recebem algum auxílio social do governo e que tenham dificuldades em gerir os seus bens e própria saúde (artigos 271-1 a 5 do Código de Ação Social e de Famílias Francês).

9. O artigo 715 do Código de Processo Civil determina a realização de uma "entrevista" com o interditando, na qual o juiz irá questionar o interditando "*acerca de sua vida, negócios, bens, vontades, preferências e laços familiares e afetivos e sobre o que mais lhe parecer necessário para convencimento quanto à sua capacidade para praticar atos da vida civil*".

Analisando-se as legislações mencionadas, torna-se possível concluir que haveria uma tendência de parcialidade dos decretos interditórios, preservando ao máximo a capacidade do indivíduo. Tanto o direito alemão, como o francês e italiano preveem, em seus códigos, uma possibilidade de intervenção progressiva e limitada. A hipótese de interdição absoluta, tudo indica, seria uma exceção nas legislações mencionadas, sugerindo uma reflexão por parte dos juristas brasileiros, considerando o fato de que no Brasil, na prática, as interdições são decretadas em sua grande maioria de forma integral. Tal fato se explica, em grande parte, pela dificuldade de obtenção de pareceres técnicos melhor especificados quanto ao estado da pessoa submetida ao processo de interdição.

4. A SÍNDROME DEMENCIAL

Define-se síndrome demencial ou Transtorno Neurocognitivo Maior (*Diagnostic and Statistical Manual of Mental Disorders* – DSM 5) como um grupo de sinais e sintomas que afetam funções cognitivas – dentre elas a memória – o pensamento e as habilidades sociais, cuja gravidade é suficiente para interferir no funcionamento diário do paciente. A doença de Alzheimer é a causa mais comum de demência. Outras causas de demência são demência vascular, mista (mais de uma etiologia envolvida), demência por corpos de Lewy, demência frontotemporal, demência associado à doença de Parkinson, dentre outras causas irreversíveis. Além destas, existem causas reversíveis, que podem evoluir para melhora clínica, após tratamento da condição clínica de base: insuficiência renal e/ou hepática, alterações tireoidianas (hipo e hipertireoidismo), demência associado a HIV, hidrocefalia de pressão normal, hematoma subdural crônico, tumores cerebrais dentre outras.

As manifestações clínicas da síndrome demencial decorrem das funções cognitivas acometidas, tendo relação direta com a sua provável etiologia. As funções cognitivas cerebrais que serão prejudicadas são: (1) comprometimento de memória e aprendizagem (dificuldade para armazenar informações recentes – geralmente observado por um cônjuge ou outra pessoa de convívio com o paciente); (2) alteração de linguagem (dificuldade em comunicar ou encontrar palavras); (3) atenção complexa (dificuldades para manutenção da atenção sustentada, seletiva e dividida, bem como redução da velocidade para processar as informações) ; (4) comprometimento das funções executivas (redução da flexibilidade mental, dificuldade para tomar decisões,, planejar e organizar as tarefas complexas); (5) função perceptomotora (dificuldade com percepção visual, coordenação e funções motoras, capacidade de reconhecer objetos e pessoas); (6) cognição social (prejuízo para reconhecimento de emoções alheias, mudanças no comportamento). Nas demências, estas modificações da cognição são acompanhadas por comprometimento da capacidade do indivíduo de realizar as atividades do dia a dia (funcionalidade), ou, atividades de vida diária (AVDs). Importante ressaltar que estas alterações representam uma modificação em relação ao estado prévio do indivíduo e, geralmente, ocorrem de forma progressiva.

5. O ESTIGMA DO DIAGNÓSTICO DE DEMÊNCIA E O SEU ISOLAMENTO SOCIAL: CASO CLÍNICO

Em um determinando momento da vida a existência permanece, mas a essência vai desaparecendo e se transformando numa relação de dependência do outro. Contudo, sempre haverá uma vida biográfica associada à vida biológica. O momento de transição da funcionalidade para a dependência nem sempre é abordado de forma construtiva e harmônica.

O caso clínico a seguir ilustra aspectos importantes das dificuldades que a síndrome demencial impõe à Sra L.S.N. e sua família. Aos 70 anos a Sra. L.S.N. morava sozinha, era independente para todas as suas atividades de vida diárias (AVDs) básicas e instrumentais. Também se engajava em atividades recreativas, além de trabalhos voluntários em organizações não governamentais. A família só percebeu o prejuízo de memória aos 72 anos, quando o síndico do prédio em que a paciente morava contactou a família e relatou o atraso no pagamento das contas do condomínio, o cheiro frequente do vazamento de gás e as correspondências que não eram recolhidas. Estas dificuldades determinaram que a filha única da Sra. L.S.N. se afastasse de suas atividades por 30 dias para acompanhá-la nas suas atividades domiciliares. Durante esse período percebeu que sua mãe não possuía mais a excelente habilidade para preparar as refeições e passou a simplificar as receitas para facilitar as atividades culinárias; também adquiriu dívidas em farmácias, acumulando juros por contas não quitadas. A filha recebeu informações das amigas da paciente do trabalho voluntário, referindo diversos episódios de perdas no caminho para a casa, o que motivou a oferta frequente de carona para facilitar o deslocamento da mesma. A partir desse momento, a situação da Sra. L.S.N. passou a ser um grande dilema familiar. Essa única filha, solteira e sem filhos, morava em outro estado da federação, ocupando um cargo de gerência em uma grande empresa, com diversas atribuições e compromissos profissionais. A paciente não possuía outros parentes vivos ou qualquer rede social próxima. Entretanto, ela estava perdendo sua autonomia e independência de forma lenta e gradativa.

O diagnóstico era de uma doença neurodegenerativa progressiva de caráter irreversível, a demência de Alzheimer, com altíssima necessidade de cuidados para gerir a sua vida. O núcleo sociofamiliar da Sra. L.S.N. era restrito a uma filha, com impossibilidade de cuidado integral em razão de residir em outro estado da federação e de seus compromissos profissionais.

Casos como o da Sra. L.S.N. são frequentes e rotineiros nos serviços de geriatria do país. Tais situações justificam o motivo pelo qual o decreto de interdição deve ser embasado em um estudo detalhado e complexo, com clara determinação das capacidades e intervenções necessárias na vida civil do paciente, preservando assim direitos mínimos e garantias de bem estar.

6. FUNCIONALIDADE: A PREMISSA BÁSICA DA FUNCIONALIDADE NA GERIATRIA E GERONTOLOGIA COMO AVALIAÇÃO INICIAL DO IDOSO

A funcionalidade global é a base do conceito de saúde do idoso. O declínio funcional corresponde à perda da autonomia (capacidade individual de decisão e comando sobre suas ações, estabelecendo e seguindo suas próprias convicções) e/ou independência (capacidade de realizar atividades com os próprios meios), uma vez que restringe a participação social do indivíduo (MORAES, 2014, p. 3).

A capacidade funcional é medida por escalas baseadas na percepção subjetiva sobre a própria competência para realizar as AVDs. A Escala de Katz avalia o desempenho nas AVDs básicas (Figura 1), contando com seis itens que medem o desempenho do indivíduo nas atividades de autocuidado, obedecendo a uma hierarquia de complexidade. Quanto maior o escore, maior o grau de independência dos indivíduos. São avaliadas a alimentação, controle de esfíncteres, transferência, higiene pessoal, capacidade para se vestir e tomar banho. Geralmente, são as últimas habilidades a serem comprometidas pela progressão da demência, exceto nos casos de comprometimento motor significativo. Por exemplo, paciente portador de demência causada por um acidente vascular cerebral apresenta comprometimento da capacidade para realizar tarefas de transferência (AVD básica), devido ao comprometimento da capacidade de se movimentar (comprometimento motor), anterior à perda da capacidade para realizar pequenos trabalhos domésticos (AVD instrumental).

ATIVIDADE	INDEPENDENTE	SIM	NÃO
1. Banho	Não recebe ajuda ou somente recebe ajuda para 01 parte do corpo		
2. Vestir-se	Pega as roupas e se veste sem qualquer ajuda, exceto para amarrar os sapatos		
3. Higiene pessoal	Vai ao banheiro, usa o banheiro, veste-se e retorna sem qualquer ajuda (pode usar andador ou bengala)		
4. Transferência	Consegue deitar na cama, sentar na cadeira e levantar sem ajuda (pode usar andador ou bengala)		
5. Continência	Controla completamente urina e fezes		
6. Alimentação	Come sem ajuda (exceto para cortar carne ou passar manteiga no pão)		

Escore: 6 pontos (independência para AVD); 4 pontos (dependência parcial); 02 pontos (dependência importante)
Modificado de Katz et al. Gerontologist, 1970; 10:20-30

Figura 1: Escala de avaliação de atividades de vida diária básica segundo Katz et al, 1970.

Existem escalas para avaliar a capacidade para realização de AVDs instrumentais, mais complexas do que as AVDs básicas. Uma das mais utilizadas em nosso meio é a de escala de Lawton e cols. (Figura 2) que avalia as atividades do indivíduo no domicílio e/ou na sociedade. A pontuação máxima seria de 27 pontos, obtida a partir da soma das respostas das perguntas para cada quesito: sem ajuda, com ajuda parcial e não consegue. Quanto maior o escore, maior o grau de dependência. Classifica o indivíduo em níveis de comprometimento como independência, dependência parcial ou dependência completa (Figura 3).

1. Consegue usar o telefone?	Sem ajuda	3
	Com ajuda parcial	2
	Não consegue	1
2. Consegue ir a locais distantes, usando algum transporte, sem necessidade de planejamentos especiais?	Sem ajuda	3
	Com ajuda parcial	2
	Não consegue	1
3. Consegue fazer compras?	Sem ajuda	3
	Com ajuda parcial	2
	Não consegue	1
4. Consegue preparar suas próprias refeições?	Sem ajuda	3
	Com ajuda parcial	2
	Não consegue	1
5. Consegue arrumar a casa?	Sem ajuda	3
	Com ajuda parcial	2
	Não consegue	1
6. Consegue fazer os trabalhos manuais domésticos, como pequenos reparos?	Sem ajuda	3
	Com ajuda parcial	2
	Não consegue	1
7. Consegue lavar e passar sua roupa?	Sem ajuda	3
	Com ajuda parcial	2
	Não consegue	1
8. Consegue tomar seus remédios na dose certa e horário correto?	Sem ajuda	3
	Com ajuda parcial	2
	Não consegue	1
9. Consegue cuidar de suas finanças?	Sem ajuda	3
	Com ajuda parcial	2
	Não consegue	1

Figura 2: Escala de avaliação de atividades de vida diária instrumentais, segundo Lawton et al, 1982.

Atividades Instrumentais da Vida Diária (AIVD) Lawton *et al, 1982*

ESCORE

9 – TOTALMENTE DEPENDENTE;

21 a 25 – DEPENDENCIA LEVE;

10 a 15 – DEPENDENCIA GRAVE;

16 a 20 – DEPENDENCIA MODERADA

26 a 27 – INDEPENDENCIA

Figura 3: Escore de gravidade da escala de Lawton et al, 1982.

7. ESTÁGIO E CLASSIFICAÇÃO DE DEMÊNCIA

O *Clinical Dementia Rating* (CDR) é um questionário muito utilizado pelos profissionais de saúde para classificação da gravidade da demência. Avalia a cognição e o comportamento, além da influência das perdas cognitivas na capacidade de realizar adequadamente as AVDs. Para se chegar à classificação, os indivíduos são comparados com o seu próprio desempenho no passado. Esse instrumento está dividido em seis categorias cognitivo-comportamentais: memória, orientação, julgamento ou solução de problemas, relações comunitárias, atividades no lar ou de lazer e cuidados pessoais. Cada uma dessas seis categorias deve ser classificada em: 0 (nenhuma alteração); 0,5 (questionável); 1 (demência leve); 2 (demência moderada); e 3 (demência grave) (MONTAÑO; RAMOS, 2005, p. 39). Cabe aqui a explicação que os quadros questionáveis podem constituir um quadro pré-demência que poderá ou não evoluir para a demência (de causas diversas) propriamente dita.

Tabela 1 - Classificação das categorias avaliadas pelo *Clinical Dementia Rating*.

Dano	Nenhum (0)	Questionável (0,5)	Leve (1)	Moderado (2)	Grave (3)
Memória	Sem perda de memória ou perda leve e inconstante.	Esquecimento constante, recordação parcial de eventos.	Perda de memória moderada, mais para eventos recentes, atrapalha as atividades de vida diária.	Perda grave de memória, apenas assunto altamente aprendido é recordado.	Perda de memória grave. Apenas fragmentos são recordados.
Orientação	Completa orientação.	Completamente orientado com dificuldade leve em relação ao tempo.	Dificuldade moderada com relação ao tempo, orientado em áreas familiares.	Dificuldade grave com relação ao tempo, desorientado quase sempre no espaço.	Apenas orientado em relação a pessoas.
Julgamento e solução de problemas	Resolve problemas diários, como problemas financeiros; julgamento preservado.	Dificuldade leve para solucionar problemas, similaridades e diferenças.	Dificuldade moderada em lidar com problemas, similaridades e diferenças, julgamento social mantido.	Dificuldade séria em lidar com problemas, similaridades e diferenças, julgamento social danificado.	Incapaz de fazer julgamento ou resolver problemas.
Relações comunitárias	Função independente no trabalho, compras, grupos sociais.	Leve dificuldade nestas tarefas.	Não é independente nestas atividades, parece normal em uma inspeção casual.	Não há independência fora de casa, parece bem o bastante para ser levado fora de casa.	Não há independência fora de casa, parece doente o bastante para ser levado fora de casa.
Lar e passatempos	Vida em casa, passatempos e interesses intelectuais bem mantidos.	Vida em casa, passatempos, interesses intelectuais levemente prejudicados.	Prejuízo suave em tarefas em casa, tarefas mais difíceis, passatempo e interesses abandonados.	Apenas tarefas simples são preservadas, interesses muito restritos e pouco mantidos.	Sem função significativa em casa.
Cuidados pessoais	Completamente capaz de cuidar-se.	Completamente capaz de cuidar-se.	Necessita de ajuda.	Requer assistência ao vestir-se, para higiene.	Muita ajuda para cuidados pessoais, incontinências freqüentes.

Fonte: Bertolucci et al[2]

Figura 4: Classificação da gravidade da demência segundo o *Clinical Dementia Rating* (CDR)

8. LAUDO PERICIAL

O laudo pericial (relatório médico) deve ser descrito de forma clara e objetiva, visando nortear e auxiliar a decisão judicial, indicando o que deverá ser destituído e o que deve ser preservado no idoso portador de síndrome demencial, de acordo com o estágio da doença. O laudo pericial poderá identificar, precisamente, a extensão, a gravidade e a eventual reversibilidade da incapacidade do Interditando. Tal precisão do laudo decorre da necessidade de cuidado pleno e integral do indivíduo portador de incapacidade cognitiva devido a uma síndrome demencial.

Dentre os princípios da bioética que são norteadores da boa prática médica figuram a autonomia como núcleo central do relacionamento médico-paciente (consentimento informado), a beneficência e a não maleficência, além do respeito, da empatia e da comunicação verbal ou não verbal. Durante a construção longitudinal desse vínculo médico-paciente – a anamnese (história clínica) biográfica de valores – se estabelece os valores pessoais e se conhece os objetivos de vida desse indivíduo. A partir daí, há possibilidade de o médico participar de forma ativa desse processo, ao redigir laudos e relatórios fidedignos de acordo com a vontade exclusiva do seu paciente.

O artigo 753, § 2º do Código de Processo Civil dispõe que "*O laudo pericial indicará especificadamente, se for o caso, os atos para os quais haverá necessidade de curatela*". Tal determinação decorre da própria natureza da decisão judicial de interdição, que "*considerará as características pessoais do interdito, observando suas potencialidades, habilidades, vontades e preferências*" (artigo 755, II do Código de Processo Civil).

Assim sendo, deverá o juiz, quando da prolação de decisão definitiva no processo de interdição, especificar as suas razões de convencimento (artigo 371 do Código de Processo Civil), reportando-se, impreterivelmente, ao laudo técnico produzido nos autos. Esse relatório deve constar a descrição da funcionalidade em AVDs básicas e instrumentais, classificar o estágio da fase da síndrome demencial e sugerir quais atos de vida civil a serem impedidos.

Sabendo que a doença apresenta-se como processo dinâmico, com evolução lenta e gradual, poderá ser proposto um caráter temporário do laudo pericial, com alterações de acordo com estágio da doença e sugerir periodicidade de avaliação médica.

Deve-se atentar para o fato de que a extinção completa da autonomia e independência de um indivíduo de forma precoce nos estágios iniciais de demência poderá impactar significativamente na qualidade de vida do curatelado, bem como privá-lo do exercício de direitos básicos, tais como dispor de seus próprios bens e expressar sua vontade em negócios jurídicos.

A impossibilidade de gerenciar as próprias finanças, investimentos e bens patrimoniais, bem como de dirigir, de fazer escolhas e tomar decisões que dizem respeitos aos atos de vida civil passam a ser tomadas por uma terceira pessoa, o que significa perda de autonomia, determinando uma situação de dependência.

Os atos de vida civil como atos existenciais: incluem o poder familiar – exercer o direito a família e a convivência comunitária, casar ou adquirir união estável, guarda, custódia, do reconhecimento de filho (a), da nomeação do curador ou tutor e pleitear adoção de crianças, praticar esportes radicais, decisão sobre o tratamento médico, da liberdade religiosa e da diretiva antecipada de vontade. Os atos civis patrimoniais – pactos antenupciais, administração de bens dos filhos menores, contratos de compra e venda e nos atos de administração societária.

Com base na revisão das legislações atualmente vigentes que tratam deste tema, o artigo em questão sugere a definição de níveis de interdição na demência (Figura 5), relacionando diretamente o grau de comprometimento da funcionalidade do indivíduo, estágio da demência e a abrangência da decisão judicial. A partir do diagnóstico elaborado, preferencialmente, por equipe multidisciplinar,[10] seria possível determinar especificamente a necessidade de ingresso na vida do indivíduo impactado pela doença progressiva.

Por exemplo, uma pessoa diagnosticada com síndrome demencial classificação de CDR 3, ou seja, em fase avançada da síndrome demencial, teria um decreto interditório muito mais completo, limitando integralmente as suas escolhas e tomadas de decisões.

---

10. Como determina o artigo 753, § 1º do Código de Processo Civil, indicando que "*A perícia pode ser realizada por equipe composta por expertos com formação multidisciplinar*". Analisando referida lei, conclui-se que não se exige a formação de uma equipe multidisciplinar para a produção do laudo, apesar de ser algo altamente recomendável, considerando a complexidade do processo de obtenção desse diagnóstico.

Não obstante, outro paciente ainda nos estágios iniciais da doença – CDR 1, não necessitaria de um decreto tão invasivo, podendo ser restringido, por exemplo, apenas alguns aspectos do exercício dos atos civis, como compra e venda de bens, gerência de patrimônio e direção veicular.

A lei não impede, nada obstante, que o interditando seja consultado sobre as intervenções que irá sofrer em sua vida civil, podendo inclusive fazer escolhas cruciais, tais como se será submetido a intubação orotraqueal, ressuscitação cardiorrespiratória, internação prolongada em centro de tratamento intensivo (CTI) e demais medidas invasivas.

Esse mesmo laudo pericial poderia traçar um plano de curatela, indicando a periodicidade de novas avaliações, para fins de alteração de abrangência do decreto interditório (Figura 5). Não se pode olvidar, ainda, a necessidade de assegurar a participação ativa do interditando em todo o processo. Se o indivíduo ainda dispõe de capacidade de juízo e crítica para fazer suas escolhas, muitas vezes mantido nas fases iniciais do processo demencial, o mesmo pode e deve ser informado da situação. O Código de Processo Civil determina a realização de uma entrevista com o interditando, cabendo a participação de um especialista se possível (artigo 751, § 2º do Código de Processo Civil). Tal ato tem como finalidade instruir o magistrado sobre a situação do interditando, permitindo ao juiz um conhecimento mais profundo sobre o seu estado.

Funcionalidade	Diagnóstico demência pelo CDR	Abrangência do Decreto Interditório
Independente para AVD's básicas e instrumentais	CDR 0,5 – Comprometimento cognitivo leve	Tomada de decisão apoiada – apoio às decisões jurídicas patrimoniais.
Independente para AVD's básicas Dependente Parcial para AVD's instrumentais	CDR 1 – comprometimento de funções cognitivas de forma leve	Curatela – Interdição de atos civis tais como contratos comerciais, gerência de patrimônio (venda e compra de imóveis, contratação de empréstimos). Direção veicular. Caráter temporário.
Dependente parcial para AVD's básicas Dependente Completo para AVD's instrumentais	CDR 2 – comprometimento de funções cognitivas de forma moderado	Curatela – Além das restrições anteriores, impossibilidade de contrair núpcias, gerenciamento de finanças – sacar dinheiro. Caráter permanente e progressivo.
Dependente completo para AVD's básicas Dependente Completo para AVD's instrumentais	CDR 3 – comprometimento de funções cognitivas de forma grave	Curatela – Interdição completa de todos os atos da vida civil. Caráter permanente.

Figura 5: Sugestão de níveis de interdição na demência para composição de laudo pericial a fim de subsidiar a decisão judicial.

9. CONCLUSÃO

O laudo pericial no contexto do processo judicial de interdição possui significativa importância para o portador de uma síndrome demencial. É por meio dessa conclusão que se intervém no íntimo da pessoa, retirando-lhe direitos e prerrogativas de exercício de atos da vida civil. Trata-se do poder das palavras e dos atos em conceder e destituir direitos. Esse processo de curatela/interdição se desenvolve de forma multidisciplinar. A ciência médica fornece o conhecimento técnico, aferindo o nível de comprometimento das funções cognitivas e da funcionalidade, como determina o Código de Processo Civil brasileiro como requisito para o ajuizamento do pedido. O poder judiciário prolata o decreto interditório, efetivamente impondo ao assistido as limitações em sua vida diária. A diretriz sempre será na procura pela melhor solução possível para atender aos interesses da pessoa submetida ao processo. Busca-se, por meio do presente estudo, propor um diálogo entre essas duas áreas de atuação. O laudo pericial não deve ser abordado apenas como o atendimento a uma formalidade legal. É um documento de alto valor probatório, no qual poderá o magistrado adequar convenientemente o escopo de sua decisão interditória.

10. REFERÊNCIAS

ALEMANHA. *Bürgerliches Gesetzbuch – BGB* [CÓDIGO CIVIL ALEMÃO]. [1896]. Disponível em: [https://www.gesetze-im-internet.de/bgb/BGB.pdf]. Acesso em: 04.04.2019.

BRASIL. *Decreto 6.949, de 25 de agosto de 2009*. Promulga a Convenção Internacional sobre os Direitos das Pessoas com Deficiência e seu Protocolo Facultativo, assinados em Nova York, em 30 de março de 2007. Brasília, DF: Presidência da República, [2009]. Disponível em: [http://www.planalto.gov.br/ccivil_03/_ato2007-2010/2009/decreto/d6949.htm]. Acesso em: 24.03.2019.

BRASIL. *Lei 10.406, de 10 de janeiro de 2002*. Institui o Código Civil. Brasília, DF: Presidência da República, [2012]. Disponível em: [http://www.planalto.gov.br/ccivil_03/leis/2002/L10406compilada.htm]. Acesso em: 24.03.2019.

BRASIL. *Lei 10.741, de 1º de outubro de 2003*. Dispõe sobre o Estatuto do Idoso e dá outras providências. Brasília, DF: Presidência da República, [2013]. Disponível em: [http://www.planalto.gov.br/ccivil_03/leis/2003/L10.741.htm]. Acesso em: 24.03.2019.

BRASIL. *Lei 13.105 de 16 de março de 2015*. Código de Processo Civil. Brasília, DF: Presidência da República, [2015]. Disponível em: [http://www.planalto.gov.br/ccivil_03/_ato2015-2018/2015/lei/l13105.htm]. Acesso em: 24.03.2019.

BRASIL. *Lei 6.015, de 31 de dezembro de 1973*. Dispõe sobre os registros públicos, e dá outras providências. Brasília, DF: Presidência da República, [1973]. Disponível em: [http://www.planalto.gov.br/ccivil_03/LEIS/L6015original.htm]. Acesso em: 04.04.2019.

FRANÇA. *Code Civile* [CÓDIGO CIVIL FRANCÊS]. [1804]. Disponível em: [https://www.legifrance.gouv.fr/affichCode.do?cidTexte=LEGITEXT000006070721]. Acesso em: 04.04.2019.

FRANÇA. *Code de la Sécurité Sociale* [CÓDIGO DE AÇÃO SOCIAL E DAS FAMÍLIAS FRANCÊS]. [2015]. Disponível em: [https://www.legifrance.gouv.fr/affichCode.do?cidTexte=LEGITEXT000006073189]. Acesso em: 04.04.2019.

INSTITUTO BRASILEIRO DE GEOGRAFIA E ESTATÍSTICA – IBGE. *Brasil em Números*. Rio de Janeiro. Volume 26, 2018. Disponível em: [https://biblioteca.ibge.gov.br/index.php/biblioteca-catalogo?view=detalhes&id=72]. Acesso em: 29.03.2019.

ITÁLIA. *Codice Civile* [CÓDIGO CIVIL ITALIANO]. [1942]. Disponível em: [https://lexscripta.it/codici/codice-civile]. Acesso em: 04.04.2019.

KATZ, S.; DOWNS, T.D.; CASH, H.R.; e GROTZ, R.C. Progress in development of the index of ADL. *Gerontologist*. Washington, D.C., v. 10, n. 1, p. 20-30, 1970,

LAWTON, M.P.; BRODY, E.M. Assessment of older people: self-maintaining and instrumental activities of daily living. *Gerontologist*, Washington, D.C., v. 9, n. 3, p. 179-186, 1969.

MECLER, Katia; TELLES, Lisieux E. de Borba; VALENÇA, Alexandre Martins; SALEM, Samantha; e MEYER, Leonardo Fernandez. Instituto da Interdição e Curatela no Brasil: Perspectivas em Direito Comparado. *Revista Debates em Psiquiatria*, Rio de Janeiro, p. 6-13, set/out de 2014. Disponível em: [https://doi.galoa.com.br/sites/default/files/rdp/RDP_2014-05_final_site-1.pdf]. Acesso em: 29.03.2019.

MENEZES, Joyceane Bezerra de. O direito protetivo no Brasil após a convenção sobre a proteção da pessoa com deficiência: impactos do novo CPC e do estatuto da pessoa com deficiência. *Civilistica. com*. Rio de Janeiro, a. 4, n. 1, jan.-jun./2015. Disponível em: [http://civilistica.com/o-direito-protetivo-no-brasil/]. Acesso em: 29.03.2019.

MONTAÑO, Maria Beatriz M. Macedo; RAMOS, Luiz Roberto. Validade da versão em português da Clinical Dementia Rating. *Rev. Saúde Pública*, São Paulo, v. 39, n. 6, p. 912-917, 2005. Disponível em: [http://www.scielo.br/pdf/rsp/v39n6/26985.pdf]. Acesso em: 29.03.2019.

MORAES, Edgar Nunes de. *Avaliação Multidimensional do Idoso*. 5 ed. Belo Horizonte: Folium, 2016.

PATHERSON, Christina et al. *World Alzheimer Report 2018*: The state of the art of dementia research: New frontiers. London: Alzheimer's Disease International, 2018.

PRINCE, Martin. et al. *World Alzheimer Report 2015*: the global impact of dementia: an analysis of prevalence, incidence, cost and trends. London: Alzheimer's Disease International, 2015.

WORLD POPULATION PROSPECTS. *The 2017 Revision*. United Nations DESA/Population Division. Disponível em: [https://population.un.org/wpp/Maps/]. Acesso em: 24.03.2019.

PARTE II
Gênero e vulnerabilidade

MULHERES EM TEMPOS DE COVID-19

Maria Celina Bodin de Moraes

Doutora em Direito Civil pela *Università degli studi di Camerino*, Itália. Professora Titular de Direito Civil da Faculdade de Direito da UERJ e Professora Associada do Departamento de Direito da PUC-Rio. Editora-chefe da *Civilistica.com* – Revista Eletrônica de Direito Civil. Advogada, árbitra e parecerista.

> *The opposite of love isn't hate.*
> *It isn't even indifference.*
> *It's fear.*
> – Mary Carr

O ano de 2020 começou com a notícia de uma doença contagiosa em Wuhan, na China. A maioria de nós, brasileiros, pensou que dificilmente nos atingiria. Até que, em março, a Itália e a Espanha, países tão próximos, apresentaram taxas de contágio acima de qualquer expectativa. Em cerca de três meses, o mundo já se havia infectado e o número de mortes passou a crescer exponencialmente. Não era uma situação inédita na história da humanidade, mas a última vez tinha sido em 1918 – portanto, praticamente ninguém havia vivenciado uma pandemia.

Cada país reagiu à sua maneira, sem saber o que fazer, em um paralelo com a lenda da sucessão de Rômulo em Roma. Conforme relata Plutarco, depois de 38 anos de reinado, Rômulo desapareceu, levado pela chuva e pelo vento, sem que dele nada tivesse restado, nem sequer seu cadáver. Não havia sido formulado, até então, qualquer processo de transição que apontasse um sucessor, de modo que a coroação de Numa Pompílio não ocorreu imediatamente após a morte de Rômulo, mas por um tempo os senadores governaram a cidade em rotação, alternando-se a cada dez dias, em uma tentativa de substituir a monarquia com uma oligarquia – período que ficou conhecido, justamente, como *interregno* ("*inter rex*") (PLUTARCO).

No mundo atual, vive-se também um período de interregno. Foi Bauman quem o disse, ao ser indagado sobre a principal característica do início do séc. XXI: "no interregno, as formas com que aprendemos a lidar com os desafios da realidade não funcionam direito mais, mas as novas formas, que serviriam a substituir as antigas, ainda não foram formuladas" (BAUMAN, 2015). [1] Isto significa, prossegue o sociólogo, que as instituições coletivas, o sistema político, o sistema partidário, a forma de organizar a própria vida, as relações com as outras pessoas, todas essas formas aprendidas de sobrevivência no mundo não funcionam mais. E conclui: "Nossas ações consistem principalmente em reagir às crises mais recentes, mas as crises também estão mudando. Elas também são

---

1. Bauman afirma ainda que "estamos nos afogando em informações e famintos por sabedoria", citando o biólogo E. O. Wilson. Continua dizendo que "não temos tempo de transformar e reciclar fragmentos de informações variadas numa visão, em algo que podemos chamar de sabedoria. A sabedoria nos mostra como prosseguir. Como o grande filósofo Ludwig Wittgenstein dizia: 'Compreender é saber como seguir adiante'. E é isso que estamos perdendo. Não sabemos como prosseguir."

líquidas, vêm e vão, uma é substituída por outra, as manchetes de hoje amanhã já caducaram, e as próximas manchetes apagam as antigas da memória; portanto, desordem, desordem, desordem".

A eclosão da pandemia não poderia oferecer melhor exemplo dessa constatação. Não sabemos como agir ou reagir ao vírus, embora saibamos que todos somos suscetíveis a ele, e que cada organismo reage a seu modo, num arco que vai desde assintomáticos (80%, aparentemente) à morte por Síndrome Respiratória Aguda (SARS) em poucos dias. Como ninguém tem ideia de sua própria reação, há quem se apavore terrivelmente e há quem desconsidere a SARS-CoV-2 (ou Covid-19), como passou a ser chamada a doença, como de pouquíssima gravidade. Temos, em suma, poucos denominadores comuns em nossa vida de leigos. A quase totalidade dos médicos, por outro lado, afirma que, como não há remédio que cure a doença, nem vacina que a evite, para que fiquemos a salvo, devemos ficar em casa, numa espécie mais ou menos forçada de quarentena de todos os trabalhadores não essenciais ao seu combate.

Cada país reagiu a seu modo. Houve toque de recolher, proibição de sair de casa a não ser uma pessoa por família, uma vez por semana, mas houve também quem se considerasse de férias e fizesse passeios pela orla ou pelos parques. Houve de tudo. Diversos países tiveram que impor multas a quem saísse sem razão específica para tanto. Nos EUA, por exemplo, em pelo menos 30 dos 50 estados houve manifestações de extrema direita pela liberdade individual de ir e vir contra os governos que tentavam evitar que as pessoas saíssem e continuassem a alimentar a exponencial contaminação.

Curiosamente, nos países atualmente governados por mulheres, pouco mais de uma dezena dentre 193 países, a população sofreu os menores índices de contaminação e suportou pequeno número de mortes.[2] Assim foi na Islândia (com Katrín Jakobsdóttir), na Nova Zelândia (Jacinda Ardern), na Dinamarca (Mette Frederiksen), Noruega (Erna Solberg) e Finlândia (Sanna Marin), em Taiwan (Tsai Ing-wen) e na Alemanha (Angela Merkel), países localizados em quase todos os continentes. Foi assim também na Escócia (Nicola Sturgeon), em Trinidad-Tobago (Paula Mae-Weeks), na Geórgia (Salome Zurabishvili), na Suíça (Simonetta Sommaruga) e até mesmo em Bangladesh (Sheikh Hasina), países e regiões governados por mulheres, mas com resultados um pouco piores (UCHOA).

Aliás, e não por acaso, as mulheres representam cerca de 70% dos profissionais de saúde no mundo (BONIOL et al, 2019); de modo que, ao contrário das guerras tradicionais, desta vez as mulheres são maioria no *front* de batalha. Tais resultados, evidentemente, são motivo de orgulho e regozijo porque indicam que, não obstante o preconceito de inferioridade ainda existente, as mulheres se destacam quando confrontadas com crises sem precedentes.[3]

---

2. What Do Countries with The Best Coronavirus Responses Have in Common? Women Leaders. *Forbes*. Disponível em: [https://www.forbes.com/sites/avivahwittenbergcox/2020/04/13/what-do-countries-with-the-best-coronavirus-reponses-have-in-common-women-leaders/#260ce9873dec]. Acesso em: 10.05.2020.

3. Dignos de nota, ainda, quando for contada a história dessa pandemia, são os países governados por presidentes ou ditadores ditos "negacionistas". A congregação, de apenas quatro países, tornou-se conhecida como a "Aliança do Avestruz" (porque acredita que a melhor forma de enfrentar a pandemia seja negá-la), e contempla os ditadores

A pandemia ressaltou outro aspecto relevante para a saúde das mulheres. Já há tempos se diz que o lugar mais perigoso para uma mulher é sua própria casa.[4] Embora na socialização feminina estejam sempre presentes a suspeita e a prevenção contra os desconhecidos, os agressores das mulheres são, geralmente, parentes ou pessoas próximas, que se aproveitam da confiança desfrutada junto as suas vítimas.

A quarentena, com a determinação de ficar em casa, apenas confirmou o dito: os números de violência doméstica, nesse caso incluída ainda a violência contra as crianças, aumentou consideravelmente no mundo inteiro.[5] No Brasil, o aumento foi de 35% e pôde ser percebido porque, embora as denúncias telefônicas tenham apresentado redução, outros canais mais silenciosos (E-mail, WhatsApp, Libras) passaram a ser muito mais usados.[6] A situação tornou-se tão grave que até mesmo códigos foram criados para a comunicação de abusos nas farmácias em diversos países (KOTTASOVÁ; DONATO).[7]

A violência de gênero, com efeito, tem caráter endêmico, sendo fenômeno que desconhece quaisquer fronteiras: de classes sociais, de tipos de cultura, de grau de desenvolvimento econômico, podendo ocorrer em qualquer lugar – no espaço público como no privado – e ser praticado em qualquer etapa da vida das mulheres. A propósito disso, Margaret Atwood, a escritora canadense, cunhou a seguinte frase: "Os homens têm medo que as mulheres riam deles; as mulheres têm medo que os homens as matem".

Para as mulheres, é evidente que o risco de serem agredidas em sua própria casa – pelo pai de seus filhos ou companheiro – é maior do que o de sofrerem alguma violência fora do âmbito familiar. Dessa violência, é possível observar que a vivência cultural da família brasileira ainda está marcada por uma estrutura hierárquica patriarcal que se manifesta mediante a distribuição desigual do poder entre os seus membros.

---

da Nicarágua e do Turcomenistão e os presidentes do Brasil e da Bielorrússia. Para estes, a Covid-19 não passa de uma bobagem que "deve ser enfrentada como homens e não como moleques", nas palavras de um deles.

4. Confira-se, dentre outros, o vídeo, recomendado na *Civilistica.com*, n. 1, de 2013, "Leslie Morgan: Por que as vítimas de violência doméstica não vão embora?". Disponível em: [https://youtu.be/J9BG9egWR08]. Acesso em: 10.05.2020.

5. V. sobre o tema, VIEIRA, Pâmela R.; GARCIA, Leila P.; MACIEL, Ethel L. N. Isolamento social e o aumento da violência doméstica: o que isso nos revela? *Revista Brasileira de Epidemiologia*, n. 23, de 22 abr. 2020. Disponível em: [https://doi.org/10.1590/1980-549720200033]. Acesso em: 10.05.2020.

6. Brasil. Coronavírus: sobe o número de ligações para canal de denúncia de violência doméstica na quarentena. Ouvidoria Nacional dos Direitos Humanos (ODNH), do Ministério da Mulher, da Família e dos Direitos Humanos (MMFDH); 2020. Disponível em: [https://www.gov.br/mdh/pt-br/assuntos/noticias/2020-2/marco/coronavirus-sobe-o-numero-de-ligacoes-para-canal-de-denuncia-de-violencia-domestica-na-quarentena]. Acesso em: 10.05.2020.

7. KOTTASOVÁ, Ivana; DONATO, Valentina Di. Women are using Code Words at Pharmacies to Escape Domestic Violence during Lockdown. CNN [Internet], 06 Apr. 2020. Disponível em: [https://edition.cnn.com/2020/04/02/europe/domestic-violence-coronavirus-lockdown-intl/index.html]. Acesso em: 20.05.2020, onde se lê: "(...) So France, inspired by a similar scheme in Spain, has started telling victims to head to drugstores. If they can't talk openly in the store, they can simply say the codeword "mask 19" to the pharmacist behind the counter. The woman in Nancy was the first to seek help since the government launched the initiative in late March, the spokesperson for Marlene Schiappa, the French minister for equality, told CNN".

Nas sociedades democráticas, ao menos teoricamente, todos têm direitos humanos – assim denominados porque inerentes à condição humana – que lhes protegem contra coerções, maus-tratos e demais atos de desumanização. Todavia, com a resistência do patriarcalismo, que se mantém, permanece a classificação de tudo o que for possível em masculino e feminino e a atribuição de valor superior ao que é masculino em detrimento do feminino.[8] Pode-se então dizer que o patriarcalismo representa o oposto da democracia.

Apesar de a Constituição Federal de 1988 ter introduzido mudanças significativas no modelo de família, impondo normas isonômicas e antidiscriminatórias, nota-se que, culturalmente, o poder físico, econômico, psicológico, social e, sobretudo, emocional continua centrado na figura do homem. Isso denota, mais uma vez, que os avanços legislativos não são suficientes para a transformação da sociedade.

A tragédia da violência entre quatro paredes vem sendo enfrentada pelo legislador brasileiro, mediante mudanças legislativas frequentes na tentativa de fazer diminuir os números que, porém, não cedem. Assim, não obstante a promulgação e as atualizações da Lei Maria da Penha, a violência familiar praticada contra a mulher continua a representar um dos principais obstáculos para o implemento da igualdade de gênero imposta pela Constituição Federal (arts. 5º, I e 226, § 5°) e pelos tratados internacionais ratificados pelo Brasil.[9]

A Convenção de Belém do Pará, em seu art. 1º, define violência contra a mulher como qualquer ato ou conduta baseada no gênero, que cause morte, dano ou sofrimento físico, sexual ou psicológico (PIMENTEL; PANDJIARJIAN, 1996, p. 30)[10] à mulher, tanto na esfera pública como na esfera privada, expressando, dessa forma, que essa violência afeta a mulher em todas as suas esferas de vida: família, escola, trabalho e comunidade. São exemplos comuns dessa violência o abuso sexual, maus-tratos, aborto provocado pelas agressões, lesão corporal, constrangimento ilegal e cárcere privado. E, de fato, a violência praticada contra a mulher no âmbito doméstico é capaz de lesar, simultaneamente, vários bens jurídicos protegidos, como a dignidade da sua pessoa, o respeito à sua vida, integridade física, mental e moral, sua liberdade e segurança

---

8. Segundo Carol Pateman (*The Sexual Contract*, Stanford: Stanford University Press, 1988, p. 207), o patriarcalismo é um sistema social no qual a sociedade se organiza com base em autoridades do sexo masculino.

9. Convenção sobre a Eliminação de todas as Formas de Discriminação contra a Mulher, aprovada pelas Nações Unidas em 1979 e ratificada pelo Brasil em 1984; Declaração sobre a Eliminação da Violência contra a Mulher – ONU, de 20 de dezembro de 1993; Convenção Interamericana para Prevenir, Punir e Erradicar a Violência contra a Mulher (também denominada de Convenção de Belém do Pará), aprovada pela Assembleia Geral da Organização dos Estados Americanos em 9 de junho de 1994 e ratificada pelo Brasil em 27 de novembro de 1995. Além desses, outros importantes documentos são: a Conferência Internacional de População e Desenvolvimento, realizada no Cairo em 1994 (onde a noção de direitos sexuais e reprodutivos ganhou espaço) e a Declaração de Pequim firmada na IV Conferência Mundial sobre a Mulher (1995).

10. As autoras destacam as duas principais formas de violência praticadas contra a mulher: "(...) toda a agressão física é ao mesmo tempo uma agressão psicológica à mulher, pois fere a sua autoestima, o que lhe acarreta graves consequências (...) Já a mais sutil e, portanto, a menos percebida forma de violência talvez seja a psicológica, que pode ser denominada simbólica. Atua na vítima de forma, às vezes, sorrateira, expressando a relação autoritária de poder, implicando com frequência em frustrações, traumas e inibições, bem como na reprodução deste tipo de comportamento por parte daqueles que a ela foram submetidos.

pessoal, além de impedir e anular o exercício dos direitos civis, políticos, econômicos, sociais e culturais (art. 5º).

O fato de os países governados por mulheres terem se saído tão bem até agora na luta contra a pandemia pode ser um dado útil para ensinar a todos que mulheres nasceram para contribuir e exercer um papel fundamental na sociedade moderna, não apenas nos bastidores. Acima de tudo, devem ser respeitadas e não humilhadas por seus maridos e companheiros.[11]

REFERÊNCIAS

BAUMAN, Zygmunt em entrevista concedida ao Programa Milênio, em 08.12 de 2015. Disponível em: [http://g1.globo.com/globo-news/globo-news-documento/videos/t/outros-programas/v/milenio-a--fluidez-do-mundo-liquido-do-zygmunt-bauman/4661254/]. Acesso em: 10.05.2020.

BONIOL, Mathieu; MCISAAC, Michelle; XU, Lihui; WULIJI, Tana; DIALLO, Khassoum; and CAMPBELL, Jim. Gender Equity in the Health Workforce: Analysis of 104 Countries (World Health Organization, 2019). Disponível em: [https://www.who.int/hrh/resources/gender_equity-health_workforce_analysis/en/]. Acesso em: 10.05.2020.

KOTTASOVÁ, Ivana; DONATO, Valentina Di. Women are using Code Words at Pharmacies to Escape Domestic Violence during Lockdown. CNN [Internet], 06 Apr. 2020. Disponível em: [https://edition.cnn.com/2020/04/02/europe/domestic-violence-coronavirus-lockdown-intl/index.html]. Acesso em: 20.05.2020.

PATEMAN, Carol. *The Sexual Contract*, Stanford: Stanford University Press, 1988.

PIMENTEL, Silvia; PANDJIARJIAN, Valéria. *Percepções das mulheres em relação ao direito e à justiça*. Porto Alegre: Sergio Fabris Editor, 1996.

PLUTARCO, *Vidas paralelas*. T. I, p. 109. Disponível em: [http://www.elaleph.com]. Acesso em: 10.05.2020.

UCHOA, Pablo. "Coronavírus: por que países liderados por mulheres se destacam no combate à pandemia?" Disponível em: [https://www.bbc.com/portuguese/internacional-52376867]. Acesso em: 10.05.2020.

VIEIRA, Pâmela R.; GARCIA, Leila P.; MACIEL, Ethel L. N. Isolamento social e o aumento da violência doméstica: o que isso nos revela? *Revista Brasileira de Epidemiologia*, n. 23, de 22 abr. 2020. Disponível em: [https://doi.org/10.1590/1980-549720200033]. Acesso em: 10.05.2020.

---

11. Confira-se, o vídeo, recomendado na *Civilistica.com*, n. 1 de 2019, "Jackson Katz: A violência contra a mulher é um problema masculino". Disponível em: [https://www.ted.com/talks/jackson_katz_violence_against_women_it_s_a_men_s_issue]. Acesso em: 10.05.2020.

PARADIGMAS E PARADOXOS DOS MOVIMENTOS DE MULHERES (FEMINISTAS?) NO BRASIL

Lutiana Nacur Lorentz

Procuradora Regional do Trabalho em Minas Gerais. Assessora do Conselho Nacional do Ministério Público na Comissão de Defesa de Direitos Fundamentais. Professora Adjunta I da Universidade FUMEC. Professora da Escola Superior do Ministério Público da União. Visitante na Universidade *La Sapienza*, de Roma. Doutora e Mestra em Direito Processual pela PUC Minas.

Sumário: 1. Introdução. 2. Análise dos dez tipos de feminismo: do carreirismo branco ao descolonial. 3. Breve inventário jurídico da normatividade concernente à mulher no mundo e no Brasil. 4. A infomisoginia: Men's Rights Activists (MRAs), Masculinistas (*mascus*) e *involuntary celibates* (*incels*). 5. As fases do movimento feminista no mundo e no Brasil e pesquisa estatística no Direito do Trabalho, no Direito Penal e no Poder Legislativo brasileiro. 6. Proposições. 7. Conclusões. 8. Referências.

1. INTRODUÇÃO

Este artigo tem como propósito fazer uma análise crítica dos dez principais tipos de feminismo: o carreirismo branco; o neoliberal; o negro; o verde ou ecofeminismo; o interseccional; o social democrático; o comunista e o socialista; o comunitário; o LGBTQI+; e o descolonial. As chaves de leitura deste estudo são, em primeiro lugar, o feminismo descolonial (Lugones) e, depois, o interseccional (Fraser).

Foi analisada a questão da mulher, em geral, nas angulações normativas e históricas. Inventariou-se a normatividade feminina no mundo (método dedutivo) e no Brasil (método indutivo), incluindo a questão da infomisoginia (*chans*, MRAs, *incels*). Na sequência, analisaram-se as quatro grandes fases do movimento feminista. Foi feita pesquisa estatística que *comprova* as discriminações sofridas pela mulher no Brasil em quatro recortes: remuneração (redistribuição), feminicídios, mídia (reconhecimento) e representatividade (Poder Legislativo). Realizaram-se pesquisas bibliográficas e estatísticas sobre a situação do gênero feminino feitas pela Organização das Nações Unidas (ONU), pela Organização Internacional do Trabalho (OIT), pelo Instituto de Pesquisa Econômica Aplicada (Ipea), pelo Instituto Brasileiro de Geografia e Estatística (IBGE) e pelo Conselho Nacional do Ministério Público (CNMP). Na conclusão, foram apresentadas proposições de ressignificações evolutivas de gênero no Brasil.

2. ANÁLISE DOS DEZ TIPOS DE FEMINISMO: DO CARREIRISMO BRANCO AO DESCOLONIAL

A presente pesquisa apresentará de maneira perfunctória (apesar de se reconhecer a prejudicialidade das categorizações analíticas do capitalismo separatista e desagregador), apenas para fins de reconhecimento crítico, os dez principais tipos de feminismo: o carreirismo branco; o neoliberal; o negro; o ecofeminismo, ou feminismo verde; o interseccional; o social democrático; o comunista e o socialista; o comunitário; o LGBTQI+; e o descolonial. Entretanto, vale fazer a ressalva de que vários tipos de feminismos se sobrepõem e se ligam, enquanto outros se opõem.

O feminismo carreirismo branco, ou de conveniência, ou *de perfumaria*, na verdade é uma fraude ao real movimento, porque tem como reais propósitos alavancar a carreira de específicas mulheres, em geral brancas, que reproduzem os motes da sociedade patriarcal, machista e excludente tanto internamente, ou seja, nas próprias casas oprimem empregadas domésticas, em regra, negras, quanto externamente, sendo refratárias à libertação das mulheres (especialmente pobres), negando-lhes direitos sociais fundamentais, notadamente os trabalhistas. A esses movimentos são apresentados os questionamentos: o que significa seu "*nós*, mulheres brancas"? Em que tipo de realidade vocês trabalham? Uma única? Lamentavelmente, é o mais recorrente hoje em dia, sobretudo em algumas bancadas religiosas de extrema direita que entendem que a forma de libertação das mulheres é justamente a de lhes tirar direitos e mantê-las em situações subalternizadas.

Este "feminismo" (na verdade, movimento de mulheres) aderiu ao PL n. 867/2015, "Escola Sem Partido", que visa negar as discriminações em geral e ao gênero feminino. Esse PL tem o objetivo de eliminar discussões religiosas, morais e sexuais do debate acadêmico e escolar, em oposição à jusfundamentalidade da liberdade docente e discente da CF/1988, art. 206, II, e da Convenção Interamericana para Prevenir, Punir e Erradicar a Violência contra a Mulher (Convenção de Belém do Pará), ratificada pelo Brasil, art. 8º, letra *b*:

> [...] b) modificar os padrões sociais e culturais de conduta de homens e mulheres, inclusive a formulação de programas formais e não formais adequados *a todos os níveis do processo educacional*, a fim de combater preconceitos e costumes e todas as outras práticas baseadas na premissa da inferioridade ou superioridade de qualquer dos gêneros ou nos papéis estereotipados para o homem e a mulher, que legitimem ou exacerbem a violência contra a mulher; [...]. (Organização dos Estados Americanos, 1994, grifo nosso).

O feminismo neoliberal alinha-se de certa forma ao carreirismo branco, porque propugna pela retirada de direitos trabalhistas às mulheres em geral, mas se diferencia deste, porque, além disso, pretende a retirada do Estado da maior parte das relações, deixando *ao mercado*, ou melhor, a transnacionais, grandes empresas nacionais e bolsa de valores o comando da economia (e do mundo) em um verdadeiro capitalismo sem peias, prevalecendo a lei do mais forte, a formação de cartéis, a ausência de direito de concorrência, o aumento da miséria dos empregados (e da população em geral), a volta do trabalho escravo (Miraglia, 2015) e infantil, a concentração brutal de renda, o aumento da correlata criminalidade (Wacquant, 2001), entre outros.Também é um movimento de cooptação do capitalismo de rapinagem.

O feminismo social democrático é aquele que, apesar de não propor a mudança do sistema capitalista (este é o feminismo comunista, ou socialista), entende que é mais necessária do que nunca a presença do Estado como regulador das relações jurídicas, trabalhistas, econômicas e, notadamente, a distribuição forçada de renda pela forte presença de um Direito do Trabalho com densa, progressista e expansiva proteção social.

O feminismo negro tem em Djamila Ribeiro (2017), acadêmica e filósofa brasileira, uma referência (criadora da teoria do *lugar de fala*, que, aliás, dialoga em parte com uma música de outra ativista negra, Elza Soares, *O que se cala*). Cita-se também a professora e filósofa americana Angela Davis (2019), que propugna pela confluência das questões de gênero com raça e cor, com prevalência nestas. Em suma, Ribeiro defende que a negativa de discriminação de raça da mulher branca ocorre devido a diferentes *modus vivendi*, ou de *lugar de fala*, com relação à negra.

O feminismo verde também visa ao feminismo de convergência pelo cruzamento da questão de gênero com questões ambientais. Este artigo entende que esses dois últimos feminismos de convergência são extremamente necessários, até porque, na historicidade do feminismo, na gênese, verificar-se-á que ele nasceu exitosamente da convergência entre trabalhistas e sufragismo[1].

O feminismo interseccional tem em Nancy Fraser (FRASER; HONNETH, 2003), filósofa americana, um paradigma que também é de convergência. Defende que há um verdadeiro cruzamento de várias questões discriminatórias como que em camadas: há tanto discriminação de gênero quanto de raça e cor, classes sociais, entre outras, agudizando no cruzamento destas camadas a discriminação. Ela inclui em sua teorética uma tríplice angulação para verificação da posição das minorias (gênero feminino): a questão da representatividade (em todas as esferas de poder), a redistribuição (material) e o reconhecimento (não como forma de homogeneidade, e sim de consciência interna do grupo discriminado sobre sua situação).

O feminismo comunitário e revolucionário surgiu na Bolívia, tendo uma das matrizes em Julieta Paredes Carvajal (2018), poeta e ativista boliviana (além de Yuderkis Mimosa e Ochy Curiel, da República Dominicana), e tem como bases a destituição do patriarcado, a defesa, sobretudo nos países colonizados, de repúdio à globalização como farsa (SANTOS, 2015) e a valorização do localismo para preservar as relações comunitárias, os saberes e as práticas locais de cultivo, tecelagem, de cosmos e religiosidade. Critica a epistemologia eurocêntrica, "moderna" e ocidental, e busca o comunitário ao revés do individual como objetivo. Elas entendem que a Bolívia tem que fazer seu próprio feminismo e que será este que incluirá os homens.

O feminismo LGBTQI+ tem como principal referência a filósofa americana Judith Butler (2003) e Jack Halberstam. Aquela defende: que o sexo não seja visto como dual,

---

1. Vide filmografia: As Sufragistas: mães, filhas, revolucionárias. Direção de Sarah Gavron. Reino Unido: Universal Pictures, 2015. 1 vídeo (107 min).

e sim múltiplo; que o que cria gênero é comportamento; o direito da mulher ao prazer, seu direito de escolha; o direito de lésbicas, gays, bissexuais e transexuais à sua não objetificação, à valorização de sua liberdade de adotar o comportamento que reputar conveniente; e que a mulher não tenha que se portar do modo ditado pela sociedade machista e patriarcal para ser respeitada, sendo até culpabilizada por estupros (LOURES, 2016).

O feminismo descolonial tem em Maria Lugones (2014), argentina, professora da Universidade de Binghamton (NY), e em Rita Laura Segato (PEREIRA, 2007), argentina, antropóloga e professora da Universidade de Brasília (UnB). Lugones propugna pela análise da colonialidade (sistema de poder capitalista no mundo) e da consequente desumanização do colonizado, e, sobretudo, da mulher colonizada, trabalhando a interseção de questões de gênero com as várias marcas deixadas na América Latina e no Caribe pela colonização, sustentando que esta não é apenas um *locus* físico, mas sobretudo uma captura da (inter)subjetividade; defende que os colonizados se mantêm num estado de subalternidade, clarificando que as mulheres brancas colonizadoras (de forma recorrente) eram guardiãs do sistema patriarcal, o que se reflete até hoje, em especial nas mulheres da classe média e da alta que continuam a oprimir as mulheres pobres (em regra, negras) e negam a existência de qualquer discriminação de gênero.

A autora trabalha com a dicotomia humano (colonizado europeu) e inumano (colonizados) – em que os colonizados são considerados aberrações pelo colonizador branco, perfeito, e as mulheres, inversões de virago objetificadas às quais são negados a legitimidade, a voz, o sentido e a visibilidade – e as consequências atuais desta cisão. Entende que os construtos centrais de capitalismo mundial se assentam na tríade opressão: de gênero racializada, sexualizada e de classe (há contratos no capitalismo de dominação racial e sexual). Este artigo não pode deixar de citar o *Whiteman Burden*, "o fardo do homem branco" colonizador e a conjugação do colonialismo, do imperialismo, do "Estado de Direito" e da civilização dos "bárbaros" como pressupostos inclusivamente do nazismo (MATTEI; NADER, 2013).

Este estudo defende que sejam desmascarados e denunciados os "feminismos" de farsa (movimento de mulheres de rapinagem – *rape*, estupro, em inglês) e que haja ressignificação dos reais movimentos feministas, que devem ser de convergência: os feminismos negro, verde, interseccional, social democrático, descolonial, entre outros.

3. BREVE INVENTÁRIO JURÍDICO DA NORMATIVIDADE CONCERNENTE À MULHER NO MUNDO E NO BRASIL

Inicialmente, a presente pesquisa objetivou um breve inventário jurídico do tratamento normativo dispensado à mulher, com metodologia de pesquisa bibliográfica e estatística, tendo sido feita a pesquisa no mundo (método dedutivo) e no Brasil (método indutivo). Os códigos foram escolhidos por critério de preponderância, e não por linearidade temporal. Existem relatos de algumas sociedades matriarcais nas famílias bárbaras, poliândricas (Engels, 2014); entretanto, na antiguidade, a sociedade era essencialmente patriarcal para todas as normatividades antigas: os Dez Mandamentos, a Lei das Doze Tábuas e o Código de Hamurabi, nos quais a mulher é objetificada a ponto de literalmente constar *na lista de bens do marido*. Nos Dez Mandamentos (ALBERGARIA, 2012), ela aparece junto a casa, servos, bois e jumentos do marido:

> Não terás outros deuses além de mim. [...] Honra teu pai e tua mãe, a fim de que tenhas vida longa na terra que o Senhor, o teu Deus, te dá. Não matarás. Não adulterarás. Não furtarás. [...] Não cobiçarás a casa do teu próximo. Não cobiçarás a *mulher* do teu próximo, nem seus *servos ou servas*, nem seu *boi ou jumento*, nem *coisa alguma* que lhe pertença. (Grifos nossos)

O Código de Hamurabi (ALBERGARIA, 2012), que é considerado o documento jurídico mais importante do mundo antigo, antes da Grécia Antiga (séculos XIII e XVII a.C.), previa que, se a mulher tivesse comportamento defeituoso, ou não fosse virgem, poderia ser morta pelo marido, perdoada ou devolvida ao pai (cap. IX e cap. X, n. 129). Na Lei das Doze Tábuas (ALBERGARIA,, 2012), base do Direito Romano (450/451 a.C.), a mulher ou aparece também como sujeita ao poder do marido ou como insana (Tábuas 6ª e 10ª), e o pátrio poder tem a extensão de vida e morte dos filhos (Tábua 4ª).

Em âmbito mundial, a gênese do chamado *8 de março*, Dia Internacional da Mulher, data de 8 de março de 1857, quando houve uma greve de mulheres em Nova York, na fábrica Cotton, reivindicando licença-maternidade e jornada diária de 10 horas. Os policiais atearam fogo, e 129 operárias foram queimadas. Esse movimento ficou conhecido como *trabalhismo* e teve convergência com o *sufragismo*, no qual as mulheres pleiteavam direito ao voto. O *8 de março* das mulheres antecedeu em 29 anos o chamado *1º de maio* (Dia Internacional do Trabalhador), cujas origens também foram de outra greve, de homens e mulheres, ocorrida em 1º de maio de 1886, em Chicago, que objetivava a redução de jornada para 8 horas/dia e resultou em prisões e morte por enforcamento de grevistas.

No Brasil, o Código Civil de 1916, no art. 6º, considerava a mulher relativamente incapaz, sendo equiparada aos menores, aos pródigos e aos silvícolas. Seus atos precisavam da validação do pai (quando solteira) ou do marido (quando casada), e, pelo art. 242, precisava de autorização marital para trabalhar. Somente em 1932, com a reforma do Código Eleitoral, as mulheres conquistaram o direito ao voto no Brasil (o que se efetivou em 1946 com o voto feminino obrigatório), direito alcançado a partir de ações desde políticas até armadas de sufragistas como Elvira Kolmer (GAMA, 1987), advogada, que com 23 anos arregimentou e liderou batalhão armado, em 1930, com alistamento de 8 mil mulheres. Também se destaca a ação da sufragista e trabalhista Bertha Lutz (ABREU *et al.*, 2001), que lutou pela educação e pelo sufrágio feminino, foi deputada federal, defendeu licença-maternidade de três meses (à época, 1936), jornada de 13 horas para mulheres, igualdade remuneratória com homens, entre outros.

O art. 6º do Código Civil de 1916, a partir da conquista do direito ao voto feminino, foi alterado pela Lei n. 4.121, de 27 de agosto de 1962 (Estatuto da Mulher Casada), e pela Lei n. 6.515, de 2 de dezembro de 1977 (Lei do Divórcio).

Com a Constituição de 1988, foi ressignificada a questão de gênero. Após intensa luta capitaneada principalmente por movimentos feministas (BERTOLIN *et al.*, 2018), foi prevista constitucionalmente a igualdade entre os gêneros, em todos os âmbitos (art. 5º, I) e também na sociedade, que passa a ser, de patriarcal para familiar (art. 226,

§§ 5º e 8º). Seguindo essa base matricial, o Código Civil de 2002 promove a simetria entre mulheres e homens, na sociedade familiar e fora dela (arts. 3º, 4º, 1.571 e 1.631 a 1.634). Do mesmo modo se estabelecem duas relevantes convenções internacionais: a Convenção Interamericana para Prevenir, Punir e Erradicar a Violência contra a Mulher, concluída em Belém do Pará em 9 de junho de 1994 e promulgada pelo Decreto n. 1.973, de 1º de agosto de 1996, e a Convenção sobre a Eliminação de Todas as Formas de Discriminação contra a Mulher, de 1979, da ONU, promulgada pelo Decreto n. 4.377, de 13 de setembro de 2002, além das ratificações das Convenções 100 e 111, da OIT.

Na esfera do Direito do Trabalho, a Lei n. 9.029, de 13 de abril de 1995 (CLT, art. 373-A), estabeleceu vedação de práticas como: realização de exames de esterilidade como condição de admissibilidade, dispensa em virtude de gravidez, revistas íntimas, exigência de que a mulher a ser contratada tenha "boa aparência", entre outras. Contudo, os artigos da Lei n. 13.467, de 13 de julho de 2017, sobre compensação de jornada em condições insalubres, implicariam o aumento do desemprego feminino, em claro retrocesso na proteção da mulher. Também numa análise recente do Direito Penal (Código Penal de 1940), observa-se que era recorrente o uso da expressão *mulher honesta*, não no sentido de mulher que cumpre suas obrigações de cidadã, quita suas dívidas, entre outras características, mas sim aquela que se comporta da maneira como a sociedade patriarcal define, submetendo-se a valores preconceituosos naturalizados. Tal expressão inacreditavelmente esteve inscrita na legislação brasileira até o advento da Lei n. 12.015, de 7 de agosto de 2009 (ou seja, por 69 anos!), quando, finalmente, crimes contra mulheres deixaram de ser avaliados tendo em conta pretensa honestidade da vítima.

Ainda na ótica do Direito Penal, como já mencionado, o Brasil ratificou a Convenção Interamericana para Prevenir, Punir e Erradicar a Violência contra a Mulher, concluída em Belém do Pará, a Convenção sobre a Eliminação de Todas as Formas de Discriminação contra a Mulher, de 1979, da ONU, tendo sido acionado por inúmeros casos de agressões à mulher, inclusivamente ocorridos com Maria da Penha Maia Fernandes, os quais, levados à Corte Interamericana, impulsionaram a aprovação da Lei n. 11.340, de 7 de agosto de 2006 (Lei Maria da Penha), e, posteriormente, tendo sido acionada a ONU com denúncia de que o Brasil tinha passado em 2013 do nada honroso 7º lugar em feminicídios para o vergonhoso 5º lugar mundial, foi aprovada a Lei n. 13.104, de 9 de março de 2015 (Lei do Feminicídio).

4. A INFOMISOGINIA: MEN'S RIGHTS ACTIVISTS (MRAS), MASCULINISTAS (*MASCUS*) E *INVOLUNTARY CELIBATES* (*INCELS*)

A misoginia na era digital da Quarta Revolução Industrial se alastrou, com a terminologia de *infomisoginia*, valendo-se sobretudo do anonimato e da facilidade de cooptação de seguidores no mundo, através dos *chans* (diminutivo de *channel*, canais da internet da *web* profunda ou *deep web*), que hospedam comunidades compostas por homens supremacistas de gênero (masculino) e de cor (brancos) com as características: ódio às mulheres – em especial negras, ou simplesmente empoderadas –, crise de masculinidade, espetacularização da violência. Considere-se notadamente que o homem (e não a mulher) é o oprimido pela sociedade atual.

Esses *chans* e grupos têm vários nomes, tais como o *Red Pill* e o *Men's Rights Activists* (MRAs) (ZUCKERBERG, 2018). Há até os mais agressivos *incels* (*involuntary celibates*), mais comuns nos EUA, mas que têm migrado para o Brasil com o nome Masculinistas (*mascus*). Seus membros usam da infomisoginia agressiva, que em resumo vai desde "manuais de sedução", aparentemente ligados ao filósofo Ovídio, até "manuais de estupro" de mulheres, ataque à reputação mediante criação de perfis falsos de mulheres na internet, com o propósito de atribuir-lhes prática de abortos de fetos masculinos, castração, entre outras, chegando ao ponto de incentivar a realização de chacinas. Pesquisadora de estudos clássicos, Donna Zuckerberg realizou estudo sobre esse submundo e causou espécie ao divulgar um número imenso de homens membros de *incels*.

No Brasil, a misoginia digital, assim como nos EUA, vem crescendo exponencialmente, sendo uma prática constante contra inúmeras mulheres, em especial mulheres negras e que ocupam cargos de poder, tais como Dolores Aronovich Aguero (Lola Aronovich), professora de Literatura Inglesa da Universidade Federal do Ceará e ativista feminista, que foi perseguida e ameaçada por grupos misóginos com práticas de infomisoginia[2]. Após intensa luta política, foi promulgada a Lei n.13.642, de 3 de abril de 2018 (*Lei Lola*), de combate à misoginia digital, atribuindo à Polícia Federal (PF) a investigação de crimes que propaguem ódio ou aversão às mulheres. As operações da PF "Bravata" e "Intolerância" culminaram em prisões, inclusive do agressor digital da professora. A polícia ligou o massacre da Nova Zelândia[3] a esses grupos de *incels* e já está em fase adiantada de investigações do liame dos *mascus* ao Massacre de Suzano, no Brasil[4].

5. AS FASES DO MOVIMENTO FEMINISTA NO MUNDO E NO BRASIL E PESQUISA ESTATÍSTICA NO DIREITO DO TRABALHO, NO DIREITO PENAL E NO PODER LEGISLATIVO BRASILEIRO

Com o uso de técnica inicialmente analítica e, ao final, sistêmica, será feita a análise das fases do movimento feminista, o qual se divide em quatro grandes marcadores históricos não lineares, e sim preponderantes, e se sujeita a retrocessos constantes. Tal análise será realizada primeiramente no panorama mundial e em seguida na realidade do Brasil. Marshall (1967) defendia existir uma ordem de conquista de direitos: em primeiro lugar, seriam os civis, após, viriam os políticos e, doravante, os sociais. A primeira fase do movimento feminista teve início no final do século XIX e durou até 1945, tendo como principais focos: o direito ao voto feminino (Sufragistas), o direito a salário igual pelo mesmo trabalho realizado pelo homem, o direito à educação para

---

2. Disponível em: [https://www.viomundo.com.br/denuncias/blogueira-lola-aronovich-e-ameacada-por-membros--de-forum-que-dois-assassinos-de-suzano-frequentavam-veja-mensagens.html]. Acesso em: 07.04.2019.
3. Disponível em: [https://www.correiobraziliense.com.br/app/noticia/mundo/2019/03/18/interna_mundo,743594/apos-massacre-nova-zelandia-vai-restringir-acesso-as-armas-de-fogo.shtml]. Acesso em: 07.04.2019.
4. Disponível em: [https://www.dw.com/pt-br/os-massacres-de-christchurch-e-suzano-e-o-lado-obscuro-da-internet/a-47945454]. Acesso em: 07.04.2019.

as mulheres, entre outras conquistas. No Brasil, por pesquisa estatística com base em dados secundários tanto do Direito do Trabalho (angulação *remuneração*) quanto do Direito Penal (angulação *feminicídios*) e do Poder Legislativo (angulação *representatividade*), comprova-se a permanência, até os tempos atuais, de grave assimetria entre os gêneros em todos os aspectos abordados. Nas eleições de 2018, apesar de as mulheres serem quase 52% da população, não se atingiu na última legislatura 15% de representatividade.

Tabela 1 • Presença feminina no Legislativo – 2018
(Câmara dos Deputados, Senado Federal e Estado de Minas Gerais)

Casa	Total de Parlamentares	Homens	Mulheres	Percentual de Representação Feminina
Câmara dos Deputados	513	436	77	15%
Senado Federal	81	70	11	13,6%
Legislativo de Minas Gerais	Total de Parlamentares	Homens	Mulheres	Percentual de Representação Feminina
Deputados Federais	53	49	4	7,5%
Deputados Estaduais	77	67	10	13%
Senadores	3	3	0	0%

As conclusões são de que o Brasil ocupa a 115ª posição no *ranking* mundial de presença feminina no Parlamento entre os 138 países analisados pelo Projeto Mulheres Inspiradoras[5], com base no banco de dados primários do Banco Mundial (Bird) e do Tribunal Superior Eleitoral (TSE).A representação feminina no Legislativo do Brasil é uma das piores do mundo, ficando atrás de Ruanda.

No que concerne à segunda grande pauta da primeira fase do movimento feminista – remuneração igual para trabalho de gênero igual –, em 2015, as mulheres recebiam em média 72,7% do que era pago para os homens, de acordo com o IBGE (Brasil, 2017). Segundo o Banco Mundial, o Brasil é um dos piores países do mundo no quesito diferença de renda entre homens e mulheres[6], o que é corroborado pela OIT[7]. Estudos realizados também pelo IBGE em 2018, denominados Sistema Nacional de Informações de Gênero (SNIG), comprovam a dupla e tripla jornadas feminina, ou seja, a *divisão sexual do tempo do trabalho*:[8]

---

5. Disponível em: [http://www.marlenecamposmachado.com.br/documentos/pesquisa-presenca-feminina-noparlamento.pdf]. Acesso em: 14.03.2018.
6. Disponível em: [http://www.worldbank.org/content/dam/Worldbank/Event/Gender/GenderAtWork_web2.pdf]. Acesso em: 04.03.2018.
7. Disponível em: [www.ilo.org/global/about-the-ilo/newsroom/news/WCMS_6195 50?lang=es]. Acesso em: 17.04.2019.
8. Disponível em: [https://biblioteca.ibge.gov.br/visualizacao/livros/liv101551_infor mativo.pdf]. Acesso em: 15.04.2019.

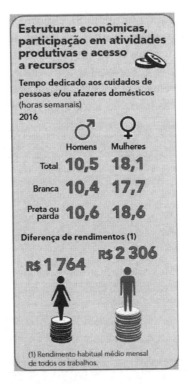

Fonte: IBGE, Diretoria de Pesquisas

E por que isso ocorre? A hipótese levantada por esta pesquisa (e que será provada no item seguinte, que trata da segunda fase do movimento feminista) é de que basicamente são três os motivos. Primeiro, porque é somente a mulher que goza do direito de licença ampla para os cuidados iniciais com filhos e filhas (licença à gestante – de 120 a 180 dias). A licença ao pai, em regra, é ínfima (de 5 a 20 dias). Segundo, porque é senso comum que cabe à mulher, e "naturalmente" somente a ela, todos os cuidados para com os filhos e a casa (TEODORO, 2016). Esses dois motivos fazem com que ela tire licença à gestante, tenha menos tempo disponível para o empregador, não possa fazer amiúde horas extras, entre outras condições laborais, o que culmina no seu menor potencial de contratação, na sua menor remuneração e, de forma muito recorrente, no subemprego e trabalho informal para conseguir dar conta dessas duplas e triplas jornadas. Essa divisão sexual do tempo de trabalho doméstico/familiar entre os gêneros no Brasil, sobrecarregando a mulher, diminui sua remuneração, sua independência e perpetua o *ciclo feminino geracional da pobreza*. Um terceiro fator, que deve ser apontado por sua relevância, é a não ratificação pelo Brasil da Convenção 156, da OIT, que prevê tratamento legal diferenciado em favor do trabalhador e da trabalhadora com obrigações familiares, e aborda a falta de responsabilidade do Estado na manutenção de creches e escolas para afiançar que a mulher possa sair para trabalhar sem temores de que seus filhos estarão sem amparo, ou, como ocorre no Brasil (em franco descumprimento ao art. 212, CF/1988), em perigo, notadamente para as famílias de baixa renda.

Com efeito, além do trabalho remunerado, externo (produtivo), as mulheres acumulam a maior parte do trabalho reprodutivo, não remunerado (lar e filhos), validando a tese da divisão sexual do tempo do trabalho *in pejus* da mulher. Em 2016, o IBGE[9] indicou que a mulher, em média, tem pelo menos o dobro de horas por semana gastas com o cuidado para com o lar e os filhos. Para a demonstração desta hipótese, a *Tabela 2* traz provas das duplas e triplas jornadas femininas no Brasil:

Tabela 2 - Número médio de horas semanais dedicadas aos cuidados de pessoas e/ou afazeres domésticos das pessoas de 14 anos ou mais de idade, na semana de referência, por sexo, com indicação do coeficiente de variação, segundo características selecionadas - 2016

Características selecionadas	Horas semanais dedicadas aos cuidados de pessoas e/ou afazeres domésticos											
	Pessoas de 14 anos ou mais de idade						Pessoas ocupadas de 14 anos ou mais de idade					
	Total		Sexo				Total		Sexo			
			Homens		Mulheres				Homens		Mulheres	
	Média	CV (%)	Média	CV (%)	Média	CV (%)	Média	CV (%)	Média	CV (%)	Média	CV (%)
Brasil	16,7	0,4	11,1	0,5	20,9	0,4	14,1	0,5	10,5	0,6	18,1	0,5
Norte	15,5	1,1	10,5	1,4	19,4	1,2	13,2	1,3	10,2	1,5	17,2	1,5
Nordeste	17,5	0,6	11,0	0,8	21,8	0,6	14,6	0,7	10,5	0,9	19,0	0,7
Sudeste	17,1	0,8	11,4	1,0	21,4	0,8	14,4	0,8	10,7	1,0	18,4	0,9
Sul	16,0	0,7	11,0	0,9	19,9	0,8	13,6	0,8	10,3	1,0	17,3	0,8
Centro-Oeste	15,0	1,2	10,0	1,6	18,9	1,3	12,9	1,3	9,6	1,7	16,7	1,3
Cor ou Raça												
Branca	16,6	0,6	11,0	0,7	20,6	0,6	13,9	0,6	10,4	0,8	17,7	0,7
Preta e Parda	16,9	0,4	11,1	0,6	21,2	0,5	14,3	0,5	10,6	0,7	18,6	0,6
Grupos de idade												
14 a 29 anos	13,9	0,7	9,5	0,9	17,3	0,7	12,6	0,9	9,6	0,9	15,8	1,1
30 a 49 anos	17,4	0,5	11,3	0,7	22,2	0,5	14,7	0,6	10,9	0,7	18,8	0,6
50 a 59 anos	18,2	0,6	11,4	0,9	23,2	0,6	14,5	0,7	10,5	0,9	19,2	0,8
60 anos ou mais	18,4	0,6	13,0	0,9	22,0	0,7	14,2	1,0	10,8	1,3	19,3	1,3

Fonte: IBGE. Pesquisa Nacional por Amostra de Domicílios Contínua, 2016, consolidado de quintas entrevistas.

Notas:

1. Calculado apenas para as pessoas que declararam ter feito atividades de cuidados de pessoas e/ou afazeres domésticos na semana de referência.

2. Exclusive as pessoas sem declaração das horas dedicadas às atividade de cuidados de pessoas e/ou afazeres domésticos na semana de referência.

Pelo exame dos dados, constata-se que, sob os dois grandes motes da primeira fase do movimento feminista, o Brasil ainda não atingiu os objetivos pretendidos pelas trabalhistas e sufragistas.

A segunda fase do movimento feminista deu-se dos idos do final da década de 1960 até 1990, tendo referenciado a figura da filósofa Simone de Beauvoir (*O segundo sexo*, 2009), apesar de o livro mencionado ter sido publicado em 1949, este passou a ser usado como base matricial apenas na segunda fase do movimento, sendo notável o corte promovido por ela entre dois conceitos diversos: sexo e gênero. A autora clarificou que sexo é o biológico (homem e mulher), e gênero é a *construção complexa histórica* do "papel fixo" da mulher na sociedade nos vieses social, cultural, político, econômico, entre outros. Contudo, até o advento da obra de Beauvoir, havia a "transposição automática" de caracteres (pseudobiológicos ou de biologismo de má-fé) – de *sexo para gênero* (BEAUVOIR, 2018) no seguinte senso: sexo homem, o macho, é ativo, detentor da força, da razão, liderança, dominação; por sua vez, a mulher, a fêmea, seria a passiva, detentora da fraqueza, emoção, irracionalidade, submissão, função básica de matriz.

Esses conceitos pseudobiológicos (SANTOS, 2019) foram "assimilados" pelo gênero. O masculino teria o papel de domínio (ou liderança) social, político, econômico e cultural, trabalho externo, remunerado e reconhecido, e papel principal. O feminino

---

9. Disponível em: [https://www.ibge.gov.br/estatisticas-novoportal/multidominio/genero/20163-estatisticas-de-genero-indicadores-sociais-das-mulheres-no-brasil. html?=&t=resultados]. Acesso em: 07.04.2019.

teria a função de parideira, de mãe, voltada ("naturalmente", ou pela "vontade de Deus") aos cuidados com a prole, com a casa, com ausência de papéis (ou parca presença) nos vieses político, econômico e cultural, ou seja, situação de opressão ou subalternidade. O trabalho que caberia a ela seria naturalmente o labor dentro de casa, não remunerado, invisibilizado, secundário. Tanto isso é verdade que, mesmo quando a mulher obteve o direito de trabalhar fora de casa (exceto a negra, que desde sempre laborou como escrava), ela manteve no Brasil a dupla jornada e a tripla jornada (cuidado com filhos e casa), pouco dividindo com os homens, conforme dados de 2018 do IBGE[10].

Beauvoir demonstrou o erro da naturalização dos "papéis fixos" de gênero. Para ela, a superação desses papéis depende do preenchimento, por homens e mulheres, dos pressupostos: controle de natalidade (felizmente a pílula anticoncepcional foi inventada em 1960), oferta igualitária[11] de oportunidades educacionais[12], de saúde e, notadamente, *de liberdade de escolha*. Com o preenchimento desses pressupostos mínimos, qualquer dos sexos pode – e deve – ocupar o protagonismo em espaços políticos, econômicos, culturais e sociais. Nessa segunda fase, em âmbito mundial, foram teorizadas (SAFFIOTI, 1986) as diversas faces da opressão da mulher, tendo sido criados fóruns de discussões, horizontalizados, com propósitos de evolução, em parte efetivados no Brasil, que usaram emblemas como "Quem ama não mata" em resposta ao vetusto e recorrente "Matar em legítima defesa da honra" (SAFFIOTI, 1986).

Tais discussões se expandiram nas universidades (BITTENCOURT, 2015), incluindo o temário de gênero na pauta do governo, passando-se a exigir políticas públicas em favor das mulheres na saúde, na educação dos filhos e no combate à violência. Nas teorizações dessa onda, surgiu o Feminist Legal Studies (ASSIS, 2017), na década de 1980, na Austrália, nos Estados Unidos, entre outros países, o qual sustentava que a perspectiva analítica do gênero é uma estrutura social importante para produção ou destruição do Direito.

Nos EUA, apesar de ter sido assegurado o direito a sufrágio com a 15ª Emenda, em 1870, a todo cidadão americano (o direito de voto dos cidadãos não poderia ser negado ou cerceado pelos Estados Unidos, nem por qualquer Estado da federação, seja por motivo de raça, cor, seja por prévio estado de servidão), a Suprema Corte norte-americanos entendeu que essa emenda não se aplicava às mulheres, com interpretação conservadora, patriarcal e discriminatória. Apenas com a 19ª Emenda, em 1920, é que, após muitas lutas, as sufragistas, feministas obtiveram esse direito, ou seja, 50 anos depois: "o direito de voto dos cidadãos dos Estados Unidos não será negado ou cerceado em nenhum Estado em razão do sexo".

Notadamente no Brasil, desde o século XIX, o conceito de *privacidade* emergiu não apenas como um meio de proteção individual, mas muito mais como forma de que empresas e famílias ficassem infensas à aplicação das leis. Nessa realidade, foram criados os ditos populares que tanto prejudicaram a defesa da mulher vítima de violência, como

---

10. Disponível em: [https://biblioteca.ibge.gov.br/visualizacao/livros/liv101551_infor mativo.pdf]. Acesso em: 15.04.2019.
11. Disponível em: [https://biblioteca.ibge.gov.br/visualizacao/livros/liv101551_infor mativo.pdf]. Acesso em: 15.04.2019.
12. Sobre a falta de educação às mulheres, vide filmografia: DAUGHTERS of destiny. Direção de Vanessa Roth. EUA: Netflix, 2017. 4 vídeos (240 min).

"em briga de marido e mulher ninguém mete a colher". Na Grécia antiga, apesar de a lei ter sido uma conquista como um comando a ser obedecido por todos, vigorava a "Lei do Pai", Lei de Oikos (LORENTZ; SOUZA, 2008), que permitia ao pai, dentro de casa, decepar, mutilar e até matar. No Brasil, muitos séculos após, a casa da mulher é o lugar onde se correm mais riscos de sofrer violência, sendo o País o que ostenta o vergonhoso 5º lugar no mundo em feminicídios ("violência doméstica"), segundo a ONU[13]. Essa taxa só é menor que as de El Salvador, Colômbia, Guatemala e Rússia.

A terceira fase, ou Pós-Feminismo (BARBOSA; LAGE, 2015), que ocorreu nos anos 1980/90, implicou uma conduta crítica àsegunda fase, ao conceito homogêneo de ser mulher, sustentou a multiplicidade de diferenças internas de sexualidade, raça, classe social, entre outros marcadores sociais, ou seja, propugnou a diferença na igualdade, o feminismo plural. Também havia uma crítica muito incisiva em face do patriarcalismo e do assistencialismo estatal. Essa fase marcou um declínio do movimento feminista, notadamente no Brasil, no qual o neoliberalismo atua na destruição de movimentos coletivos (notadamente sindical e feminista) e direitos sociais arduamente conquistados pelos trabalhadores do segundo quartel do século XIX.

Em suas pesquisas, Delgado (2006) descreve os motivos de gênese do neoliberalismo, em síntese: ausência de contraponto político (o fim do comunismo e do movimento sindical revolucionário); uma frontal perseguição ao movimento sindical operário (BAUMAN, 2008); alterações econômicas (hegemonia do capi- tal especulativo, bancos e bolsas de valores), culturalmente, pelo individualismo e escolha do consumo como propósito de vida (DEBORD, 1997); uso da mídia como forma de alienação e fragmentação social (CHOMSKY, 2013). Tal fase atingiu o Brasil, com efeitos impactantes dessa terceira onda, notadamente a redução das políticas públicas em favor da mulher, a parca escolarização, a falta de horário integral das crianças em escolas, entre outros, ou seja, houve redução do espaço público de assistência aos filhos, o que, novamente, agrava a dupla e tripla jornada da mulher, trazendo como resultado seu trabalho parcial e precarizado, bem como o trabalho de crianças (para suprir a falta de renda familiar), a criminalidade infantil e tantas outras consequências nefastas.

A quarta onda do feminismo, em curso, tem as seguintes características: critica o código binário de Beauvoir de sexo (homem e mulher) e gênero (masculino e feminino), sendo possíveis outros tipos enquadráveis pelo desejo, pela transexualidade, pelo *queer* (reconhecimento LGBTQI+), sem bases predeterminadas de sexualidades, sendo esta onda capitaneada pelo pós-estruturalismo francês e pelos estudos de Judith Butler, Eve Kosofsky Sedgwick e Jack Halberstam; propugna pelo *positive body*, por novas conformações estéticas, para além dos padrões de beleza e magreza ditados pelo machismo. Essa fase está ligada à antimisandria e objetiva o protagonismo do direito da mulher ao prazer, à sua não objetificação, valorizando sua liberdade de adotar o comportamento que reputar conveniente e chancelando que ela não tenha que se comportar da maneira ditada pela sociedade machista e patriarcal para ser respeitada, e que não seja culpabilizada por estupros (LOURES, 2016).

---

13. Disponível em: [https://nacoesunidas.org/onu-feminicidio-brasil-quinto-maior-mundo-diretrizes-nacionaisbuscam-solucao/]. Acesso em: 15.04.2019.

Isso ocorreu na Marcha das Vadias[14], movimento pelo fim da violência de gênero e da culpabilização da vítima de agressão sexual que se iniciou na Universidade de Toronto, Canadá, em 2011, quando, nesta universidade, após a ocorrência de vários estupros, foi chamada a polícia e esta disse que não haveria tantos casos se as estudantes não se comportassem como vadias. No dia seguinte, em 3 de abril de 2011, aconteceu a primeira Slutwalk, uma passeata pelo fim da culpabilização da vítima em casos de agressão sexual. No Brasil organizou-se, no mês seguinte, a Marcha das Vadias, movimento de enfrentamento à violência doméstica. Usou-se a força da polêmica da semântica da palavra *vadia* para ressignificá-la no senso que fugiria ao modelo da sociedade machista.

Esta quarta fase também não foi plenamente atingida pelo Brasil, o que se percebe pelos índices alarmantes tanto de feminicídios (já citados) quanto de homicídios e preconceito aos LGBTQI+, bem como pelo comportamento incessante da mídia no sentido de objetificar a figura feminina. Além disso, no Ministério Público Brasileiro (MPB), o Conselho Nacional do Ministério Público (CNMP), pela pesquisa *Cenários*[15], desvelou imensas assimetrias: verifica-se que, quanto mais alto o posto, menor é a representação feminina. Esta análise é reveladora da dificuldade que as mulheres enfrentam para alcançar espaços de poder. Isto porque as assimetrias de tratamento da mulher, no Brasil, já comprovadas nos outros tópicos no macrossistema brasileiro, refletem-se no microssistema (FOUCAULT, 2001) no MPB.

Tais dados só confirmam os dados gerais já descritos, de dupla e tripla jornadas femininas, que foram naturalizadas, bem como a discriminação sofrida pelas mulheres, o que, para Bourdieu, em resumo, é a *dominação masculina* em todas as estruturas sociais e de atividades produtivas e reprodutivas, sendo estas baseadas em uma divisão sexual do tempo trabalho de produção e de reprodução biológica e social (BOURDIEU, 2002). Urgem a desnaturalização de papéis de gênero (ADICHIE, 2015) e a tomada de consciência de que o movimento feminista defenda (WOOLF, 2016) que as únicas diferenças entre gêneros são as biológicas e que todas as demais foram forjadas historicamente (COMPARATO, 2005), artificialmente construídas, e devem ser transformadas.

6. PROPOSIÇÕES

Em termos de proposições gerais, propugna-se que o Brasil ratifique a Convenção 156, da OIT (e a Recomendação 165, também da OIT), que trata da questão dos empregados com obrigações familiares, que devem ter tratamento diferenciado (OIT, 2009)[16], até porque em 2009, segundo a OIT (OIT, 2009, p. 42-44), um terço das famílias na América Latina eram providas apenas por mulheres, com projeção de aumento, em

---

14. Disponível em: [https://marchadasvadiascwb.wordpress.com/conheca-a-marcha/ porquevadias/]. Acesso em: 25.07.2018.
15. Disponível em: [http://www.cnmp.mp.br/portal/images/20180622_CEN%C3%81RIOS_DE_G%C3%8ANERO_v. FINAL_2.pdf]. Acesso em: 15.04.2019.
16. A OIT recomenda licença para cuidar de filhos doentes (ou para emergências familiares), adoção da licença parental, horários flexíveis e prestações de serviços educacionais pelo Estado. No Chile, 30% do salário das empregadas de 18-24 anos é pago pelo Estado (OIT, 2009, p. 21, 31 e 50).

2019, para 51% destas famílias monoparentais sustentadas apenas por mulheres (em detrimento das biparentais).

Outra medida necessária seria a publicização, para fins de boicote econômico e social, das condenações de pessoas físicas ou jurídicas por assédio moral, sexual, agressões, discriminação por gênero, entre outras formas de violências. Vale lembrar que, em 2017, em Charlottesville, Virginia (EUA), três negros foram mortos na jornada de violência provocada por grupos racistas. Usou-se a informática contra a discriminação, através do site Yes, You're Racist, que tirou fotos dos nazistas e as enviou para seus contatos pessoais obtidos no Facebook, empregador, família, amigos, usando de informações dos racistas em suas próprias páginas da internet. O resultado foi devastador para os racistas! O movimento feminista também precisa dar transparência e, para isto, *ter acesso às condenações* por práticas machistas, assédio moral, sexual, discriminação de remuneração, entre outras.

Nesse sentido ainda, a criação da licença parental (LORENTZ, 2019) – na linha da Convenção sobre a Eliminação de Todas as Formas de Discriminação contra a Mulher, de 1979, da ONU, e do Decreto n. 4.377, de 13 de setembro de 2002, arts. 5°, *b*, e 11, 2, *c*, com alteração da licença-maternidade do art. 7°, XVIII, CF/1988, de 120 (ou 180) dias –, que não deveria ser concedida exclusivamente à mulher, e sim a qualquer dos pais. Na Dinamarca, desde 1980, já ocorre a chamada licença extensiva ao pai, ou seja, da licença após o parto de 24 semanas, após a 14ª semana, quem pode gozá-la é o pai (conforme escolha do casal). Igualmente, na França, há a licença parental desde 1991 (BARROS, 1995), com ressignificação da leitura dos arts. 7°, XIX, e 10, § 1°, ADCT, CF/1988, para licença parental, à escolha da mãe ou do pai. A licença parental já é adotada por vários países, sendo dividida de forma obrigatória entre homens e mulheres, dentro de parte do período total em países como Portugal e Suécia[17]. Tal medida iria conferir democratização e horizontalidade à sociedade patriarcal (ADICHIE, 2015). Esta autora redigiu a proposta de licença parental encaminhada pelo Ofício n. 2725.2019-GAB/PGT, do procurador-geral do Trabalho, à procuradora-geral da República, protocolado na PGR em 7 de junho de 2019.

Também deveriam ser criadas medidas de licença parental nas ONGs, nos departamentos dentro dos sindicatos, das universidades, nos centros de atendimentos de grupos de autodefensoras e promotoras populares para questões de gênero. Também deveria ser criado (por reserva legal) um fundo para mulheres (a exemplo dos FIAs) para as condenações judiciais em ações metaindividuais (tanto dos MPs quanto de outros legitimados ativos), que envolvessem o temário *gênero feminino*, revertendo-se (em harmonia com o art. 8°, *b* e *e*, da Convenção Interamericana para Prevenir, Punir e Erradicar a Violência contra a Mulher, de 9 de junho de 1994, concluída em Belém do Pará, e do Decreto n. 1.973/1996) os valores para educação dessas mulheres, campanhas educativas de combate à discriminação, entre outras medidas.

---

17. Disponível em: [https://www.ilo.org/wcmsp5/groups/public/---americas/---ro- lima/---ilo brasilia/documents/publication/wcms_229658.pdf]. Acesso em: 25.04.2019.

Nas carreiras públicas, Judiciário, MP, Defensoria Pública e em todas as escolas, propugna-se pela inclusão, como parte integrante dos cursos de ingresso, em estágios probatórios e disciplinas escolares (*mutatis mutandis* a Convenção Interamericana para Prevenir, Punir e Erradicar a Violência Contra a Mulher – Convenção de Belém do Pará – e o Decreto n. 1.973/1996, art. 8°, *e*, c/c a Lei n.11.340/2006, art. 8°), da matéria de gênero. Nas carreiras públicas, propõe-se a criação de atendimento especializado ao público externo, com a presença de mulheres, para tratar de questões envolvendo ilícitos de gênero. Nas escolas de carreiras públicas, na linha das teorizações da segunda onda do Feminismo, do Feminist Legal Studies, propõe-se a criação de linhas de pesquisa de uma teoria latino-americana de estudos jurídicos feministas (na linha do feminismo descolonial de Lugones) e a criação de ouvidoria interna (de mulheres), com a presença de uma equipe de mulheres atuando de forma permanente nas corregedorias para colher denúncias internas de procuradoras, servidoras, estagiárias, funcionárias e terceirizadas.

Finalmente, propõe-se que (na linha da Convenção 156, da OIT) todas as promoções por merecimento e também as promoções para entrâncias, em quaisquer carreiras públicas, deveriam ser feitas por gênero feminino e masculino, alternadamente, mas dando preferência ao membro que tenha obrigações familiares, considerando-se a proporção entre o número de interessados homens e mulheres.

7. CONCLUSÕES

No presente artigo, restou provado que há discriminações em face da mulher tanto no âmbito societário geral quanto no Ministério Público brasileiro. Dessarte, segundo a base matricial desta pesquisa, as teorias de Lugones e, após, de Fraser, nenhuma das três chaves de leitura da igualdade feminina foram alcançadas no Brasil, quais sejam: redistribuição, representação e reconhecimento das mulheres. E, pior, verificou-se que vários movimentos feministas têm reais propósitos opostos à simetria com o gênero feminino, notadamente o feminismo carreirismo branco e as representações legislativas de extrema direita religiosa, mostrando que a colonialidade está muito presente, lamentavelmente, como no PL n. 867/2015, "Escola Sem Partido".

Através das estatísticas, verificou-se que há imensa assimetria desses pressupostos, no Brasil, com relação ao gênero feminino, que sequer atingiu plenamente os ideários da segunda fase do movimento feminista, da terceira e, muito menos, da quarta, verificando-se inclusivamente mais retrocessos recentes do que avanços. Nesse contexto, este estudo propõe medidas a serem implementadas tanto pela sociedade em geral quanto nas carreiras públicas e escolas a fim de que sejam combatidas e superadas as discriminações à mulher, para a efetivação da jusfundamentalidade da Constituição de 1988 e das Convenções Internacionais adotadas pelo Brasil para efetivação dos melhores ideais de democraticidade, respeitabilidade e simetria entre gêneros.

8. REFERÊNCIAS

ABREU, Alzira Alves de et al. (Coord.). *Dicionário histórico-biográfico brasileiro pós-1930*. Rio de Janeiro: Editora FGV, 2001. v. 3.

ADICHIE, Chimamanda Ngozi. *Para educar crianças feministas:* um manifesto. São Paulo: Companhia das Letras, 2017.

ADICHIE, Chimamanda Ngozi. *Sejamos todos feministas.* São Paulo: Companhia das Letras, 2015.

ALBERGARIA, Bruno. *Histórias do direito.* 2. ed. São Paulo: Atlas, 2012.

ARAÚJO, Adriane Reis. O papel do gênero no assédio moral coletivo. In: ARAÚJO, Adriane Reis; FONTENELE-MOURÃO, Tânia (Org.). *Trabalho da mulher:* mitos, riscos e transformações. São Paulo: LTr, 2017.

ARENDT, Hannah. *As origens do totalitarismo:* anti-semitismo, imperialismo, totalitarismo. São Paulo: Companhia das Letras, 1989.

ASSIS, Mariana Prandini. História do direito, abordagens feministas e o desafio da exclusão: lições no caso estadunidense. In: SOUTO MAIOR, Jorge Luiz; VIEIRA, Regina Stela Corrêa (Org.). *Mulheres em luta:* a outra metade da história do direito do trabalho. São Paulo: LTr, 2017.

BALLESTRERO, Maria Vittoria. *Dalla tutela alla parità:* la legislazione italiana sul lavoro delle donne. Bologna: Il Mulino, 1979.

BARBOSA, Geovane dos Santos; LAGE, Allene Carvalho. Reflexões sobre o movimento feminista na América Latina. *Revista Lugares de Educação*, Bananeiras, v. 5, n. 11, p. 92-103, ago./dez. 2015.

BARROS, Alice Monteiro de. *A mulher e o direito do trabalho.* São Paulo: LTr, 1995.

BAUMAN, Zygmunt. *Vida para o consumo:* a transformação das pessoas em mercadorias. Rio de Janeiro: Zahar, 2008.

BAYLOS, Antonio. *Direito do trabalho:* modelo para armar. São Paulo: LTr, 1999.

BEAUVOIR, Simone de. *Brigitte Bardot e a síndrome de Lolita & outros escritos.* Belo Horizonte: Quixote+DO, 2018.

BEAUVOIR, Simone de. *O segundo sexo.* 2. ed. Rio de Janeiro: Nova Fronteira, 2009. v. 1.

BERTOLIN, Patrícia Tuma Martins et al. (Org.). *Carta das mulheres brasileiras aos constituintes:* 30 anos depois. São Paulo: Autonomia Literária, 2018.

BIHR, Alain. *Du "grand soir" a "l'alternative":* le mouvement ouvrier européen en crise. Paris: Les Éditions Ouvrières. [Edição brasileira: Da "grande noite" à "alternativa". São Paulo: Boitempo, 1998.]

BITTENCOURT, Naiara Andreoli. Movimentos feministas. *Revista InSURgência*, Brasília, ano 1, v. 1, n. 1, p. 198-210, jan./jun. 2015.

BOURDIEU, Pierre. *A dominação masculina.* 2. ed. Rio de Janeiro: Bertrand Brasil, 2002.

BRASIL. Ministério da Fazenda. Secretaria de Previdência. *Políticas de proteção social e equidade de gênero.* Brasília: MF/SPREV, nov. 2017. Disponível em: [http://www.fazenda.gov.br/noticias/2017/dezembro/cnp-estudo-mostra-que-mulheres-recebem-30-a- menos-que-homens-no-mercado-de--trabalho-formal/politicas-de- protecao-social-e-equidade-de-genero1.pdf].Acesso em: 27.07.2019.

BUTLER, Judith. *Problemas de gênero:* feminismo e subversão da identidade. Rio de Janeiro: Civilização Brasileira, 2003.

CANTELLI, Paula. *O trabalho feminino no divã:* dominação e discriminação. São Paulo: LTr, 2007.

CANUTO, Érica. *A masculinidade no banco dos réus.* Natal: Editora do Autor, 2018.

CARVAJAL, Julieta Paredes. Descolonizar las luchas: la propuesta del feminismo comunitario. *Mandrágora*, São Paulo, v. 24, n. 2, p. 145-160, 2018. Disponível em: [https://www.metodista.br/revistas/revistas-metodista/ index.php/MA/article/view/9238]. Acesso em: 27.04.2019.

CASTILHO, Ela Wiecko Volkmer de. Da assistência à mulher em situação de violência doméstica e familiar – artigo 9º. In: CAMPOS, Carmen Hein de (Org.). *Lei Maria da Penha*: comentada em uma perspectiva jurídico-feminista. Rio de Janeiro: Lumen Juris, 2011. p. 233-246.

CHOMSKY, Noam. *Mídia*: propaganda política e manipulação. São Paulo: Martins Fontes, 2013.

COMPARATO, Fábio Konder. *A afirmação histórica dos direitos humanos*. 4. ed. São Paulo: Saraiva, 2005.

DAVIS, Angela. *Angela Davis*: uma autobiografia. São Paulo: Boitempo, 2019.

DEBORD,Guy. *A sociedade do espetáculo*. Rio de Janeiro:Contraponto,1997.

DELGADO, Maurício Godinho. *Capitalismo, trabalho e emprego*: entre o paradigma da destruição e os caminhos da reconstrução. São Paulo: LTr, 2006.

DELGADO, Maurício Godinho; Porto, Lorena Vasconcelos (Org.). *O estado de bem-estar social no século XXI*. São Paulo: LTr, 2007.

ENGELS, Friedrich. *A origem da família, da propriedade privada e do Estado*. Rio de Janeiro:Bestbolso, 2014.

FOUCAULT, Michel. Le jeu de Michel Foucault. In: FOUCAULT, Michel. *Dits et écrits II*: 1976-1988. Edição estabelecida sob a direção de Daniel Defert e François Ewald, com a colaboração de Jacques Lagrange. 2. ed. Paris: Quarto Gallimard, 2001.

FRASER, Nancy. O feminismo, o capitalismo e a astúcia da história. *Mediações*, Londrina, v. 14, n. 2, p. 11-22, jul./dez. 2009.

FRASER, Nancy; Honneth, Axel. *Redistribution or recognition?* A political philosophical exchange. New York: Verso, 2003.GAMA, Lélia Vidal Gomes da. *Elvira Kolmer*: uma estrela riscou o céu. Belo Horizonte: Imprensa Oficial do Estado de Minas Gerais, 1987.

GONÇALVES, Eliane; Pinto, Joana Plaza. Reflexões e problemas da "transmissão" intergeracional no feminismo brasileiro. *Cadernos Pagu*, Campinas, n. 36, p. 25-46, jan./jun. 2011.

LORENTZ, Lutiana Nacur. O "8 de março" – dia internacional da mulher, análise das quatro ondas do movimento feminista e proposições evolutivas. In: ARAÚJO, Adriane Reis de; LOPES, Andrea Lino; GUGEL, Maria Aparecida; COELHO, Renata (Coord.). *Direitos humanos no trabalho pela perspectiva da mulher*. Belo Horizonte: RTM, 2019.

LORENTZ, Lutiana Nacur; SOUZA, Flávia Roberta Benevenuto de. O princípio da igualdade e as perspectivas antiga e moderna. *Meritum*, Belo Horizonte, v. 3, p. 51-79, 2008.

LOURES, Lieli Karine Vieira. A imparcialidade jornalística sob a ótica da retórica e a perpetuação do *status quo* feminino. *Revista Alterjor*, São Paulo, v. 5, n. 1, p. 1-9, 2012.

LOURES, Lieli Karine Vieira. *Estupro na imprensa*: o processo de trabalho de jornalistas e profissionais de direito na cobertura do caso Roger Abdelmassih pelo jornal Folha de S.Paulo (2009-2015), na perspectiva de estudos de jornalismo, da legislação e das práticas do Poder Judiciário e dos estudos feministas. 2016. Dissertação (Mestrado em Ciências da Comunicação) – Escola de Comunicações e Artes, Universidade de São Paulo, São Paulo, 2016.

LUGONES, Maria. Colonialidad y género. *Tabula Rasa*, Bogotá, n. 9, p. 73-101, jul./dic. 2008.

LUGONES, Maria. Rumo ao feminismo descolonial. *Revista Estudos Feministas*, Florianópolis, v. 22, n. 3, p. 935-952, set./dez. 2014. Disponível em: [https://periodicos.ufsc.br/index.php/ref/issue/view/2211/showToc]. Acesso em: 27.06.2019.

MARSHALL, Thomas Humphrey. *Cidadania, classe e status social*. Rio de Janeiro: Zahar, 1967.

MATOS, Ana Clara Harmatiuk; OLIVEIRA, Ligia Ziggioti de; Natividade, José Pedro Kostin Felipe de. Licença parental como agenda para a igualdade de gênero: diálogos entre os modelos sueco e brasileiro. *Revista da Faculdade de Direito do Paraná UFPR*, Curitiba, v. 61, n. 3, p. 345-363, set./dez. 2016.

MATTEI, Ugo; Nader, Laura. *Pilhagem*: quando o Estado de Direito é ilegal. São Paulo: WMF Martins Fontes, 2013.

MIRAGLIA, Lívia Mendes Moreira. *Trabalho escravo contemporâneo*: conceituação à luz do princípio da dignidade da pessoa humana. 2. ed. São Paulo: LTr, 2015.

ORGANIZAÇÃO DOS ESTADOS AMERICANOS. *Convenção Interamericana de Direitos Humanos*. Convenção Interamericana para prevenir, punir e erradicar a violência contra a mulher – Convenção de Belém do Pará. Belém: OEA, 9 jun. 1994.

ORGANIZAÇÃO INTERNACIONAL DO TRABALHO. *Trabalho e família*: rumo a novas formas de conciliação com corresponsabilidade social. Brasília: OIT, 2009.

PEREIRA, Pedro Paulo Gomes. As estruturas elementares da violência. *Cadernos Pagu*, Campinas, n. 29, p. 459-468, jul./dez. 2007.

RIBEIRO, Djamila. *O que é lugar de fala*. São Paulo: Letramento, 2018.

SAFFIOTI, Heleieth Iara Bongiovani. *Gênero, patriarcado, violência*. São Paulo: Fundação Perseu Abrano, 2004.

SAFFIOTI, Heleieth Iara Bongiovani. O feminismo e seus frutos no Brasil. In: SADER, Emir (Org.). *Movimentos sociais na transição democrática*. São Paulo: Cortez, 1986. p. 105-158.

SANTOS, Magda Guadalupe dos. Simone de Beauvoir e os paradoxos do feminino. *CULT – Revista Brasileira de Cultura*, São Paulo, ano 22, n. 10, jan. 2019.

SANTOS, Milton. *Por uma outra globalização*. 24. ed. São Paulo: Record, 2015.

TELES, Maria Amélia de Almeida. *Breve história do feminismo no Brasil*. São Paulo: Brasiliense, 2003.

TEODORO, Maria Cecília Máximo. El derecho del trabajo de la mujer como "techo de vidrio" del mercado de trabajo brasileño. *Revista Derecho del Trabajo*, Montevideo, v. 13, p. 191-204, 2016.

WACQUANT, Loïc. *As prisões da miséria*. Rio de Janeiro: Jorge Zahar, 2001.

WOOLF, Virginia. *Profissões para mulheres e outros artigos feministas*. Porto Alegre: L&PM, 2016.

ZUCKERBERG, Donna. *Not all dead white men*: classics and misogyny in the digital age. Cambridge, MA: Harvard University Press, 2018.

Filmografia

Daughters of destiny. Direção de Vanessa Roth. EUA: Netflix, 2017. 4 vídeos (240 min).

Period – end of sentence. Direção de Rayka Zehtabchi. Índia: Netflix, 2018. 1 vídeo (26 min).

As Sufragistas: mães, filhas, revolucionárias. Direção de Sarah Gavron. Reino Unido: Universal Pictures, 2015. 1 vídeo (107 min).

A LIBERDADE DE EXPRESSÃO
É TOLHIDA EM FUNÇÃO DO GÊNERO?

Adriana Vidal de Oliveira

Doutora em Teoria do Estado e Direito Constitucional (PUC-Rio). Professora do Departamento de Direito da PUC-Rio.

Caitlin Mulholland

Doutora em Direito Civil (UERJ). Professora da graduação e do programa de pós-graduação em Teoria do Estado e Direito Constitucional, do Departamento de Direito PUC-Rio. Pesquisadora do INCT Proprietas.

Sumário: 1. Introdução. 2. Minorias de gênero entre liberdade de expressão, discurso de ódio e igualdade material. 3. Misoginia, desigualdade de gênero e violência institucional no judiciário brasileiro. 4. O caso Maitê Proença e Tribuna da Imprensa: beleza é fundamental para quem? 5. O caso Fernanda Young: a mulher elástica e suas vulgaridades. 6. Conclusão. 7. Referências.

1. INTRODUÇÃO

A pergunta proposta como orientação para a elaboração do presente artigo tem como base um dilema jurídico mais amplo, oriundo do direito americano, qual seja, o embate entre tutela da liberdade de expressão e tutela das minorias pelo Direito.[1] Algumas autoras se destacaram ao demonstrar que os direitos reconhecidos na tão célebre Primeira Emenda à Constituição Americana[2] possuem uma posição, de fato, privilegiada entre os demais direitos fundamentais, ainda mais quando validada a tutela do discurso de ódio pela Suprema Corte Americana. Nessas hipóteses, o direito americano costuma preferir evitar a regulação dos discursos, na expectativa de que a transparência das falas permita o amplo debate e a própria revisão de posições na esfera pública. A aposta é de que as chances do melhor argumento ou da alegação mais razoável sejam maiores nesses termos de irrestrita liberação do debate.

---

1. Podemos citar, para ilustrar o debate, duas autoras feministas estadunidenses que se dedicaram à produção de críticas em relação à sobrevalorização da Suprema Corte Americana da liberdade de expressão em detrimento do direito à igualdade. São elas: Judith Butler, especialmente em sua obra "Excitable Speech: a politics of the performative", e Catharine MacKinnon, em "Only Words". Cabe ressaltar que as duas autoras sustentam perfis e teorias radicalmente distintas, mas que se aproximam na crítica em relação ao liberalismo do Direito Constitucional americano.
2. A redação original da Primeira Emenda da Constituição Americana é aqui reproduzida: "Amendment 1. Freedom of Religion, Speech and the Press: Congress shall make no law respecting na establishment of religion or prohibiting the free exercise thereof, or abridging the freedom of speech or of the press, or the right of people peaceably, to assemble and to petition the government for a redress of grievances".

Recentemente, a projeção de movimentos minoritários trouxe a necessidade de pensarmos sobre a relação entre igualdade e liberdade de expressão na ordem constitucional brasileira. Há benefícios para a democracia a completa liberdade de expressão, sem parâmetros ou limites legais? Quais seriam os principais benefícios para o ambiente democrático? Há riscos de violações de direitos fundamentais pela liberdade de expressão? Seriam essas violações também uma violação do princípio da democracia ou elas devem ser toleradas em virtude de um bem maior? Se constatada a necessidade de balizar a liberdade de expressão para a manutenção do princípio da democracia e para a tutela da igualdade, é possível pensar em critérios objetivos? Essas são indagações de respostas inconclusivas e nada fáceis.

A própria pergunta que atua como um roteiro para o trabalho – "A liberdade de expressão é tolhida em função do gênero?" – já pressupõe que a identificação do gênero e o reconhecimento e tutela das demandas de mulheres e minorias de orientações sexuais são parâmetros para a limitação da liberdade de expressão. Não cogita, contudo, que durante o período de ascensão dos direitos fundamentais individuais – entre eles o direito à liberdade de expressão –, a sua consolidação talvez tenha contribuído para gerar ou aprofundar situações de desigualdades. Por que não pensarmos sobre os impactos de uma concepção liberal de liberdade de expressão na manutenção de situações de precariedades para minorias? Seria possível o Direito viabilizar um amplo acesso aos meios de comunicação que contribuísse para que as minorias disputassem com igualdade as grandes mídias nas construções das narrativas, ou essa é uma expectativa que não devemos depositar no Direito? Novamente, podemos perguntar: devemos regular a liberdade de expressão? Quais seriam os parâmetros?

Buscando enfrentar, ainda que em parte, essas preocupações, em um primeiro momento apresentaremos teorias que abordam a tensão entre liberdade de expressão e igualdade, na perspectiva de duas autoras, em muito conflitantes entre si, mas de projeção fundamental no campo das discussões de gênero e direitos das mulheres. Judith Butler produziu profunda reflexão sobre ofensas e constituição do corpo minoritário, para analisar a tutela do discurso de ódio e a proteção das marchas racistas pela Suprema Corte Americana. Catharine MacKinnon analisa o tema da liberdade de expressão a partir da ótica de gênero, aplicando sua tese ao campo da pornografia, que não será especificamente o objeto deste artigo. MacKinnon, em toda a sua obra, é grande defensora da promoção da igualdade material e, nesse sentido, as duas autoras podem ser articuladas, na medida em que demonstram a manutenção da desigualdade no direito americano a partir da tutela do discurso de ódio. Contudo, as autoras discordam sobre o tratamento jurídico que a pornografia deveria, ou não, ter na ordem constitucional americana.[3]

---

3. O problema que Butler vislumbrou na transposição que MacKinnon realizou das ofensas e do discurso de ódio para os temas de gênero não é pertinente. Talvez Butler tenha resistido a essa transposição da teoria em virtude de ela ter sido utilizada para combater a pornografia, reivindicando uma política de Estado para essa proibição. De acordo com Butler, como a pornografia não decorre do Estado, não se pode pleitear que ele atue para coibi-la. De fato, a proibição nessas hipóteses é de difícil justificação, esbarrando em questões morais e subjetivas. Porém, a abordagem de Butler também parece não ser acertada. Butler não poderia aderir a essa concepção restrita de poder, pois sua teoria se fundamenta fortemente em Foucault. Não é porque não decorre do Estado que um determinado discurso não possui força e não pode ser considerado um discurso de ódio. Parece que seria mais adequado entender que a concepção de ofensas de Butler pode ser transportada para as discussões de gênero e mulher, ainda

A LIBERDADE DE EXPRESSÃO É TOLHIDA EM FUNÇÃO DO GÊNERO? **177**

Ainda assim, ambas trazem críticas pertinentes à forma como a liberdade de expressão tem sido privilegiada pela jurisprudência da mais alta Corte americana em detrimento à proteção dos demais direitos fundamentais, em especial ao direito à igualdade material.

Catharine MacKinnon, na posição de professora de Direito Constitucional e feminista radical, com metodologia marxista, desmascara a aparente neutralidade da liberdade de expressão, colocando o tipo de tutela assegurado a esse direito no paradigma do liberalismo americano, perpetuador de desigualdades econômicas, raciais e de gênero. Podemos não concordar com as tendências proibicionistas da autora. No entanto, é inegável que não devemos ter a expectativa de uma neutralidade da esfera pública, apostando que todas as partes possuem exatamente as mesmas condições de disputar os meios de comunicação para expressar suas posições. Para a autora, o Estado liberal não é neutro. Ele é sexista, racista e perpetua o ódio de classes.

Por fim, iremos nos dedicar ao exame de duas decisões judiciais proferidas pelo Poder Judiciário brasileiro em que é possível identificar o discurso sexista que exclui a tutela de direitos, com fundamento em enunciados moralizantes. Um dos casos escolhidos para enfrentar a questão é o da escritora e atriz Fernanda Young. Este caso traz reflexões para as próprias bases teóricas do artigo. Isso porque trata justamente de uma ação proposta pela autora em virtude de comentários feitos por um perfil falso em rede social após a escritora publicar uma imagem sua nua. Por um lado, pode parecer que a lente proposta não é adequada para o problema, uma vez que o discurso de MacKinnon é, aparentemente, contrário a esse tipo de exposição do corpo feminino. Por outro lado, a decisão judicial deixa explícito que não haverá tutela jurídica adequada para uma mulher que no exercício de sua autonomia efetiva resolve expor o seu corpo. Nesses termos, MacKinnon tem razão ao denunciar a estrutura misógina do Estado liberal e do Judiciário inserido nessa dinâmica. A tutela dos interesses de Young só seria possível se a neutralidade não fosse a ficção jurídica liberal que efetivamente é. Terminamos, portanto, demonstrando que essa dinâmica liberal é concretamente perpetuadora de desigualdades. Nesse caso, poderemos concluir que essa liberdade de expressão é tolhedora da igualdade.

2. MINORIAS DE GÊNERO ENTRE LIBERDADE DE EXPRESSÃO, DISCURSO DE ÓDIO E IGUALDADE MATERIAL

É inegável que a liberdade de expressão é direito fundamental estruturante das democracias modernas. Porém, aliadas com feministas de correntes distintas, propomos que, além desse direito, as democracias também precisam estar comprometidas com o direito à igualdade material. Além da tutela da liberdade de expressão em sua versão liberal potencialmente perpetuar uma série de violências contra as minorias de gênero, podemos perceber que as ofensas em si, quando proferidas sob o império da proteção do discurso, são a forma pela qual se dá a construção das minorias. Nesses termos, precisamos refletir sobre o tipo de função que o Direito terá nessa dinâmica: se deve ser usado para

---

que não seja adequado entender que disso deveria gerar proibição. De qualquer forma, como o alvo de análise do trabalho é a decisão judicial, a força do Estado está presente.

perpetuar situações de desigualdade, sob o aparente império da neutralidade liberal, ou se deve ser um facilitador da igualdade material.

A trajetória constitucional americana de tutela de direitos fundamentais tem sua abertura em um momento em que a liberdade de expressão não encontrava freio, na medida em que a Décima Quarta Emenda, que reconhece o direito à igualdade, somente foi incorporada na carta de direitos em 1868, ou seja, mais de oitenta anos após a Constituição americana ter sido promulgada. Nesses termos, como ressalta MacKinnon, "a primeira emenda cresceu como se o compromisso com o discurso não fizesse parte do compromisso com a igualdade e como se o comprometimento com a igualdade não trouxesse implicações para o direito à liberdade de expressão" (MACKINNON, 1996, p. 71). Segue a autora afirmando que a décima quarta emenda surgiu e se fortaleceu num ambiente paradoxal: como se a igualdade pudesse se desenvolver num mesmo espaço jurídico de tutela da desigualdade imposta pela primeira emenda.

Na verdade, esses dois direitos desde o início se relacionam ignorando que, em virtude do não reconhecimento da igualdade – e, acrescentamos, de ausência de distribuição –, o poder dos que possuem liberdade de expressão foi se tornando mais exclusivo, coercitivo e violento e, ao mesmo tempo, mais protegido juridicamente. A liberdade de expressão não é um direito alcançado por todos os indivíduos de forma igual, considerando a existência concreta de mesmas oportunidades. Ao contrário, a fruição desse direito reflete a situação de desigualdade e precariedade de uma parcela considerável da população, que não possui as mesmas condições de acesso à esfera pública e aos meios hegemônicos de comunicação.

Uma das avaliações mais interessantes de MacKinnon sobre o tema é a identificação do tipo de tratamento que os dois direitos fundamentais tiveram pela jurisprudência desde que ambos foram positivados no ordenamento americano por meio das emendas constitucionais. O fato destacado pela autora é a interpretação dada aos direitos à liberdade de expressão e à igualdade pelo poder judiciário. Ambos foram interpretados de forma mais negativa do que positiva, ou seja, com a preocupação central de proibir violações de direitos fundamentais por parte de governos em vez de buscar uma interpretação promocional destes direitos voltada para a produção de transformações sociais (MAKINNON, 1996, p. 73). Portanto, nesta perspectiva, a tutela dos direitos seria no sentido de sancionar comportamentos de terceiros – especificamente, o Estado – que atuam contrariamente aos interesses protegidos ao invés de promover a liberdade e a igualdade como instrumentos para a construção de uma sociedade mais solidária. Essa tendência retrata a veia liberal de abordagem e tutela de direitos fundamentais no Direito americano. Quando inserimos a perspectiva de gênero como elemento desta análise, vemos que o argumento liberal de tutela negativa dos direitos fundamentais consolida a preservação de estruturas misóginas nas instituições, uma vez que as chamadas liberdades negativas não são suficientes para superar as assimetrias de gênero.

Nesses termos, quando se defende a neutralidade do Direito e uma perspectiva negativa dos direitos fundamentais, o sistema jurídico perde eventual pretensão de produção de igualdade, ou seja, deixa de funcionar como promotor de justiça, na medida em que desconsidera as dinâmicas e relações de forças que conduzem a vida, ignorando o racismo, o machismo, a estrutura de classe. Quando o Direito desconhece esses aspectos, é impossível atuar nas engrenagens sociais para alterar as relações e viabilizar igualdade (MACKINNON, 2017, p. 4). As abordagens convencionais são incapazes de produzir resultados efetivos para os direitos das minorias, simplesmente por não considerar a forma como a sociedade é regida. Podemos constatar esse dado, observando, como a autora faz, que a igualdade está assegurada na Constituição americana desde o século XIX, mas sem produzir igualdade de fato na vida (MACKINNON, 2017, p. 296).

Na história constitucional brasileira, a inclusão dos direitos sociais e, portanto, o compromisso com a igualdade material, tem ponto de origem na Constituição de 1934, especificamente no Título IV, Da Ordem Econômica e Social, com destaque para o art. 115, que ditava os parâmetros para a Ordem Econômica e para a garantia da liberdade econômica, e para o art. 121, que estipulava as condições de trabalho. O que torna a experiência brasileira ainda mais problemática é o fato de termos vivenciado momentos de interrupções constitucionais e democráticas, que evidentemente se refletiram em dificuldades concretas nos rumos da igualdade material. Sabemos que após a Constituição de 1934, novo aprofundamento real de diretrizes constitucionais pela busca da igualdade material só aconteceu com a Constituição de 1988,[4] mas, ainda assim, há um distanciamento entre o projeto normativo da Constituição ainda vigente e a plena realização dos seus dispositivos pelas instituições.

A gravidade no caso americano se reflete propriamente na tutela do discurso de ódio pela Suprema Corte americana. Cabe recorrer à análise de Judith Butler sobre as implicações dessa tutela jurídica, que garante a posição privilegiada da liberdade de expressão nos termos liberais entre os direitos fundamentais. O argumento central da teoria feminista produzida pela autora é desenvolvido a partir da teoria dos atos performativos, uma vez que a eles cabe a função de naturalizar o processo de constituição das identidades de gênero. Nesses termos, tornar-se um gênero é compreendido por Butler como um procedimento longo e trabalhoso. Gênero não é um substantivo, uma descrição da natureza de alguém, mas também não são atributos flutuantes, que podem ser escolhidos por alguém, a partir de uma noção de livre-arbítrio, dependendo das circunstâncias apresentadas. O efeito do gênero, a noção de identidade, é produzido por práticas culturais e linguísticas que regulam a coerência do próprio gênero e não admitem desvios nesse processo de tornar-se mulher (BUTLER, 2015, p. 56). Isso significa que, para a autora, a linguagem em sentido mais amplo tem impacto profundo nos corpos, na medida em que é constitutiva deles.

Por esse motivo, chamar alguém por um determinado nome é abrir a possibilidade de interação e composição do próprio corpo da pessoa que é chamada. É o processo que a autora denomina de vulnerabilidade linguística. Como somos constituídos pela linguagem, o próprio ato de nomear alguém já é um ato de imposição.[5] O nome instaura e sustenta as existências e todos que nomeiam também foram nomeados por outro ante-

---

4. Não estamos desconsiderando a Constituição democrática de 1946, mas o destaque está nas Constituição de 1934 e de 1988 porque a primeira foi aquela que incorporou o tema na nossa história constitucional e a segunda significou um alargamento e aprofundamento dos direitos sociais.
5. Esse tema já foi tratado em publicação anterior. Oliveira (2014, p. 65).

riormente. Nesses termos, as ofensas às minorias estão inseridas na dinâmica constituinte dessas próprias minorias. Uma ofensa coloca uma minoria em um determinado tipo de existência, em um lugar e em uma experiência de construção do corpo minoritário. Para esclarecer a forma de sua produção nesses termos, Butler deu o exemplo de alguém que é interpelado na rua, chamado por um determinado nome. Esse alguém poderia tentar esclarecer que quem chama cometeu um erro, pois aquele não é seu nome. Passado esse instante, seria o caso de se pensar sobre o que poderia acontecer se esse nome continuasse a aparecer, a ser imposto a esse sujeito, delimitando todos os seus espaços e moldando as posições que essa pessoa poderia atingir na sociedade (BUTLER, 1997, p. 33). A interpelação continuou produzindo efeitos, ignorando os protestos que esse sujeito realizou ao responder que ele não seria aquele chamado pelo nome. O discurso é, portanto, constitutivo. A interpelação não tem como sua marca própria a descrição, ela é inaugurativa, pois ela introduz uma determinada realidade. A função da interpelação é estabelecer alguém em uma posição de sujeição.

A força de um nome depende também de uma espécie de repetição que está ligada ao trauma, que não significa somente ser relembrado, mas sim ser revivido através da substituição do evento traumático vivido pela linguagem. O trauma social vivido tem a forma não de algo que se repete de forma mecânica, mas de um processo de subjugação que está em permanente continuidade. Não há mecanismos, por exemplo, de se fazer referência ao discurso de ódio racial ou a discurso que subjugue alguém por sua sexualidade sem que não sejam invocados os traumas da sociedade brasileira, marcada pelo racismo e pela misoginia.

Porém, o momento da ofensa é também um momento em que o lugar daquele alvo da ofensa é estilhaçado, "é precisamente a volatilidade do lugar de alguém dentro da comunidade dos falantes; uma pessoa pode ser 'posta em seu lugar' por tal discurso, mas esse lugar pode ser lugar algum"[6] (BUTLER, 1997, p. 4). Esse procedimento que coloca "alguém em seu devido lugar" é conhecido pelos grupos minoritários. O momento da ofensa é aquele em que essas minorias são lembradas dos lugares nos quais elas devem estar restritas, ao mesmo tempo em que esses lugares são constituídos e reafirmados. O paradoxo desse processo é que ao mesmo tempo em que a ofensa pode subjugar, ela também abre a possibilidade de ressignificação de termos. Um dos exemplos mais bem-sucedidos de ressignificação é o uso do termo *queer* pela comunidade LGBTQ, que se apropriou de uma palavra utilizada contra o grupo de forma pejorativa.

> Nós fazemos coisas com a linguagem, produzimos efeitos com a linguagem, e nós fazemos coisas à linguagem, mas linguagem também é aquilo que nós fazemos. Linguagem é um nome para aquilo que fazemos: ambos "o que" fazemos (o nome para a ação que nós caracteristicamente executamos) e aquilo que produzimos como efeito, o ato e suas consequências (BUTLER, 1997, p. 8).[7]

---

6. No original: "is precisely the volatility of one's place, within the community of speakers; one can be 'put in one's place' by such speech, but such a place may be no place".
7. No original: "We do things with language, produce effects with language, and we do things to language, but language is also the thing that we do. Language is a name for our doing: both 'what we do (the name for the action that we characteristically perform) and that which we effect, the act and its consequences".

A capacidade de mudanças desses termos também denota a performatividade do discurso, que não está reduzida a uma série de repetições discretas de atos de fala, mas envolve também um ritual de ressignificação. O espaço que separa o ato de fala e o seu provável efeito é a chave para a ressignificação, por ser esse o ponto em que se inicia uma teoria da agência linguística, que pode ser inclusive uma alternativa mais radical à tradicional busca pela saída jurídica, especialmente porque muitas vezes o Direito auxilia na garantia da perpetuação das ofensas, dependendo de quem o produz e como ele é produzido (BUTLER, 1997, p. 15).[8] O processo de repetição ao longo do tempo traz com ele a viabilidade de ressignificação dos proferimentos (atos de fala) e auxilia a perda da capacidade de ofender de um termo, quando ele é retomado de maneira afirmativa, nas palavras de Butler.

Talvez seja mais complicado pensar em como determinadas afirmações racistas ou sexistas podem ter seus sentidos deslocados. O Direito pode ingressar em dois sentidos: ou atribuindo responsabilidade por essas afirmações ofensivas, ou então autorizando o uso de expressões misóginas ou racistas, ao desconsiderá-las como ofensa, dependendo de por quem o Direito é produzido, para que e por quem ele é aplicado. O Direito, como instrumento que é, pode auxiliar no deslocamento do significado, pois afinal também é constituído pela linguagem. Aqueles envolvidos diretamente com o Direito, sua produção e sua aplicação, fazem uso ininterruptamente do próprio sentido performativo da linguagem: ora por meio da manutenção de uma situação de desigualdade, auxiliando nas repetições, nos ritos; ora na renovação dos processos. O argumento central de Butler é o de que o discurso está sempre fora de controle, não cabendo ao falante determinar como ele será recebido. Esse espaço entre o proferimento e seus efeitos pode levar a consequências diferentes de humilhação, seja pelo fato de o ouvinte não se sentir concretamente humilhado e devolver uma resposta, seja até mesmo pela responsabilização por uma ofensa ou discurso de ódio.

A autoridade do ato de fala na obra de Butler é dada por práticas reiteradas, por repetições e por hábitos sociais que podem se institucionalizar de forma bastante forte, como no caso de uma legislação que reflita aspectos sexistas de uma sociedade, ou então que vão permear as instituições informalmente, caso da misoginia ou do racismo que são estruturantes e constituintes dos sujeitos na sociedade brasileira, que podem até estar proibidos por lei, mas que se manifestam tanto nas práticas do cotidiano quanto nas decisões daqueles que representam as instituições, ainda que travestidas de posições pessoais (BUTLER, 1997, p. 103).

Considerando que todos os sujeitos são constituídos pelo discurso e passam a constituir outros a partir do discurso, como seria possível justificar a responsabilização ou a atribuição dos efeitos das ofensas a alguém, já que em última instância ninguém individualmente é causa do discurso de ódio? Aquilo que é proferido como discurso de

---

8. É importante ressaltar que Butler não aposta nesse momento na saída pelo Direito, somente afirma que essa possibilidade de ressignificação pode ser uma alternativa à busca incessante pelos remédios jurídicos. Porém, para aqueles que se dedicam ao Direito, mais facilmente aposta nele e percebe que o problema não está no Direito em si mesmo, pois isso implicaria em afirmar uma concepção quase que jusnaturalista do Direito, em que ele teria um conteúdo fixo, previamente determinado e impossível de ser revisto. O Direito é mais uma arma, e não o grande Mal a ser combatido, que serve para inúmeras coisas, dependendo em que mãos ele se encontra e como é utilizado.

ódio é parte de um processo ininterrupto de subjetivação, no qual todos estão inseridos, em que alguns sairão mais subjugados ou sujeitados e outros menos. O fato é que ambos passaram por ele. Novamente, a interpelação determina o lugar de alguém, coloca esse alguém em seu devido lugar, seja pela palavra, pela forma como se dirige a alguém, pelo silêncio ou pela maneira na qual alguém é ignorado ou não é endereçado.

Apesar de não ser possível atribuir a um indivíduo a responsabilidade de inaugurar uma subjetivação das minorias a partir de ofensas e discurso de ódio, cabem reflexões sobre a linguagem das ofensas que giram em torno de alguns fatores: o tipo de linguagem utilizado; em como essa linguagem pode afetar os demais; e se o indivíduo não é isoladamente responsável pelo contexto do ódio, se seria possível a sua responsabilização. Ao mesmo tempo em que é inviável estabelecer um indivíduo determinado como ponto de origem do discurso de ódio, parece também não fazer sentido não prever consequências para o seu uso, na medida em que ele possui uma capacidade de destruição do corpo. Butler entendeu que a responsabilidade do falante não decorre da sua suposta habilidade em refazer a linguagem, como o agente isolado que merece a culpa, mas pelo fato dele fazer a citação e revitalizar esse tipo de uso da linguagem. "A responsabilidade está relacionada com a linguagem enquanto repetição, não como origem" (BUTLER, 1997, p. 39).

As ofensas em geral e os discursos de ódio especificamente não nascem com o sujeito, mas são profundamente dependentes dele para se perpetuar, pois sem indivíduos e sem instituições, eles não conseguem se reiterar. A Suprema Corte americana no início da década de 1990 diferenciou os discursos protegidos daqueles que não poderiam ser tutelados juridicamente pela primeira emenda – que consagra o direito à liberdade de expressão –, a partir do problema do discurso de ódio. Em uma decisão prévia já havia a consagração de que símbolos como cruz queimada e a suástica nazista – que todos sabem ou possuem condições de saber que geram raiva, alarme, ou ressentimento em outros, com base na raça, cor, credo, religião ou gênero – não poderiam ser colocados em lugares públicos e privados, sob pena de responsabilização de quem o fez.[9] Um adolescente branco queimou uma cruz na frente da casa de uma família negra e foi condenado pela Suprema Corte do Estado de Minnesota com base nesse precedente e na definição trazida no caso Chaplinsky v. New Hampshire, de 1942 de *fighting words*, entendendo que a queima da cruz não era um discurso protegido, como queria a defesa. Porém, a Suprema Corte americana reformou a decisão, entendendo que a queima da cruz não era um discurso de ódio e sim um ponto de vista tutelado pela primeira emenda.[10]

Além disso, a maior parte dos componentes da Suprema Corte ainda considerou inconstitucional a possibilidade da doutrina do discurso de ódio restringir a liberdade de expressão. Eles não somente desconsideraram o discurso de ódio do caso concreto como inviabilizaram qualquer aplicação futura da teoria do discurso de ódio. De acordo com Butler, a Suprema Corte se aproveitou do seu poder linguístico institucionalizado para definir o que poderia ou não ser considerado como um discurso ofensivo a partir desse

---

9. A referência do caso em que ficou consagra essa jurisprudência é R.A.V. v. St. Paul, 112 S. Ct. 2538, 120 L. Ed. 2d 305 (1992). (BUTLER, 1997, p. 52).
10. R.A.V v. City of St. Paul, 505, U.S. 377 (1992).

A LIBERDADE DE EXPRESSÃO É TOLHIDA EM FUNÇÃO DO GÊNERO? **183**

caso e inviabilizar novas discussões sobre o tema, o que seria uma forma de violência discursiva da própria Corte. A Corte ainda conseguiu negar a história racista americana que produziu uma convenção sobre a queima de cruz pela Ku Klux Klan. Houve uma inversão na qual a queima da cruz passou a ser alvo de proteção como liberdade de discurso promovida pelo Judiciário, em vez de se tutelar a família negra contra esse tipo de discurso. Nesse caso, nem Butler conseguiu defender que o tratamento adequado para o discurso de ódio é fazer o esforço de ressignificar a queima da cruz, em uma atuação por parte do movimento negro norte-americano para desconstruir a força institucional do Judiciário. Nem sempre a ressignificação pode ser tão facilmente produzida pelos movimentos minoritários, como foi no caso do termo *queer*.

Tal raciocínio utilizado para interpretar o comportamento do Judiciário e o mecanismo pelo qual opera o Direito no caso acima narrado, pode ser também empregado para examinar famosa – no sentido de infame – decisão do juiz Edílson Rumbelsperger Rodrigues, de Sete Lagoas, Minas Gerais, ao tecer suas considerações sobre a Lei Maria da Penha em 12 de fevereiro de 2007. Sustentou o magistrado que:

> Se, segundo a própria Constituição Federal, é Deus que nos rege – e graças a Deus por isto – Jesus está então no centro destes pilares, posto que, pelo mínimo, nove entre dez brasileiros o têm como Filho Daquele que nos rege. Se isto é verdade, o Evangelho Dele também o é. E se Seu Evangelho – que por via de consequência também nos rege – está inserido num Livro que lhe ratifica a autoridade, todo esse Livro é, no mínimo, digno de credibilidade – filosófica, religiosa, ética e hoje inclusive histórica. Esta "Lei Maria da Penha" – como posta ou editada – é portanto de uma heresia manifesta. Herética porque é antiética; herética porque fere a lógica de Deus; herética porque é inconstitucional e por tudo isso flagrantemente injusta. Ora! A desgraça humana começou no Éden: por causa da mulher – todos nós sabemos – mas também em virtude da ingenuidade, da tolice e da fragilidade emocional do homem. (...) Já esta lei diz que aos homens não é dado o direito de "controlar as ações (e) comportamentos (...)" de sua mulher (art. 7º, inciso II). Ora! Que o "dominar" não seja um "você deixa?", mas ao menos um "o que você acha?". Isto porque o que parece ser não é o que efetivamente é, não parecia ser. Por causa da maldade do "bicho" Homem, a Verdade foi então por ele interpretada segundo as suas maldades e sobreveio o caos, culminando – na relação entre homem e mulher, que domina o mundo – nesta preconceituosa lei. Mas à parte dela, e como inclusive já ressaltado, o direito natural, e próprio em cada um destes seres, nos conduz à conclusão bem diversa. Por isso – e na esteira destes raciocínios – dou-me o direito de ir mais longe, e em definitivo! O mundo é masculino! A ideia que temos de Deus é masculina! Jesus foi Homem! Á própria Maria – inobstante a sua santidade, o respeito ao seu sofrimento (que inclusive a credenciou como "advogada" nossa diante do Tribunal Divino) – Jesus ainda assim a advertiu, para que também as coisas fossem postas cada uma em seu devido lugar: "que tenho contigo, mulher!?". (...) Ora! Para não se ver eventualmente envolvido nas armadilhas desta lei absurda o homem terá de se manter tolo, mole – no sentido de se ver na contingência de ter de ceder facilmente às pressões – dependente, longe portanto de ser um homem de verdade, másculo (contudo gentil), como certamente toda mulher quer que seja o homem que escolheu amar.

O juiz foi condenado no Conselho Nacional de Justiça que o afastou por dois anos em virtude de considerar sua sentença discriminatória. Porém, o ministro Marco Aurélio Mello, do Supremo Tribunal Federal, ao conceder liminar no Mandado de Segurança 73321, entendeu que o juiz não pode ser punido por estar amparado pelo direito à liberdade de expressão. A primeira decisão ignora o histórico de violência contra a mulher no Brasil nas relações domésticas, bem como as lutas em prol de um tratamento adequado para o tema e a própria condenação na esfera internacional no caso Maria da Penha,[11] e atribui à mulher a responsabilidade pelo seu sofrimento e pelo sofrimento do homem, ao citar e "interpretar" passagens bíblicas que fazem referência à expulsão do Éden.

Por óbvio, a decisão do juiz singular de Sete Lagoas não tem a relevância da interpretação produzida pela Suprema Corte americana. Porém, o ministro Marco Aurélio Mello "supriu" esse déficit de força constitucional, ao rever a decisão do CNJ. O ministro do Supremo Tribunal Federal entendeu, em mandado de segurança impetrado pela Associação dos Magistrados Mineiros, que o juiz não poderia ser punido por suas opiniões pessoais, chamadas pelo ministro de "excesso de linguagem" e de "premissas da decisão proferida, com enfoques na seara das ideias".[12] O ministro simplesmente equiparou a violência doméstica à seara das ideias, negando a concretude da violência e desconsiderando a força das decisões judiciais para o ordenamento jurídico brasileiro. A Associação de Magistrados Brasileiros aplaudiu a decisão, entendendo que o magistrado foi ameaçado em sua independência.[13] A decisão do Ministro Marco Aurélio Mello poderia ser interpretada como uma defesa de que a independência nas funções do magistrado significa a possibilidade deste se manifestar de forma preconceituosa, incitando a violência contra a mulher ao justificá-la como sendo fruto de seu próprio comportamento, sem maiores consequências.

Nos próximos itens, analisaremos como as teorias apresentadas por MacKinnon e Butler corroboram o reconhecimento da violência institucional no Judiciário brasileiro, investigando duas decisões que tratam da nudez feminina – enquanto representação artística – por meio de discursos moralizantes.

3. MISOGINIA, DESIGUALDADE DE GÊNERO E VIOLÊNCIA INSTITUCIONAL NO JUDICIÁRIO BRASILEIRO

Frequentemente, os julgados em que se apresenta de forma clara o tratamento machista, misógino e desigual são aqueles em que são julgados crimes contra a liberdade sexual – especificamente o estupro – ou crimes cometidos por violência de gênero – como feminicídio[14] e pornografia de vingança.[15] Existe um julgamento moral que fundamenta

---

11. Caso 12.051. Maria da Penha Maia Fernandes, 04 abr. 2001, da Comissão Interamericana de Direitos Humanos. Disponível em: [https://www.cidh.oas.org/annualrep/2000port/12051.htm].
12. Disponível em: [http://www.direitolegal.org/tribunais-superiores/min-marco-aurelio-do-stf-suspende-decisao--do-cnj-e-juiz-volta-a-ativa/].
13. Disponível em: [http://www.direitolegal.org/tribunais-superiores/min-marco-aurelio-do-stf-suspende-decisao--do-cnj-e-juiz-volta-a-ativa/].
14. A Lei 13.104, de 9 de março de 2015, altera o art. 121 do Código Penal, para prever o feminicídio como circunstância qualificadora do crime de homicídio, e o art. 1º da Lei 8.072, de 25 de julho de 1990, para incluir o feminicídio no rol dos crimes hediondos.
15. Estabelece o art. 218-C, do Código Penal (incluído pela Lei 13.718, de 24 de setembro de 2018). Oferecer, trocar, disponibilizar, transmitir, vender ou expor à venda, distribuir, publicar ou divulgar, por qualquer meio – inclusive por meio de comunicação de massa ou sistema de informática ou telemática –, fotografia, vídeo ou outro registro audiovisual que contenha cena de estupro ou de estupro de vulnerável ou que faça apologia ou induza a sua prática, ou, sem o consentimento da vítima, cena de sexo, nudez ou pornografia:
Pena: reclusão, de 1 (um) a 5 (cinco) anos, se o fato não constitui crime mais grave.
Aumento de pena

esses tipos de decisão, responsabilizando a mulher – ainda que de forma indireta – pelo dano ou ilícito sofrido. São decisões cujas razões se baseiam, em sua maioria, na moralidade sexual da mulher. A utilização de expressões nos julgados tais como "moça recatada", "santidade", "fragilidade", "sedução", "comportamento inadequado", "fatos não comprovados", "bons costumes", entre outras, representam uma violência institucionalizada contra a mulher[16], na medida em que há a reprodução por instituições públicas – no caso, pelo judiciário – de uma violência real sofrida cotidianamente pelas mulheres, em decorrência de seu gênero.[17] Neste casos, a mulher que busca a tutela judicial se vê novamente em situação de absoluta vulnerabilidade, sendo constrangida seguidamente por meio de decisões que refletem um tratamento discriminatório de gênero.

Parte desse tratamento discriminatório fica evidente, por exemplo, na formação do próprio judiciário que é eminentemente masculina. De acordo com levantamento feito pelo Departamento de Pesquisas Judiciárias (DPJ), órgão do Conselho Nacional de Justiça (CNJ), em 2017, dos 17.670 magistrados em atividade no Brasil, 37,3% eram mulheres.[18] O percentual de participação das mulheres no judiciário vem aumentando aos poucos, mas a disparidade entre os gêneros pode gerar um descompasso nos fundamentos decisórios no que se refere ao discurso de gênero. Não se quer dizer com isso que a formação masculina do judiciário seja a razão de decisões enviesadas, mas certamente a falta de representatividade feminina não permite uma adequada utilização dos fundamentos jurídicos, social e historicamente condicionados pela submissão de gênero.

Embora as decisões identificadas como machistas tenham sua origem usualmente na área de Direito Penal[19] – dada, por exemplo, a alta carga moralizante nos julgamentos de crimes contra a liberdade sexual –, o objetivo deste artigo é analisar dois casos que foram julgados por magistrados de competência cível e que trataram de hipóteses de responsabilidade civil e compensação por danos morais. Ambos os casos tiveram uma evidente fundamentação misógina e um tratamento enviesado por causa do gênero. Conquanto as decisões tenham sido em parte favoráveis às autoras – Maitê Proença e Fernanda Young – a sua fundamentação foi inequivocamente inadequada do ponto de vista da proteção do direito de igualdade. Ambas foram indenizadas: Maitê, pela violação de seu direito de imagem, a título de danos patrimoniais somente; Fernanda, pela

---

§ 1º A pena é aumentada de 1/3 (um terço) a 2/3 (dois terços) se o crime é praticado por agente que mantém ou tenha mantido relação íntima de afeto com a vítima ou com o fim de vingança ou humilhação.

16. De acordo com Chai, Santos e Chaves (2018, p. 641), "a violência institucional contra a mulher é aquela praticada, por ação ou omissão, nas instituições públicas ou privadas prestadoras de serviços, como por exemplo, o Judiciário. Essa espécie de violência é consumada por agentes que deveriam prestar uma atenção humanizada, preventiva e reparadora de danos".

17. De acordo com o site do Ministério dos Direitos Humanos, "de janeiro a julho de 2018, o Ligue 180 registrou 27 feminicídios, 51 homicídios, 547 tentativas de feminicídios e 118 tentativas de homicídios. No mesmo período, os relatos de violência chegaram a 79.661, sendo os maiores números referentes à violência física (37.396) e violência psicológica (26.527). Entre os relatos de violência, 63.116 foram classificados como violência doméstica. Os dados abrangem cárcere privado, esporte sem assédio, homicídio, tráfico de pessoas, tráfico internacional de pessoas, tráfico interno de pessoas e as violências física, moral, obstétrica, patrimonial, psicológica e sexual". Disponível em: [https://www.mdh.gov.br/todas-as-noticias/2018/agosto/ligue-180-recebe-e-encaminha-denuncias-de-violencia-contra-as-mulheres].

18. Disponível em: [http://www.cnj.jus.br/noticias/cnj/84432-percentual-de-mulheres-em-atividade-na-magistratura-brasileira-e-de-37-3 -].

19. Veja, por todas, Any Ávila Assunção (2009).

violação de seu direito à honra, recebendo um valor menor do que o pretendido. Em ambas as decisões, restou evidenciada a visão machista que as amparou, justificadas pelo julgamento moral a respeito do exercício da liberdade de expressão destas mulheres ao exporem seu corpo nu. Nas duas hipóteses, quando a mulher exercita a liberdade artística de expressar-se através de sua nudez, ela tem negado o direito de ver-se integralmente tutelada: a liberdade de expressão vê-se tolhida pelo gênero.

Os dois casos partem de uma mesma fundamentação: a mulher, ao expor seu corpo nu, em um exercício legítimo de sua liberdade de expressão, tem obstada por meio do judiciário, a plena proteção desta autonomia, ainda que as decisões tenham sido parcialmente favoráveis a elas. Essa negativa se deve: (i) no caso Maitê, à sua beleza, ao ter negada a compensação por danos morais, ainda que reconhecida a indenização por danos patrimoniais; (ii) no caso Young, à sua reputação, considerada de menor valia, dada a forma através da qual foi exposta a sua imagem. As duas decisões serão analisadas abaixo.

4. O CASO MAITÊ PROENÇA E TRIBUNA DA IMPRENSA: BELEZA É FUNDAMENTAL PARA QUEM?

No primeiro caso, analisa-se a ação indenizatória iniciada por Maitê Proença em face do jornal Tribuna da Imprensa, com fundamento na divulgação não autorizada de fotos em que a atriz posava nua para a revista Playboy. A demanda, julgada pelo Tribunal de Justiça do Rio de Janeiro em 1999, é bastante simples do ponto de vista da análise dos elementos da responsabilidade civil. Contudo, o julgamento dos Embargos Infringentes interpostos, no que pertine a indenização por danos morais, foi absolutamente descabido, embasado em argumentos machistas, conforme exploraremos a seguir.

Em rápida descrição do caso, Maitê Proença, em 1996, participou de ensaio fotográfico para a revista Playboy, em que se apresentava nua. As fotografias, tiradas na Itália, foram, a toda evidência, autorizadas pela retratada por meio de contrato de cessão de direitos de imagem, pelo qual Maitê acordou, dentre outras obrigações, a ceder o uso de sua imagem em contrapartida a uma remuneração. Em agosto de 1996, o jornal "Tribuna da Imprensa" divulgou em página inteira uma foto de Maitê, que havia sido retirada do ensaio para a Playboy, sem a sua autorização.[20] O pedido inicial foi julgado procedente, reconhecendo o direito de Maitê à indenização por danos patrimoniais na ordem de R$ 25.190,00; e de danos morais, correspondentes a dois mil salários mínimos (R$ 272.000,00 à época). Em recurso de apelação, a verba patrimonial foi majorada para R$ 133.000,00, aplicando-se juros moratórios contados da data do evento danoso. A apelação foi julgada procedente por maioria, sendo interpostos embargos infringentes. No julgamento dos embargos – n. 250/99 – em que foi relator o Desembargador Wilson

---

20. O jornal argumentou em contestação que teve acesso às fotografias por meio do titular dos direitos de exploração das imagens. Não esclareceu se a cessão dessas imagens se deu de forma remunerada ou não. De qualquer forma, sendo ou não remunerada, a cessão da imagem de uma pessoa, a qualquer título, deve ter a autorização do retratado, além daquela relacionada ao titular dos direitos de exploração econômica. Ver, nesse sentido, artigo 20, do Código Civil.

A LIBERDADE DE EXPRESSÃO É TOLHIDA EM FUNÇÃO DO GÊNERO? **187**

Marques, foi reduzido o valor da indenização por danos patrimoniais e negada a indenização por danos morais.[21]

Alterações no *quantum* indenizatório não são incomuns em sede de recursos. Há elementos de fato e de direito apresentados no bojo dos recursos que permitem ao tribunal identificar hipóteses em que se mostra pertinente a redução ou ampliação dos valores da indenização. No caso apresentado, ficaram comprovados os elementos que compõem a obrigação de indenizar, quais sejam: (i) os danos – patrimonial e moral[22] –, decorrentes da utilização não autorizada de imagem de uma pessoa para fins de exploração econômica;[23] (ii) a culpa, configurada pela conduta dolosa por parte do periódico em divulgar imagem que sabia não ter sido autorizada pela retratada (ainda que pudesse ter havido autorização pelo detentor dos direitos de exploração da imagem, o que não ficou comprovado); e (iii) o nexo de causalidade, reconhecendo o vínculo jurídico entre a conduta dolosa e os danos sofridos pela vítima. A fundamentação do julgamento dos embargos infringentes baseou-se estritamente no debate em torno do valor concedido a título de danos. No caso de danos patrimoniais, considerou-se excessiva a indenização, diminuindo-se o valor para R$50.000,00. No caso dos danos morais, foi revertida por completo a decisão da sentença e da apelação – que confirmou nesta parte a decisão de primeira instância –, negando-se o direito da autora de ver-se compensada.

O tema da indenizabilidade dos danos morais já se encontra consolidado, seja por seu reconhecimento pela doutrina,[24] seja pela legislação,[25] seja pela jurisprudência.[26] Compreende-se por danos morais, na visão de Maria Celina Bodin de Moraes, todo o dano que atinge a dignidade da pessoa humana em um de seus quatro aspectos, quais sejam, o da integridade psicofísica, o da igualdade, o da liberdade e o da solidariedade social (BODIN DE MORAES, 2003, p. 182-190). Um dos conteúdos que se pretende tutelar por meio do reconhecimento de uma integridade psicofísica é justamente a imagem da pessoa humana. Isto é, sempre que houver um dano injustamente [27] sofrido por uma pessoa em decorrência da divulgação não autorizada da sua imagem, haverá a consolidação de um dano moral indenizável. Parece claro, portanto, que no caso descrito, há

---

21. TJRJ, II Grupo de Câmaras Cíveis, EI 250/99, Relator Desembargador Wilson Marques, j. 29.09.1999.
22. O dano patrimonial é a representação de um desvalor que atinge o patrimônio da vítima do evento danoso, seja considerado em seu aspecto negativo – o que a vítima efetivamente perdeu –, seja em seu aspecto positivo – o que a vítima deixou de lucrar. De outro lado, o dano moral é consequência da violação de um dos aspectos da personalidade da pessoa humana, sendo o direito à imagem tutelado em decorrência do reconhecimento de lesão a uma situação subjetiva existencial. Ver, por todas, Caitlin Mulholland (2009).
23. Nesse sentido, ver o entendimento consolidado do STJ na Súmula 403, de 24.11.2009, em que se sustenta que: "independe de prova do prejuízo a indenização pela publicação não autorizada de imagem de pessoa com fins econômicos ou comerciais".
24. Ver, por todas, Maria Celina Bodin de Moraes (2003).
25. Ver artigo 5º, V e X, da Constituição Federal; artigos 11, 52, 186 e 927, do Código Civil; artigos 6º, 12 e 14, do Código de Defesa do Consumidor, entre outros.
26. Ver, a título de exemplo, as súmulas 37, 227, 281, 326, 362, 370, 385, 387, 388 e 624, do Superior Tribunal de Justiça.
27. O dano injusto constitui uma cláusula geral, através da qual os aplicadores do direito – mais especificamente, os juízes – concretizam as situações de dano ressarcível, analisando não mais a conduta culposa como parâmetro de identificação do ilícito, mas agora a concreta violação do dever de não lesar, criando assim a possibilidade da atipicidade dos atos ilícitos e ampliação das hipóteses de reparação.

dano moral indenizável, considerando-se que, em concreto, houve o uso ilegítimo, não autorizado, da imagem de Maitê Proença.

O que causa verdadeiro espanto no julgamento dos Embargos Infringentes que negou a indenização por danos morais à Maitê Proença não foi a desconsideração de um posicionamento consolidado na doutrina e jurisprudência no que diz respeito à proteção da imagem da pessoa humana, mas o desprezo do relator do recurso ao rejeitar o direito à compensação por danos morais, tendo como base os atributos de beleza da pessoa que pretende ver-se tutelada pelo Judiciário. Em trecho do voto do relator, percebe-se um nítido enviesamento de gênero e uma evidente objetificação do corpo nu feminino, ao afirmar que mulher bonita não sofre dano moral. Permita-se a reprodução do trecho do voto:

> O dano moral, como é cediço, é aquele que acarreta, para quem o sofre, muita dor, grande tristeza, mágoa profunda, muito constrangimento, vexame, humilhação, sofrimento. Ora, nas circunstâncias do caso concreto, não se percebe de que forma, o uso inconsentido da imagem da autora pode ter-lhe acarretado dor, tristeza, mágoa, sofrimento, vexame, humilhação. Pelo contrário, *a exibição de seu belo corpo, do qual ela, com justificada razão, certamente muito se orgulha, naturalmente lhe proporcionou muita alegria, júbilo, contentamento, satisfação, exultação, felicidade*, que só não foi completa porque faltou o pagamento do valor a que tem direito pelo uso inconsentido de sua imagem. *Só mulher feia pode se sentir humilhada, constrangida, vexada em ver o seu corpo desnudo estampado em jornais ou em revistas. As bonitas, não.* Fosse a autora u'a mulher feia, gorda, cheia de estrias, de celulite, de culotes e de pelancas, a publicação de sua fotografia desnuda – ou quase – em jornal de grande circulação, certamente lhe acarretaria um grande vexame, muita humilhação, constrangimento enorme, sofrimento sem conta, a justificar – aí sim – o seu pedido de indenização de dano moral, a lhe servir de lenitivo para o mal sofrido. *Tratando-se porém de uma das mulheres mais lindas do Brasil, nada justifica pedido dessa natureza, exatamente pela inexistência, aqui, de dano moral a ser indenizado. Não se trata de discriminação contra mulheres belas, nem, muito menos, de fazer apologia da feiura* (grifado).

Percebe-se pela leitura deste trecho que a negativa da tutela jurisdicional foi embasada não em fundamentos jurídicos sobre a existência ou não da ofensa do direito a imagem de Maitê. Esta violação, inclusive, é reconhecida quando o relator do acórdão utiliza a expressão "uso inconsentido da imagem da autora". O que é chocante nesta decisão é que há o entendimento por parte do relator do acórdão de que a exposição não consentida do corpo nu de uma mulher – somente quando belo, frise-se – não geraria a ela nenhum desvalor psíquico a justificar uma indenização por danos morais. Ora, independentemente da beleza ou não do corpo de uma mulher – julgamento extremamente subjetivo, diga-se –, ao utilizar este tipo de argumento para negar a tutela de um direito reconhecido, o judiciário atua de modo a perpetuar uma forma de violência de gênero, objetificando o corpo feminino, que fica submetido ao olhar e julgar do macho.

Parece que o judiciário ao não admitir a indenização por danos morais, reforça a ideia de que a mulher, ao expor seu corpo nu, assume os riscos de eventuais danos que venha a sofrer devido ao exercício da liberdade de expressão artística. Em outras palavras, se a mulher não tinha interesse numa exposição de seu corpo nu, não deveria ter posado inicialmente, pois uma vez realizado este ato, permite-se o acesso ao seu corpo por qualquer pessoa. Temos assim o paradoxo da liberdade: a mulher pode livremente se expressar, desde que este exercício de liberdade não implique no assumir posturas que sejam "inadequadas" para o resguardo de uma moralidade imposta por outros. A liberdade é limitada pela violência de gênero institucionalizada pelo judiciário, pela opressão da sexualidade.

Ao fim, houve recurso interposto ao Superior Tribunal de Justiça que, por meio do julgamento do REsp 270.730/RJ,[28] tendo como relatora por acórdão a Ministra Nancy Andrighi, reverteu a decisão prolatada no âmbito dos Embargos Infringentes, concedendo à Maitê Proença uma indenização de R$50 mil, a título de danos morais por violação de sua imagem.

5. O CASO FERNANDA YOUNG: A MULHER ELÁSTICA E SUAS VULGARIDADES

O segundo caso analisado teve como autora a escritora Fernanda Young em ação de obrigação de não fazer cumulada com indenização em face de Hugo Leonardo de Oliveira Correa e Deolinda Maria de Oliveira Correia.[29] No relatório da sentença ficou indicado que no mês de março de 2015, Hugo, através de perfil falso no Instagram comentou uma postagem publicada por Fernanda, proferindo injúrias direcionadas a ela. A postagem consistia numa foto de ensaio fotográfico em que Fernanda posava nua fazendo com o dedo um gesto considerado obsceno. No comentário à foto, Hugo utilizou expressões como "umazinha", "pau mole", "vadia lésbica", "puta que te pariu" e "viadinho". Além dessas palavras, Hugo ainda teria comentado na publicação de Fernanda que seria "melhor baixar suas fotos gratuitamente na Playboy e admirá-la como na personagem da revista: uma vadia lésbica".

O debate do caso girou em torno do reconhecimento de violação ao direito à honra de Fernanda, que serviria de fundamento a uma indenização por danos morais. Ressalva-se que não foi objeto da sentença o debate entre exercício legítimo da liberdade de expressão do réu e a proteção à honra da autora, considerando o magistrado que o uso das expressões grosseiras pelo réu da ação configurava concretamente um abuso no exercício da livre manifestação de expressão. De outro lado, considerou-se que o ato de Fernanda ao postar foto nua em seu perfil da rede social é legítimo, em decorrência da tutela de sua livre manifestação artística, conforme reconhecido pelo juiz em sua sentença.

Contudo, apesar de reconhecido o direito de Fernanda de ver-se indenizada pelos danos morais que sofreu como consequência da violação de sua honra, o juiz da causa, Christopher Alexander Rosin, considerou que o valor pedido pela autora a título de compensação estava acima do que deveria ser concedido de fato. Mais uma vez, é absolutamente usual que os danos sejam quantificados em valores inferiores aqueles requeridos pelos autores das ações indenizatórias. Contudo, a justificativa para a diminuição do valor da reparação foi a reputação da autora, fixando-se os danos morais ao final em R$5.000,00. Permita-se a reprodução do trecho da sentença:

> O valor leva em conta ainda o fato da autora ter artisticamente posado nua, de modo que *sua reputação é mais elástica*, inclusive porque *se sujeitou* a publicar fotografia fazendo sinal obsceno (fls. 533), publicou fotografia exibindo os seios (fls. 535) e não se limitou a defender-se, afirmando que terceiros seriam "burros" (fls. 531).

---

28. STJ, 3a Turma, REsp 270.730/RJ, Rel. / Acordão Ministra Nancy Andrighi, julgado em 19.12.2000, j. 07/05/2001.
29. TJSP, 11a Vara Cível, Processo 1114113-19.2015.8.26.0100, Juiz Christopher Alexander Rosin, j. 06.06.2017.

Ora, uma mulher com tantos predicados como a autora afirma possuir *deveria demonstrar, porque formadora de opinião, um pouco mais de respeito*. Há valores morais que devem governar a sociedade e que, no mais das vezes, nos dias que correm, são ignorados em prestígio a uma pretensa relatividade aplicada as ciências sociais, geradora do caos atual.

Disciplina, limites, ética, regras de convívio social devem retomar o posto de primazia na sociedade brasileira, relegando o desrespeito, o descaso, o egoísmo aos planos inferiores. (grifado)

Os termos usados pelo magistrado ao julgar demonstram, de maneira inconteste, uma visão machista – e sem respaldo jurídico – do que deve ser o papel desempenhado pela mulher em uma sociedade. Termos tais como "reputação elástica" e "mostrar o devido respeito" são sintomáticos de um discurso moralizante que deveria ser mantido fora das decisões judiciais, por não serem constitutivos de valores e princípios constitucionalmente tutelados. Para Thamis Viveiros de Castro,

[...] determinados valores compartilhados pela sociedade não poderão figurar como valor jurídico, pouco importando se eles são referentes à maioria da população. Não se trata de número de adesões, mas sim de compreender que o recurso aos valores é mecanismo limitado pela moralidade constitucional, pelo que um valor só será enquadrado como valor jurídico se for possível determinar o seu correspondente axiológico no Texto Constitucional. *Não há sentido na investigação dos atos de autonomia de acordo com seus efeitos se aquilo que se contrapõe ao interesse do titular da situação existencial já for, de antemão, impedido de receber a tutela jurídica.* A averiguação dos efeitos tem em vista a exclusão de padrões morais que sejam juridicamente irrelevantes, o que pressupõe não ser antijurídico. Ora, sendo assim, parece óbvio que não pode haver dúvidas quanto à impossibilidade de limitar a autonomia por fundamentos contrários ao direito. (CASTRO, 2017, p. 110).

Uma vez reconhecida a existência de violação a direito da personalidade, *in casu*, do direito à honra – tutelado tanto na Constituição Federal, quanto no Código Civil – restaria ao julgador a tarefa de quantificar o valor indenizatório. Evidentemente, a quantificação do dano moral não é tarefa fácil. Mas existem parâmetros sugeridos, tanto pela doutrina quanto pela jurisprudência, que permitem ao magistrado alcançar um valor ponderado e justificado, inclusive, por precedentes do tribunal. A opção social, política e jurídica pela reparação do dano moral traz consigo a dificuldade de sua delimitação. Assim é que, apesar do esforço jurisprudencial em criar parâmetros razoavelmente adequados para a delimitação do *quantum* indenizável – tais como a condição pessoal da vítima, a condição do ofensor, a extensão do dano e as condições nas quais ele se realizou –, ainda resta ao magistrado um amplo poder discricionário a respeito do que deve ser considerado como o valor a ser compensado. E segundo Maria Celina Bodin de Moraes, "o emprego puro e simples de um assim chamado princípio da razoabilidade, que, neste caso, pouco mais é do que um sinônimo para a expressão "bom senso", não é suficiente para fundamentar a reparação do dano" (BODIN DE MORAES, 2003, p. 190). No caso analisado, sequer foram considerados os critérios há tempos consolidados pelo Superior Tribunal de Justiça. O fundamento preponderante para a fixação do *quantum* indenizatório, reduzindo-o, foi simplesmente a reputação da vítima. Há recurso da decisão, até o momento não julgado pelo tribunal.

O juiz do caso Young, ao referir-se a padrões sociais moralmente aceitáveis, sujeitou a autora da ação a um julgamento moral injustificado, que impõe *a posteriori* uma limitação ao exercício de sua livre manifestação de expressão artística. Ao qualificar a reputação de Fernanda Young como "elástica" o juiz condenou a autora da ação a uma categoria de sujeito de direitos que não merece uma tutela ampla da lei, por conta de um padrão estritamente moral que, segundo o magistrado, é o que deve imperar na sociedade ("há valores morais que devem governar a sociedade e que, no mais das vezes, nos dias que correm, são ignorados em prestígio a uma pretensa relatividade aplicada as ciências sociais, geradora do caos atual").

6. CONCLUSÃO

A título de conclusão, podemos considerar que as decisões dos casos apresentados são representativas de uma forma de violência de gênero – pelo viés institucionalizado – que se efetiva por meio de discursos permitidos pela tutela do direito à livre manifestação da expressão do julgador. O uso de fundamentos moralizantes pelos magistrados "põem as mulheres em seus devidos lugares", objetificando o corpo nu e belo, no caso de Maitê Proença, e impedindo o pleno exercício da liberdade artística por considerações acerca da reputação, no caso de Fernanda Young. Nos dois exemplos, é negada a plena tutela da liberdade das mulheres, impondo a elas um lugar de submissão e sujeição ao olhar do homem.

Sendo assim, podemos considerar que o pleno exercício da liberdade de expressão das mulheres foi tolhido por seu gênero. Ao mesmo tempo, a tutela tradicional e liberal, como bem ressalta MacKinnon, da liberdade de expressão é violadora do direito à igualdade e exclui as mulheres do exercício da própria liberdade de expressão, quando se afastam dos atos performativos de gênero que garantem posições sociais inferiores às mulheres. As mulheres que, afirmando autonomia, resolvem se expor, não são protegidas pela liberdade de expressão, o que demonstra a parcialidade do sistema de tutela de direitos fundamentais e a ausência de neutralidade do Estado liberal e seu Poder Judiciário.

7. REFERÊNCIAS

ASSUNÇÃO, Any Ávila. *A tutela judicial da violência de gênero*: do fato social negado ao ato jurídico visualizado. Tese (Doutorado em Ciências Sociais) – Universidade de Brasília, Brasília, 2009. Disponível em: http://repositorio.unb.br/bitstream/10482/9161/1/2009_AnyAvilaAssuncao.pdf. Acesso em: 20 mar. 2019.

BODIN DE MORAES, Maria Celina. *Danos à pessoa humana*: uma leitura civil-constitucional dos danos morais. Rio de Janeiro: Renovar, 2003.

BUTLER, Judith. *Excitable speech*. A politics of the performative. New York: Routledge, 1997.

BUTLER. Judith. *Problemas de gênero*: feminismo e subversão da identidade. Rio de Janeiro: Civilização Brasileira, 2015.

CASTRO, Thamis Dalsenter Viveiros de. A função da cláusula de bons costumes no Direito Civil e a teoria tríplice da autonomia privada existencial. *Revista Brasileira de Direito Civil* – RBDCilvil, Belo Horizonte, v. 14, p. 99-125, out./dez. 2017.

CHAI, Cássius Guimarães; SANTOS, Jéssica Pereira dos; CHAVES, Denisson Gonçalves. Violência institucional contra a mulher: o Poder Judiciário, de pretenso protetor a efetivo agressor. *Revista Eletrônica do Curso de Direito da UFSM*, Santa Maria, RS, v. 13, n. 2, p. 640-665, ago. 2018. ISSN 1981-3694. Disponível em: [https://periodicos.ufsm.br/revistadireito/article/view/29538]. Acesso em: 20.03.2019.

MACKINNON, Catharine. *Butterfly Politics*. Cambridge: The Belknap Press of Harvard University Press, 2017.

MACKINNON, Catharine. *Only Words*. Cambridge: Harvard University Press, 1996.

MACKINNON, Catharine. *Toward a feminist theory of the State*. Cambridge: Harvard University Press, 1989.

MULHOLLAND, Caitlin. *A responsabilidade civil por presunção de causalidade*. Rio de Janeiro: GZ Editora, 2009.

OLIVEIRA, Adriana Vidal de. *Constituição e direitos das mulheres*: uma análise dos estereótipos de gênero na Assembleia Constituinte e suas consequências no texto constitucional. Rio de Janeiro: Juruá, 2014.

GÊNERO E TECNOLOGIA: PERSPECTIVAS SOBRE A RELAÇÃO ENTRE O FEMININO E AS DECISÕES TOMADAS POR ALGORITMOS NO MERCADO DE TRABALHO

Ana Frazão

Advogada e Professora de Direito Civil, Comercial e Econômico da Universidade de Brasília – UnB.

Maria Cristine Branco Lindoso

Advogada e Mestranda em Direito pela Universidade de Brasília – UnB.

Sumário: 1. Introdução. 2. Privacidade e Internet. 3. Discriminação algorítmica. 4. Regulamentação da atuação dos agentes de mercado. 5. Atuação positiva de gênero. 6. Conclusão. 7. Referências.

1. INTRODUÇÃO

As discussões sobre igualdade de gênero finalmente ganharam algum espaço, arduamente conquistado a partir de muitos estudos apontando que, por mais expressivas que tenham sido as conquistas femininas nos últimos anos, os homens continuam a dominar o mundo social, político e econômico. Ainda há grandes disparidades de oportunidades, ganhos e patrimônio quando se compara a realidade entre os gêneros, bem como um "teto de vidro" que impede as mulheres de ascenderem às posições profissionais mais importantes, especialmente às de comando (MACNAMEE; MILLER JR, 2014, p. 180-198).

Uma análise das pesquisas conduzidas nos mais diversos ramos da sociedade (como vagas de emprego, oportunidades, e até as coisas mais simples, como o banheiro de um *shopping* ou a temperatura do ar condicionado de uma empresa), inclusive, demonstra que existe um denominado *gap* de dados em relação ao gênero, já que a maior parte das pesquisas são feitas desconsiderando a realidade feminina e assumindo como padrão universal as características e realidades masculinas (PEREZ, 2019).

Como a discriminação contra as mulheres convive com diversas outras formas de discriminação, uma das principais consequências disso, no mercado de trabalho, é que a meritocracia passa a ser um mito (MACNAMEE; MILLER JR, 2014), com o consequente comprometimento não apenas da questão da igualdade, como também da própria ideia de mercados livres, na medida em que estes pressupõem o igual direito de acesso e permanência nos mercados (SUNSTEIN, 1997, p. 3).

Apesar da falta de dados existentes em relação à realidade feminina (PEREZ, 2019), cada vez mais instituições públicas e privadas vêm conduzindo pesquisas para investigar práticas preconceituosas que, com os mais diversos vieses conscientes ou inconscientes, possam impactar, em alguma medida, na possibilidade de se levar mulheres a exercerem trabalhos desvalorizados, ganharem menos para trabalharem mais, ocuparem poucos postos de liderança, cuidarem sozinha da rotina da casa, dentre tantas outras atividades invisíveis e pouco valorizadas que geram grandes níveis sobrecargas mentais e até físicas (ABUNDANCIA, 2019).

Essas pesquisas, grande parte das vezes, conduzem a resultados impressionantes, sugerindo que a igualdade de gênero, se fosse perseguida pela população, adotada pelas empresas privadas e incentivada pelo poder público, poderia trazer benefícios coletivos que iriam estimular um espaço de trabalho mais justo e menos opressor, além de proporcionarem uma rotina mais igualitária, de um mundo até mais rico.

Um desses recentes estudos, conduzidos pela Organização Internacional do Trabalho (OIT), vinculada às Nações Unidas, recentemente concluiu que a redução das desigualdades de gênero no ambiente de trabalho em um quarto poderia injetar na economia global, até 2025, mais de cinco trilhões de dólares (DUTRA, 2017). O Fundo Monetário Internacional (FMI) também conduziu estudos similares, concluindo que estimular a maior participação feminina faria com que a produtividade dos países aumentasse, trazendo-se novas habilidades para o mercado de trabalho como um todo (BATISTA, 2018).

Associados a esse novo contexto – já que agora, ao menos se discutem políticas de igualdade com mais frequência, com uma preocupação em mostrar representatividade e implementar soluções efetivas para que as mulheres participem mais das tomadas de decisões e da formação de opinião –, torna-se importante discutir em que medida o desenvolvimento tecnológico relaciona-se com o projeto de emancipação das mulheres e de que forma os agentes de mercado atuam – ou podem atuar – positiva e negativamente nessa discussão.

É em face desses desafios que o presente artigo pretende explorar a relação entre algoritmos e sistemas de inteligência artificial e as perspectivas para se assegurar maior igualdade de gênero, ressaltando tanto as perspectivas inclusivas como também os riscos de discriminação que decorrem da tecnologia.

2. PRIVACIDADE E INTERNET

Para pensar a perspectiva feminina em relação ao uso da internet, é importante, em um primeiro momento, compreender quais foram os impactos mais relevantes da transferência do espaço privado para a internet e quais as mudanças paradigmáticas que ocorreram com o mercado de dados pessoais, a fim de perceber a atuação dos principais agentes nesse contexto.

Nos primórdios, a privacidade possuía características sensivelmente diferentes das de hoje, o que demandou atualização de conceitos e perspectivas para a realidade virtual. Antes pensada como um espaço de isolamento absoluto, na qual o direito de ser deixado sozinho representava a essência da individualidade, da personalidade e da própria privacidade,[1] hoje a ideia de privado envolve uma dimensão de não compartilhamento de conteúdo de forma desautorizada, já que todas as informações sobre o indivíduo tendem a estar disponíveis na rede.

Percebeu-se que, para que a proteção da personalidade – e dos direitos dela derivados – ganhasse sentido na realidade virtual, seria necessário estender seus efeitos para chamados dados pessoais, tidos como as características determinantes dos usuários no plano virtual (MENDES, 2014, p. 33). Apesar de as informações hoje em dia não serem mais caracterizadas como segredos efetivamente protegidos e isolados de todos, tem-se que a privacidade envolve a proteção das informações e dados disponibilizados na rede para que seu uso esteja adstrito ao que o usuário titular desses dados expressamente autorizou. Assim, há algum consenso no sentido de que a privacidade envolve, atualmente, respeito à finalidade de coleta das informações dos usuários e transparência (RICHARDS; KING, 2014, p. 419), a fim de que se possa ter algum tipo de controle sobre o que os agentes de mercado fazem com o conteúdo pessoal de cada um.

A alteração desses conceitos de privacidade, de fato, não foi simples e vem causando diversas inseguranças e questionamentos sobre os padrões e limites éticos que são utilizados na *internet*. Isso porque, à época do lançamento das primeiras plataformas de acesso à rede, era comum acreditar que esse novo espaço, até então desregulado, poderia dirimir determinados tratamentos preconceituosos corriqueiros na realidade, justamente pelo fato de poder anonimizar algumas características – como o próprio gênero e a raça – e forçar a convivência das múltiplas diversidades em um espaço único e compartilhado (NISSENBAUM, 2004).

Foi com grande frustração que os usuários da internet se valeram do suposto anonimato para, justamente, reproduzir esses padrões excludentes também dentro da rede. Desde salas de jogos *online* (NAKAMURA, 2014), passando pelo vazamento de fotos íntimas, até seleção de funcionários para vagas de emprego (AGAN; STARR, 2016) e disponibilização de crédito através de tecnologias de inteligência artificial, as mulheres se viram, novamente, em um ambiente pouco justo e muitas vezes hostil à diversidade.

No decorrer do que se convencionou chamar quarta revolução industrial, vivida hoje pela humanidade (SCHWAB, 2016), o próprio contexto de uso da internet foi modificado e fez com que a convivência humana migrasse, em sua maioria, para um espaço virtual (STRIPHAS, 2015). E toda essa transformação, associada à falta de regulação sobre a nova realidade, beneficiou agentes de mercado que coletam e processam dados pessoais, e que conseguiram desenvolver um mercado complexo e que hoje estrutura todo o parâmetro de interação do ser humano.

Isso porque esses agentes de mercado construíram certo tipo de monopólio no exercício de suas atividades, já que se utilizaram de vácuos regulatórios para coletar, processar e compartilhar dados pessoais de forma indiscriminada e até irresponsável

---

1. Com o livro *"The Right to Privacy"* (WARREN, Samuel D.; BRANDEIS, Louis D. *The right to privacy*. Harvard Law Review, v. 4, n. 5, 1890, p. 193-220), primeiramente editado em 1890 pela *Harvard Law Review*, os autores iniciaram discussões sobre os limites do espaço privado a partir da repercussão de fofocas e do ciclo vicioso que a publicização desse tipo de conteúdo criava. Ambos já mencionavam, à época, o temor relacionado às ameaças ao espaço privado com novas invenções e formas de chamar atenção da população.

(FRAZÃO, 2019). A partir dessa extração indiscriminada de dados, conseguem agregar valor a conteúdos que, isolados ou "crus" (*raw data*), seriam pouco valiosos, mas que, somados a diversos outros, e dentro de um contexto de processamento de dados massivos, garante profundidade de informação sobre o usuário (FRAZÃO, 2019).

Nesse sentido, a profundidade de conteúdo obtido por esses agentes alcançou níveis extremos, a ponto de se falar hoje em um verdadeiro modelo de capitalismo de vigilância, que se utiliza de todo o tipo de informações pessoais do usuário, coletadas através da internet, para poder predizer comportamentos e influenciar, em diversas medidas, as intenções, os desejos e os comportamentos de cada um (ZUBOFF, 2019, p. 8).

Ao fim, percebeu-se que a falta de regulação específica, e até de entendimento do contexto da privacidade na internet, nos seus primórdios, beneficiou de forma excessiva os agentes de mercado que processam dados pessoais, os quais passaram a buscar cada vez mais uma maior quantidade de dados sobre os usuários, a fim de intensificar suas análises e assumir um maior controle da vida e dos desejos de cada um (FRAZÃO, 2019).

Do ponto de vista das questões de gênero, a questão fundamental é que a economia movida a dados e o capitalismo de vigilância vêm possibilitando que a coleta de dados em massa, feita de forma voraz pelo *big data* e processada pelos sistemas de inteligência artificial, decida, hoje, quem terá ou não acesso a determinados direitos ou oportunidades. Não é sem razão que os algoritmos são hoje utilizados fartamente no mercado de trabalho, desde o recrutamento até a demissão, incluindo os critérios de promoção e ascensão aos principais cargos.

É nesse contexto que se situa a preocupação com o fato de que os algoritmos possam dar continuidade – e até mesmo reforçar – as discriminações de gênero, como se examinará melhor na seção seguinte.

3. DISCRIMINAÇÃO ALGORÍTMICA

Nessa realidade, e entendendo que se estruturou um regime de lucratividade para os agentes de mercado que processam dados pessoais, viabilizada pela violação aos direitos de privacidade e pelo uso de tecnologias complexas de processamento de dados em massa, torna-se importante pensar como a discriminação de gênero se posiciona dentro do mundo virtual e como ela pode ajudar a manter o poder dos grandes agentes do mercado.

Inicialmente, deve-se destacar que, por novas tecnologias, entendem-se *softwares* e mecanismos de inteligência artificial, estruturados a partir do processamento de dados em massa através de complexas estruturas matemáticas – denominadas algoritmos. O funcionamento desses algoritmos, base e fundamento dessas novas tecnologias, se dá a partir de predições estatísticas, ou seja, análises simultâneas e automatizadas de milhões de dados diversos, oriundos das mais variadas fontes e concentrados em um uma única base, com objetivo de se identificarem padrões semelhantes (AGRAWAL; GANS; GOLDFARB, 2018). Essas predições são, em grande medida, decisões automatizadas feitas pela própria máquina a partir de análises estatísticas de comportamentos pretéritos do próprio usuário ou de terceiros similares a ele.

As análises estatísticas também podem envolver correlações com outros dados, assumindo-se determinadas características em comum a um determinado grupo, em razão dos padrões similares encontrados (STEINBOCK, 2016). Ao fim, o algoritmo é treinado para desenvolver um tipo de inteligência própria que o permita predizer – e nesse sentido decidir – qual a escolha mais provável em relação a uma amostragem oferecida pelo próprio programador.

Em razão dessa sistemática de funcionamento dos mecanismos de inteligência artificial, costuma-se dizer que os processos tecnológicos de tomadas de decisão automatizada ocorrem a partir de uma discriminação algorítmica, ou seja, dados similares, capazes de predizer ou traduzir intenções com alta precisão, a fim de atender ao propósito previamente estabelecido (BAROCAS; SELBST, 2016). A esse processo, dá-se o nome de *data mining*.[2] É dessa forma que os *softwares* escolhem quais anúncios vão ser disponibilizados para cada usuário, quais fotos vão ser exibidas em uma rede social, quais notícias vão aparecer nos sistemas de busca, quais candidatos serão selecionados para ocuparem uma vaga, qual o valor de um seguro, qual preço de um determinado serviço, dentro tantos outros infinitos exemplos.

Verdade seja dita que, durante muito tempo, os algoritmos foram considerados inquestionáveis, verdadeiros instrumentos de concretização da racionalidade e de eliminação da subjetividade das escolhas humanas, já que traduziam todas as decisões em predições estatísticas. E isso se deu, em alguma medida, também em razão da complexa linguagem matemática que normalmente estrutura as suas fórmulas, e que inviabiliza ou pelo menos dificulta questionamentos e até mesmo a compreensão, por parte dos usuários, de como funcionam tais mecanismos (O'NEIL, 2016, p. 17). Também havia e continua havendo pouca compreensão sobre como os dados pessoais funcionam com esses algoritmos ou como podem ser utilizados pelos agentes de mercado como ferramentas de aumento de poder econômico.

Os debates acerca desses consensos começaram ainda em 1970, quando grupos de mulheres questionaram o próprio uso da tecnologia a favor de interesses discriminatórios e perpetuação dos estereótipos misóginos. Em um longo prazo, essas discussões levaram alguns grupos de feministas a perceber (i) que as tomadas de decisão feitas por algoritmos não se davam de forma neutra; e que (ii) a tecnologia estava sendo utilizada, em alguma medida, para reforçar estruturas de poder preexistentes (BRAY, 2007, p. 39). Nesse sentido, Frank Pasquale também aponta para o problema da caixa preta (*"black box"*) dos algoritmos, fazendo referência à falta de transparência dessas estruturas, principalmente no que diz respeito aos critérios de ranqueamento de resultados, seja pelos grandes navegadores de busca, seja para *marketing*, lojas ou redes sociais (PASQUALE, 2015).

Aliado a isso, a própria atuação dos agentes que processavam dados pessoais começou a ser questionada, verificando-se que a estruturação das relações de poder dentro da rede se davam em um sentido específico, com objetivo de influenciar padrões comportamentais e culturais a fim de obter cada vez maior lucro e, consequentemente, maior

---

2. O que hoje se conhece por *data mining* se originou em 1991, através de um algoritmo de reconhecimento criado por Usama Fayyad, objetivando, justamente, a obtenção de padrões implícitos em uma grande base de dados. Ver: Steinbock (2005).

poder (CASTELLS, 2016). A falta de transparência em si também criou alertas em relação a esses agentes, na medida em que se observou o aumento substancial da concentração de poder econômico pela prestação de serviços supostamente gratuitos (como buscas), e sem que existisse qualquer concorrência significativa (PASQUALE, 2015, p. 83).

É nesse contexto que são mapeados alguns problemas em relação à chamada discriminação algorítmica. O primeiro deles, abordado dentro de uma discussão técnica sobre a própria estruturação dessas fórmulas matemáticas, foi indicado por Cathy O'Neil, ao defender que os processos decisórios de inteligências artificiais não estão livres de vieses inconscientes – ou até mesmo conscientes –. Isso porque os algoritmos tratam de meras transcrições matemáticas dos desejos do programador, muitas vezes preconceituosos e discriminatórios, e que, por esse motivo, podem ser carregadas de subjetividades (O'NEIL, 2016, p. 17). Não é sem razão que a autora se refere aos algoritmos como armas matemáticas de destruição.

As subjetividades que persistem nos algoritmos decorrem do fato de que a mente humana não necessariamente opera em constante alinhamento com o racional, estando sujeita às influências pessoais e subconscientes sobre as quais não se pode ter controle, em grande parte do tempo (KAHNEMAN, 2011). Essa essência de funcionamento do processo cognitivo, que diferencia o ser humano de diversas outras espécies, faz com que as escolhas não sejam pautadas exclusivamente na racionalidade da sobrevivência, mas também em históricos pessoais muito próprios.

É por isso que, via de regra, demanda-se que as decisões algorítmicas em si sejam minimante fundamentadas ou justificadas, ainda que com base no histórico pessoal de cada um. Ao ignorar, contudo, que as subjetividades são normalmente inerentes ao processo de desenho algorítmico, já que os programadores são seres humanos como quaisquer outros, ignora-se o fato de que a própria fórmula irá assumir aquilo como uma base racional e inquestionável.

Verdade seja dita que, com técnicas de *machine learning* e *deep learning*, os sistemas de inteligência artificial podem modificar o código inicialmente programado, ganhando, por assim dizer, autonomia para se reprogramarem. Entretanto, mesmo em tais casos, há riscos de que o sistema identifique, a partir dos dados processados, preconceitos como padrões não necessariamente ruins e, consequentemente, passe a reproduzi-los.

O próprio *data mining* envolve algum tipo de subjetividade por parte de quem estabelece os parâmetros para essa seleção, e delimita as bases racionais para o agrupamento de dados supostamente similares (LINDOSO, 2018, p. 374). E, mesmo no caso em que o sistema de inteligência artificial ganha autonomia, o seu *data mining* pode também envolver dados enviesados ou decorrentes de preconceitos.

É por essa razão que há uma série de precauções necessárias a fim de evitar a discriminação na própria coleta de dados, tais como amostragem relevante e significativa, para que o treinamento do algoritmo não seja feito de forma enviesada e para que os dados utilizados não tenham sido produzidos apenas através de correlações estatísticas, mas que sejam verdadeiramente representativos dos comportamentos dos usuários (WILLIAMS; BROOKS, 2018, p. 82). Isso envolve cuidado com os dados que não se possui, ou seja, sobre dados que não estão na base de dados e que podem permitir inferências sobre seu conteúdo – o qual é desconhecido para aquela estrutura de processamento – ou que podem ser ignorados no resultado final, prejudicando o estudo estatístico em si (WILLIAMS; BROOKS, 2018, p. 82).

Também em relação à natureza dos dados, devem-se tomar alguns cuidados, notadamente, porque eles dizem respeito a características da personalidade dos usuários que vivem em um contexto de desigualdade (WILLIAMS; BROOKS, 2018, p. 26). Por exemplo, uma mulher irá produzir dados crus (*raw data*) com informações de que trabalha mais e ganha menos que homens, ou que precisa se ausentar durante um período em razão de licença maternidade. E como essas informações serão assumidas como premissas pela fórmula, podem acabar sendo utilizadas para perpetuar a discriminação quando da tomada de uma decisão.

Outro cuidado relevante diz respeito à discriminação feita pelos algoritmos através dos dados que não existem em bancos de dados. Isso porque nem todo tipo de dado pode ser processado ou nem sempre a base de dados tem informações completas. Verificou-se, por exemplo, que as próprias bases de dados estão contaminadas com vieses de gênero, uma vez que vários dados, gerados a partir do estudo preditivo feito pelo algoritmo e através dos mecanismos de *machine learning*, são frutos de correlações estatísticas e suposições sobre comportamentos estereotipados, que muitas vezes podem não condizer com a realidade (ZHAO et al, 2017).

A falta de informação ou a não inserção de um dado relevante, nesse contexto, podem fazer com que padrões que beneficiam homens em relação às mulheres sejam adotados como corriqueiros e reproduzidos durante a tomada de decisão (WILLIAMS; BROOKS, 2018, p. 82). Dessa forma, os algoritmos operam para reforçar preconceitos já existentes, ainda que a intenção inicial nunca tenha sido de discriminar.

É também nesse contexto que se fala em descontextualização dos dados, já que as análises preditivas são feitas levando em consideração apenas os resultados obtidos, e não os propósitos subjetivos adotados pelos seres humanos titulares desses dados (WARNER; SLOANS, 2017, p. 44). E isso permite com que algumas correlações sejam feitas de forma errônea, sem considerar que os dados não são eventos isolados, e que resultados obtidos em circunstâncias idênticas podem variar (WARNER; SLOANS, 2017, p. 46). Logo, é fundamental analisar qualitativamente as inferências vindas das estatísticas, pois muitas correlações podem não corresponder a causalidades, mas sim serem reflexos de preconceitos e discriminações do mundo real.

Percebe-se, ao fim, que a escolha crescente de sistemas de inteligência artificial por agentes de mercado, com objetivo de racionalizarem processos decisórios, pode ter efeitos reversos, aumentando o grau de subjetividade das decisões e diminuindo as possibilidades de controle dos usuários em relação às escolhas que impactam em suas vidas. Ao fim, os padrões discriminatórios da sociedade tendem a se perpetuar, assumindo-se o risco de manter escolhas com vieses que prejudicam a participação das mulheres na sociedade como um todo em razão da falta de cuidado com o desenho do algoritmo, com a estrutura do processamento ou mesmo com os dados utilizados.

Sabendo que os agentes de mercado operam dentro de uma lógica de aumento de lucros, mesmo que às custas de violações a direitos de privacidade (FRAZÃO, 2019), não é de se espantar que algumas correlações estatísticas respondam a essas demandas financeiras, muitas vezes de forma intencional. Ou seja, os próprios algoritmos são desenhados para que se adequem à realidade discriminatória em que se vive, a fim de que possam angariar resultados supostamente mais satisfatórios. Há, nesse sentido, alguns exemplos relevantes.

Nos Estados Unidos, um dos casos mais famosos envolveu discriminação racial, quando uma empresa de cartão de crédito diminuiu, arbitrariamente, o limite de um consumidor, simplesmente a partir de inferências e correlações relacionadas à sua cor, etnia e bairro, ignorando seu histórico de bom pagador (LIEBER, 2009). Também já existem estudos comprovando que alguns *softwares* de seleção de emprego acabam por contratar mais candidatos brancos em relação aos negros, e que, mesmo com históricos criminais, candidatos brancos tendem a ser mais chamados para segundas entrevistas que candidatos negros (AGAN; STARR, 2016). Em ambos os casos, é de fácil conclusão que o algoritmo fora estruturado para identificar, estatisticamente, pessoas com perfis específicos, generalizando estereótipos racistas na sociedade sem qualquer cuidado com as individualidades de cada um.

A plataforma de anúncios da Google tende a oferecer anúncios diferentes para homens e mulheres de uma mesma faixa etária e de um perfil semelhante. Verificou-se, por exemplo, que há uma tendência a se oferecerem anúncios com propostas de empregos de grandes salários com uma frequência muito maior para homens do que para mulheres, perpetuando o padrão de discriminação de gênero no ambiente de trabalho, ao fazer um tipo de seleção prévia de quem tem mais interesse de ocupar altos cargos (DATTA; TSCHANTZ; DATTA, 2015). E veja-se que, nesse caso específico, ainda há política da plataforma de anúncios da Google que se propõe a tentar corrigir essas distorções, reafirmando que a ideia do programa é não fazer distinções com base no gênero, mas sim com base nos interesses verificados a partir dos *clicks* nas páginas da rede.

É de fundamental importância, portanto, que sejam mapeados os problemas relacionados aos vieses discriminatórios que possam contaminar o processo decisório feito por algoritmos e inteligência artificial, a fim de que seus resultados possam ser controlados e sejam coibidos esses tipos de conduta parte dos grandes agentes de mercado.

4. REGULAMENTAÇÃO DA ATUAÇÃO DOS AGENTES DE MERCADO

Como percebido, é notória a presença de subjetividades no processamento de dados pessoais e isso se deve, em grande medida, à forma como atuam os agentes de mercado frente à regulação e às perspectivas de lucro. Já mencionado anteriormente, vive-se em um contexto no qual se formaram grandes monopólios no processamento de conteúdo, justamente pela falta de regulação específica e efetiva capaz de coibir determinadas práticas, de modo que os próprios agentes estruturaram seus negócios a partir de violações de direitos e descompromisso com os dados pessoais coletados dos usuários (FRAZÃO, 2018). São agentes que possuem poucas preocupações com privacidade e optam por viver à margem dos diplomas legais, para aumentarem seus lucros e a sua capacidade de influência no comportamento social dos indivíduos e nos processos geopolíticos de cada país.[3] Essa não pode mais ser a realidade.

Nesse contexto, em 2016 a administração do então Presidente norte-americano, Barack Obama, traçou um plano com diretrizes futuras a serem observadas em relação ao uso de inteligência artificial, destacando-se a (i) atuação do governo para promover o debate em relação aos benefícios e riscos desse tipo de tecnologia, o (ii) monitoramento das garantias legais em relação ao seu uso por parte dos agentes econômicos, e a (iii) adaptação dos aparatos regulatórios para que a inovação seja estimulada e o usuário protegido (EUA, 2016).

Já em 2018, o grupo de mulheres que se reuniu no G20, na Argentina, consolidou diretrizes nesse mesmo sentido, para fins de promoção de igualdade de gênero em relação ao uso de inteligência artificial, notadamente com a adoção, por parte dos Estados membros de (i) de regulações que busquem promover a transparência no processamento de dados pessoais e tecnologias de inteligência artificial; (ii) incentivos para que sejam criados bancos de dados abertos e neutros em relação ao gênero, a fim de que os próprios algoritmos possam ser aprimorados em relação a essa questão; e (iii) políticas e pesquisas para se pensar em critérios equitativos a serem inseridos nos algoritmos, com objetivo de corrigir distorções da vida real em relação à sub-representação das mulheres nos mais diversos espaços (AVILA et al, 2018).

Nesse mesmo sentido também se alinham as Diretrizes Éticas para Inteligência Artificial Confiável, divulgadas em abril de 2019 pela Comissão Europeia (HIGH HIGH-LEVEL EXPERT GROUP ON ARTIFICIAL INTELLIGENCE SET UP BY THE EUROPEAN COMMISSION ETHICS GUIDELINE, 2019). Valendo-se da premissa inicial de que a inteligência artificial precisa ser lícita, ética e robusta, e de que os mecanismos de inteligência artificial devem ser utilizados a serviço da humanidade, em compromisso com a liberdade, as Diretrizes Éticas elaboradas buscaram tutelar (a) grupos vulneráveis, como crianças, pessoas com deficiência e minorias; e (b) grupos em relação de assimetria, como empregados e consumidores, a partir de quatro princípios: (i) respeito pela autonomia humana; (ii) prevenção de danos; (iii) justiça; e (iv) explicabilidade (FRAZÃO, 2019).

Para tanto, as Diretrizes também estabeleceram algumas exigências a serem perseguidas continuamente pelos sistemas automizados, quais sejam: (i) supervisão humana; (ii) robustez técnica e segurança; (iii) privacidade e governança; (iv) transparência; (v) diversidade e não discriminação; (vi) bem estar; e (vii) *accountability* (FRAZÃO, 2019). Essas orientações buscam, em suma, preservar a dignidade da pessoa humana em relação aos sistemas automatizados de processamento de conteúdo, garantindo que todas as decisões finais sejam passíveis de algum tipo de explicação, e que todos os modelos possam ser fundamentar os resultados obtidos, justamente para preservar a relação de confiança e até respeito à privacidade e a liberdade dos usuários.

Percebe-se que a comunidade internacional está orientada para traçar mais discussões sobre a importância de atuação dos Estados para que o processamento de dados em

---

3. Nesse sentido, há diversos exemplos de que esse temor possui algum lastro, notadamente em razão da votação pelo Brexit, ou das eleições norte-americanas de 2016.

massa não saia do controle humano, e para que os vieses subjetivos não contaminem processos decisórios que podem ser mais racionais.

Assim, tornam-se necessárias discussões sobre a existência e o fortalecimento de uma autoridade de fiscalização desses algoritmos e desses mecanismos de inteligência artificial, a fim de auditá-los e garantir que seus processos possam ser minimamente controláveis e hígidos. E o início desse processo envolve a reflexão sobre algumas perguntas importantes para a fiscalização do processamento de dados, tais quais: (i) como os resultados de uma decisão tomada por algoritmos são lidos?; (ii) como são selecionadas as bases de dados com as informações que serão submetidas aos algoritmos?; (iii) como se dará a estruturação desses algoritmos? (KLEINBERG et al, 2019, p. 28).

Essas perguntas podem ser respondidas pensando-se em termos de transparência, e assumindo que os processos regulatórios a serem desenvolvidos (ou aperfeiçoados), especificamente em relação ao uso de inteligência artificial, precisam envolver, necessariamente, o controle (i) das predições a serem feitas e dos resultados pretendidos; (ii) dos dados inseridos no banco de dados e dos *inputs* em geral que vão ser utilizados para considerações dos algoritmos; e (iii) o processo de desenho do algoritmo, principalmente do desenvolvimento da fórmula matemática e do treinamento do algoritmo com dados representativos e de uma amostragem justa (KLEINBERG et al, 2019, p. 31).

A esse respeito, destaca-se que a discussão sobre uma autoridade que auditaria esses algoritmos já enfrenta polêmicas no âmbito dos segredos industriais, já que essas fórmulas matemáticas são a essência dos negócios desenvolvidos por empresas que operam com inteligência artificial (PASQUALE, 2011). É nesse contexto, inclusive, que alguns autores costumam falar que invocar o princípio da transparência como a única forma cabível para coibir discriminação algorítmica é uma solução ingênua. Argumenta-se que, além das discussões sobre propriedade intelectual, perde-se o foco sobre a necessária *accountability* em relação aos resultados dos algoritmos; os *inputs* e *outputs* utilizados; e sobre o fato de que os sistemas mudam constantemente e se atualizam, com a verificação diária dessas atualizações seriam impraticáveis (KROLL, 2019).

O importante, contudo, é pensar em alternativas, ainda que respeitando a premissa de que a propriedade intelectual deva ser preservada, para que os usuários tenham mais conhecimento desses processos e as empresas façam algum tipo de controle de suas estruturas decisórias. Kleiberg et al, por exemplo, avaliam que a interferência direta no sistema de design dos algoritmos de inteligência artificial é uma das melhores formas para controle de discriminação, justamente partindo da premissa de que a lei proíbe decisões feitas com bases não igualitárias, e de que a fiscalização é fundamental. Atuando na matriz que irá realizar todo o processo decisório em si, será possível instalar mecanismos de controle da atuação algorítmica para viabilizar uma maior transparência do processamento do conteúdo, evitando qualquer discriminação no curso do tratamento dos dados pessoais (KLEINBERG et al, 2019, p. 31). E essa, na visão dos autores, seria justamente a grande vantagem do uso dos algoritmos para processos decisórios, já que há uma possibilidade real de controle do processo, em contrapartida ao processo decisório humano, que muitas vezes é envolto de subjetividades inquestionáveis (KLEINBERG et al, 2019, p. 31).

Também são exemplos possíveis de incentivos regulatórios para coibir a discriminação (i) a restrição de uso de alguns dados específicos; (ii) o uso de diferentes metodologias para processamento de conteúdo diferentes, com a instauração de protocolos – como a encriptação – que preservem a identidade do titular do dado e protejam o compartilhamento abusivo de informação; (iii) a adoção de novas ferramentas de controle para coleta de dados – como botões em dispositivos eletrônicos que autorizem, ou não, o compartilhamento de informações ou ações específicas; e (iv) o desenvolvimento de bases de dados privadas, capazes de mapear as informações individuais do usuário que estão armazenadas em múltiplos dispositivos e origens, permitindo a identificação dos tipos de dados armazenados e de sua origem (TSHIDER, 2018, p. 138-139).

Já em relação às formas de se minimizarem os aspectos negativos da atuação dos grandes agentes de mercado em relação ao uso de tecnologias de formas que possam discriminar mulheres, deve-se destacar também a importância do *compliance* com os princípios de proteção de dados já existentes, que respeitem o consentimento dos usuários, a finalidade informada para coleta dos dados e o nível de sensibilidade dos diversos tipos de informação. Também são valores amplamente compartilhados pela comunidade internacional, no que diz respeito ao processamento de dados, a proteção da dignidade da pessoa humana e da individualidade.

Respeitadas essas premissas, e existindo controle externo em relação aos algoritmos utilizados, pode-se vislumbrar um cenário em que a atuação dos agentes de mercado que processam dados pessoais não irá desrespeitar mulheres, nem perpetuar para promover discriminações de gênero.

5. ATUAÇÃO POSITIVA DE GÊNERO

Para além de alguns dos conflitos que vêm sendo suscitados na relação entre gênero e tecnologia, e das formas de controle, por parte do Estado, para que seja fiscalizado o processamento de dados em massa, há também discussões relevantes sobre como o progresso de mecanismos de inteligência artificial pode beneficiar e viabilizar a igualdade de gênero em diversas circunstâncias.

Novamente, a atuação dos agentes de mercado é determinante para que os mecanismos de inteligência artificial sejam utilizados de formas positivas ou negativas, e existem diversos estudos comprovando que a adoção de uma postura efetiva e combativa na persecução dos interesses coletivos, para além das obrigações legalmente estabelecidas, carrega uma série de benefícios. É o que se discute hoje na seara da responsabilidade social empresarial (VOGUEL, 2015).

E ainda que existam outras formas de se alcançarem mudanças na sociedade empresária, como alteração da estrutura de governança, trazendo diversidade de opiniões para o corpo gestor da entidade, a fim de satisfazer múltiplos interesses (COLEMAN, 1985, p. 77), ou da ampliação dos deveres impostos a partir de uma medida mais intervencionista (FRAZÃO; PRATA DE CARVALHO, 2017, p. 206), a adoção de uma verdadeira responsabilidade social de forma voluntária se mostra mais benéfica e até mais eficaz às empresas, contanto que isso não seja acompanhado de um movimento desregulatório (FRAZÃO; PRATA DE CARVALHO, 2017, p. 208).

É nesse contexto que deve se entender que a tomada de decisão automatizada pode ser uma aliada no combate à desigualdade de gênero. O fato de poder se pensar em formas de controle para a tomada de decisões, eliminando subjetividades e controlando todo o processo decisório – desde o desenho algorítmico, até o treinamento dos dados e seleção dos conteúdos que serão submetidos – permite uma verdadeira ação afirmativa em relação às minorias, inserindo-se *proxis* que combatem as decisões discriminatórias e promovendo decisões finais que eliminem as distorções da realidade machista (KLEINBERG et al, 2019, p. 31).

O uso desses *proxis* de ações afirmativas nos algoritmos ajudaria a efetivar a transparência em relação aos *inputs* e *outputs* em um contexto de preocupação não com o resultado do processo decisório em si, mas com a forma pela qual ele será feito para que se corrijam as distorções da sociedade (CHANDER, 2017, p. 1.041). Assim, não basta a neutralidade do algoritmo em relação aos vieses, já que isso pode não evitar a produção de um resultado não igualitário. As empresas que realmente se preocuparem com a desigualdade de gênero devem focar na obtenção dos resultados pretendidos, utilizando-se da possibilidade de interferência no processo decisório para se alcançar esse resultado específico (CHANDER, 2017, p. 1.042).

Aliam-se a essas perspectivas o fato de estarem sendo desenvolvidos diversos estudos interdisciplinares no campo do feminismo e da tecnologia, os quais vêm promovendo avanços relevantes na discussão sobre masculinidades e desenvolvimento, além de proporcionarem a criação de métodos de integração social e cultural com objetivo de democratizar o campo tecnológico e eliminar distorções discriminatórias no próprio uso das ferramentas disponibilizadas pela tecnologia (BRAY, 2007, p. 47).

As ferramentas disponibilizadas pelos avanços tecnológicos também vêm permitindo o avanço do que se convencionou chamar "FTS" ou "*Feminist Technology Studies*": um campo científico próprio, não focado exclusivamente em desenvolvimento industrial e militar, mas sim em revisitar a participação feminina no campo da história, sociologia e ciência, com demandas direcionadas à compreensão das relações de gênero e das necessidades das mulheres para diminuição das desigualdades (BRAY, 2007, p. 47). E as empresas podem, como vem sendo feito, estimular esses estudos e a consequente participação feminina no desenvolvimento tecnológico, a fim de que outras necessidades sejam levadas à pauta.

Especificamente em relação ao processamento de dados pessoais, cabe mencionar que diversos agentes não governamentais já vêm se utilizando do potencial decisório positivo dos algoritmos para diminuírem distorções. Nesse sentido, a ONU Mulheres mapeou possíveis usos das tecnologias do tipo *big* data para promoção de igualdade de gênero, notadamente para facilitar, através de mecanismos de inteligência artificial, (i) divulgação de informação para mulheres em situação de vulnerabilidade; (ii) exposição da situação, em tempo real, de mulheres consideradas invisíveis; (iii) identificação de tendências através de base de dados que, até então seriam desconhecidas; (iv) oportunidades de feedback e programas de *mentoring*, dentre outros (ONU, 2018).

Ao fim, percebe-se que é possível uma atuação de gênero positiva, por parte dos agentes de mercado, com objetivo de empoderar mulheres e diminuir desigualdades ainda presentes na realidade, desde que sejam observados uma série de requisitos, dentre os quais a transparência, a *accountability*, a inteligibilidade e a supervisão do processo decisório.

6. CONCLUSÃO

O presente artigo procurou demonstrar que o processo decisório feito através de algoritmos está normalmente eivado de subjetividades, seja em relação à estruturação dessas fórmulas matemáticas, seja em relação à seleção estatística de conteúdo, seja em relação aos tipos de dados utilizados no treinamento dos algoritmos e no processamento do conteúdo. Por vezes, essas subjetividades promovem processos discriminatórios e prejudicam minorias, dentre as quais as mulheres foram o principal enfoque de estudo, perpetuando relações sociais não igualitárias.

Parte do cenário atual decorre do fato de que a atuação de vários agentes de mercado é marcada, desde o princípio, pelo aproveitamento da parca estrutura regulatória para violarem direitos de privacidade e coletarem dados pessoais de forma indiscriminada e irresponsável, compartilhando e tratando esses conteúdos sem qualquer tipo de controle ou transparência. Isso fez com que surgissem empresas que monopolizam em grande parte a atividade de processamento de conteúdo e possuem profundo poder preditivo e influenciador sobre as relações interpessoais e os processos políticos mundo a fora.

Todavia, tornou-se necessário agora controlar essas condutas, primeiro mapeando os problemas relacionados ao processamento de dados feito dessa forma, e, em seguida, verificando estratégias regulatórias eficazes para que a rede possa ajudar na promoção de uma verdadeira igualdade de gênero no mundo. E tanto isso não é inviável que, como demonstrado neste estudo, já existem diversas atuações positivas que podem ser feitas, tanto em relação à estruturação das fórmulas algorítmicas, como também em relação a soluções para que as mulheres possam participar do desenvolvimento tecnológico.

Com isso, conclui-se, ao final, que a tecnologia não é necessariamente boa nem ruim; tudo depende da utilização que se atribua a ela. Todavia, até pela tendência natural de que sistemas de inteligência artificial tendam a compreender como padrões as discriminações mais evidentes em uma sociedade, é necessário um esforço contínuo para que se assegure, a partir especialmente de requisitos de transparência e *accountability*, que eles possam ser utilizados sem efeitos discriminatórios e – o que seria ainda mais desejável – também como instrumentos de correção de discriminações existentes.

7. REFERÊNCIAS

ABUNDANCIA, Rita. *Carga mental*: a tarefa invisível das mulheres que ninguém fala, 2019. Disponível em: [https://brasil.elpais.com/brasil/2019/03/01/politica/1551460732_315309.html]. Acesso em: 04.05.2019.

AGAN, Amanda; STARR, Sonja. *Ban the box, criminal records and statistical discrimination*: A field experiment, 2016.

AGRAWAL, Ajay; GANS, Joshua; GOLDFARB, Avi. *Prediction machines*. The simple economics of artificial inteligence. Boston: Harvard Business Review Press, 2018.

AVILA, Renata, et al. Artificial intelligence: open questions about gender inclusion. *Policy Brief W20 Argentina*, Argentina, 2018.

BAROCAS, Solon; SELBST, Andrew D. Big Data's disparate impact. *California Law Review, 2016.*

BATISTA, Henrique Gomes. Mulheres ampliam a produtividade do trabalho, diz FMI, 2018. *O Globo.* Disponível em: [https://oglobo.globo.com/economia/mulheres-ampliam-produtividade-do-trabalho-diz-fmi-23141682]. Acesso em: 31.03.2019.

BRAY, Francesca. Gender and technology. *Annual Review of Anthropology*, v. 36, 2007.

CASTELLS, Manuel. *O poder da comunicação*. São Paulo: Paz e Terra, 2016.

CHANDER, Anupam. The racist algorithm. *Michigan Law Review*, v. 117, 2017.

COLEMAN, James S. Responsibility in corporate action: a sociologist's view. In: HOPT, Klaus J.; TEUBNER, Gunther (Org.). *Corporate governance and directors' liabilities*. Legal, Economic and Sociological Analyses on Corporate Social Responsibility. Berlin/New York: Walter de Gruyter, 1985.

DATTA, Amit; TSCHANTZ, Michael Carl; DATTA, Anupam. *Automated experiments and ad privacy settings*. A tale of opacity, choice and discrimination. Proceedings on Privacy Enhancing Technologies, 2015.

DUTRA, Fernanda. OIT: Reduzir a desigualdade de gênero beneficiaria as mulheres, a sociedade e a economia, 2017. Disponível em: [https://nacoesunidas.org/oit-reduzir-a-desigualdade-de-genero-beneficiaria-as-mulheres-a-sociedade-e-a-economia/]. Acesso em: 31.03.2019.

ESTADOS UNIDOS DA AMÉRICA. OBAMA WHITE HOUSE. Preparing for the future of artificial intelligence. [obamawhitehouse.archives.gov/sites/default/files/whitehouse_files/microsites/ostp/NSTC/preparing_for_the_future_of_ai.pdf]. Acesso em: 22.02.2019.

FRAZÃO, Ana. Fundamentos da proteção dos dados pessoais. Notas introdutórias para a compreensão das finalidades e do alcance da Lei Geral de Proteção de Dados. In: FRAZÃO, Ana; TEPEDINO, Gustavo; FRAZÃO, Ana; OLIVA, Milena Donato. *A Lei Geral de Proteção de Dados Pessoais e suas repercussões no Direito Brasileiro*. São Paulo: Ed. RT, 2019.

FRAZÃO, Ana. Quais devem ser os parâmetros éticos e jurídicos para a utilização de inteligência artificial? *Jota*. 2019a. Disponível em: [https://www.jota.info/paywall?redirect_to=//www.jota.info/opiniao-e-analise/colunas/constituicao-empresa-e-mercado/quais-devem-ser-os-parametros-eticos-e-juridicos-para-a-utilizacao-da-ia-24042019]. Acesso em: 22.04.2019.

FRAZÃO, Ana. Plataformas digitais, big data e riscos para os direitos da personalidade. In: TEPEDINO, Gustavo; MENEZES, Joyceane Bezerra de (Coord.). Autonomia privada, liberdade existencial e direitos fundamentais. Belo Horizonte: Fórum, 2018. p. 333-350.

FRAZÃO, Ana; PRATA DE CARVALHO, Ângelo. Responsabilidade Social Empresarial. In: FRAZÃO, Ana (Org.). Constituição, Empresa e Mercado, Brasília, Faculdade de Direito UnB, 2017, p. 206-223.

HIGH HIGH-LEVEL EXPERT GROUP ON ARTIFICIAL INTELLIGENCE SET UP BY THE EUROPEAN COMMISSION ETHICS GUIDELINE. Ethics Guidelines for trustworthy AI, 2019. Disponível em: [https://ec.europa.eu/digital-single-market/en/news/ethics-guidelines-trustworthy-ai]. Acesso em: 04.05.2019.

KAHNEMAN, Daniel. *Thinking, Fast and slow*. Ferrar, Straus & Giroux, 2011.

KLEINBERG, Jon et. al. Discrimination in the age of algorithms, *Journal of Legal Analysis*, v. 10, 2019, p. 113–174.

KROLL, Joshua A. et al. Accountable Algorithms. *University of Pennsylvania Law Review*, v.164, n.633, Pensilvania, 2017.

LIEBER, Ron. *American Express Kept a (Very) Watchful Eye on Charges*, 2009. Disponível em: [https://www.nytimes.com/2009/01/31/your-money/credit-and-debit-cards/31money.html]. Acesso em: 31.03.2019.

LINDOSO, Maria Cristine. O processo decisório na Era do Big Data: como novos mecanismos de processamento de dados através de algoritmos interferem nas tomadas de decisão. In: FERNANDES, Ricardo Vieira de Carvalho; CARVALHO, Angelo Gamba Prata de. Tecnologia jurídica & direito digital: *II Congresso Internacional de Direito, Governo e Tecnologia*, Belo Horizonte: Fórum, 2018.

MCNAMEE, Stephen J.; MILLER JR., Robert K. *The meritocracy myth*. Reino Unido: Rowman & Littlefield Publishers Inc, 2014.

MENDES, Laura Schertel. *Privacidade, proteção de dados e defesa do consumidor.* Linhas gerais de um novo direito fundamental. São Paulo: Saraiva, Série IDP, 2014.

NAKAMURA, Lisa. Gender and Race Online. In: GRAHAN, Mark; DUTTON, Willian H. *Society and the internet*: how networks of information and communication are changing our lives. Oxfor Scolarship Online, 2014.

NISSENBAUM, Helen. Etichs. In: NISSENBAUM, Helen. *Information Technology and Etchics*, Berkshire Encyclopedia of Human-Computer Interaction, BerkShire Publishing Group, 2004.

O'NEIL, Cathy. *Weapons of math destruction*. How big data increases inequality and threatens democracy. New York: Crown Publishers, 2016.

ORGANIZAÇÃO DAS NAÇÕES UNIDAS. *Gender equalitty and big data*. Making gender data visible. January, 2018. Disponível em: [https://www.unwomen.org/en/digital-library/publications/2018/1/gender-equality-and-big-data]. Acesso em 20.05.2019.

PASQUALE, Frank. *The Black Box Society*: The secret algorithms that control money and information. Harvard University Press, 2015.

PASQUALE, Frank. Restoring transparency to automated authority. *Journal on telecommunications & high technology*, Colorado, v. 9, n. 235, 2011.

PEREZ, Caroline Criado. *Invisible Women*. Exposing data bias in a world designed for men. Vintage Digital, London: Chatto & Windus, 2019.

RICHARDS, Niel M.; KING, Jonathan H. Big Data Ethics. *Wake Forest L. Rev.* 393, v. 49, 2014.

SCHWAB, Klaus. *A quarta revolução industrial*. São Paulo: Edipro, 2016.

SUNSTEIN, Cass. *Free markets and social justice*. New York: Oxford University Press, 1997.

STEINBOCK, Daniel J. Data Matching, Data Mining and Due Process. *Georgia Law Review*, v. 40, 2005.

TSCHIDER, Charlotte A. Regulating the internet of things: discrimination, privacy and cybersecurity in the artificial intelligence age. *Denver Law Review*, 2018.

VOGUEL, David. *The market for virtue*: the potentioal and limits of corporate social responsability. Brookings Institution Press, 2015.

WARNER, Richard; SLOANS, Robert H. The Ethics of the algorithm: autonomous systems and the wrapper of human control. *Cumberland Law Review*, 2017.

WARREN, Samuel D.; Brandeis, Louis D. The right to privacy. *Harvard Law Review*, v. 4, n. 5, 1890.

WILLIAMS, Betsy Anne; BROOKS, Catherine F.; Shmargad, Yotam. How algorithms discriminate based on data they lack: challenges, solutions and policy implications. *Journal of Information Policy*, v. 8, 2018.

ZHAO, Jieyu et. al. Men Also Like Shopping: Reducing Gender Bias Amplification using Corpus-level Constraints. *Proceedings of the 2017 Conference on empirical methods in natural language processing*, Denmark, 2017.

ZUBOFF, Shoshana. *The age of surveillance capitalism*. The fight for a human future at the new frontier of power. New York: Public Affairs, 2019.

SUPERENDIVIDAMENTO E GÊNERO: ENTRE NÚMEROS, PROBLEMAS E SOLUÇÕES

Daniel Bucar

Doutor pela Universidade do Estado do Rio de Janeiro – UERJ. Professor Titular de Direito Civil no IBMEC/RJ.

Caio Ribeiro Pires

Mestre em Direito Civil pela Universidade do Estado do Rio de Janeiro-UERJ.

Sumário: 1. Introdução. 2. Superendividamento e gênero: das estatísticas aos fatos. 2.1 O que diz o "perfil dos endividados". 2.2 "A mulher no fim do mundo": causas da insolvência civil em aproximação realista. 3. O gênero feminino e a entidade familiar: visão à luz do patrimônio. 3.1 O divórcio e os alimentos como ativo necessário: uma perspectiva quanto às relações desiguais. 3.2 Elaboração do plano de pagamento: uma proposta de tutela. 4. Conclusão. 5. Referências.

1. INTRODUÇÃO

O fenômeno que diz respeito às altas cargas de dívidas incidentes sobre o patrimônio da pessoa humana – e suas mais variadas feições – é fato cotidiano na realidade brasileira. Da mesma forma, destacam-se, cada vez mais, discussões relativas ao seu impacto no direito, devido ao consequente inadimplemento das obrigações e sua repercussão jurídica.

Quando a situação se desenvolve em estágio de insolvência, o qual se caracteriza por um patrimônio com passivo maior que os ativos, apresenta-se o superendividamento. Diante deste "estado de coisas", caberá ao judiciário encontrar soluções de efetiva desoneração do insolvente, evitando impedir o exercício de sua capacidade e da liberdade negocial.

Diante desta tarefa, identificar as causas do superendividamento guarda certa importância, embora, para aplicação de remédios adequados, não seja exigível um juízo de "culpado" ou "inocente". Não se trata aqui de justificar o tratamento da insolvência e determinar quem receberá, ou não, a benesse de livrar-se das sanções para além da excussão de seu patrimônio. Afinal, fomentar esta hermenêutica constituiria inadmissível ressurreição dos castigos ao corpo, apenas afetando agora outras liberdades fundamentais, orientação vedada em sede constitucional (BUCAR, 2017, p. 169).

Em verdade, cuida-se de análise cujo objetivo é promover o melhor adimplemento das obrigações existentes e a estabilidade da reabilitação patrimonial. Por meio deste expediente é possível auferir a persistência de fator, único ou preponderante, o qual poderá originar sucessivas ocasiões de insolvência, além de obstar a otimização no pagamento da coletividade de credores. Neste sentido, são exemplos de origem do endividamento crítico a contínua concessão abusiva de crédito ou o cumprimento de contratos excessivamente onerosos.

Ato contínuo à localização deste elemento, será imprescindível utilizar-se de alguns institutos jurídicos como reação às consequências dele advindas, as quais dificultam um tratamento eficaz dispensado ao superendividamento. Nos casos anteriormente citados destaca-se a responsabilização das instituições financeiras e o dever de renegociar as prestações desequilibradas.

Porém, tais estudos não encobrem todas as hipóteses de influência negativa sobre o patrimônio da pessoa humana contra as quais o direito oferece instrumentos de proteção. O perfil traçado pelo Serviço de Proteção ao Crédito (SPC), anualmente, a partir de dados sobre o endividamento no Brasil, anuncia outros cenários onde esta perspectiva se desenha.

Sob este prisma, o presente trabalho pretende investigar a razão de, nestes relatórios, constatar-se a existência de uma maior quantidade de pessoas pertencentes ao gênero feminino superendividadas, em relação ao gênero masculino. Desta forma, mediante o cruzamento de dados questionou-se qual a relação destes números com o desemprego, o divórcio, e os efeitos de ambos.

No sentido desta questão, o exame de estatísticas fornecidas pelo Instituto Brasileiro de Geografia e Estatística (IBGE) e também da jurisprudência do Superior Tribunal de Justiça sobre pedidos de alimentos, poderá demonstrar o ponto de encontro que esta pesquisa apurou. Com base nestas informações, permite-se enxergar a concreta posição da mulher quanto ao endividamento e quais dificuldades de adimplemento se constroem pela falta da tutela material a vulnerabilidades comprovadas.

Em sua parte final, o presente artigo avalia a possibilidade de medidas excepcionais aplicáveis ao plano de pagamento e reabilitação de pessoas do gênero feminino insolventes, adotando como enfoque a plena concretização do direito aos alimentos destinados à mulher ex-cônjuge. Enfim, mediante este caminho percorrido, oportuniza-se a abertura de debates sobre a influência exercida pela desigualdade de gêneros nas causas geradoras do superendividamento e sobre qual o papel do direito em sua contenção nestes casos.

2. SUPERENDIVIDAMENTO E GÊNERO: DAS ESTATÍSTICAS AOS FATOS

2.1 O que diz o "perfil dos endividados"

Na forma anteriormente mencionada, o Serviço de Proteção ao Crédito (SPC) disponibiliza, anualmente, um conjunto de informações, as quais expõem o perfil daqueles que se encontram superendividados, ou seja, "quem é" a pessoa nesta situação hoje.

Embora a pesquisa não reflita o superendividamento no país com precisão, os dados por ela coletados carregam informações importantes[1]. As estatísticas comprovam a dife-

---

1. Diz-se de suas imperfeições, pois identifica-se o perfil daqueles que estão em atraso no pagamento de suas contas, e não exatamente dos que não apresentam patrimônio suficiente para solver tais dívidas. SERVIÇO DE PROTEÇÃO AO CRÉDITO, 2018, p. 20; SERVIÇO DE PROTEÇÃO AO CRÉDITO, 2017, p. 13; SERVIÇO DE PROTEÇÃO AO CRÉDITO, p. 43.

rença no número de pessoas do gênero masculino e feminino afetadas pela impossibilidade de pagar suas dívidas.[2] No ano de 2018, 57,8% dos endividados pertenciam ao gênero feminino,[3] enquanto no ano de 2017 56% eram mulheres[4] e em 2016 a porcentagem era a mesma de 56%.[5]

Proporção semelhante repetiu-se em análises centradas em diferentes locais do país e voltadas especificamente ao superendividamento (PORTO; SAMPAIO, 2015, p. 439). Em pesquisa empírica realizada no Rio de Janeiro 56% das pessoas entrevistadas identificavam-se com o gênero feminino (PORTO; SAMPAIO, 2015, p. 458).

Semelhante trabalho, empreendido no Rio Grande do Sul, constatou a mesma preponderância nos Municípios de Porto Alegre (58%), Charqueadas (51%) e Chapiranga (53%), sendo o superendividamento masculino predominante apenas na cidade de Sapucaia do Sul (54%) (BERTONCELLO; MARQUES, 2010, p. 134). Os dados gerais, portanto, ficam confirmados por meio de informações fornecidas em pesquisas de menor escopo territorial e focalizadas no fenômeno de insolvência. Esta constatação permite afirmar que subsistem mais mulheres nesta situação do que homens.

Ainda que os dados replicados em pesquisas acadêmicas e institucionais alertem para uma desigualdade entre os gêneros incidente sobre o superendividamento, pouco material produziu-se no intuito de identificar as causas deste estado de coisas. Registre-se, unicamente, artigo produzido na seara da economia comportamental, o qual pretendeu estabelecer um perfil feminino de consumo e administração de bens (TRINDADE; RIGHI; VIEIRA, 2012).

No entanto, parece ser temerário este viés, vez que aponta o problema a partir de um padrão de consumo em que se encaixa determinado grupo, reforçando estereótipos, os quais, em última análise, atribuem ao próprio devedor a culpa pelo seu estado de insolvência. Tendo em vista as fortes resistências impostas a um tratamento do endividamento patológico, visto com desconfiança pelos mais diversos credores, estes raciocínios apenas obstam alteração legislativa, ou até decisão judicial, que permita a desoneração da pessoa insolvente.

De outro lado, as propostas que pretendem operacionalizar uma solução ao superendividamento, permitindo o retorno da pessoa humana ao mercado de consumo em condições de evitar uma nova ocorrência daquele, não podem pautar-se em um sujeito abstrato. Contanto que se visualize um procedimento comum, destinado à proteção de todos que dele precisem, imprescindível à consideração – e resposta – das peculiaridades atinentes ao caso concreto no seu desenvolvimento.

Afinal, considerar o déficit patrimonial em abstrato, sem levar em conta as necessidades de cada pessoa humana titular do patrimônio insolvente, além das razões para ocorrência desta situação, resulta em expropriação de sua própria subjetividade (termo cunhado por Rodotá 2007, p. 67. Em última análise, este expediente retorna ao sujeito de direito e oculta a proteção de cada pessoa humana em sua realidade concreto em oposição

---

2. Esta pesquisa fez um recorte nos anos de 2018, 2017 e 2016.
3. SERVIÇO DE PROTEÇÃO AO CRÉDITO, 2018, p. 4.
4. SERVIÇO DE PROTEÇÃO AO CRÉDITO, 2017, p. 3.
5. SERVIÇO DE PROTEÇÃO AO CRÉDITO, 2016, p. 9.

inclusive a diretiva de isonomia substancial. Portanto, faz-se necessário ampliar o estudo sobre o porquê dos números, que compõe o perfil do superendividamento, referentes ao gênero, a fim de identificar possíveis cuidados distintos aplicáveis à mulher nesta situação.

2.2 "A mulher no fim do mundo": causas da insolvência civil em aproximação realista

Após a exposição de estatísticas que demonstram o gênero feminino como maior alvo do superendividamento no Brasil, resta o desafio de interpretar esta informação. Como premissa inicial, sublinhe-se que a própria Constituição da República proclamou a igualdade entre os gêneros no seu art. 5º, inciso I, CR.

Entretanto, sublinhe-se que o maior desafio cujo direito das mulheres encontra na atualidade é a plena efetivação da igualdade positivada no texto constitucional. Conquanto se estabeleça uma igualdade formal esta parece almejar um sujeito de direito abstrato, não verdadeiramente às pessoas do gênero feminino em sua dignidade social, o seu livre desenvolvimento dentro das formações das quais participa. Deste modo, a igualdade substancial, real comando emanado pelo dispositivo, continua esvaziada (BARBOZA; ALMEIDA, 2016, p. 164-165).

É este o estado atual da arte, no que tange os direitos das mulheres, que impacta, inclusive, o tema do superendividamento. Por tais motivos rejeita-se a construção de que algumas características, inerentes ao gênero feminino, desenvolveriam uma propensão maior aos gastos e ao superendividamento. Tais raciocínios avizinham-se daqueles que legitimaram, a título de exemplo, a incapacidade da mulher após o casamento, existente na legislação brasileira entre 1916 e 1962.

Bases como estas se fixam na inferioridade do feminino e contrariam a axiologia constitucional, razão pela qual jamais poderão embasar qualquer argumento no campo do direito. Outro olhar, em direção à realidade, mostra aspectos sociais concretos, os quais devem ser objeto de apreciação judicial e políticas públicas obstinadas a provocar mudanças sociais. Assim, considerar a mulher como pessoa humana em sua complexidade, no que toca o tema do superendividamento, significa analisar este fenômeno em consonância a diferentes adversidades que também impactam, predominantemente, o gênero feminino.

Por tal ângulo, nos últimos dois anos registrou-se que a maior parte das pessoas desempregadas eram mulheres (59% no ano de 2018[6] e 58% em 2017,[7] sem levantamento semelhante encontrado para 2016). Nesta mesma linha, são menores os salários oferecidos a pessoas do gênero feminino em todo o mercado brasileiro.[8]

---

6. SERVIÇO DE PROTEÇÃO AO CRÉDITO, 2018, p. 5.
7. SERVIÇO DE PROTEÇÃO AO CRÉDITO, 2017, p. 3.
8. "*Mulheres ganham menos do que os homens em todos os cargos, diz pesquisa*", notícia publicada no site G1 em 07/03/2017. Disponível em: [https://g1.globo.com/economia/concursos-e-emprego/noticia/mulheres-ganham--menos-do-que-os-homens-em-todos-os-cargos-diz-pesquisa.ghtml]. Também, "*Mulheres ganham menos que os homens em todos os cargos e áreas, diz pesquisa*", notícia publicada no site G1 em 07/03/2018. Disponível em: [https://g1.globo.com/economia/concursos-e-emprego/noticia/mulheres-ganham-menos-que-os-homens-em--todos-os-cargos-e-areas-diz-pesquisa.ghtml].

SUPERENDIVIDAMENTO E GÊNERO: ENTRE NÚMEROS, PROBLEMAS E SOLUÇÕES **213**

Uma análise centrada nas faixas etárias em que o endividamento feminino é mais recorrente corrobora esta intersecção entre ausência de emprego para mulher e insolvência. Durante os três anos pesquisados apenas em 2016 o quesito idade do endividado incorporou-se a um perfil, traçado para o primeiro semestre daquele ano, o qual se ofereceu por diferente instituição, a Boa-Vista Serviço Central de Proteção ao Crédito. Segundo estes dados, 38% das mulheres endividadas encontravam-se na faixa etária de até 35 anos, 37% na faixa de 46 anos ou mais e 25% entre 36 e 45 anos.[9]

Quanto ao desemprego, sem muita precisão, o Serviço de Proteção ao crédito apontou, para 2017, que a idade média em que este fenômeno é mais recorrente, quanto às mulheres, seria de 34 anos.[10] Percebe-se que a primeira faixa etária de maior incidência do endividamento feminino encontra correspondência com a média de idade em que o desemprego é mais frequente entre pessoas do gênero feminino. Neste contexto, até mesmo a relação causal é de fácil percepção, pois a falta de emprego gera escassez de receita, o que, é motivo clarividente de insolvência.

Porém, outra correspondência é similarmente possível de se conceber, referente ao divórcio e sua influência no quadro de endividamento crítico. Segundo o Instituto Brasileiro de Geografia e Estatística as três faixas etárias do gênero feminino mais afetadas pelo divórcio são os 35 a 39 anos (52.858 em 2017[11] e 46.985 em 2016[12]), 30 a 34 anos (48.235 em 2017[13] e 45.582 em 2016)[14] e 40 a 44 anos (42.724 em 2017[15] e 38.095 em 2016).[16]

É de se cogitar, desta forma, que a idade em que se apresentam maiores casos de pessoas do gênero feminino em situação de superendividamento correlaciona-se com a segunda faixa etária onde mais acontecem divórcios. A primeira faixa de maior ocorrência do divórcio estaria correlacionada à faixa de menor detecção do superendividamento, mas aquela continua a comportar o expressivo número de 25% das mulheres que a pesquisa entrevistou.

Em síntese, determinada faixa etária do gênero feminino é acometida consideravelmente tanto pela questão do divórcio, quanto do superendividamento.

Eis uma pretensa construção da realidade em que vivem as mais diversas *"Mulheres do fim do mundo"*, lutando, como na canção interpretada por Elza Soares, para *"cantar até o fim"*. De fato, os números anualmente disseminados pelo SPC de nada dizem respeito a um perfil de gastos descontrolados associável ao gênero feminino, mas sim a uma efetiva desigualdade em que uma estabilidade privilegiada masculina permite uma maior garantia de solvência para este gênero.

---

9. BOA VISTA SERVIÇO CENTRAL DE PROTEÇÃO AO CRÉDITO, 2017, p. 7.
10. SERVIÇO DE PROTEÇÃO AO CRÉDITO, 2017, p. 5.
11. INSTITUTO BRASILEIRO DE GEOGRAFIA E ESTATÍSTICA, 2017.
12. INSTITUTO BRASILEIRO DE GEOGRAFIA E ESTATÍSTICA, 2016.
13. INSTITUTO BRASILEIRO DE GEOGRAFIA E ESTATÍSTICA, 2017.
14. INSTITUTO BRASILEIRO DE GEOGRAFIA E ESTATÍSTICA, 2016.
15. INSTITUTO BRASILEIRO DE GEOGRAFIA E ESTATÍSTICA, 2017.
16. INSTITUTO BRASILEIRO DE GEOGRAFIA E ESTATÍSTICA, 2016.

3. O GÊNERO FEMININO E A ENTIDADE FAMILIAR: VISÃO À LUZ DO PATRIMÔNIO

3.1 O divórcio e os alimentos como ativo necessário: uma perspectiva quanto às relações desiguais

Compreender a razão que liga o divórcio ao superendividamento pressupõe reconhecer a dinâmica anterior à extinção da sociedade conjugal, qual seja, a vivência do casamento, ou mesmo, da união estável.[17] Com base neste aspecto é possível enxergar diretiva no Código Civil que apresenta o mesmo sentido daquela constitucional, ou seja, igualdade entre os cônjuges na constância da sociedade conjugal (art. 226, § 5º, CR e art. 1.511, CC).

Contudo, a implementação destas normas nas comunidades familiares não se visualiza nos estudos comprometidos em observar os fatos sociais. A mulher, no casamento ou união estável (OLIVEIRA, 2016, p. 94-95), passa a constituir-se como um ser-para-o-outro, responsável pela manutenção da comunidade afetiva e intimidade familiar (OLIVEIRA, 2016, p. 48). Quanto ao marido ou companheiro, permite-se o espaço do trabalho, o qual também reflete a realização do projeto individual (OLIVEIRA, 2016, p. 49).

Nos limites do casamento e da divisão sexual do trabalho, ao homem cabe o sustento econômico; já à mulher, a organização da casa ainda se faz preponderante (OLIVEIRA, 2016, p. 107). Sob esta perspectiva, durante a conjugalidade ao gênero feminino somente autoriza-se a realização individual pelo trabalho, caso equilibre-se este com o cuidado ao lar da família (OLIVEIRA, 2016, p. 83; 108; ALMEIDA, 2007, p. 419).

A totalidade deste contexto dificulta a permanência da mulher no ambiente laboral, além de exigir flexibilidade, que possibilite cumprir todas as tarefas de sua incumbência, a qual se acompanha de menores salários (OLIVEIRA, 2016, p. 108; ALMEIDA, 2007, p. 413). Este cenário é intensificado pela maternidade, estado em que se dociliza o corpo, o psicológico feminino (BARBOZA; ALMEIDA, 2016, p. 173-175) e o cuidado, no todo ou em grande parte, também se imputa à mãe (OLIVEIRA, 2016, p. 48; 83; ALMEIDA, 2007, p. 417). Coincidentes a estas informações, estudos empíricos demonstraram ser mais comum a mulher formar redes de apoio femininas (avós, vizinhas) sem contar, ou exigir, que o pai participe dos cuidados destinados aos seus filhos (ALMEIDA, 2007, p. 413).

Diante destes fatores, a vivência da sociedade conjugal mais comum é aquela de dependência econômica da mulher em relação ao homem e, consequentemente, de

---

17. Sem maiores delongas sobre o tema, adota-se aqui a concepção de que ambas as estruturas familiares desempenham as mesmas funções, o que impede qualquer diferença de tratamento às relações internas da união estável e casamento. A premissa, que aqui se defende, utilizou-se no julgamento do Supremo Tribunal Federal que determinou a inconstitucionalidade do art.1.790, CC, o qual estabelecia uma forma de sucessão diferente para o companheiro, em relação ao cônjuge (STF, RE 878694, Rel. Min. Luís Roberto Barroso, julgado em 10 de Maio de 2017). No mesmo sentido o enunciado 641 da VIII Jornada de Direito Civil ("A *decisão do Supremo Tribunal Federal que declarou a inconstitucionalidade do art. 1.790 do Código Civil não importa equiparação absoluta entre o casamento e a união estável. Estendem se à união estável apenas as regras aplicáveis ao casamento que tenham por fundamento a solidariedade familiar. Por outro lado, é constitucional a distinção entre os regimes, quando baseada na solenidade do ato jurídico que funda o casamento, ausente na união estável*"). Portanto, o termo conjugalidade será utilizado de forma ampla, referindo-se simultaneamente ao casamento e a união estável.

qualquer decisão atrelada aos recursos financeiros. Mesmo quando inserida no mercado de trabalho, embora haja uma satisfação do desejo de independência (ALMEIDA, 2007, p. 418-419), costumam recair sobre o gênero feminino a jornada dupla de cuidados e os salários menores, em relação aos de seus parceiros.

Todo este liame de dependências, uma relação onde às escolhas da mulher, em união conjugal, pressupõe a renúncia ao desenvolvimento da carreira e autonomia patrimonial, geram consequências irrecuperáveis no momento de divórcio (MATOS; TEIXEIRA, 2017, p. 84). O impacto significativamente maior deste acontecimento no patrimônio de mulheres aufere-se pelo fato de que inexiste, entre os processos que tramitam no Superior Tribunal de Justiça, ação de alimentos proposta por um homem ex-cônjuge (MATOS; TEIXEIRA, 2017, p. 81-82).[18]

Em tese, a função de se aplicar o instituto dos alimentos entre cônjuges e companheiros seria exatamente impor o dever de cuidado e solidariedade para sobrevivência daquele dependente, mesmo após o fim do afeto e compromisso (MATOS; TEIXEIRA, 2017, p. 76). Assim, caso haja a possibilidade de o devedor alimentar pagar, as necessidades da credora deveriam ser supridas conforme o art. 1.694, Código Civil.

Mas, quando tais pedidos encontram o Poder Judiciário – e a própria legislação –, uma série de impedimentos se opõe a este raciocínio, tal como se vê da experiência brasileira.

De início, aponte-se que, perante estes conflitos, consolidou-se uma jurisprudência silente quanto ao contexto aqui relatado, mas empenhada em vedar um suposto estímulo ao ócio e ao enriquecimento sem causa feminino (MATOS; MENDES; SANTOS; OLIVEIRA; IWASAKI, 2015, p. 2.479-2.480).

Com fundamento nestas proposições, o principal requisito pacífico no Poder Judiciário é a exigência de se estabelecer um prazo em que são devidos alimentos ao ex-cônjuge, não previsto em nenhum dispositivo constitucional ou de legislação. Independentemente do caso concreto, afirma-se que é necessário estabelecer um prazo determinado em que o alimentante irá pagar os alimentos, enquanto a alimentada busca a reorganização financeira e profissional.

Nesta sistemática, estudos da jurisprudência mostram que o tempo fixado costuma ser exíguo, sendo um dos exemplos mais emblemáticos o julgado proferido pelo Superior Tribunal de Justiça no RESP 1025769-MG,[19] em que uma mulher com 51 anos, casada durante 20 anos e sem nunca exercer atividade laborativa, foi contemplada com pensionamento pelo limitado período de dois anos. A decisão se valeu do argumento de que a ex-cônjuge possuía idade, condição e formação para retornar ao mercado de trabalho se (MATOS; TEIXEIRA, 2017, p. 83).

Assim, embora se suponha a igualdade formal, a qual as normas jurídicas produziriam no mundo do trabalho, tal suposição não se confirma na realidade. Desconsideram-se

---

18. O trabalho supracitado realizou esta pesquisa dos anos de 1988 a 2015. Por sua vez, estes autores verificaram a busca de jurisprudência do mesmo Superior Tribunal de Justiça (http://www.stj.jus.br/SCON/) utilizando os termos *"alimentos"* e *"ex-cônjuge"*, por meio da ferramenta *"pesquisa livre"*, do ano de 2015 até o dia 26/03/2019 e, também neste período de tempo, encontraram o mesmo resultado.

19. STJ, 3ª T., REsp 1025769-MG, Relª. Minª. Nancy Andrighi, julg. 24.8.2010.

as estatísticas oficiais sobre dificuldade de colocação da mulher no mercado, muito maior quando nunca exerceu qualquer atividade laborativa ou a suspendeu e dedicou-se ao cuidado do lar (MATOS; TEIXEIRA, p. 85-86).

Idêntica é a perspectiva de outro postulado jurisprudencial. Com efeito, o Superior Tribunal de Justiça, no julgamento do recurso REsp 85.683/SP,[20] entendeu ser irreversível a renúncia de alimentos, pela mulher, em acordo de divórcio (MATOS; MENDES; SANTOS; OLIVEIRA; IWASAKI, 2015, p. 2.480). Por meio deste entendimento, em que não se cogitou qualquer possibilidade de assimetrias da relação conjugal, não se avaliou, tampouco, as repercussões econômicas e os obstáculos à recuperação da autonomia patrimonial da mulher no pós-divórcio.

Também reflete esta lógica, de excepcionalidade e restrição, a limitação, em majoritária jurisprudência, da taxa fixada de alimentos entre 30 e 33% dos rendimentos auferidos pelo devedor.

Não se encontra nenhuma justificativa para fundamentar este entendimento, senão algumas decisões colegiadas do Supremo Tribunal Federal, que utilizaram este parâmetro percentual em 1950 e, aparentemente, replicaram-se e ainda permanecem replicando (MATOS; TEIXEIRA, p. 80). Hermenêuticas como esta abstraem e simplificam fixações complexas no caso concreto, desconsiderando em última análise, distintas necessidades e diferentes patrimônios disponíveis para supri-las.

Transpostas todas estas dificuldades presentes na fixação dos alimentos, restam ultrapassar outras no adimplemento dos valores devidos e fruição destes. No primeiro caso destaca-se o entendimento jurisprudencial, consolidado pelo Superior Tribunal de Justiça, no sentido de permitir a compensação entre alimentos e despesas pagas *in natura* que os excediam.[21]

Uma leitura mais acurada quanto à permissão de se compensar indica que ao alimentante é autorizado, mesmo sem qualquer anuência da alimentada (ou dos filhos alimentados), escolher unilateralmente as prioridades financeiras daquela (ou dos filhos alimentados) e preferir uma forma de pagamento da sua obrigação diversa daquela pactuada. Em resposta contrária, uma das diretivas para um tratamento do superendividado é evitar o desalijo da administração patrimonial, um verdadeiro castigo em forma de incapacidade (BUCAR, 2017, p. 85-88; 185-186).

Ao fim, em perspectiva funcional, a jurisprudência anteriormente citada, faz exatamente o mesmo, com o agravante de correlacionar-se à dominação masculina pelo devedor. Além disso, os impactos deste pagamento de dívidas sobre a insolvência são diretos, pois não se permite que a pessoa constitua patrimônio que lhe possibilite, de forma suficiente, responsabilizar-se pelas obrigações contraídas. Encargos financeiros estes que estão ligados ao projeto de livre desenvolvimento da personalidade após o divórcio.

Por último, embora não menos importante, o próprio Estado protagoniza uma dificuldade na plena fruição dos alimentos fixados segundo a medida de necessidade da credora. Isto porque a legislação do Imposto de Renda Pessoa Física prevê dedução dos

---

20. REsp 85.683/SP, Rel. Ministro Nilson Naves, Terceira Turma, julgado em 28/05/1996.
21. STJ, REsp 1.501.992-RJ, Rel. Min. Paulo de Tarso Sanseverino, por unanimidade, julgado em 20/03/2018.

tributos incidentes sobre o valor pago de pensão alimentícia em cumprimento à decisão judicial (art. 4°, inciso II, Lei n° 9.250/95), enquanto à alimentada é imputado o pagamento de tributos por este recebimento (art. 3°, §1°, Lei n° 7.713/88).

Tal política legislativa ignora o fato de o próprio Código Civil prever os alimentos conforme a necessidade do alimentado e retira de seu patrimônio aquilo que, por sentença judicial, foi considerado como o seu mínimo necessário. Paralelamente, permite ao alimentante, parte mais forte, não recolher qualquer tributo sobre este valor, o qual constitui parte do seu rendimento.

Desta maneira, a norma parece eivada inconstitucionalidade pelo confisco e enfraquecimento da proteção à família, a cujo Constituinte atribuiu também ao legislador (Art. 226, CF) (FERREIRA; RIBEIRO, 2001; 2002). Nem mesmo pode se sustentar equivalentes a não tributação de alimentos, salários e pensões previdenciárias, o que tornaria a decisão um perigo ao sistema fiscal, como o faz a doutrina que defende a adequação do sistema atual (SARAIVA, 2016, p. 8-9). No primeiro caso não existe qualquer sinalagma, mutualidade, troca de valor ou força de trabalho por dinheiro, mas sim uma dependência unilateral.

É possível, desta forma, encontrar uma coerência para aproximação entre os números de divórcio e endividamento ao analisar o desenvolvimento das realidades familiares sob o viés do patrimônio. Deste modo, durante a vivência matrimonial à mulher é resguardado o papel de cuidadora do lar e dos filhos, o qual não lhe oferece o acréscimo de ativo próprio.

Em casos de divórcio, esta cumplicidade, que existia enquanto o homem recebia auxílio no desenvolvimento de sua vida profissional, poderá ruir, mas a dependência econômica subsiste. Neste estado, o qual se caracteriza pela impossibilidade de gestão econômica da vida conforme o patrimônio de que se é titular, apresentam-se, às pessoas do gênero feminino, todas as dificuldades relatadas.

É diante do desemprego e falta dos alimentos necessários que o passivo começa a crescer, para que a pessoa possa suprir algumas de suas necessidades. O agravamento deste quadro pode ser causa de superendividamento, respondendo por parte dos números excedentes deste fenômeno no gênero feminino.

3.2 Elaboração do plano de pagamento: uma proposta de tutela

Após assentar-se a premissa de que os efeitos do divórcio sobre o patrimônio da mulher, nos ditames da atual realidade judicial e legislativa brasileira, podem levar ao superendividamento, caberá, agora, à proposição de um remédio possível a tal cenário. Embasa-se este, inicialmente, em construção anteriormente defendida, qual seja a possibilidade de estender-se a lei de recuperação judicial empresarial (Lei 11.101/2005) às pessoas humanas (BUCAR, 2017, p. 181-185).

Por não haver legislação específica que permita uma recuperação ligeira e efetiva da pessoa humana, com tratamento global do estado patrimonial crítico, mas subsistir esta possibilidade para empresa, aplicar-se-ão os dispositivos da supracitada lei à pessoa humana sempre que possível. O próprio Código Civil, no art. 52, afastou a divisão estrutural entre pessoa jurídica e pessoa natural, ao permitir a primeira obter, no que couber, a tutela dos direitos da personalidade (BUCAR, 2017, p. 182-183).

De acordo com o valor dignitário (art.1, inciso III, CF), quando os instrumentos próprios da tutela patrimonial destinada à pessoa jurídica sejam efetivos na defesa da pessoa humana devem aqueles se aplicar, em interpretação unitária e sistemática. O paradigma apresentado à pessoa jurídica em sede de recuperação judicial é vantajoso no sentido de permitir a manutenção de autonomia negocial do devedor e também a confecção de plano negociado entre este e seus credores (BUCAR, 2017, p. 184-185).

O que se espera, enfim, é concretizar a reabilitação patrimonial. No quesito de procedimento, o desejável é que haja uma primeira fase, extrajudicial, em que o devedor compõe a mesa de negociação junto de todos os seus credores, onde serão pretendidos consensos sobre preferências creditórias e privilegia-se um acordo formado entre estas partes. Em consideração a autonomia pretendida, cabe aqui priorizar a solução consensual a que se chegar.

Caso não se logre êxito a etapa extrajudicial, disponibiliza-se ao devedor a abertura da fase judicial, com o rito ditado, no que couber, pela recuperação judicial do patrimônio de sociedade empresária (Lei nº 11.101/2005). Com efeito, haverá aqui, diante da apreciação de plano de pagamento proposto pelo devedor e de toda sua situação patrimonial por um juiz, a oportunidade adequada de efetivar-se a tutela alimentar que supre os efeitos negativos do divórcio sobre o patrimônio.

A situação de alimentos insuficientes, o inadimplemento destes valores, o fim do prazo transitório sem recolocação ou a renúncia da alimentante fundamentarão o pedido de recuperação judicial da pessoa humana, uma vez que se estará atendido a principal exigência legislativa para acessar o regime benéfico: a indicação das razões que levaram ao estado patrimonial crítico (art. 51, inciso I, Lei 11.101/2005).

Mas é possível ir além. Tais constatações poderão fundamentar eventual *cram down* pelo juiz – imposição de um plano cogente caso os credores não consintam com a proposta de plano a ser formulada (art. 58, § 1º, Lei 11.101/2005). Para tanto, será necessário expor a rede de solidariedade que deve beneficiar o devedor por força de lei (BUCAR, 2017, p. 187).

Caso se comprove quaisquer das problemáticas listadas acima o juiz poderá reconhecer a convenção entre a alimentada e seus devedores de que o plano apenas se viabiliza diante de uma mudança naquela receita a título de alimentos ou apontar esta necessidade no plano cogente. Neste momento a quebra dos dogmas alimentares firmados no percurso jurisprudencial será de suma importância e deve também balizar as decisões judiciais em sede de plano recuperacional.

Assim, é admissível o reconhecimento da necessidade de tutela alimentar mesmo após renúncia firmada, restabelecimento de obrigação alimentar extinta automaticamente após o decurso de prazo imposto e adaptação dos percentuais anteriormente fixados.

Admitida a reabilitação patrimonial como merecedora de primordial tutela na ordem humanista, não se podem mais opor os argumentos abstratos de um possível enriquecimento sem causa e estímulo ao ócio. O que existe é uma situação contrária ao acréscimo patrimonial, de insolvência, a qual merece ser tratada e preenche o requisito de necessidade alimentar, que deve identificar-se à concreta tutela da pessoa humana.

A mesma condição de endividamento crítico torna o juiz do plano recuperacional competente para estabelecer alimentos ou aumentar o valor daqueles antes postos. Trata-se do mais indicado à análise completa da situação em que se encontra o patrimônio como conjunto, e do contexto em que se desenvolveu o superendividamento. Nestes termos, a fixação da obrigação alimentar deve proporcionar à alimentada uma manutenção do mínimo existencial equilibrada a possibilidade de pagar os seus credores conforme o plano apresentado.

De maneira que o processo de recuperação seja efetivo e seus resultados duradouros, poderá se determinar que a obrigação alimentar fixada vigore posteriormente ao fim daquele. Por este viés, o tratamento patrimonial seria de grande artificialidade em caso de identificar a falta de ativos disponíveis como causa para situação de insolvência, mas, ao mesmo tempo, determinar que aquele valor alimentar apenas deva ser pago até o cumprimento do plano pactuado.

Ora, caso se adote esta interpretação, certamente, o estado de superendividamento retornará a partir do momento em que não houver, de novo, recursos para solver as obrigações. Portanto, em caso de desemprego poderá se determinar o cumprimento da prestação pelo alimentante até o momento de recolocação razoável e em incidência de adversidade temporária o tempo que esta durar.

A situação mais difícil será a de prazo razoável para o pagamento da pensão alimentar majorada. De um lado, a credora alimentar deverá se acostumar a nova realidade financeira e, de outro, não poderá o alimentante ignorar os efeitos maléficos de queda abrupta nas condições que este proporcionou, outrora, ao lar familiar. É possível determinar a diminuição progressiva dos valores e facultar, neste período, aconselhamento financeiro para planejar a vida econômica diante das novas condições (BUCAR, 2017, p. 178-180).

Tal como anteriormente defendido – e seguindo a diretriz de manutenção da capacidade do devedor – desde que cumprido o plano de pagamento, afirma-se que os valores fixados a título de alimentos devem ser entregues diretamente à credora superendividada, a quem tocará a administração patrimonial. Refuta-se o pagamento indireto pelo devedor alimentício, com o objetivo de extinguir suas obrigações por meio do adimplemento direto de dívidas de sua ex-cônjuge em reabilitação patrimonial.

Única ressalva a se fazer, diante destes casos, é ao pagamento de dívidas que possam afetar a manutenção do patrimônio dignitário, pois este adimplemento visa a impedir a subtração de Direitos Fundamentais do ex-cônjuge. É o exemplo do pagamento de quotas de condomínio edilício, para satisfação dos quais se concedeu, pela via jurisprudencial, a possibilidade de excussão até mesmo do bem de família com o fim de adimplemento (BUCAR, 2017, p. 177).

4. CONCLUSÃO

O superendividamento é fenômeno recorrente do cotidiano brasileiro e, na maior parte das ocasiões, resultado de fatores externos ao devedor, os quais este usualmente não lograria evitar. A partir desta proposição inicial, realizou-se este trabalho com o fim de determinar se alguns destes fatores que causam a situação de insolvência atingiriam ao gênero feminino em maior medida do que ao gênero masculino.

Constitui-se dado verificado que o número de mulheres com problemas de endividamento é maior do que aquele de homens. Aliás, foram estes números que motivaram a pergunta formulada aos autores pela organização desta obra: *"É possível correlacionar o gênero ao endividamento no Brasil?"*.

A resposta é afirmativa e relacionada às desigualdades que ainda perpassam a sociedade. Uma análise de estatísticas entre os anos de 2016 e 2018 demonstra que as faixas etárias onde ocorrem expressivos números de endividamento feminino também são momentos em que sobrevêm, comumente, dois outros fatos desabonadores. São eles o desemprego e o divórcio.

Quanto ao primeiro também revelam os dados um maior número de pessoas do gênero feminino desempregadas, coincidindo a faixa etária de superior endividamento perfeitamente com aquela de ápice do desemprego. Em sentido consoante, os efeitos econômicos da inexistência de trabalho visualizam-se facilmente sobre o patrimônio, por meio da acumulação de passivo sem que haja ativo suficiente para solvê-lo.

No entanto, a segunda causa, baseada na desigualdade e dominação entre gêneros, também merece estudo e preocupação social. O divórcio impacta o patrimônio de que a mulher é titular e pode levá-la à insolvência.

Mais uma vez, as faixas onde ocorre significativo endividamento feminino são também aquelas em que mais ocorrem divórcios. A análise jurisprudencial demonstrou que os efeitos da queda patrimonial, após extinção conjugal, sentem-se principalmente pelas mulheres, assertiva cujo motivo de constatação é a inexistência, no Superior Tribunal de Justiça, de pedido de alimentos por algum homem.

Nesta seara, o tratamento que o Judiciário designa aos alimentos costuma impedir a sua correta fixação às ex-cônjuges, por meio de figuras abstratas que não se constituem em lentes para uma realidade de vulnerabilidade e dependência. Procura-se, a todo custo, evitar uma vantagem e indisposição ao trabalho feminino. Entretanto, esquece-se de que a mesma mulher é quem cuida do lar e dos filhos, trabalho não remunerado, para o qual, muitas vezes, abandona a profissão, o que lhe impede de conseguir os ativos patrimoniais necessários a uma vida independente.

Caso se transcenda esta fase, as soluções ao inadimplemento do crédito alimentar continuam a reforçar um desalijo parcial da administração financeira que a mulher realiza em sua vida após o divórcio, ao permitir a compensação de débitos por pagamentos *in natura*. Não só, a própria política tributária onera a alimentada pelos valores recebidos, importância a qual se deduz dos rendimentos auferidos pelo alimentante.

No contexto que envolve todas estas razões, concluiu-se factível imputar aos efeitos do divórcio demonstrados na realidade social brasileira impactos sobre o patrimônio feminino que podem conduzir a um quadro de superendividamento.

Em sua parte final, este artigo utilizou algumas proposições desenvolvidas sobre a possibilidade de tratamento jurídico à insolvência e nelas inseriu algumas sugestões específicas para mulheres divorciadas que se encontram nesta situação. Utilizando-se das ferramentas presentes na Lei de Recuperação Judicial e Falências (Lei 11.101/2005), passíveis de aplicação a pessoa humana, construiu-se uma possibilidade de avaliação, fixação e execução da obrigação alimentar pelo juiz do plano recuperacional.

Desta forma restam diagnosticadas causas do estado patológico de superendividamento e o direito utiliza-se dos remédios que dispõem para tratamento de cada patrimônio segundo a vulnerabilidade de seu titular. Por este expediente, promove-se também a igualdade substancial e as mudanças sociais, segundo o projeto humanista e solidarista imposto pela Constituição da República.

5. REFERÊNCIAS

ALMEIDA, Leila Sanches de. Mãe, cuidadora e trabalhadora: as múltiplas identidades de mães que trabalham. *Revista do Departamento de Psicologia da Universidade Federal Fluminense*, Niterói, v. 19, n. 2, jul.-dez. 2007.

BARBOZA, Heloísa Helena; ALMEIDA, Vitor. (DES) igualdade de gênero: a mulher como sujeito de direito. In: TEPEDINO, Gustavo; TEIXEIRA, Ana Carolina Brochado; ALMEIDA, Vitor. *O Direito Civil entre o sujeito e a pessoa*: estudos em homenagem ao professor Stefano Rodotá. Belo Horizonte: Fórum, 2016. p. 163-190.

BUCAR, Daniel. *Superendividamento*: reabilitação patrimonial da pessoa humana. São Paulo: Saraiva, 2017.

FERREIRA, Jussara Suzi Assis Borges Nasser; RIBEIRO, Maria de Fátima. Direito de família: pensão alimentícia e tributação. *Scientia Iuris*, Londrina, v. 5-6, p. 205-221,

2001-2002.

MARQUES, Claudia Lima; LIMA, Clarissa Costa, BERTONCELLO, Káren. *Prevenção e tratamento do superendividamento*. Brasília: DPC/SDE, 2010.

MATOS, Ana Carla Harmatiuk; TEIXEIRA, Ana Carolina Brochado Teixeira. Os alimentos entre dogmática e efetividade. *Revista Brasileira de Direito Civil* – RBDCilvil, Belo Horizonte, v. 12, p. 75-92, abr./jun., 2017.

MATOS, Ana Carla Harmatiuk; MENDES, Anderson Pressendo; SANTOS, Andressa Regina Bissolotti dos Santos; OLIVEIRA, Ligia Ziggiotti de; IWASAKI, Micheli Mayumi. Alimentos em favor de ex--cônjuge ou companheira: reflexões sobre a (des)igualdade de gênero a partir da jurisprudência do STJ. *Quaestio Iuris* (Impresso), Rio de Janeiro, v. 8, p. 2474-2492, 2015.

OLIVEIRA, Ligia Zggiotti de. *Olhares feministas sobre o direito de família contemporâneo*: Perspectivas críticas sobre o individual e o relacional em família. Rio de Janeiro: Lumen Juris, 2016.

PORTO, Antônio José Maristello; SAMPAIO, Patrícia Regina Pinheiro. Perfil do Superendividado Brasileiro: Uma Pesquisa Empírica. *Revista de Direito do Consumidor*, São Paulo, ano 24, v. 101, p. 435-467. São Paulo: Ed, RT, set/out. 2015.

RODOTÀ, Stefano. *La vita e le regole*. Tra diritto e non diritto. Milano: Fetrinelli Editore, 2007.

SARAIVA, Oswaldo Othon de Pontes Saraiva. A incidência do IRPF sobre pensão alimentícia. *Revista dos Tribunais*, São Paulo, v. 966, abril, 2016.

TRINDADE, Larissa de Lima; RIGHI, Marcelo Brutti; VIEIRA, Kelmara Mendes. De onde vem o endividamento feminino? Construção e validação de um modelo PLS-PM. *Revista Eletrônica de Administração*, Porto Alegre, v. 18, n. 3, p. 718-746, 2012.

Relatórios e estatísticas utilizadas

BOA-VISTA SERVIÇO CENTRAL DE PROTEÇÃO AO CRÉDITO. *Perfil do Consumidor Inadimplente*. Disponível em: [https://www.boavistaservicos.com.br/wp-content/uploads/2016/04/perfil-consumidor-inadimplente-1otrim16.pdf]. Acesso em: 12.09.2019.

INSTITUTO BRASILEIRO DE GEOGRAFIA E ESTATÍSTICA. *Estatísticas do Registro Civil- Divórcio*. 2017. Disponível em: [https://www.ibge.gov.br/estatisticas/sociais/populacao/9110-estatisticas-do-registro-civil.html?=&t=resultados]. Acesso em: 20.09.2018.

INSTITUTO BRASILEIRO DE GEOGRAFIA E ESTATÍSTICA. *Estatísticas do Registro Civil – Divórcio*. 2016. Disponível em: [https://www.ibge.gov.br/estatisticas/sociais/populacao/9110-estatisticas-do-registro-civil.html?edicao=17939&t=resultados]. Acesso em: 20.09.2018.

SERVIÇO DE PROTEÇÃO AO CRÉDITO. *O desemprego e a busca por recolocação profissional no Brasil*. Fevereiro de 2017. Disponível em: [https://www.google.com.br/search?ei=FBG6XNfqMMGd5OU-Pou67yAM&q=perfil+desemprego+2017+pdf&oq=perfil+desemprego+2017+pdf&gs_l=psy ab.3 ...200062.206652..207069...0.0..0.142.1140.10j2......0....1..gws-wiz.......0i7i30j0i8i7i30j0i8i30. Ph2ubzA2L3c]. Acesso em: 12.09.2019.

SERVIÇO DE PROTEÇÃO AO CRÉDITO. *O desemprego e a busca por recolocação profissional no Brasil*. Fevereiro 2018. Disponível em: [https://www.google.com.br/search?ei=FBG6XNfqMMGd5OU-Pou67yAM&q=perfil+desemprego+2017+pdf&oq=perfil+desemprego+2017+pdf&gs_l=psy-ab. 3...200062.206652..207069...0.0..0.142.1140.10j2......0....1..gws-wiz.......0i7i30j0i8i7i30j0i8i30. Ph2ubzA2L3c]. Acesso em: 23.09.2018.

SERVIÇO DE PROTEÇÃO AO CRÉDITO. *Perfil do Inadimplente e das dívidas no Brasil*, Agosto de 2016. Disponível em: [https://www.google.com.br/search?ei=mw26XPTZHbKW0AbZkL_AAw&q=perfil+endividamento+scpc+2017+pdf&oq=perfil+endividamento+scpc+2017+pdf&gs_l=psy-ab.3 ...7623.8294..8535...0.0..0.102.432.4j1......0....1..gws-wiz.......35i39.jppVrmQfwyo]. Acesso em: 13.01.2019.

SERVIÇO DE PROTEÇÃO AO CRÉDITO. *Inadimplentes no Brasil 2017*: perfil e comportamento frente às dívidas. Agosto de 2017. Disponível em: [https://www.google.com.br/search?ei=8M7HXLX-mIq2y5OUPl8u8WA&q=perfil+do+inadimplente+spc+2017+pdf&oq=perfil+do+inadimplente+spc+2017+pdf&gs_l=psy-ab.3...59459.62215..62308...2.0..0.114.1660.3j13......0....1..gws-wiz.......0i71.keNYdDHuOrw]. Acesso em: 12.11.2019.

SERVIÇO DE PROTEÇÃO AO CRÉDITO. *Inadimplentes brasileiros 2018*: perfil e comportamento frente às dívidas, Agosto de 2018. Disponível em: [https://www.google.com.br/search?source=hp&ei=-DRG6XOXRKqLG5OUPkOOo6Ao&q=perfil+de+endividamento+spc+2018+pdf&btnK=Pesquisa+Google&oq=perfil+de+endividamento+spc+2018+pdf&gs_l=psy-ab.3..33i160.509.6504 ..6560...2.0..0.190.4130.19j19......0....1..gws-wiz.....0..35i39j0i67j0i131j0j0i22i30j33i22i29i30. xUhf5s_Xc0s]. Acesso em: 20.11.2018.

AS DISCUSSÕES SOBRE GÊNERO E VULNERABILIDADE PODEM SER MEDIADAS PELOS PRINCÍPIOS DA DIGNIDADE HUMANA E DA SOLIDARIEDADE?

Fabíola Albuquerque Lobo

Doutora em Direito Civil. Professora do Departamento de Direito Privado do Centro de Ciências Jurídicas da Universidade Federal de Pernambuco. Professora dos Cursos de Pós Graduação *Stricto Sensu* do Centro de Ciências Jurídicas da Universidade Federal de Pernambuco. Colíder do Grupo de Pesquisa Constitucionalização das Relações Privadas (CONREP) – UFPE/CNPq.

Sumário: 1. Introdução. 2. Mulher e preconceito caminham *a latere*. 3. O papel da mulher e a lenta conquista de direitos na realidade brasileira. 4. Igualdade jurídica e direito à diferença. 5. Não efetivação da igualdade e vulnerabilidade: faces da mesma moeda. 6. A aplicação dos princípios jurídicos como meio de superação da vulnerabilidade. 7. Conclusão. 8. Referências.

1. INTRODUÇÃO

Tratar da emancipação feminina diante da lenta conquista de direitos e do papel da mulher na sociedade infelizmente continua um debate coevo. Perdem-se nas brumas do tempo e funcionando quase como um senso comum os conceitos e supostas explicações sobre a natureza feminina e, por extensão a submissão da mulher como algo inerente à sua condição humana.

Contextualizando historicamente e, a título meramente exemplificativo destacamos a obra, publicada no final do século XVIII, com envergadura para além de seu tempo, intitulada: *A vindication of the rights of woman*, da pensadora feminista Mary Wollstonecraft, quando naquela época afirmava da impossibilidade de defender "nossa posição a favor dos direitos dos homens, sem assumir um interesse semelhante nos direitos das mulheres, pois a justiça, por sua própria natureza, tinha que ter alcance universal" (LOBO, 2019, p. 64).

Nesta perspectiva histórica é de relevo destacar também a obra *Sujeição das Mulheres* (1869) de Stuart Mill, quando o autor analisava as prováveis causas da posição de inferioridade conferida à mulher na sociedade.

> Todas as mulheres são criadas, desde muito cedo, na crença de que seu caráter ideal é o oposto do caráter masculino; sem vontade própria e governadas pelo autocontrole, com submissão e permitindo serem controladas por outros. Todas as moralidades e sentimentos afirmam que a obrigação da mulher é viver para os outros; abnegar-se completamente e viver somente para aqueles a quem estava afei-

çoada. Para a mulher afeição conjugal relacionava-se com obediência, dependência econômica e a anulação de sua liberdade de escolha individual. Este engendramento favorecia aos homens tirarem o máximo proveito de manter as mulheres em estado de sujeição, fazendo-as imaginar que a mansidão, a submissão e a resignação de todos os desejos individuais deveriam ser colocadas nas mãos de seu marido. (MILL, 2006, p. 32).

Esta linha argumentativa da suposta inferioridade feminina foi instrumentalizada na política, na religião, na legislação, na história das civilizações, na filosofia, na economia e, entre tantas outras dimensões sociais legitimando e perpetuando um discurso preconceituoso e discriminatório entre homens e mulheres.

A discriminação em função do gênero se dá quando há discriminação da mulher colocando-a num papel inferior ao do homem, pelo simples fato de ser mulher, sem levar em consideração sua capacidade intelectual, cognitiva e até mesmo sua condição física (NADER, 2015, p. 981).

Oportuno e impressionantemente atual as considerações de Stuart Mill, ao tratar acerca da igualdade de direitos entre os sexos. Vejamos:

o princípio que regula as relações sociais existentes entre os sexos – a subordinação legal de um sexo a outro – está errado em si mesmo, e, portanto, é um dos principais obstáculos para o desenvolvimento humano; tal subordinação deveria ser substituída por um princípio de igualdade perfeita, sem qualquer poder ou privilégio para um lado e incapacidade para o outro. (MILL, 2006, p. 15).

Os problemas relacionados à discriminação em função do gênero, não leva em consideração a localização geográfica de países, nem o nível sócio econômico de nações desenvolvidas ou de subdesenvolvidas. Na verdade é uma chaga que se perpetua no tempo e no espaço. Em pleno século XXI estas questões continuam prioritárias na agenda global, na busca de soluções efetivas.

O exemplo mais impactante relativo ao problema, ao mesmo tempo revelador que a questão não está sendo tratada com a devida importância foi trazido, na recentíssima matéria da Revista *Times* (23/08/2019), intitulada: "A Constituição dos EUA não prevê expressamente a garantia dos direitos iguais entre os sexos". A luta das mulheres é pela inclusão da Emenda dos Direitos Iguais na Constituição. Para Linda Coberly, advogada e presidente da Força Tarefa Legal da Coalizão da ERA (*Equal Rights Amendment*) "há um entendimento mais amplo entre mulheres e homens de que não estabelecemos verdadeiramente a igualdade em nossa cultura e as leis que promulgamos não são suficientes para proteger contra a discriminação sexual em todos os aspectos".

Este quadro desolador da discrepância entre os gêneros se dá de maneira recorrente nas oportunidades econômicas, que compreendem a diferença salarial e também as melhores condições e oportunidades para os homens. Na Europa houve recente denúncia da prática de discriminação por algumas empresas em razão do gênero. "Globalmente, o quadro continua sombrio; no ritmo atual, seriam necessários 202 anos para que as mulheres ganhassem o mesmo que os homens e tivessem as mesmas oportunidades de emprego".

Estas distorções não se restringem à questão econômica. Na verdade trata-se de uma questão estrutural que urge por leis e políticas públicas concretas que assegurem a igualdade de oportunidades.

GÊNERO E VULNERABILIDADE EOS PRINCÍPIOS DA DIGNIDADE HUMANA E DA SOLIDARIEDADE **225**

Por todos esses motivos justifica-se a relevância de trabalhos desse jaez, pelas suas finalidades, quais sejam: refletir sobre o papel que a mulher ocupa na sociedade, o estímulo ao sentimento de sororidade com a pauta feminina, manter acesa a incessante e incansável luta pela plenitude do princípio da igualdade formal e material para homens e mulheres, possibilitar a formação de um *locus* privilegiado de reflexões contra a perpetuação desta prática desprezível e odiosa em razão de gênero e quais as soluções e caminhos para a superação do problema.

O trabalho encontra-se dividido em cinco capítulos. O primeiro visa demonstrar as múltiplas formas de preconceitos e discriminações praticadas na atualidade, em diversos segmentos sociais. O segundo enfrenta o tema, na perspectiva da conquista de direitos na legislação brasileira. O terceiro tem por objetivo discutir as implicações da igualdade de direitos e a necessária e salutar compreensão do direito à diferença. O penúltimo alberga a intrínseca relação entre desigualdade material e vulnerabilidade e, por fim, a incidência dos princípios constitucionais na superação da vulnerabilidade.

A fim de ratificar a atualidade do tema e demonstrar a importância da discussão pontua-se o fato de que todos os sites referenciados ao longo do trabalho são dos anos de 2018 e 2019.

2. MULHER E PRECONCEITO CAMINHAM *A LATERE*

Conforme dito alhures, a discrepância entre os gêneros encontra-se presente em diversos segmentos sociais. Principiamos com a realidade do Prêmio Nobel, que é a maior láurea conferida anualmente, em seis áreas do conhecimento (Física, Química, Fisiologia ou Medicina, Literatura, Ciências Econômicas e Paz) pelo reconhecimento de pesquisas, descobertas ou contribuições de excelência para o desenvolvimento da humanidade.

Muito interessantes as considerações de Donna Strickland, uma das ganhadoras do Prêmio Nobel de Física de 2018, ao apontar as principais causas da desigualdade de gênero contra as mulheres em carreiras científicas. Segundo a cientista, os dados revelam que as mulheres que persistem na carreira acadêmica, enfrentam barreiras estruturais e institucionais. O preconceito é mais intenso em áreas predominantemente masculinas, pois além de questões relacionadas às disparidades salariais entre os gêneros, a estrutura da ciência acadêmica dificulta o avanço de mulheres, porque a ciência experimental requer anos de dedicação em um laboratório e as imposições da carreira podem tornar difícil, senão impossível, o equilíbrio entre o trabalho e os cuidados familiares que geralmente recaem sobre elas.

Ademais, o preconceito implícito afeta também a capacidade de a mulher publicar suas descobertas científicas. As pesquisas conduzidas por mulheres levam duas vezes mais tempo para avançar no processo de revisão e têm menos chances de serem citadas por outros acadêmicos, e suas ideias são mais propensas a serem atribuídas a homens do que o contrário. Homens citam seu próprio trabalho 56% mais vezes que as mulheres. Essa marginalização na pesquisa dificulta a promoção de mulheres na ciência.

A área cultural é outro segmento estereotipado pela diferença entre gêneros. Ilustrativamente, a participação feminina em nove décadas da premiação (1929 foi a primeira premiação) dos Prêmios da Academia de Artes e Ciências Cinematográficas (Oscar), em reconhecimento às melhores produções cinematográficas. Entre as variadas categorias, a mais glamorosa midiaticamente é o prêmio de Melhor Diretor e é a que menos contempla a diversidade em relação a homens e mulheres. A representatividade feminina em Hollywood é um debate vivo e aponta a existência de uma barreira na indústria do cinema que se manifesta particularmente na função de diretor. No histórico da premiação "foram 13 produções dirigidas por mulheres, apenas cinco foram indicadas e somente em 2010 uma delas levou a estatueta".

Estudo realizado pela Universidade do Sul da Califórnia constatou que dos 1.100 filmes populares produzidos de 2007 a 2016, apenas seis mulheres atuaram como diretores sendo três mulheres negras, duas asiáticas e uma latina. Os dados falam por si. Quando Hollywood pensa em uma mulher diretora, traz imbuído o viés racial, ou seja, a preferência pela mulher branca. Ainda de acordo com pesquisa feita pelo Centro de Estudos sobre a "Mulher na Televisão e no Cinema", da Universidade de San Diego, em 2016, as mulheres representavam apenas 17% de todos os diretores, roteiristas, produtores, editores e cineastas em 250 filmes americanos de maior sucesso. Além disso, um terço desses filmes empregou apenas uma ou nenhuma mulher nessas funções. Essa desproporção repercute em toda a indústria do cinema.

3. O PAPEL DA MULHER E A LENTA CONQUISTA DE DIREITOS NA REALIDADE BRASILEIRA

Como demarcação temporal para o desenvolvimento deste capítulo, a opção escolhida foi o cenário da codificação civil de 1916, cuja desigualdade em relação à mulher foi estruturada em torno de desvantagens historicamente acumuladas e por restrições legais. Tais limitações serviam como legitimadora ao falacioso argumento da proteção.

Como bem disse Maria Berenice Dias, "cantada à fragilidade e proclamada à vulnerabilidade feminina, fácil foi convencer a mulher de que ela precisava de proteção, o que colocou o homem em posição de superioridade" (DIAS, 2015, p. 441).

Segundo a lei civil codificada, as mulheres casadas, enquanto subsistisse a sociedade conjugal eram consideradas incapazes (art. 6º) relativamente à prática de certos atos (art. 147, n. 1), ou à maneira de os exercer. Esta era a expressão máxima do não direito às mulheres, em contrapartida ao status de superioridade masculina, principalmente nas disposições relativas às relações jurídicas de família.

Exemplificativamente, a legislação civil de 1916 conferia ao homem, em razão do seu papel de chefe de família, o exercício de uma série de direitos, a saber:

Art. 233. O marido é o chefe da sociedade conjugal.

Compete-lhe:

I. A representação legal da família.

II. A administração dos bens comuns e dos particulares da mulher, que ao marido competir administrar em virtude do regime matrimonial adaptado, ou do pacto antenupcial (arts. 178, § 9º, I, 274, 289, I, e 311).

III. direito de fixar e mudar o domicílio da família (arts. 46 e 233, IV).

IV. O direito de autorizar a profissão da mulher e a sua residência fora do tecto conjugal (arts. 231, II; 242, VII; 243 a 245, II, e 247, III).

V. Prover à manutenção da família, guardada a disposição do art. 277.

Art. 234. A obrigação de sustentar a mulher cessa, para o marido, quando ela abandona sem justo motivo a habitação conjugal, e a esta recusa voltar. Neste caso, o juiz pode, segundo as circunstâncias, ordenar, em proveito do marido e dos filhos, o sequestro temporário de parte dos rendimentos particulares da mulher.

Art. 380. Durante o casamento, exerce o pátrio poder o marido, como chefe da família (art. 233), e, na falta ou impedimento seu, a mulher.

A família codificada assentava-se nos pilares da matrimonialização, da monogamia para mulheres e, por extensão, da legitimidade dos filhos e do patriarcalismo, ou seja, uma família sublimada na dependência da mulher em relação ao marido e "na sua tendencial incapacidade para o exercício dos direitos, que eram exercidos pelo marido, como uma espécie de direito natural do mundo masculino. O casamento era uma biografia do marido" (LANÇA, 2014, p. 163).

Lembremos que esta condição legal imposta à mulher somente foi revogada com o Estatuto da Mulher Casada (Lei 4121/1962) e, posteriormente a Lei do Divórcio (Lei 6515/1977), que impactou os costumes e valores sociais da época, estendeu outros direitos às mulheres.

É certo que várias leis posteriores à codificação civil prepararam o caminho rumo à igualdade de direitos às mulheres. O ano de 1932 ficou marcado pela conquista feminina do direito ao voto e o de serem eleitas para cargos eletivos. Embora restrito, pois apenas conferido às mulheres casadas, com autorização dos maridos e às viúvas e solteiras com renda próprias, sem dúvida representou uma grande vitória. Em 1934 foram eliminadas às restrições, mas sem a exigência da obrigatoriedade, que era somente para os homens. Apenas em 1946 a obrigatoriedade passou a ser geral.

Outra legislação muito representativa da emancipação feminina e paradigmática para a época foi a Consolidação das Leis do Trabalho (CLT/1943) que estabeleceu a igualdade salarial entre homens e mulheres (art. 5º).

É indiscutível que a herança cultural patriarcal e machista e a entrada tardia das mulheres no mercado de trabalho, entre outros fatores, propiciaram que as conquistas de direitos se dessem em ritmo lento e gradativo. As legislações em geral contemplavam a manutenção da desigualdade entre os sujeitos, especialmente as voltadas às relações de família (mulheres e filhos).

O princípio da igualdade foi um legado do processo de redemocratização, materializado na Constituição Federal/1988.

4. IGUALDADE JURÍDICA E DIREITO À DIFERENÇA

O princípio da igualdade, integrante da nova tábua constitucional de valores (art. 5º da CF/1988), categorizado no rol dos direitos fundamentais, encontra-se irmanado com os valores democráticos e humanizadores do Direito. Induvidosamente é um princípio de cunho revolucionário, libertador e balizador das diversas relações jurídicas. Simboliza acima de tudo, a ruptura com todos os arquétipos e modelos conservadores contemplados na codificação civil de 1916, principalmente na seara do Direito de Família, pois a igualdade jurídica foi ratificada no capítulo constitucional destinado à matéria, reconhecendo a igualdade familiar entre cônjuges e entre filhos.

Paulo Lobo, ao tratar do princípio da igualdade e do direito à diferença, chama atenção para a necessária interlocução entre estas duas dimensões:

> Vencida a etapa da igualdade jurídica, vem à tona a rica dimensão psicossocial das diferenças entre os gêneros. O imenso desafio é a compatibilidade das diferenças com o princípio da igualdade jurídica, para que não se retroceda à discriminação em razão do sexo, que a Constituição veda. [...] Todavia, as diferenças não podem legitimar tratamento jurídico assimétrico ou desigual, no que concernir com a base comum dos direitos e deveres, ou com o núcleo intangível da dignidade de cada membro da família. A igualdade e seus consectários não podem apagar ou desconsiderar as diferenças naturais e culturais que há entre as pessoas e entidades. (LOBO, 2019, p. 63 e 65).

Por seu turno, Pietro Perlingieri afirma que:

> o princípio da igualdade é violado seja quando, sem justificações constitucionalmente relevantes, cidadãos em situações iguais recebem um tratamento diverso, seja quando cidadãos em situações diferentes e desproporcionadas recebem um tratamento idêntico. (PERLINGIERI, 1997, p. 48).

No mesmo sentido, as considerações de Maria Berenice Dias, que assim se manifesta:

> Para que o direito possa apreender a ideia de justiça, é necessário compreender que são saudáveis e naturais as diferenças entre homens e mulheres. [...]. Há que se substituir o discurso da igualdade pelo discurso da diferença. Homens e mulheres são diferentes, mas são iguais em direitos. Não se podem afastar as diferenças, sob pena de eliminarem as características femininas. (DIAS, 2015, p. 441).

Homens e mulheres são diferentes biológica e morfologicamente, o que não autoriza serem tratados desigualmente pelo sistema jurídico. Diferenças naturais não podem ser fundamentos de distribuição desigual de direitos. A partir do reconhecimento dos direitos iguais, impõe-se sua efetivação no mundo da vida, nas relações sociais e na aplicação do direito.

As estatísticas de gênero devem refletir, segundo informações do Manual de Gênero da Divisão de Estatísticas das Nações Unidas (United Nations Statistics Division – UNSD), as questões relacionadas aos aspectos da vida de mulheres e homens, incluindo as suas necessidades específicas, oportunidades ou contribuições para a sociedade.

> Em todas as sociedades existem diferenças entre o que é esperado, permitido e valorizado em uma mulher e o que é esperado, permitido e valorizado em um homem. Estas diferenças têm um impacto específico sobre mulheres e homens em todas as fases da vida, e podem determinar, por exemplo, diferenças na saúde, educação, trabalho, vida familiar e no bem-estar geral de cada um. Estas diferenças e as desigualdades entre os sexos são moldadas ao longo da história das relações sociais, mudando ao longo do tempo e em diferentes culturas. É importante sublinhar a diferença entre estatísticas desagregadas por sexo e estatísticas de gênero. A palavra "sexo" refere-se aqui às diferenças biológicas entre homens e mulheres. "Gênero", por sua vez, refere-se às diferenças socialmente construídas em atributos e oportunidades associadas com o sexo feminino ou masculino e as interações e relações sociais entre homens e mulheres (IBGE, 2018, p. 2).

5. NÃO EFETIVAÇÃO DA IGUALDADE E VULNERABILIDADE: FACES DA MESMA MOEDA

É desafiante apreender a complexa dimensão que envolve o princípio constitucional da igualdade, ou seja, ele se desdobra em duas vertentes: a da igualdade formal e da igualdade material ou substancial.

Neste sentido de Paulo Roberto de Oliveira Lima:

Além da dita igualdade perante a lei há que se reconhecer que o princípio da isonomia com sede constitucional implica na igualdade na própria lei, ou seja, não basta que a lei seja aplicada igualmente para todos, mas é também imprescindível que a lei em si considere todos os homens igualmente, ressalvadas as desigualdades que devem ser sopesadas para o prevalecimento da igualdade material.

O princípio da igualdade perante a lei corresponde à obrigação de aplicar as normas jurídicas gerais aos casos concretos, na conformidade com o que elas estabelecem; enquanto a igualdade na própria lei exige que, nas normas jurídicas, não haja distinções que não sejam autorizadas pela própria Constituição. (LIMA, 1993, p. 16 e 17).

Pietro Perlingieri, ao analisar o princípio da igualdade formal e substancial, afirma que:

Aquele seria expressão de uma revolução praticamente realizada. Os cidadãos têm igual dignidade social e são iguais perante a lei. E este é uma revolução prometida. É tarefa da República remover os obstáculos de ordem econômica e social que, limitando de fato a liberdade e a igualdade dos cidadãos, impedem o pleno desenvolvimento da pessoa humana. (PERLINGIERI, 1997, p. 44).

O princípio da igualdade inserido no âmbito dos direitos fundamentais da normativa constitucional tem aplicação imediata. Entretanto até o presente momento a igualdade material ou substancial encontra-se no plano da "revolução prometida", falta a "revolução praticamente realizada", conforme enunciou Perlingieri. Por lógico é de se concluir que a chamada igualdade material ou substancial ainda carece de efetividade, o que torna a batalha pela igualdade de condições situada no porvir.

Permanece atual a observação de Lenio Streck, nos idos de 2003, quando advertiu acerca da crise da "inefetividade dos direitos fundamentais ou do incumprimento daquilo que se convencionou chamar de função social do Estado". Para o autor há uma estreita relação entre Direito, Mulher e Sociedade e a crise do Direito. E essa crise "ocorre porque o velho modelo de Direito (de feição liberal-individualista-normativista) não morreu e o novo modelo (forjado a partir do Estado Democrático de Direito) não nasceu ainda. Deixar vir o novo à presença: esse é o desafio" (STRECK, 2003, p. 139-140).

Segundo ele, o principal problema desta crise reside na enorme resistência de superação da tradicional forma da dogmática jurídica, que por sua vez instrumentaliza o Direito, e "reproduz um modelo que (mal) trata a mulher e, neste âmbito afasta qualquer possibilidade de a mulher ser tratada como gênero, como igual!" (STRECK, 2003, p. 139 e 143).

Vejam-se alguns demonstrativos reveladores, inquietantes e ratificadores da inefetividade da igualdade material ou substancial, ou da persistente desigualdade entre homens e mulheres na realidade brasileira.

O Brasil, em 2018, caiu para o 95º lugar no *ranking* de desigualdade de gênero do Fórum Econômico Mundial. O país manteve a lacuna entre homens e mulheres no maior nível, desde 2011. O índice computa resultados de 149 países e busca analisar o progresso obtido na igualdade de gênero em quatro dimensões temáticas: oportunidade econômica, empoderamento político, nível educacional e saúde e sobrevivência. Os piores resultados foram obtidos nos temas relativos à oportunidade econômica, que analisa a participação na força de trabalho e igualdade salarial por trabalho semelhante, e ao empoderamento político, que tem por finalidade analisar a presença feminina no Congresso e em cargos ministeriais. O IBGE, em março de 2018, divulgou o estudo referente às Estatísticas de Gênero: Indicadores Sociais das Mulheres, tomando como parâmetro os dados obtidos em 2017 em cinco indicadores: Direitos humanos das mulheres e meninas, educação, Saúde e serviços relacionados, Estruturas econômicas, participação em atividades produtivas e acesso a recursos e Vida pública e tomada de decisão (IBGE, 2018, p. 2).

A Síntese de Indicadores Sociais 2018: Uma Análise das Condições de Vida da População Brasileira, outra pesquisa também realizada pelo IBGE, a partir dos dados de 2017, traz em seu bojo variados cenários indicativos de que o critério racial também gera desigualdade entre mulheres brancas e negras ou pardas. Por exemplo: o rendimento médio real habitual do trabalho principal e o rendimento-hora médio real do trabalho principal é maior para as mulheres brancas, em relação às negras e pardas. Já a taxa de desocupação (desemprego) associada aos níveis de instrução e a taxa de trabalhos informais são maiores entre as mulheres pretas e pardas.

A mesma realidade da desigualdade entre raça se estende às entidades familiares monoparentais, sendo de 41,5% as constituídas por mulher branca e com filho(s) até 14 anos, enquanto as de mulher preta ou parda com filho(s) até 14 anos estão na ordem de 64,4%. Esse dado tem uma repercussão imediata na medição das condições de vida, relativas ao conjunto de dimensões do bem-estar (IBGE, 2018, p. 151).

A análise por restrição de acesso a bens em múltiplas dimensões complementa a análise monetária e permite avaliar as restrições de acesso à educação, à proteção social, à moradia adequada, aos serviços de saneamento básico e à internet. Nos domicílios cujos responsáveis são mulheres pretas ou pardas sem cônjuge e com filhos até 14 anos, 25,2% dos moradores tinham pelo menos três restrições às dimensões analisadas. Esse é também o grupo com mais restrições à proteção social (46,1%) e à moradia adequada (28,5%).

Interessante também as conclusões do trabalho realizado pelo Observatório da Diversidade e da Igualdade de Oportunidades no Trabalho, do Ministério Público do Trabalho, cujos dados são analisados a partir da realidade do Brasil, ou da realidade de alguns municípios brasileiros. Em apertada síntese, a pesquisa constatou que a média salarial de homens empregados no setor formal no Brasil é de R$ 3,2 mil por mês, e das mulheres cerca de R$ 2,7 mil. A diferença é ainda maior para mulheres negras, que recebem praticamente a metade do rendimento dos homens brancos.

Pesquisa realizada pelo grupo *Parent in Science*, formado por cientistas do Brasil, constata a inegável relação entre a maternidade, diminuição na produção acadêmica e seu impacto na carreira científica das mulheres brasileiras. Como solução, as pesquisadoras pedem que o período da maternidade seja registrado pelo CNPq, para contextualizar a queda e evitar que a carreira seja afetada.

Paradoxalmente, as mulheres lideram em número de títulos de doutorados concedidos em 2017, no Brasil. Das 09 áreas (ciências da saúde, biológicas, humana, agrárias, sociais aplicadas exatas e da Terra, linguística/letras/artes, multidisciplinar e engenharias), apenas na engenharia e nas exatas há uma liderança masculina.

Na produção acadêmica, o número de artigos produzidos por mulheres também é muito significativo. De acordo com a Organização dos Estados Ibero-americanos (OEI), o Brasil é o país ibero-americano com a maior porcentagem de artigos científicos assinados por mulheres, seja como autoras principais ou como coautoras. Entre 2014 e 2017, o Brasil publicou cerca de 53,3 mil artigos, dos quais 72% são assinados por pesquisadoras mulheres.

Essa considerável participação feminina nas carreiras científicas não significa, necessariamente, iguais oportunidades, principalmente quando se cruzam os dados com números de pesquisadores com bolsa de produtividade, principal forma de reconhecimento do mérito acadêmico. Outro aspecto que contribui para esta discrepância aumentar é a maior disponibilidade dos homens para viagens (nacionais e internacionais) e, por isso, aumenta sua visibilidade acadêmica e amplia seu rol de contatos, repercutindo também no aumento de citações. Resultado: "a elite da pesquisa científica no Brasil é masculina", apesar do notável esforço das cientistas.

É certo que em certas carreiras profissionais tradicionalmente masculinas, a exemplo do Direito, os números apontam para uma relação quase paritária. Segundo os números do Conselho Federal da OAB, o quadro de advogados inscritos em agosto de 2019 no Brasil, representa o universo de 1.155.806, significando, na divisão por gênero, o expressivo número de 570.426 advogadas e de 585.380 advogados. A projeção estimada é que no futuro próximo, o número de advogadas seja superior ao de advogados. De um modo geral, os dados indicam que em comum há fatores que concorrem simultaneamente ou não, para esgarçar e acentuar a desigualdade entre os gêneros na projeção da carreira e no equilíbrio econômico. São eles: casamento, filhos pequenos, afazeres domésticos, cuidado com parentes por motivos de doença ou velhice sem uma estrutura colaborativa equânime de responsabilidades entre homens e mulheres.

Vivencia-se no Brasil o descumprimento da promessa de um Estado Democrático de Direito, cujos objetivos perpassam pela construção de uma sociedade livre, justa e solidária, com a erradicação da pobreza e da marginalização e redução das desigualdades sociais e regionais e na promoção do bem de todos, sem preconceitos de origem, raça, sexo, cor, idade e quaisquer outras formas de discriminação.

Quanto mais dependente a mulher, seja do marido, do companheiro, do pai ou de parentes, maior sua fragilidade e vulnerabilidade sociais.

Vulnerabilidade importa também reconhecer violação aos direitos humanos diante das persistentes disparidades em participação e oportunidade econômicas. É um movimento na contramão do processo civilizatório, que dá azo ao circulo vicioso do discurso machista e sexista em relação ao papel da mulher relegado a um plano secundário, ou numa perspectiva distorcida da mulher enquanto objeto de direito e não como sujeito de Direito.

Como estratégias de superação das desigualdades a Organização das Nações Unidas no Brasil (ONU Brasil), visando dar cumprimento às normas internacionais em favor dos direitos das mulheres, em conformidade principalmente com o Plano de Ação de Pequim (1995), lançou um documento no país alertando que há um longo caminho para garantir igualdade real entre homens e mulheres, apesar dos avanços conquistados. Devido a esta constatação, recomendou especial atenção a sete áreas consideradas prioritárias (empoderamento econômico; educação inclusiva e equitativa; saúde integral e inclusiva; enfrentamento a todas as formas de violência contra as mulheres; empoderamento político e representatividade; institucionalidade, orçamento e políticas públicas; e interseccionalidade de gênero, raça e etnia).

O Plano de Ação de Pequim foi adotado por 189 governos comprometidos em adotar medidas estratégicas para remover as barreiras sistêmicas que impedem as mulheres de participar em condições de igualdade de todas as áreas da vida, tanto na esfera pública quanto na esfera privada. Em vias de completar 25 anos, nenhum país alcançou a meta desejada.

A fim de manter acesas as promessas da Plataforma de Ação de Pequim, para toda a sociedade, a ONU Mulheres está no centro da mobilização de governos e sociedades civis através de uma nova campanha: "Geração Igualdade: Realizando os Direitos das Mulheres por um Futuro Igualitário". A campanha Geração Igualdade demanda igualdade de remuneração, divisão igualitária do trabalho de cuidado e do trabalho doméstico não remunerado, o fim do assédio sexual e de todas as formas de violência contra mulheres e meninas, serviços de saúde que atendam às suas necessidades e participação igualitária na vida política e na tomada de decisões em todas as áreas da vida.

A campanha por um Futuro Igualitário vai ao encontro do recente relatório apresentado pelo Fórum Econômico Mundial, que aponta para os benefícios da igualdade de gêneros na economia. Segundo os estudos, em um cenário ideal de igualdade plena, no qual mulheres participassem na economia de modo idêntico aos homens, os ganhos poderiam chegar a US$ 28 trilhões no PIB anual global. E mulheres mais fortes financeiramente demonstraram maior probabilidade de investir no bem-estar familiar e a tomar decisões financeiras mais inteligentes, que repercutem na educação e na saúde de sua família.

6. A APLICAÇÃO DOS PRINCÍPIOS JURÍDICOS COMO MEIO DE SUPERAÇÃO DA VULNERABILIDADE

Após todas as considerações percebe-se que desigualdade material e vulnerabilidade correspondem ao verso e anverso de uma mesma realidade, quando relacionadas ao problema de gênero. Estão intrinsecamente vinculadas e, por conseguinte, a inefetividade do princípio da igualdade material torna a mulher extremamente vulnerável, em razão da falta de oportunidades concretas garantidoras de igualdade de condições para o exercício do direito à igualdade.

A aplicação dos princípios constitucionais continua imprescindível no avanço das conquistas jurídicas e de oportunidades. Todas as barreiras precisam ser superadas em prol da plena inserção da mulher na sociedade, nos ambientes sociais, econômicos e políticos. E nesse aspecto, os princípios constitucionais exercem um papel fundamental na garantia da transformação desse cenário.

A propósito, continuam lúcidas e visionárias as palavras de Stuart Mill:

> A regeneração moral da raça humana irá realmente começar quando a mais fundamental das relações sociais for colocada sob a regra da justiça de igualdade e quando os seres humanos aprenderem a desenvolver sua solidariedade mais forte com uma igualdade de direitos e de aprimoramento (MILL, 2006, p. 133).

Na obra *O direito das mulheres: uma introdução à teoria do direito feminista* há uma passagem, em que a autora faz referência ao que denominou de princípios orientadores das políticas, na perspectiva das mulheres. Estes princípios, por sua vez estão em conformidades com o que ela denominou de valores ideais da "boa sociedade". Os princípios em comento são justiça e liberdade, "entre os quais se encontram outros conjuntos de valores, desde logo e, sobretudo, a igualdade, a dignidade, a integridade, a autodeterminação e a autorrealização" (DAHL, 1993, p. 108).

A autora, ao estabelecer a interlocução entre aqueles princípios fez as seguintes considerações:

> Os direitos sociais e econômicos enquanto princípios éticos de distribuição baseados no igual valor e na igualdade trazem a ideia de justiça, mas o resultado de uma distribuição mais justa é também um meio de nos colocar mais próximos do ideal de liberdade. Uma atribuição mais equitativa do direito de cada um ao tempo e ao dinheiro e uma valoração mais igualitária dos diferentes tipos de trabalho são requisitos fundamentais para estabelecer a liberdade individual de acção e expressão. O sistema de distribuição contém hoje uma grande quantidade de barreiras à participação das mulheres, isto é, à sua autodeterminação e à sua participação na tomada de decisões da vida da comunidade. Quando essas barreiras forem derrubadas, a opressão das mulheres diminuirá. Por isso, através da política de igualdade, pode estabelecer-se o fundamento para a libertação – o ideal máximo no objectivo da liberdade. (DAHL, 1993, p. 128).

A ativa participação da mulher, com a ocupação de espaços de liderança nos diversos segmentos sociais fomenta o empoderamento feminino, a autonomia e a liberdade. Em contrapartida, se a mulher é vilipendiada em sua dignidade e nos demais direitos fundamentais, a luta pela igualdade entre os gêneros passa a ser utópica.

7. CONCLUSÃO

A resposta à pergunta formulada, se "as discussões sobre gênero e vulnerabilidade podem ser mediadas pelos princípios da dignidade humana e da solidariedade"?, conclusiva e objetivamente é afirmativa.

Além da aplicação constante dos princípios jurídicos que asseguram a igualdade de direitos entre homens e mulheres, é de fundamental importância a adoção de políticas públicas efetivas em prol da equidade e igualdade de oportunidades. Impõe-se a supressão de todas as barreiras e obstáculos que impeçam as mulheres de participar em condições de igualdade em todas as áreas da vida social, notadamente nas que apresentam os piores índices de desigualdade.

Superar as desigualdades materiais e a consequente vulnerabilidade da mulher significa, acima de tudo, promover os direitos humanos sem restrições e em todas suas dimensões.

À medida que houver um maior número de mulheres inseridas nos espaços sociais, maior será a realização da cidadania e do livre desenvolvimento da pessoa com o sentimento de pertencimento e de autoestima de sua dignidade. Somente assim, a revolução prometida da igualdade substancial deixará a condição de promessa e tornar-se-á realidade e concretizará os direitos das mulheres para um futuro realmente igualitário e justo entre os gêneros.

Ultrapassada a fase histórica do reconhecimento dos direitos, o desafio concentra-se na efetivação desses direitos, para o que a comunidade jurídica é protagonista fundamental.

8. REFERÊNCIAS

DAHL, Teve Sting. *O direito das mulheres*: uma introdução à teoria do direito feminista. Lisboa: Fundação Calouste Gulbenkian, 1993.

DIAS, Maria Berenice. Gênero: sexismo. In: LAGRASTA NETO, Caetano; SIMÃO, José Fernando Simão (Coord.). *Dicionário de direito de família*. São Paulo: Atlas, 2015, v. 1: A-H.

IBGE. Síntese de Indicadores Sociais 2018: Uma análise das condições de vida da população brasileira. Rio de Janeiro: IBGE, 2018, n. 39. Disponível em: [https://biblioteca.ibge.gov.br/visualizacao/livros/liv101629.pdf]. Acesso em: 20.07.2019.

IBGE. Estatísticas de Gênero: Indicadores sociais das mulheres no Brasil. Estudos e Pesquisas Informação Demográfica e Socioeconômica. Rio de Janeiro: IBGE, 2018, n. 38. Disponível em: [https://biblioteca.ibge.gov.br/visualizacao/livros/liv101551_informativo.pdf]. Acesso em: 20.07.2019.

LANÇA. Hugo Cunha. Pinceladas sobre a condição jurídica da mulher, quarenta anos depois do 25 de abril: uma análise de antropologia jurídica. *Revista IBDFAM*: Famílias e Sucessões. Belo Horizonte: IBDFAM, 2014, v. 4 (jul./ago.).

LIMA, Paulo Roberto de Oliveira. *Isonomia entre os sexos no sistema jurídico nacional*. São Paulo: Ed. RT, 1993.

LOBO, Paulo. *Direito Civil*: famílias. 9. ed. São Paulo: Saraiva Educação, 2019, v. 5.

MILL, John Stuart. *A sujeição das mulheres*. Tradução de Débora Ginza. São Paulo: Escala, 2006.

NADER, Thais Helena Costa. Vulnerabilidade familiar: violência contra a mulher. In: LAGRASTA NETO, Caetano; SIMÃO, José Fernando (Coord.). *Dicionário de direito de família*. São Paulo: Atlas, 2015, v. 2: I-Z.

PERLINGIERI, Pietro. *Perfis do Direito Civil*: Introdução ao Direito Civil Constitucional. Tradução de Maria Cristina de Cicco. 3. ed. Rio de Janeiro: Renovar, 1997.

STRECK, Lenio Luiz. O senso comum teórico e a violência contra a mulher: desvelando a razão cínica do direito em *Terra Brasilis*. *Revista Brasileira de Direito de Família*, Porto Alegre: Síntese, IBDFAM, v. 4, n. 16, jan./mar., 2003.

¿A VIOLÊNCIA DOMÉSTICA REFLETE A DISCRIMINAÇÃO DE GÊNERO?

Inmaculada Vivas Tesón[1]

Professora titular de Direito civil na Universidade de Sevilla (Espanha).

Sumário: 1. Violencia de género *versus* violencia doméstica. 1.1 Sexo y género. 1.2 La Ley de Violencia de Género, ¿discrimina a los hombres? 1.3 ¿Toda violencia sobre la mujer debe ser considerada violencia de género? 2. Algunos datos estadísticos para contextualizar la problemática. 3. La discriminación de la mujer y la violencia de género. 3.1 Un sistema patriarcal asimétrico. 3.2 La mujer con discapacidad como sujeto pasivo doblemente vulnerable. 4. Referencias.

1. VIOLENCIA DE GÉNERO VERSUS VIOLENCIA DOMÉSTICA

Aunque parezca mentira, en España,[2] ambas expresiones siguen siendo, con frecuencia, confundidas. "Violencia de género" es aquélla que se ejerce sobre la mujer y "violencia doméstica" es la ejercida sobre cualquier miembro de la familia, de ahí que la primera también reciba el nombre de "violencia contra la mujer" y la segunda "violencia intrafamiliar".

Esto dicho, en España, siguiendo la senda que marcó Naciones Unidas en su Declaración sobre la eliminación de la violencia contra la mujer aprobada por la Asamblea General en su Resolución 48/104, de 20 de diciembre de 1993, contamos con la Ley Orgánica 1/2004, de 28 de diciembre, de Medidas de Protección Integral contra la Violencia de Género (aprobada con el consenso de todas las fuerzas políticas), que, en su art. 1.1, establece: "*1. La presente Ley tiene por objeto actuar contra la violencia que, como manifestación de la discriminación, la situación de desigualdad y las relaciones de poder de los hombres sobre las mujeres, se ejerce sobre éstas por parte de quienes sean o hayan sido sus cónyuges o de quienes estén o hayan estado ligados a ellas por relaciones similares de afectividad, aun sin convivencia*", comprendiendo dicha violencia "*todo acto de violencia física y psicológica, incluidas las agresiones a la libertad sexual, las amenazas, las coacciones o la privación arbitraria de libertad*", según dispone el mismo precepto, en su apartado 3°.

De este modo, el legislador intenta proporcionar una respuesta integral y contundente a la violencia que se ejerce sobre las mujeres, al tiempo que sensibilizar a toda la sociedad para erradicar esta lacra.

---

1. Este trabajo se incluye entre los resultados de los proyectos de investigación "Uso de datos clínicos ante nuevos escenarios tecnológicos y científicos – Big Data. Oportunidades e implicaciones jurídicas (BIGDATIUS)" (DER2015-68212-R) y "Discapacidad, Enfermedad Crónica y Accesibilidad a los Derechos" (DER2016-80138-R) del Ministerio de Economía y Competitividad, así como del Grupo de Investigación SEJ617 "Nuevas dinámicas del Derecho privado Español y Comparado".

2. Es preciso señalar que no existe un concepto unívoco de violencia de género en el ámbito de la Unión Europea.

En cambio, para la violencia doméstica no existe, en nuestro Ordenamiento, ninguna norma específica. Ambos tipos de violencia están tipificados en el Código Penal.

De un lado, el art. 153.1[3] dispone que:

1. El que por cualquier medio o procedimiento causare a otro menoscabo psíquico o una lesión de menor gravedad de las previstas en el apartado 2 del artículo 147, o golpeare o maltratare de obra a otro sin causarle lesión, cuando la ofendida sea o haya sido esposa, o mujer que esté o haya estado ligada a él por una análoga relación de afectividad aun sin convivencia[4], o persona especialmente vulnerable que conviva con el autor, será castigado con la pena de prisión de seis meses a un año o de trabajos en beneficios de la comunidad de treinta y uno a ochenta días y, en todo caso, privación del derecho a la tenencia y porte de armas de un año y un día a tres años, así como, cuando el juez o tribunal lo estime adecuado al interés del menor o persona con discapacidad necesitada de especial protección, inhabilitación para el ejercicio de la patria potestad, tutela, curatela, guarda o acogimiento hasta cinco años.

De otro, el art. 173.2 contempla que:

2. El que habitualmente ejerza violencia física o psíquica sobre quien sea o haya sido su cónyuge o sobre persona que esté o haya estado ligada a él por una análoga relación de afectividad aun sin convivencia, o sobre los descendientes, ascendientes o hermanos por naturaleza, adopción o afinidad, propios o del cónyuge o conviviente, o sobre los menores o personas con discapacidad necesitadas de especial protección que con él convivan o que se hallen sujetos a la potestad, tutela, curatela, acogimiento o guarda de hecho del cónyuge o conviviente, o sobre persona amparada en cualquier otra relación por la que se encuentre integrada en el núcleo de su convivencia familiar, así como sobre las personas que por su especial vulnerabilidad se encuentran sometidas a custodia o guarda en centros públicos o privados, será castigado con la pena de prisión de seis meses a tres años, privación del derecho a la tenencia y porte de armas de tres a cinco años y, en su caso, cuando el juez o tribunal lo estime adecuado al interés del menor o persona con discapacidad necesitada de especial protección, inhabilitación especial para el ejercicio de la patria potestad, tutela, curatela, guarda o acogimiento por tiempo de uno a cinco años, sin perjuicio de las penas que pudieran corresponder a los delitos en que se hubieran concretado los actos de violencia física o psíquica.

Se impondrán las penas en su mitad superior cuando alguno o algunos de los actos de violencia se perpetren en presencia de menores, o utilizando armas, o tengan lugar en el domicilio común o en el domicilio de la víctima, o se realicen quebrantando una pena de las contempladas en el artículo 48 o una medida cautelar o de seguridad o prohibición de la misma naturaleza.

En los supuestos a que se refiere este apartado, podrá además imponerse una medida de libertad vigilada.

De este modo, se entiende por violencia doméstica todo acto de violencia física o psicológica ejercido tanto por un hombre como por una mujer, sobre cualquiera de las

---

3. Vid. también art. 148, 171.1 y 172 del Código Penal.
4. Esta expresión "análoga relación de afectividad" genera algunas dudas interpretativas cuando no existe convivencia. ¿Cuándo puede decirse que no existe una mera relación de amistad o un escarceo amoroso sino una relación de noviazgo? Según la SAP de Toledo, Sección 2ª, de 3 de marzo de 2015, *"por análoga relación de afectividad debe entenderse aquellas situaciones que, transcendiendo los lazos de la amistad, del afecto y de la confianza, crean un vínculo de complicidad estable, duradero y con vocación de futuro, mucho más estrecho e íntimo, del que se generan obligaciones y derechos"*. En la práctica judicial encontramos que se aplica el tipo de violencia de género del art. 153 CP a una relación sentimental de corta duración pero en la que se detectó una situación de dominación (SAP Valencia, Sección 1ª, de 7 de enero de 2015), a una relación de dos meses (SAP de Pontevedra, Sección 4ª, de 4 de septiembre de 2013); en cambio no se aplicó a una relación que consistió en salir unos cuantos fines de semana y no siendo, por tanto, permanente (SAP de Salamanca, Sección 1ª, de 11 de mayo de 2015).

personas enumeradas en el art. 173.2 del Código Penal (descendientes, ascendientes, cónyuges, hermanos, etc.) a excepción de los casos específicos de violencia de género.

La diferencia fundamental entre ambos tipos penales radica en que el previsto en el art. 153 no exige habitualidad en la violencia para su castigo y está recogido bajo la rúbrica *"De las lesiones"* y en el tipo penal del art. 173 se exige habitualidad[5] y se encuentra ubicada bajo la rúbrica *"De las torturas y otros delitos contra la integridad moral"*.

Así las cosas, la violencia de género tiene un ámbito subjetivo específico, sujeto pasivo o víctima sólo puede serlo la mujer y, desde 2015, también los hijos menores de edad o menores sujetos a su tutela, o guarda y custodia (art. 1.2 de la Ley)[6] y sujeto activo o agresor un hombre con el que exista una relación sentimental (por tanto, no lo es en caso de parejas del mismo sexo), y su ámbito espacial va más allá del hogar, pues protege la integridad, la libertad y la dignidad de la mujer al margen del lugar (privado o público) donde se encuentre. La violencia doméstica, por su parte, persigue el control en el ámbito doméstico de las relaciones familiares.

Nuestra Ley de violencia de género no contempla ciertos tipos de agresión contra la mujer que España tendría que incluir para dar cumplimiento al Convenio del Consejo de Europa sobre prevención y lucha contra la violencia contra las mujeres y la violencia doméstica, hecho en Estambul el 11 de mayo de 2011 (conocido, por ello, como Convenio de Estambul) que ratificó en 2014[7] como, entre otros, los matrimonios forzosos, las mutilaciones genitales femeninas, la trata, el aborto y la esterilización forzosa, el acoso o la violencia sexual.[8] Algunos de ellos están previstos en nuestro Código Penal pero, al no ser considerados un tipo de violencia de género, no se aplican los agravantes propios del delito de violencia de género, ni la protección especial que se contempla para sus víctimas,[9] ni son enjuiciados por los juzgados especializados creados a raíz de la Ley.

A la espera de que ello se produzca, en torno a la Ley de violencia de género surgen algunas cuestiones controvertidas que despiertan, en la actualidad, cierta polémica y que, de manera sucinta, pasamos a plantear.

---

5. Las SSTS de 20 de diciembre de 1996 y 26 de junio de 2000 definen la habitualidad como *"la repetición de actos de idéntico contenido con cierta proximidad cronológica"*.

6. El menor puede ser víctima directa de violencia de género, según la Ley Orgánica 1/2004 e indirecta al sufrirla el otro progenitor, conforme a lo dispuesto por el art. 2.b) de la Ley 4/2015, de 27 de abril, del Estatuto de la Víctima. Recientemente, en concreto, el *Real Decreto-ley 9/2018*, de 3 de agosto, de medidas urgentes para el desarrollo del Pacto de Estado contra la violencia de género ha modificado la redacción del art. 156 C.c. para introducir la siguiente medida en su párrafo segundo: *"Dictada una sentencia condenatoria y mientras no se extinga la responsabilidad penal o iniciado un procedimiento penal contra uno de los progenitores por atentar contra la vida, la integridad física, la libertad, la integridad moral o la libertad e indemnidad sexual de los hijos o hijas comunes menores de edad, o por atentar contra el otro progenitor, bastará el consentimiento de éste para la atención y asistencia psicológica de los hijos e hijas menores de edad, debiendo el primero ser informado previamente. Si la asistencia hubiera de prestarse a los hijos e hijas mayores de dieciséis años se precisará en todo caso el consentimiento expreso de éstos"*.

7. BOE» núm. 137, de 6 de junio de 2014.

8. En 2017 los partidos políticos suscribieron un Pacto de Estado contra la violencia de género que prevé incorporar a todas las mujeres víctimas de violencias machistas que recoge el Convenio de Estambul, además de ir acompañado de un presupuesto de 1.000 millones de euros para implementar medidas a favor de las víctimas de violencia de género en un plazo de cinco años.

9. Entre las medidas de protección de se encuentra el alejamiento y la orden de protección (art. 57 del Código penal, arts. 544 bis y ter de la Ley de Enjuiciamiento Criminal).

1.1   Sexo y género

Para comenzar, debemos distinguir sexo de género. El primero hace alusión a unas características biológicas y el segundo a una construcción social.[10]

Cuando nacemos, en función de cuáles sean nuestras características biológicas, nos atribuyen, de manera automática, un género masculino o femenino, convirtiéndose éste, inmediatamente, en un aspecto legal y social.

Esta asignación realizada al nacer puede, sin embargo, no coincidir con la posterior experiencia de género vivida por la persona, sin que la misma ni sus íntimos sentimientos al respecto puedan siempre encajar en las dos rígidas categorías binarias tradicionalmente utilizadas: hombre y mujer. Y ello porque podemos encontrar realidades muy diversas, como la transexualidad, personas que se identifican de forma diferente a los géneros binarios o, incluso, quienes asumen un género fluido. Es evidente que, hoy por hoy, el binarismo de género es un artificio puramente social que no satisface los múltiples "yo" que existen en una sociedad plural y heterogénea como la nuestra. En otras palabras, en la actualidad, nacer no basta.

Lo apuntado tiene no sólo consecuencias sociales (temor de la persona a expresar libremente su verdadera identidad y expresión de género, con la consiguiente limitación de derechos y libertades, discriminación y violencia por causa de odio) sino también jurídicas, resultando las acciones políticas y legislativas de igualdad dirigidas a proteger y promover los derechos fundamentales de suma importancia.

Desde la óptica de los derechos humanos, el género, en una sociedad abierta e inclusiva, tendría que ser completamente irrelevante. Hacia dicho objetivo parecen dirigirse, sin lugar a dudas, las normas, las cuales han de acompañarse de una necesaria concienciación social y fomento de una cultura del respeto que las haga realmente efectivas.

A la vista de ello, el caso de la persona trans o con disforia de género puede generar algunas dudas.

Nos planteamos el caso de personas que se han sometido a una intervención quirúrgica para cambiarse el sexo, ya sea agresor de sexo femenino de nacimiento o víctima que nació siendo varón, pero que en el momento de la agresión ya hayan cambiado su sexo, de conformidad con la Ley 3/2007, de 15 de marzo, reguladora de la rectificación registral de la mención relativa al sexo de las personas.

Al respecto, debemos distinguir si consta la modificación del sexo en el Registro civil o no. En la primera de las hipótesis habrá que estar al sexo inscrito, de modo que si agresor nació mujer y cambió al sexo varón, o al revés en el caso de la víctima, sería un delito de violencia de género, no siéndolo en caso de agresor nacido hombre que cambia de sexo.[11] En la segunda, habría de tenerse en cuenta si la persona ya ha terminado el preceptivo tratamiento médico de al menos dos años para acomodar sus características físicas a las correspondientes al sexo sentido (no siendo, por tanto, necesaria la cirugía de

---

10.   Según el art. 3.c) del Convenio de Estambul, *"por género se entenderán los papeles comportamientos, actividades y atribuciones socialmente construidos que una sociedad concreta considera propios de mujeres o de hombres"*.

11.   En España existió un caso en 2017. Puede consultarse la noticia en [https://elpais.com/politica/2017/05/23/diario_de_espana/1495562280_725882.html].

reasignación sexual) pero no ha iniciado los trámites en el Registro, en cuyo caso parece que tal vez la solución debiera ser la misma que cuando el nuevo sexo se ha inscrito, o, en cambio, aún no ha terminado el tratamiento, pudiendo presentar simultáneamente características de un sexo y del otro, lo que, a nuestro modesto entender, tendría encaje en el tipo de violencia doméstica.

1.2   La Ley de Violencia de Género, ¿discrimina a los hombres?

La ley de violencia de género es una norma específica que pretende proteger a la mujer de la violencia ejercida contra ella por el mero hecho de ser mujer. Pero, ¿pueden las mujeres ser sujetos activos de violencia de género?

Si la violencia afecta tanto a las mujeres como a los hombres, se discute si habría que derogar la Ley de violencia de género y sustituirla por una de violencia intrafamiliar en la que también se incluya la violencia contra la mujer. O, por el contrario, ¿es necesario visibilizar dicha violencia, diferenciándola de la que se ejerce contra otras personas? ¿Equiparar la violencia de género a la doméstica implica la vuelta de la mujer al patriarcado? Es cierto que para atrás ni para tomar impulso, pero, ¿acaso no se están produciendo detenciones innecesarias para "curarse en salud" los profesionales involucrados en estos supuestos? La presunción de inocencia, ¿es la misma para hombres que para mujeres? ¿y el art. 14 de la Constitución? ¿es posible establecer una mayor penalización con fundamento en el sexo?[12]

La violencia de género presenta, en la práctica, algunas aristas, como la relativa a la interposición de una denuncia de violencia de género como estrategia judicial en los supuestos de ruptura conflictiva de una pareja con hijos para impedir la guarda y custodia compartida de los menores. Y ello porque el art. 92 del Código civil, en su apartado 7º, dispone:

> No procederá la guarda conjunta cuando cualquiera de los padres esté incurso en un proceso penal iniciado por atentar contra la vida, la integridad física, la libertad, la integridad moral o la libertad e indemnidad sexual del otro cónyuge o de los hijos que convivan con ambos. Tampoco procederá cuando el Juez advierta, de las alegaciones de las partes y las pruebas practicadas, la existencia de indicios fundados de violencia doméstica.[13]

Además, el art. 94 del Código civil y los arts. 65 y 66 de la Ley de Violencia de Género permiten al juez restringir o suspender el ejercicio de la patria potestad o el derecho de visita, estancia, relación o comunicación del inculpado por violencia de género respecto de los menores que dependen de él.[14]

---

12.   El Tribunal Constitucional, en su STC 59/2008, de 14 de mayo, se pronunció acerca de la constitucionalidad de la Ley de Violencia de Género.

13.   Sobre la violencia de género como factor determinante a la hora de conceder o denegar custodias compartidas y regímenes de visitas, vid. AGUEDA RODRÍGUEZ (2018) y PICONTÓ NOVALES (2018).

14.   Para un análisis de la jurisprudencia contradictoria del Tribunal supremo y de las Audiencias provinciales acerca de las medidas judiciales relativas a la suspensión tanto el ejercicio de la patria potestad, de la guarda y custodia, como la suspensión de visitas cuando el inculpado lo fuera por violencia de género, vid. DE LA IGLESIA MONJE (2016).

El art. 2 de la Ley Orgánica 8/2015, de 22 de julio, de modificación del sistema de protección a la infancia y a la adolescencia exige que la vida y desarrollo del menor tenga lugar en un entorno libre de violencia» y que en caso de que no puedan respetarse todos los interés legítimos concurrentes, deberá primar el interés superior del menor sobre cualquier otros interés legítimo que pudiera concurrir». En este sentido, el art. 3 del Convenio de Naciones Unidas sobre los derechos del niño de 1989 establece como primordial la consideración del interés del menor. Todos estamos de acuerdo en ello, pero es, precisamente, el interés superior del niño, niña y adolescente el que impide, mediante presiones y manipulaciones, inculcarle sentimientos negativos hacia el otro progenitor cuando está en juego un modelo de custodia (y detrás de éste, probablemente, intereses económicos). No puede convertirse en un rehén emocional de un progenitor frente al otro. Se le vulneran sus derechos fundamentales, entre ellos, el del libre desarrollo de su personalidad. Y a nadie se le escapa que el daño psíquico es irreparable, especialmente, en ciertas edades.[15]

¿Puede la mera interposición de una denuncia de violencia de género suponer para la denunciante ciertos beneficios sociales o, incluso, procesales en divorcios contenciosos? ¿todo vale como estrategia jurídica?

Reflexionemos acerca de cómo estamos actuando. Tal vez lo que esté fallando no sea la Ley (aunque debiera ser, de verdad, integral y multidisciplinar, evitando centrarse casi exclusivamente en el ámbito punitivo), sino los procedimientos, los protocolos e instituciones, así como la falta de recursos; la progresiva pérdida de valores y, sobre todo, la deficiente educación igualitaria.

1.3 ¿TODA VIOLENCIA SOBRE LA MUJER DEBE SER CONSIDERADA VIOLENCIA DE GÉNERO?

Otra cuestión se ha planteado recientemente a raíz de un suicidio asistido (tipificado en el art. 143 del Código Penal como un homicidio) de una mujer enferma de esclerosis múltiple con ayuda de su marido, dado que en España no contamos con una norma reguladora de la eutanasia. El Juez de Instrucción se ha inhibido en la causa al considerar que se trata de un caso que debe ser enjuiciado como violencia de género basándose para ello en la última jurisprudencia del Tribunal Supremo.[16]

Ello ha planteado si toda violencia sobre la mujer ha de conceptuarse como violencia de género. Para que sea considerada violencia de género han de darse los siguientes requisitos:

a) Que la víctima de la violencia sea mujer.

b) Que el agresor sea un hombre que sea o haya sido su cónyuge o esté o haya estado ligado a la mujer en análoga relación de afectividad aun sin convivencia.

---

15. Vid. VIVAS TESÓN (2016).
16. Puede consultarse la noticia en [https://www.elconfidencial.com/espana/2019-04-11/eutanasia-fiscalia-muerte-mujer-violencia-genero_1937278/].

c) Que la violencia ejercida sea como manifestación de la discriminación, la situación de desigualdad y las relaciones de poder de los hombres sobre las mujeres.

Pues bien, el Tribunal Supremo, en su reciente Sentencia de 20 de diciembre de 2018 (la cual tiene un voto particular),[17] en el caso de una pareja en la que ambos integrantes de la misma se habían agredido mutuamente, entiende que *"los actos de violencia que ejerce el hombre sobre la mujer con ocasión de una relación afectiva de pareja constituyen actos de poder y superioridad frente a ella con independencia de cuál sea la motivación o la intencionalidad"*, de manera que cualquier agresión de un hombre a una mujer en la relación de pareja o expareja es hecho constitutivo de violencia de género.

Es en este pronunciamiento judicial en el cual se basa el Juez de Instrucción para inhibirse, decisión que ha recurrido la Fiscalía, que considera que para juzgarse como un caso de violencia de género debe haber un contexto de discriminación y dominación del varón.

2. ALGUNOS DATOS ESTADÍSTICOS PARA CONTEXTUALIZAR LA PROBLEMÁTICA

Según la Delegación del Gobierno para la Violencia de Género, desde el año 2003 un total de 976 mujeres han sido asesinadas a manos de sus parejas o exparejas. En 2018 murieron un total de 47 mujeres y en lo que llevamos de 2019 ya han muerto 16 (de las cuales 15 no habían presentado denuncia).

Según el informe sobre víctimas mortales de la violencia de género y de la violencia doméstica en el ámbito de la pareja o expareja de 2015 del Consejo General del Poder Judicial, entre 2008 y 2015, 58 hombres fueron asesinados por sus parejas o exparejas, frente a 488 mujeres asesinadas. El informe no especifica el sexo del agresor (salvo en 2015, año en el que murieron 10 hombres a manos de mujeres), de modo que el dato puede incluir tanto a hombres (en el caso de parejas homosexuales) como a mujeres.

Según la estadística de Violencia Doméstica y Violencia de Género del 2017 del Instituto Nacional de Estadística,[18] en dicho año se registraron 29.008 mujeres[19] víctimas de violencia de género (un 2,6% más que en 2016) frente a 6.909 de violencia doméstica (0,7% más que en el año anterior), de las que 4313 (un 62,4%) fueron mujeres y 2596 (un 37,6%) hombres.[20] Asimismo, según este mismo estudio, en 2017 se registraron 4.908 personas denunciadas en asuntos de violencia doméstica, de las que el 73,1% fueron hombres y el 26,9% mujeres.

---

17. [http://www.poderjudicial.es/cgpj/es/Temas/Violencia-domestica-y-de-genero/Legislacion-y-jurisprudencia/Jurisprudencia-espanola/Sentencia-del-Tribunal-Supremo--Sala-de-lo-Penal--Pleno---20-12-2018--rec--1388-2018-].

18. Vid. nota de prensa en [http://www.ine.es/prensa/evdvg_2017.pdf].

19. Por edad, casi la mitad de las víctimas de violencia de género (el 47,8%) tenían entre 30 y 44 años. La edad media de las víctimas fue de 36,6 años, la misma que en 2016. Los mayores aumentos del número de víctimas en 2017 respecto al año anterior se dieron entre las mujeres de menos de 18 años (14,8%) y entre las mujeres de 45 a 49 años (9,2%). Por su parte, el mayor descenso se dio en las mujeres de 60 a 64 años (−5,0%).

20. A diferencia de la violencia de género, la violencia doméstica afectó de manera más uniforme a todas las edades, destacando la incidencia en el grupo de menos de 18 años, con casi una de cada cuatro víctimas (22,6% del total). La edad media de las víctimas fue de 42,1 años.

Según la memoria de 2018 de la Fiscalía General del Estado,[21] entre 2009 y 2017 las condenas por denuncias falsas de violencia de género fueron 96, de las cuales 55 lo han sido por conformidad de la acusada (el 57,21%).

Si bien es preciso destacar que las estadísticas en materia de discapacidad son, a día de hoy, una asignatura pendiente,[22] es reseñable que la Ley Orgánica 5/2018, de 28 de diciembre, de reforma de la Ley Orgánica 6/1985, de 1 de julio, del Poder Judicial, sobre medidas urgentes en aplicación del Pacto de Estado en materia de violencia de género[23] haya previsto que la información estadística sobre víctimas de violencia de género incluya la variable de discapacidad, tanto en las mujeres como en los menores de edad que sufren este tipo de violencia. De esta manera, la información estadística obtenida sobre delitos de violencia machista deberá poder desagregarse con un indicador de discapacidad de las víctimas, estableciéndose un registro de los menores víctimas de violencia de género con discapacidad.

3. LA DISCRIMINACIÓN DE LA MUJER Y LA VIOLENCIA DE GÉNERO

3.1 Un sistema patriarcal asimétrico

En nuestra sociedad (y no es, ni mucho menos, la única) existía (y sigue existiendo) un problema: la secular desigualdad entre hombres y mujeres. Históricamente se ha asumido la desigualdad en las relaciones de poder entre hombres y mujeres, lo que se ha traducido en la dominación de los primeros y la correlativa subordinación de las segundas. Tan es así que, en el plano civil, el marido representaba legalmente a su esposa, no siendo hasta la Ley 14/1975, de 2 de mayo, cuando se suprimió la licencia marital.[24]

Es la sistemática discriminación que se manifiesta en concretas desigualdades de trato o de oportunidades por causa de concepciones ideológicas patriarcales la que conduce a considerar, de manera transversal, la violencia de género.[25] De este modo, para lograr la igualdad efectiva,[26] es preciso legislar y juzgar con perspectiva de género y a

---

21. Puede consultarse en [https://www.fiscal.es/fiscal/PA_WebApp_SGNTJ_NFIS/descarga/MEMFIS18.PDF?idFile=f9e5ea88-f1f6-4d21-9c24-d2ffd93eabc3].
22. Consciente de ello y para materializar el mandato del art. 31 de la Convención, el cual obliga a los Estados parte a la recopilación de datos y estadísticas sobre discapacidad, que les permita formular y aplicar políticas públicas en este dominio, el Instituto Nacional de Estadística llevará a cabo cinco grandes operaciones estadísticas sobre distintos aspectos de la realidad social de la discapacidad en España a lo largo del año 2019, según el Plan Estadístico Nacional 2017-2020 para dicho ejercicio, aprobado por el Real Decreto 1518/2018, de 28 de diciembre (publicado en el BOE núm. 314, de 29 de diciembre).
23. BOE núm. 314, de 29 de diciembre.
24. Para un mayor estudio de la desigualdad entre hombre y mujer en el seno del matrimonio, vid. VIVAS TESÓN (1999).
25. Según la Resolución del Parlamento europeo sobre una campaña europea sobre tolerancia cero ante la violencia contra las mujeres de 1997, *"E. Considerando que la violencia contra las mujeres está sin duda alguna vinculada al desequilibrio en las relaciones de poder entre los sexos en los ámbitos social, económico, religioso y político, pese a las legislaciones nacionales e internacionales en favor de la igualdad"*. Como señala Ventura Franch (2016, p. 185) "para comprender y conceptualizar la violencia contra las mujeres es necesario acudir al concepto de patriarcado, en cuya estructura reside el origen de esta violencia", quien añade en la p. 195, "el análisis y la relación entre los conceptos de violencia, género y patriarcado han permitido la identificación de los sujetos activos y pasivos de la violencia contra las mujeres".
26. En España también contamos con la Ley Orgánica 3/2007, de 22 de marzo, para la Igualdad efectiva de Mujeres y Hombres.

ello nos obligan los Tratados Internacionales ratificados por España[27] y también nuestra Constitución de 1978.

La Ley de Violencia de Género fue, sin lugar a dudas, un hito histórico. Consiguió dar visibilidad a un grave problema social: la vulneración de los derechos humanos de las mujeres de muy diversas maneras.[28] La violencia de género abarca a todas las violencias de las que se vale el patriarcado para mantener la posición de poder (VENTURA FRANCH, 2016, p. 197).

Por ello, según creemos, no se trata de quién es el sujeto activo de la violencia de género, si el hombre, la mujer o cualquiera de los dos. En estos momentos y por razones ya apuntadas, el sujeto activo es el hombre dominador. En el caso de que se invirtieran las tornas (que no se pretende, sino una sociedad igualitaria y simétrica), ante un contexto completamente diferente al actual, habría necesariamente que revisar el concepto de violencia de género.

Sin embargo, junto a la Ley necesitamos una educación en igualdad y en respeto a la diversidad orientado a eliminar los tradicionales roles estereotipados basados en valores patriarcales y en sus violencias intrínsecas.

3.2 La mujer con discapacidad como sujeto pasivo doblemente vulnerable

Un importante sector del colectivo de las personas con discapacidad es el de las mujeres, las cuales presentan una problemática específica repleta de restricciones y limitaciones.[29]

En relación al problema de la violencia de género, se ha constatado que la confluencia de factores como el género y la discapacidad convierte a las mujeres con diversidad funcional en un grupo con grave riesgo de sufrir algún tipo de maltrato.

El Dictamen exploratorio titulado *"La situación de las mujeres con discapacidad (SOC/579)"*, a solicitud del Parlamento europeo y aprobado en julio de 2018 por el pleno del Comité Económico y Social Europeo,[30] comienza afirmando que las mujeres y las niñas con discapacidad, el 16% de la población femenina total de Europa, siguen sufriendo una discriminación múltiple e interseccional basada en su género y su discapacidad y, más adelante, recomienda que los Estados miembros de la Unión europea deben combatir la

---

27. España ratificó en 1984 la Convención ONU sobre la Eliminación de todas las Formas de Discriminación contra la Mujer de 1979 (conocida con las siglas CETFDCM o CEDAW) y en 2014 el Convenio de Estambul.

28. Según el art. 2 de la Declaración de la Asamblea General de Naciones Unidas sobre la eliminación de la violencia contra la mujer, *"se entenderá que la violencia contra la mujer abarca los siguientes actos, aunque sin limitarse a ellos:*
    a) La violencia física, sexual y sicológica que se produzca en la familia, incluidos los malos tratos, el abuso sexual de las niñas en el hogar, la violencia relacionada con la dote, la violación por el marido, la mutilación genital femenina y otras prácticas tradicionales nocivas para la mujer, los actos de violencia perpetrados por otros miembros de la familia y la violencia relacionada con la explotación;
    b) La violencia física, sexual y sicológica perpetrada dentro de la comunidad en general, inclusive la violación, el abuso sexual, el acoso y la intimidación sexuales en el trabajo, en instituciones educacionales y en otros lugares, la trata de mujeres y la prostitución forzada;
    c) La violencia física, sexual y sicológica perpetrada o tolerada por el Estado, dondequiera que ocurra".

29. Para un detenido estudio, vid., VIVAS TESÓN (2019, p. 403-437).

30. Puede consultarse en [https://webapi.eesc.europa.eu/documentsanonymous/eesc-2018-01639-00-00-ac-tra-es.docx].

violencia contra las mujeres y las niñas con discapacidad adoptando, entre otras, medidas, la tipificación como delito de la violencia sexual y otros tipos de violencia contra las mujeres y las niñas con discapacidad, incluido el fin de la esterilización forzada.

Al respecto, según datos del Consejo General del Poder Judicial (2010-2016), cada año se autorizan judicialmente en España un centenar de esterilizaciones[31] a niñas, adolescentes y mujeres adultas con diversidad funcional intelectual o psicosocial[32] y capacidad modificada,[33] consideradas socialmente "no aptas" para ser madres, bajo el pretexto claramente paternalista de su bienestar y salvaguarda de sus intereses, en definitiva, para que, supuestamente, vivan una vida mejor.[34]

La iniciativa, a veces, parte de los padres, tutores o guardadores de la mujer obedeciendo a razones de comodidad o egoísmo (en algunos casos, justificadas por el abandono a su suerte por parte de la sociedad en general), pero, en otras ocasiones las esterilizaciones forzosas por razón de discapacidad se llevan a cabo porque desde el entorno socio-sanitario (por ejemplo, para acceder a un determinado centro o institución) se aconseja a la familia adoptar dicha medida.

La esterilización coactiva suele llevarse a cabo en la primera menstruación de la adolescente para detener el ciclo y, así, facilitar el cuidado personal, cuando alcanza la mayoría de edad y empieza a relacionarse con otras personas, o bien tras el nacimiento de su primer hijo o hija.

Aunque la Convención internacional de Naciones Unidas de los derechos de las personas con discapacidad (Nueva York, 2006) asegura que todas las personas con discapacidad son sujetos activos y titulares de derechos y, por tanto, tienen el derecho a participar en todos los ámbitos de la sociedad en igualdad de trato y condiciones con sus iguales sin discapacidad, a las niñas y mujeres con diversidad funcional se deniegan sus derechos humanos a través de diferentes prácticas,[35] como cuando se las excluye sistemáticamente de los sistemas de atención a la salud sexual y reproductiva por con-

---

31. Interesante resulta la STS (Sala 2ª), de 1 de febrero de 2002, que absolvió de un delito de lesiones a los facultativos que esterilizaron a una joven que padecía Síndrome de Down, sin haber obtenido la preceptiva autorización judicial.
32. La cifra anual es estimada, puesto que en esta materia no existe transparencia estadística.

    Según CERMI, en España se resolvieron judicialmente 140 casos de esterilización forzosa en 2016, sin que sea posible conocer la resolución final de cada procedimiento y sin que se pueda saber la incidencia en mujeres y hombres. A este respecto, ha de señalarse que la esterilización forzosa tiene un indiscutible sesgo de género, pues es muy inferior en el caso de los hombres con diversidad funcional, por ello que nos centremos en las mujeres.
33. Durante muchos años en España se ha acudido al procedimiento de incapacitación judicial (hoy, de modificación de la capacidad) con el único objetivo de esterilizar una niña, adolescente o mujer adulta con diversidad funcional para eliminar el riesgo de embarazo.
34. Ha de tenerse en cuenta que existe también un número indeterminado de mujeres con discapacidad que son esterilizadas sin sentencia judicial, puesto que, con carácter previo, han prestado, por escrito (conforme a lo dispuesto por el art. 8.2 de la Ley 41/2002, de 14 de noviembre, básica reguladora de la autonomía del paciente y de derechos y obligaciones en materia de información y documentación clínica) su consentimiento por el cual se supone que entienden y aceptan el motivo de la intervención quirúrgica. Es evidente que si el consentimiento no es informado, dicha práctica "voluntaria" resulta, igualmente, inadmisible.
35. Según el art. 6 de la Convención ONU de los derechos de las personas con discapacidad, "1. Los Estados Partes reconocen que las mujeres y niñas con discapacidad están sujetas a múltiples formas de discriminación y, a ese respecto, adoptarán medidas para asegurar que puedan disfrutar plenamente y en igualdad de condiciones de todos los derechos humanos y libertades fundamentales. 2. Los Estados Partes tomarán todas las medidas pertinentes para asegurar el pleno desarrollo, adelanto y potenciación de la mujer, con el propósito de garantizarle el ejercicio y goce de los derechos humanos y las libertades fundamentales establecidos en la presente Convención".

siderarlas asexuales, cuando se les restringe la elección de métodos anticonceptivos voluntarios, la supresión menstrual, una deficiente atención durante el embarazo y en el parto, abortos coercitivos y la imposibilidad de ser madre.

El art. 39, letra b) del Convenio de Estambul tipifica como delito cuando se cometa de modo intencionado *"el hecho de practicar una intervención quirúrgica que tenga por objeto o por resultado poner fin a la capacidad de una mujer de reproducirse de modo natural sin su consentimiento previo e informado o sin su entendimiento del procedimiento"*.

Además, otro instrumento internacional clave, la Convención de Nueva York, si bien no hace expresa alusión a la esterilización forzosa, sí impone el pleno respeto de los derechos de las mujeres con diversidad funcional, entre ellos, el derecho al igual reconocimiento de la persona ante la ley y a la capacidad jurídica (art. 12), a la integridad personal (art. 17), los derechos reproductivos (art. 23) y el derecho a gozar del más alto nivel posible de salud (art. 25), lo que determina, sin duda alguna, un nuevo horizonte para la maternidad de la mujer diversamente capaz.

Conforme a dicho enfoque de derechos humanos, la esterilización forzosa ha sido uno de los puntos de incumplimiento de la Convención que el Comité sobre los derechos de las personas con discapacidad señaló al Estado español en sus observaciones finales al informe presentado por España, instándose a que suprimiera la esterilización sin el consentimiento, pleno y otorgado con conocimiento de causa del paciente.[36]

Pese a ello, en el Ordenamiento jurídico español sigue contemplándose la esterilización forzosa, en concreto, en nuestro Código penal, en el que debería introducirse la absoluta prohibición de su práctica. Lo curioso es que dicho Cuerpo legal se ha reformado recientemente, en concreto, en el año 2015,[37] pero, en mi opinión, al legislador le ha faltado la suficiente valentía para acabar, de manera definitiva, con esta flagrante mutilación de derechos que contraviene, sin lugar a dudas, la Convención ONU.

El nuevo art. 156 CP, en relación al delito de lesiones, dispone que

[...] no obstante lo dispuesto en el artículo anterior, el consentimiento válida, libre, consciente y expresamente emitido exime de responsabilidad penal en los supuestos de trasplante de órganos efectuado con arreglo a lo dispuesto en la ley, esterilizaciones y cirugía transexual realizadas por facultativo, salvo que el consentimiento se haya obtenido viciadamente, o mediante precio o recompensa, o el otorgante sea menor de edad o carezca absolutamente de aptitud para prestarlo, en cuyo caso no será válido el prestado por éstos ni por sus representantes legales.

[...]

No será punible la esterilización acordada por órgano judicial en el caso de personas que de forma permanente no puedan prestar en modo alguno el consentimiento al que se refiere el párrafo anterior, siempre que se trate de supuestos excepcionales en los que se produzca grave conflicto de bienes

---

36. Comité sobre los Derechos de las Personas con Discapacidad: Observaciones finales sobre el informe inicial de España, 19 de octubre de 2011 (CRPD/C/ESP/CO/1), párrafos 37 y 38, en las que el Comité instaba a España a que suprimiera la administración de tratamientos médicos, en particular la esterilización, sin el consentimiento, pleno y otorgado con conocimiento de causa, del paciente, y a que velara por que la legislación nacional respete especialmente los derechos reconocidos a las mujeres en los arts. 23 y 25 de la Convención ONU.

37. Ley Orgánica 1/2015, de 30 de marzo, por la que se modifica la Ley Orgánica 10/1995, de 23 de noviembre, del Código Penal.

jurídicos protegidos, a fin de salvaguardar el mayor interés del afectado, todo ello con arreglo a lo establecido en la legislación civil.[38]

Como puede comprobarse, la esterilización involuntaria no es punible cuando se trate de una persona que no pueda prestar, *"de forma permanente"*, su consentimiento y *"se produzca un grave conflicto de bienes jurídicos protegidos"*, lo que, además de generar numerosas dudas interpretativas para los órganos judiciales por la indeterminación o vaguedad de tales expresiones (¿qué ha de entenderse por *"permanente"*?, ¿cuándo hay *"grave conflicto de bienes jurídicos protegidos"*?, ¿se aprecia dicho conflicto, en idénticas circunstancias de imposibilidad de prestar consentimiento, cuando lo protagoniza una mujer con discapacidad psíquica que cuando se trata de un hombre, quien no padecerá las consecuencias de un embarazo, una gestación ni un parto? ¿en qué casos el Juez ha de entender justificada y no punible la esterilización coactiva a efectos de autorizarla?),[39] a mi entender, no va de acuerdo ni con los principios ni con el espíritu ni con el cambio de paradigma que implica el Tratado de Nueva York.

Podría decirse que son tres los argumentos que suelen esgrimirse para justificar la esterilización forzosa de la mujer (con frecuencia, muy joven) diversamente capaz.

El primero, la incapacidad de las mujeres con discapacidad para ser madres. Es cierto que la maternidad es una elección responsable y ello obliga tanto al padre como a la madre a tener en cuenta las consecuencias de aquélla (arts. 39.3 de la Constitución española y art. 154 del Código civil), pero partir de que las mujeres con discapacidad no son capaces de ser madres y las mujeres sin ella sí no es un más que un prejuicio, una negativa percepción social fundada en ideas puramente subjetivas. ¿Acaso todas las mujeres sin discapacidad son, sin excepción, madres exitosas? Además, ¿acudimos a la esterilización forzosa invasiva de una mujer con discapacidad psíquica porque no somos capaces de proporcionar educación sexual y reproductiva, de trabajar con ella la afectividad, de explicarle cuáles son las responsabilidades que derivan de la maternidad?

---

38. En su redacción anterior, el art. 156.2º del CP de 1995 disponía: *"sin embargo, no será punible la esterilización de persona incapacitada que adolezca de grave deficiencia psíquica cuando aquélla, tomándose como criterio rector el de mayor interés del incapaz, haya sido autorizada por el juez, bien en el mismo procedimiento de incapacitación, bien en un expediente de jurisdicción voluntaria, tramitado con posterioridad al mismo, a petición del representante legal del incapaz, oído el dictamen de dos especialistas, el Ministerio Fiscal y previa exploración del incapaz"*. Por tanto, pese a la ubicación de la norma, la esterilización compete al Juez civil, no al penal. Al respecto, la Disposición Adicional 1ª de la Ley Orgánica 1/2015, de 30 de marzo, por la que se modifica la Ley Orgánica 10/1995, de 23 de noviembre, del Código Penal establece: *"La esterilización a que se refiere el párrafo segundo del artículo 156 del Código Penal deberá ser autorizada por un juez en el procedimiento de modificación de la capacidad o en un procedimiento contradictorio posterior, a instancias del representante legal de la persona sobre cuya esterilización se resuelve, oído el dictamen de dos especialistas y el Ministerio Fiscal, y previo examen por el juez de la persona afectada que carezca de capacidad para prestar su consentimiento"*. Contra su antecedente legal, el art. 428 del CP de 1989, se planteó cuestión de constitucionalidad alegándose contradicción de la norma legal con el art. 15 de la Constitución Española. El Tribunal Constitucional, en su Sentencia 215/1994, de 14 de Julio (BOE de 18 de agosto), resolvió el recurso planteado declarando que la esterilización de las personas con discapacidad intelectual prevista en el CP no era contraria a la Constitución. Para conocer la evolución de la esterilización forzosa en el CP, vid. BELTRÁN AGUIRRE (2014).

39. En esta línea Beltrán Aguirre: "La esterilización de discapacitadas psíquicas en el proyecto de reforma del Código Penal", cit., considera que "la expresión grave conflicto de bienes jurídicos protegidos encierra un concepto jurídico indeterminado, que ha de determinarse en cada caso. Creo que hubiera sido positivo que la ley objetivara de una forma más precisa las razones justificativas de la esterilización, pero no ha sido el caso".

Se llama, además, la atención sobre el costo social que el Estado (esto es, todos los ciudadanos), en cumplimiento de lo dispuesto por el art. 39 de la Constitución Española, ha de afrontar para proporcionar atención (casa, educación, servicios sanitarios, etc.) al hijo, bien porque no pueda ser debidamente cuidado por su madre con diversidad funcional, bien porque aquél nazca con "taras" o deficiencias genéticas. Sorprende cómo, de este modo, el respeto a los derechos humanos se vincula directamente a los potenciales gastos que su garantía podría comportar, argumento que se aduce sólo cuando interesa, porque nada importa el alto coste que las familias, en soledad, deben afrontar para atender a sus hijos con discapacidad a causa de la deficiente accesibilidad de servicios públicos y la falta de recursos sociales y, en definitiva, de comprensión solidaridad de la sociedad en general. Por otra parte, cuando sus hijas crezcan, ¿los padres han de pensar en el alto coste social que podrían provocar en caso de ser madres incapaces de ejercer las funciones de maternidad y, por ello, deben incapacitarlas judicialmente con el fin de esterilizarlas sin su consentimiento previo e informado? Y, por último, el art. 2 del Convenio de Oviedo[40] establece que *"el interés y el bienestar del ser humano deberán prevalecer sobre el interés exclusivo de la sociedad o la ciencia"*. La esterilización, ¿no es la vía más fácil y económica y, si se nos permite, cobarde? Esta práctica degradante de la mujer no puede jamás encontrar justificación en el ahorro de gastos a la familia y a la sociedad.

Se aduce también que la esterilización obligatoria se hace por el bien de la mujer con discapacidad, a quien, mediante aquélla, se evitan los problemas derivados de la menstruación así como eventuales abusos, lo que encontraría fundamento legal en el art. 6.1 del citado Convenio de Oviedo, a cuyo tenor, *"...sólo podrá efectuarse una intervención a una persona que no tenga capacidad para expresar su consentimiento cuando redunde en su beneficio directo"*. Sin embargo, es justo al revés, la esterilización forzosa puede aumentar la vulnerabilidad de la niña, adolescente o mujer joven con discapacidad ante abusos sexuales, además de que evitándole el riesgo de un embarazo no se evita que sufra un abuso, violación o le sean transmitidas enfermedades venéreas. Es más, el embarazo, a veces, permite, precisamente, detectar un abuso sexual. Por otra parte, la esterilización obligatoria puede provocar una aparición temprana de la menopausia, osteoporosis y enfermedades cardiovasculares si se lleva a cabo antes de que la niña haya tenido la menstruación o durante la pubertad.[41]

Como comprobará el lector, los argumentos que suelen invocarse para avalar la esterilización forzosa son infundados, respondiendo, claramente, a estereotipos sociales que estigmatizan a las mujeres con diversidad funcional. La esfera sexual es privada y personal y la esterilización de una mujer con discapacidad es una decisión drástica e irreversible. La privación no consentida del derecho a la procreación y de la autonomía

---

40. Convenio para la protección de los Derechos Humanos y la dignidad del ser humano con respecto a las aplicaciones de la Biología y la Medicina. Convenio relativo a los Derechos Humanos y la Biomedicina (Aprobado por el Comité de Ministros el 19 de noviembre de 1996).

41. Informe "Poner fin a la esterilización forzosa de las mujeres y niñas con discapacidad", de la Fundación CERMI Mujeres y el Foro Europeo de la Discapacidad (EDF), aprobado en la Asamblea General del EDF celebrada en Madrid (España) en mayo de 2017, p. 7 [https://www.cermi.es/sites/default/files/docs/novedades/INFORME%20 ESTERILIZACI%C3%93N_0.pdf].

reproductiva es, sin duda, un acto de violencia[42] irreparable que atenta contra la dignidad de la niña, adolescente o mujer adulta con discapacidad.

En este sentido, la Observación General nº 1 del Comité de los Derechos de las Personas con Discapacidad[43] afirma que

> las mujeres con discapacidad presentan tasas elevadas de esterilización forzada, y con frecuencia se ven privadas del control de su salud reproductiva y de la adopción de decisiones al respecto, al darse por sentado que no son capaces de otorgar su consentimiento para las relaciones sexuales. Ciertas jurisdicciones tienen también tasas más altas de imposición de sustitutos en la adopción de decisiones para las mujeres que para los hombres. Por ello, es especialmente importante reafirmar que la capacidad jurídica de las mujeres con discapacidad debe ser reconocida en igualdad de condiciones con las demás personas.

A la vista de ello, el ya citado Dictamen exploratorio *"La situación de las mujeres con discapacidad (SOC/579)"* recomienda que la UE y los Estados miembros adopten todas las medidas necesarias para garantizar que todas las mujeres con discapacidad puedan ejercer su capacidad jurídica tomando sus propias decisiones con respecto al tratamiento médico o terapéutico, con apoyo cuando así lo deseen, entre otras cosas tomando sus propias decisiones sobre la conservación de la fertilidad y la autonomía reproductiva, ejerciendo su derecho a elegir el número de hijos y el intervalo entre ellos y las cuestiones relacionadas con su sexualidad, y ejerciendo su derecho a entablar relaciones. Esto debe suceder sin coacción, discriminación ni violencia. La esterilización y el aborto forzados son una forma de violencia contra las mujeres y debe tipificarse como delito, con arreglo a lo previsto en el art. 39 del Convenio del Consejo de Europa sobre prevención y lucha contra la violencia contra las mujeres y la violencia doméstica.

De este modo, el supuesto legal de esterilización forzosa que el legislador de 2015 ha decidido inexplicablemente mantener en el art. 156, pfo. 2º del Código penal no es, ni mucho menos, una medida de protección y bienestar de la niña, adolescente o mujer adulta con discapacidad, sino una privación de derechos humanos que, además, incrementa su vulnerabilidad. La práctica de la esterilización forzosa se enmarca, sin lugar a dudas, en un modelo paternalista y no de derechos humanos, único posible y en el cual el consentimiento libre, previo e informado de la persona titular de los mismos es esencial.

Así las cosas, ahora que la Sección Penal de la Comisión General de Codificación está afrontando la reforma de los delitos contra la libertad y la indemnidad sexuales podría ser el momento idóneo para que el Código penal criminalizara las esterilizaciones no consentidas por razón de discapacidad y erradicara, definitivamente, esta forma de violencia contra la mujer.

---

42. UN Committee on the Elimination of Discrimination Against Women (CEDAW Committee) (1992), Recomendación general n. 19, art. 16 (y art. 5), para. 22, [http://archive.ipu.org/splz-e/cuenca10/cedaw_19.pdf].
43. Observación General n. 1 (2014) del Comité sobre los Derechos de las Personas con Discapacidad, 11º periodo de sesiones, del 31 de marzo al 11 de abril de 2014 [https://documents-dds-ny.un.org/doc/UNDOC/GEN/G14/031/23/PDF/G1403123.pdf?OpenElement].

4. REFERENCIAS

AGUEDA RODRÍGUEZ, R. *La guarda compartida y el interés superior del menor*: supuestos de exclusión, Sevilla: Hispalex, 2018.

BELTRÁN AGUIRRE, J. L. La esterilización de discapacitadas psíquicas en el proyecto de reforma del Código Penal. *Revista Aranzadi Doctrinal*, [S.l.], n. 9, p. 235-246, 2014, (BIB 2013\2709).

DE LA IGLESIA MONJE, I. Suspensión del régimen de visitas del menor con el progenitor condenado por delito de maltrato, *RCDI*, [S.l.], n. 754, p. 919-934, 2016.

PICONTÓ NOVALES, T. Los derechos de las víctimas de violencia de género: las relaciones de los agresores con sus hijos. *Derechos y Libertades*, Revista del Instituto Bartolomé de las Casas, Madrid, n. 39, p. 121-156, 2018.

VENTURA FRANCH, A. El Convenio de Estambul y los sujetos de la violencia de género. El cuestionamiento de la violencia doméstica como categoría jurídica. *Revista de Derecho Político*, [S.l.], n. 97, p. 179-208, 2016.

VIVAS TESÓN, I. La situación de la mujer en el Derecho Civil en Igualdad y mujer: las normas y su aplicación (1988-1998). *Instituto Andaluz de la Mujer*, Sevilla, v. 3, p. 299-398,1999.

VIVAS TESÓN, I. La absoluta desprotección del menor desde que se produce la ruptura parental hasta su judicialización. *RCDI*, [S.l.], n. 756, p. 1917-1956, 2016.

VIVAS TESÓN, I. El ejercicio de los derechos de la personalidad de la persona con discapacidad. *En*: DE SALAS y MAYOR DEL HOYO (dir.). *Claves para la adaptación del Ordenamiento jurídico privado a la Convención de Naciones Unidas en materia de discapacidad.* Tirant lo Blanch, Valencia, 2019, ISBN 978-84-1313-364-5. p. 403-437.

DESIGUALDADE DE GÊNERO NOS CUIDADOS DE FIM DE VIDA

Luciana Dadalto

Doutora em Ciências da Saúde pela Faculdade de Medicina da UFMG. Mestre em Direito Privado pela PUCMinas. Sócia da Luciana Dadalto Sociedade de Advogados. Administradora do portal www.testamentovital.com.br.

Rafaela Borensztein

Pós-Graduanda em Direito à Saúde pela Faculdade Arnaldo – Supremo Concursos. Pós-Graduada em Direito do Consumidor pela Universidade Cândido Mendes no Rio de Janeiro. Advogada, sócia e fundadora da Rafaela Borensztein Sociedade Individual de Advocacia.

Sumário: 1. Introdução. 2. O cuidado como um dever feminino. 3. Desigualdade de gênero nos cuidados de fim de vida. 4. Repercussões sociais da desigualdade de gênero nos cuidados em fim de vida. 5. Considerações finais. 6. Referências.

1. INTRODUÇÃO

A introdução do caráter relacional do gênero, trazida pela historiadora Joan Wallach Scott (1995), levou a uma revisão dos estudos direcionado às mulheres e apontou para a necessidade de estudos sobre as relações de gênero, uma vez que a história das mulheres não pode ser vista separada da história dos homens. É uma coexistência.

Segundo Pierucci (1990), a certeza de que os seres humanos não são iguais, porque não nascem iguais e como tal não podem ser tratados como iguais, quem primeiro apregoou foi a direita, mais exatamente a ultradireita do final do século XVIII e primeiras décadas do século XIX, como reação ao ideal de igualdade e fraternidade cultuados pela Revolução Francesa. Portanto, a bandeira da defesa das diferenças, hoje empunhada à esquerda pelos "novos" movimentos sociais (das mulheres, dos negros, dos homossexuais etc.), foi na origem – e permanece fundamentalmente – o grande emblema das direitas, velhas ou novas, extremas ou moderadas. Funcionando no registro da evidência, as diferenças explicam as desigualdades de fato e reclamam a desigualdade (legítima) de direito.

Ao longo da história, a discussão da diferença entre homens e mulheres desenvolveu-se principalmente entre duas perspectivas. A primeira perspectiva enaltece e aprisiona a figura feminina em modelos construídos de mãe, filha e esposa, ainda que ideologicamente valorizados. Por sua vez, o outro cenário enfatiza que as divergências sexuais provêm da socialização e da cultura. E, sob esta visão, a superação da ordem e das leis patriarcais eliminaria as diferenças sexuais.

O gênero, como elemento constitutivo das relações sociais entre homens e mulheres, é uma construção social e histórica. É construído e alimentado com base em símbolos, normas e instituições que definem modelos de masculinidade e feminilidade e padrões de comportamento aceitáveis ou não para homens e mulheres. O gênero delimita campos de atuação para cada sexo, dá suporte à elaboração de leis e suas formas de aplicação. Também está incluída no gênero a subjetividade de cada sujeito, sendo única sua forma de reagir ao que lhe é oferecido em sociedade. O gênero é uma construção social sobreposta a um corpo sexuado. É uma forma primeira de significação de poder (SCOTT, 1989).

A desconstrução da oposição binária igualdade/diferença também é defendida por Scott (1989). Segundo a historiadora, a própria antítese *igualdade versus diferença* oculta a interdependência dos dois termos, uma vez que a igualdade não é a eliminação da diferença e a diferença não impede a igualdade. Desconstruída essa antítese, diz Scott (1989), será possível não só dizer que os seres humanos nascem iguais, mas diferentes, como também sustentar que a igualdade reside na diferença. Para a autora, o uso do discurso da diferença macho-fêmea envolve uma outra cilada: oculta as diferenças entre homens e mulheres no comportamento, no caráter, no desejo, na subjetividade, na sexualidade, na identificação de gênero e na experiência histórica. Há uma enorme diversidade de identidades de mulheres e homens, que supera essa classificação masculino/feminino; a categoria macho/fêmea suprime as diferenças dentro de cada categoria. A única alternativa é, pois, recusar a oposição igualdade/diferença e insistir continuamente nas diferenças como a condição das identidades individuais e coletivas, como o verdadeiro sentido da própria identidade (ARAÚJO, 2005), inclusive nas questões relacionadas ao fim de vida.

A morte é um fenômeno que está sujeito a múltiplas compreensões. A finitude faz parte da existência humana e, historicamente, fez parte desse momento um ambiente familiar, local em que, em geral, o indivíduo se sente mais seguro, confortável e tranquilo. Há algumas décadas morrer em casa era frequente. Quando as mulheres não trabalhavam fora de casa, eram elas que cuidavam dos doentes, dos idosos e, também dos membros da família em fim de vida. Contudo, com a mudança da sociedade, hoje em dia, poucas são as que têm a possibilidade de prestar este tipo de apoio aos seus familiares.

E então esbarramos em dois problemas femininos que se evidenciam nos tempos atuais: a disponibilidade de tempo com dupla ou tripla jornada e a presença da mulher como a responsável pelos cuidados de familiares pacientes em fim de vida.

A construção do papel de cuidar e sua limitação ao âmbito doméstico são identificadas como inerente à esfera privada, como se a sociabilidade humana fosse cindida em esferas colidentes: uma restrita à intimidade e outra, à esfera a pública, identificada, entre outros fatores, como a destinada à participação política. Sob este aspecto Arendt (1989) analisa aspectos históricos do delineamento destas esferas e mostra que a esfera privada, na Grécia antiga, era interpretada como reino para o suprimento das necessidades básicas e, por isto, como o espaço da não liberdade; o espaço pré-político.

Faria e Nobre (1997), na esteira da análise supramencionada de Arendt, afirmam que com a consolidação do capitalismo, cristaliza-se a divisão entre as esferas pública e privada e que esta última é considerada como o lugar próprio das mulheres, do doméstico, da subjetividade, do cuidado; enquanto a esfera pública é considerada como o espaço dos homens, dos iguais, da liberdade, do direito. Prescreve-se, então, às mulheres, a maternidade e os cuidados que dela derivam com relação à preservação da casa e dos filhos bem como a tarefa de guardiã do afeto e da moral da família.

Nesse contexto, tem-se por objetivo compreender as causas e consequências da desigualdade de gênero nos cuidados de fim de vida, a fim de evidenciar a necessidade de uma sociedade mais igualitária no que tange a essa questão.

2. O CUIDADO COMO UM DEVER FEMININO

Para Debert (2014), a questão da dependência substituiu a aposentadoria como o problema principal da velhice contemporânea. Idosos recém-aposentados, com saúde, dinheiro e projetos para uma velhice aprazível, precisam desenvolver estratégias para lidar com a dependência. A questão da dependência e do cuidado impõe-se, de forma incisiva, como consequência do prolongamento da vida humana.

Em contrapartida, aqueles que apresentam doenças agudas que interferem de forma súbita em sua funcionalidade, ainda que potencialmente graves, não são reconhecidos como moribundos. A família opta por levá-los ao hospital, em busca de um tratamento curativo que lhes permita retomar sua trajetória de vida. E a dependência então aí está instalada.

A dependência possui diferentes significados. Em um sentido mais geral, significa um estado em que a pessoa é incapaz de existir de maneira satisfatória sem a ajuda de outra. Em uma visão tradicional, autonomia e dependência são características antagônicas e mutuamente exclusivas, em que, a primeira substitui a segunda em favor do desenvolvimento saudável e maduro e do bem-estar.

Tradicional e legalmente, a família é compreendida como a principal responsável pelo cuidado do paciente enfermo, juntamente com a sociedade, segundo dispõe a Constituição Federal e o Estatuto da Pessoa com Deficiência. Todavia, o cuidador também precisa ser cuidado, pois a sobrecarga pode adoecê-lo haja vista que os cuidados domiciliares pressupõem disponibilidade do familiar cuidador para envolvimento ativo, frequentemente em tempo integral, por anos a fio.

Ciro Floriani (2004) afirma que a de que maior parte dos cuidadores emerge do núcleo familiar e sua atividade cotidiana de cuidados implica significativo ônus à sua vida razão pela qual há necessidade de que medidas de suporte a este cuidador considerem sua proteção como uma meta a ser perseguida.

O cuidador familiar, comumente, é uma mulher. À mulher esposa, filha, nora, avó e tia é relegado o dever de cuidado de forma naturalizada em quase todos os países do mundo (ZAGABRIA, 2001).

Cuidar dos familiares, dos companheiros, em sincronia com as atividades sócio ocupacionais, cumprindo preceitos historicamente criados e interpretados como inerentes à natureza feminina, tornam-se aspectos de uma realidade que tende a se desprender de seus sujeitos e se apresentar como eterna.

O entendimento de que gênero é um conceito histórico, torna-se imprescindível para compreender determinados comportamentos, que são invariavelmente momentâneos. A saúde é compreendida de maneira dispare por homens e mulheres, o que ocasiona grande impacto nas estratégias que utilizam para cuidarem de si mesmos e de terceiros, e no manejo que conduzem suas situações de desordens físicas e psicológicas (DE VITTA, 2006).

Há muitas acepções para a palavra cuidado, que, basicamente, pode ser entendido como um ato relacional. O ato de cuidar representa um movimento em direção a algo ou alguém que é motivo de interesse ou preocupação com o objetivo de aliviar, ajudar, confortar e apoiar aquele que necessita ser cuidado. Verdadeiramente o ato de cuidar é um compromisso.

O ato de cuidar configura-se verdadeira relação interpessoal, que produz impactos tanto sobre o doente quanto sobre quem cuida. Se o cuidado se estende por um período prolongado, pode impactar diversas esferas da vida do cuidador física, econômica e emocionalmente.

Aquele que cuida qualifica-se como *cuidador*, e se propõe agir com responsabilidade, solidariedade e, sobretudo, empatia. É aquele que se ocupa em suprir as necessidades de autocuidado e fornecer atenção ao próximo portador de total ou certo grau de dependência. É quem assume a responsabilidade de cuidar e de dar o devido suporte.

Indubitáveis as conquistas e os progressos do movimento feminista, ocorridos desde a década de 1970, entre outros aspectos, no questionamento desse processo de naturalização e no empenho em trazer à tona a possibilidade e necessidade da igualdade de oportunidades e de participação política, para além do sexo masculino e feminino. Um exemplo deste processo é a garantia direitos políticos, civis e sociais às mulheres e homens postos na Constituição Federal de 1988.

Entretanto, a moralidade histórica e ultrapassada continua a reger as ações dos indivíduos sociais e a estampar a desarmonia entre lei e realidade, principalmente no dever prioritário do gênero feminino no ato de cuidar de família ou terceiros em situação de fim de vida.

O cuidador informal é aquele familiar, geralmente realizado por uma mulher que, pela proximidade com a pessoa dependente, assume a tarefa do cuidado quando ela se apresenta. Esse tipo de cuidado constitui quase a totalidade dos cuidados domiciliares, pois chega a 82% dos serviços prestados em casa (LUXARDO, 2010).

Uma pesquisa realizada entre os anos de 2006 e 2007 mostrou que os cuidadores dos doentes crônicos e em tratamento no Hospital Universitário de Londrina são, em sua maioria (88%), do sexo feminino. A maioria deste percentual (70%) é composta por filhas ou por esposas de pacientes internados neste hospital. E, dentre os cuidados intensivos em um serviço hospitalar de emergência, 90% (nove) eram do sexo feminino, sobrando 10% (um) do sexo masculino (ZAGABRIA, 2001).

Groisman (2015) destaca que, de acordo com precedentes históricos que dizem respeito à divisão sexual de tarefas, o cuidado de parentes enfermos era reconhecido como uma atividade feminina, que cabia às mulheres, sem legitimidade como um autêntico trabalho. Os homens assumiam funções de maior visibilidade e valor social, enquanto as mulheres dedicavam-se à reprodução e às tarefas do lar. Essa divisão de tarefas deriva, em parte, de preconceito difundido pelos higienistas, no século XIX, de que "o cérebro do homem capacitava-o para as profissões intelectuais, enquanto o da mulher só lhe permitia exercer atividades domésticas" (COSTA, 1989, p. 14).

Ainda segundo Groisman (2015), o cuidado desempenhado pelas mulheres era desgastante, gratuito, baseado no senso de dever – um trabalho não reconhecido, movido pela tirania e carga das exigências familiares. O autor reconhece a influência do gênero no mercado e na vida privada, e destaca as implicações morais e éticas do cuidado, uma vez que cuidar demanda responsabilidade e compromisso com o outro.

A leitura de Groisman remete a considerações adicionais que indicam a interdependência entre as pessoas (GLENN, 2000), embora a sociedade ocidental contemporânea exalte a autonomia e a independência, e a segregação entre homens e mulheres como uma saída para resolver a questão dos cuidados, com a incumbência de tarefas domiciliares não remuneradas para as mulheres.

São nítidas no dia a dia declarações em que a figura e o papel da mulher como cuidadora vincula-se a diferentes posições atribuídos a ela na família: esposa ou companheira; filha, mãe, tia, avó. De qualquer região, desde que seja mulher, cuidar do membro da família em situação de fragilidade ou em fim de vida que requer atenção constante, torna-se prioritário sobre os próprios projetos. Ao identificar-se com o ato de cuidar, a mulher, muitas vezes, se distancia da possibilidade de outras escolhas ou oportunidades, ou distancia-se dos próprios projetos. Cuidar do outro transforma por completo o seu cotidiano.

3.   DESIGUALDADE DE GÊNERO NOS CUIDADOS DE FIM DE VIDA

A terminalidade da vida se refere à fase final da vida humana. É quando se esgotam as possibilidades de resgate das condições de saúde do paciente e a possibilidade de morte próxima parece inevitável e previsível. Um paciente é considerado em fim de vida quando sua doença, independentemente das medidas terapêuticas adotadas, evoluirá de forma inexorável para a morte. É justo na fase final da doença, quando não é mais possível controlá-la, que o papel dos cuidadores assume especial relevância (RESENDE, et. al, 2005).

As alterações demográficas, epidemiológicas e sociais ocorridas nas últimas décadas deram origem a um novo perfil de populações, caracterizado pelo aumento da prevalência de doenças crônicas não transmissíveis na vida adulta, pela diminuição de enfermidades agudas em pessoas idosas, pelo aumento do número de muitos idosos e por transformações estruturais nas famílias (DE FREITAS; PY; 2016).

Um estudo realizado com dezenove cuidadores de pacientes terminais, todos do gênero feminino, atendidos no Hospital das Clínicas Samuel Libânio da cidade de Pouso Alegre, em Minas Gerais (GONÇALVES, et. al, 2012) demonstrou que a maior parte dos cuidadores era mulher e estas encaravam a atribuição como natural, considerando-se que esta tarefa está socialmente associada ao papel de mãe.

O exame do tema a partir da bioética da responsabilidade permitiu notar que o senso de humanidade e solidariedade frente ao paciente em fim de vida são a constante adotada por seus cuidadores, assumindo a responsabilidade de cuidar e de dar suporte com o objetivo de melhoria da saúde do outro ou, simplesmente, o alívio de seu sofrimento.

O estudo retrata que a cada entrevista que fora realizada, a observação dos gestos, expressões e lágrimas das cuidadoras resumia a imensa dificuldade de lidar com parentes em fim de vida, mostrando-se fragilizadas e extremamente responsáveis pelo ser cuidado, abrindo mão em prol do outro.

Em um painel com um paciente em fim de vida, é forçoso concluir que a gestão do cuidado permanece como uma atribuição feminina. Assim como no amparo dentro de casa, a divisão de atividades entre os gêneros remete a habilidades específicas e ínsitas: os atributos masculinos são instrumentalidade, razão e objetividade, enquanto os femininos são afeto, subjetividade e empatia. De acordo com tal representação de gênero, baseada na construção dicotômica de uma identidade para cada sexo, os encargos sociais nos cuidados de fim de vida possuem aptidões e dom femininos, pois priorizam a comunicação e a expressão das emoções, em detrimento da tomada rápida de decisões (HEILBORN; MENEZES, 2007).

Menezes e Heilborn (2007) afirmam que não parece coincidência o fato de que, no mundo e no Brasil, os cuidados paliativos como área de atuação da saúde tenham atraído, inicialmente, profissionais do gênero feminino como Cicely Saunders e Elizabeth Kübler-Ross. A divisão de tarefas da equipe multidisciplinar tende à polarização, com médicos homens responsáveis pelas decisões, enquanto enfermeiras, psicólogas, assistentes sociais, terapeutas ocupacionais e mulheres de outras categorias profissionais respondem pelas demais ocupações da assistência (HOMEM; PASTORE; ROSA, 2008). Esse contraste sinaliza que a divisão de tarefas entre os gêneros permanece no cuidado de fim de vida.

O cuidado informal, aquele exercido por um familiar, é generalizado e contínuo. Se em domicílio, o familiar assume tarefas específicas relacionadas ao enfermo, como higiene e alimentação, assim como questões relativas à casa.

O cuidador formal é pessoa contratada pelo idoso ou pelo familiar, com grau variável de competência técnica, para assumir integralmente os afazeres do cuidado ou para auxiliar familiar que não tem disponibilidade para a permanência com o idoso 24h por dia. E, da mesma forma que acontece com o cuidador informal, o formal também possui prevalência do gênero feminino.

4. REPERCUSSÕES SOCIAIS DA DESIGUALDADE DE GÊNERO NOS CUIDADOS EM FIM DE VIDA

Poucos são os estudos brasileiros sobre a desigualdade de gênero nos cuidados em fim de vida e as razões dessa desigualdade ainda não foram objeto de análise científica em nosso país. Assim, a presente sessão se baseará em estudos realizados sob a perspectiva global e regional na Europa e na Oceania para, ao final, apresentar as possíveis repercussões sociais da desigualdade de gênero nos cuidados em fim de vida no Brasil.

Nos cuidados em fim de vida, entre 57% (cinquenta e sete por cento) e 81% (oitenta e um por cento) dos cuidadores ao redor do mundo são do gênero feminino (SHARMA; CHAKRABARTI; GROVER, 2016), com predominância para o cuidado com o marido e, ao contrário da realidade de algumas décadas atrás, essas mulheres cumulam o trabalho fora de casa e o cuidado.

Estudos (MORGAN, et. al, 2016; ERIKSSON; SANDBERG; HELLSTROM, 2013) feitos com mulheres idosas que cuidavam de seus maridos com doenças terminais demonstraram que elas experimentam uma maior carga de trabalho do que os homens cuidadores além de uma maior propensão à depressão, à ideação suicida, à frustração de seus objetivos como pessoa e ao abandono dos demais membros da família.

Isso se dá porque as mulheres cuidadoras acumulam as tarefas domésticas às novas tarefas do cuidado e o fazem por se sentirem socialmente pressionadas e pessoalmente culpadas por não atenderem às expectativas sociais. Interessante notar que essas mulheres não fazem autocrítica, compreendem que esse é seu papel e cabe a elas desempenhá-lo da melhor forma possível, o que aumenta a tensão entre os demais membros da família (SHARMA; CHAKRABARTI; GROVER, 2016).

Os estudos (DIGIACOMMO, et. al, 2013) também apontam que as mulheres cuidadoras tendem a negligenciar os cuidados com sua própria saúde, pois estão focadas no que entendem ser seu dever social: o cuidado com o outro, notadamente quando esse outro é seu marido.

Apesar de não haver estudos tão específicos na população brasileira, não é difícil imaginar que os dados sejam semelhantes, até porque as famílias brasileiras são mais patriarcais do que as famílias nos países europeus.

Sendo assim, deve-se desenvolver políticas públicas no Brasil para cuidado e acolhimento desse cuidador familiar,[1] inclusive, levando em consideração a desigualdade de gênero, à semelhança do que já ocorrem em outros países.

Uma primeira possibilidade é a criação de campanhas educativas que informem a todos os membros familiares que o cuidado com o familiar doente é uma atribuição de todos os membros, que deve ser compartilhada e não delegada, baseada no princípio constitucional da solidariedade familiar. A formação de rede de apoio dentro do sistema de saúde para essas cuidadoras é de suma importância para evitar o adoecimento físico e mental dessas mulheres.

Mas, o que parece efetivo é a mudança cultural, a mudança na preconcepção das gerações futuras de que o cuidado é ato feminino. É preciso criar as novas gerações dentro de um verdadeiro paradigma de igualdade de gêneros a fim de evitar que o fim da vida seja apenas mais um *locus* de desigualdade e se transforme em um *locus* de afeto, carinho e respeito entre todos.

---

1. No dia 21 de maio de 2019 o plenário do Senado Federal aprovou o projeto de lei 11/2016 que regulamenta a profissão de cuidador de idoso. O que se defende nesse artigo é a necessidade de políticas públicas específicas para o cuidador informal.

5. CONSIDERAÇÕES FINAIS

A mulher ainda ocupa, na sociedade, um papel submisso. Quando falamos que as mulheres são vistas como inferiores e como propriedade, objetos de uso ou mercadoria, estamos falando das estruturas do patriarcado, do racismo e do capitalismo que impõem uma realidade de dominação e exploração das mulheres. E isso se reflete em números, estatísticas e muito sofrimento. Onde visualizamos, no cotidiano das mulheres, essas complexidades? Por exemplo, na organização familiar doméstica – a forma como homens e mulheres gastam as horas de seus dias revela essa desigualdade de gênero e a naturalização do papel da mulher como responsável pelo lar.

Percebe-se, por todo o exposto, que historicamente as mulheres despontam como responsáveis pela tarefa de acompanhamento ao final da vida. Às mulheres, de acordo com a norma social válido no Ocidente, cabem os trabalhos domésticos e o cuidado da família. Elas assumem os encargos da morte, ocupam-se da higiene dos doentes, da oferta de medicamentos e das refeições. Enquanto mulheres prestam assistência em domicílio, os homens continuam envolvidos com o trabalho e os próprios compromissos.

O cuidado com paciente em fim de vida, sem dúvida, tem sido relegado ao gênero feminino, em uma extrapolação do que acontece desde os primórdios nos diferentes níveis de cuidado. Todavia, enquanto há a manutenção do dever de cuidado como dever tipicamente feminino, há também uma mudança no papel social da mulher que agora acumula emprego fora de casa com o cuidado com a casa, os filhos, o marido e, eventualmente, com um dos membros da família doente.

Assim, o adoecimento dos cuidadores, amplamente comprovado pela literatura mundial, tem ocorrido de forma desigual entre cuidadores homens e mulheres, devido à diferença de sobrecarga entre os mesmos.

Ocorre que com o aumento da expectativa de vida e a mudança no perfil epidemiológico da população mundial, os cuidadores serão cada vez mais exigidos uma vez que as pessoas têm vivido mais tempo com doenças crônicas e dependente de cuidados. Significa dizer que haverá cada vez mais pacientes necessitados de cuidados e cada vez mais mulheres cuidadoras esgotadas. Enquanto a mudança dessa desigualdade é uma questão cultural, o cuidado com o adoecimento dessas cuidadoras é uma urgência social. Desta feita, urge que os gestores criem políticas públicas no Brasil para cuidar dessas mulheres, sob pena de respaldarmos o adoecimento dos cuidadores e, invariavelmente, assolarmos o sistema de saúde com demandas para as quais não existe preparo e nem mesmo recurso. Em suma, a igualdade de gênero nos cuidados com o paciente em fim de vida é tema de saúde pública e precisa ser tratado como tal.

6. REFERÊNCIAS

ARAÚJO, M. F. Diferença e igualdade nas relações de gênero: revisitando o debate. *Psicol Clín*, Rio de Janeiro, v. 17, n. 2, p. 41-52, 2005.

ARENDT, H. *A condição humana*. Rio de Janeiro: Forense Universitária, 1995.

COSTA, J. F. *Ordem médica e norma familiar*. 3. ed. Rio de Janeiro: Graal, 1989.

DEBERT, G. G. Arenas de conflito em torno do cuidado. *Tempo social*. São Paulo, v. 26, n. 1, p. 35-45, 2014.

DE FREITAS, Elisabete Viana; PY, Ligia. *Tratado de geriatria e gerontologia*. 4. ed. Rio de Janeiro: Guanabara Books, 2016.

DE VITTA, A; NERI, AL; PADOVANI CR. Saúde percebida em homens e mulheres sedentários e ativos, adultos jovens e idosos. *Salusvita*, Campinas, v. 25, n. 1, p. 23-24, 2006.

ERIKSSON, H; SANDBERG, J; HELLSTROM, I. Experiences of long-term home care as an informal caregiver to a spouse: gendered meanings in everyday life for female carers. *Int J Older People Nurs*, [S.l.], v. 8, p. 159-165, 2013.

FLORIANI, Ciro. Cuidador Familiar: sobrecarga e proteção. *Revista Brasileira de Cancerologia*, Rio de Janeiro, v. 50, n. 4, p. 341-345, 2004.

FARIA, N; NOBRE, M. *Gênero e desigualdade*. São Paulo: SOF, 1997.

GLENN, E. N. Creating a caring society. *Contemporary Sociology*, [S.l.], v. 29, n. 1, p. 84-94, 2000.

GONÇALVES, Elisangela Pereira; et. al. Reflexão Bioética sobre a responsabilidade de cuidadores de pacientes terminais. *Rev Bioética (Impr.)*, Brasília, v. 20, n. 3, p. 507-513, 2012.

GROISMAN, D. *O cuidado enquanto trabalho*: envelhecimento, dependência e políticas de bem estar para o Brasil. Rio de Janeiro: Tese (Doutorado em Serviço Social) - Universidade Federal do Rio de Janeiro, Rio de Janeiro, 2015.

HOMEM, Ivana Dolejal; PASTORE, Elenice; ROSA, Luisa Dalla; Relações de gênero e poder entre trabalhadores da área da saúde. *Fazendo Gênero 8 – Corpo, Violência e Poder*. Disponível em: [http://www.fazendogenero.ufsc.br/8/.] Acesso em: 30.05.2019.

LUXARDO, N. *Morir en Casa*: El Cuidado en el Hogar en el Final de la Vida. Buenos Aires: Biblos, 2010. p. 86-100.

MACMILLAN, Karen; HOPKINSON, Jane; PEDEN, Jacquie; HYCHA, Dennie. *Como cuidar nos nossos em fim de vida*. 2. ed., Lisboa. Coisas de Ler, 2016.

MORGAN, T.; ANN WILLIAMS, L.; TRUSSARDI, G.; GOTT, M. Gender and family caregiving at the end-of-life in the context of old age: A systematic review. *Palliative medicine*, [S.l.], v. 30, n. 7, p. 616-624, 2016.

PESSINI L. Lidando com pedidos de eutanásia: a inserção do filtro paliativo. *Rev Bioética (Impr.)*, Bioética, v. 18, n. 3, p. 549-560, 2010.

PIERUCCI, Antônio Flávio. Ciladas da diferença. *Tempo Social*, São Paulo, v. 22, p. 7-33, 2.sem. 1990.

REZENDE VL; DERCHAIN SM; BOTEGA NJ; VIAL DL. Revisão crítica dos instrumentos utilizados para avaliar aspectos emocionais, físicos e sociais do cuidador de pacientes com câncer na fase terminal da doença. *Rev. Bras Cancerol*. Rio de Janeiro, v. 51, n. 1, p. 79-87, 2005.

SCOTT, Joan Wallach. Gênero: uma categoria útil de análise histórica. *Educação & Realidade*, Porto Alegre, v. 20, n. 2, p. 71-99, jul./dez. 1995.

SHARMA, N.; CHAKRABARTI, S.; GROVER, S. Gender differences in caregiving among family-caregivers. *World journal of psychiatry*, [S.l.], v. 6, n. 1, p. 7-17.

ZAGABRIA, D. B. *O cotidiano de cuidadores de idosos dependentes*: o limite entre o cuidado e os maus tratos. Dissertação (Mestrado em Serviço Social) - Pontifícia Universidade Católica de São Paulo, São Paulo, 2001.

ZAGABRIA, D.B.; CARMO, L. H. M.; PEREIRA, M. T. M. A. Revelations on the accompaning process in patients under tretment at a school hospital. *The FIEP Bulletin*, [S.l.], v. 80, p. 41-44, 2010.

DIREITOS E PROTEÇÃO: DIGNIDADE DA MULHER NA ORDEM CONSTITUCIONAL E PENAL

Luiz Edson Fachin

Ministro do Supremo Tribunal Federal. Professor da Faculdade de Direito da UFPR.

Desdêmona Tenório de Brito Toledo Arruda

Especialista em Direito Público. Assessora de Ministro no Supremo Tribunal Federal.

Sumário: 1. A dignidade da mulher na ordem constitucional e penal. 2. Superação do tratamento do crime de estupro como delito de ação privada. 3. Evolução do bem jurídico protegido pelo tipo penal de estupro. 4. Ampliação do sujeito passivo do crime de estupro. 5. A jurisprudência do Supremo Tribunal Federal sobre o tema. 6. Alterações da Lei 13.718/2018. 7. Conclusões possíveis. 8. Referências.

1. A DIGNIDADE DA MULHER NA ORDEM CONSTITUCIONAL E PENAL

A aberração pode tomar a palavra: *"úteros de duas pernas, apenas isso: receptáculos sagrados, cálices ambulantes"*.[1] Na narrativa distópica criada por Margaret Atwood em *O Conto da Aia*, a ditadura militar que ficticiamente se instala no que restou dos Estados Unidos após uma catástrofe nuclear tem como pauta principal o controle político do corpo das mulheres. As *aias* são aquelas cuja fertilidade foi preservada, e a partir desta *habilidade* seus direitos e obrigações são determinados. A obra de ficção, em seu proposital disparate, permite refletir sobre a insuficiência legislativa e a escassez de oferta de políticas públicas que viabilizem o acesso das mulheres a seus direitos sexuais e reprodutivos.

O presente estudo, neste influxo, dedica-se à dignidade da mulher na ordem constitucional e penal. Para tanto, perpassa a superação do tratamento do crime de estupro como crime de ação penal privada, por meio das alterações promovidas pelas Leis 12.015/2009 e 13.718/2018. Analisa também a evolução do bem jurídico protegido pelo delito de estupro, bem como a alteração em relação às possíveis vítimas e sujeitos ativos do delito, desvelando uma tendência de superação da arquitetura patriarcal que estruturava o tipo. Por fim, enfoca-se o reconhecimento de que o crime de estupro perfaz-se de gravidade social e jurídica autônoma e suficiente para uma ação pública incondicionada, tanto na jurisprudência da Suprema Corte como em solução que foi adotada pela legislação em 2018.

---

1. ATWOOD, Margaret. *O conto da aia.* Rio de Janeiro: Rocco, 2017, p. 165.

O artigo não ignora a ótica diferencial que, numa sociedade de bases patriarcais, identifica na mulher um sujeito frágil, antevendo na ação penal privada um instrumento de proteção e de promoção da autonomia feminina. A opção legislativa, tomada em 2018, por meio da Lei 13.718/2018, que consagra a ação pública incondicionada para as ofensas penais à dignidade sexual revela-se inequívoca, em especial nos casos em que resulta lesão grave ou morte.

Situado em perspectiva acadêmica e problematizante, a *ratio* deste texto não está informada pelo vinco da prestação jurisdicional, almejando somente contribuir nesse debate.

2. SUPERAÇÃO DO TRATAMENTO DO CRIME DE ESTUPRO COMO DELITO DE AÇÃO PRIVADA

O ordenamento jurídico brasileiro, até o ano de 2009, determinava o processamento do crime de estupro, em regra, pela via da ação penal privada. O advento da Lei 12.015/2009, que alterou o Código Penal, inverteu o cenário: a regra passou a ser a ação penal pública, porém condicionada à representação, nos termos do art. 225,[2] do Código Penal.

Em 2018, o diploma penal foi novamente alterado, com o advento da Lei 13.718/2018, que tornou a ação penal pública incondicionada para os crimes contra a dignidade sexual, incluindo o estupro.

Processar o delito de estupro via ação penal privada, ação penal pública – condicionada ou não – revela uma opção do legislador. Essa opção não pode ser indissociada de seu contexto histórico e social.

O tratamento jurídico do estupro como um crime de ação privada remonta ao século XVIII, no ordenamento português. No plano jurídico medieval, despiciendo ressaltar a força da influência da Igreja Católica. Assim, conforme alerta Ana Lúcia Sabadell (1999), o delito configurava sempre um pecado. Por isso, prevalecia uma indistinção entre as ordens de transgressão – jurídica ou religiosa. Nesse sentido:

> A finalidade central do sistema social e jurídico é a proteção e a salvação da alma. Somente por intermédio dela é que se tem acesso ao indivíduo, é que este se torna "sujeito de direito". (...) A função principal da persecução e da pena é a expiação de um pecado que lesa toda a sociedade e não certamente a proteção de uma vítima ou de um interesse particular. Por isso, encontramos dados muito curiosos, como, por exemplo, que o processo por crime de estupro em Portugal só começa a sofrer uma alteração significativa, aproximando-se à nossa cultura jurídica, a partir de reformas legislativas datadas da segunda metade do século XVIII, quando este passa a ser definido, para usar uma terminologia atual, como crime de ação privada (SABADELL, 1999, p. 80-102).

O caminho entre o sistema medieval e o pós-iluminismo comportou descontinuidades, especialmente na construção de um novo sistema de garantias de direitos. Se no medievo a aplicação se pretendia limitada, em concorrência com outros meios de coerção, como o religioso, o Estado Moderno se propôs a estabelecer um sistema mais amplo, de

---

2. Art. 225. Nos crimes definidos nos Capítulos I e II deste Título, procede-se mediante ação penal pública condicionada à representação. (Redação dada pela Lei 12.015, de 2009).

    Parágrafo único. Procede-se, entretanto, mediante ação penal pública incondicionada se a vítima é menor de 18 (dezoito) anos ou pessoa vulnerável. (Redação dada pela Lei 12.015, de 2009).

DIREITOS E PROTEÇÃO: DIGNIDADE DA MULHER NA ORDEM CONSTITUCIONAL E PENAL | **263**

garantias abstratas, aplicáveis a todos os cidadãos. O patriarcalismo, contudo, enuviou tal concepção – e a mulher passou a ser protegida não como sujeito de direito e cidadã, mas, sim, no estatuto reificado de objeto.

As promessas da modernidade não se concretizaram para as mulheres, pois as prerrogativas da autonomia como sujeito de direitos civis, dotado de cidadania plena, não lhes foram reconhecidas. Haure-se da doutrina:

> Neste processo, o patriarcalismo será reestruturado e a mulher não será excluída do sistema jurídico, como muitas vezes se sustenta. Será objeto de uma regulamentação jurídica que a "protegerá". Não se trata de uma proteção enquanto cidadã "livre e igual", segundo a promessa do sistema jurídico moderno, mas de uma proteção enquanto propriedade de certos homens (SABADELL, 1999, p. 80-102).

O tratamento jurídico dos delitos sexuais, nesse contexto, migrou de sua perspectiva pública, calcada no enfoque do crime como pecado, para uma perspectiva privada, fundada no patriarcalismo, em que a mulher deveria ser objeto de proteção, não como sujeito de direitos, mas sob a titularidade de alguém. Essa distinção é fundamental para a compreensão de que o tratamento do estupro como delito de ação privada, em sua origem, na passagem do *ancien régime* ao Estado Constitucional, não se relacionou com a proteção da privacidade da vítima que desejasse ser poupada do *strepitus iudicii*, mas, sim, com a tutela da mulher na condição reduzida à servidão do pai ou marido.

3. EVOLUÇÃO DO BEM JURÍDICO PROTEGIDO PELO TIPO PENAL DE ESTUPRO

É revelador apreciar qual seria o bem jurídico tutelado pela criminalização do delito de estupro a partir da denominação dos capítulos das codificações em que se insere a conduta.

O Código Criminal do Império, de 1830, situava o estupro no capítulo dedicado aos *"crimes contra a segurança da honra"*. O Generalíssimo Marechal Deodoro da Fonseca decretou, em 11 de outubro de 1890, o Código Penal da República, Decreto n.º 847, em que inseriu o delito no capítulo dos *"crimes contra a segurança da honra e honestidade das famílias e do ultraje público ao pudor"*, título que foi preservado na Consolidação das Leis Penais de 1932. O Código Penal de 1940 elegeu o nome *"crimes contra os costumes"*, denominação que vigorou até 2009, quando a reforma legislativa alterou a nomenclatura para *"crimes contra a dignidade sexual"* e *"crimes contra a liberdade sexual"*, a qual permanece em vigor mesmo após as alterações perpetradas pela Lei 13.718/2018.

As alterações de 2009 exprimem uma tendência de superação da concepção patriarcal para, em seu lugar, identificar como objeto da proteção penal do estupro a liberdade sexual da pessoa e, não mais, interesses que transcendem o indivíduo.[3]

O delito de estupro tutela, portanto, no Brasil, desde 2009, a liberdade sexual e não mais *"a honra e a honestidade das famílias"* ou *"os costumes"*. Esse é um dado essencial, pois evidencia medida de adequação do bem jurídico a ser tutelado pelo tipo penal, bem como possibilita a ampliação do espectro de sujeitos que pode ser autor e vítima do delito, como se passa a expor.

---

3. Nesse sentido: Sabadell (1999).

4. AMPLIAÇÃO DO SUJEITO PASSIVO DO CRIME DE ESTUPRO

Até a edição da Lei 12.015/2009, apenas as mulheres poderiam ser vítimas de estupro. Após as alterações, qualquer pessoa pode sê-lo. A ampliação do conjunto de pessoas que podem ser sujeitos passivos do crime de estupro desvela a profunda alteração a que foi submetido referido delito pela legislação de 2009. Deixou de existir distinção de ilicitude entre a conjunção carnal forçada para outros atos libidinosos, adotando-se concepção mais adequada à tutela da liberdade sexual.

Assim sendo, qualquer ato que agrida a autodeterminação sexual da pessoa passa a ser tipificado como estupro. Também por isso, passou-se a admitir que qualquer pessoa possa ser vítima de estupro – não mais apenas a mulher. Outra consequência da adoção desta concepção é que a mulher passou a poder ocupar também o lugar de sujeito ativo do delito de estupro. Ou seja, a mulher que antes só poderia ser vítima do crime, agora não mais ostenta tal posição com exclusividade – porque qualquer pessoa pode sê-lo – como também pode cometer o crime. Revela-se, desta forma, uma tendência de superação da arquitetura que estruturava o tipo até 2009.

Tem-se, portanto, que as alterações nos costumes e na cultura impactaram diretamente as regras vigentes que regulam o crime contra a dignidade e a liberdade sexuais. Registram-se, neste influxo, três pontos fulcrais:

a) o tratamento do estupro como crime de ação privada, em sua origem, não visou à tutela da privacidade da vítima, mas sim, à proteção da mulher enquanto propriedade do homem;

b) a partir da edição da Lei 12.015/2009, alteradora do Código Penal, o bem jurídico tutelado pelo crime de estupro passou a ser a liberdade sexual da pessoa;

c) após o advento da Lei 12.015/2009, alteradora do Código Penal, qualquer pessoa – e não mais apenas a mulher – pode ser vítima do crime de estupro.

5. A JURISPRUDÊNCIA DO SUPREMO TRIBUNAL FEDERAL SOBRE O TEMA

Após a edição da Lei 12.015/2009, instaurou-se um debate[4] a respeito de qual seria a modalidade de ação penal para processar o crime de estupro, na hipótese em que resultasse lesão corporal grave ou morte da vítima.

Essa declaração, por meio do julgamento de uma ação da jurisdição constitucional, seria necessária porque, antes da reforma de 2009, o crime de estupro era, em regra, de ação penal privada. Muito embora houvesse exceções, eram restritas à hipótese em que a vítima não pudesse prover as despesas do processo sem prejuízo de sua manutenção ou da de sua família, situação em que a ação seria pública, porém condicionada à representação; e no caso de crime cometido com abuso do pátrio poder, da qualidade de padrasto, tutor ou curador, em que a ação seria pública incondicionada. Dispunha o então vigente art. 225, do Código Penal, que na hipótese de estupro o delito seria processável mediante ação privada. Haveria, contudo, duas exceções. Na primeira hipótese, em que

---

4. O debate motivou, inclusive, o ajuizamento, pela Procuradoria-Geral da República, da ADI 4301, na qual se advogou pela necessidade de declaração de inconstitucionalidade, sem redução de texto, do art. 225 do Código Penal para que a ação penal no caso de crime de estupro do qual resultasse lesão grave ou morte fosse pública e incondicionada. Após a propositura daquela ADI se deu o advento da Lei 13.718/2018.

DIREITOS E PROTEÇÃO: DIGNIDADE DA MULHER NA ORDEM CONSTITUCIONAL E PENAL **265**

a vítima ou seus pais não pudessem prover às despesas do processo sem serem privados de recursos indispensáveis à manutenção própria ou da família, seria o caso de ação penal pública condicionada à representação. Na segunda exceção, que teria lugar se o crime fosse cometido com abuso do pátrio poder ou da qualidade de padrasto, tutor ou curador, a ação seria penal pública incondicionada.[5]

Sobreveio a reforma operada no Código Penal pela Lei 12.015/2009. Após tais alterações legislativas, a imputação do delito de estupro passou a ser processada, em regra, mediante ação penal pública condicionada à representação. As exceções passaram a ser as hipóteses de vítima menor de 18 anos ou vulnerável, situação em que a ação passou a ser pública incondicionada, como se vê da redação do art. 225, CP, então vigente:

> Art. 225. Nos crimes definidos nos Capítulos I e II deste Título, procede-se mediante ação penal pública condicionada à representação. (Redação dada pela Lei 12.015, de 2009).
>
> Parágrafo único. Procede-se, entretanto, mediante ação penal pública incondicionada se a vítima é menor de 18 (dezoito) anos ou pessoa vulnerável. (Incluído pela Lei 12.015, de 2009).

A partir das alterações de 2009, portanto, passou a ser possível sustentar que, nos casos em que do estupro resultassem lesões corporais graves ou morte, a ação também deveria ser pública incondicionada, embora não houvesse regra explícita nesse sentido no Código Penal.

Uma análise perfunctória permitiria solucionar a questão mediante aplicação do art. 101 do Código Penal. Isso porque, nas hipóteses de resultado lesão grave ou morte, o crime será complexo, consistindo em constrangimento ilegal (art. 146, CP[6]) somado ao homicídio (art. 121, CP[7]) ou à lesão corporal de natureza grave (art. 129, 1º, CP[8]), atraindo a incidência, portanto, do art. 101[9] do Código Penal, que dispõe que, quando

---

5. Art. 225. Nos crimes definidos nos capítulos anteriores, somente se procede mediante queixa.

§ 1º Procede-se, entretanto, mediante ação pública:

I – se a vítima ou seus pais não podem prover às despesas do processo, sem privar-se de recursos indispensáveis à manutenção própria ou da família;

II – se o crime é cometido com abuso do pátrio poder, ou da qualidade de padrasto, tutor ou curador.

§ 2º No caso do n. I do parágrafo anterior, a ação do Ministério Público depende de representação.

6. Art. 146. Constranger alguém, mediante violência ou grave ameaça, ou depois de lhe haver reduzido, por qualquer outro meio, a capacidade de resistência, a não fazer o que a lei permite, ou a fazer o que ela não manda:

Pena: detenção, de três meses a um ano, ou multa.

7. Art. 121. Matar alguém:

Pena: reclusão, de seis a vinte anos.

8. Art. 129. Ofender a integridade corporal ou a saúde de outrem:

Pena: detenção, de três meses a um ano.

Lesão corporal de natureza grave

§ 1º Se resulta:

I – Incapacidade para as ocupações habituais, por mais de trinta dias;

II – perigo de vida;

III – debilidade permanente de membro, sentido ou função;

IV – aceleração de parto:

Pena: reclusão, de um a cinco anos.

9. A ação penal no crime complexo

Art. 101. Quando a lei considera como elemento ou circunstâncias do tipo legal fatos que, por si mesmos, constituem crimes, cabe ação pública em relação àquele, desde que, em relação a qualquer destes, se deva proceder por iniciativa do Ministério Público.

a lei considera como elemento ou circunstâncias do tipo legal fatos que, por si mesmos, constituem crimes, cabe ação pública em relação àquele, desde que, em relação a qualquer destes, se deva proceder por iniciativa do Ministério Público.

Como o homicídio e a lesão corporal de natureza grave são crimes que se processam via ação penal pública incondicionada, não haveria dúvidas de que o estupro do qual resultasse morte ou lesão grave também seria submetido a essa modalidade de ação penal.

Conforme Juarez Cirino dos Santos (2006, p. 665), a ação penal de iniciativa pública pode ser considerada "extensiva" no chamado crime complexo, nos termos da previsão do art. 101, CP. Sendo de ação penal de iniciativa pública o crime elementar constitutivo do tipo do crime de ação penal de iniciativa privada, opera-se uma extensão da ação de iniciativa pública.

Assim, nas hipóteses de estupro com resultado lesão grave ou morte, a ação seria pública incondicionada. Nesse sentido, colhe-se da doutrina de Aury Lopes Junior (2013, p. 397):

> E não poderia ser diferente, pois *o estupro com resultado morte ou lesão corporal grave (ou gravíssima) é um crime complexo, sendo nesse caso, a ação penal pública incondicionada. Aplica-se nesses casos a regra contida no art. 101 do Código Penal,* que determina que a ação penal será pública quando a lei considerar como elementar ou circunstância do tipo legal fatos que, por isso mesmo, constituam crimes de ação penal pública (como o resultado morte ou lesão corporal grave ou gravíssima).

A doutrina que se posiciona pela necessidade de ação pública incondicionada para processar o crime de estupro do qual também resulta lesão grave ou morte, na vigência da Lei 12.015/2009 não é isolada. Além do posicionamento de Aury Lopes Junior, colacionado acima, na mesma toada, Guilherme de Souza Nucci,[10] Celso Delmanto[11] e Cezar Roberto Bitencourt.[12]

---

10. "Houve nítido descuido do legislador no tocante às formas de crimes qualificados pelos resultados lesão corporal de natureza grave e morte. O estupro (art. 213, §§ 1.º e 2.º) admite o resultado qualificador. Este é grave o suficiente para demandar ação pública incondicionada. Entretanto, seguindo-se, literalmente, o art. 225, *caput*, seria a ação pública condicionada à representação da vítima. Não há cabimento nisso. A falha legislativa ocorreu em razão da revogação do art. 223, que estava fora do contexto dos Capítulos I, II e III do Título IV, logo, não se subsumia à regra da ação privada (antiga previsão do art. 225, *caput*). Havendo lesão grave ou morte a ação era pública incondicionada. A justificativa, pacífica na jurisprudência brasileira, concentrava-se na redação do art. 225, *caput*, ao dizer que "nos *crimes definidos* nos capítulos anteriores somente se procede mediante queixa" (grifamos). Ora, os capítulos que definiam crimes eram o I, II e III. O IV cuidava das disposições gerais, onde estavam inseridas as formas qualificadas (lesão grave e morte). Então, nessas hipóteses a ação era pública incondicionada. Afastada a Súmula 608 do STF pela nova redação ao art. 225, dada pela Lei 12.015/2009, deve-se buscar a solução para o aparente impasse no art. 101 do Código Penal. Nossa posição, em relação ao mencionado art. 101, era de refutar a sua utilidade. Afinas, bastava que o Código indicasse a espécie de ação penal, quando da redação dos tipos, ou, na ausência, seria ação pública incondicionada, sem necessidade de haver o preceito do art. 101. Somos levados a rever esse posicionamento, diante de grave erro do legislador. *O art. 101 do Código Penal, enfim, pode ter o seu lado útil. O estupro seguido de lesões graves ou morte é crime complexo em sentido estrito, pois composto por um constrangimento ilegal para obter conjunção carnal ou outro ato libidinoso associado às lesões graves ou morte (constrangimento ilegal + lesão grave; constrangimento ilegal + homicídio). O elemento lesão grave (art. 129, §§ 1º. e 2º., CP) comporta ação penal pública incondicionada. O elemento morte (art. 121, CP), igualmente. Portanto, como nessas duas últimas situações a legitimidade, incondicionada, pertence ao Ministério Público, o estupro com resultado lesão grave ou morte também comporta ação pública incondicionada.* (NUCCI, 2012, p. 993-994. Grifos nossos).

11. "Havendo, como resultado do crime de estupro (art. 213), lesão grave ou morte, ainda que a vítima seja maior de 18 anos, e não seja vulnerável, deve-se aplicar a regra do art. 101 do CP sobre o crime complexo, sendo a ação penal pública *incondicionada*". (DELMANTO, 2016, p. 724).

12. "No crime de estupro qualificado pelo resultado morte da vítima ou lesão grave, a ação penal é, inegavelmente, *pública incondicionada,* segundo a *norma especial* contida no art. 101 do Código Penal. Esse dispositivo legal, ao

DIREITOS E PROTEÇÃO: DIGNIDADE DA MULHER NA ORDEM CONSTITUCIONAL E PENAL **267**

Resta nítido, portanto, que, a partir das alterações de 2009, parte da doutrina passou a defender a exigência de ação penal pública incondicionada para processar o delito de estupro do qual resultasse lesão grave ou morte – fosse pela aplicação do art. 101 do Código Penal, fosse pela interpretação a ser conferida ao art. 225, do mesmo Estatuto.

Na jurisprudência do Supremo Tribunal Federal, entretanto, a aparente simplicidade guarda sutilezas recônditas.

Em sessão plenária de 17.10.1984, aprovou-se o Enunciado 608 da súmula de sua jurisprudência, que assim prescreveu: "No crime de estupro, praticado mediante violência real, a ação penal é pública incondicionada."

Os precedentes que embasaram a redação da referida súmula foram os seguintes:

Crime de estupro. Ocorrendo violência real, originando lesões corporais outras, só por si capazes de instaurar ação penal pública, aplica-se o disposto no art. 103 do Código Penal. Precedentes do Supremo Tribunal Federal. II. Recurso não provido. RHC 53.839. (STF 2ª Turma, Rel. Min. Thompson Flores, julgado em 25.05.1976).

Estupro com violência real. É crime de ação pública, porque o art. 103 exclui a incidência do art. 225 do Código Penal, segundo jurisprudência do Supremo Tribunal Federal. Afastada a alegada ilegitimidade do ministério Público, cabe ao Tribunal *a quo* prosseguir no julgamento da apelação do réu condenado, relativamente à matéria remanescente. Recurso extraordinário conhecido e provido. (RE 88.720. Rel. Min. Xavier de Albuquerque. Julgado em 16.02.1979).

Estupro com violência real. 1) Ação penal. É pública, conforme a jurisprudência do Supremo Tribunal Federal. 2) Casamento da ofendida com terceiro. Dúvida sobre a sua ocorrência. Caso em que, ademais, não se aplica o disposto no atual inciso IX do artigo 108 do Código Penal. 3) Defesa. Defensor dativo. Não pode deixar de usar dos meios de defesa que a lei confere ao acusado. Não apelando da sentença condenatória, não se fez ampla a defesa. Procedência do julgamento. 4) Recurso de habeas corpus parcialmente provido. (RHC 57.091. Rel. Min. Djaci Falcão. Julgado em 19.06.1979).

1. Defesa. Estagiário. Instrução criminal. Nulidade. Preclusão. Impossibilidade do acolhimento de nulidade, se não impugnada oportunamente, sob pena de preclusão. 2. Ação penal pública. Estupro. Ministério Público (legitimidade). Miserabilidade não comprovada. Jurisprudência reiterada do Supremo Tribunal Federal de que o crime de estupro com violência real, sendo a lesão corporal elemento constitutivo do tipo delitivo é suscetível de ser intentada por ação penal pública, incidindo no caso o art. 103 do Código Penal e, portanto, dispensados os requisitos do art. 225. Pedido de habeas corpus indeferido. (HC 57.938 Rel. Min. Thompson Flores. Julgado em 17.06.1980).

Estupro com violência real. Inaplicabilidade do inciso IX do art. 103 do Código Penal, introduzido no texto codificado pela Lei 6416/77. Recurso extraordinário criminal conhecido e provido. (RE 92.102. Rel. Min. Thompson Flores. Julgado em 27.06.1980).

Recurso extraordinário. Inexistência de ofensa aos princípios do contraditório e da ampla defesa. Estupro qualificado. Matéria de prova. Súmula 279. Jurisprudência que não atende os requisitos do art. 322 do RI/STF. Não provimento. (RE 96.474. Rel. Min. Djaci Falcão. Julgado em 27.04.1982).

---

contrário do que se tem entendido, não configura *norma geral*, pois sua razão de ser são exatamente *as exceções* quanto à natureza da *ação penal pública incondicionada* (regra geral). Aliás, quanto à hipótese de *estupro com resultado morte da vítima ou lesão grave*, convém que se destaque, não houve alteração alguma, continua como sempre foi, ou seja, *crime de ação pública incondicionada*." (BITENCOURT, 2015, p. 158-159).

A Súmula 608 foi editada em 1984, quando vigia a diretriz de que o crime de estupro seria processado via ação penal privada. Tal enunciado aplicava-se, pois, às hipóteses em que, havendo o emprego de violência real, para fins de cometimento do delito, afastava-se a regra geral da ação penal privada, impondo-se a ação pública incondicionada.

A referida súmula, portanto, explicitava a regra contida no art. 101 do Código Penal. Havendo violência real, crime de ação pública, o estupro, que em regra era crime de ação privada, seria também processável por iniciativa do Ministério Público. Sobreveio a Lei 9.099/1995 que, tal como disposto em seu art. 88,[13] tornou a lesão corporal de natureza leve crime que se processa mediante representação.

Esta alteração suscitou debate na doutrina e na jurisprudência pátrias a respeito da superação, ou não, da Súmula 608 do Supremo Tribunal Federal. Isso porque, quando fora editada a referida Súmula 608, todas as modalidades de lesão corporal se processavam via ação penal pública incondicionada, daí a coerência do enunciado. Com a alteração provocada pela Lei 9.099/1995, passou-se a debater a respeito da permanência do referido enunciado.

Deve-se ressaltar, como já referido, que, entre a edição da Lei 9.099/1995 e a da Lei 12.015/2009, o estupro se processava, regra geral, mediante queixa. Havendo um crime de ação privada (estupro) e outro de ação pública condicionada (lesão corporal de natureza leve), qual deveria ser a modalidade de ação penal adotada?

A Suprema Corte debruçou-se especificamente sobre tal questão quando do julgamento do HC 82.206, em 08.10.2002. Confira-se a ementa:

> HABEAS CORPUS. PROCESSO PENAL. LEI 9.099/95. *REVISÃO DA SÚMULA STF 608.* AÇÃO PENAL. NATUREZA. REPRESENTAÇÃO. RETRATAÇÃO TÁCITA. *AUSÊNCIA DE REPRESENTAÇÃO ESPECÍFICA PARA O DELITO DE ESTUPRO.* DECADÊNCIA DO DIREITO DE QUEIXA. DESCARACTERIZAÇÃO DOS DELITOS DE ESTUPRO E ATENTADO VIOLENTO AO PUDOR. PROGRESSÃO DE REGIME. *1. O advento da Lei 9.099/95 não alterou a Súmula STF 608 que continua em vigor. O estupro com violência real é processado em ação pública incondicionada. Não importa se a violência é de natureza leve ou grave.* 2. O Ministério Público ofereceu a denúncia após a representação da vítima. Não há que se falar em retratação tácita da representação. 3. Nem é necessária representação específica para o delito de estupro, quando se trata de delito de estupro com violência real. 4. No caso, inexiste decadência do direito de queixa por não se tratar de ação penal privada. 5. A jurisprudência do Tribunal pacificou-se no entendimento de que os crimes de estupro e atentado violento ao pudor caracterizam-se como hediondos. Precedentes. Inviável a progressão do regime. HABEAS conhecido e indeferido. (HC 82206, Rel. Min. Nelson Jobim, Segunda Turma, julgado em 08/10/2002). Grifos nossos.

Colhe-se do voto então proferido pelo Relator do caso, Ministro Nelson Jobim:

> O advento da L. 9.099/95 (art. 88), que exigiu representação para os delitos de lesão leve, não alterou a Súmula STF 608. A razão de ser da Súmula é o constrangimento à liberdade sexual, realizado mediante violência física real. Não importa se a violência é de natureza leve ou grave. O parecer da PGR é nesse sentido. Leio, em parte:

---

13. Art. 88. Além das hipóteses do Código Penal e da legislação especial, dependerá de representação a ação penal relativa aos crimes de lesões corporais leves e lesões culposas.

DIREITOS E PROTEÇÃO: DIGNIDADE DA MULHER NA ORDEM CONSTITUCIONAL E PENAL

"[...] A Súmula 608 é taxativa, *verbis:* 'No crime de estupro, praticado mediante violência real, a ação é penal pública incondicionada'. Portanto, o dado violência – crime contra a integridade física – no estupro queda absorvido pelo constrangimento à liberdade sexual, por isso que seguinte à expressão 'mediante'.' [...]. A circunstância, então, da violência ter se constituído em leve não altera, com o advento do art. 88, da Lei 9.099/95, a razão de ser da Súmula 608, qual seja: se o constrangimento à liberdade sexual realiza-se por violência física real – violência sobre violência – pouco importa a natureza da violência física, a ação penal é pública incondicionada" (fls. 307).

A Corte entendeu, portanto, que, mesmo com a alteração da ação penal aplicável ao crime de lesão corporal leve, persistia a Súmula 608. Deve-se reiterar que, à época do julgamento, o crime de estupro se processava por ação penal privada e a lesão leve passou a ser condicionada à representação.

Em 2009, com o advento da Lei 12.015, ambos os crimes – estupro e lesão corporal de natureza leve – passaram a ser processáveis mediante representação. Ainda assim, o Supremo Tribunal Federal, ao julgar o HC 102.683, Relatora a Min. Ellen Gracie, aplicou a Súmula 608. A saber:

HABEAS CORPUS. DIREITO PENAL. ESTUPRO. VIOLÊNCIA REAL. DESNECESSIDADE DE LESÕES CORPORAIS. EXISTÊNCIA DE UNIÃO ESTÁVEL ENTRE O PACIENTE E A MÃE DA VÍTIMA. LEGITIMIDADE DO MINISTÉRIO PÚBLICO PARA PROPOSITURA DA AÇÃO. ORDEM DENEGADA. 1. A questão diz respeito à legitimidade do Ministério Público para propor a ação penal no caso concreto. 2. É dispensável a ocorrência de lesões corporais para a caracterização da violência real nos crimes de estupro. Precedentes. 3. Caracterizada a ocorrência de violência real no crime de estupro, incide, no caso, a Súmula 608/STF: "No crime de estupro, praticado mediante violência real, a ação penal é pública incondicionada". 4. Tem a jurisprudência admitido também a posição do mero concubino ou companheiro para tornar a ação pública incondicionada. 5. Havendo o vínculo de união estável entre o paciente e a mãe da vítima, aplica-se o inciso II do § 1º do art. 225 do Código Penal (vigente à época dos fatos). 6. *Writ* denegado." (HC 102683, Rel. Min. Ellen Gracie, Segunda Turma, julgado em 14/12/2010).

Na ocasião, citou-se o precedente HC 81.848/PE, Rel. Min. Maurício Corrêa, 2ª Turma, em que se considerou suficiente o mero emprego da força física contra a vítima para fins de caracterização da violência real, dispensando-se a verificação de lesões corporais, independentemente se leves, ou não. Assim foi redigida a ementa:

HABEAS-CORPUS. TRANCAMENTO DA AÇÃO PENAL. ILEGITIMIDADE ATIVA DO MINISTÉRIO PÚBLICO. ESTUPRO. TENTATIVA. VIOLÊNCIA REAL CARACTERIZADA. INCIDÊNCIA DA SÚMULA 608-STF. 1. Estupro. Tentativa. *Caracteriza-se a violência real não apenas nas situações em que se verificam lesões corporais, mas sempre que é empregada força física contra a vítima, cerceando-lhe a liberdade de agir, segundo a sua vontade.* 2. Demonstrado o uso de força física para contrapor-se à resistência da vítima, resta evidenciado o emprego de violência real. Hipótese de ação pública incondicionada. Súmula 608-STF. Atuação legítima do Parquet na condição de dominus litis. Ordem indeferida. (HC 81848, Rel. Min. Maurício Corrêa, Segunda Turma, julgado em 30/04/2002).

Verifica-se que, nos três precedentes citados (HC 82.206, Rel. Min. Nelson Jobim, Segunda Turma, julgado em 08/10/2002; HC 102.683, Rel. Min. Ellen Gracie, Segunda Turma, julgado em 14/12/2010 e HC 81.848, Rel. Min. Maurício Corrêa, Segunda Turma, julgado em 30/04/2002), a lógica que conduziu à aplicação da Súmula 608 pela Corte Suprema foi a de que sempre que se empregasse violência real – portanto física – para o cometimento do crime de estupro, independentemente do resultado dessa violência (lesão corporal leve, grave, gravíssima ou seguida de morte) a ação penal deveria ser pública incondicionada.

Em outro caso, apreciando delito de atentado violento ao pudor, a 1ª Turma do Supremo Tribunal Federal assentou a validade da súmula 608, fazendo remissão ao decidido no HC 102.683. Trata-se do HC 125.360/RJ, relator Min. Marco Aurélio, redator para o acórdão Min. Alexandre de Moraes, julgado em 27.2.2018. Asseverou-se que as instâncias ordinárias concluíram que o crime foi praticado mediante violência real, com incidência, portanto, da Súmula 608, mesmo após as alterações promovidas pela Lei 12.015/2009:

> HABEAS CORPUS. ATENTADO VIOLENTO AO PUDOR. ALEGADA NECESSIDADE DE OITIVA DE NOVAS TESTEMUNHAS. INDEFERIMENTO JUSTIFICADO. AUSÊNCIA DE CERCEAMENTO DE DEFESA. ALEGAÇÃO DE ILEGITIMIDADE DO MINISTÉRIO PÚBLICO PARA OFERECIMENTO DE DENÚNCIA. IMPROCEDÊNCIA. CRIME CONTRA A LIBERDADE SEXUAL. VIOLÊNCIA REAL CARACTERIZADA. AÇÃO PENAL PÚBLICA INCONDICIONADA MESMO APÓS A LEI 12.015/2009. HIGIDEZ DA SÚMULA 608 DO STF. 1. Nos termos do art. 400, § 1º, do Código de Processo Penal, cabe ao Juízo processante indeferir as diligências consideradas irrelevantes, impertinentes ou protelatórias. Assentado pelas instâncias antecedentes que as justificativas apresentadas para o indeferimento da solicitada oitiva de novas testemunhas se mostram idôneas, a análise da alegação de cerceamento de defesa, de modo a avaliar a imprescindibilidade das diligências requeridas, demandaria o reexame do conjunto fático-probatório, que é próprio do Juiz da instrução, além de ser providência incompatível com esta via processual. Precedentes. 2. A ação penal nos crimes contra a liberdade sexual praticados mediante violência real, antes ou depois do advento da Lei 12.015/2009, tem natureza pública incondicionada. O SUPREMO TRIBUNAL FEDERAL, diante da constatação de que os delitos de estupro, em parcela significativa, são cometidos mediante violência, e procurando amparar, mais ainda, a honra das vítimas desses crimes, aderiu à posição de crime de ação pública incondicionada, que veio a ser cristalizada na Súmula 608, em pleno vigor. 3. Para fins de caracterização de violência real em crimes de estupro, é dispensável a ocorrência de lesões corporais (HC 81.848, Relator Min. MAURÍCIO CORRÊA, Segunda Turma, DJ de 28/6/2002, e HC 102.683, Relatora Min. ELLEN GRACIE, Segunda Turma, DJe de 7/2/2011). Pormenorizada na sentença condenatória a caracterização da violência real – física e psicológica – a que foi submetida a vítima, é inviável, no instrumento processual eleito, alterar a conclusão firmada acerca dos fatos e provas. 4. Ordem denegada. (HC 125360, Rel. Min. Marco Aurélio, Rel. p/ Acórdão: Min. Alexandre de Moraes, Primeira Turma, julgado em 27/02/2018).

As ementas aqui reproduzidas revelam que a lógica adotada teria sido no sentido de reconhecer a necessidade de especial proteção da vítima, chancelando, portanto, a orientação de que os crimes devem ser processados por ação penal pública incondicionada, dispensando, para fins de caracterização de violência real, a ocorrência de lesões corporais.

O debate acerca da permanência do enunciado da súmula 608 também vicejou na doutrina. Nesse sentido, Rogério Greco defende que o enunciado continua a prevalecer. Confira-se:

> A ação penal nos crimes contra a dignidade sexual praticados com violência real continua sendo pública incondicionada, permanecendo hígida a orientação constante do verbete 608 da Súmula da Suprema Corte, mesmo após o advento da Lei 12.015/2009. Precedente (STJ, RHC 40719/RJ, Rel. Min. Jorge Mussi, 5ª T., *DJe* 26/3/2014 RJP vol. 57 p. 173) (GRECO, 2015, p. 804).

Em igual sentido, discorrem Julio Fabbrini Mirabete[14] e Renato N. Fabbrini e Aury Lopes Junior.[15]

Dessarte, na vigência da Lei 12.015/2009, portanto, revelar-se-ia inequívoca a exigência de ação pública incondicionada para processar o crime de estupro do qual resulte lesão grave ou morte. Quanto ao estupro do qual resulte lesão corporal leve, seria preciso invocar a aplicação da súmula 608 da jurisprudência do Supremo Tribunal Federal, tal como se deu nos precedentes apontados para, também nesta hipótese, autorizar o processamento por ação incondicionada, dispensada, portanto, a representação da vítima.

6. ALTERAÇÕES DA LEI 13.718/2018

Em 24 de setembro de 2018, sobreveio a Lei 13.718/2018, que trouxe alterações ao Código Penal para tipificar os crimes de importunação sexual e de divulgação de cena de estupro, estabelecer causas de aumento de pena para os crimes contra a liberdade sexual, além de definir como causas de aumento de pena o estupro coletivo e o estupro corretivo. A alteração que interessa em particular para estudo se refere à nova redação conferida pela mencionada lei ao art. 225 do Código Penal: "Art. 225. Nos crimes definidos nos Capítulos I e II deste Título, procede-se mediante ação penal pública incondicionada. Parágrafo único – revogado."

Vê-se, portanto, que a Lei 13.718/2018 encerra a definição para processar os crimes de estupro. Após a vigência de tal diploma, portanto, diante da atual redação do art. 225 do Código Penal, todos os crimes contra a dignidade sexual, contra a liberdade sexual, bem como os crimes sexuais contra vulnerável devem ser processados mediante ação penal pública incondicionada. Ressuma não haver mais necessidade de cogitar sobre o cometimento de violência real ou condição da vítima.

A alteração pacifica o debate, mas não é imune a críticas.[16] Percucientes as observações, uma vez mais, de Ana Lúcia Sabadell (1999, p. 80-102):

---

14. "No STF, porém, passou-se a entender que o art. 101 derrogou o art. 225, editando-se a Súmula 608: "No crime de estupro, praticado mediante violência real, a ação penal é pública incondicionada". A superveniência da Lei 9099/95, por força de seu art. 88, que passou a exigir a representação no crime de lesões corporais leves, tornaria discutível a vigência dessa súmula. *A solução mais adequada tornou-se a da manutenção da Súmula 608, não com fundamento no art. 129 do Código Penal, em que se exige a representação pra a ação penal pelo crime de lesões corporais de natureza leve, mas com base no art. 146 do mesmo Estatuto, uma vez que o constrangimento ilegal, apurado mediante ação penal pública incondicionada, é, indiscutivelmente, elemento constitutivo do estupro.* Com a vigência da Lei 12.015, de 7-8-2009, e a nova redação dada ao art. 225, prevê-se, como regra, para os crimes previstos nos capítulos I e II, a ação pública condicionada à representação, procedendo-se, porém, mediante ação pública incondicionada na hipótese de ser a vítima menor de 18 anos ou pessoa vulnerável. Esqueceu-se, porém, o legislador de que o estupro qualificado por lesão grave ou morte está previsto agora no próprio art. 213 e não mais no revogado art. 223." (MIRABETE, 2015, p. 617/918. Grifos nossos).

15. "Importante esclarecer que a Súmula n. 608 do STF segue *com plena eficácia*, com a seguinte redação: Súmula n. 608 do STF: "No crime de estupro, praticado mediante violência real, a ação penal é pública incondicionada". (LOPES JUNIOR, 2013, p. 397). Grifos nossos.

16. "Isso significa, em poucas palavras, que as brasileiras maiores de 18 anos já não decidem se o seu caso de violência sexual irá ou não ser apreciado pelo Judiciário. Essa medida não apenas falha em atacar a dominação sobre o gênero feminino, como pode desincentivar a notificação desses crimes, justamente nos casos em que, por força da própria condição de vulnerabilidade, a vítima prefere não tomar medidas irreversíveis. Agora, subordinada à vontade dos promotores, a mulher perde autonomia diante da autoridade estatal, e é declarada incapaz de decidir se quer ou não que seu caso seja processado pelo sistema de justiça criminal." (DIETER; MATA, 2018).

A necessidade de queixa do ofendido no delito de estupro se "justifica" como uma medida de proteção da sua privacidade e da intimidade familiar. Assim sendo, o "direito concede à vítima" a oportunidade de decidir se deseja ou não "envolver-se" num processo que muitas vezes resulta humilhante e estigmatizante para a mesma. Cria-se assim uma configuração excepcional, segundo uma lógica que poderia ser denominada de "patriarcalismo moderno", isto é, uma lógica que regula as relações patriarcais na esfera privada e se diferencia de um sistema patriarcal "público". Nos sistemas modernos, o procedimento geralmente resulta discriminante para a mulher, porque esta acaba sendo submetida a um processo de vitimização secundária. Em outras palavras, o processo "ratifica" a imagem da sua "cumplicidade" (cf., por exemplo, Smaus, 1994, p. 86, 89). Neste sentido, a opção pelo processo de iniciativa do Ministério Público significa uma "normalização" dos ilícitos sexuais, enquanto lesões publicamente intoleráveis.

Mister ressaltar, neste influxo, o disposto no art. 3ª da Convenção para Eliminação de Todas as Formas de Discriminação contra a Mulher (CEDAW):

Artigo 3º Os Estados-partes tomarão, em todas as esferas e, em particular, nas esferas política, social, econômica e cultural, todas as medidas apropriadas, inclusive de caráter legislativo, para assegurar o pleno desenvolvimento e progresso da mulher, com o objetivo de garantir-lhe o exercício e o gozo dos direitos humanos e liberdades fundamentais em igualdade de condições com o homem.

Adotar, portanto, medidas que, na prática, envolvam a mulher numa esfera protetiva, permitindo seu livre desenvolvimento e progresso não é facultado aos Estados, mas verdadeira obrigação na ordem internacional.

Esse enfoque não significa um tratamento inferior. Ao contrário. Tal enfoque permite reconhecer as bases patriarcais da sociedade e a necessidade de reequilíbrio, mediante aplicação de políticas públicas adequadas.

Não foi diferente o caminho trilhado pelo Supremo Tribunal Federal ao julgar a ADI 4424, quando assentou que a ação penal relativa à lesão corporal resultante de violência doméstica contra mulher é pública e incondicionada. Veja-se a ementa:

AÇÃO PENAL – VIOAÇÃO PENAL – VIOLÊNCIA DOMÉSTICA CONTRA A MULHER – LESÃO CORPORAL – NATUREZA. A ação penal relativa à lesão corporal resultante de violência doméstica contra a mulher é pública incondicionada – considerações. (ADI 4424, Rel. Min. Marco Aurélio, Tribunal Pleno, julgado em 09/02/2012).

E mesmo para quem, adotando uma ótica "diferencial", ou seja, da diferença social da mulher, que numa sociedade de bases patriarcais é identificada como sujeito frágil, enxerga na ação penal privada um instrumento de proteção e promoção da autonomia feminina, deve reconhecer, que, na prática, na maioria das vezes, as violências sexuais não podem vir à luz sem a denúncia da vítima, o que não tem o condão de retirar, entretanto, a importância de seu processamento se dar mediante ação penal de iniciativa do Ministério Público.

7. CONCLUSÕES POSSÍVEIS

Foram expostas reflexões problematizantes, à luz da legislação e de precedentes, sem pretensão de exaurimento nem de fechamento do tema.

O reconhecimento de que o crime de estupro perfaz-se de gravidade social e jurídica autônoma e suficiente para uma ação pública e incondicionada apresenta-se como consequência da própria narrativa histórica desse tipo penal no Brasil.

As recentes alterações promovidas pela legislação vêm ao encontro de tal narrativa.

Haveria evidente contradição se o processamento do delito de estupro do qual resultassem também lesões corporais leves fosse condicionado à representação, ao passo em que, no julgamento da ADI 4424, assentou que os crimes de lesões corporais leves, praticados contra a mulher, no âmbito doméstico, submetidos ao regime especial da Lei Maria da Penha (Lei n.º 11.340/2006), são processáveis mediante ação penal pública incondicionada. É de se ressaltar, ademais, que a lógica que orientou o julgamento da ADI 4424 foi no sentido de proporcionar maior proteção à mulher, permitindo-se, na hipótese, ação de iniciativa do Ministério Público.

A mulher deve ser igualmente protegida, por todas as instâncias competentes, em todos os espaços, de modo a concretizar sua participação na construção de uma sociedade mais livre, justa e solidária, tal como preconiza o art. 3º, I, da Constituição da República, tanto nos espaços privados como nos públicos. E o Estado Brasileiro deve atuar para tanto.

Não são desconhecidas as iniciativas do Conselho Nacional de Justiça nesse particular, a exemplo da Recomendação 52/2016, que determina aos tribunais a adoção de medidas preventivas e maior rigor no controle quanto à forma como são geradas, armazenadas e disponibilizadas informações judiciais de caráter sigiloso e/ou sensíveis, sobretudo quando envolvam vítimas de crimes praticados contra a dignidade sexual.

No entanto, não apenas as informações das vítimas merecem maior rigor no controle. Todo o atendimento, ou seja, todo o *iter* que as vítimas de crimes contra a dignidade sexual devem percorrer merece atenção, zelo e respeito, de maneira a propiciar adequada proteção de seus interesses, privacidade e intimidade.

Neste influxo, medidas concretas e efetivas objetivando o adequado tratamento das vítimas de delitos contra a dignidade sexual, visando ao resguardo de sua privacidade e a abordagem respeitosa devem ser implementadas pelos poderes constituídos. Tais preocupações ganham ainda maior relevo diante das alterações promovidas pela Lei 13.718/2018, que tornaram os crimes em questão processáveis pela via da ação penal pública incondicionada – sem exceções. Pode-se, assim, esperar que as violações aos direitos fundamentais das mulheres ganhem adequada resposta da ordem constitucional e penal, permitindo-lhes o tratamento digno e a fruição de seus direitos sexuais e reprodutivos.

8. REFERÊNCIAS

BITENCOURT. Cezar Roberto. *Tratado de Direito Penal*, 4. parte especial: dos crimes contra a dignidade sexual até dos crimes contra a fé pública. 9. ed. São Paulo: Saraiva, 2015.

CIRINO DOS SANTOS, Juarez. *Direito Penal*: parte geral. Rio de Janeiro: Lumen Juris, 2006.

DELMANTO, Celso et. al. *Código Penal Comentado*. 9. ed. São Paulo: Saraiva, 2016.

DIETER, Maurício Stegemann; MATA, Jéssica da. Alterações no Direito Penal da violência sexual. *Jota*. Disponível em: [https://www.jota.info/opiniao-e-analise/artigos/alteracoes-no-direito-penal-da--violencia-sexual-14112018]. Acesso em: 01.12.2018.

GRECO, Rogério. *Código Penal comentado*. 9. ed. Niterói: Impetus, 2015.

LOPES JUNIOR, Aury. *Direito processual penal*. 10. ed. São Paulo: Saraiva, 2013.

MIRABETE, Julio Fabbrini. *Código Penal interpretado*. 9. ed. São Paulo: Atlas, 2015.

NUCCI, Guilherme de Souza. *Código Penal Comentado*. 12. ed. São Paulo: RT, 2012.

SABADELL, Ana Lucia. A problemática dos delitos sexuais numa perspectiva de direito comparado. *Revista Brasileira de ciências criminais*, São Paulo, v. 7, n. 27, p. 80-102, jul./set.1999.

POR QUE AS FORÇAS ARMADAS ENVIAM MILITARES TRANSGÊNEROS PARA A RESERVA OU NÃO OS APROVAM NA ETAPA INICIAL DE INGRESSO?

Marcos Alberto Rocha Gonçalves

Graduação em Direito pela Universidade Federal do Paraná (2006). Mestrado em Direito pela Pontifícia Universidade Católica de São Paulo (2012) e doutorado em Direito pela Universidade do Estado do Rio de Janeiro (2019). Advogado e Professor de Cursos de Graduação e Pós-graduação.

Melina Girardi Fachin

Professora Adjunta dos Cursos de Graduação e Pós-Graduação da Faculdade de Direito da Universidade Federal do Paraná (UFPR). Estágio de pós-doutoramento em curso pela Universidade de Coimbra no Instituto de direitos humanos e democracia (2019/2020). Doutora em Direito Constitucional, com ênfase em direitos humanos, pela Pontifícia Universidade Católica de São Paulo (PUC/SP). Mestre em Direitos Humanos pela Pontifícia Universidade Católica de São Paulo (PUC/SP). Bacharel em Direito pela Universidade Federal do Paraná (UFPR). Advogada.

Sumário: 1. Introdução. 2. O "T" da questão. 3. Discriminação e emancipação. 4. (De)generando as forças armadas. 5. Conclusão. 6. Referências.

i. prólogo

> The first time I uttered a prayer was in a glass-stained cathedral.
> I was kneeling long after the congregation was on its feet,
> dip both hands into holy water,
> trace the trinity across my chest,
> my tiny body drooping like a question mark
> all over the wooden pew.
> I asked Jesus to fix me,
> and when he did not answer
> I befriended silence in the hopes that my sin would burn
> and salve my mouth would dissolve like sugar on tongue,
> but shame lingered as an aftertaste.
> And in an attempt to reintroduce me to sanctity,
> my mother told me of the miracle I was,
> said I could grow up to be anything I want.
> I decided to be a boy.
> It was cute.
> I had snapback, toothless grin,
> used skinned knees as street cred,
> played hide and seek with what was left of my goal.
> I was it.
> The winner to a game the other kids couldn't play,
> I was the mystery of an anatomy,
> a question asked but not answered,

tightroping between awkward boy and apologetic girl,
and when I turned 12, the boy phase wasn't deemed cute anymore.
It was met with nostalgic aunts who missed seeing my knees in the shadow of skirts,
who reminded me that my kind of attitude would never bring a husband home,
that I exist for heterosexual marriage and child-bearing.
And I swallowed their insults along with their slurs.
Naturally, I did not come out of the closet.
The kids at my school opened it without my permission.
Called me by a name I did not recognize,
said "lesbian,"
but I was more boy than girl, more Ken than Barbie.
It had nothing to do with hating my body,
I just love it enough to let it go,
I treat it like a house,
and when your house is falling apart,
you do not evacuate,
you make it comfortable enough to house all your insides,
you make it pretty enough to invite guests over,
you make the floorboards strong enough to stand on.
My mother fears I have named myself after fading things.
As she counts the echoes left behind by Mya Hall, Leelah Alcorn, Blake Brockington.
She fears that I'll die without a whisper,
that I'll turn into "what a shame" conversations at the bus stop.
She claims I have turned myself into a mausoleum,
that I am a walking casket,
news headlines have turned my identity into a spectacle,
Bruce Jenner on everyone's lips while the brutality of living in this body
becomes an asterisk at the bottom of equality pages.
No one ever thinks of us as human
because we are more ghost than flesh,
because people fear that my gender expression is a trick,
that it exists to be perverse,
that it ensnares them without their consent,
that my body is a feast for their eyes and hands
and once they have fed off my queer,
they'll regurgitate all the parts they did not like.
They'll put me back into the closet, hang me with all the other skeletons.
I will be the best attraction.
Can you see how easy it is to talk people into coffins,
to misspell their names on gravestones.
And people still wonder why there are boys rotting,
they go away in high school hallways
they are afraid of becoming another hashtag in a second
afraid of classroom discussions becoming like judgment day
and now oncoming traffic is embracing more transgender children than parents.
I wonder how long it will be
before the trans suicide notes start to feel redundant,
before we realize that our bodies become lessons about sin
way before we learn how to love them.
Like God didn't save all this breath and mercy,
like my blood is not the wine that washed over Jesus' feet.
My prayers are now getting stuck in my throat.
Maybe I am finally fixed,
maybe I just don't care,
maybe God finally listened to my prayers.

(Lee Mokobe)

O inspirador poema do autor sul-africano é aqui trazido, antes de entrar propriamente no desenvolvimento do tema, a fim de dar voz e vez às pessoas transgênero. Uma vez que esta não é condição pessoal dos autores, pareceu deveras importante trazer o protagonismo trans *ab initio*.

Já que não se pode falar de direitos de grupos vulneráveis sem sua própria participação e protagonismo – *"nada sobre nós, sem nós"*[1] ecoam os movimentos sociais – os autores do presente invocam a voz de Mokobe para que, em coro, possa-se refletir acerca da intrincada questão que envolve a população trans, em especial no contexto das forças armadas.

Com a suavidade do discurso poético,[2] Lee Mokobe nos demonstra a importância de publicização da temática para evitar que o tema fique encasquetado pelos preconceitos que agasalham a discriminação. É o que aqui se pretende fazer em relação ao questionamento posto. Assim que guiados pela força das palavras de Mokobe partimos a fim de analisar a discriminação sofrida pela população trans no âmbito dos serviços militares, tendo como fio condutor o olhar da diferença e da diversidade como fontes expansivas e promotoras de direitos.

1. INTRODUÇÃO

As violações de direitos humanos relacionadas à orientação sexual e identidade de gênero, que vitimizam fundamentalmente as pessoas transgênero, constituem um padrão que envolve diferentes espécies de abusos e discriminações e costumam ser agravadas por outras formas de violências, ódio e exclusão. A negação do outro é relacionada ao aniquilamento da diferença que desafia o binarismo biológico; marcados pela *"ira, nojo, desconforto, receio, horror, desprezo e descaso pelas pessoas que não estão inclusas nas definições rígidas amarrados a heteronormatividade e a dialética binária de gênero"* (MDH, 2018, p. 7).

Assim, a resposta ao questionamento posto – *"Por que as forças armadas enviam militares transgêneros para a reserva ou não os aprovam na etapa inicial de ingresso?"* – não nos parece a priori de difícil resposta já que todos os indícios nos apontam à discriminação. Isto porque *"a sociedade geral impõe uma homogeneidade racial, social e também sexual a seus cidadãos, tudo que for diferente do padrão passa a ser rechaçado. Por muitos anos normas sexuais sexistas eram consideradas como padrão"* (MDH, 2018, p. 9).

Assim que, seguindo o padrão social estabelecido, as práticas discriminatórias, herança provável da dominação cultural pautada em valores androcêntricos e reducionismos intolerantes, são ainda mais agravadas em contextos como o das forças armadas. Isto porque, neste âmbito, via de regra, os estereótipos masculinos de força são acentuados, somados a cultura da obediência irrestrita e do respeito hierárquico absoluto.

A constatação é indiciária já que não possuímos dados específicos e suficientes no Brasil que nos permitam dar conta deste levantamento. Ainda que não se possa precisar

---

1. Ainda que inicialmente vinculado ao movimento das pessoas com deficiência o tema se aplica às mais variadas vulnerabilidades, como a da população trans em questão.
2. "A narrativa e a imaginação literária não apenas se opõe a argumentação racional, mas também lhe aportam ingredientes essenciais" (NUSSBAUM, 1997, p. 15).

de modo exato é certo que há registro em aumento crescente de práticas discriminatórias, em que pese a cifra negra que as envolve.[3]

Segundo notícia da Associação Nacional de Travestis e Transexuais (Antra), feito em conjunto com o Instituto Brasileiro Trans de Educação (IBTE), 163 pessoas trans foram mortas em 2018 (BENEVIDES e NOGUEIRA, 2018). O Brasil vergonhosamente lidera o ranking de violência à população trans, sendo o primeiro lugar em número de assassinatos. Segundo dados da ANTRA, o Brasil registrou 38% dos assassinatos da população transexual que ocorreram em todo mundo entre janeiro de 2008 e junho de 2016 (ANTRA, 2018).

Do acima exposto ressalta a relevância do tema e a importância de seu enfrentamento, inclusive, para lançar luz sobre ele. Trazer a questão à lume atende aos anseios de democratização e fortalecem a transparência e *accountability* – fundamentos do próprio Estado Democrático de Direito. A necessidade de produção e disponibilização de dados é fundamental para tornar transparente a proteção e implementação dos direitos humanos e do desenvolvimento da populaçao trans.

"Buscar mensurar a violência é compreender a força que se usa contra o direito e a lei" (MDH, 2018, p. 6), sendo o primeiro passo para alteraçao deste estado de coisas. Só a partir das informações que podem desenhar-se políticas de inclusão e alteridade. O princípio democrático impõe aos Estados demonstrar com subsídios as garantias da igualdade dos cidadãos, sua liberdade de participação, autodeterminação individual e coletiva, bem como as garantias dos grupos vulneráveis e minoritários.

É com base nessas justificativas que se lança à reflexão proposta a partir da provocação feita. Para enfrentá-la, antes de adentrar especificamente ao tema proposto, analisar-se-á, em um primeiro momento, em aproximação ao objeto de investigação, em que medida o discurso jurídico se aproxima – se é que o faz – da população trans.

Em um segundo momento, busca-se refletir sobre o sentido jurídico da discriminação a que estão sujeitos os transgêneros, em especial no contexto das forças armadas, com o intuito de pensar o sentido inclusivo que a diversidade pode ter, em função prospectiva e alteradora da realidade preconceituosa que ainda vivemos.

Na estação derradeira do artigo, o desígnio é refletir a situação das pessoas trans nas forças armadas utilizando-se, sobretudo, da análise do direito comparado já que, recentemente, nos Estados Unidos o tema produziu importantes consequências. No Brasil, infelizmente, ainda há invisibilidade e carência de produção e dados – ainda que haja alguma produção neste sentido (MDH, 2018).

Conforme acima exposto, o *leitmotiv* da presente análise entrevê a diferença como fontes expansiva e promotora de direitos. A diversidade é fonte do desenvolvimento da noção de direitos humanos e amplia a visão destes como ferramenta de alcance de existência mais plena e satisfatória. Não há, asism, um modelo posto, mas sim condições fornecidas para que os sujeitos construam vidas que valorem viver (SEN, 2000).

---

3. "A subnofiticação pode ser explicada em parte pela vulnerabilidade social da população LGBT em acessar o serviço e uma vez acionado, em classificar corretamente os fatos corridos como homofobia ou transfobia, por exemplo, ainda que tenham traços bem típicos." (MDH, 2018, p. 8).

A reflexão é deveras relevante já que está em pauta proteção do direito humano de determinado grupo vulnerável, todavia, seu atendimento e aceitação reverberem em toda formação social. Isto porque os direitos humanos não se enfraquecem diante da diversidade, mas sim, se fortalecem com a pluralidade de formas e conhecimentos que elas propiciam.

2. O "T" DA QUESTÃO

Há profunda inadequação no tratamento jurídico dos transgêneros em contraposição à sua apresentação e percepção social. O sistema jurídico embora estabeleça, desde logo, com o nascimento, uma identidade sexual, teoricamente imutável e única, deve dar conta de situações diversas, complexas e intrincadas que não podem ser homogeneizadas.

O termo aqui é adotado na sua perspectiva abrangente, não se limitando apenas aos transexuais, mas abordando também os travestis e outros cujo gênero não se adeque ao padrão cisnormativo.

O transgênero possui identidade sexual diferente do padrão heteronormativo imposto, por não se enquadrar no modelo de sexualidade binário predeterminado. Ante este cenário, acaba havendo a rejeição por parte da sociedade frente, que ainda passa a considerar o *trans* como um traço de anormalidade.

Há bastante polêmica sobre o tema – inclusive pela inadequação do seu enquadramento médico. Independentemente disso, sabe-se que a transexualidade é um processo que se origina com o desconforto sexual desde o nascimento na tentativa contínua na busca da harmonia entre o aspecto biológico e emocional. Para quem se encontra nessa situação, trata-se de um drama jurídico-existencial, por haver uma cisão entre a identidade sexual física e psíquica (BUTLER, 2003).

O sistema sócio-jurídico em muito contribui para a manutenção dessa circunstância uma vez que o sujeito é reconhecido e tratado socialmente de acordo com o sexo que aparenta pertencer ou ainda, com o sexo que este possui em seu registro civil. O tratamento civil do gênero inexiste sendo que o Código Civil e a Lei de Registros Públicos – ambos referindo-se ao sexo – são incapazes de dialogar com o que saia fora do padrão e da heteronormatividade, produzindo exclusão como resultado.

Para Maria Berenice Dias:

> (...) a transexualidade é uma divergência entre o estado psicológico do gênero e as características físicas e morfológicas perfeitas que associam o indivíduo ao gênero oposto. Caracteriza-se por um forte conflito entre o corpo e a identidade de gênero e compreende um arraigado desejo de adequar – hormonal ou cirurgicamente – o corpo ao gênero almejado. Existe uma ruptura entre o corpo e a mente, o transexual sente-se como se tivesse nascido no corpo errado, como se o corpo fosse um castigo ou mesmo uma patologia congênita. (DIAS, 2014, p. 269).

Segundo a autora, a própria medicina legal e a psicologia não mais consideram a sexualidade humana como um mero aspecto biológico, devendo ser levado em conta as atrações, identidades sexuais, comportamento e papel sexual. O direito procura reduzir e classificar o modo de *ser* cujo tratamento adequado reclama liberdade e ausência de rótulos.

Todavia, a reprodução de preconceitos não é exclusiva do mundo jurídico. Na área de saúde, a Classificação Internacional de Doenças ainda considera a transexualidade como doença (transexualismo), (*CID10 – F.64.0*), bem como o Manual de Diagnóstico e Estatístico das Doenças Mentais e o próprio Conselho Federal de Medicina.

É com base nessa visão patologizante da população trans que o Ministério da Saúde, através do Sistema Único de Saúde, com fulcro especialmente na sua portaria de número 2.803/2013, estruturou o protocolo de transexualizador pela rede pública.[4] A estruturação do serviço e do tratamento ainda opera na conjugação da doença e de sua cura.

A transexualidade ainda é objeto de muita discriminação produzida por diferentes facetas. No âmbito social, a situação é ainda mais grave. Assim, as pessoas trans, muitas vezes, são marginalizadas tão logo assumem a sua identidade, recorrendo, por vezes, a trabalhos também marginalizados e degradantes. Conforme leciona Peres (2014, p. 118):

> Muitos homossexuais, mesmo antes de se decidirem pela travestilidade, ao expressar sua homossexualidade dentro de suas famílias, são discriminados e perseguidos através de cobranças, controles e agressões físicas e verbais que denigrem a sua auto estima e sua capacidade de ação, fazendo-os perder a crença em si mesmos e a creditar nas acusações, classificações e penalizações que lhe são impostos. [...] Paralelamente a essa exclusão familiar, em seu entorno já se configuram outras ondas de exclusão, que vão se conjugando, tais como, exclusão escolar, exclusão social, exclusão econômica, exclusão sexual, exclusão cultural, exclusão religiosa, exclusão racial, ou seja, uma total exclusão de direitos, que não só denigre como impossibilita a essas pessoas o direito fundamental de construir cidadanias. Vai se configurando aquilo que gostaríamos de chamar de "rede de exclusão". (PERES, 2014, p. 118).

E adiciona:

> Com dificuldade para poder participar da formação escolar, ou profissionalizante, essas pessoas acabam sendo encaminhadas, por pessoas próximas que vivem experiências em comum, para o mundo da prostituição, o mundo da rua e aquilo que ele tem de mais negativo: a violência, a discriminação, o preconceito, o crime, as drogas, o tráfico. (PERES, 2014, p. 118).

Há, portanto, uma clara exclusão da população trans para as margens da sociedade. Esta marginalidade acaba empurrando-os para fora do direito. São os não sujeitos, sem direitos, que pelo julgo da discriminação não cabem nos padrões desenhados pela heteronormatividade. Como modelo desviante, a sua existência choca, incomoda e até fere aqueles que não entrevem na diferença fonte da diversidade social. São, assim, lesos com base na intolerância que, na opinião de Gomes de Jesus:

> ...repetem o padrão dos crimes de ódio, motivados por preconceito contra alguma característica da pessoa agredida que a identifique como parte de um grupo discriminado, socialmente desprotegido, e caracterizados pela forma hedionda como são executados, com várias facadas, alvejamento sem aviso, apedrejamento, reiterando, desse modo, a violência genérica e a abjeção com que são tratadas as pessoas transexuais e as travestis no Brasil. (JESUS, 2011, p. 111).

São vidas ceifadas. No Brasil, a expectativa de vida de travestis e transexuais é de 35 anos; em comparação, o Instituto Brasileiro de Geografia e Estatística (IBGE) calcula que a expectativa de vida no Brasil é, em média, de 75 anos (REDE TRANS BRASIL, 2018). A *causa mortis* é uma só: intolerância e preconceito.

---

4. Disponível em: [http://bvsms.saude.gov.br/bvs/saudelegis/gm/2013/prt2803_19_11_2013.html].

As barbaridades perpetradas pelos absolutismos dissociam as noções de pessoa humana daquela de sujeito merecedor de tutela jurídica.[5] Do acima exposto, nota-se que a população trans possui, portanto, o direito mais básico negado: o de ser como se é; o de ser visto como um ser humano – como bem ressaltam as palavras de Mokobe acima.

Nega-se, destarte, o direito humano mais básico – *"o direito a ter direitos"* na célebre enunciação de Hannah Arendt, *in verbis:*

> A calamidade dos que não têm direitos não decorre do fato de terem sido privados da vida, da liberdade ou da procura da felicidade, nem da igualdade perante a lei ou da liberdade de opinião – fórmulas que se destinavam a resolver problemas dentro de certas comunidades – mas do fato de já não pertencerem a qualquer comunidade. Sua situação angustiante não resulta do fato de não serem iguais perante a lei, mas sim de não existirem mais leis para eles; não de serem oprimidos, mas de não haver ninguém mais que se interesse por eles, nem que seja para oprimi-los. (ARENDT, 1989, p. 330).

É da negação que exsurge a necessidade de proteção internacional dos direitos humanos, consoante ensina Hannah Arendt, uma vez que "só conseguimos perceber a existência de um direito de ter direitos [...] quando surgiram milhões de pessoas que haviam perdido esses direitos e não podiam recuperá-los devido à nova situação política global".

No que tange ao reconhecimento das vulnerabilidades de gênero, à luz da teoria de Amartya Sen do *desenvolvimento como liberdade*, as pessoas trans se vêm privadas da expansão de sua liberdade e têm, portanto, dificuldade na concretização do seu próprio desenvolvimento (SEN, 2000). O *desenvolvimento como liberdade* permite emancipar os indivíduos para que preencham de sentido e vivam uma vida que se valoriza. É a partir do que os sujeitos são e significam que seu desenvolvimento será constantemente (re) significado se efetivada sua liberdade de escolhas.

Deve-se, assim, empoderar os sujeitos para suas preferências e respeitar as opções de vida e dignidade feitas. Pugna-se o respeito à pluralidade das diferentes formas de entrever a existência humana; permite-se, assim, empoderar as pessoas para que vivam dentro de experiências a si significativas – ou, em outras palavras – *"vidas que se valorem viver"* (SEN, 2000, p. 1).

3. DISCRIMINAÇÃO E EMANCIPAÇÃO

A capacidade de viver a vida que se preza pode ser traduzida na fórmula moderna da autodeterminação. Ainda que com esta expressão não esteja cunhada normativamente, deriva da interpretação sistemática e evolutiva do texto constitucional, em especial no que tange à proteção da dignidade humana, artigo 1º, inciso III e do princípio da igualdade, artigo 5º, *caput;* todos da Constituição Federal em conjunção com a expressão da autonomia da vontade corolário do direito civil.

---

5. Sobre a dissociação protetiva entre pessoa e sujeito de direito: "O conceito de direitos humanos, baseado na suposta existência de um ser humano em si, desmoronou no mesmo instante em que aqueles que diziam acreditar nele se confrontaram pela primeira vez com seres que haviam realmente perdido todas as outras qualidades e relações específicas – exceto que ainda eram humanos. O mundo não viu nada de sagrado na abstrata nudez de ser unicamente humano." (ARENDT, 1989, p.333).

Não há, todavia, no direito constitucional ou infraconstitucional pátrio regulamentação explícita acerca da proteção do direito à livre designação de gênero. É decorrente da proteção jurídica da personalidade na sua dimensão mais básica da dignidade humana.

O princípio da dignidade da pessoa humana avulta no ordenamento jurídico constitucional a partir da sua centralidade, na qualidade de fundamento da República Federativa do Brasil, privilegiando a posição do sujeito concreto e de suas necessidades, passando a incidir de forma especial e diversa sobre os demais princípios constitucionais.

Ensina Pérez Luño que "a dignidade da pessoa humana constitui não apenas a garantia negativa de que a pessoa não será objeto de ofensas ou humilhações, mas implica também, num sentido positivo, o pleno desenvolvimento da personalidade de cada indivíduo" (PEREZ LUÑO, 2004, p. 318).

Nota-se, portanto, clara imbricação entre o princípio alicerce da dignidade da pessoa humana e a faculdade de livre desenvolvimento das potencialidades da personalidade individual, o que engloba o direito à autodeterminação do gênero e seu consequente respeito.

No mesmo sentido Mota Pinto ensina: "A afirmação da liberdade de desenvolvimento da personalidade humana e o imperativo de promoção das condições possibilitadoras desse livre desenvolvimento constituem já corolários do reconhecimento da dignidade da pessoa humana como valor no qual se baseia o Estado" (MOTA PINTO, 1999, p. 151).

Ao contrário do movimento codificador que tinha como valor a realização da pessoa em seus aspectos patrimoniais, a autonomia abraçada pela Constituição de 1988,[6] acentua a raiz antropocêntrica do ordenamento jurídico. Com a materialização dos sujeitos de direito – que não são mais apenas os titulares de bens – a restauração da primazia da pessoa humana nas relações civis passa a ser a condição primeira de adequação do direito privado aos fundamentos constitucionais (TEPEDINO, 2000; 2008).

A repersonalização do direito privado impõe proteção ampla à pessoa humana, reconhecendo que não se trata de uma noção construída pelo ordenamento, mas, ao contrário, que é por ele recebida. O direito, por sua vez, recebe esse dado com toda carga valorativa de que é dotado, não podendo diminuir ou represar os sujeitos de direito.

Esse é um dos motivos pelos quais não há núcleo irredutível de autonomia pessoal, sendo que a autonomia privada deve ser garantida às custas do desrespeito ao princípio da dignidade da pessoa humana. Autonomia é, portanto, entrevista e colorida pelo princípio da dignidade com toda sua força expansiva e plural.

Daí falar-se numa *cláusula geral de tutela da pessoa humana*, eis que sua proteção não pode estar submetida a uma taxonomia prefixada. Segundo o magistério de Pietro Perlingeri, "é de máxima importância constatar que a pessoa não se realiza através de um único esquema de situação subjetiva, mas com uma complexidade de situações (...)" (PERLINGIERI, 1999, p. 155). Tal constatação permite afirmar que *o princípio da dignidade da pessoa humana deve estar presente em todos os momentos* (TEPEDINO,

---

6. Cita-se por todos Gustavo Tepedino, sem descurar de outros cânones pátrios da escola da constitucionalização do direito civil que seguem citados ao final do trabalho.

2003), inexistindo em nosso sistema constitucional "guetos", submetidos a parâmetros próprios de validade.

A cláusula geral de tutela da pessoa humana, atuando com fundamento direto e constitucional no princípio da dignidade da pessoa humana (artigo 1º, inciso III, da CF), é potencializadora, estruturante e informadora do sistema de direitos humanos (SARLET, 2007, p. 62). E, quando o interesse em jogo se revela nitidamente existencial, maior será o papel de tais garantias, tendo vazão a cláusula geral de tutela da pessoa humana, com função de reprimir as crescentes atividades que desconsideram o valor dos sujeitos e de suas escolhas.

Assim sendo, é por meio das lentes constitucionais da dignidade humana, e da cláusula de abertura material contida no art. 5º, § 2º da Constituição Federal, que se pode sustentar a existência do direito à livre orientação de gênero e à consequente não discriminação por motivos desta ordem.

A tutela constitucional da autonomia privada deve ser extraída a partir da consagração do direito ao livre desenvolvimento da personalidade. Trata-se, ao final, de uma questão também vinculada aos direitos personalíssimos, pois não é possível dissociar pessoa e autonomia privada, como bem anota Paulo Nalin:

> A pessoa e a autonomia privada são temas afins, em que pese não mais ser sustentável uma autonomia privada que se funda no individualismo. A autonomia privada está socialmente funcionalizada, e, por consequência, seus institutos derivados favorecem a pessoa, numa ótica relacional. (NALIN, 2006. p. 43).

Dessa forma, a ideia de autonomia privada remete à discussão sobre a *liberdade positiva* entendida, nas palavras de Orlando de Carvalho, como o "*direito de conformar o mundo e conformar-se a si próprio*" (apud MOTA PINTO, 2006, p. 385). Ao lado do conceito de liberdade negativa, concebida como ausência de obstáculos externos, foi paulatinamente reconhecida a ideia de liberdade positiva partindo do pressuposto de que o sujeito depende da comunidade, mas a comunidade também depende do desenvolvimento da personalidade dos indivíduos (da criação de autênticas identidades) para o seu caminhar (PEREIRA, 2006, p. 163).

Na enunciação completa de Amartya Sen:

> A liberdade individual é essencialmente um produto social, e existe uma relação de mão dupla entre (1) as disposições sociais que visam expandir as liberdades individuais e (2) o uso de liberdades individuais não só para melhorar a vida de cada um, mas também para tornar as disposições sociais mais apropriadas e eficazes. (2001, p. 46).

O que se busca é o status de cidadania com o reconhecimento do direito mais básico, do qual derivam os demais, é o direito a ter direitos na lição de Arendt acima já explicitada. Apenas o acesso pleno à ordem jurídica, com aquilo que o reconhecimento da cidadania oferece, retirará a população trans da margem a que o tratamento jurídico binário e heteronormativo lhes confinou.

Esse processo acaba por impactar na própria "*condição do agente*" (SEN, 2000, p. 33) – ou seja, dos sujeitos trans que agem (e daí decorre o uso da expressão agente por Sen) participando das relações políticas, sociais e econômicas. Nesse sentido, adiciona Sen que a perspectiva do desenvolvimento como expansão das liberdades "*não só melhora a vida de cada um*" como também "*torna as disposições sociais mais apropriadas e eficazes*" (*Ibid*, p. 46) já que os indivíduos participam, (re)constroem e (re)qualificam esses caminhos.

A configuração do *desenvolvimento como liberdade*, em sua vertente emancipadora, empodera os indivíduos para que possam decidir sobre os recursos e as possibilidades que possuem para preencher de sentido e realizar a concepção própria de dignidade. Não há um modelo posto, há condições fornecidas para que os indivíduos construam o seu molde. "*A liberdade não pode produzir uma visão do desenvolvimento que se traduza prontamente em uma 'fórmula*", atesta SEN (2000, p. 336) Reconhecer a diversidade implica em afiançar as condições necessárias para o próprio exercício da democracia.

É nessa mesma acepção que Ronald Dworkin (1984, p. 153) afirma serem os direitos humanos trunfos – sobretudo, contra majoritários – da construção de uma sociedade substancialmente democrática. Esses trunfos, por sua vez, demandam tratar os indivíduos com igual respeito e consideração, ou seja, "como capazes de formar concepções inteligentes sobre o modo como suas vidas devem ser vividas e de agir de acordo com elas" (DOWRKIN, 2002, p. 419). Por essa óptica, os sujeitos, independente da declaração de vontade majoritária, são chamados a participar qualitativamente do processo de significação dos direitos.

Um ordenamento jurídico que privilegie a proteção da pessoa humana não pode chancelar tamanha violação de direitos; condenando sujeitos de carne e osso a viver uma ficção do que não são. Isso implica que a justiça deve aderir a princípios mínimos que possam ser adotados por uma pluralidade de seres, reconhecendo sua condição de sujeito, sua autonomia, possibilitada a partir de uma plataforma emancipatória de ação.

Diante disto, faz-se mister a configuração de um novo *status* jurídico da liberdade, inclusive no âmbito das carreiras militares, para adequar-se com as escolhas e narrativas de vida da população *trans*.

4. (DE)GENERANDO AS FORÇAS ARMADAS

Infelizmente no Brasil não existem dados e nem produção bibliográfica suficiente sobre a situação da população trans dentro das forças armadas; se os dados gerais já são difíceis, conforme anteriormente explanado, na seara castrense ainda mais. O silêncio é eloquente e causado pelo preconceito que a diferença gera, também no âmbito militar.

Tendo em vista esta ausência – que conforme acima exposto é um importante diagnóstico *per se* – tomar-se-á de empréstimo as reflexões que o tema teve, em época bastante recente, nos Estados Unidos. Naquele país, o tema da população nas forças armadas teve bastante impacto, razão pela qual será feita uma análise comparada.

A experiência americana nos autoriza a pensar o tema a partir da nossa própria visão de mundo. Por certo, se nenhuma sociedade é igual, cada uma possui traços característicos que as tornam únicas e identificáveis que conformam a cultura daquele determinado povo. Se as sociedades não são idênticas, o direito tampouco. Todavia, pode-se utilizar o paralelo para pensar o tema aqui no Brasil a fim de evitar políticas retrocessivas como a norte-americana.

No ano de 2016, sob a presidência do Presidente Barack Obama, nos Estados Unidos, houve um movimento de abertura das forças armadas à população trans. Os transgêneros já em serviço puderam contar com apoio médico e psicológico para a realização do processo de transgenitalização na corporação. Era o fim da política *don't ask, don't tell.*[7]

O segundo passo da abertura seria a possibilidade de alistamento de pessoas trans, o que estava marcado para ocorrer em Julho de 2017. Com a mudança do chefe do executivo, e a posse de Donald Trump, a data foi adiada e acabou não entrando em vigor com a mudança de posicionamento.

Sob a justificativa de redução dos custos envolvidos com tal política pública, a administração Trump, revendo a orientação anterior, emitiu, em março de 2018, pelo seu departamento de defesa, a orientação que "pessoas transexuais com histórico ou diagnóstico de disforia de gênero – indivíduos que as políticas afirmam poderem exigir tratamento médico substancial, incluindo medicamentos e cirurgia – são desqualificados do serviço militar, exceto sob certas circunstâncias limitadas."[8]

A nova política impede que indivíduos transgêneros e transexuais com disforia de gênero sirvam nas forças militares, a não ser que sirvam "em seu sexo biológico" e não procurem passar pela transição de gênero. A única exceção são os mais de novecentos transgêneros que, na administração Obama, iniciaram o processo de transgenitalização.

Tribunais de diversos estados americanos suspenderam os efeitos da aplicação da política do governo Trump por indícios de violação à Constituição dos EUA, no que toca à igual proteção sob a lei. Além disto, emitiram-se várias ordens judiciais para permitir que transgêneros se juntassem às forças armadas.

Todavia, em recentíssimo pronunciamento, a Suprema Corte norte americana, em votação de um único voto de diferença, concluiu, em janeiro deste ano, pela possibilidade de o Poder Executivo seguir adiante com sua política de banimento. A decisão da Suprema Corte, que não é propriamente de mérito, permite que a política reversiva entre em vigor enquanto os processos judiciais individuais caminham.[9]

A maioria conservadora da Suprema Corte, ainda que não tenha se pronunciado sobre a constitucionalidade da medida, deu fôlego à medida executiva que retoma a era *don't ask, don't tell.* A Corte afastou o efeito suspensivo das ordens judiciais exaradas permitindo que o banimento prossiga enquanto as discussões judiciais se desenrolam nas instâncias inferiores, o que pode durar muitos anos e produzir graves consequências discriminatórias.

A notícia do julgamento pela Suprema Corte corrobora com a crescente intolerância contra grupos vulneráveis. A população trans, neste caso, é mais um exemplo de como a diferença é tomada não no sentido promotor, mas discriminatório, aniquilador de direitos.

---

7. Para mais informações, consultar a política trans do departamento de defesa norte-americano. Disponível em: [https://dod.defense.gov/News/Special-Reports/0616_transgender-policy-archive/].
8. *Presidential Memorandum on Military Service by Transgender Individuals by Donald Trump (March 23, 2018).*
9. Informação veiculada em: https://www.nytimes.com/2019/01/22/us/politics/transgender-ban-military-supreme--court.html.

Tais efeitos retrocessivos não são privilégio norte americano infelizmente. O quadro de retrocesso na proteção de direitos humanos de grupos minoritários tem sido recostado em distintos lugares do globo, inclusive no Brasil, com a ascensão, como nos Estados Unidos, da direita conservadora ao poder.

Ainda que não tenhamos aqui política pública explícita como a da administração Trump, é certo que os transgêneros não encontram outra resposta que não aquela do preconceito nas forças armadas pátrias.

Exemplificativo de tal circunstância é a discussão judicial em curso acerca de reforma compulsória de transexual levada a cabo pela Marinha Brasileira. A questão foi judicializada perante a 2ª região da Justiça Federal[10] por militar do quadro do Comando da Marinha, no posto de Segundo-Sargento, no qual requereu que a Marinha se abstivesse de dar continuidade ao processo de reforma, além de promover a retificação do nome e gênero da assistida em seus assentamentos e no trato interpessoal.

Em razão do diagnóstico de *transexualismo* a Requerente foi considerada inapta permanentemente para o ofício e reformada, em claro impedimento de exercer seu trabalho causado por preconceitos arraigados dentro da Marinha em relação à sua expressão de identidade de gênero, em claro desrespeito aos direitos humanos. Nota-se a reprodução do discurso aniquilador da diferença e pasteurizador do preconceito que relega os militares transgêneros à reserva pelo simples fato de *ser* divergente da heteronormatividade vigente.

No contexto da ação, a apreciação liminar foi deferida sob o fundamento de que a incapacidade laborativa não estaria comprovada *ipso fato* pela condição de transgênero. Segundo o Magistrado, "admitir a tese da União, segundo a qual não seria possível a transposição do quadro masculino para o feminino, equivaleria a dizer que transexuais não podem ser admitidos no serviço militar".[11] O que, prossegue, "violaria frontalmente o art. 3º, IV, da Constituição, que prevê como objetivo fundamental da República Federativa do Brasil "promover o bem de todos, sem preconceitos de origem, raça, sexo, cor, idade e quaisquer outras formas de discriminação".[12]

Depreende-se da decisão citada que a hipótese inicialmente indicada é confirmada, sendo a discriminação e o preconceito a razão pela qual os militares trans não conseguem acessar, ascender e permanecer nos seus postos de trabalho. Reconheceu-se, assim, judicialmente o direito da parte autora à alteração de seu prenome e de sua designação sexual para o gênero feminino no seu registro militar junto à Marinha.

Todavia, a postura processual da Marinha, representada pela União, prosseguiu reafirmando a postura discriminatória em questão. Inconformada, a União recorreu da decisão liminar que, no Tribunal Regional Federal da 2ª Região, em sede de Agravo de instrumento, foi mantida para obstar a "suspensão do processo de reforma compulsória e da retificação de seu prenome e gênero em seus assentamentos e no tratamento interpessoal"[13]. O Desembargador Relator afirmou que:

---

10. TRF – 2ª Região. Autos na JFRJ nº 0210689-57.2017.4.02.5101.
11. Disponível em: [https://www.conjur.com.br/dl/marinha-nao-reformar-militar.pdf].
12. Disponível em: [https://www.conjur.com.br/dl/marinha-nao-reformar-militar.pdf].
13. Disponível em: [https://www.jfrj.jus.br/noticia/jfrj-suspende-processo-de-reforma-compulsoria-de-militar-transexual. Acesso em: 23/04/2019].

[...] inexistindo, como já dito, a incapacidade para o trabalho a justificar a reforma compulsória, tampouco subsiste, pelas mesmas razões expostas, fundamento para o afastamento da militar do serviço ativo da Marinha, percebendo rendimentos sem a correspondente prestação do serviço, cabendo à Administração realocar a Segundo-Sargento para o exercício de atividades compatíveis à sua condição.

Há notícias de que a sentença manteve a decisão exarada em sede de antecipação de tutela, pelos seus mesmos fundamentos e que – também da decisão terminativa do mérito em primeiro grau a União recorreu reafirmando a necessidade de que a oficial trans seja relegada à reserva. Não há, todavia, nas razões sustentadas pela Marinha nenhuma condição de inaptidão específica, senão aquelas decorrentes do simples fato de ser trans.

Ainda que o pronunciamento judicial brasileiro, até agora, tenha sido mais inclusivo e protetivo que aquele norte americano, a política administrativa das forças armadas – tal qual aquela da administração Trump – salta aos olhos por discriminar, de modo explícito, as pessoas *trans*.

Admitir que a transgeneridade é condição *per se* incompatível com o mister das forças armadas é negar ao outro a condição plena de sujeito de direito. Conforme nos ensina Flávia Piovesan, "as mais graves violações aos direitos humanos tiveram como fundamento a dicotomia do "eu *versus* o outro" (PIOVESAN, 2006); nestes casos a diversidade é tomada como justificativa para minorar direitos. O diferente é entrevisto como alguém desprovido de dignidade e direitos. Como leciona Amartya Sen, "identity can be a source of richness and warmth as well as of violence and terror" (SEN, 2006, p. 4).

Neste sentido Nancy Fraser afirma que ao lado do reconhecimento da igualdade formal que na sua ótica genérica e abstrata combate privilégios, é necessário somar o reconhecimento de identidades (FRASER, 2001). No mesmo sentido, Boaventura de Sousa Santos afirma que há necessidade de entrevermos o direito à igualdade *que reconheça as diferenças e de uma diferença que não produza, alimente ou reproduza as desigualdades* (SOUSA SANTOS, 2003, p. 56).

A ótica material objetiva construir e afirmar a igualdade de direitos em relação à população trans com respeito à diversidade.

5. CONCLUSÃO

A diferença tem sido tomada como razão para aniquilação de direitos em relação aos transgêneros, em especial no contexto castrense. Determinadas violações de direitos, como esta, exigem uma resposta específica e diferenciada. A diversidade é fonte promotora – e não aniquiladora – de direitos. Assim que, ao lado do direito à igualdade, surge, também o direito à diferença.

Pensar o tema no contexto das forças armadas implica em superar as estruturas binárias e estanques da heteronormatividade calcada no estereótipo masculino e marcado pela subordinação imposta pela força. É necessário reconhecer a autonomia da população trans para que possam desenvolver-se na expansão da sua liberdade.

Assim, a autonomia privada não subsiste como um "espaço em branco" deixado à atuação da liberdade individual. Está-se, agora, diante de um espaço preenchido pelos valores constitucionais e pelas experiências significativas da pluralidade de indivíduos que as colore. O princípio da dignidade da pessoa humana, na sua visão concreta e encarnada, é baldrame fundamental nesta travessia rumo ao reconhecimento e não discriminação.

As experiências recolhidas do contexto norte-americano e pátrio nos mostram que ainda há um caminho grande a trilhar pela frente, ainda mais em épocas de retrocessos em relação aos direitos da população LGBTI.

Neste sentido é que se invoca, mais uma vez, a voz do poeta sul africano Lee Mokobe a fim de que se ressalte que a única mudança é aquela do contexto, no caso castrense, e não dos sujeitos que, a seu modo, buscam vidas que valoram viver. Eis aí a prece, que junto com o poeta, que deixamos para o futuro mais diverso, menos desigual e preconceituoso.

6. REFERÊNCIAS

ANTRA. *Mapa dos assassinatos de Travestis e Transexuais no Brasil em 2017*. Disponível em: [https://antrabrasil.files.wordpress.com/2018/02/relatc3b3rio-mapa-dos-assassinatos-2017-antra.pdf]. Acesso em: 03.06.2020.

ARENDT, Hannah. *As origens do totalitarismo*. São Paulo: Cia das Letras, 1989.

BENEVIDES, Bruna E NOHUEIRA, Sayonara. *Dossiê dos assassinatos e da violência contra travestis e transexuais no Brasil em 2018*. Disponível em: [https://antrabrasil.files.wordpress.com/2019/01/dossie-dos-assassinatos-e-violencia-contra-pessoas-trans-em-2018.pdf]. Acesso em: 23.04.2019.

BUTLER, Judith. *Problemas de Gênero*. Rio de Janeiro: Civilização Brasileira, 2003.

CARVALHO, Orlando de apud PINTO, Paulo Mota. Autonomia privada e discriminação: algumas notas. In: SARLET, Ingo Wolgang (Coord.). *A Constituição concretizada*. 2. ed. Porto Alegre: Livraria do Advogado, 2006.

DIAS, Maria Berenice. *Homoafetividade e os direitos LGBTI*. 6. ed. reformulada. São Paulo: Editora Revista dos Tribunais, 2014.

DWORKIN, Ronald. Rights as trumps. In: WALDRON, Jeremy. *Theories of Rights*. Oxford: Oxford University, 1984.

DWORKIN, Ronald. *Levando os direitos a sério*. São Paulo: Martins Fontes, 2002.

FACHIN, Luiz Edson (Coord.). *Repensando os fundamentos do direito civil contemporâneo*. Rio de Janeiro: Renovar, 1998.

FACHIN, Luiz Edson. *Redistribución, reconocimiento y participación: hacia un concepto integrado de la justicia*. UNESCO. Informe Mundial sobre la Cultura – 2000-2001. Ediciones Unesco, 2001.

FRASER, Nancy; HONNETH, Axel. *Redistribution or Recognition? A Political-Philosophical Exchange*. London and New York: Verso, 2003.

JESUS, J. Q. Transfobia e crimes de ódio: assassinato de pesssoas transgênero como genocídio. *História Agora*: A revista de história do tempo presente.

LÔBO, Paulo Luiz Netto. Constitucionalização do Direito Civil. *Revista de Informação Legislativa*, Brasília, n. 141, jan./mar. 1999.

MDH. Secretaria Nacional de Cidadania. *Violência LGBTFóbicas no Brasil*: dados da violência/ elaboração de Marcos Vinícius Moura Silva – Documento eletrônico – Brasília: Ministério dos Direitos Humanos, 2018.

FORÇAS ARMADAS E OS MILITARES TRANSGÊNEROS | 289

MOTA PINTO, Paulo da. *O direito ao livre desenvolvimento da personalidade*. Coimbra: Coimbra Editora, 1999.

NALIN, Paulo (Coord.). *Contrato & Sociedade*, v. II, a autonomia privada na legalidade constitucional. Curitiba: Juruá Editora, 2006.

NUSSBAUM, M. *Justicia poética*. Santiago do Chile: Andrés Bello, 1997.

PEREIRA, Jane Reis Gonçalves. *Interpretação constitucional e direitos fundamentais*: uma contribuição para o estudo das restrições aos direitos fundamentais na perspectiva da teoria dos princípios. Rio de Janeiro: Renovar, 2006.

PERES, W. S. Violência, exclusão e sofrimento psíquico. In: RIOS, L. F. *Homossexualidade*: produção cultural, cidadania e saúde. Rio de Janeiro: ABIA, 2004.

PÉREZ LUÑO, António Enrique. *Los derechos fundamentales*. Madrid: Tecnos, 2004.

PERLINGIERI, Pietro. *Perfis do Direito Civil*: introdução ao direito civil constitucional. Tradução de Maria Cristina De Cicco. Rio de Janeiro: Renovar, 1999.

PIOVESAN, Flávia. *Direitos humanos e justiça internacional*: estudo comparativo dos sistemas interamericano, europeu e africano. São Paulo: Saraiva, 2006.

PIOVESAN, Flávia. *Direitos humanos e o direito constitucional internacional*. 10. ed. São Paulo: Saraiva, 2009.

REDE NACIONAL DE PESSOAS TRANS DO BRASIL (REDE TRANS BRASIL). *Diálogos Sobre Viver Trans* – Monitoramento: Assassinatos e Violação de Direitos Humanos de Pessoas Trans no Brasil – Dossiê, 2018.

SARLET, Ingo Wolfgang. *Dignidade da pessoa humana e direitos fundamentais na Constituição Federal de 1988*. 5. ed. Porto Alegre: Livraria do Advogado, 2007.

SEN, Amartya K. *Desenvolvimento como Liberdade*. São Paulo: Cia das Letras, 2000.

SEN, Amartya K. *Identity and Violence*: The illusion of destiny, New York/London, W.W.Norton & Company, 2006.

SOUSA SANTOS, Boaventura. *Reconhecer para libertar*: os caminhos do cosmopolitanismo multicultural. Rio de Janeiro: Civilização Brasileira, 2003.

SOUSA SANTOS, Boaventura. Por uma concepção multicultural de direitos humanos. In: SOUSA SANTOS, Boaventura. *Reconhecer para libertar*: os caminhos do cosmopolitanismo multicultural. Rio de Janeiro: Civilização Brasileira, 2003. p. 429-461.

TAYLOR, Charles. The Politics of Recognition. In: GUTMANN, Amy (Ed.). *Multiculturalism*: Examining the Politics of Recognition. Princeton: Princeton University Press, 1994. p. 25- 73.

TEPEDINO, Gustavo (Org.). *Problemas de direito civil-constitucional*. Rio Janeiro, RJ: Renovar, 2000.

TEPEDINO, Gustavo. Crise de fontes normativas e técnica legislativa na parte geral do Código Civil de 2002. In.: TEPEDINO, Gustavo (Coord.). *A parte geral do novo código civil*: estudos na perspectiva civil-constitucional. 2. ed. Rio de Janeiro: Renovar, 2003.

TEPEDINO, Gustavo. *Temas de Direito Civil*. 4. ed. rev. e atual. Rio de Janeiro: Renovar, 2008.

COMO OS TRIBUNAIS BRASILEIROS TÊM TRATADO AS ATITUDES DISCRIMINATÓRIAS, SOB AS LENTES DA RESPONSABILIDADE CIVIL?

Nelson Rosenvald

Pós-Doutor em Direito Civil pela Universidade Roma-Tre-IT. Pós-Doutor em Direito Societário pela Universidade de Coimbra. Doutor e Mestre em Direito Civil pela PUC/SP. Procurador de Justiça do Ministério Público de Minas Gerais. Professor do Doutorado e Mestrado do IDP-DF.

Felipe Peixoto Braga Netto

Pós-Doutor em Direito Civil pela Universidade de Bologna (*Alma Mater Studiorium*). Doutor em Teoria do Estado e Direito Constitucional pela PUC-RJ; Mestre em Direito Civil pela Universidade de Pernambuco; Procurador da República em Minas Gerais; Professor da Escola Superior do Ministério Público da União – ESMPU.

Sumário: 1. Introdução. 2. As múltiplas facetas discriminatórias. 2.1 Discriminações em virtude do sexo. 2.2 Discriminações em virtude da cor da pele. 2.3 Discriminações em virtude de orientações sexuais e identidade de gênero. 2.4 Discriminações em virtude da origem geográfica. 2.5 Discriminações em virtude de opções religiosas. 2.6 Discriminações em virtude de condições físicas, idade etc. 3. Liberdade para quê? Um progressivo amparo jurídico-constitucional dos aspectos existenciais da vida humana. 4. Conclusão: Em defesa do pluralismo: o espaço jurídico da valorização da diferença. 5. Referências.

> "Numa sociedade discriminatória como a que vivemos, a mulher é diferente, o negro é diferente, o homossexual é o diferente, o transexual é diferente. Diferente de quem traçou o modelo, porque tinha poder para ser o espelho e não o retratado"
> (Ministra Cármen Lúcia – STF/2019- ADO/26).

1. INTRODUÇÃO

Não parece necessário muito esforço argumentativo para evidenciar a clara repulsa de nossa Constituição às atitudes discriminatórias. Sejam expressas através de ações (como mais frequentemente ocorre) ou de omissões, não importa. A Constituição da República, cujo fundamento, entre outros, é a dignidade da pessoa humana (art. 1°, III), repudia quaisquer condutas que trilhem a estrada do menosprezo à pessoa humana, sua redução a tipos com propósitos ultrajantes ou isolacionistas.

Nossa Constituição tem como objetivos fundamentais construir uma sociedade livre, justa e solidária (CF, art. 3°, I), garantir o desenvolvimento nacional (CF, art. 3°, II), erradicar a pobreza, a marginalização, e reduzir as desigualdades sociais e regionais (CF, art. 3°, III), promover o bem de todos, sem preconceitos de origem, raça, sexo, cor, idade e quaisquer outras formas de discriminação (CF, art. 3°, IV). Desigualar pessoas, à luz da nossa Constituição, será sempre arbitrário e constitucionalmente vedado, a menos que a desequiparação busque, aí sim, reequilibrar situações de substancial desajuste. A diversidade de ideias, de religiões, de opções sexuais, de modos de vida, é bem-vinda e deve ser protegida e incentivada. Veremos, mais adiante, em situações e normas específicas, essa clara opção constitucional.

A Internet – com a pluralidade e a liberdade de expressão que a caracteriza (e o fácil anonimato, reconheça-se) – é território fértil para atitudes criminosas ou civilmente danosas. Proliferam comunidades que pregam a violência contra minorias e a discriminação sexual e racial. As páginas de conteúdo homofóbico e racista aproveitam a ausência de fiscalização prévia dos seus conteúdos e a difícil (mas não impossível) persecução penal em relação a tais crimes.

Naturalmente, além das consequências civis, tais condutas perfazem ilícitos penais. Nesta obra, como o leitor pode intuir, as dimensões criminais do fenômeno não serão estudadas. Interessa-nos, sim, indagar em que medida poderemos ter danos indenizáveis nessas odiosas situações. O direito civil do século XXI prestigia, concretamente, as liberdades fundamentais, e cabe ao Estado não só respeitá-las, como agir – concreta e efetivamente – para que os demais particulares também as respeitem.

A literatura jurídica hoje amplamente percebe que os direitos fundamentais são reconhecidos a toda e qualquer pessoa, pelo só fato de ser pessoa.[1] Somos iguais em dignidade, essa é a premissa normativa da ordem jurídico-constitucional. Porém, o fato de sermos iguais em dignidade não apaga nossas diferenças, pelo contrário. A dignidade humana é vetor normativo que reconhece e consagra o direito à diferença. O pluralismo não é só um fato que deve ser constatado, mas é algo que merece ser celebrado e valorizado. Nossa Constituição Federal alberga e promove o pluralismo. Anote-se, aliás, que a herança cultural que o direito atual deixará às futuras gerações, além de um crescente diálogo ético, será o respeito ao pluralismo. Em outras palavras, *a ordem jurídica brasileira reconhece na diversidade um valor a ser protegido e resguardado de lesões ou ameaças de lesões.* Estamos tentando construir, no século XXI, um direito que seja amigo da diferença.

2. AS MÚLTIPLAS FACETAS DISCRIMINATÓRIAS

2.1 Discriminações em virtude do sexo

Não poderíamos impunemente afirmar que inexistem, entre nós, discriminações contra a mulher. Talvez, porém, possamos nos alegrar por constatar que se ainda estamos longe de uma situação ideal, já caminhamos – social e normativamente –, na matéria, em relação ao passado. A mulher, progressivamente ocupando espaço social, conseguiu

---

1. Habermas aponta que "após duzentos anos de história constitucional moderna, nós temos uma maior compreensão sobre o que distinguiu esse desenvolvimento desde o princípio: a dignidade humana forma o 'portal' através do qual a substância igualitária e universalista da moralidade é importada para o direito". Continua: "A ideia de dignidade humana é o eixo conceitual que conecta a moral do igual respeito por cada um ao direito positivo e ao processo legislativo democrático, de tal modo que essa interação, sob circunstâncias históricas favoráveis, pôde se originar de uma ordem política fundada nos direitos humanos." (HABERMAS, s.d., p. 8).

TRIBUNAIS BRASILEIROS, ATITUDES DISCRIMINATÓRIAS E RESPONSABILIDADE CIVIL

por si mesma derrubar as obsoletas e absurdas restrições que um dia lhe foram feitas.[2] Não que vivamos num paraíso. Existem ainda preconceitos, e desde que configurado dano, a reparação haverá de se fazer presente. Se, por exemplo, em reunião profissional, alguém ofende uma colega de trabalho ("uma besteira desse tamanho só poderia vir de uma mulher!"), a indenização por danos morais (e até materiais, dependendo das circunstâncias) é obviamente devida.

Legislativamente, estamos, aos poucos, evoluindo. A isonomia entre os gêneros é cláusula pétrea de nossa ordem constitucional (CF, art. 5º, I). É, além disso, dever do Estado proteger o mercado de trabalho da mulher (CF, art. 7º, XX). A evolução ocorre não apenas através de normas mais conhecidas, como a célebre Lei Maria da Penha – tão odiada pelo referido magistrado –, como também na legislação em geral. Lembremos que o Código Civil de 1916, quando editado, ainda trazia a mulher casada no rol dos incapazes ("Art. 6º São incapazes, relativamente a certos atos, ou à maneira de os exercer: [...] II – as mulheres casadas, enquanto subsistir a sociedade conjugal"). Não só isso. Pontes de Miranda (1928, p. 202), escrevendo em 1928 a propósito do Código Civil de 1916, já percebia: "O capítulo sobre pátrio poder ainda apresenta certas durezas patriarcais e a interpretação dos tribunais tem fortalecido a rotina".

Não apenas na legislação interna dos países, mas também na perspectiva internacional, avolumam-se, como se sabe, os instrumentos normativos de proteção. A *Convenção sobre a Eliminação de Todas as Formas de Discriminação contra a Mulher* foi importante marco nesse sentido, tendo sido aprovada pela Organização das Nações Unidas em 1979 e entrado em vigor em 1981. Foi inicialmente assinada por 64 países. Até hoje, 185 países a ratificaram. O Brasil a ratificou em 1984, e em 2002 – através do Decreto n. 4.316, da Presidência da República – promulgou o Protocolo Facultativo, para inteira execução e cumprimento da referida Convenção. A Convenção, em si, tem duas propostas básicas: (a) promover os direitos das mulheres em direção à igualdade de gênero; (b) combater e reprimir quaisquer discriminações contra as mulheres nos Estados-parte. Bobbio (1992, p. 25), aliás, costumava ponderar que o problema mais grave do nosso tempo, em relação aos direitos fundamentais, não era mais o de justificá-los, mas sim o de protegê-los.[3]

Lembremos, à luz do modelo conceitual proposto por Nancy Fraser (1997), que os problemas de injustiça existentes nas sociedades contemporâneas podem assumir as seguintes formas, de modo isolado ou simultâneo: (a) problemas de distribuição; e (b) problemas de reconhecimento. Os primeiros, mais estudados, de índole socioeconômica, decorrem de uma desigual distribuição dos recursos financeira nas sociedades; os segundos, com matizes mais culturais ou simbólicas, têm relação com os modos e formas com

---

2. Nancy Fraser, uma das maiores estudiosas das questões de gênero, pondera: "O gênero, eu acredito, é uma coletividade bivalente. Nem simplesmente uma classe, nem simplesmente um grupo de *status*, o gênero é uma categoria híbrida pautada simultaneamente na política econômica e na cultura" (FRASER, 2010, p. 167-189). Mais adiante comenta: *"O núcleo normativo de minha concepção é a noção de participação paritária. De acordo com essa norma, a justiça requer arranjos sociais que permitam a todos os membros adultos da sociedade interagir uns com os outros como pares".* Há quem sustente que grande parte do problema da desigualdade entre os sexos é uma questão de liberdades divergentes encobertas pelo manto da necessária igualdade de direitos. Cf.: McColgan, 2000.

3. Para um aprofundamento na questão dos gêneros, ao longo dos ciclos civilizatórios (e não só no Ocidente), conferir: STEARNS, Peter N. *História das relações de gênero.* Tradução de Mirna Pinsky. São Paulo: Contexto, 2007. Conferir ainda: Butler (2008).

que determinados grupos sociais são socialmente tratados (o que, por certo, repercute na própria autoimagem desses grupos).

2.2 Discriminações em virtude da cor da pele

Talvez seja a forma de discriminação mais comum entre nós, ainda que venha frequentemente associada, no Brasil, a questões econômicas. Embora não tenhamos tido as tristes e sangrentas agressões contra os negros ocorridas nos Estados Unidos,[4] o Brasil não pode se vangloriar de não enfrentar o problema. O racismo é sempre irracional, e mais ainda se torna quando lembramos que somos a segunda população negra no mundo. A maioria de nós, de uma forma ou de outra, já presenciou algo criminoso ou, no mínimo, desagradável. Seja através de piadas, seja por outros modos, a agressão existe, ainda que oblíqua. Hoje, talvez, menos evidente do que em décadas passadas. Mas, em geral, ainda somos o país do elevador de serviço.

Desmistificar a ideologia da democracia racial brasileira talvez seja uma das formas de encarar o problema. A desigualdade racial, em muitos aspectos, está "naturalizada" na sociedade brasileira. Daniel Sarmento (2010, p. 140), nesse sentido, percebe que "de tanto conviver com esta desigualdade, desde a sua primeira infância, o brasileiro mediano acaba perdendo a capacidade crítica de percebê-la como uma tremenda injustiça. Socializado neste contexto, ele passa a ver este quadro como absolutamente natural e internaliza, inconscientemente, a ideia de que o 'normal' é que o negro ocupe as posições subalternas da sociedade". Continua:

> Para lutar contra a discriminação racial e a desigualdade é preciso reaprender a olhar. Olhar para ver que são quase sempre negras as crianças famélicas que fazem malabarismos com bolinhas nos sinais de trânsito das grandes cidades; quase sempre negras as famílias que dormem sob as marquises, na imundície das sarjetas das nossas ruas; quase sempre negras as vítimas da violência policial e da tortura. Olhar para ver que a miséria no Brasil tem cor. (SARMENTO, 2010, p. 140).

O autor, mais adiante, no mesmo estudo, argumenta:

> O que ainda não existe no país, e deve ser estimulado, é a cultura de análise empírica, inclusive estatística, sobre a forma de aplicação de normas aparentemente neutras do ponto de vista étnico-racial, mas que são frequentemente empregadas de forma não igualitária, em desfavor dos negros. Os resultados obtidos nessas coletas de dados possibilitarão, em muitos casos, não apenas a punição dos culpados e a reparação dos danos materiais e morais infligidos às vítimas das discriminações, como também a reformulação das normas utilizadas, de modo a minimizar os riscos de aplicações que violem o direito à igualdade dos afrodescendentes

A Constituição da República, em seu art. 3°, estatui:

> Constituem objetivos fundamentais da República Federativa do Brasil: I – construir uma sociedade livre, justa e solidária; II – garantir o desenvolvimento nacional; III – erradicar a pobreza e a marginalização e reduzir as desigualdades sociais e regionais; IV – promover o bem de todos, sem preconceitos de origem, raça, sexo, cor, idade e quaisquer outras formas de discriminação.

---

4. A segregação entre brancos e negros é fato bem conhecido nos Estados Unidos. A segregação, acrescenta Edward Telles, foi por muito tempo formalizada pelo aparato legal e político, e – como apontado por muitos acadêmicos – a segregação residencial urbana continua a demarcar rígidas fronteiras entre brancos e negros (TELLES, 2012, p. 4).

Lembremos que o racismo, na dicção constitucional, é crime inafiançável e imprescritível (CF, art. 5º, XLII).[5] A Constituição – como a explicitar sua incisiva posição normativa sobre a matéria – ainda prevê que "a lei punirá qualquer discriminação atentatória dos direitos e liberdades fundamentais" (CF, art. 5º, XLI). Há, ainda, na Constituição, a proibição da diferença de salários, de exercício de funções e de critério de admissão por motivo de cor (CF, art. 7º, XXX). A Constituição estatui, por fim, que o Estado protegerá as manifestações das culturas afro-brasileiras, dentre outras (CF, art. 215, § 1º).

A legislação tipificou os crimes de preconceito de raça e cor (Lei n. 7.716/89, alterada pela Lei n. 9.459/97). Na redação atual, a referida lei pune os crimes resultantes de discriminação de raça, cor, etnia, religião ou procedência nacional. Sob o prisma penal, costuma-se distinguir a injúria racial (CP, art. 140, § 3º) do racismo (Lei n. 7.716/89, alterada pela Lei n. 9.459/97). A injúria racial atingiria a honra subjetiva da vítima, com palavras depreciativas em relação à sua raça, cor, religião etc. Já o racismo seria a conduta dirigida a um grupo ou a determinada coletividade.[6] Sob o prisma do direito de danos, a distinção é menos relevante. Não trabalhamos, aqui, com tipos fechados. Determinada conduta que perfaça o crime de injúria racial pode se revelar gravíssima sob o prisma da responsabilidade civil, autorizando severa elevação do valor indenizatório.

De toda sorte, o Código Penal tipificou o crime de injúria nos seguintes termos, no *caput* do art. 140: "Injuriar alguém, ofendendo-lhe a dignidade ou o decoro". Já o Código Civil, no art. 953, prevê: "A indenização por injúria, difamação ou calúnia consistirá na reparação do dano que delas resulte ao ofendido. Parágrafo único. Se o ofendido não puder provar prejuízo material, caberá ao juiz fixar, equitativamente, o valor da indenização, na conformidade das circunstâncias do caso". O Código Civil, nesse artigo, se interpretado literalmente, parece reputar mais importante a lesão patrimonial do que a lesão extrapatrimonial. Conforme temos sempre frisado nesta obra, os interesses existenciais devem prevalecer sobre os patrimoniais, inclusive no direito de danos. Aliás, para que qualquer cidadão tenha direito à indenização por danos patrimoniais ou extrapatrimoniais, não é necessário que o Código Civil o diga, em cada situação específica. A interpretação adequada do artigo, em nossa visão, é a que considera que o dano moral, nas circunstâncias, não precisará ser provado (*in re ipsa*). O fato que originou o dano, sim, este depende de prova, podendo, no entanto, ser aceito pelo juiz com base na verossimilhança das alegações. A indenização será judicialmente arbitrada, e o magistrado – nessa e em outras lesões existenciais – deve assumir cautelosa postura para não tornar ínfimas as indenizações, sobretudo quando ofendidas pessoas humildes (sob o raso argumento de que não se deve enriquecer a vítima sem causa). Não há enriquecimento *sem causa* quando se sofre um dano. Sobretudo quando agredidos interesses existenciais constitucionalmente relevantes.

---

5. Não cremos, contudo, que as pretensões civis relativas aos danos em questão sejam imprescritíveis. Convém não confundir a imprescritibilidade de determinadas pretensões com seus efeitos patrimoniais reflexos. Estes, em regra, prescrevem, nos modos e nas formas previstas na legislação.

6. Edward Telles diagnostica que uma sociedade democrática precisa de leis que possam, efetivamente, assegurar os direitos de todos os cidadãos, especialmente os mais desprotegidos. No Brasil, como no resto da América Latina, há uma persistente separação entre a democratização formal e a aplicação da lei (TELLES, 2012, p. 197).

Tudo o que dissemos acima aplica-se, igualmente, aos demais tópicos deste capítulo. As citações das normas constitucionais pertinentes, aliás, não deixam nenhuma dúvida sobre esse ponto. Aliás, se levamos a sério – lembra Habermas – a conexão interna entre democracia e Estado Constitucional, parece claro que o sistema de direitos não é cego às condições sociais de desigualdade nem às diferenças culturais (TAYLOR, 2009, p. 12).

O STF tem enfrentado a questão das cotas raciais em três planos de igualdade, tal como compreendida na contemporaneidade: a) formal; b) material; e c) como reconhecimento. No plano formal, a igualdade impede a lei de estabelecer privilégios e diferenciações arbitrárias, exigindo que o fundamento da desequiparação seja razoável e que o fim almejado seja compatível com a Constituição. No que diz respeito à igualdade material, o STF tem frisado que o racismo estrutural gerou uma profunda desigualdade material. Desse modo, qualquer política distributivista precisará indiscutivelmente assegurar vantagens competitivas aos negros. Por fim, no que diz respeito à igualdade como reconhecimento, reconhece-se a existência de uma dimensão simbólica importante no fato de negros ocuparem posições de destaque na sociedade brasileira. Além disso, há um efeito considerável sobre a autoestima das pessoas (STF, ADC 41/DF, rel. Min. Roberto Barroso, julgado em 8-6-2017).

O STJ, a propósito do tema, reconheceu "o dano moral causado a policial civil, por ofensas e agressões dirigidas a sua pessoa, inclusive com alusão pejorativa a sua cor" (STJ, REsp 472.804). Houve, no caso, ofensa racista à policial civil negra durante registro de ocorrência de trânsito. Segundo os autos, a agressora, de forma ríspida e prepotente, agrediu a policial. O juiz de primeiro grau acolheu a ação, condenando a agressora em 100 salários mínimos, a título de danos morais, sentença confirmada pelo Tribunal de Justiça do Estado de Santa Catarina e mantida no STJ. No Rio, um segurança de casa noturna foi xingado de "macaco" pelo cliente, e foi civilmente condenado (TJRJ, 15ª Câmara Cível, Apelação 24536-55.2009.8.19.002). Em outro caso, ao contrário, foram os seguranças que expulsaram a vítima de racismo de determinado estabelecimento, com o reconhecimento, pelo TJRS, da violação do direito da personalidade e o consequente dever de compensar (TJRJ, 8ª Câmara Cível, Apelação 29198-74.2003.8.19.0066). Há julgados semelhantes do TJSE (Apelação Cível 905/06, Apelação Cível 2031/07), do TJBA (Apelação Cível 12397-3/09) e de outros tribunais, que parecem tratar com rigor crescente – e necessário – situações semelhantes.[7]

A responsabilidade civil atual é a responsabilidade civil do diálogo com a Constituição.[8] Essa abertura principiológica enriquece as soluções jurisprudenciais, permitindo que o intérprete se movimente nos horizontes de sentido que a sociedade, de modo aberto e plural, sinaliza. Não só as fontes legislativas, mas também as legítimas expectativas sociais, permeiam e fundamentam as opções valorativas do intérprete. Se olhar para o

---

7. O STF, a propósito, já decidiu: "Liberdade de expressão. Garantia constitucional que não se tem como absoluta. Limites morais e jurídicos. [...]. O preceito fundamental de liberdade de expressão não consagra o 'direito à incitação ao racismo', dado que um direito individual não pode constituir-se em salvaguarda de condutas ilícitas, como sucede com os delitos contra a honra. Prevalência dos princípios da dignidade da pessoa humana e da igualdade jurídica" (STF, HC 82.424, Pleno, rel. Min. Moreira Alves, relator para Acórdão Min. Maurício Corrêa, j. 17-9-2003).

8. A propósito do tema: Arce y Flóres-Valdés (1991).

TRIBUNAIS BRASILEIROS, ATITUDES DISCRIMINATÓRIAS E RESPONSABILIDADE CIVIL

passado escravocrata brasileiro nos enche de vergonha retrospectiva (não esqueçamos que fomos o último país da América a abolir a escravidão), hoje o que nos envergonha é constatar resquícios de discriminações racistas (ou contra grupos socialmente mais vulneráveis). Sempre existe quem não se dá conta do século em que vive.

2.3 Discriminações em virtude de orientações sexuais e identidade de gênero

Não são raras as agressões – físicas, verbais ou simbólicas – dirigidas a quem realizou opções sexuais que fogem do padrão clássico entre homem e mulher. Casais homoafetivos são ridicularizados, quando não fisicamente agredidos, evidenciando – em certas pessoas ou em certos grupos – um patente repúdio. Algumas dessas repulsas se fazem explícitas; outras, veladas. A responsabilidade civil, mas não só ela, poderá funcionar como um elemento inibidor dessas práticas, claramente nefastas à dignidade humana e repudiadas pela Constituição da República. Em matéria específica de responsabilidade civil, decidiu-se: "Responsabilidade civil do Estado. Indenização. Dano moral. Palestra de caráter homofóbico proferida em escola pública estadual. Associação do homossexualismo à maldição, ao crime e ao uso de entorpecentes. Ente político que responde pelo teor da palestra" (TJSP, 8ª Câmara de Direito Público, Apelação 669.311.5/7-00, 13/5/2011).[9]

Mesmo com o triste quadro que desenhamos no parágrafo anterior, é inegável reconhecer que avançamos nas últimas décadas. O panorama – social, jurisprudencial e doutrinário[10] – é outro, sem dúvida, tendo como paradigma de comparação o que existia, por exemplo, anteriormente à Constituição de 1988, e mesmo na primeira década seguinte. Anote-se, em linha de princípio, que casais homoafetivos não tinham suas demandas julgadas pelas varas de família, e sim inseridas no amplo âmbito do direito das obrigações. O padrão mental da época não aceitava, em absoluto, que se tratasse de família, e mesmo as posições jurisprudencialmente mais avançadas valiam-se de analogias com a sociedade de fato (para, por exemplo, admitir a partilha de bens). Não deixava de haver, porém, certa violência conceitual, pois fazia-se prevalecer a lógica patrimonialista sobre a existencial, aquela relativa ao afeto. Com o tempo, corajosas decisões passaram a vislumbrar, aí, entidades familiares, e essa posição afinal prevaleceu na Suprema Corte. O STF, como sabemos, aceitou, de modo unânime, a união estável para casais do mesmo sexo (trata-se de valioso caso de aplicação dos direitos fundamentais às relações pri-

---

9. O que hoje parece rasteiramente óbvio – que alguém com orientação sexual diversa da tradicional pode ser testemunha em processo judicial – talvez não fosse tão claro há algumas décadas, precisando ser reafirmado em julgado do STJ. Afirmou-se, a propósito, em julgado de 1998: "A história das provas orais evidencia evolução, no sentido de superar preconceito com algumas pessoas. Durante muito tempo, recusou-se credibilidade ao escravo, estrangeiro, preso, prostituta. Projeção, sem dúvida, de distinção social. Os romanos distinguiam patrícios e plebeus. A economia rural, entre o senhor de engenho e o cortador da cana, o proprietário da fazenda de café e quem se encarregasse da colheita. Os Direitos Humanos buscam afastar distinção. O Poder Judiciário precisa ficar atento para não transformar essas distinções em coisa julgada. O requisito moderno para uma pessoa ser testemunha é não evidenciar interesse no desfecho do processo. Isenção, pois. O homossexual, nessa linha, não pode receber restrições. Tem o direito-dever de ser testemunha. E mais: sua palavra merece o mesmo crédito do heterossexual. Assim se concretiza o princípio da igualdade, registrado na Constituição da República e no Pacto de São José de Costa Rica" (STJ, REsp 154.857).

10. Verificar, a propósito, o excelente estudo de Daniel Sarmento (2010). Também: BARROSO, Luis Roberto. Diferentes mas iguais: o reconhecimento jurídico das relações homoafetivas no Brasil. *RDE*, n. 5, jan./mar. 2007.

vadas).[11] As liberdades existenciais fundamentais – como, por exemplo, a de escolher o parceiro afetivo e, eventualmente, casar-se com ele – devem ser em tudo as mesmas, não importa a orientação sexual do casal. Aliás, pode-se postular, com sólidas razões hermenêuticas, a mesma solução em relação ao casamento. Caminhamos, portanto, em direção a padrões de igual respeito e consideração para todos os casais, não importando a orientação sexual.[12]

O Ministro Carlos Ayres Britto, ao votar na ADPF 178, insurgiu-se contra o que chamou de "liberdade homoafetiva pela metade ou condenada a encontros tão ocasionais quanto clandestinos ou subterrâneos". E concluiu: "Uma canhestra liberdade *mais ou menos*, para lembrar um poema alegadamente psicografado pelo tão prestigiado médium brasileiro Chico Xavier, hoje falecido, que, iniciando pelos versos de que: "*A gente pode morar numa casa mais ou menos / Numa rua mais ou menos / Numa cidade mais ou menos / E até ter um governo mais ou menos / O que a gente não pode mesmo / Nunca, de jeito nenhum / É amar mais ou menos / É sonhar mais ou menos / É ser amigo mais ou menos / [...]. Senão a gente corre o risco de se tornar uma pessoa mais ou menos*".

Ultrapassamos, ao que parece, na matéria, a época de indeterminação jurisprudencial, e hoje – mesmo com a omissão legislativa – a proteção se mostra incisiva e forte. Não que todas as decisões sejam fáceis. No que diz respeito à aplicação dos direitos fundamentais às relações privadas há muito a ser discutido ainda.[13]

Seja como for, na jurisprudência brasileira é clara a linha no sentido de uma progressiva proteção aos casais homoafetivos, em dimensões diversas. A jurisprudência, na seara previdenciária, aceitava – na hipótese de casais homoafetivos – que se recebesse, em caso de óbito do companheiro, pensão estatutária ou do INSS. O Tribunal Superior do Trabalho

---

11. Isso se deu não obstante a Constituição da República prever, no art. 226, § 3°, que "para efeito de proteção do Estado, é reconhecida a união estável entre o homem e a mulher como entidade familiar, devendo a lei facilitar a sua conversão em casamento". Há, portanto, na Constituição, a menção a "o homem e a mulher" em relação à união estável. Queremos, por acaso, exemplo melhor de que a literalidade da norma é apenas o ponto de partida de uma atividade – muito mais rica e complexa – de interpretação? O STF foi além da literalidade da regra. A construção dos horizontes de sentido das normas, portanto, parte do texto, mas não é o texto.

12. Aliás, desde 1985 a Organização Mundial de Saúde retirou o termo *homossexualismo* do seu catálogo de doenças. O sufismo "ismo", ademais, tem sido criticado e abandonado por aludir a condição patológica.

13. Indaga-se, por exemplo: "Um confeiteiro com fortes convicções religiosas contra o casamento gay pode recusar-se a vender um bolo para ser consumido numa união entre homossexuais? É esse o caso sobre o qual a Suprema Corte dos EUA está debruçada. O confeiteiro em questão, Jack Phillips, do Colorado, negou-se a fazer um bolo de casamento para Charlie Craig e David Mullins, foi processado com base nas leis antidiscriminação do Estado e perdeu. Ele agora tenta um recurso na Suprema Corte. Há alguns detalhes que tornam a discussão mais interessante. Phillips diz que não tem nada contra homossexuais. Afirma que desenharia sem problemas um bolo de aniversário para qualquer um dos dois. O cozinheiro também alega que não viola regras comerciais, já que sua confeitaria vende bolos "prêt-à-porter" e que, se o casal quisesse, poderia comprar um e levar para o casamento. Ele afirma, porém, que, quando faz uma peça sob encomenda, atua não como um simples prestador de serviços, mas como um artista e, nessa condição, tem direito, nos termos da Primeira Emenda, à livre expressão. Para Phillips, ser obrigado a fazer um bolo para um casamento gay viola sua liberdade de expressar-se de acordo com suas convicções religiosas, também protegidas pela Primeira Emenda. O casal, por sua vez, sustenta que, se a corte permitir que Phillips se recuse a atendê-los, estará estendendo a qualquer comerciante que alegue fazer uso da liberdade de expressão o direito de discriminar minorias. Essa é difícil, mas, com base na ideia de que usar a força do Estado para obrigar alguém a fazer o que não quer deve ser o último recurso, eu permitiria que Phillips seguisse com sua tola obstinação. Quanto às minorias, a própria dinâmica da economia de mercado, que não despreza oportunidades de lucro, assegura que não faltarão prestadores de todos os serviços dispostos a atendê-las com um sorriso nos lábios" (Hélio Schwartsman, *Folha de São Paulo*, 6-12-2017).

reconheceu como discriminatória a dispensa de empregado em virtude de sua opção sexual (TST, AI 742.40-53.2002.5.020019, 1ª Turma, 18-2-2011). O Tribunal Superior Eleitoral reconheceu a existência de união homoafetiva para efeitos de impedimento da elegibilidade. A candidata do PFL (partido então existente, atual DEM), tendo relação amorosa estável com a prefeita da cidade, teve o registro de sua candidatura cassado, uma vez que a Constituição proíbe a perpetuação de grupos familiares num mesmo cargo do Executivo por mais de dois mandatos consecutivos. O Ministro Carlos Velloso ponderou que seria conservador por parte do TSE "não reconhecer relações homossexuais estáveis no âmbito eleitoral", quando até o STF já reconhece a legitimidade desse tipo de convivência para fins de Previdência Social (*RTDC*, v. 21, jan./mar. 2005, p. 296). Mesmo essas decisões, avançadas para alguns anos atrás, mostraram-se tímidas diante do Supremo Tribunal Federal. O STF caminhou mais, e reconheceu, em 2011, por unanimidade – ao julgar a Ação Direta de Inconstitucionalidade 4.277 e a Arguição de Descumprimento de Preceito Fundamental 132 – a união estável para casais do mesmo sexo. Trata-se, portanto, de entidade familiar, e o CNJ, posteriormente, aprovou resolução (Resolução n. 175, de 14-5-2013) que obriga os cartórios de todo o país a procederem à habilitação, à celebração do casamento civil, ou conversão de união estável em casamento, entre pessoas do mesmo sexo.[14]

Aliás, anteriormente, o Ministro Celso de Mello – ao votar na ADIN n. 3.300-DF – argumentou: "Cumpre registrar, quanto à tese sustentada pelas entidades autoras, que o magistério da doutrina, apoiando-se em valiosa hermenêutica construtiva, utilizando-se da analogia e invocando princípios fundamentais (como os da dignidade da pessoa humana, da liberdade, da autodeterminação, da igualdade, do pluralismo, da intimidade, da não discriminação e da busca da felicidade), tem revelado admirável percepção do alto significado de que se revestem, de um lado, quanto à proclamação da legitimidade ético-jurídica da união homoafetiva como entidade familiar, de outro, em ordem a permitir que se extraiam, em favor de parceiros homossexuais, relevantes consequências no plano do Direito e na esfera das relações sociais".[15] A família, cada vez mais, é vista

---

14. O TJRS, precursor na matéria, já houvera decidido: "União homoafetiva. Reconhecimento. Princípio da dignidade da pessoa humana e da igualdade. É de ser reconhecida judicialmente a união homoafetiva mantida entre dois homens de forma pública e ininterrupta pelo período de nove anos. A homossexualidade é um fato social que se perpetuou através dos séculos, não podendo o judiciário se olvidar de prestar a tutela jurisdicional a uniões que, enlaçadas pelo afeto, assumem feição de família. A união pelo amor é que caracteriza a entidade familiar e não apenas a diversidade de gêneros. E, antes disso, é o afeto a mais pura exteriorização do ser e do viver, de forma que a marginalização das relações mantidas entre pessoas do mesmo sexo constitui forma de privação do direito à vida, bem como viola os princípios da dignidade da pessoa humana e igualdade" (TJRS, Apelação Cível 700.095.500.70, rel. Maria Berenice Dias, 17-11-2004). Convém frisar, em semelhante ordem de ideias, que o STJ, em 2010, confirmando decisão do TJRS, entendeu possível a adoção homoparental (STJ, REsp 889.852, 4ª Turma, rel. Min. Luis Felipe Salomão). Conferir a respeito: Andrade (2005).

15. Em outra oportunidade o Ministro argumentou, de modo semelhante, "apoiando-se em valiosa hermenêutica construtiva, utilizando-se da analogia e invocando princípios fundamentais (como os da dignidade da pessoa humana, da liberdade, da autodeterminação, da igualdade, do pluralismo, da intimidade, da não discriminação e da busca da felicidade), tem revelado admirável percepção do alto significado de que se revestem tanto o reconhecimento do direito personalíssimo à orientação sexual, de um lado, quanto à proclamação da legitimidade ético-jurídica da união homoafetiva como entidade familiar, de outro, em ordem a permitir que se extraiam, em favor de parceiros homossexuais, relevantes consequências no plano do Direito e na esfera das relações sociais. Essa visão do tema [...] tem a virtude de superar, neste início de terceiro milênio, incompreensíveis resistências sociais e institucionais fundadas em fórmulas preconceituosas inadmissíveis" (STF, Ação Direta de Inconstitucionalidade 3.300, voto do Min. Celso de Mello).

como um grupo social baseado fundamentalmente nos laços de afetividade. Ou seja, "não como portadora de um interesse superior e superindividual, mas, sim, em função da realização das exigências humanas, como lugar onde se desenvolve a pessoa" (PER-LINGIERI, 2002, p. 243). A justificação da família, portanto, apenas a partir de funções políticas, econômicas ou mesmo de procriação, não mais se sustenta, pelo menos não com exclusividade. O afeto vem, ou deve vir, em primeiro lugar.

Em relação ao casamento de pessoas do mesmo sexo, Daniel Sarmento (2010, p. 656) afirmou:

> Na verdade, é exatamente porque o casamento é tão valorizado na nossa cultura, simbolizando no imaginário social o vínculo amoroso mais sólido que duas pessoas podem manter, que o acesso a ele tem de ocorrer em termos absolutamente igualitários e democráticos. Portanto, trata-se não somente de assegurar aos homossexuais o acesso aos benefícios materiais que advêm do *status* de casada ou de casado, como também de franquear, aos que optarem por isso, as portas do universo simbólico associado ao casamento, que, para muitos, denota, em seu máximo grau, a respeitabilidade social de um vínculo afetivo. É por isso – porque os símbolos importam tanto na economia das interações sociais – que o *nome da coisa* é relevante: os homossexuais devem ter também o direito ao casamento, e não apenas à união estável, ou a qualquer outra figura jurídica com que se pretenda enquadrar as famílias que constituírem.[16]

A outro giro, quando se trata de decidir se a cirurgia de modificação do fenótipo é ou não requisito inafastável para a admissão da alteração do gênero e prenome do transexual, a resposta tradicional é pela negativa. Em abordagem exclusivamente clínica do transexualismo como disforia de gênero, o ato cirúrgico se coloca como *conditio sine qua non* para a alteração do prenome e gênero. A disposição permanente da integridade física se justificaria como uma exigência médica, tal e qual requer o art. 13 do CC. A transformação morfológica como precedente necessário à redesignação do estado sexual, se legitimaria pelo fato de que mesmo com os avanços da cirurgia, transexuais não seriam capazes de adquirir todas as características do sexo oposto ao que nasceram, não possuindo os órgãos genitais artificialmente constituídos as mesmas características e funcionalidades dos naturais, sendo imutável o aspecto cromossômico. A segurança jurídica não toleraria que alguém do sexo A pudesse procriar como um indivíduo do sexo B. Restaria averbar no registro de nascimento do recorrente sua condição de transexual, admitindo-se tão somente a alteração do prenome, sem prejuízo na identificação da pessoa, haja vista que utiliza documentos de identidade dos quais não consta o gênero do portador.

Entretanto, condicionar a afirmação do gênero à prévia mutação do sexo é uma falácia em diversos planos, a começar pela própria impossibilidade científica de alteração do sexo, seja ele físico ou biológico, por via de uma intervenção cirúrgica. Não há como se modificar o corpo ou a carga cromossômica.[17] A "cura" é inviável. Se por um

---

16. Conferir ainda sobre o tema: NUSSBAUM, Martha C. *Sex and Social Justice*. Oxford: Oxford University Press, 1999; BOZON, Michel. *Sociologia da sexualidade*. Tradução de Maria de Lourdes Menezes. Rio de Janeiro: FGV Editora, 2004.

17. Collete Chiland (2008, p. 62) confessa que "alguns pacientes admitem que 'seria necessário que os médicos se tornassem capazes de mudar o que há na cabeça'. Seria um tratamento mais satisfatório, pois pouparia uma mutilação, a transformação de um organismo sadio em um organismo enfermo. O paciente não teria de enfrentar em sua história essa ruptura que cria para ele tantas dificuldades sociais e pessoais. Mas não se pode obter um tratamento desse tipo".

lado a mutilação é uma via importante para amenizar o sofrimento de transexuais, não se pode esperar que os progressos da cirurgia transformem por completo um homem em uma mulher ou vice-versa, modificando a morfologia, o código genético e os órgãos internos. Mesmo que isso fosse possível, não se apagaria a história vivida. Some-se a isso a empírica constatação médica de que a cirurgia não é uma terapia ideal para todos os casos de transexualidade, tratando-se apenas de um dos recursos terapêuticos possíveis em prol da pessoa transexual. Mesmo entre os transexuais a efetivação da redesignação física de sexo é controversa, vez que existem aqueles que têm a intervenção hormono-cirúrgica como um ato indispensável para o seu reconhecimento pessoal como alguém com identidade de gênero perfeitamente adequada, enquanto outros não vislumbram as mudanças físicas como indispensáveis, bastando a adequação de sua identidade civil. Por outro lado, a precariedade financeira impele muitos transexuais a não se submeter à cirurgia, bem como o receio de sofrer discriminação nos pouquíssimos hospitais preparados para enfrentar a complexidade do procedimento no Sistema Único de Saúde. Enfim, para os transexuais viver como mulher ou homem parece ser mais importante. O sexo do corpo não determina a identidade; é o sexo da alma que o faz, embora se reconheça a importância para a maior parte deles em obter uma marca corporal da mudança de identidade, tamanha é a força da pressão da biologia em nossa cultura, à custa da fala e da simbologia.

Sob o prisma jurídico, a incongruência de se submeter a modificação de prenome e gênero ao ato cirúrgico pode ser justificada no interno da teoria do fato jurídico. A transexualidade é uma questão de identidade, completamente divorciada do dado físico. Se em um passado não muito distante, a constatação clínica da verdade biográfica da pessoa transexual era um fato natural indiferente ao direito, isto é, desprovido de qualquer eficácia jurídica, atualmente não se pode mais afirmar que a aferição do sexo psicossocial em divergência com a identidade estática do assento registral, ainda seja reduzido a mero acontecimento neutro do ponto de vista do ordenamento jurídico. A relevância jurídica da tutela da identidade humana traduz-se não apenas na produção de efeitos do fato jurídico stricto sensu do nascimento, mas igualmente na ineficácia superveniente da verdade registral, quando o fato jurídico da transexualidade revela uma diversa configuração somático-psíquica do indivíduo – que se traduz em um sentimento do indivíduo quanto à sua identificação como do gênero masculino ou feminino, tornando digno de proteção o interesse da pessoa de ser fielmente representada na vida de relação com a sua verdadeira identidade, tal e qual a sua personalidade se exterioriza no âmbito comunitário.

Destarte, condicionar a alteração do prenome e sexo do transexual a um procedimento jurídico, significa qualificar essa particular condição humana de plasticidade de gênero como mero fato material ou injurídico, preservando-se, paradoxalmente, a tutela de uma aparente identidade biológica (genética/anatômica/fisiológica) que não reflete a verdade dos valores do ser humano. A perplexidade surge do fato de que no período que medeia a constatação da transexualidade e a adequação cirúrgica, o ser humano se situará em um limbo jurídico: subjetiva e oficialmente macho ou fêmea, mas na prática nem homem nem mulher. Se o transexual se reconhece e é reconhecido como pertencente a determinado gênero, qual seria a necessidade de um "aval" cirúrgico legitimando o seu sexo psicossocial? Se, contudo, optarmos por um critério ético, o direito à adequação identitária se torna incondicionalmente merecedor de tutela, através do reconhecimento imediato dos efeitos jurídicos registrais desse relevante fato jurídico. Não custa perguntar, se já superamos a necessidade de um magistrado autorizar a cirurgia de transgenitaliza-ção, já não seria hora de eliminarmos a própria barreira da cirurgia como pressuposto indeclinável para o enquadramento do transexual em uma pretensa condição de nor-malidade social? Já é tempo de decidirmos se queremos uma "integração" do transexual à sociedade, submetendo-o aos nossos padrões majoritários –calcados na segurança jurídica de repelir um homem/mulher que ainda possa reproduzir como macho/fêmea – ou, então, já somos capazes de promover uma "inserção" da pessoa transexual na vida comunitária, simplesmente respeitando o seu direito à identidade de gênero.

No horizonte mais amplo de uma teoria de direitos fundamentais, deve-se entender a cirurgia de transgenitalização como uma intervenção no corpo alheio que requer o consentimento informado do paciente (art. 15, CC), a fim de que não se vulnere a in-tangibilidade psicofísica da pessoa transexual. O assentimento consciente refletirá um ato de autodeterminação quanto aos benefícios e riscos da transformação das genitais. Ora, haverá uma transmissão coercitiva de direitos fundamentais quando, ao invés de um sereno exercício da esfera de intimidade e liberdade, esse negócio (bio)jurídico surja unilateralmente da "potestade" de um médico ou única e exclusivamente de uma aquies-cência à pressão estatal de entronizar a cirurgia como pré-requisito para mudança do sexo civil e consequente inserção plena na comunidade, em uma espécie de "manipulação do corpo", mesmo que o próprio paciente não sinta a necessidade pessoal da "adequação".[18]

O direito fundamental dos transexuais a serem tratados socialmente de acordo com a sua identidade de gênero decorre de um arco de conquistas civilizatórias que se iniciam no reconhecimento da dignidade como valor intrínseco de todo ser humano; passam pela dignidade como autonomia de todo indivíduo e alcançam o dever constitucional do estado democrático de proteger as minorias. Por essa perspectiva multicêntrica, o ato cirúrgico adquire novo significado. Ao invés de pré-requisito clínico para a altera-ção do registro civil, converte-se em uma fase de um longo processo de conformação de seu sexo ao seu gênero, progressivamente revelada nos gestos, vestes, tratamentos hormonais e na teia de relações afetivas e sociais construídas pelo sujeito à procura de uma vida boa. Seguindo essa linha argumentativa, os documentos serão fiéis à condição humana, e a alteração do prenome se justifica em um momento anterior aquele em que o procedimento de adequação corporal se materialize pelas mãos dos médicos. O direito à identidade perpassa o argumento da imutabilidade cromossômica ou a presença de certo aparelho genital, o que equivaleria a enclausurar o gênero no elemento morfológico.[19]

---

18. Pietro Perlingieri (1981, p. 43) afirma que "a intervenção sobre a pessoa para a mudança de sexo é legítima desde que corresponda ao interesse da pessoa, que assim é não por capricho seu, mas porque constitui o resultado da avaliação objetiva das suas condições. Seria antijurídico o comportamento do médico que interviesse para provocar uma modificação numa pessoa de sexo unívoco completamente sã.

19. Todos os transexuais, inclusive os que não se submeteram à cirurgia transgenital, têm o direito de mudar o gênero no registro civil. Assim entendeu a 4ª Turma do Superior Tribunal de Justiça em 9/5/2017, ao reformar decisão do Tribunal de Justiça do Rio Grande do Sul que negou a alteração do sexo e autorizou apenas um novo prenome a uma pessoa que se identifica como mulher. Para o colegiado, a identidade psicossocial prevalece em relação à identidade biológica, não sendo a intervenção médica nos órgãos sexuais um requisito para a alteração

O Supremo Tribunal Federal reconheceu a Repercussão Geral da questão suscitada no RE 670.422/RS. Tratou-se de decidir se a cirurgia de modificação do fenótipo é ou não requisito inafastável para a admissão da alteração do gênero e prenome do transexual. De acordo com a decisão do STF de 1.3.2018, todo cidadão tem direito de escolher a forma como deseja ser chamado, reconhecendo por unanimidade que pessoas trans podem alterar o nome e o sexo no registro civil sem que se submetam a cirurgia. O princípio do respeito à dignidade humana foi o mais invocado pelos ministros para decidir pela autorização. Todavia, houve divergência sobre requisitos necessários para a mudança e a necessidade de autorização judicial para a alteração de registro, sendo certo que a maior parte dos ministros acompanhou a fundamentação dada pelo Ministro Edson Fachin,[20] no sentido de tornar dispensável a autorização judicial ou laudos médicos e psicológicos para que a mudança seja efetivada (proposta originária do relator da ADI, Ministro Marco Aurélio Mello), uma vez que há equacionamento na própria lei dos registros públicos: se surgir uma situação objetiva que possa eventualmente caracterizar prática fraudulenta, ou abusiva, caberá ao oficial do registro das pessoas naturais a instauração do procedimento administrativo de dúvida.

Em junho de 2019 O Supremo Tribunal Federal (STF) determinou que a discriminação por orientação sexual e identidade de gênero passe a ser considerada um crime. Dez dos onze ministros reconheceram haver uma demora inconstitucional do Legislativo em tratar do tema. Diante desta omissão, por 8 votos a 3, os ministros determinaram que a conduta passe a ser punida pela Lei de Racismo (Lei n. 7716/89), que hoje prevê crimes de discriminação ou preconceito por "raça, cor, etnia, religião e procedência nacional".[21]

---

de gênero em documentos públicos. O voto vencedor foi do relator do caso, ministro Luís Felipe Salomão. O julgamento do recurso especial sobre o tema começou a ser julgado pelo colegiado ano passado, mas foi suspenso por pedido de vista do ministro Raul Araújo. Araújo discordou do relator e ficou vencido na sessão desta terça. Na visão de Araújo, é responsabilidade do Judiciário "evitar constrangimento social". "O sujeito vive o gênero ao qual sente pertencer. É indiscutível que referida intervenção cirúrgica não vai além de mudar o aspecto morfológico, sem mudar questão biológicas, genéticas, cromossômicas." Por maioria, a turma deferiu a mudança do registro. Para Salomão, à luz do princípio fundamental da dignidade da pessoa humana, o direito dos transexuais à retificação do sexo no registro civil não pode ficar condicionado à exigência de realização da operação de transgenitalização, "para muitos inatingível do ponto de vista financeiro, ou mesmo inviável do ponto de vista médico". Na avaliação dele, o chamado sexo jurídico não pode se dissociar do aspecto psicossocial derivado da identidade de gênero autodefinido por cada indivíduo. "Independentemente da realidade biológica, o registro civil deve retratar a identidade de gênero psicossocial da pessoa transexual, de quem não se pode exigir a cirurgia de transgenitalização para o gozo de um direito." RE 1.626.739/RS. O caso envolve uma pessoa que se identifica como transexual mulher e quer a retificação de registro de nascimento — tanto a troca de prenome e como da referência ao sexo masculino para o feminino. Ela narrou que, embora nascida com a genitália masculina e tenha sido registrada nesse gênero, sempre demonstrou atitudes de criança do sexo feminino. Ao acompanhar o voto do relator, a ministra Isabel Galotti, presidente da turma, disse que a aparência externa do autor do pedido não pode ser considerada no pedido de mudança do registro. "O rigor do sexo biológico não se prenderia apenas à visão externa. É uma questão genética."

20. O Ministro Luis Edson Fachin destacou: "Compreendo que, independentemente da natureza dos procedimentos para mudança de nome, exigir via jurisdicional é limitante incompatível e entendo que pedidos podem estar baseados no consentimento livre informado pelo solicitante."

21. STF ADO 26 e MI 4733. O ministro Celso de Mello, relator de uma das ações avaliou que o Congresso não ter legislado sobre o assunto é uma "evidente inércia e omissão". Mello propôs que não seja fixado um prazo para que o Congresso edite uma lei, como pedem as ações, mas que, enquanto isso não for feito, a homotransfobia seja tratada como um tipo de racismo. Segundo Mello, o conceito se aplica à discriminação contra grupos sociais minoritários e não só contra negros. O voto, não propunha a criação de um novo crime, mas da aplicação do conceito de ra-

2.4 Discriminações em virtude da origem geográfica

Não há, no Brasil, salvo em episódios isolados, graves discriminações relacionadas à origem geográfica das pessoas. Culturalmente multiforme, o Brasil, embora não seja livre de preconceitos – como certos estudiosos apregoam –, também não é, como outros países, visceralmente dividido em grupos em razão da origem étnica ou geográfica de seus habitantes. Verificada, porém, a discriminação, concretizado o dano, cabe a reparação (alguém, em reunião de final de semana, em frente a várias pessoas, diz que a filha não se casará com nordestino).

O Jornal *Zero Hora* noticiou, há alguns anos, a brutal intolerância dos surfistas de Florianópolis em relação aos surfistas visitantes. Os "nativos" intimidam severamente os surfistas provindos de outros locais, ameaçando-os fisicamente. Em certos casos, os visitantes são perseguidos e expulsos da água. Ignorância, aliada a uma mal compreendida ideia de identidade cultural,[22] gera torpes episódios, como os noticiados. Na Internet, eventualmente surgem manifestações racistas contra pessoas oriundas em geral do Norte ou Nordeste do país. Além da responsabilidade civil, a responsabilização criminal impõe-se. Aliás, o Ministério Público Federal, em várias ocasiões, tem tido sucesso nessas demandas, com a identificação e condenação criminal dos agressores.

Em editorial afinado com os rumos contemporâneos da discussão, a *Revista trimestral de direito civil* exorta que seja "fortalecida a Vontade da Constituição, das leis democráticas e da palavra jurisprudencial". Diz ainda que: "seja possível alterá-las, criticá-las, discuti-las e conhecê-las amplamente, para a solidificação de nossa identidade cultural e dos valores sociais expressos na ordem pública constitucional" (*RTDC*, Editorial, v. 17, jan./mar. 2004). Conforme dissemos anteriormente, o direito dos nossos dias prestigia, concretamente, as liberdades fundamentais, e cabe ao Estado não só respeitá-las, como agir – concreta e efetivamente – para que os demais particulares também as respeitem.

Uma última observação, que vale não só para este, como para todos os tópicos deste capítulo. É preciso cuidado para não escorregar na inconsequência adolescente de nos acharmos com amplos direitos a tudo ("*I am entitled to...*"), sem pensarmos nos deveres, individuais e coletivos. Culpar obsessivamente o outro, ou mesmo a sociedade, nem sempre é a melhor saída. É fundamental verificar em que medida estamos contribuindo, nós mesmos, para as mudanças que ansiamos.

2.5 Discriminações em virtude de opções religiosas

Em relação às discriminações em virtude de opções religiosas, o Brasil, nesse ponto, talvez possa se orgulhar da ausência de graves conflitos. As opções religiosas dividem

---

cismo à discriminação contra LGBTs, com base em um entendimento anterior em um caso sobre antissemitismo. "Prevaleceu a noção de racismo como instrumento de inferiorização e de subjugação de determinadas pessoas por um grupo hegemônico".

22. Aliás, podemos falar em obrigatoriedade do reconhecimento das diferenças. É o que conclui, a partir da ideia de tolerância, Michael Walzer (1999). O autor lembra que a tolerância da diferença é intrínseca à política democrática. Importante registrar que Walze, em geral, em sua obra, não utiliza o termo pluralismo para se referir à diversidade de concepções individuais sobre os melhores caminhos a seguir (que estaria ligada à autodeterminação individual), mas – em concepção comunitarista – para descrever a pluralidade de identidades culturais, em específicos contextos históricos.

países ao meio, abrindo abismos culturais entre vizinhos, causando preconceito e dor. São incontáveis os relatos de brutalidades e absurdos causados em nome da religião. A história humana, aliás, através dos seus ciclos históricos, pode em boa medida ser contada através desses conflitos. Na França, a polêmica causada pela proibição do uso do véu nas escolas, pelas estudantes muçulmanas, dividiu o país. Houve no Brasil, há anos, conhecido episódio no qual certo líder religioso, a pretexto de defender sua religião, atacou e chutou os santos de outra, causando perplexidade e revolta. É possível que de condutas semelhantes, ou tradutoras de discriminações religiosas outras, surja o dever de indenizar. A responsabilidade civil, embora menos comum, pode se fazer presente nesse campo.

A Constituição da República proclama a liberdade de religião como direito fundamental (art. 5º, VI). Há, além disso, no texto constitucional, o reconhecimento do princípio da laicidade do Estado (CF, art. 19, I). Não se trata, é bom deixar claro, de repulsa estatal em relação às religiões, mas apenas uma postura de razoável neutralidade.[23] Em decisão de primeiro grau, a Justiça de São Paulo condenou pastor evangélico que, durante festa religiosa de umbanda, infiltrou-se dentre os umbandistas, vestindo-se de branco para distribuir panfletos evangélicos que ridicularizavam e negavam as divindades dos umbandistas. Nos panfletos, que buscavam atrair fiéis para a igreja evangélica, a divindade Iemanjá é considerada uma lenda, comparada ao saci-pererê e ao curupira (*Folha On-line* de 23-4-2003). A liberdade de religião não autoriza que, a pretexto de exercê-la, se ridicularizem outros cultos.[24] O STF já teve oportunidade de sinalizar que "o dogmatismo religioso revela-se tão opressivo à liberdade das pessoas quanto à intolerância do estado, pois ambos constituem meio de autoritária restrição à esfera de livre-arbítrio e de autodeterminação das pessoas, que hão de ser essencialmente livres na avaliação de questões pertinentes ao âmbito de seu foro íntimo" (STF, HC 84.025, rel. Min. Joaquim Barbosa, trecho do voto do Min. Celso de Mello, j. 4-3-2004). Hoje, aliás, cada vez menos se crê na sacralidade do direito ou se enxerga na tradição uma justificação suficiente das instituições sociais ou das respostas normativas.[25]

O *Pacto dos Direitos Civis e Políticos* da ONU tem o Brasil como um de seus signatários (tendo sido promulgado pelo Presidente da República através do Decreto n. 592, de 7/92). Trata-se de tratado internacional que, dentre outros pontos, consagra o direito à igualdade (art. 2º, § 1º; art. 26), vedando discriminações "por motivos de raça, cor, sexo, língua, religião, opinião política ou qualquer outra natureza, origem nacional ou social, situação econômica, nascimento ou qualquer outra situação". Observe-se que citamos o tratado neste tópico, mas ele é aplicável a qualquer das discriminações relativas a este capítulo. Aliás, quase todos os argumentos usados em qualquer dos tópicos deste capítulo são intercambiáveis, isto é, uns valem para os outros. A discriminação de minorias

---

23. Em sentido semelhante: Machado (1996).
24. Em outra ocasião e sob o ângulo penal, decidiu o STJ: "Não há ilegalidade na decisão que ressalta a condenação do paciente por delito contra a comunidade judaica, não se podendo abstrair o racismo de tal comportamento, pois não há que se fazer diferenciação entre as figuras da prática, da incitação ou do induzimento, para fins de configuração do racismo, eis que todo aquele que pratica uma destas condutas discriminatórias ou preconceituosas, é autor do delito de racismo, inserindo-se, em princípio, no âmbito da tipicidade direta" (STJ, HC 15.155). Conferir: Hofmann (1999).
25. Cf.: Weinberger (1990, p. 287).

tem base ontológica semelhante, ainda que as origens históricas de cada uma revelem especificidades.

A publicação em setembro de 2005 de 12 charges com o profeta Maomé no jornal dinamarquês *Jyllands-Posten* provocou, depois, manifestações e mortes no mundo muçulmano, além de intenso debate entre filósofos, políticos e intelectuais. A discussão se deu, essencialmente, acerca dos limites da liberdade de imprensa, havendo quem sustentasse que o "ocidente perdeu o senso do sagrado". Existem religiões ou temas que se põem imunes a abordagens críticas ou satíricas? Cremos que a resposta é negativa. O espaço público, em democracias laicizadas, aceita quaisquer orientações religiosas, devendo o Estado assegurar aos cidadãos o direito de opção e culto, sem que sejam agredidos ou violentados, física ou simbolicamente, por outros cidadãos ou grupos. Não há, porém, segundo cremos, como pretender que haja imunidade em relação a críticas. O embate de ideias e a expressão delas – ainda que de forma eventualmente dura, irônica ou até jocosa – fazem parte do jogo democrático do século XXI. Não se pode, porém, em nenhum caso, fechar as portas à indenização, se presente o dano injusto, em análise constitucionalmente contextualizada.

Cabe lembrar, ainda a propósito do tema, que o STF, em 2017, em maioria apertada (6x5), permitiu o ensino confessional na rede de ensino pública brasileira. Permitiu, desse modo, que aulas sejam ministradas pelo representante de apenas uma determinada crença (desde que a matrícula seja facultativa). Assim, de acordo com o STF, "o ensino religioso, de matrícula facultativa, constituirá disciplina dos horários normais das escolas públicas de ensino fundamental". Nesse contexto, a tese da PGR foi derrotada. A PGR defendia que as aulas deveriam ter uma perspectiva laica e se voltar para história e doutrina das várias religiões (sem que qualquer religião específica fosse objeto de promoção, como acontece no modelo confessional). A PGR defendeu não uma, mas diversas cosmovisões (ADI 4439/DF, rel. orig. Min. Roberto Barroso, red. p/ o ac. Min. Alexandre de Moraes).

2.6 Discriminações em virtude de condições físicas, idade etc.

Há muitas outras situações possíveis de discriminação – com reflexos, diretos ou indiretos, na responsabilidade civil. Há, na sociedade, grupos mais vulneráveis, mais sujeitos a sofrer violências ou restrições degradantes de modo geral. Curioso notar que a Constituição, topologicamente, trata de alguns desses grupos em capítulos próximos, a partir do art. 226. Pensemos nos idosos, nas crianças, nos índios, nos estrangeiros ou refugiados, nos portadores de necessidades especiais. Não trataremos, neste tópico, de todos eles, apenas faremos breves menções com as diretrizes hermenêuticas que nos parecem relevantes. Comecemos pelos últimos.

Talvez o mais conhecido caso, constitucionalismo contemporâneo, seja o célebre arremesso de anão, ocorrido na França. Raro é o autor ou professor que, em determinado momento, não o comenta, ou o usa como exemplo em alguma discussão sobre direito constitucional, direito civil ou filosofia do direito. Não é o caso de retomar o tão invocado (até com certo exagero) episódio. Basta dizer que a coisificação do ser humano, sua instrumentalização, não é uma opção que a ordem jurídica brasileira possa aceitar, nem se harmoniza com a dignidade do ser humano.

Convém retomar um ponto que mencionamos brevemente no início deste capítulo. O pluralismo e a diversidade são, hoje, valores aceitos e prestigiados pela ordem jurídica – reflexo de uma Constituição e de uma sociedade também plurais. Isso vale para as diferenças, por assim dizer, que são fruto da autodeterminação humana e também para aquelas que são impostas por condições físicas ou socioculturais. O fato de alguém ser diferente – pensemos, por exemplo, em um deficiente visual – não subtrai dessa pessoa direito algum.[26] A ordem jurídica, pelo contrário, está constitucionalmente autorizada a reconhecer-lhes direitos específicos (lembremos, para ficar no exemplo mais conhecido, da reserva de vagas em concursos públicos, prescrita pelo art. 37, VIII, da CF). Há, nesse sentido, pelo menos, direitos iguais na diferença. Além disso, pode haver outros direitos que os demais cidadãos, os "não diferentes", não possuem (por exemplo, cotas em concursos públicos). A igualdade material e a solidariedade social – além da dignidade humana – permeiam e fundamentam essas escolhas normativas.

Devemos trabalhar progressivamente com o direito à diferença e com o reconhecimento de identidades. A autodeterminação também deve ser valorizada e respeitada, como componente integrante da dignidade humana. Sabemos, hoje, que os direitos fundamentais são frutos de construção histórica, não caem do céu, resultam de lutas e de construções coletivas não só para valorizar as pessoas em termos de equidade, mas também para fundamentar o exercício do poder a partir desses direitos (HABERMAS, 1996, p. 119)[27] (a propósito das comunidades indígenas, tem-se progressivamente reconhecido – no âmbito nacional e internacional – a especificidade das diferenças culturais indígenas. Não só isso. Reconhece-se – um tanto tardiamente – que tais especificidades culturais são juridicamente valiosas, "para além de sua integração às culturas dominantes, gerando a consolidação de um direito dos povos indígenas à participação e à autodeterminação em uma perspectiva relacional") (IKAWA, 2010, p. 521).[28]

Lembremos que tudo o que dissemos neste capítulo tem fonte normativa na Constituição da República ou em tratados internacionais dos quais o Brasil é signatário. Existe, ninguém duvida, farta legislação – cada dia mais numerosa – que protege os grupos vulneráveis aqui mencionados. Mas o que nos interessa sublinhar é outro ponto, de inegável interesse teórico e pragmático.[29] É este: os direitos fundamentais, conceitualmente,

---

26. Relativamente às pessoas com deficiência, bem se percebe que "direitos humanos, direitos fundamentais e direitos da personalidade se entrelaçaram para viabilizar uma tutela geral da pessoa nas relações públicas e privadas, considerando-se que nessas últimas também se verificam lesões à dignidade e aos direitos mais eminentes do sujeito. Exemplificativamente, as pessoas com deficiência psíquica e intelectual foram, por muito tempo, excluídas de uma maior participação na vida civil, tiveram a sua capacidade jurídica mitigada ou negada, a sua personalidade desrespeitada, seus bens espoliados, a sua vontade e sua autonomia desconsideradas. Ao cabo e ao fim, a capacidade civil serviu de critério para atribuir titularidade aos direitos fundamentais". (MENEZES, 2016, p. 3).

27. Habermas menciona ainda, em outro texto, que a dignidade humana não é apenas uma expressão classificatória, mas a "fonte moral" da qual todos os direitos fundamentais derivam seu conteúdo.

28. Conferir ainda o trabalho mencionado na obra anteriormente citada: Kweitel (2003).

29. E também se notam, aqui e ali, decisões jurisprudenciais que se insurgem contra práticas discriminatórias. O TRF da 4ª Região, reconhecendo a publicação em jornal de charge ofensiva aos índios, condenou o chargista e o jornal que a fez veicular. O relator, acolhendo os fundamentos do parecer do Ministério Público Federal, cujo conteúdo aponta que existem no Brasil "formas sutis de racismo e de intolerância que, mais de um século após a abolição da escravidão, continuam a produzir efeitos insidiosos contra a inserção socioeconômica de índios e afrodescendentes". O parecer conclui argumentando: "não há dúvida, a intenção dos demandados foi, além de ironizar, ridicularizar a imagem dos índios da Comunidade Toldo Chinbangue, bem como ratificar o preconceito

independem de consagração legislativa pelo legislador ordinário. É a tese que predomina largamente entre nós. Direitos fundamentais colocam-se acima do legislador, limitam e condicionam a sua atividade. Seria, portanto, desnaturar os direitos fundamentais, condicioná-los a episódicas maiorias legislativas.

Em relação aos idosos, a Constituição da República, no art. 229, estabeleceu: "Os pais têm o dever de assistir, criar e educar os filhos menores, e os filhos maiores têm o dever de ajudar e amparar os pais na velhice, carência ou enfermidade". O artigo seguinte, 230, estatuiu: "A família, a sociedade e o Estado têm o dever de amparar as pessoas idosas, assegurando sua participação na comunidade, defendendo sua dignidade e bem-estar e garantindo-lhes o direito à vida". Menciona, ainda, o § 1º, que os programas de amparo aos idosos serão executados preferencialmente em seus lares. Obrigatória, igualmente, é a lembrança do Estatuto do Idoso (Lei n. 10.741/03), que prescreve ser "dever de todos prevenir a ameaça ou violação aos direitos do idoso" (art. 4º, § 1º). A lei reconhece que o idoso goza de todos os direitos fundamentais inerentes à pessoa humana, devendo ser-lhe assegurada todas as oportunidades e facilidades para a preservação de sua saúde física e mental e seu aperfeiçoamento moral, intelectual, espiritual e social, em condições de liberdade e dignidade. As leis, infelizmente, sozinhas, não transformam realidades (embora não se lhes possa negar potencial transformador). Estima-se que a cada 10 minutos um idoso é agredido no Brasil. O agressor, em 70% dos casos, é o próprio filho.

Para além da inconteste evidência demográfica do envelhecimento populacional brasileiro, há uma constatação empírica que merece destaque. É um dado da experiência que os familiares não submetem os idosos progressivamente acometidos de enfermidades à curatela. Não o fazem por uma gama de razões: a) culturalmente, por não haver por parte de filhos o mesmo interesse afetivo que pais teriam em despender tempo, energia e recursos no cuidado com pais idosos, inclusive por não ser muito clara a diferenciação dentre uma real causa e incapacitação ou apenas uma lenta degeneração que é fruto da idade avançada; b) historicamente, por se considerar que instituições de recolhimento idosos possam se prestar a esse papel; c) ideologicamente, por se acreditar que a curatela ofende a autonomia das pessoas idosas – sobremaneira após a edição da CDPD e leis nacionais que minudenciam a fundamentalidade da autodeterminação – e que o melhor será evitar o estigma da "interdição", delegando-se àquelas pessoas a responsabilidade individual por suas próprias escolhas e comportamentos.

Esses fenômenos conjugados remetem a uma "crise da incapacitação", reduzindo-se paulatinamente o número de idosos com qualquer espécie de desordem mental cuja capacidade tenha sido modulada judicialmente. Consequentemente, apesar dessas pessoas se encontrarem parcialmente privadas de razão ou vontade para decidir sobre a sua pessoa ou patrimônio, encontram-se sob o cuidado de amigos, familiares ou em uma rede de apoio em residências de idosos. Para aquilo que especificamente nos interessa, devemos indagar: Na falta de representante legal, essas pessoas, cujo cuidado e vigilância ostentam a margem do direito, podem ser recepcionadas pelo direito como "guardiões de fato"?

à cultura indígena" (*RTDC*, v. 17, p. 284, jan./mar. 2004). Aqui, no entanto, o tema se reveste de particular delicadeza: salvo em situações excepcionais, a criação artística não deve se submeter a critérios judiciais acerca do que é politicamente aceitável exprimir.

Ilustrativamente, o guardião de fato não é inserido no rol dos objetivamente responsáveis pelo fato de terceiro do art. 932 do Código Civil. Solução distinta adotou o legislador alemão ao dispor que: "Quem, nos casos descritos nos parágrafos 823 a 826, não é responsável pelos danos causados por ele, de acordo com os parágrafos 827 e 828, deve reparar o dano causado de qualquer maneira, desde que a compensação pelo dano não possa ser reclamada contra um terceiro obrigado por um dever de controle e se, de acordo com as circunstâncias, em particular, das relações entre os participantes, uma compensação de acordo com a equidade é exigida e ele não está privado dos meios que ele precisa para atender aos seus meios de subsistência adequados, bem como para o cumprimento de suas obrigações legais de alimentos" (parágrafo 829, BGB). O Código Civil alemão propõe que reparação pelo guardião de fato seja subsidiária em relação à indenização exigida pelo "custodiante de direito". De qualquer forma, o mérito da norma consiste na ampliação do conceito de custódia, albergando não apenas os clássicos custodiantes legais (pais, tutores e curadores), porém qualquer pessoa que tenha o dever de controle sobre a causador material do dano.[30]

De lega ferenda, o ideal seria que o art. 932, II, do Código Civil contemplasse os guardiões de fato dentre os responsáveis pelo fato de outrem. Diante da irrecusável tendência de envelhecimento populacional associado a uma rejeição social ao processo de curatela de idosos, torna-se imprescindível a caracterização do modelo jurídico que corresponda a uma atividade de prioritário cuidado, apoio e promoção da capacidade residual de idosos. Em termos gerais, a guarda de fato existirá desde que uma pessoa – natural ou jurídica – sem ter atribuídas faculdades de curatela ou tutela, encarrega-se voluntariamente de outra, seja criança ou idoso com deficiência, que se encontra em situação de desamparo. Pode-se dizer que a guarda de fato é uma instituição tão antiga como o ser humano, pois sempre existiram pessoas que espontaneamente cuidam de indivíduos desvalidos, sem obrigação para tanto. Talvez seja a figura mais utilizada na prática por serem os familiares ou amigos íntimos de pessoas com deficiência não submetidas a procedimento de modificação de capacidade de agir que normalmente assumirão o cuidado delas (ALGUACIL, 2016, p. 170).

Vivemos, em síntese, dias que revalorizam a autonomia e o discernimento dos adolescentes e idosos.[31] Não cabe mais postular, rígida e abstratamente, caixas conceituais de incapacidade, como se um adolescente pouco ou nada pudesse decidir (absoluta ou relativamente incapaz) ou um idoso não pudesse dispor, com liberdade, de seu patrimônio (pródigo). Aliás, discute-se hoje amplamente o direito ao reconhecimento. Se estamos inseridos em determinado ambiente espacial, em determinado tempo histórico, em recíprocas relações, precisamos – para não nos desvalorizarmos, até psiquicamente – do reconhecimento do nosso valor pelo outro. Charles Taylor, por exemplo, argumenta que não podemos falar em identidades humanas senão a partir do reconhecimento (ou

---

30. No mesmo sentido do BGB, caminha o PETL (*Principles of European Tort Law*) ao estabelecer que "a pessoa que é responsável por outra pessoa menor de idade ou sofre uma deficiência mental, responde pelo dano causado por essa outra pessoa, a menos que ele demonstre que ele próprio cumpriu o padrão de conduta que lhe era exigido na sua supervisão" (art. 6:101). O decisivo aqui é o fato da pessoa se encarregar de alguém com deficiência, independente de uma titularidade formal.

31. Cf.: Teixeira (2007. p. 75-88).

da ausência dele). Lembra ainda que a característica decisiva da vida humana é o seu caráter fundamentalmente dialógico (TAYLOR, 2009).[32] Enfim, dizemos nós, as ricas opções existenciais humanas não devem ser tolhidas quando puderem ser exercidas com responsabilidade e discernimento.

3. LIBERDADE PARA QUÊ? UM PROGRESSIVO AMPARO JURÍDICO-CONSTITUCIONAL DOS ASPECTOS EXISTENCIAIS DA VIDA HUMANA

Há dois sentidos possíveis para a expressão *autonomia privada*. Podemos, de modo mais restrito, entendê-la no sentido de autonomia negocial, isto é, como autonomia para realizar negócios jurídicos de conteúdo patrimonial (mais frequentemente chamada, nos séculos passados, de autonomia da vontade). Ou podemos, de modo tematicamente mais amplo, entendê-la como abrangente também das escolhas humanas existenciais, isto é, a autodeterminação para decidir os rumos da própria vida (nas escolhas, por exemplo, religiosas, afetivas, sexuais, profissionais, artísticas etc.). A diferença é relevante, porquanto, no direito contemporâneo, é possível notar tendências distintas em relação a cada uma delas: a liberdade negocial será tanto menor quanto maior for a desigualdade material entre os contratantes (no contrato entre um consumidor e uma operadora de telefonia, ou empresa de plano de saúde, por exemplo, não valem todas as cláusulas do contrato de adesão, ainda que o consumidor tenha manifestado sua adesão); já a liberdade existencial amplia-se, significativamente, em nossos dias, reflexo não só do pluralismo observado na sociedade, como das normas pluralistas e solidaristas da Constituição da República.

Usaremos, neste capítulo, a expressão em sua feição mais ampla, embora – em nome da clareza e para evitar confusões – frequentemente nos valemos da expressão *autodeterminação* ou *liberdades existenciais* para exprimir o segundo sentido da expressão. Observa-se, nas últimas décadas, uma redução qualitativa da autonomia da vontade, em relação aos contratos, com o declarado propósito de proteger os contratantes mais vulneráveis. Assim, a redução do querer humano contratual foi – e tem sido – apenas uma técnica de realização da igualdade substancial. É importante, nesse contexto, relativizar socialmente o *pacta sunt servanda* para que os poderes privados não se vejam livres para exercer, de fato, uma perigosa heteronomia contratual.[33]

Nesse contexto, a autonomia da vontade servia como categoria abstrata que permitia aos mais fortes impor sua vontade. Expressando essa realidade, Solari (1946, p. 436) menciona que "a livre vontade do homem era a causa tanto da liberdade como da escravidão, de sua felicidade como de sua infelicidade". A liberdade, filosoficamente hipertrofiada, era na verdade um manto que encobria desigualdades reais profundas, funcionalmente prestando-se a "escravizar" os mais vulneráveis. Hoje, tais garantias puramente formais de igualdade já não nos satisfazem socialmente. Atualmente, os conteúdos dos negócios jurídicos não correspondem apenas à vontade das partes, mas, ao contrário, pressupõem

---

32. Acerca da discussão contemporânea sobre o reconhecimento, conferir: HONNETH, Axel. *Luta por reconhecimento.* Tradução de Luiz Repa. São Paulo: Editora 34, 2003; FRASER, Nancy. *De la redistribución al reconocimiento? Dilemas en torno a la justicia en una época 'postsocialista'. Iustitia interrupta.* Bogotá: Universidad de los Andes, 1997.
33. Cf.: Bilbao Ubillos (1997, p. 249).

TRIBUNAIS BRASILEIROS, ATITUDES DISCRIMINATÓRIAS E RESPONSABILIDADE CIVIL **311**

o equilíbrio material entre as prestações. Não só isso. Estão iluminados pela boa-fé objetiva, que projeta a obrigação como um processo e afasta qualquer uso funcionalmente abusivo dos direitos, pressupondo e exigindo cooperação, lealdade, informação.

Já as liberdades existenciais – nossas esferas humanas de autodeterminação – ampliam-se e fortalecem-se neste nosso século. O pluralismo, conforme veremos no próximo tópico, é algo não só constatado, mas também celebrado. A experiência jurídica dos nossos dias reconhece uma esfera de autodeterminação que protege cada um de nós de interferências externas, estatais ou privadas, nas decisões fundamentais relativas à construção dos espaços íntimos de personalidade.[34] As democracias constitucionais contemporâneas reconhecem – e valorizam – uma ampla esfera autodeterminativa para o ser humano.[35] Os horizontes autodeterminativos são cada vez mais generosos, em nosso século, naquilo que se refere aos percursos – com dignidade, liberdade e igualdade – que cada um traça para si na construção de seus caminhos existenciais. A intolerância autoritária – seja do Estado, seja dos particulares – não é possível, em questões atinentes ao foro íntimo de cada um. Pontes de Miranda (1954) **– escrevendo em meados do século passado – percebeu:**

> *O direito dos nossos tempos, depois de se haver o homem libertado do direito do clã e da tribo, bem como do privatismo oligárquico da Idade Média, é baseado em que cada um tem campo de autonomia em que pode rumar, como entenda, a sua vida. Supõe-se em cada um há aptidão biológica, social e psicoindividual para alcançar fins autônomos, escolhendo os fins e, ainda, criando fins seus.*

Outro ponto de especial relevo: o direito civil atual olha – ou pelo menos deveria olhar – com muita desconfiança para a expressão *bons costumes*. Trata-se de expressão-resquício. Isto é, palavras que ficaram como resquício de uma época que passou – e há dúvidas se deixou saudades. Aceitava-se, então, uma moral linear, rígida, pesada – pouco amistosa em relação ao pluralismo. Se nós, como sociedade, no passado, já achamos normal desvalorizar culturalmente grupos ou raças, hoje desvalorizamos, socialmente, quem promove essa desvalorização.

4. CONCLUSÃO: EM DEFESA DO PLURALISMO: O ESPAÇO JURÍDICO DA VALORIZAÇÃO DA DIFERENÇA

Não só no direito, mas também na filosofia política, são intensas e acesas as discussões acerca do pluralismo. Se, historicamente, certos ciclos históricos exigiram a

---

34. Assim, "a autonomia privada não se identifica com a iniciativa econômica, nem com a autonomia contratual em sentido estrito: o contrato, como negócio patrimonial, não exaure a área de relevância da liberdade dos particulares (mas é melhor a esse ponto dizer: a liberdade da pessoa). Ao contrário, não somente ela se exprime também em matérias onde diretamente são envolvidas situações subjetivas existenciais, mas, sobretudo, a abordagem do ordenamento não pode ser abstrata quando a autonomia (o poder de colocar regras) investe profundamente o valor da pessoa" (PERLINGIERI, 2002, p. 276). Daniel Sarmento, a propósito, pondera que *"o valor da autonomia privada não é apenas instrumental para a democracia. Longe disso, ela está indissociavelmente relacionada à proteção da dignidade da pessoa humana. De fato, negar ao homem o poder de decidir autonomamente como quer viver, em que projetos pretende se engajar, de que modo deve conduzir sua vida privada, é frustrar sua possibilidade de realização existencial"* (SARMENTO, 2008, p. 155).

35. Conferir, a propósito: Rodotà (2010, especialmente o ensaio *El derecho y su límite*, p. 25-71). Conferir ainda: Amaral (1998); Friedman (1990).

formulação teórica do sujeito ideal e abstrato (até com efeitos políticos emancipatórios), atualmente o modelo conceitual não se sustenta. Vivemos, ninguém nega, em mundos plurais, marcados por concepções diversas e múltiplas acerca dos melhores caminhos a seguir, coletivos e individuais. O pluralismo não é só um fato que deve ser constatado, mas é algo que merece ser celebrado e valorizado.[36] O pluralismo, no âmbito da experiência jurídica, aproxima o direito da dimensão ética, com abertura para contribuições de sentido não estritamente normativo-legislativas.

Nossa Constituição Federal alberga e promove o pluralismo (CF, arts. 1º, V, e 3º, IV). Desigualar pessoas, à luz da nossa Constituição, será sempre arbitrário e constitucionalmente vedado, a menos que a desequiparação busque, aí sim, reequilibrar situações de substancial desajuste. A diversidade de ideias, de religiões, de opções sexuais, de modos de vida, é bem-vinda e deve ser protegida e incentivada. Porém, é sempre importante investigar em que medida as diferenças estão se convertendo em desigualdades.

Para combater, juridicamente, discriminações, é fundamental que repensemos continuamente o princípio da igualdade substancial, estrutural e funcional. Não só para implementar medidas efetivas de prevenção, como também para reprimir com rigor posturas ofensivas e degradantes, inclusive com penas civis. O direito não pode obrigar que todos tenham estima e respeito (entendidos como categorias psíquicas) pelos outros, mas pode sancionar e punir atos de desrespeito e desconsideração.

A igualdade é vista, aos olhos do nosso século, em concreto, e não abstratamente.[37] Fundamental, ainda, é atentar para os resultados funcionais e não apenas para as categorias estruturais. Não por acaso, percebe-se que a igualdade formal é uma revolução praticamente consolidada, ao passo que a igualdade substancial ainda é uma revolução prometida.[38] Nossa Constituição tem como objetivos fundamentais construir uma sociedade livre, justa e solidária (CF, art. 3º, I), garantir o desenvolvimento nacional (CF, art. 3º, II), erradicar a pobreza, a marginalização e reduzir as desigualdades sociais e regionais (CF, art. 3º, III), promover o bem de todos, sem preconceitos de origem, raça, sexo, cor, idade e quaisquer outras formas de discriminação (CF, art. 3º, IV). Pela descrição da norma constitucional percebe-se que a igualdade aí consagrada é substancial (e não formal). Convém não esquecer que a igualdade substancial, no Brasil, não é um dado de realidade, é um objetivo a ser buscado e construído. E a igualdade não se restringe à proibição de exclusão. Igualdade é também obrigação de inclusão.[39]

Já não nos satisfaz apenas consagrações formais de direitos, nem mesmo leis que – concretizando a igualdade substancial – repudiem discriminações (ou promovam fórmulas e técnicas que busquem equiparações). As potencialidades hermenêuticas de

---

36. Sem pluralismo, não há, a rigor, autonomia pessoal, no sentido de se poder optar por uma dentre as diversas formas de vida (Cf.: RAZ, Joseph. *The morality of freedom. Oxford: Oxford* University Press, 1986). O autor parece aceitar que determinadas formas de vida são mais valiosas que outras. Em sentido semelhante, Larmore (1996) reconhece que são muitos os modos moralmente válidos de cada um se autorrealizar e menciona a ideia de "desacordo razoável". Já Rawls menciona o "fato do pluralismo", e não confere qualquer valor à existência do pluralismo nas sociedades contemporâneas, apenas constata que se trata de um fato duradouro (RAWLS, 1995).

37. Cf.: Sen (2000).

38. Cf.: Perlingieri (1999, p. 44).

39. Cf.: Sarmento (2010, p. 142 e 162).

proteção serão tanto mais fortes quanto maior for o espaço de legitimidade social ocupado pelos diálogos e por posturas argumentativas ativas contra as discriminações. Política e direito, nesse contexto, dialogam e reciprocamente se conformam. Joaquín Herrera Flores (2010, p. 497-524), a propósito, enfatiza que "se as leis constituem o lugar de representação do existente, o lugar de modificação e de transformação é a prática social".[40] O autor espanhol percebe diferentes espaços concretos de nossas dessemelhanças (diferentes vulnerabilidades ante fenômenos naturais; diferentes possibilidades de implementação de capacidades físicas ou mentais; discriminações por razões étnicas, de idade, de gênero, entre outras). É preciso que o intérprete indague quais são as diversidades significativas nesse ou naquele contexto.

Conforme frisamos anteriormente: é importante indagar em que medida as diferenças estão se convertendo em desigualdades. Ferrajoli (1999, p. 73-96), em artigo publicado em 1993, propôs a aplicação da teoria garantista às questões de igualdade material. Defende que entre igualdade e diferença podem-se estabelecer quatro ordens de relações:[41] (a) *indiferença jurídica ante as diferenças*: as diferenças são ignoradas diante de uma visão jurídica que não se preocupa em tratar seres humanos igualmente; (b) *diferenciação jurídica entre as diferenças*: aqui, algumas diferenças são levadas em conta, enquanto outras não. Trata-se de postura própria de concepções aristocráticas ou, mais contemporaneamente, oligárquicas; (c) *homogeneização jurídica das diferenças*: aqui se pasteuriza a igualdade, considerando-se todos os cidadãos formalmente iguais perante a lei, numa visão puramente abstrata e formal da igualdade; (d) *valoração jurídica das diferenças*: nessa visão, a diferença não deve ser encarada como uma exceção, mas como norma que impõe ações através de políticas de igualdade.

Não será aceitável que eternizemos situações de desigualdade, nem muito menos que as legitimemos. As experiências sociais, explícitas ou veladas, de desigualdade e discriminação, exigem que superemos, neste século, o prisma de asseguramento formal de direitos (podemos, aliás, observar, em vários países, uma progressiva luta pela implementação da igualdade substancial). Se o sistema jurídico se mostra cego, em determinado contexto, a uma desigualdade real, o intérprete estará constitucionalmente autorizado a promover diferenciações nas soluções jurídicas, desde que tenha presente que o ônus argumentativo – de solidez, consistência e encadeamento constitucional – está a seu cargo.

Aliás, sabe-se que o Judiciário influi, cada vez mais, nas discussões éticas e nas escolhas públicas vinculantes. A lei, nesse contexto, perde muito do caráter arbitrário que ostentava no passado e a proporcionalidade é princípio que tem como destinatário também o legislador. Aceita-se mais naturalmente, hoje, que a atividade judicial, em alguma medida, tem função criativa, circunstância que se mostra ainda mais forte na jurisdição constitucional.[42] Vê-se, hoje, com maior clareza, que o juiz é um ator

---

40. Acerca do pluralismo, consultar ainda: Cittadino (2000).
41. Conferir também: Flores (2010, p. 111-145).
42. A propósito, certos autores citam exemplos de nações que ostentam o traço democrático sem, no entanto – pelo menos durante certo período histórico –, trazerem a nota institucional da revisão judicial (GRIMM, 2006; NINO, 1997). A tendência contemporânea, no entanto, parece apontar no sentido de uma progressiva adoção do *judicial review*. Um exemplo eloquente, e muito citado, é a França, que não dispunha de um sistema de controle repressivo de constitucionalidade e passou a adotá-lo depois da reforma constitucional de 2008.

político. Isso, porém, não significa, em absoluto, que ele esteja livre para impor sua própria pauta de valores, idiossincrática e pessoal. Seus espaços de movimentação são ofertados pela Constituição e pelas leis, seus princípios e suas regras. Há, certamente, demandas de consistências que o magistrado deverá cumprir, que serão tanto maiores quanto mais dúcteis e abertas forem as normas. Aliás, quanto mais claros e sindicáveis forem os critérios usados, mais aprimorada estará nossa democracia. A legitimidade de uma decisão, nas democracias constitucionais contemporâneas, é aferida não só pelas formas, mas também pelos conteúdos. Há uma rica e variada interação dinâmica entre os dois modos de controle.

5. REFERÊNCIAS

ALGUACIL, Maria José García. *Protección Jurídica de las personas con discapacidad*. Madrid: Reus, 2016.

AMARAL, Francisco. A autonomia privada como princípio fundamental da ordem jurídica: perspectiva estrutural e funcional. *Revista de Direito Civil*, São Paulo, n. 46, p. 07-26, out.-dez., 1988.

ANDRADE, Diogo de Calasans Melo. Adoção entre pessoas do mesmo sexo e os princípios constitucionais. *Revista brasileira de direito de família*, Porto Alegre, n. 30, p. 99-123, abr./jun., 2005.

ARCE Y FLÓRES-VALDÉS, Joaquín. *El derecho civil constitucional*. Madrid: Civitas, 1991.

BILBAO UBILLOS, Juan Maria. *La Eficacia de los Derechos Fundamentales frente a Particulares*. Madrid: Centro de Estudios Constitucionales, 1997.

BOBBIO, Norberto. *A Era dos Direitos*. Trad. Carlos Nelson Coutinho. Rio de Janeiro: Campus, 1992.

CHILAND, Colette. *O transexualismo*. Trad. Maria Stela Gonçalves. São Paulo: Edições Loyola, 2008.

CITTADINO, Gisele. *Pluralismo, Direito e Justiça Distributiva*. Elementos da Filosofia Constitucional Contemporânea. 2. ed. Rio de Janeiro: Lumen Juris, 2000.

FERRAJOLI, Luigi. *Derechos y garantías*. La ley del más débil. Trad. Perfecto András Ibáñez. Madrid: Trotta, 1999.

FLORES, Joaquín Herrera. La construcción de las garantías. Hacia una concepción antipatriarcal de la liberdad y la igualdad. In: SARMENTO, Daniel; IKAWA, Daniela; PIOVESAN, Flávia (Coord.). *Igualdade, diferença e direitos humanos*. Rio de Janeiro: Lumen Juris: 2010. p. 111-145.

FRASER, Nancy. *Redistribuição, reconhecimento e participação: por uma concepção integrada de justiça. In: SARMENTO, Daniel; IKAWA, Daniela; PIOVESAN, Flávia (Coord.). Igualdade, diferença e direitos humanos. Tradução de Bruno Ribeiro Guedes e Leticia de Campos Velho Martel*. Rio de Janeiro: Lumen Juris, 2010. p 167-189.

FRASER, Nancy. De la redistribución al reconocimiento? Dilemas en torno a la justicia en una época post-socialista. *Iustitia Interrupta*: Reflexiones críticas desde la posición "post-socialista". Santa Fé de Bogotá: Siglo del Hombre. Universidad de los Andes, 1997. p. 17-54.

FRIEDMAN, Lawrence. *The Republic of Choice* – Law, Authority and Culture. Cambridge/Massachusetts: Harvard University Press, 1994.

GIDDENS, Antony. *A transformação da intimidade*. Tradução de Magda Lopes. São Paulo: Unesp, 1993.

GRIMM, Dieter. Jurisdição constitucional e democracia. *Revista de Direito do Estado*, Rio de Janeiro, v. 4, n. 3, p. 94-112, jul./set. 2006.

GUTMANN, Amy. La Política del Reconocimiento. In: TAYLOR, Charles. *El multiculturalismo y "La Política del Reconocimiento"*. Introdução de Amy Gutmann. Comentários de Susan Wolf, Steven C. Rockefeller, Michael Walzer. Ensaios de Jürgen Habermas, K. Anthony Appiah. Tradução de Mónica Utrilla de Neira, Liliana Andrade Llanas e Gerard Vilar Roca. México: Fondo de Cultura Económica, 2009, p. 14-27.

HABERMAS, Jürgen. *Between Facts and Norms*: contributions to a discourse theory of law and democracy. Cambridge: The MIT Press, 1996.

HABERMAS, Jürgen. *O conceito de dignidade humana e a utopia realista dos direitos humanos*. Trad. Eduardo Mendonça e Letícia de Campos Velho Martel, sem indicações bibliográficas.

HOFFMAN, Hasso. La promessa della dignità umana. La dignità dell'uomo nella cultura giuridica tedesca. *Rivista Internazionale di Filosofia del Diritto*, Roma, v. 76, n. 4, p. 620-650, out./dez, 1999.

IKAWA, Daniela. Direito dos povos indígenas. In: SARMENTO, Daniel; IKAWA, Daniela; PIOVESAN, Flávia (Coord.). *Igualdade, diferença e direitos humanos*. Rio de Janeiro: Lumen Juris, 2010. p. 234-247.

KWEITEL, Juana. *The rights of indigenous peoples*: a critical analysis of the case law of the Interamerican System for the Proteccion of Human Rights. Dissertação. Universidade de Essex, Inglaterra, out. 2003.

McCOLGAN, A. *Woman under the Law*: the false promese of human rights. London: Longman, 2000.

MACHADO, Jónatas Eduardo Mendes. *Liberdade religiosa numa comunidade constitucional inclusiva*. Coimbra: Coimbra Editora, 1996.

MENEZES, Joyceane Bezerra de. O direito protetivo no Brasil após a convenção sobre a proteção da pessoa com deficiência: impactos do novo CPC e do estatuto da pessoa com deficiência. *Civilistica. com*, Rio de Janeiro, a. 4, n. 1, p. 1-34, jan./jun. 2015. Disponível em: [http://civilistica.com/o-direi-to-protetivo-no-brasil/]. Acesso em: 04.12.2019.

NINO, Carlos Santiago. *La Constitución de la Democracia Deliberativa*. Barcelona: Gedisa, 1997.

PERLINGIERI, Pietro. *Perfis do direito civil* – uma introdução ao direito civil-constitucional. Trad. Maria Cristina de Cicco. Rio de Janeiro: Renovar, 1997.

PERLINGERI, Pietro. Note introduttive aí problemi giuridici del mutamento di sesso. In: SERRAVALLE, Paola D´Addino; PERLINGIERI, Pietro; STAGANZIONE, Pasquale. *Problemi Giuridici del Transessualismo*. Napoli: ESI, 1981.

PONTES DE MIRANDA, Francisco Cavalcanti. *Fontes e evolução do Direito Civil brasileiro*. Rio de Janeiro: Pimenta de Mello, 1929.

PONTES DE MIRANDA. *Tratado de Direito Privado*. Rio de Janeiro: Borsoi, 1954. t. I.

RAWLS, John. *Liberalismo Político*. Trad. Sergio René Madero Báez. México: Fondo de Cultura Económica, 1995.

RODOTÀ, Stefano. *La vida y las reglas*. Entre el derecho y el no derecho. Traducción de Andrea Greppi. Madrid: Editorial Trotta, 2010.

SARMENTO, Daniel. A igualdade étnico-racial no direito constitucional brasileiro: discriminação "de facto", teoria do impacto desproporcional e ação afirmativa. In: SARMENTO, Daniel. *Livres e iguais*: estudos de direito constitucional. Rio de Janeiro: Renovar, 2010. p. 114-137.

SARMENTO, Daniel; IKAWA, Daniela; PIOVESAN, Flávia (Coord.). *Igualdade, diferença e direitos humanos*. Rio de Janeiro: Lumen Juris: 2010.

SEN, Amartya. *Desarrollo y Libertad*. Planeta: Barcelona, 2000.

SOLARI, Gioele. *Filosofia del Derecho Privado*: la idea individual. Buenos Aires: Depalma, 1946.

TAYLOR, Charles. *El multiculturalismo y "La Política del Reconocimiento"*. Introdução de Amy Gutmann. Comentarios de Susan Wolf, Steven C. Rockefeller, Michael Walzer; ensayos de Jürgen Habermas, K. Anthony Appiah. Trad. Mónica Utrilla de Neira; Liliana Andrade Llanas y Gerard Vilar Roca. México: Fondo de Cultura Económica, 2009.

TELLES, Edward E. *O significado da raça na sociedade brasileira*. Trad. Ana Arruda Callado. Princenton e Oxford: Princenton University Press, 2012.

TEIXEIRA, Ana Carolina Brochado; SÁ, Maria de Fátima. Envelhecendo com autonomia. In: FIÚZA, César; SÁ, Maria de Fátima Freire; NAVES, Bruno Torquato de Oliveira (Coord.). *Direito civil: da autonomia privadas nas situações jurídicas patrimoniais e existenciais*. Belo Horizonte: Del Rey, 2007. p. 75-88.

TEPEDINO, Gustavo. A Tutela Constitucional da Criança e do Adolescente: projeções civis e estatutárias. In: SARMENTO, Daniel; IKAWA, Daniela; PIOVESAN, Flávia (Coord.). *Igualdade, diferença e direitos humanos*. Rio de Janeiro: Lumen Juris: 2010. p. 863-885.

WALZER, Michael. *Da tolerância*. Tradução de Almiro Pisetta. São Paulo: Martins Fontes, 1999.

WEINBERGER, Ota. *Politica del diritto e istituzioni*. Il diritto come istituzione, Neil MacComick e Ota Weinberger. Milano: Giuffrè, 1990.

PARTE III
IDOSO E VULNERABILIDADE

REFLEXÕES SOBRE O CONTEÚDO DIFERENCIADO DO PRINCÍPIO DO MELHOR INTERESSE QUANDO APLICÁVEL AO IDOSO

Ana Carolina Brochado Teixeira

Doutora em Direito Civil pela Universidade do Estado do Rio de Janeiro (UERJ). Mestra em Direito Privado pela Pontifícia Universidade Católica de Minas Gerais (PUC Minas). Professora do Centro Universitário UNA. Coordenadora editorial da Revista Brasileira de Direito Civil – RBDCivil. Advogada.

Joyceane Bezerra de Menezes

Doutora em Direito pela Universidade Federal de Pernambuco. Mestre em Direito pela Universidade Federal do Ceará. Professora titular da Universidade de Fortaleza – Programa de Pós-Graduação *Strictu Senso* em Direito (Mestrado/Doutorado) da Universidade de Fortaleza, na Disciplina de Direitos de Personalidade. Professora adjunto da Universidade Federal do Ceará. Coordenadora do Grupo de Pesquisa CNPQ: Direito Constitucional nas Relações Privadas. Fortaleza, Ceará, Brasil. Editora da Pensar, Revista de Ciências Jurídicas – Unifor. E-mail: joyceane@unifor.br.

Sumário: 1. A tutela das vulnerabilidades e o princípio do melhor interesse. 2. Contornos do princípio do melhor interesse da criança e do adolescente. 3. A aplicação do princípio do melhor interesse pelo direito do idoso: entre a vulnerabilidade e a autonomia. 4. Conclusão. 5. Referências.

1. A TUTELA DAS VULNERABILIDADES E O PRINCÍPIO DO MELHOR INTERESSE

A partir de um movimento de personalização do Direito Civil no mundo ocidental, o Direito brasileiro, desde a Constituição Federal de 1988, colocou a pessoa humana no centro do sistema jurídico e tutela diferenciadamente aqueles que se acham em situação de vulnerabilidade, a exemplo das crianças, adolescentes, mulheres, idosos e pessoas com deficiência (arts. 227 e 230). O tratamento diferenciado e prioritário creditado às crianças e aos adolescentes se justifica na maturidade em formação, peculiar ao seu estágio de desenvolvimento. Paulatinamente, sob a orientação educacional dos pais/responsáveis, esses filhos alcançarão maturidade e autonomia, fazendo retrair a heteronomia parental (TEIXEIRA, 2009).

A pessoa com deficiência, por seu turno, é considerada vulnerável em virtude das limitações permanentes que impactam a sua vida e a sua funcionalidade, demandando apoio constante da família e da sociedade. Semelhantemente vulnerável é o idoso, que, em virtude das fragilidades próprias da idade mais avançada, também necessita de uma proteção diferenciada. O cuidado, porém, deve considerar a autonomia do sujeito, em especial, quando se tratar de pessoa maior. Diferentemente da criança, o idoso é alguém que atingiu maturidade, construiu uma vida de relações, muitas delas, em curso. E assim, a sua vontade e autonomia não podem ser minimizadas pelo apoio de que vierem a necessitar. Disso resulta que a aplicação do melhor interesse nas situações jurídicas relacionais que envolverem idoso ou pessoa maior com deficiência não poderá descuidar da autonomia que houverem alcançado ao longo de suas vidas.

Mesmo após o texto constitucional grifar a igualdade entre homem e mulher e repudiar toda forma de discriminação, ainda há um apelo cultural irradiando a ideia de que o poder físico, econômico, psicológico e emocional é centrado na figura masculina.[1] O mercado de trabalho discrimina por gênero, haja vista a assimetria dos salários pagos ao homem e à mulher, enquanto a mídia estampa um cotidiano marcado pela violência doméstica. Não sem razão, lei especial (Lei Maria da Penha) que oferece instrumentos valiosos de enfrentamento da violência contra a mulher, vítima frequente de toda sorte de abuso e violência em virtude do gênero, condição que demonstra elevada vulnerabilidade (BODIN DE MORAES, 2013, p. 155).

A passagem do sujeito abstrato dos códigos oitocentistas para o *sujeito concreto* é um marco, como referido, da profunda revisão havida na teoria clássica de direito civil que também repercutiu modificações significativas em suas diversas categorias e institutos, favorecendo, inclusive, o efetivo diálogo entre teoria e prática, abstração e concretude (RODOTÀ, 2007). Nessa medida, acolhendo-se a pessoa como um sujeito de igual dignidade, a sua tutela deve ser compatível à sua necessidade, o que explica um tratamento diferenciado aos vulneráveis.[2] O papel do Direito é exatamente o de oferecer instrumentos jurídicos adequados para compensar essa fragilidade – *rectius*, a fim de equilibrar a relação jurídica em atenção aos princípios da igualdade material e da dignidade da pessoa humana.[3]

Nesse contexto, o princípio da solidariedade assume especial relevância, legitimando a um só tempo a produção das normas que estabelecem a tutela especial aos vulneráveis e a intervenção estatal reequilibradora voltada à sua proteção.[4] O princípio do melhor

---

1. Esse viés discriminatório pode ser identificado em atitudes mais extremadas, a exemplo da decisão de juiz do TJRJ que modifica a guarda de filho de 08 anos que sempre viveu com mãe, na favela de Manguinhos (RJ), em favor do pai, residente em São Gonçalo (RJ), sob o argumento de que é melhor para a criança do sexo masculino ser criada pelo pai. Também alega que a mãe reside em área violenta, mas esse argumento já não procede, porque o munícipio de São Gonçalo é igualmente assolado pela criminalidade. Disponível em: [https://oglobo.globo.com/rio/juiz--aponta-violencia-do-rio-para-tirar-guarda-de-mae-que-mora-com-filho-na-favela-de-manguinhos-1-23823203]. Acesso em: 15 fev. 2020.
2. "Nesse ambiente de renovado humanismo, a vulnerabilidade da pessoa humana será tutelada, prioritariamente, onde quer que ela se manifeste. De modo que terão precedência os direitos e as prerrogativas de determinados grupos considerados, de uma maneira ou de outra, frágeis e que estão a exigir, por conseguinte, a especial proteção da lei. Nestes casos estão as crianças, os adolescentes, os idosos, os portadores de deficiência físicas e mentais, os não proprietários, os consumidores, os contratantes em situação de inferioridade, as vítimas de acidentes anônimos e de atentados a direitos de personalidade, os membros da família, os membros de minorias, dentre outros". (BODIN DE MORAES, 2013, p. 155).
3. "Não se trata apenas de estabelecer a igualdade material, como no caso do consumidor, mas prover a proteção especial de uma *minoria* que se encontrava subjugada em todas as relações sociojurídicas, inclusive familiares." (BARBOZA, 2008, p. 61).
4. Heloisa Helena Barboza (2009, p. 110) afirma que "a vulnerabilidade se apresenta sob múltiplos aspectos existenciais, sociais, econômicos. Na verdade, o conceito de vulnerabilidade (do latim *vulnerabilis*, 'que pode ser ferido', de *vulnerare*, 'ferir', de *vulnus*, 'ferida') refere-se a qualquer ser vivo, sem distinção, que pode, eventualmente, ser 'vulnerado' em situações contingenciais".

interesse tem sido utilizado como uma das balizas voltadas à promoção dessa tutela e atenção pública diferenciada. Em outra oportunidade, aludiu-se a um princípio do melhor interesse dos vulneráveis (TEIXEIRA, 2020, p. 18) genericamente aplicável, para impor ao Estado o dever de garantir a igualdade material a toda pessoa vulnerável.[5] No entanto, esse princípio deve ser interpretado de forma diferente para cada grupo de vulneráveis: considerando que o melhor interesse aplicável à pessoa maior deve perpassar o respeito à sua autonomia, suas preferências e a sua vontade (expressa ou tácita). Deve, contudo, ser aplicado com um conteúdo diverso quando se tratar de pessoa menor de idade, cuja delimitação no caso concreto é mais orientada pela heteronomia paterno/materna e estatal (MENEZES; BODIN DE MORAES, 2015).

Cumpre ao Direito identificar os indivíduos vulneráveis para lhes oferecer instrumentos de facilitação ao desenvolvimento de suas potencialidades, de sorte a mitigar e/ou superar aquela condição de vulnerabilidade. À família se atribuem diversos deveres de cuidado em relação aos membros vulneráveis; embora esse dever transborde para o Estado e para a sociedade. Todos são conclamados a lhes oferecer o apoio necessário à superação das suas limitações funcionais, seja com recursos humanos, seja com recursos materiais, para que efetivamente possam ser incluídos. Essa atitude de solidariedade amplia a responsividade do sujeito para enfrentar os desafios do meio externo.[6] Na sugestão de Canguilhem (2012, p. 45), "cabe a nós acolhermos ou não o diferente, criando condições de estímulo às respostas normativas dos sujeitos individuais".

Ao Estado sempre caberá instituir as salvaguardas necessárias para que esse apoio aos vulneráveis não exceda em abuso e converta-se em ameaça ou lesão aos seus direitos (BARBOZA, 2009, p. 111). De tudo resulta que a abordagem jurídica dos vulneráveis requer uma hermenêutica adequada para identificar as demandas específicas de cada grupo, sem prejuízo das vicissitudes da pessoa *in concreto*. Assemelham-se na vulnerabilidade, mas se distanciam nas peculiaridades, o que requer o balizamento entre a igualdade e a diferença. Assim, o melhor interesse da criança não pode ser transportado para a realidade dos idosos ou da pessoa com deficiência sem qualquer retoque.

A Constituição Federal confiou à família a tutela das crianças, dos adolescentes e dos idosos, conforme se verifica nos arts. 227 e 230. Segundo a Convenção sobre os Direitos da Pessoa com Deficiência, a família é também chamada a promover a qualidade de vida da pessoa dos seus membros, especialmente aqueles que precisam de maior assistência (Dec. n.6.949/2009, Preâmbulo, alínea x).[7]

---

5. Carlos Nelson Konder entende ser desnecessária a estratificação das vulnerabilidades: "Esse panorama revela que a criação de categorias, embora possa ser útil em alguns casos, é prescindível. O fundamental, dessa forma, é reconhecer que a vulnerabilidade existencial prescinde de qualquer tipificação, eis que decorrência da aplicação direta dos princípios constitucionais da dignidade da pessoa humana e da solidariedade social, devendo sempre ser avaliada em atenção às circunstâncias do caso concreto." (KONDER, 2015, p. 110).

6. A capacidade do sujeito em responder aos desafios externos é mensurada não apenas pela sua força e determinação intrínsecos, mas também pela modificação do meio externo em seu favor, ampliando-lhe as suas possibilidades. *In verbis*, "Em muitos casos, a suposta falha no desempenho pode ser reparada pela tecnologia aplicada pelos humanos. É o caso dos óculos, dos aparelhos de surdez, da comunicação de autistas facilitada por computador e das inúmeras próteses. A ação deliberada de adequação do meio para manutenção de uma vida satisfatória permite que o disfuncional em alguns casos se torne perfeita- mente funcional." (GAUDENZI; ORTEGA, 2016, p. 3067).

7. "Art.1º, x) Convencidos de que a família é o núcleo natural e fundamental da sociedade e tem o direito de receber a proteção da sociedade e do Estado e de que as pessoas com deficiência e seus familiares devem receber a proteção

A partir da identificação constitucional desses grupos como vulneráveis, leis especiais foram editadas, visando à instrumentalização dos seus direitos especiais e dessa proteção diferenciada, sejam elas: o Estatuto da Criança e do Adolescente (Lei 8.069/90, o Estatuto do Idoso (Lei 10.741/2003 e, mais recentemente, o Estatuto da Pessoa com Deficiência (Lei 13.146/2015).

O Estatuto da Criança e do Adolescente – ECA justifica a proteção integral da população infantojuvenil, na sua fase de desenvolvimento. Impõe à família, ao Estado e à sociedade o dever de assegurar às crianças e aos adolescentes, com absoluta prioridade, a efetivação de seus direitos existenciais.[8] A idade reduzida, a pouca experiência e a baixa maturidade reivindicam a atenção especial do Estado e da sociedade, impondo a presença ativa dos pais e, na sua falta, do tutor para representá-los ou assisti-los nas esferas existencial e patrimonial, dedicando-lhes todo o cuidado que necessitam para o desenvolvimento físico, psíquico e social.

Para tanto os institutos da autoridade parental e da tutela assumem o perfil funcional de promover a formação e desenvolvimento da personalidade do filho ou tutelado até que ele complete 18 anos, em respeito a todos os seus direitos fundamentais. Promovem um cuidado emancipatório, visando a que a criança e o adolescente possam lograr condições de se afirmarem como adultos livres e responsáveis.

Esses poderes e deveres inerentes aos institutos acima mencionados devem ser exercidos de forma a respeitar o nível de entendimento e a autonomia conquistados pela criança ou pelo adolescente, especialmente quanto às questões existenciais. Sem a capacidade natural de agir, caracterizada pela apreensão e cognição operantes, não haverá possibilidade de emissão de uma vontade autônoma e responsável. Nessas condições, a avalição do que é melhor para si será realizada de forma heterônoma pelos responsáveis ou pelo Estado.

O Código Civil traz uma classificação *in abstrato* da capacidade jurídica usando o critério etário, conforme consta nos arts. 3º. e 4º., inciso I. Presume que os menores de dezesseis anos não têm capacidade de agir e necessitam da intervenção representativa dos pais; e que aqueles que estão entre 16 e 18 anos possuem relativa capacidade para decidir acerca de certos atos, sendo apenas assistidos pelos responsáveis. De toda forma, a aplicação do princípio do melhor interesse no caso concreto deverá observar as variáveis circundantes à criança/adolescente, procurando respeitar os seus direitos fundamentais, inclusive quanto à sua opinião e à sua vontade.

O Estatuto do Idoso se ocupa das pessoas com idade igual ou superior a 60 (sessenta) anos, presumindo que passam a sofrer uma gradual fragilidade física e, por vezes, psíquica, comuns ao processo do envelhecimento. Por isso, o idoso deve ser protegido, a fim de que possa envelhecer de maneira digna e com qualidade de vida, sem qualquer ofensa

---

e a assistência necessárias para tornar as famílias capazes de contribuir para o exercício pleno e equitativo dos direitos das pessoas com deficiência,."

8. ECA, Art. 4º É dever da família, da comunidade, da sociedade em geral e do poder público assegurar, com absoluta prioridade, a efetivação dos direitos referentes à vida, à saúde, à alimentação, à educação, ao esporte, ao lazer, à profissionalização, à cultura, à dignidade, ao respeito, à liberdade e à convivência familiar e comunitária.

aos seus direitos de personalidade, sobretudo, à sua autonomia. Envelhecimento não é sinônimo de perda da capacidade civil, a despeito das fragilidades que lhe são decorrentes.

É imperioso respeitar a autonomia da pessoa idosa e a sua vontade expressamente manifesta. Até mesmo naqueles casos em que estiver acometida de doença incapacitante, a sua vontade deve ser respeitada. Nesses casos, a sua história de vida, sua biografia, seus afetos, as relações e declarações anteriores podem desvelar a sua vontade tácita. Segundo Ana Paula Barbosa-Fohrmann e Luana Araújo (2019, p.13), a pessoa com deficiência mental grave, como o paciente em estágio avançado de Alzheimer, possui "uma vontade autônoma que foi conhecida por todos no passado e que se estende para o presente". A esta vontade optamos por nominar de vontade biográfica ou tácita.[9]

Em último caso, quando o sujeito não teve a oportunidade de construção biográfica pelo fato de sofrer limitação psíquica severa desde o nascimento, qualquer decisão heterônoma que venha a impactar a sua esfera jurídica patrimonial ou existencial deve se nortear pelo juízo hipotético do que seja a *boa vontade* (um querer racional e geral) e segundo o princípio da beneficência.[10] Nenhum instrumento jurídico de apoio, mesmo para as pessoas com deficiência suscetíveis, poderá instituir um poder representativo substitutivo de vontade.

Dessa forma, a hermenêutica adequada ao princípio do melhor interesse do idoso não pode fazer sobrepor a heteronomia do Estado ou da família. Haverá que cotejar a arquitetura dos valores cultivados durante a sua vida, assim como os vínculos afetivos consolidados, buscando prestigiar e acorrer a sua autonomia desvelando a sua vontade tácita ou biográfica a partir do seu passado.

2. CONTORNOS DO PRINCÍPIO DO MELHOR INTERESSE DA CRIANÇA E DO ADOLESCENTE

Pode-se dizer que o Princípio do Melhor Interesse tem raiz na Declaração Universal dos Direitos Humanos (1948), nomeadamente, em seu art. 25, 2, cujo teor dispõe que "a maternidade e a infância têm direito a cuidados e assistência. Todas as crianças, nascidas no casamento ou fora dele, devem gozar da mesma proteção social".

Adiante, o 7º Princípio da Declaração dos Direitos da Criança, de 1959, diz que "os melhores interesses da criança serão a diretriz a nortear os responsáveis pela sua educação

---

9. Decreto legislativo peruano 1384/2018 altera o Código Civil, modificando o art.141, para reconhecer efeito jurídico à vontade tácita. "*Artículo 141. Manifestación de voluntad:* La manifestación de voluntad puede ser expresa o tácita. Es expresa cuando se realiza en forma oral, escrita, a través de cualquier medio directo, manual, mecánico, digital, electrónico, mediante la lengua de señas o algún medio alternativo de comunicación, incluyendo el uso de ajustes razonables o de los apoyos requeridos por la persona. *Es tácita cuando la voluntad se infiere indubitablemente de una actitud o conductas reiteradas en la historia de vida que revelan su existencia.* No puede considerarse que existe manifestación tácita cuando la ley exige declaración expresa o cuando el agente formula reserva o declaración en contrario." Grifo proposital.

10. Na hipótese em que alguém tiver que decidir por aquele que não tem uma vontade conhecida (expressa ou tácita), deve guiar-se pela boa vontade, considerada boa por dever moral, ou seja, quando o agente mobiliza toda a sua capacidade e esforços para que ela possa se concretizar. Deixa-se guiar por um dever moral de agir, sem que a sua motivação esteja primariamente firmada em um peculiar juízo moral ou nos seus sentimentos familiares de simpatia, amizade e amor (BARBOSA-FOHRMANN; ARAÚJO, 2019).

e orientação; esta responsabilidade cabe, em primeiro lugar, aos pais". Em um terceiro momento, tem-se a sua consolidação pela Convenção Internacional sobre os Direitos da Criança, de 1989, em cujo art. 3º, 1, declara que "Todas as ações relativas às crianças, levadas a efeito por instituições públicas ou privadas de bem-estar social, tribunais, autoridades administrativas ou órgãos legislativos, *devem considerar primordialmente, o melhor interesse da criança*" (grifo intencional).

Essa doutrina da proteção integral é acolhida pela Constituição Federal/88, no seu art. 227 e parágrafos, que tratam de assegurar à criança e ao adolescente a condição de sujeito de direitos e de dignidade. Em 1990, é promulgada a Lei 8.069 – Estatuto da Criança e do Adolescente, cujo eixo axiológico é a doutrina da proteção integral, consubstanciada na conjugação do princípio da prioridade absoluta em favor da criança/adolescente com o princípio do melhor interesse.

O Princípio do Melhor Interesse da Criança e do Adolescente impõe que a criança e o adolescente sejam respeitados na condição de sujeito de direitos e que a eles sejam garantidas as condições mais adequadas ao seu desenvolvimento (CF/88, art. 227).[11] Enquanto a prioridade absoluta determina que tais direitos sejam garantidos de forma prioritária relativamente a outros interesses em questão, em consideração à condição peculiar de desenvolvimento em que se encontram.[12] Por meio da doutrina da proteção integral, a ordem civil-constitucional brasileira impõe à família, à sociedade e ao Estado o dever de proteger e promover o direito e a personalidade da criança e do adolescente.

Todo esse arcabouço normativo provocou uma viragem no plano do direito de família, reorientando o *lugar de fala* da criança e do adolescente, assim como a função da autoridade parental. Reconhecidos como sujeitos de igual dignidade, crianças e adolescentes são titulares de direitos fundamentais oponíveis até mesmo em face dos pais ou responsáveis. Embora o ECA haja confiado à família, entidade intermediária, muitos dos deveres de proteção e promoção da criança/adolescente, também previu instrumentos que salvaguardam os seus interesses em face dos pais, tutores e guardiões.[13]

---

11. "O art. 227 da Constituição Federal de 1988 é fruto de uma 'virada hermenêutica' sobre a concepção da relevância dos direitos da criança e do adolescente. Tanto que é inovador quanto ao tratamento da população infantojuvenil por uma Constituição, pois dedica à criança e ao adolescente um dos mais expressivos textos consagradores de direitos fundamentais da pessoa humana, cujo conteúdo foi, posteriormente, explicitado pelo Estatuto da Criança e do Adolescente, Lei 8.069/1990 (v. art. 3º). Ele é fruto das conquistas infantojuvenis do século XX, pois foi neste período que ocorreu "a descoberta, valorização, defesa e proteção da criança", além de terem sido formulados "os seus direitos básicos, reconhecendo-se, com eles, que a criança é um ser humano especial, com características específicas, e que têm direitos próprios". (BODIN DE MORAES; TEIXEIRA, 2018, p. 2240).

12. Tal condição lhes foi garantida pelo art. 6º da Lei 8.069/90, Estatuto da Criança e do Adolescente, cujo teor é o seguinte: "Art. 6º Na interpretação desta Lei levar-se-ão em conta os fins sociais a que ela se dirige, as exigências do bem comum, os direitos e deveres individuais e coletivos, e a condição peculiar da criança e do adolescente como pessoas em desenvolvimento."

13. 1. Não prospera o pleito absolutório, quando a condenação vem lastreada em provas sólidas, como as declarações firmes e harmônicas prestadas pela vítima, corroboradas pelas narrativas de testemunhas presenciais e pelo exame de corpo delito, os quais evidenciam que o réu ofendeu a integridade corporal de sua filha. 2. Não vinga a excludente de ilicitude relativa ao exercício regular do direito, se o acusado agiu com violência e abuso de autoridade parental, privando a liberdade de sua filha, por tempo juridicamente relevante, mediante cárcere privado. 3. A ausência de ânimo calmo e refletido não obsta a configuração do delito de ameaça, notadamente se o mal injusto e grave anunciado causou intimidação, temor ou abalo psíquico às ofendidas. 4. Afasta-se o exame negativo da culpabilidade do crime de lesões corporais, se estribada em elementos inerentes ao tipo penal. 5. Presentes múltiplas qualificadoras, permite-se a utilização de uma delas como circunstância judicial desfavorável,

CONTEÚDO DIFERENCIADO DO PRINCÍPIO DO MELHOR INTERESSE QUANDO APLICÁVEL AO IDOSO **325**

O princípio do melhor interesse da criança e do adolescente tem sido, há alguns anos, objeto de estudos no direito brasileiro e alcançou notável relevância no âmbito do direito de família, onde funciona como um vetor interpretativo, ao lado da dignidade da pessoa humana, para a solução de conflitos que envolvem criança ou adolescente. Aplica-se não apenas nas disputas de guarda, fixação de alimentos, convivência familiar com os pais e demais parentes, mas também naquelas decisões que repercutem na esfera da sua saúde ou corporeidade.

Embora a sua aplicação seja complexa, mais difícil será a sua conceituação. O que seria, concretamente, o Princípio do Melhor Interesse da Criança e do Adolescente? Segundo Tânia da Silva Pereira (2009, p. 111), "a aplicação do princío do *best interest* permanece como um padrão considerando, sobretudo, as necessidades da criança em detrimento dos interesses de seus pais, devendo realizar-se sempre uma análise do caso concreto". Não existe um conceito unanimemente aceito e sua delimitação deve ser feita em cada caso.[14]

Maria Clara Sottomayor assinala que, embora o interesse da criança ou do adolescente seja uma categoria de conceito indeterminável, pelo seu caráter vago e elástico que favorece interpretações subjetivas, apresenta um núcleo conceitual que deve ser preenchido por valorações objetivas, como a estabilidade de condições de vida da criança, das suas relações afetivas e do seu ambiente físico e social (SOTTOMAYOR, 2009, p. 111).

A estabilidade afetiva corresponde, no pensamento de John Bowlby (2006),[15] ao elo de confiança entre a criança e os pais ou responsáveis, fundamental a um bom e saudável

---

permanecendo a remanescente para configurar o tipo qualificado. 6. O acréscimo na segunda fase da dosimetria, diante de circunstância agravante, deve nortear-se por critério de equidade, de modo a guardar proporcionalidade com o aumento operado pelo julgador na primeira etapa de aplicação da pena. 7. Nos termos do art. 92, inc. II, do CP, a incapacidade para o exercício do poder familiar pode ser decretada quando sobrevier condenação por crime doloso, sujeito à pena de reclusão, cometido contra filho (a), e no caso concreto, tal medida se encontra devidamente fundamentada no abuso da autoridade parental do acusado e na evidente situação de risco para a vítima. 8. Recurso conhecido e parcialmente provido. (TJDF 20170310121939, DF 0011906-16.2017.8.07.0003, 3ª T. Crim., Rel. Jesuino Rissato, Julg. 04/10/2018, DJE 17/10/2018, p. 143/153).

14.   Conforme esta decisão do STJ, o melhor interesse se superpõe à transigência dos genitores, deduzindo-se dos elementos presentes no caso concreto. "RECURSO ESPECIAL. CIVIL E PROCESSUAL CIVIL. FAMÍLIA. GUARDA COMPARTILHADA. CONSENSO. DESNECESSIDADE. MELHOR INTERESSE DO MENOR. IMPLEMENTAÇÃO. IMPOSSIBILIDADE. SÚMULA 7/STJ. 1. A implementação da guarda compartilhada não se sujeita à transigência dos genitores. 2. As peculiaridades do caso concreto inviabilizam a implementação da guarda compartilhada diante do princío do melhor interesse do menor. 3. A verificação da procedência dos argumentos expendidos no recurso especial exigiria, por parte desta Corte, o reexame de matéria fática, procedimento vedado pela Súmula 7/STJ. 4. Recurso especial não provido." (STJ, REsp: 1707499 DF 2017/0282016-9, 3ª T., Rel. Min. Marco Aurélio Bellizze, julg. 09/04/2019, DJe 06/05/2019).

15.   A partir da teoria da ligação, o autor explica a importância dos vínculos de confiança que as pessoas formam entre si, especialmente, na fase da infância. Em suas próprias linhas, diz: "é um modo de conceituar a propensão dos seres humanos a estabelecerem fortes vínculos afetivos com alguns outro, e de explicar as múltiplas formas de consternação emocional e perturbação da personalidade, incluindo ansiedade, raiva, depressão e desligamento emocional, a que a separação e perda involuntária dão origem." (...) "Os defensores da teoria da ligação argumentam que muitas formas de distúrbio psiquiátrico podem ser atribuídas ou a desvios no desenvolvimento do comportamento de ligação ou, mais raramente, a uma falha em seu desenvolvimento; (...) O comportamento dos pais, e de qualquer pessoa que se incumba de cuidar da criança, é complementar do comportamento de ligação. A função de quem dispensa esses cuidados consiste, em primeiro lugar, estar disponível e pronto para atender quando for solicitado, e, segundo, intervir judiciosamente no caso de a criança ou a pessoa idosa de quem se cuida estar prestes a meter-se em apuros. *Não só isso constitui um papel básico, como existem provas substanciais de que o modo como é desempenhado pelos pais determina, em grau considerável, se a criança será mentalmente saudável ao crescer.*" (BOWLBY, 2006, p. 168-169).

desenvolvimento.[16] Eventual ruptura ou instabilidade nessa ligação trará consequências nocivas que acompanharão o sujeito por toda a sua vida.[17] Semelhantemente, é importante que a criança tenha uma referência domiciliar (sua casa, seu lugar) estável e um espaço propício e adequado à formação de vínculos sociais.[18]

A tutela promovida pelo ECA é um desdobramento da cláusula geral de tutela da pessoa humana, que emerge do texto constitucional com a triangulação dos princípios da dignidade da pessoa humana, direito geral de liberdade e igualdade. Aplicável às situações de vulnerabilidade experimentadas por diversos grupos, intenta conferir a cada pessoa uma efetiva igualdade material.

---

16. Para Bowlby (2006, p. 177), "acumulam-se evidências de que seres humanos de todas as idades são mais felizes e mais capazes de desenvolver melhor seus talentos quando estão seguros de que, por trás deles, existem uma ou mais pessoas que virão em sua ajuda caso surjam dificuldades". As crianças que crescem na companhia de pais que proporcionam essas condições apresentam-se mais seguras, autoconfiantes e mais cooperativas com as outras pessoas. Em contrapartida, a parentalidade patogênica potencializa o comportamento ansioso, inseguro, superdependente e imaturo que pode levar o indivíduo, em condições de estresse, a desenvolver sintomas neuróticos, depressão ou fobia, mas, principalmente, violência.

17. Nas disputas pela guarda da criança, a jurisprudência tem sido atenta a preservação da estabilidade dos vínculos afetivos. APELAÇÃO CÍVEL. AÇÃO DE GUARDA E FIXAÇÃO DE VISITA. PRINCÍPIO DO MELHOR INTERESSE DA CRIANÇA. PROTEÇÃO INTEGRAL. GUARDA COMPARTILHADA. FALTA DOS REQUISITOS. PRESERVAÇÃO DA ESTABILIDADE PSICOLÓGICA E EMOCIONAL DA CRIANÇA. VISITAS. ESTIPULADAS EM SENTENÇA. MANUTENÇÃO. RECURSO DE APELAÇÃO E ADESIVO CONHECIDOS. DESPROVIDO DO AUTOR E PARCIAL PROVIMENTO DA REQUERIDA. 1. As questões que envolvam guarda e visita sempre devem ser analisadas buscando atender o melhor interesse da criança, sendo este o entendimento consagrado pela doutrina, jurisprudência e pela própria legislação. 2. *A aplicação do instituto da guarda compartilhada deve se submeter ao princípio da proteção integral da criança, previsto no art. 227, caput, da Constituição Federal. Portanto, a guarda compartilhada somente deverá ser privilegiada quando restar assegurada à criança a sua segurança física, emocional e afetiva.* 3. Restando incontroverso que o genitor sequer tem domicílio fixo nesta Capital, mas frequenta curso regular voltado à sua formação profissional no exterior, onde possui, igualmente residência e até uma relação amorosa estável, não se mostra possível contemplá-lo com a guarda compartilhada, de modo a atender primordialmente interesse dos avós. 4. Para a fixação do regime de visitas, impende que se considere o melhor interesse do filho comum do casal, bem como a relevância de acordo firmado entre os genitores, ante ausência de motivos capazes de justificar seu afastamento. 5. APELAÇÃO E RECURSO ADESIVO CONHECIDOS. DESPROVIDO O APELO DO AUTOR. E PROVIDO EM PARTE O RECURSO DA REQUERIDA. (TJ-DF 20150110787377−0010445-38.2015.8.07.0016, 4ª T.C., Rel. Luís Gustavo B. de Oliveira, julg. 18/10/2017, DJE 03/11/2017, p. 322/325). *Grifo proposital.*

18. CIVIL E FAMÍLIA. AÇÃO DE GUARDA E RESPONSABILIDADE PROPOSTA PELO PAI. MANUTENÇÃO DA SITUAÇÃO JÁ CONSOLIDADA HÁ CINCO ANOS. REALIZAÇÃO DE ESTUDO PSICOSSOCIAL. DISPENSABILIDADE DIANTE DO CONTEXTO FÁTICO APRESENTADO. ALTERAÇÃO DE ROTINA IMOTIVADA. IMPOSSIBILIDADE. PRINCÍPIO DO MELHOR INTERESSE DA CRIANÇA. SENTENÇA CONFIRMADA. 1. O instituto da guarda e responsabilidade sob o poder familiar deve se nortear pelo princípio do melhor interesse para a criança, nos moldes do art. 227 da CF e art. 3º do ECA. 2. Se a requerida (apelada) não indicou, em sua peça contestatória, um único fato ou qualquer comportamento do filho que indicasse abalo psicológico ou instabilidade emocional a exigir a análise de psicólogo ou assistente social, o exame psicossocial não importou em cerceamento de defesa e tampouco trouxe prejuízos ao menor, considerando, sobretudo, que nada obsta a revisão da guarda, a qualquer tempo, caso surjam motivos que assim autorize. 3. *O afastamento da criança do convívio social em que se encontra devidamente inserida, com rotina estabelecida, para que passe a residir em outro Estado somente se justifica caso ocorram motivos graves que impossibilitassem ou dificultassem a manutenção da situação já existente.* 4. Caso concreto em que a mãe (requerida/apelante), residente na cidade de Teresina/PI, deseja a guarda unilateral do filho de 11 (onze) anos de idade, que reside há 5 (cinco) anos como pai, no Distrito Federal, sem apontar fato que possa obstar a convivência entre pai e filho. 5. Por considerar que o deferimento da guarda em favor do pai (requerente/apelado) atende adequadamente o princípio do melhor interesse da criança, notadamente diante da rotina já estabelecida, mantém-se a sentença que assim definiu. 6. Recurso desprovido. Sentença mantida. (TJ-DF 20161310048062 − 0004644-07.2016.8.07.0017, 5ª T. C., Rel. Josapha Francisco dos Santos, julg. 16/05/2018, DJE: 28/05/2018, p. 569/573). *Grifo proposital.*

CONTEÚDO DIFERENCIADO DO PRINCÍPIO DO MELHOR INTERESSE QUANDO APLICÁVEL AO IDOSO | **327**

A partir de 1988, incorporou-se ao ordenamento brasileiro a doutrina da proteção integral, instrumentalizando a proteção especial devida a essas pessoas em desenvolvimento, como natural e necessário desdobramento da cláusula geral de tutela da pessoa humana, que só pode operar adequadamente se consideradas as desigualdades e, especialmente, as vulnerabilidades de cada grupo social. Por força da lei devem ser respeitados os diferentes estágios de desenvolvimento da pessoa. Os até então silenciosos passam a ter reconhecido seu direito de manifestação, expressando a autonomia condizente com seu desenvolvimento, que embora não autorize concessão, plena ou relativa, da capacidade civil, não pode ser desprezada em nome do princípio da dignidade humana (BARBOZA, 2008, p. 61).

A dignidade da pessoa humana é um princípio que está entre os objetivos da República Brasileira (art. 1º., inciso II, CF/88), é a base de todos os direitos fundamentais, objetivo da ordem econômica (art. 170, CF/88), e foi especialmente aplicado no *caput* do art. 227 da Constituição, para intensificar a tutela da criança e do adolescente. Assegurar o respeito à dignidade da criança e do adolescente bem como o conjunto dos seus direitos fundamentais é conferir-lhe uma especial proteção (SARLET, 2002, p. 84).

Segundo Ingo Wolfgang Sarlet (2003, p. 65-66), os direitos fundamentais representam mais do que uma função limitativa de poder, constituem critério de legitimação do poder estatal e da ordem constitucional. Nessa perspectiva, o poder apenas se justifica em face da realização dos direitos da pessoa humana, o que subjaz a própria ideia de justiça. Nos estados democráticos, esses direitos da pessoa ultrapassaram os limites funcionais que outrora lhes foram designados, de defesa da liberdade individual, passando a integrar um sistema axiológico que atua como fundamento material de todo o ordenamento jurídico.

Em síntese, considerando que as crianças e adolescentes estão em fase de desenvolvimento, de maturação, é necessário que alguém – geralmente os pais, no exercício da autoridade parental – possa definir qual seja forma mais adequada de implementar seus direitos fundamentais, ou seja, seus melhores interesses.[19] E aos poucos, à medida que forem alcançando o desenvolvimento psíquico serão instadas ao exercício paulatino da liberdade responsável para que se afirmem futuramente como um adulto livre e responsável. Nessa medida é que se entende que o exercício da autoridade parental deve se pautar por um processo educacional dialógico-emancipatório.[20]

Dito isso, justifica-se o fato de o princípio do melhor interesse da criança e do adolescente evocar um conteúdo mais heterônomo em relação aos sujeitos aos quais se aplica – uma pessoa que nasce absolutamente frágil e vulnerável e que demanda cuidados integrais para sobreviver até alcançar condições para poder cuidar de si. Seus pais ou responsáveis dela se ocuparão por muitos anos e, nesse processo de cuidado, implemen-

---

19. É bem certo que no âmbito da família democrática, essa dicção do que seja o melhor interesse seja construída com a participação da criança e do adolescente. Mesmo assim, em vista do grau reduzido de maturidade comum aos primeiros anos, é possível que a vontade heterônoma dos pais se imponha, como nas hipóteses singelas de ministração de medicamentos, de cumprimento das tarefas escolares etc.

20. Considere-se o que foi escrito em outro texto, "Aos pais cabe, portanto, a função primordial de buscar promover as potencialidades criativas do filho, de modo a sobrelevar o interesse do menor que se identifica com a obtenção de uma autonomia pessoal (emancipação) e se concretiza na possibilidade de expressar escolhas e propostas alternativas em relação aos mais diversos setores, dos interesses culturais àqueles políticos e afetivos, salvaguardados sua integridade psicofísica e o crescimento de sua personalidade." (MENEZES; BODIN DE MORAES, 2015, p. 23).

tarão suas ações de acordo com a visão de mundo e os valores que praticam, entendendo que suas decisões sempre se pautarão em busca do melhor interesse. Enquanto isso, o Estado assume uma função mais ampla de cuidado para corrigir qualquer abuso, mas, ainda assim, a dicção do que seja o melhor interesse será eminentemente heterônoma.[21]

3. A APLICAÇÃO DO PRINCÍPIO DO MELHOR INTERESSE PELO DIREITO DO IDOSO: ENTRE A VULNERABILIDADE E A AUTONOMIA

No âmbito da tutela das vulnerabilidades, o idoso emergiu como um sujeito que demanda especial proteção. A Constituição de 1988 (art. 230) incumbiu à família, à sociedade e ao Estado o dever de amparar as pessoas idosas, defendendo-lhes a dignidade e o bem-estar, o direito à vida e à sua participação na comunidade. Segundo a legislação brasileira, o marco inicial da "vida idosa" se fixa pelo critério da idade, aos 60 (sessenta) anos. Há quem critique a aplicação desse critério objetivo, advertindo que muitas pessoas nessa idade estão em pleno vigor em todas as áreas da vida, sobretudo em razão dos avanços da medicina e dos cuidados preventivos. Mesmo assim, é indiscutível a necessidade de um olhar diferenciado para essa fase da vida, principalmente em razão do envelhecimento progressivo da população.

Antes de sermos surpreendidos pela pandemia do Covid-19, havia uma estimativa da Organização Mundial de Saúde (OMS) de que o número de pessoas com idade superior a 60 anos chegaria a 2 bilhões, até 2050.[22] Cumprida a estimativa, cerca de um quinto da população mundial será formada por idosos. Segundo dados do Ministério da Saúde, o Brasil, em 2016, tinha a quinta maior população idosa do mundo, e, em 2030, o número de idosos ultrapassará o total de crianças entre zero e 14 anos.[23] Vive-se mais que há cinquenta anos, e a chamada terceira idade se estendeu por alguns anos, uma vez que a expectativa de vida do brasileiro aumenta a cada dia. Com uma população idosa em escala crescente, o direito ao envelhecimento digno demanda a elaboração de políticas públicas adequadas e uma atenção especializada por parte da família e da sociedade.

Em 1982, foi aprovado o Plano de Ação Internacional de Viena sobre o Envelhecimento pela Assembleia Mundial sobre o Envelhecimento. Esse Plano contém 62 recomendações e constitui internacionalmente a base da política para a pessoa idosa. Em 1991, a Assembleia Geral aprovou os Princípios das Nações Unidas em prol das pessoas idosas, organizados em cinco seções, que consistem em (i) *independência*, por meio do acesso a direitos básicos, (ii) *participação* da elaboração e efetivação de políticas que tratem do envelhecimento, em razão da sua experiência, (iii) *cuidados* que devem receber da família, dos serviços de saúde, além de exercer seus direitos humanos e liberdades fundamentais, residindo com suas famílias ou em instituições, (iv) *autorrealização*, para que possam

---

21. Importante frisar que no exercício da autoridade parental, que é um processo dialogal, o conteúdo do princípio do melhor interesse vai se modificado, uma vez que, principalmente o adolescente, vai amadurecendo e tendo condições de exercer a liberdade com responsabilidade. Mas trata-se de um processo que se alonga no tempo.

22. Disponível em: [https://nacoesunidas.org/mundo-tera-2-bilhoes-de-idosos-em-2050-oms-diz-que-envelhecer-bem-deve-ser-prioridade-global/]. Acesso em: 20.03.2020.

23. Ministério da Saúde recomenda: é preciso envelhecer com saúde. Disponível em: [https://www.saude.gov.br/noticias/agencia-saude/25924-ministerio-recomenda-e-preciso-envelhecer-com-saude]. Acesso em: 20.03.2020.

CONTEÚDO DIFERENCIADO DO PRINCÍPIO DO MELHOR INTERESSE QUANDO APLICÁVEL AO IDOSO **329**

aproveitar oportunidades de desenvolvimento pleno do seu potencial, mediante acesso a recursos educativos, culturais, espirituais e recreativos da sociedade e (v) *dignidade*, sem maus tratos ou exploração, por meio de comportamentos positivos que promovam sua pessoalidade e que independam de sua contribuição econômica.

Por ocasião da II Assembleia Mundial sobre o Envelhecimento realizada em Madri, a ONU aprovou um II Plano Internacional sobre Envelhecimento em 2002, o qual consiste em um compromisso dos Estados para a adoção de políticas públicas capazes de responder os desafios decorrentes do envelhecimento da população e para promover o desenvolvimento de uma sociedade para todas as idades. Para tanto, fez-se necessária uma mudança de postura política nos mais variados setores, a fim de que garantir às pessoas idosas o direito de continuarem o seu processo de desenvolvimento, por meio de um envelhecimento com segurança e com dignidade, respeitada a sua participação na sociedade como cidadãos dotados de plenos direitos.

No âmbito nacional, a pessoa idosa recebeu proteção diferenciada pelo art. 230 da Constituição Federal, como já mencionado. Além do que dispôs no art. 203, sobre o benefício mensal de 01 (um) salário mínimo para o idoso que não tiver meios de prover a sua manutenção por si ou por sua família.

Para dar efetividade às diretrizes constitucionais, foi editada a Lei 8.842/1994, que dispõe sobre a Política Nacional do Idoso. Tem como princípios basilares a garantia dos direitos de cidadania efetiva, avalizando sua autonomia e integração social, além da previsão sobre a promoção do bem-estar e do direito à vida, por meio da atuação do Estado e da família. Estabelece que (i) o processo de envelhecimento é uma questão atinente a toda a sociedade, o que implica conhecimento e informação para todos, (ii) o idoso não pode sofrer discriminação de qualquer natureza, (iii) ser agente e destinatário das transformações efetivadas por meio da política estabelecida pela lei e (iv) pretende promover igualdade.

E para atender aos objetivos estabelecidos no II Plano Internacional sobre Envelhecimento da ONU, em geral, foi editado o Estatuto do Idoso, Lei 10.741/2003, que tem como escopo oferecer maior completude à tutela do idoso, nos mais variados aspectos da sua vida. Entre os inúmeros elementos relevantes do Estatuto, destacam-se: a proteção integral da pessoa idosa (art. 2º)[24] e a absoluta prioridade da efetivação de seus direitos fundamentais pela família, comunidade, sociedade e pelo Poder Público (art. 3º).[25]

Cabe destacar o art. 10, que impõe ao Estado e à sociedade, a obrigação de assegurar à pessoa idosa a liberdade, o respeito e a dignidade, como pessoa humana e sujeito de direitos civis, políticos, individuais e sociais. Entre os vários desdobramentos da liberdade, merece relevo o direito à opinião e expressão, ou seja, a participação ativa nas decisões que impactam a sua própria vida. Na mesma direção, "o direito ao respeito consiste na

---

24. Art. 2º O idoso goza de todos os direitos fundamentais inerentes à pessoa humana, sem prejuízo da proteção integral de que trata esta Lei, assegurando-se-lhe, por lei ou por outros meios, todas as oportunidades e facilidades, para preservação de sua saúde física e mental e seu aperfeiçoamento moral, intelectual, espiritual e social, em condições de liberdade e dignidade.

25. Art. 3º É obrigação da família, da comunidade, da sociedade e do Poder Público assegurar ao idoso, com absoluta prioridade, a efetivação do direito à vida, à saúde, à alimentação, à educação, à cultura, ao esporte, ao lazer, ao trabalho, à cidadania, à liberdade, à dignidade, ao respeito e à convivência familiar e comunitária.

inviolabilidade da integridade física, *psíquica* e moral, abrangendo a preservação da imagem, da *identidade, da autonomia, de valores, ideias e crenças, dos espaços e dos objetos pessoais*" (g.n.). Todos devem defender a dignidade do idoso, para que esteja a salvo de qualquer tratamento desumano, aterrorizante, vexatório ou constrangedor.

A pessoa idosa tem direito à tutela integral e prioritária a ser efetivada segundo as suas próprias diretrizes, inclusive, para dizer qual seja o seu *melhor interesse*.[26] Esse princípio deve ser compreendido em atenção à dignidade do idoso, ao conjunto de seus direitos e, consequentemente, aos valores que nortearam seu viver, as decisões pessoais anteriormente firmadas e as peculiaridades vivenciadas por cada um, no seu processo de envelhecimento.

Em suma, o princípio do melhor interesse deve se harmonizar com o direito ao envelhecimento, que se constrói a partir do reconhecimento da vulnerabilidade do idoso e da necessidade de se lhe garantir o respeito a plena dignidade e o escorreito exercício dos direitos, a salvo de eventuais discriminações, abusos e restrições.[27]

Embora não se possa falar de um "idoso típico"[28] é comum a redução das habilidades com o avanço da idade e a necessidade de maior apoio por parte da família e da sociedade. Essa condição específica de fragilidade, porém, não apaga o tempo vivido, as experiências, o conjunto de afetos e relações construídos até então.[29] Tampouco faz do idoso uma criança que passa a demandar a direção moral e a instrução dos pais, como se estivesse em formação. Em assim sendo, eventual apoio que lhe será fornecido, notadamente, na

---

26. Nota-se que, em regra, o princípio do melhor interesse do idoso não é referido pela jurisprudência sob esse aspecto, mas sim por uma visão heterônoma, como fundamento para se definir o destino de idosos: "AGRAVO DE INSTRUMENTO – MEDIDA ESPECÍFICA DE PROTEÇÃO A IDOSO – MINISTERIO PÚBLICO ESTADUAL – LIMINAR – INTERNAÇÃO DE LONGA DURAÇÃO EM INSTITUIÇÃO ASILAR – PESSOA IDOSA PORTADORA DE SOFRIMENTO MENTAL – POSSIBILIDADE – MELHOR INTERESSE DO INCAPAZ – PRINCÍPIO DA DIGNIDADE DA PESSOA HUMANA – PECULIARIDADES DO CASO CONCRETO – INTERNAÇÃO EM CARÁTER EXCEPCIONAL E BASEADA EM LAUDO MÉDICO CIRCUNSTANCIADO – AUSÊNCIA DE RISCO A TERCEIROS – QUADRO DE AGRESSIVIDADE ESTÁVEL – RECURSO NÃO PROVIDO. 1. Conforme a disposição do art. 43, II, c/c art. 45, do Estatuto do Idoso, faz-se possível, excepcionalmente, o abrigamento de pessoa idosa em instituição asilar, por falta, omissão ou abuso da família, curador ou entidade de atendimento. 2. As vedações previstas no §3º, do art. 4º, da Lei n. 10.216/2001, e no parágrafo único do art. 4º, da Lei 8.842/94, não impedem, a priori, a internação de longa duração de pessoa com sofrimento mental em instituição asilar, quando estável o quadro emocional/psíquico do paciente, mediante o uso controlado de medicamentos. 3. Em se considerando as peculiaridades do caso concreto, o princípio do melhor interesse do incapaz e a primazia do princípio da dignidade da pessoa humana, a manutenção da decisão que determinou o acolhimento de pessoa idosa e portadora de sofrimento mental em instituição asilar é medida que se impõe. 4. Recurso não provido." (TJMG, AI 1.0604.18.000812-9/001, 6ª CC, Rel. Des. Corrêa Júnior, julg. 13.11.2018, DJ 23.11.2018). Não se questiona aqui o acerto das decisões, mas o que se pretende é atentar à necessidade de se acrescentar mais um elemento essencial no momento da aplicação do princípio do melhor interesse do idoso, a fim de se alcançar a tutela integral da pessoa idosa.

27. "Este derecho se propone también el reconocimiento de las situaciones de aminoración, vulnera- bilidad, discriminación, inestabilidad o abusos que puedan padecer estos sujetos, por el hecho de ser 'viejos'." (DABOVE, 2016, p. 38-59)

28. ORGANIZAÇÃO MUNDIAL DE SAÚDE – OMS. Relatório mundial de envelhecimento e saúde. 2015. Disponível em: [https://apps.who.int/iris/bitstream/handle/10665/186468/WHO_FWC_ALC_15.01_por.pdf;jsessionid=61761E37892D815F6EE686DD0AD647B7?sequence=6]. Acesso em: 20 mar. 2020.

29. El andar lento es regla y su vulnerabilidad, una marca registrada a juzgar por su piel. No obstante hay también allí, en esa ancianidad, carácter, fortaleza, señorío de sí, raramente visto en las edades humanas anteriores (Iacub 2008). Sabemos que en la vejez, la experiencia es norte. (DABOVE 2011).

CONTEÚDO DIFERENCIADO DO PRINCÍPIO DO MELHOR INTERESSE QUANDO APLICÁVEL AO IDOSO **331**

tomada de decisões importantes a sua esfera jurídica existencial ou patrimonial, não poderá constituir uma supressão de sua autonomia e de toda a sua vontade.

Vale o destaque para a experiência espanhola, que, desde o ano 2006, adota normativos específicos para assegurar a autonomia à pessoa com deficiência ou ancianidade. Na análise da legislação, em especial a Lei 39/2006, Dabove (2011, p. 26), citando Bonete et al, destaca o estabelecimento de um novo conteúdo de justiça que perpassa assegurar algum espaço de liberdade e de autonomia a essas pessoas cuja limitação as impedem ou dificultam a realização de seu plano de vida.

> A mi juicio, este nuevo contenido de la justicia podría ser comprendido como la exigencia de asegurar un espacio de libertad y autonomía para los sujetos que padezcan alguna situación de dependencia probada, de modo tal que ellos puedan continuar sus planes de vida y personalizarse, en igualdad de condiciones que todos los demás, en el marco del Estado Constitucional de Derecho. Desde esta perspectiva, entonces, la Ley y las adjudicaciones que en su seno se desarrollan, han permitido plasmar un régimen de justicia en el que parece posible la articulación del principio de libertad con el de igualdad, a través de un humanismo jurídico que dignifica a los más débiles del sistema. Este humanismo es, en verdad, diverso de los humanismos abstencionistas o intervencionistas tradicionales, porque deja puertas abiertas a la autodeterminación de la personas en situación de dependencia (Goldschmidt 1986; Ciuro Caldani 2000). No está referida a la compasión, ni a la benevolencia, ni a la beneficencia, ni a la felicidad de los demás, en particular. Su anclaje valorativo está, más bien, en la idea de capacidad personal y responsabilidad moral, que nos obliga a reconocer al otro, como otro; como un alguien que no me es ajeno, porque también me constituye (BONETE PERALES, 2009, p. 26).

Entre nós, não se pode descuidar da autonomia da pessoa idosa. Fruto do direito geral de liberdade assegurado pela Constituição da República, a autonomia lhe credita todo o poder de deliberação sobre suas atividades negociais, sejam elas existenciais, sejam patrimoniais. Privada desta liberdade, será tolhida "no que diz respeito à sua autodeterminação, que também é um modo de manifestação da sua saúde, na forma do exercício dos seus direitos de personalidade" (MEIRELES, 2009, p. 77-78).[30] A autonomia é uma necessidade humana convertida em direito[31] que se garante à pessoa como elemento essencial a sua existência como tal, independentemente da noção de *status* romano-germânica.

De toda sorte, na conjugação da liberdade que tem essas pessoas com o cuidado que requerem não há como desconsiderar a sua personalidade e autonomia. É necessário desmontar a falsa ideia de que a autonomia somente se realiza em uma perspectiva insular, sem qualquer relação de dependência com o outro. Do contrário, as relações

---

30. "Cuida-se da autonomia individual, da expressão da vontade como meio de desenvolvimento da personalidade do declarante. Esse indivíduo é a pessoa humana, independente do quanto *tem*, apenas como é. E como pessoa é indivíduo concreto, qualificado em cada relação jurídica que participa concretamente, de acordo com o valor da sua atividade e protegido segundo o seu grau de vulnerabilidade, a exemplo da criança e do adolescente, do idoso, do consumidor etc." (MEIRELES, 2009, p. 77-78).

31. "Da mesma forma, o pensamento atual sobre a correlação necessidade/direito tem-se conduzido para a concepção das necessidades como tema de grande valor normativo e que facilita a compreensão de sua potencialidade argumentativa e da relação que é capaz de estabelecer entre ser e dever ser. Assim, as necessidades concedem ao indivíduo razões e argumentos sobre a justiça e justeza das coisas e dos fatos; portanto, sobre a sua legitimidade. E esse indivíduo deve ser preservado em sua dignidade e autonomia no sentido de que, frente ao direito, é dono de seus atos e de suas decisões. O campo identifica a pessoa como portadora de responsabilidade e, por conseguinte, de deveres. Essa atribuição de responsabilidade já supõe, portanto, autonomia". (GUSTIN, 2009, p. 30).

de dependência são inevitáveis à vida social e sempre presentes na história da vida de todas as pessoas, independentemente da idade. Cuidado e interdependência são princípios estruturais da vida social, porque a dependência é inexorável às relações humanas (KITTAY, 2005).

Assim, a aplicação do princípio do melhor interesse na solução de conflitos que envolvam a pessoa idosa não pode conduzir a escolhas heterônomas descomprometidas com a vontade do interessado. Esta tem sido a mesma orientação empregada nas situações jurídicas pertinentes à pessoa com deficiência, pela Convenção sobre os Direitos da Pessoa com Deficiência e a Lei Brasileira de Inclusão-CDPD (MENEZES, 2019, p. 590).

Segundo determina essa Convenção (art. 12), as pessoas com deficiência devem ser reconhecidas em igualdade de condições em relação às demais, inclusive, quanto ao exercício da capacidade civil. Eventuais medidas ou instrumentos de apoio ao exercício dessa capacidade devem ser acompanhados das salvaguardas necessárias à prevenção de abusos e conflitos de interesses, vinculando-se o apoiador ao respeito dos direitos, das vontades e das preferências da pessoa (art. 12, item 4). Eis a evocação da autonomia na interdependência. Na explicação de Bariffi (2014, p. 379-380), a vontade da pessoa sempre deverá ser respeitada, inclusive, se estiver sob algum apoio mais intenso, como aquele que envolve uma representação legal. Nesses casos, *"el representante no puede decidir sobre su mejor criterio, sino siempre teniendo en cuenta la voluntad presunta de la persona."* [32]

A adoção do mesmo argumento ao trato da pessoa idosa não será uma solução estranha à doutrina e jurisprudência brasileiras, que já admitem a aplicação da CDPD ao público idoso.[33] Disso resulta que a vontade e a preferência da pessoa idosa devem ser

---

32. Una concepción, que parece tomar fuerza como la mayoritaria, considera que en el marco de un modelo de apoyos es posible contemplar situaciones excepcionales en las cuales sean necesarias "acciones de representación". Aunque han sido definidas de modo diverso como "apoyos intensos", "apoyos obligatorios", o "toma de decisiones facilitada", están caracterizadas por tres elementos principales. En primer lugar, que se trata de una representación de tipo legal, en el sentido de que está prevista por la norma específica, y debe ser tratada judicialmente. Caso contrario, nos encontraríamos frente al caso analizado en el punto siguiente. En segundo lugar, deben ser siempre excepcionales y específicas, es decir, como última ratio y sobre actos o aspectos del ejercicio de la capacidad jurídica concretos (ejemplos, para tomar una decisión medica, o para vender una propiedad, o para actuar en un proceso legal). Y en este punto las diferentes propuestas no siempre coinciden en el modo, o el criterio para determinar cuándo nos encontramos ante una situación de excepcionalidad, o respecto de qué tipo de actos pode incluir. Todas las propuestas en que existen situaciones tales como discapacidades intelectuales severas, estado de coma permanente, estados de Auzheimer muy avanzados, en los cuales no es posible, incluso mediante apoyos obtener la voluntad de la persona. Para dichas situaciones se torna necesaria la actuación de un representante. En tercer lugar, que la acción de representación, aunque en rigor signifique que una persona toma decisión por otra persona, al encontrarnos dentro del modelo de apoyos se requiere necesariamente que el representante 'demuestre la diligencia debida para facilitar la toma de decisiones de conformidad con las intenciones y deseos de la persona, y si dichas intenciones y deseos no pueden ser discernidos en corto plazo, se debe facilitar la toma de decisiones que permita mayores oportunidades para comprender más cabalmente lo que la persona quiere o necesita.' En otras palabras, el representante no puede decidir sobre su mejor criterio, sino siempre teniendo en cuenta la voluntad presunta de la persona." (BARIFFI, 2014, p. 380).

33. CIVIL E PROCESSUAL CIVIL. APELAÇÃO CÍVEL. ESTATUTO DA PESSOA COM DEFICIÊNCIA. REGIME DAS INCAPACIDADES. MODIFICAÇÃO. INCAPACIDADE RELATIVA. PESSOA IDOSA. VÍTIMA DE ACIDENTE VASCULAR CEREBRAL. CURATELA. EFEITOS. AMPLIAÇÃO. ATOS DE NATUREZA NEGOCIAL E PATRIMONIAL. POSSIBILIDADE. SENTENÇA PARCIALMENTE REFORMADA. 1. O regime das incapacidades no Direito Brasileiro foi substancialmente modificado pelo advento da Lei n. 13.146/2015, o Estatuto da Pessoa com Deficiência, que, entre outras mudanças, extinguiu, em termos normativos, a incapacidade absoluta

respeitadas, mesmo quando se achar em estágio de comprometimento grave da capacidade cognitiva. Se já não puder verbalizar a sua vontade, caberá ao apoiador investigar sobre a sua vontade tácita, exposta ao longo de toda a sua vida, nas decisões que deve tomar, nos afetos e vínculos que construiu, nos valores que cultivou.

É para respeitar a vontade da pessoa que o processo civil de instituição de curatela impõe ao juiz o dever de entrevistar o curatelado, perscrutando sobre sua vida, vontades, preferências e laços familiares e afetivos (art. 751, Código de Processo Civil). Essas informações ajudarão na definição dos limites da curatela e dos poderes do curador. Insista-se que nem mesmo os poderes de representação poderão admitir uma atuação substitutiva de vontade.

Em suma, o envelhecimento não significa, para o direito, o total isolamento ou uma embotada participação social, comunitária e familiar. O direito ao envelhecimento implica o reconhecimento de direitos e a garantia de otimização das condições de saúde, para que a pessoa possa gozar de uma vida ativa e de qualidade mesmo com o avanço dos anos.[34]

Trata-se de um direito que requer, para sua materialização, prestações estatais organizadas por meio de políticas públicas adequadas, tema que foge à discussão deste artigo. Mas que também impõe mudanças no âmbito do direito privado. São muitos os trabalhos[35] que discutem a vulnerabilidade do idoso no mercado de consumo e nas relações contratuais, dado que já tem estabilidade na jurisprudência.[36] Todo esse cuidado não pode resultar, insista-se, em redução da sua personalidade, mas em garantir uma autonomia na interdependência (KITTAY, 2005).

Todas as decisões que interferem na esfera jurídica de idosos em processo de demenciação ou demenciados devem se pautar no respeito à integralidade dos seus direitos. O princípio do melhor interesse, muito referenciado nessas hipóteses, não pode se aplicar

---

das pessoas maiores de 18 (dezoito) anos, tratando como caso de incapacidade meramente relativa, vale dizer, unicamente quanto a certos atos da vida civil, qualquer causa impeditiva da expressão da vontade; 2. A redação do art. 4º, inc. III, do Código Civil, não deixa dúvidas de que eventual impedimento à expressão da vontade, ainda que permanente, não transforma o indivíduo em absolutamente incapaz e, por isso mesmo, não permite seja ela alijado do exercício próprio de seus direitos; 3. A realidade delineada nos autos revela que o interditando é uma pessoa idosa, com 77 anos de idade, aposentada por invalidez, vitimado por acidente vascular cerebral que lhe acometeu de uma deficiência física e cognitiva permanente, tornando-o incapaz de gerir sua pessoa e administrar seus bens, de modo que a nomeação da curadora com poderes de mera assistência do curatelado é insuficiente para assegurar proteção aos direitos que lhe são inerentes. 4. Amplia-se, na espécie, os efeitos da curatela para atos de natureza patrimonial e negocial, atribuindo à curadora poderes de representação, haja vista que, além de o acidente vascular cerebral ter comprometido a capacidade do interditando de realizar as atividades básicas do dia a dia, pela mobilidade reduzida, tornou-o incapaz para tomada de decisões, por ausência de discernimento, face ao comprometimento mental que também lhe fora atribuído; 5. Recurso conhecido e provido. (TJDFT. Ap. Cível Processo: 07143836820178070003 – (0714383-68.2017.8.07.0003 – Res. 65 CNJ) – Segredo de Justiça. Relator Desa. Gislene Pinheiro. Data de Julgamento 31.07.2019).

34. "O envelhecimento bem-sucedido, ou seja, saudável, consiste na soma da preservação da capacidade funcional à qualidade de vida experimentada, condições necessárias à autonomia da pessoa idosa." (BARLETTA, 2014, p. 129).

35. Destacamos o texto de Bibiana Graeff, publicado na Revista de Direito do Consumidor sob o título Direitos do consumidor idoso no Brasil. *Revista de Direito do Consumidor*, São Paulo, v. 86, p. 65-74. mar. – abr. / 2013.

36. O STF já se posicionou, em recurso de reconhecida repercussão geral e entendeu que "o idoso é um consumidor duplamente vulnerável, necessitando de uma tutela diferenciada e reforçada". REPERCUSSÃO GERAL NO RECURSO EXTRAORDINÁRIO 630.85. Disponível em: [http://www.stf.jus.br/portal/jurisprudenciaRepercussao/verPronunciamento.asp?pronunciamento=3500501]. Acesso em: 12.03.2020.

tal qual se faz em relação às crianças/adolescentes, sob o prumo de elevada dose de heteronomia. Uma vez que evoca uma hermenêutica tendente à máxima realização dos direitos da pessoa a quem se pretende tutelar, em se tratando de idosos, há que considerar a sua autonomia e as suas escolhas, seja pela vontade expressa ou tácita.

Quando o texto constitucional impõe aos filhos o dever de amparar os pais na velhice, não lhes autoriza uma intrusão heterônoma no seu destino.[37] Impõe-lhes, pelo dever de solidariedade, recíproco entre pais e filhos adultos, a tarefa de apoiá-los, ajudá-los, assisti-los em respeito, obviamente, à sua personalidade e ao conjunto de seus direitos.

Porém, nas relações familiares, não é incomum a completa desconsideração da vontade do idoso na dicção do que seja o seu *melhor interesse*. Nestes tempos de distanciamento social provocado pela pandemia do Covid-19, o filho de uma idosa de 82 anos ingressou com uma ação judicial, pleiteando a regulamentação (restrição) da sua convivência com os demais parentes (filhos, noras e netos) para evitar riscos de contaminação. Embora a decisão dê notícias de que a idosa já sofrera um AVC e, portanto, considerada duplamente vulnerável ao vírus, não traz qualquer informação sobre uma eventual redução de sua capacidade cognitiva que a impedisse de decidir a questão por si mesma. Em sede de agravo, o TJRJ decidiu restringir o convívio presencial da idosa com os seus parentes, determinando que a convivência se fizesse pelos meios virtuais.[38] Qual teria sido a participação volitiva da idosa na condução desse processo? Pelo que se lê na decisão do agravo de instrumento, nenhuma. Os filhos que se dispuseram a iniciar a medida e o próprio Judiciário decidiram o que seria o melhor interesse da idosa, mantendo-a afastada dos parentes que poderiam ser fonte ampliada de risco de contaminação. Em que pese a relevância dessa proteção, é necessário registrar o descuido com a autonomia da principal interessada. Não se viu interferência a ela como sujeito capaz, dotado de capacidade processual, tampouco qualquer referência a uma curatela. Muito menos uma menção à figura de um curador especial, necessária para os casos de conflito de interesse com o representante legal (caso fosse ela curatelada).

Outra situação inusitada e discriminatória tem sede no município de São Bernardo do Campo (SP) e se extrai do Decreto Municipal 21.118, de 24 de março de 2020, que restringiu a circulação de pessoas de mais de 60 anos de idade nos espaços públicos da cidade, visando evitar a propagação do vírus Covid-19 e a proteção de vidas naquela circunscrição territorial. A matéria chegou ao STF com um pedido de suspensão liminar 1.309 proposto pelo município contra decisão do TJ/SP que suspendeu os efeitos do ato normativo municipal. Coube ao Ministro Dias Tófoli manter a suspensão, entendendo que não há qualquer norma federal (Lei 13.979/20) ou estadual (Decreto estadual

---

37. Art. 229. Os pais têm o dever de assistir, criar e educar os filhos menores, e os filhos maiores têm o dever de ajudar e amparar os pais na velhice, carência ou enfermidade.

38. Trecho inicial do dispositivo diz: "Dessa forma, como forma de conciliar o distanciamento social momentâneo e a necessidade de convívio familiar, em especial com os idosos, CONCEDO PARCIALMENTE A ANTECIPAÇÃO DA TUTELA RECURSAL para autorizar que os Agravantes mantenham contato virtual com a Sra. HELENA por meio telefônico e chamadas por videoconferência, por qualquer aplicativo (Skype, WhatsApp, Messenger e etc.), com periodicidade de 03 (três) vezes por semana, duração mínima de 05(cinco) minutos e máxima de 10(dez) minutos, por evento." (TJRJ. Agravo de Instrumento no 0015225-60.2020.8.19.0000. Des. Rel.: Desembargador Luciano Saboia Rinaldi de Carvalho. Agte: Márcia Souto de Souza e outros; Agdo: Wagner Rodrigues Souto e outra).

64.881) de enfrentamento ao Corona Vírus que autorize a restrição de circulação de grupos específicos de pessoas, tampouco os idosos. Portanto, a autoridade municipal não poderia fazê-lo sem ofensa ao direito fundamental de ir e vir dos cidadãos com mais de 60 anos de idade. Sem considerar a discriminação que tal medida representou, uma vez que dirigia a restrição exclusivamente aos idosos, sem referência alguma aos demais administrados, nem tampouco aos demais grupos de risco.

Se o conteúdo do princípio do melhor interesse da criança/adolescente é confiado à heteronomia parental ou estatal, em virtude do estágio de desenvolvimento do infante, pessoa que não alcançou maturidade necessária para decidir sozinha sobre certas questões, o mesmo não pode ocorrer em relação aos idosos. Tratam-se aqui, de pessoas adultas e maiores, juridicamente capazes para os atos jurídicos em geral. Sujeitos que, ao longo dos seus anos, construíram uma rede de relações e subscreveram uma longa biografia que pode revelar o conjunto de valores que balizaram o seu viver. Por meio dessa memória é possível traçar as bases do que seja a vontade tácita ou presumida desse idoso sobre muitas questões que envolvem seus interesses e que serão decididas por terceiros quando ele próprio já não puder se manifestar diretamente.

Na explicação de Ana Paula Barbosa-Fohrmann e Luana Araújo (2019), mesmo a pessoa em estado vegetativo persistente ou grave estágio de Alzheimer possui uma autonomia a se respeitar.

> Esclarecemos: A preservação da memória de sujeitos com Alzheimer grave ou em coma vegetativo permanente poderia, no presente, ser exercitada autonomamente não propriamente por eles, mas com a assistência de outros indivíduos, com os quais eles mantinham uma ligação mais próxima (família, amigos, conhecidos) antes de perderem a memória. Nesse sentido, a sua vontade autônoma se estende para o presente através das declarações, gravações, estórias contadas por eles, assim como de escritos deixados pelos mesmos no passado, os quais, sem dúvida, contribuem para a preservação da sua memória no presente. Assim é que a vontade e o seu exercício autônomo se encontram, nesses casos, interligados e socialmente conhecidos (BARBOSA-FOHRMANN; ARAÚJO, 2019, p. 32).

Portanto, a vontade não se extrai apenas pela expressão direta e imediata. As experiências, os relatos, os depoimentos, as declarações anteriores podem ser eloquentes na dicção do querer do idoso impossibilitado de se manifestar.

Sob essa perspectiva, um julgado do TJMG decidiu pela anulação de ato firmado pelo curador com excesso de poder, para além dos limites da mera administração, e em desatenção à manifestação de vontade da curatelada quando ainda era capaz de se posicionar. *In caso*, o curador cancelou uma apólice de seguro de vida que a curatelada idosa havia feito para beneficiar uma neta com a qual tinha reconhecida relação de afeto. Nas suas razões, o relator da decisão reconheceu a necessidade de o curador se vincular à vontade biográfica da curatelada.[39]

---

39. AGRAVO DE INSTRUMENTO – AÇÃO DE ANULAÇÃO DE ATO JURÍDICO – LIMITES DOS PODERES DA CURATELA – AUTORIZAÇÃO JUDICIAL – NECESSIDADE – RESPEITO À VONTADE REAL DO CURATELA-DO – NULIDADE DO ATO. Quando se está diante de pedido liminar inaudita altera parte, a postergação de sua apreciação a momento posterior à manifestação do réu, por si só, importa em indeferimento, atacável via agravo de instrumento. De acordo com a decisão do Órgão Especial deste Tribunal, o juízo da interdição não é competente para processar e julgar ação que visa anular ato praticado com suposto excesso de poderes pelo curador por ele nomeado provisoriamente. Nos termos dos arts. 1.741 c/c 1.774, ambos do Código Civil, o curador deve

Insista-se que é necessário alinhar o apoio formal ou informal dedicado às pessoas anciãs à promoção da sua personalidade e autonomia. O cuidado não pode suplantar-lhe a autonomia sem ofensa a sua dignidade e a igualdade, pois a idade não transforma o sujeito em mero objeto de proteção. Nas relações privadas, somos também chamados à responsabilidade de observar o direito fundamental à ancianidade, que implica o respeito à personalidade do idoso. Eventual apoio que lhe seja dirigido subordina-se ao dever de atender todos os direitos da pessoa apoiada, buscando sempre a realização de sua vontade, seja expressa, seja tácita.

4. CONCLUSÃO

Diante das reflexões ora postas, conclui-se que:

1) Os grupos vulnerados – tais como crianças, adolescentes, mulheres, idosos, pessoas com deficiência – foram especialmente tutelados pela Constituição Federal, com vistas à efetivação dos princípios (i) da igualdade substancial, razão pela qual devem ser protegidos de maneira diferenciada, por meio de uma intervenção reequilibradora e (ii) da solidariedade, emanando deveres a serem cumpridos pelo Estado, pela família e pela sociedade, em benefício daqueles que têm alguma necessidade diferenciada;

2) Uma das formas dessa proteção singularizada é o princípio do melhor interesse, cujo conteúdo deve ser preenchido de acordo com as características específicas de cada grupo vulnerado;

3) Em razão de crianças e adolescentes estarem em fase de desenvolvimento de sua personalidade e, por isso, no início da formação de sua trajetória de vida e construção dos valores, o princípio do melhor interesse é construído a partir do ponto de vista dos pais ou responsáveis, até que amadureçam e tenham condições de agir de forma responsável;

4) Os idosos, por outro lado, têm seus valores, crenças e modos de vida definidos pela própria forma que viveram, razão pela qual não há razão para ignorá-los e substituí-los pelas vontades e preferências de terceiros, sejam eles familiares, cuidadores, curadores etc. É a identidade da pessoa idosa que deve moldar o conteúdo do seu melhor interesse no momento da tomada de decisões.

---

administrar os bens e os interesses do curatelado, zelando pelo seu bem estar e satisfazendo, a depender dos limites da curatela, suas necessidades fisiológicas e psicossociais. Para tanto, incumbe-lhe praticar (ou assistir), independentemente de autorização judicial, os atos de mera gestão relativos ao patrimônio e à vida civil do curatelado elencados no rol não taxativo dos arts. 1.740 e 1.747, com as adaptações necessárias do art. 1.774, todos do Código Civil. Por outro lado, quando se estiver diante de ato que escapa à mera administração do patrimônio do curatelado – como contrair ou resolver obrigação extraordinária – o art. 1.748 do Código Civil, cujo rol, também é apenas exemplificativo, exige que o juiz não apenas fiscalize o ato do curador, mas efetivamente o autorize, sob pena de nulidade. O ato de cancelamento da apólice do seguro de vida – verdadeira resolução de obrigação, que refoge a normalidade da administração dos bens do curatelado – demanda autorização judicial, mormente porque a manifestação de vontade do curatelado, quando ainda era plenamente capaz, foi justamente no sentido de beneficiar sua neta quando de seu falecimento. A princípio, deve-se levar em consideração a escolha feita pelo curatelado antes de sua interdição, notadamente por inexistirem provas de que o cancelamento da apólice do seguro se deu em virtude do comprometimento de sua subsistência dado o aumento vertiginoso de suas despesas médicas. (TJMG, AI 1.0000.16.003070-6/001. Rel. Des. Wagner Wilson, julg. 30/06/2017, DJE 03/07/2017).

CONTEÚDO DIFERENCIADO DO PRINCÍPIO DO MELHOR INTERESSE QUANDO APLICÁVEL AO IDOSO **337**

5. REFERÊNCIAS

BARBOSA, Heloisa Helena. O princípio do melhor interesse do idoso. In: OLIVEIRA, Guilherme de; PEREIRA, Tânia da Silva (Coord.). *O cuidado como valor jurídico*. Rio de Janeiro: Forense, 2008. p. 57-71.

BARBOSA, Heloisa Helena. Vulnerabilidade e cuidado: aspectos jurídicos. In: OLIVEIRA, Guilherme de; PEREIRA, Tania da Silva (Coord.). *Cuidado e vulnerabilidade*. São Paulo: Atlas, 2009. p. 111-131.

BARBOSA-FOHRMANN, Ana Paula; ARAÚJO, Luana Adriano. 10 anos de Vincent Lambert: boa vontade e beneficência para pessoas com deficiência. *Civilistica.com*, Rio de Janeiro, a. 8, n. 3, 2019. Disponível em: [http://civilistica.com/10-anos-de-vincent-lambert/]. Acesso em: 20.03.2020.

BARIFFI, Francisco José. *El régimen jurídico internacional de la capacidade jurídica de las personas con discapacidad*. Colección Convención ONU. Madrid: Grupo Editorial Cinca, 2014.

BARLETTA, Fabiana Rodrigues. A pessoa idosa e seu direito prioritário à saúde: apontamentos a partir do princípio do melhor interesse do idoso. *Revista de Dir. sanit.*, São Paulo, v. 15 n. 1, p. 119-136, mar./jun. 2014.

BODIN DE MORAES, Maria Celina; TEIXEIRA, Ana Carolina Brochado. Art. 227. In: SARLET, Ingo; STRECK, Lenio; MENDES, Gilmar (Coord.). *Comentários à Constituição do Brasil*. 2. ed. São Paulo: Saraiva Educação, 2018.

BODIN DE MORAES, Maria Celina. Vulnerabilidades nas relações de família. In: MENEZES, Joyceane Bezerra; MATOS, Ana Carla H. (Org.). *Direito das Famílias por Juristas Brasileiras*. São Paulo: Saraiva, 2013. p. 149-170.

BOWLBY, John. *Formação e rompimento dos laços afetivos*. São Paulo: Martins Fontes, 2006.

CANGUILHEM, G. *O conhecimento da vida*. Rio de Janeiro: Forense Universitária, 2012.

DABOVE, Maria Isolina. Derechos humanos de las personas mayores en la nueva Convención americana y sus implicancias bioética. *Rev.latinoam.bioet.*, Bogotá, v. 16, n. 1, Enero-Junio, p. 38-59 / 2016. ISSN 1657-4702. e-ISSN 2462-859X.

DABOVE, Maria Isolina. Autonomía y atención de las personas mayores en situación de dependencia en España: Una cita entre generaciones. *Oñati Socio-Legal Series*, Gipuzkoa, v. 1, n. 8, 2011. Disponível em: [https://papers.ssrn.com/sol3/papers.cfm?abstract_id=1973550]. Acesso em: 20.03.2020.

GAUDENZI, Paula; ORTEGA, Francisco. Problematizando o conceito de ciência a partir das noções de autonomia e normalidade. *Ciencia & saúde coletiva*, Rio de Janeiro, v. 21, n. 10, p. 3061-3070, out. 2016. Disponível em: [http://www.scielo.br/scielo.php?pid=S1413=81232016001003061-&script-sci_abstract]. Acesso em: 03.02.2018.

GRAEFF, Bibiana. Direitos do consumidor idoso no Brasil. *Revista de Direito do Consumidor*, São Paulo, v. 86, p. 65-74, mar. – abr. / 2013.

GUSTIN, Miracy B. S. *Das necessidades humanas aos direitos*. Ensaio de Sociologia e Filosofia do Direito. Belo Horizonte: Del Rey, 2009.

KITTAY, Eva. At the Margins of Moral Personhood. *Ethics*, Chicago, v. 116, n. 1, p. 100-131, Oct. 2005. Disponível em: [http://web.a.ebscohost.com/ehost/pdfviewer/pdfviewer?vid=2&sid=0f7f26b7-a35e--4980-8d63-1401907b613b%40sessionmgr4007]. Acesso em: 12.03.2020.

KONDER, Carlos Nelson, Vulnerabilidade patrimonial e vulnerabilidade existencial: por um sistema diferenciador. *Revista de Direito do Consumidor* – RDC, São Paulo, v. 24, n. 99, p. 110-123, maio/jun. 2015.

MEIRELES, Rose Melo Vencelau. *Autonomia privada e dignidade humana*. Rio de Janeiro: Renovar, 2009.

MENEZES, Joyceane Bezerra; BODIN DE MORAES, Maria Celina. Autoridade parental e privacidade do filho menor: o desafio de cuidar para emancipar. *Revista Novos Estudos Jurídicos*, Vale do Itajaí, v. 20, n. 1, p. 1-32, 2015. Disponível em: [https://siaiap32.univali.br/seer/index.php/nej/article/view/7881/4466]. Acesso em: 20 mar. 2020.

MENEZES, Joyceane Bezerra. O direito protetivo após a Convenção sobre os Direitos da Pessoa com Deficiência, o novo CPC e o Estatuto da Pessoa com Deficiência. In: MENEZES, Joyceane Bezerra de (Org.). *Direito das Pessoas com Deficiência Psíquica e Intelectual nas Relações Privadas*. 2. ed. Rio de Janeiro: Processo, 2019. p. 573-610.

ORGANIZAÇÃO MUNDIAL DE SAÚDE – OMS. *Relatório mundial de envelhecimento e saúde*. 2015. Disponível em: [https://apps.who.int/iris/bitstream/handle/10665/186468/WHO_FWC_ALC_15.01_por.pdf;jsessionid=38171C2C493CAB8EF18C52FD17E9A86E?sequence=6]https://apps.who.int/iris/bitstream/handle/10665/186468/WHO_FWC_ALC_15.01_por.pdf;jsessionid=61761E37892D-815F6EE686DD0AD647B7?sequence=6. Acesso em: 20.03.2020.

PEREIRA, Tânia da Silva. O "melhor interesse da criança". In: PEREIRA, Tânia da Silva (Coord.). *O melhor interesse da criança*: um debate interdisciplinar. Rio de Janeiro: Renovar, 1999. p.123-134.

RODOTA, Stefano. *Dal soggetto alla persona*. Editoriale Scientifica, 2007.

SARLET, Ingo Wolfgang. *Dignidade da pessoa humana e direitos fundamentais na Constituição de 1988*. 2. ed. rev. e ampl. Porto Alegre: Livraria do Advogado, 2002.

SARLET, Ingo Wolfgang. *A eficácia dos direitos fundamentais*. 3. ed. rev., atual. e ampl. Porto Alegre: Livraria do Advogado, 2003.

SOTTOMAYOR, Maria Clara. Quem são os verdadeiros pais? Adopção plena de menor e oposição dos pais biológicos. *Direito e Justiça*: Revista da Faculdade de Direito da Universidade Católica Portuguesa, v. XVI, 2002. p. 191-241. t. I.

TEIXEIRA, Ana Carolina Brochado. *Família, guarda e autoridade parental*. 2. ed. Rio de Janeiro: Renovar, 2009.

TEIXEIRA, Ana Carolina Brochado; TEPEDINO, Gustavo. *Fundamentos de Direito Civil*: Direito de Família. Rio de Janeiro: Gen, 2020.

A ALIENAÇÃO PARENTAL DO IDOSO

Rolf Madaleno

Advogado de Direito de Família e Sucessões. Professor de Direito das Sucessões na Pós-Graduação da PUC/RS. Diretor Nacional e sócio fundador do IBDFAM. Membro da AIJUDEFA. Mestre em Processo Civil pela PUC/RS.

Sumário: 1. A alienação do idoso. 2. O idoso vulnerável. 3. Eficiência processual. 4. Referências.

1. A ALIENAÇÃO DO IDOSO

Com efeito que, no âmbito da proteção familiar, já de longo tempo que o Direito de Família, em toda a sua extensão e malha de proteção, não mais se restringe e nem poderia, aos preceitos normativos estanques e de concreta regulamentação, mesmo porque, valores constitucionais maiores afastaram, desde 1988, com a edição da Carta Magna, um Direito de Família de orientação meramente legislativa, sendo certo que a família, como base da sociedade, merece e tem como suporte a defesa de sua dignidade constitucional. Não é sem outro sentido que, justamente o artigo 226 da Constituição Federal estabelece ser a família a base da sociedade, com especial proteção do Estado, não restringindo, limitando ou segmentando esta proteção, tanto que é dever do Estado assegurar a assistência à família na pessoa de cada um dos que a integram, criando mecanismos para coibir a violência no âmbito de suas relações, de modo que, nas relações de família a violência, seja ela física, psicológica ou material, é do Estado o dever de coibir a violência, inclusive criando mecanismos para a defesa de familiar, quer se trate de criança, de adolescente, de pessoa jovem, de adulto ou de idoso.

Acresce a isto o artigo 229 da Carta Política, ao referir ser dever dos pais assistir, criar e educar os filhos menores, e que os filhos maiores têm o dever de ajudar e amparar os pais na velhice, carência ou enfermidade, qual seja, ordena a Constituição Federal uma via ou uma estrutura de proteção familiar de duas vias, sem qualquer privilégio ou discriminação, haja vista que o foco da proteção constitucional está na formação e assistência na fase de crescimento e assistência e proteção na fase de recrudescimento, como sucede com a pessoa idosa que se torna tão vulnerável quanto a criança ou o adolescente, e se ambos não necessitassem da atenção familiar, seria de todo dispensável o artigo 229 da Carta Política de 1988.

E mais dispensável ainda seria o artigo 230 da Carta Magna ao ordenar como dever da família, da sociedade e do Estado amparar as pessoas idosas, assegurando sua participação na comunidade, defendendo sua dignidade e o seu bem-estar, e assim lhe garantido o direito à vida e a uma vida com qualidade. Significa dizer, e não há como concluir diferente, ou concluir com profundas restrições ou limitações de abrangência, que a Lei da Alienação Parental seria restrita à criança e ao adolescente, interpretando a referida Lei como se regulasse direitos restritos aos menores e incapazes, quando, em realidade, ela regula e este é o cerne da mencionada legislação, o direito à convivência familiar, sempre que uma pessoa vulnerável e indefesa (criança, adolescente ou idoso) esteja sendo afastado, alienado do seu convívio familiar, e sendo vítima de alienação parental, para que repudie genitor ou filho (pois a proteção é uma via de duas mãos), que tem como escopo assegurar a manutenção dos vínculos familiares, de criança ou de idoso, pois a Carta Federal garante como direito à dignidade de qualquer pessoa, a manutenção destes que são os sagrados vínculos familiares, e que o Estado têm como pilar da sociedade, e o dever de assegurar a participação do idoso na comunidade familiar, na sociedade, no convívio com os seus amigos, e a saudável interação em todas as suas relações sociais e afetivas, como elemento fundamental de sua dignidade e do seu bem-estar.

Portanto, o foco para a detecção e para a evitação da prática da alienação parental, ou exclusão de parente em relação aos seus familiares, é impedir a segregação de familiar vulnerável, muito mais quando abusiva e criminosa, sendo usual sua prática contra criança e adolescente que sendo vítima de atos de alienação, é segregado do convívio em família, ou de parte essencial do importante círculo ou constelação familiar, e este o bem jurídico a ser protegido – a convivência social e familiar, em todos os seus quadrantes, em toda a sua extensão, em toda a sua dimensão.

O delito tipo é a alienação parental, que muitos não reconhecem estar presente a sua ocorrência quando envolve pessoa idosa, sequer por analogia, pois que seria outra a formação intelectual do idoso, quando em realidade, com o avanço da idade a situação da pessoa com mais idade se apresenta muito similar à fragilidade ou vulnerabilidade de uma criança ou de um adolescente, se figurando irrelevante a pouca idade ou o excesso de tempo de vida, eis que o cerne da medida protetiva é sempre e sempre deve ser o ato da insana alienação da pessoa de parcela de seus parentes, quer se trate de menor, e neste caso a alienação tem um propósito específico, que se trate de idoso, e nesta hipótese a alienação traça outro desiderato igualmente abjeto.

O objeto da demanda de combate à alienação é buscar as medidas protetivas de urgência e de excelência que somente são vislumbradas e reguladas pontualmente pela Lei da Alienação Parental, que é completamente diferente de diferentes medidas protetivas legalmente vislumbradas para situações de risco ou de vulnerabilidade de uma pessoa idosa. A própria legislação constitucional identifica como pessoas vulneráveis – crianças, adolescentes e idosos, os quais têm o direito e não a faculdade de serem protegidos, e a qualquer título e não de serem uns tratados de forma diferente do tratamento jurídico dado aos outros, apenas porque na criança e no adolescente o seu intelecto está em formação, ao passo que em relação ao idoso o seu intelecto está em deformação, e deixar de considerar como foco a proteção de pessoas igualmente vulneráveis e potencialmente alienáveis, seria agir em contrário ao que ostenta a Carta Federal, de conceder a integral proteção de direitos, que a Carta Política não restringe aos menores e incapazes, mesmo porque a proteção quando meramente ampliada, não é proibida e tampouco hostilizada pela Constituição Federal.

A Lei da Alienação Parental é puramente exemplificativa e não restritiva, como entendem aqueles que negam sua aplicação ao idoso, e negam que menores e idosos se encontrem no mesmo polo de fragilidade, e que entendem deva ser aplicado o Estatuto do Idoso ao adulto vulnerável, não obstante as profundas lacunas no Estatuto do Idoso em confronto com a Lei da Alienação Parental, embora não existam lacunas nos fatos que criminosamente alienam crianças, adolescentes e idosos em idênticas dimensões. As evidências são mais do que óbvias, dado que os fatos são absolutamente idênticos ao tratarem de fragilidade e vulnerabilidade de menor ou de idoso, quando a toda evidência são ambos destinatários de integral proteção constitucional, contudo, a eficácia de uma Lei que notoriamente não é restritiva, veste como uma luva para a flagrante e nada incomum alienação de idosos, sendo que, o Estatuto do Idoso não dispõe dos mesmos e eficazes mecanismos de rápida e eficiente resolução.

Disto fica a pergunta: há espaço para negar segurança plena, constitucionalmente assegurada, apenas por questionamentos legais, em detrimento dos valores humanos, quando existe mais violência, e quando, em nome apenas das lacunas se oferece menos segurança e menos proteção ao idoso? O que importa à defesa de pessoa vulnerável, pois é o tempo que trabalha contra o alienado (menor ou idoso) e a favor do alienador, dado que, quanto mais demorada a identificação da alienação, menos chances existem de serem detectadas as alienações parentais e, inclusive as falsas memórias, que também são implantadas na pessoa do idoso, diariamente convencido de que seus filhos, amigos e parentes o abandonaram, e são justamente estas idiossincrasias que fazem com que o tempo, e os fatos reclamem rapidez e eficiência, qual seja, de um minucioso acompanhamento quando existirem claros indícios da prática de alienação parental, pouco importando se a sua vítima é criança, adolescente ou idoso, pois estão todos enquadrados na categoria de pessoas vulneráveis e discussões acadêmicas apenas favorecem ao alienador.

Ao não aceitar as diretrizes do ato de alienar, porque endereçadas a vulnerável idoso, nega a sociedade o comando ao artigo 229 da Constituição Federal, que estabelece aos filhos maiores o dever de ajudarem e ampararem os pais na velhice, e nega comando ao artigo 230 da mesma Carta Política que estipula que a família, a sociedade e o Estado têm o dever de proteger as pessoas idosas, assegurando sua participação na comunidade, defendendo sua dignidade e o seu bem-estar, e se a Carta Federal assegura aos idosos o direito à igualdade, como pode negar a execução em igualdade de condições, os meios executivos mais eficientes e que se encontram presentes na Lei da Alienação Parental, quando trata especificamente de alienação de pessoas do convívio social e familiar.

Menciona o Estatuto do Idoso (Lei nº 10.741/2003) que ele goza de todos os direitos fundamentais (não apenas de alguns direitos em detrimento de outros), e inerentes a toda pessoa humana, sem prejuízo da proteção integral de que trata esta Lei, assegurando-lhe, por lei ou por outros meios, todas as oportunidades e facilidades para a preservação de sua saúde física e mental, e para o seu aperfeiçoamento moral, intelectual, espiritual e social, em condições de liberdade e dignidade (art. 2º do Estatuto do Idoso) e, portanto, não faz o menor sentido negar oportunidades e facilidades encontradas em qualquer lei e até mesmo por outros meios, que garantam e que deem efetividade à preservação da saúde física e mental do idoso.

As leis infraconstitucionais servem para assegurar os princípios constitucionais e, desta forma, por evidente que admitem interpretação extensiva com socorro e auxílio à Lei da Alienação Parental em prol da defesa dos idosos, vítimas de alienação parental, mesmo porque esta maior e mais eficaz proteção não está expressamente negada no corpo da legislação vigente. Ordenar a aplicação ao idoso alienado, por analogia, da Lei da Alienação Parental é proceder com justiça e com correção para casos semelhantes, e se o Estatuto do Idoso não prevê por expresso a hipótese da sua alienação parental, se faz imperioso e necessário para o combate dessa nociva prática da nefasta alienação parental, e assim determina o bom-senso e o Direito, a utilização por analogia da Lei da Alienação Parental, como por sinal se orienta a doutrina e a jurisprudência em relação a alienação do idoso, enxergando na sua utilização um instrumento mais próximo e eficiente para a rápida e integral proteção de pessoa vulnerável que independe da idade da pessoa a ser protegida e amparada.

A semelhança entre a criança, o adolescente e o idoso é que a situação de suas vulnerabilidades as faz vítimas de atos de alienação que as inibem do contato com um parente ou genitor, quer motivado o alienador por um mote emocional ou financeiro, é fato que o idoso que está sendo manipulado e impedido do contato com seus filhos, ou com outros familiares, e até mesmo amigos, vizinhos e empregados, usualmente, esta manipulação se dá apenas por questões financeiras.

E se o idoso também estiver passando por alguma enfermidade ou se encontrar incapacitado, a sua situação passa a ser de hipervulnerabilidade, e vítima de uma violência que precisa ser urgentemente identificada e interrompida e tanto faz que esteja em processo de formação ou em processo mental de deformação, pois sempre será de inegável constatação de que ambos estão em situação de vulnerabilidade, eis que ambos estão sofrendo a mesma manipulação na convivência, e este é o mote da ação a ser ajuizada em defesa da dignidade do idoso, para que siga sua vida sem a interferência ou manipulação de terceiros, e para que não se torne fática ou judicialmente interditado em suas ações e em seus direitos.

2. O IDOSO VULNERÁVEL

Como bem refere Tânia da Silva Pereira, na medida em que o tempo passa, indaga-se o verdadeiro sentido da vida, buscando-se novas experiências realizadoras, nas quais as escolhas e propósitos desafiam o cotidiano, limitados pelas restrições próprias da idade (PEREIRA, 2017, p. 609). De fato, há um tempo na vida humana onde o peso da idade e com ele o envelhecimento do corpo e da mente, criam obstáculos, limites, restrições e dependências que, na sua soma e nos seus efeitos, trazem insuperáveis dificuldades para a convivência social e familiar do idoso. E complementa com idêntico acerto Tânia da Silva Pereira que o maior desafio, na atualidade, é garantir um envelhecimento com dignidade e autonomia, tendo por escopo o bem-estar do idoso e a manutenção da sua capacidade criativa e relacional, viabilizando, desse modo, a sua ativa participação em diferentes aspectos da sua vida e das suas habilidades (PEREIRA, 2017, p. 615).

Uma pessoa é considerada idosa a partir dos 60 anos de idade (Lei nº 10.741/2003 o Estatuto do Idoso), não obstante a Lei nº 13.466, de 12 de julho de 2017, tenha hierarquizado a velhice ao estabelecer que os idosos maiores de 80 anos terão preferência

A ALIENAÇÃO PARENTAL DO IDOSO **343**

especial sobre os demais idosos, exceto em caso de emergência, referindo a senadora Regina Souza, que: "Entre os idosos, existe um segmento mais vulnerável, pois como a lei diz que é a partir dos 60, todo mundo chega e usa a prioridade, sem observar se atrás tem uma pessoa com mais de 80 anos." De acordo com levantamento realizado pela Revista Exame, metade dos idosos que residem no Brasil faz parte da classe média e usufrui de boas condições de vida, e acrescenta a reportagem que mais idosos estão aproveitando a velhice para voltar a estudar, investir em lazer ou voltar para o mercado de trabalho (BRETAS, 2015).

Fácil, portanto, é perceber que, assim como as crianças e adolescentes se enquadram em uma faixa de pessoas que, por sua imaturidade e inexperiência ainda são consideradas vulneráveis, também neste conceito são igualmente engajados os idosos porque perdem muita da sua coordenação e liberdade de movimentos e pensamentos, tanto que a Carta Política de 1988 (art. 229),[1] concedeu absoluta prioridade à proteção integral dos filhos menores e o amparo aos pais na velhice, devendo todos, crianças, idosos e adultos viverem na mais completa e harmoniosa relação e interação familiar, garantindo deste modo, a manutenção dos vínculos com as pessoas que justamente compõem em todos os níveis do desenvolvimento humano, e diferentes faixas etárias, a essência fundamental de uma plena convivência e afetividade familiar.

A Constituição Federal também impôs em seu artigo 230, o dever de a família, a sociedade e o Estado ampararem as pessoas idosas, assegurando sua participação na comunidade, defendendo sua dignidade e bem-estar e garantindo-lhes o direito à vida, tal qual têm os filhos assegurado o direito constitucional à convivência familiar e co-munitária (CF, art.227). Entrementes, a Lei da Alienação Parental protegeu unicamente a criança e o adolescente dos nefastos atos de alienação parental, definido pela Lei nº 12.318/2010, *a interferência na formação psicológica da criança ou do adolescente promovida ou induzida por um dos genitores, pelos avós ou pelos que tenham a criança ou adolescente sob a sua autoridade, guarda ou vigilância para que repudie o genitor ou que cause prejuízo ao estabelecimento ou à manutenção de vínculos com este.* Embora a Lei da Alienação Parental ampare especificamente o menor de idade, as pessoas idosas, efetivamente, não estão livres dos atos de alienação daqueles que sobre elas exercem alguma autoridade, guarda ou vigilância, especialmente, partindo o abuso de estranhos ou parentes que, por vezes, se beneficiam das vantagens proporcionadas pelos recursos e reservas financeiras dos idosos, como este mesmo abuso pode partir daquele que tem o idoso sob a sua responsabilidade direta, como no caso de curadores, ou sob seus cuidados especiais, como acontece com os cuidadores profissionais, ou enfermeiros especialmente contratados para atenderem a pessoa idosa, não se mostrando nada incomum verificar que eles acabam sendo isolados e estigmatizadas por seus filhos e parentes próximos, como por vezes terminam sendo negligenciados ou explorados por seus curadores e cuidadores.

Prescreve o artigo 2º do Estatuto do Idoso ser ele titular de todos os direitos funda-mentais inerentes à pessoa humana, lhe sendo assegurado, por lei ou por outros meios, todas as oportunidades e facilidades para a preservação de sua saúde física e mental e

---

1. CF, art. 229. Os pais têm o dever de assistir, criar e educar os filhos menores, e os filhos maiores têm o dever de ajudar e amparar os pais na velhice, carência ou enfermidade.

seu aperfeiçoamento moral, intelectual, espiritual e social, em condições de liberdade e dignidade, existindo um extenso rol de crimes e atos cíveis que devem ser apurados ou executados pelo Ministério Público em defesa e proteção do idoso, porquanto, não desconhece o legislador a epidérmica vulnerabilidade do ancião, mesmo quando lúcido, mas igualmente indefeso, eis que estando consciente de seus atos, diante do Estatuto da Pessoa com Deficiência, cada vez mais restrições se impõem à interdição integral de uma pessoa antes considerada incapaz.

A Lei da Alienação Parental (Lei 12.318/2010) é, como visto, omissa em relação à proteção do idoso, referindo Claudia Gay Barbedo que

> o idoso, a criança e o adolescente estão no mesmo polo de fragilidade. O idoso, em razão da idade, que traz dificuldades inerentes, pode facilmente estar na condição de vítima. A criança e o adolescente, na condição de seres humanos em desenvolvimento, são pessoas fáceis de serem enganadas. Diante disso, justifica-se a possibilidade de extensão da Lei de Alienação Parental ao idoso. (BARBEDO, 2011, p. 148).

Entretanto, o artigo 2º do Estatuto do Idoso (Lei nº 10.741/2003) estabelece que o idoso goza de todos os direitos fundamentais, além da sua integral proteção, devendo a família, o Estado e a sociedade assegurar, com absoluta prioridade, dentre outros fundamentais direitos, o da convivência familiar e comunitária.

Pessoas inescrupulosas, mal intencionadas ou ambiciosas, facilmente se aproximam dos idosos, que por vezes são relegados por seus familiares, ou deles posteriormente afastados e, mostrando-se presentes, carinhosas, solícitas e atenciosas, buscam adquirir a confiança do idoso e assim agem apenas na busca do seu interesse pessoal, recolhendo em seu benefício próprio os recursos do idoso e se acercando de poderem se apossar por diferentes expedientes formais ou informais dos bens do idoso, valendo-se de figuras jurídicas, como contratos simulados de convivência, testamentos e doações se apropriam das riquezas e economias construídas durante a longa vida do idoso. Há uma infinita gama de expedientes utilizados por pessoas inescrupulosas, desde o endividamento em lojas comerciais, com carnês que são emitidos em nome do idoso, mas cujos bens comprados se destinam ao estelionatário, que explora a vulnerabilidade do desarticulado idoso. Outros iniciam um namoro com o idoso, ou simplesmente criam falsas uniões estáveis, por vezes com datas inclusive retroativas, visando se não a partilha de bens em regime de comunidade, sua futura herança, e como destinatários da pensão previdenciária que, com a morte, é deixada pelo decantado convivente, não existindo qualquer espanto se os próprios familiares do idoso atuam em conluio para a repartição do benefício previdenciário.

Dentro desta ideia de assédio de interesse meramente pecuniário e patrimonial, parentes, enfermeiros, curadores, cuidadores e pseudoconviventes passam a isolar o idoso das pessoas que lhe são próximas e caras pela afeição preexistente, cujos vínculos são psicologicamente destruídos, e assim, com gestos eficazes eliminam as áreas de contato, proibindo ou dificultando as visitas, tirando o telefone celular, ou deixando de repassar as chamadas do telefone convencional, tirando o computador, afastando parentes e amigos e convencendo o próprio idoso a rejeitar a presença destas pessoas, que assim veem frustradas suas tentativas de conseguir em juízo visitas compulsórias, eis que estaria sendo judicialmente violada a liberdade pessoal do idoso de se relacionar

A ALIENAÇÃO PARENTAL DO IDOSO **345**

com quem bem entender, se e quando entende o que se passa à sua volta, porquanto, não é raro se tratar de pessoa com a doença degenerativa de Alzheimer.[2]

E na esteira desta verdadeira maldade e perversão, com variáveis graus de dificuldades de compreensão e resistência do idoso, ele também é induzido a assinar cheques, informar senhas, outorgar procurações, assinar contratos de doações e cessões de direitos, em regra gratuitas, promover transferências de dinheiro e até mesmo sendo convencido de que as suas doações e concessões se dão em troca de uma abnegada dedicação prestada pelo estelionatário vestido em pele de cordeiro, e que aliena o idoso na criminosa busca de qualquer vantagem pessoal econômica e financeira, isto quando certos parentes já não convivem ao lado do idoso para se aproveitarem diretamente destas vantagens e assim viverem às custas do idoso.

3. EFICIÊNCIA PROCESSUAL

Têm o juiz e o Ministério Público a obrigação legal de investigar quando alertado acerca da existência de alienação parental, impedindo que o vulnerável idoso seja alvo de manipulação de sua vontade, sugestionado por terceiros que lhe distorcem os sentimentos e lhe criam a falsa sensação de abandono daqueles que o querem verdadeiramente bem, mas que são isolados pelos alienadores que dissimulam carinho e atos de proteção ao idoso, especialmente em situações de ruptura familiar, sendo igualmente comum que uma pessoa idosa ficando viúva e se sentido sozinha e depressiva, torne-se alvo fácil de terceiro que dele se aproxima oferecendo carinho e atenção, tirando vantagens financeiras desta aproximação, as quais logo são percebidas pelos familiares, instaurando-se uma desavença direta entre os familiares e o alienador diante de seus óbvios atos abusivos de exploração do idoso, que se afasta da família para ficar ao lado do alienador, que assim assume o controle total da situação, engendrando na sequência, a formatação de documentos jurídicos que lhe assegurem tomar o lugar dos herdeiros na destinação final dos bens deixados com a morte do ancião, com a escrituração de contratos de doação, testamentos e escrituras de falsa declaração de união estável.

Os atos de alienação de pessoa idosa devem ser igualmente investigados como investigada a alienação de uma criança ou de um adolescente, inclusive com a intervenção

---

2. "Apelação Cível. Ação de indenização por danos morais. Relação familiar dissidente das partes, irmãs entre si, em relação à genitora. Elementos análogos à alienação parental em razão do estado de vulnerabilidade e doença da genitora. Ponderação dos deveres, direitos e pressupostos das relações familiares. Utilização arbitrária de abusos análogos a medidas restritivas, sem amparo em decisão judicial. Responsabilidade civil. Pressupostos configurados. Dano moral reconhecido. Recurso desprovido. Incontroverso entre as partes, apenas que a genitora sofria de uma série de problemas de saúde, incluindo a degenerativa doença de Alzheimer. Diante do contexto, é de certa forma compreensível a distorção de percepções entre as partes sobre as vontades da genitora. É que a doença, específica, debilita o enfermo de tal forma que, sabidamente, é comum que este seja facilmente sugestionável ou convencido. Disto, é de se mitigar as acusações mútuas, de que as partes, cada uma, considera-se a legítima defensora dos reais interesses da genitora. Tendo em vista o estado de vulnerabilidade da genitora e a patologia específica, o caso não deixa de se parecer com aquele da alienação parental, ao inverso. Em verdade, o que se observa são medidas, próprias daquelas protetivas do Direito de Família, como interdição, tomadas de forma arbitrária e ao arrepio da Lei e dos ditames que regem as relações familiares. O ato de privar a irmã do contato com a genitora, *sponte sua*, independentemente de autorização judicial e dadas as circunstâncias do caso, gera dano moral indenizável". (TJSC. Apelação Cível n. 006690-70.2012.8.24.0005. Primeira Câmara de Direito Civil. Relator. Desembargador Domingo Paludo. Julgado em 25.08.2016).

de uma equipe multidisciplinar, porquanto, tanto o infante como o idoso, que tem estatutos jurídicos similares ao da criança e do adolescente no tocante à integral proteção, ambos têm os mesmos direitos e garantias fundamentais, inerentes à pessoa humana e, em especial, às pessoas vulneráveis e que, por isto mesmo, merecem especial atenção, notadamente o direito à efetiva convivência familiar, lembrando Claudia Gay Barbedo (2011, p. 153), que as manipulações podem vir de ordens diversas, seja pela imputação falsa de crime a um dos familiares, seja pela desmoralização deles, sempre no propósito de afastar o familiar e deter o total controle sobre a pessoa do ancião e assim arremata a referida autora – "há de se dar visibilidade ao direito à convivência familiar do idoso com relação aos demais familiares, quando houver pretensão resistida do cuidador, pois o idoso tem direito a condições de vida digna" (BARBEDO, 2011, p. 155), e a dignidade de sua vida passa, inevitavelmente, pelos cuidados que a sociedade, a família e o Poder Judiciário devem tomar quando se trata de afastar quaisquer pessoas do convívio efetivo do idoso, que pode estar sendo vítima de atos de efetiva alienação parental, pois que só desse modo se estará atendendo ao princípio do melhor interesse que também pertence à pessoa do idoso.

4. REFERÊNCIAS

BARBEDO, Claudia Gay. A possibilidade de extensão da Lei da Alienação Parental ao idoso. *In:* COELHO, Ivone M. Candido (Coord.). *Família contemporânea*: Uma visão interdisciplinar. Porto Alegre: IBDFAM e Letra & Vida, 2011. p. 145-160.

BRETAS, Valéria. Quem são e como vivem os idosos do Brasil. Estudo inédito do Serasa Experian mostra o perfil de como vivem os idosos brasileiros; veja os principais achados. *Revista Exame*. Publicado em 12 ago. 2015. Disponível em: http://exame.abril.com.br/brasil/quem-sao-e-como-vivem-os-idosos-do-brasil/. Acesso em: 15 jul. 2017.

PEREIRA, Tânia da Silva. Cuidado e afetividade na velhice: A importância da convivência familiar e social para o idoso. In: PEREIRA, Tânia da Silva; OLIVEIRA, Guilherme de; COLTRO, Antônio Carlos Mathias (Coord.). *Cuidado e afetividade.* Projeto Brasil/Portugal – 2016-2017. São Paulo: Gen-Atlas, 2017. p. 609-630.

COMO O DIREITO DE FAMÍLIA TRATA A VULNERABILIDADE DO IDOSO?

Sofia Miranda Rabelo

Doutora em Direito Privado pela Pontifícia Universidade Católica de Minas Gerais. Mestre em Direito pela Universidade Federal de Minas Gerais. Advogada de direito de família, sucessões, infância e juventude. Segunda vice-presidente do Instituto dos Advogados de Minas Gerais (IAMG), membro da *International Society of Family Law* (ISFL), da Academia Brasileira de Direito Civil (ABDC), do Instituto dos Advogados de São Paulo (IASP) e da Associação Brasileira de Direito Processual (ABDPRO).

Andreza Cássia da Silva Conceição

Mestranda em Direito Privado pela Pontifícia Universidade Católica de Minas Gerais. Pesquisadora do CEDIB. PUC-Minas. Bolsista CAPES. Integrante do Conselho Assessor da Revista Brasileira de Direito Civil-RBDCivil. Advogada.

"Aquele que envelhece e que segue atentamente esse processo poderá observar como, apesar de as forças falharem e as potencialidades deixarem de ser as que eram, a vida pode, até bastante tarde, ano após ano e até ao fim, ainda ser capaz de aumentar e multiplicar a interminável rede das suas relações e interdependências e como, desde que a memória se mantenha desperta, nada daquilo que é transitório e já se passou se perde". (Hermann Hesse)

Sumário: 1. Introdução. 2. Marco regulatório de proteção à pessoa idosa e suas vulnerabilidades. 3. Idosos: autonomia e vulnerabilidade. 4. A proteção e vulnerabilidade do idoso no contexto familiar. 5. Conclusão. 6. Referências.

1. INTRODUÇÃO

A escrita deste artigo finalizou-se em um contexto triste e sofrido vivenciado mundialmente, que afetou toda a sociedade com especial preocupação à população idosa e sua condição: *a pandemia da Covid-19*. Trata-se de uma doença infecciosa causada por um novo coronavírus recém-descoberto na China, cuja alta transmissibilidade em seres humanos ocorre de forma eficiente e continuada. (WORLD HEATH ORGANIZATION, 2020). Com números crescentes de casos confirmados, a Covid-19 ultrapassou 3.435.894 de casos confirmados e 239.604 mortes em todo o mundo até o dia 3 de maio de 2020, segundo dados da Organização Mundial de Saúde. O Brasil confirmou 96.599 casos e 6.750 mortes constatados até a tarde da mesma data. (WORLD HEATH ORGANIZATION, 2020).

Considerando a temática proposta, é alarmante a situação dos idosos por estarem mais expostos aos riscos da contaminação. Para a população idosa são inúmeras as consequências decorrentes da enfermidade Covid-19 (VALENTE, 2020) tais como, o risco de morte desproporcionalmente superior aos mais jovens, além da constante ameaça de contaminação do novo coronavírus, em razão de suas necessidades de cuidado, baixa imunidade, doenças preexistentes ou pelos ambientes precários em asilos e casas de repouso, abandono generalizado e a exigência do distanciamento social. (ONU, 2020).

Não bastassem as vicissitudes do envelhecer, a população idosa foi alvo de "super proteção" contra um vírus, até então desconhecido, cujo maior grupo de risco foi apontado como sendo os idosos. (UOL, 2020).

Neste cenário, os idosos foram orientados ao isolamento social, recolhidos em seus domicílios, sem a convivência com quem quer que pudesse expô-los ao risco da contaminação, o que inclui os familiares e principalmente os netos, sob o argumento que as crianças e adolescentes seriam os maiores vetores (grandes "transmissores") da malfadada enfermidade. (FOLHA DE SÃO PAULO, 2020).

Este tem sido um tempo que os idosos foram limitados ao convívio exclusivamente virtual e imposto o afastamento de qualquer participação social presencial, o que traz à tona o maior desafio do direito frente interesses dos idosos: *o equilíbrio entre a autonomia do idoso e a intervenção do Estado.*

Os limites ao intervencionismo legislativo e restrições à liberdade individual em prol da coletividade são controvertidos, visto o potencial epidêmico da Covid-19. O distanciamento físico é imprescindível para conter a pandemia e proteger à coletividade, entretanto a população idosa pode enfrentar discriminação e estigmatização, como já vivenciado na história das pandemias. Heloisa Helena Barboza e Vitor Almeida (2020) bem destacaram que, entre os anos 1918 e 1920, a gripe espanhola, foi também uma doença infectocontagiosa, que eclodiu mundialmente assolando os idosos a ponto de ser conhecida como a gripe "limpa-velhos." (GOULART, 2005, p. 105).

Mirian Goldenberg – em entrevista à BBC News – alerta que a pandemia do Covid-19 escancarou a 'velhofobia' de parte da população, para a qual os idosos são considerados um peso para a sociedade. Para a antropóloga, este discurso já existia: "os velhos são considerados inúteis, desnecessários e invisíveis. Mas agora está mais evidente." (BARRUCHO, 2020).

O desvendar da equação entre a garantia da autonomia ao idoso e o cuidado às vulnerabilidades a que estão expostos é o que se tem confrontado no direito. Tal paradoxo é o fio condutor do presente trabalho no sentido de que o envelhecimento traz limitações inexoráveis da condição humana, mas a lei não pode ser mais um limitador do viver e sobreviver do idoso.

A reinvenção da velhice no século XXI diante das constantes inovações tecnologias, novas formas de comunicação e convivência social, pluralidade familiar e as relações intergeracionais exigem dos princípios da dignidade da pessoa humana, da igualdade e da solidariedade uma resposta adequada de forma a minorar as vulnerabilidades dos idosos visando o bem-estar e a concepção de vida boa.

É a partir desse contexto que exercício da solidariedade traz à reflexão o tratamento da vulnerabilidade dos idosos e preservação de sua autonomia no âmbito do Direito de

COMO O DIREITO DE FAMÍLIA TRATA A VULNERABILIDADE DO IDOSO? **349**

Família, buscando novas perspectivas do envelhecer na contemporaneidade, desconstruindo a velhice estigmatizada e consolidando a dignidade na existência madura.

2. MARCO REGULATÓRIO DE PROTEÇÃO À PESSOA IDOSA E SUAS VULNERABILIDADES

"[...] a família, a sociedade e o Estado têm o dever de amparar as pessoas idosas, assegurando sua participação na comunidade, defendendo sua dignidade e bem-estar e garantindo-lhes o direito à vida." (BRASIL, 1988).

A garantia dos direitos fundamentais apresentados na Constituição de 1988 inaugurou uma *"nova era"* de proteção à pessoa humana, ao afirmar em seu art.1°, III, que o fundamento do Estado Democrático de Direito é a dignidade da pessoa humana. Nesse cenário, infere-se que há uma cláusula geral de tutela da pessoa humana.

Passou-se a considerar a pessoa de forma integral, conferindo proteção não só aos seus aspectos patrimoniais, mas também existenciais. Segundo, Maria Celina Bodin de Moraes (2009, p. 81-108) a dignidade da pessoa humana expressa-se juridicamente pelos direitos à igualdade, liberdade, tutela da integridade psicofísica e do direito-dever de solidariedade social. A jurista destaca que, a igualdade é a primeira manifestação da dignidade, pois todas as pessoas devem ter iguais direitos e tratamento.

Contudo, essa igualdade formal mostra-se insuficiente quando desconsidera as diferenças sociais, econômicas, psicológicas, físicas e etárias, existentes entre as pessoas. (MORAES, 2009, p. 81-108). Portanto, para promover-se uma real tutela da dignidade humana é necessária a adoção da chamada igualdade substancial, que pressupõe que as pessoas sejam reconhecidas em suas peculiaridades e vulnerabilidades.

Partindo da premissa da dignidade da pessoa humana consagrada constitucionalmente, João Baptista Villela aponta que "poucas expressões terão, ao mesmo tempo, tanta força no que dizem e tanta fatuidade no que escondem, quanto à dignidade da pessoa humana":

Para Villela, a dignidade designa a alma do projeto humano, traduzindo a intangibilidade de cada indivíduo para além das circunstâncias de tempo, lugar, cultura, gênero, idade, etnia, da saúde, do vício e da virtude.

O jurista reporta a dignidade *para condenar a tortura, as penas infamantes, o abandono, o ódio, o desprezo, o horror e a guerra. É ela que nos move a assistir os enfermos e os desabrigados. Acolher os oprimidos e alimentar os que têm fome.*

Em síntese: A dignidade da pessoa humana é o eixo central de toda a articulação ética a que estamos socialmente preordenados e constitui, enfim, especialmente nas culturas ocidentais, a mais alta expressão de convergência social a que fomos capazes de chegar. Sendo assim uma rara e feliz criação do espírito, natural foi que a expressão viesse a ser tão largamente invocada. Claro: Quem não aspira a ver suas ideias abençoadas com o selo do melhor, do irreparável e do inexcedível? (VILLELA, 2009, p. 561).

Regine Kather (2007, p.7) elucida que a dignidade "não pode ser atribuída a um ser humano ou dele retirada. Não se alcança por penoso processo de consenso. Ela não pode ser adquirida nem vir a ser perdida. O que simplesmente podemos é merecê-la ou feri-la."

Heloísa Helena Barboza (2009, p. 108) expõe que, a tutela constitucional da pessoa humana perpassa pela proteção às suas vulnerabilidades, que lhes são inerentes. E que, tal situação demanda uma investigação verticalizada, pois só assim será possível conferir proteção àqueles que possuem as vulnerabilidades aumentadas. Nessa lógica, possível será elencar alguns grupos nos quais se pode observar esse fenômeno, quais sejam, as crianças e adolescentes – por serem pessoas em desenvolvimento – as pessoas com deficiência, a população LGBTI (lésbicas, gays, bissexuais, transexuais e intersexuais) e os idosos, que receberão especial atenção nesse trabalho.

É inadmissível na atualidade, segundo a concepção de dignidade da pessoa humana não atrelá-la à proteção dos idosos, em especial no que tange a vulnerabilidade.

Vulnerabilidade origina-se do latim "*vulnerabilis*, "que pode ser ferido", remetendo a todo ser vivo, sem distinção. E existem os "vulnerados", que são aqueles circunstancialmente afetados, fragilizados desamparados. (BARBOZA, 2009, p. 110). Tal distinção foi bem delimitada por Fermin Roland Schramm (2009, p. 20),

> Historicamente, um princípio moral de proteção está implícito nas obrigações do Estado, que deve proteger seus cidadãos contra calamidades, guerras etc., chamado também de Estado mínimo. Entretanto, poderia muito bem ser chamado de Estado protetor, pois parece intuitivamente compreensível que todos os cidadãos não conseguem se proteger sozinhos contra tudo e todos, podendo tornar-se suscetíveis e até vulnerados em determinadas circunstâncias. Mas, neste caso, devemos distinguir a mera vulnerabilidade – condição ontológica de qualquer ser vivo e, portanto, característica universal que não pode ser protegida – da suscetibilidade ou vulnerabilidade secundária (por oposição à vulnerabilidade primária ou vulnerabilidade em geral). Ademais, os suscetíveis podem tornar-se vulnerados, ou seja, diretamente afetados, estando na condição existencial de não poderem exercer suas potencialidades *(capabilities)* para ter uma vida digna e de qualidade. Portanto, dever-se-ia distinguir graus de proteção de acordo com a condição existencial de vulnerabilidade, suscetibilidade e vulneração, o que pode ser objeto de discussões infindáveis sobre como quantificar e qualificar tais estados existenciais. (SCHRAMM, 2009, p.20).

Martha Albertson Fineman (2019), em sua teoria *The Vulnerability and the Human Condition Initiative*, defende que a vulnerabilidade não se concentra em indivíduos ou grupos específicos ou em direitos humanos e civis. Segundo a Professora norte-americana, vulnerabilidade não é uma fraqueza ou desvantagem, pois é inerente à condição humana. (FINEMAN, 2019).

Para a pesquisadora, "*abordar a vulnerabilidade humana enfatiza o que compartilhamos como seres humanos, nossos valores e normas e definimos as expectativas de todos os indivíduos em suas interações uns com os outros na sociedade*". (FINEMAN, 2012).

Na teoria da vulnerabilidade apresentada por Fineman, deve ser responsabilidade do Estado atender e responder às necessidades humanas universais, bem como organizar as estruturas existentes, que atualmente se baseiam em uma concepção de ordem jurídica que valoriza indevidamente a liberdade e as escolhas individuais e ignora as realidades da dependência e vulnerabilidade humanas. (FINEMAM, 2010).

Nessa perspectiva, a vulnerabilidade do idoso não pode ser equiparada a danos maiores decorrentes da idade, tais como a perda de capacidade, mas uma oportunidade de inovação e crescimento, criatividade e satisfação. (FINEMAN, 2012).

A Carta de 1988 deu destaque diferenciado ao idoso, considerando sua condição e particularidades. Contudo, embora exista uma cláusula geral de tutela da pessoa humana e, por conseguinte de suas vulnerabilidades, não há a identificação pontual de situações que afetam suas potencialidades, assim como não se presta a definição de quem é idoso, exceto pelo injusto corte cronológico.

Indubitavelmente, o fenômeno do envelhecimento populacional é um novo desafio para a humanidade.

> Através de todo o mundo, hoje, os velhos são a parcela da população que mais cresce. No Brasil, a década de 70 caracterizou-se pelo "boom" da velhice. A população com mais de 60 anos passou de 4,7 milhões (5% do total) em 1970 para 19 milhões (10%) hoje. E a ONU estima que esses números continuem aumentando consideravelmente nos próximos 50 anos. Em 2050, um em cada quatro brasileiros será idoso. Enquanto atingir a terceira idade era proeza, até meio século atrás, quando a expectativa de vida beirava os 50 anos, hoje é cada vez maior o número de pessoas com 80, 90, 100 anos. Os centenários quase dobraram no Brasil em uma década. E já se fala de uma *Quarta Idade!* (LEMOS *et al.* 2007).

Em 1994, ao amparo da Constituição Federal de 1988, a Lei n° 8.842 instituiu-se a Política Nacional do Idoso, e em 2003, nasceu o Estatuto do Idoso preconizando enunciados normativos especiais à proteção da pessoa idosa, sendo um marco legislativo para questões existenciais e patrimoniais do sujeito de direito e deveres com idade avançada.

O Estatuto do Idoso, a partir do artigo 230 da Constituição da República, consagra normas abrangentes de Direito Civil, Direito Administrativo, Direito Processual Civil e Direito Penal, o que representa técnica legislativa mais consentânea com os novos tempos e alcança a concretização das prerrogativas também na sociedade e perante o Estado, sendo certo os avanços legislativos dirigidos à condição vulnerável do idoso, tais como a solidariedade obrigacional dos alimentos, o direito à internações com acompanhante.

A análise jurídica acerca do idoso deve considerar o princípio constitucional da dignidade da pessoa humana, tendo como subprincípios da tutela integral e prioritária do idoso, que, juntos, configuram o princípio do melhor interesse do Idoso, norte para toda interpretação. (GAMA, 2013; ALMEIDA; BARLETTA, 2020, p.9).

O Estatuto do Idoso como microssistema legislativo refletiu o espectro social, cujo envelhecimento populacional reforça a necessidade do Estado e da sociedade adaptarem-se à mudança do perfil demográfico impondo políticas voltadas aos idosos. (IBGE, 2019).

De toda sorte, a regulamentação deve servir de balizamento para políticas públicas e iniciativas que promovam uma verdadeira melhor condição aqueles com idade avançada.

Para tanto, urge que os idosos sejam efetivamente incorporados na sociedade atual, o que perpassa por mudança de conceitos enraizados culturalmente, devendo ser utilizadas *novas tecnologias, com inovação e sabedoria, a fim de alcançar de forma justa e democrática a equidade na distribuição dos serviços e facilidades para o grupo populacional que mais cresce em nosso país.* (LEMOS, *et al.* 2007).

Delimitar o perfil do "idoso" no século XXI é um desafio em um país multicultural e com extensão continental. Identificar os idosos, assim como suas condições e necessidades, que estariam aptas a atrair a tutela constitucional neste contexto é analisar a sociedade, a cultura e os novos contornos familiares na atualidade.

Mas quem é o velho? Idoso, em termos estritos, é aquele que tem "muita idade". Uma das consequências do uso da idade para a definição de idoso é o poder prescritivo contido nessa definição. A sociedade cria expectativas em relação aos papéis sociais daqueles com *status* de idoso e exerce diversas formas de coerção para que estes papéis se cumpram, independente de características particulares dos indivíduos. Novas terminologias e novos conceitos vêm surgindo para classificar os indivíduos em idade mais avançada. A distinção, por exemplo, entre terceira e quarta idades é uma tentativa de ajustar esquemas classificatórios a circunstâncias culturais, psicológicas e ideológicas particulares das sociedades ocidentais hoje.

Alguns elementos, como uma cultura da saúde apoiada por desenvolvimentos tecnológicos na medicina preventiva e curativa e nos hábitos de vida da população, mecanismos de assistência do estado de bem-estar e modificação nos processos de produção que permitem a incorporação de determinados tipos de trabalhador, criaram as condições de surgimento e expansão de uma terceira idade que não tem uma saúde debilitada nem sofre um processo de pauperização característicos da idade. Esse fenômeno, com a inclusão de indivíduos considerados idosos em diversas esferas da vida social, provocou verdadeira revolução no curso de vida das pessoas redefinindo relações de gênero, arranjos e responsabilidades familiares e alterando o perfil das políticas públicas. (LEMOS et al. 2007).

Como acentua Tânia da Silva Pereira (2017), o processo de envelhecimento é uma construção sociocultural que se apresenta nas mais diversas formas na história. Por esta razão, é imperiosa a compreensão do idoso na sociedade contemporânea para a ciência jurídica possa abordar as vulnerabilidades dessa parcela da população. (ASCENÇÃO, 2017).

A complexidade do envelhecimento merece análise multidisciplinar, destacando que o grande impulso para a ciência jurídica é reencontrar os "novos idosos" da atualidade.

Para a Organização das Nações Unidas, o mundo vive está no centro de uma transição do processo demográfico única e irreversível, a chamada *Era do Envelhecimento*. A proporção de pessoas com 60 anos ou mais deve duplicar entre 2007 e 2050 e o número atual mais que triplicar, alcançando dois bilhões em 2050. Na maioria dos países, o número de pessoas acima dos 80 anos deve quadruplicar para quase 400 milhões até lá. (ONU, 2019).

Neste escopo, o Relatório Mundial sobre Envelhecimento e Saúde da Organização Mundial de Saúde de 2015 recomenda mudanças significativas nas políticas de saúde e serviço aos idosos, ressaltando que a análise deve ser individual, não tipificando o idoso tão somente pela idade avançada, baseada em *estereótipos ultrapassados*. *Não existe um idoso "típico"*, esclarece o relatório. (ORGANIZAÇÃO MUNDIAL DA SAÚDE, 2015).

Refletir sobre a proteção dos microssistemas tendo como paralelo o Estatuto da criança e do adolescente – Lei n. 8.069/90 – e o Estatuto do idoso traz a conclusão que a infância e juventude são protegidas indicando a incapacidade pela idade e garantindo o bom desenvolvimento físico, psíquico e intelectual para o pleno alcance de sua autonomia. Antagonicamente, o idoso deve ter a garantia da manutenção de sua autonomia devido à sua condição natural e fragilidades decorrentes do avançar da idade e impedindo "a ameaça de subtração da autonomia devido às contingências da velhice, o que tende a implicar na mutação da condição jurídica de pessoa capaz para incapaz." (GAMA, 2013).

A construção da imagem do envelhecer alterou sobremaneira na sociedade atual e reivindica o tratamento normativo coerente de forma que o idoso possa conquistar o seu espaço com dignidade, liberdade, igualdade e autonomia.

A releitura da velhice requer sensibilidade e lucidez para garantir o merecido cuidado àqueles que, a despeito da tutela constitucional, não têm assegurado o seu espaço para a melhoria na qualidade de vida, a garantia de seus maiores interesses, desde acesso à saúde, ao afeto até à tecnologia como possibilidade de permanecerem inseridos socialmente e resguardado o seu bem-estar.

Na obra *A velhice*, Simone de Beauvoir (1990, p.17) descreveu o envelhecimento como ideia constante de mudança. Para a filósofa, a velhice não é um fato estático, mas um longo processo, que se inicia no embrião e segue com o recém-nascido tendo continuidade durante a vida. A lei da vida é mudar, concluiu a escritora.

Reportando-se à Beauvoir, Mirian Goldberg (2013) escreveu a *Bela velhice* como a viabilidade de construção de um projeto de vida de maneira digna, plena e feliz. Para a antropóloga, o caminho é ser livre para escolher e construir um projeto de vida que dê significado às nossas existências até os últimos dias.

3. IDOSOS: AUTONOMIA E VULNERABILIDADE

"Uma sociedade para todas as idades possui metas para dar aos idosos a oportunidade de continuar contribuindo com a sociedade. Para trabalhar neste sentido é necessário remover tudo que representa exclusão e discriminação contra eles." Plano de Ação Internacional sobre o Envelhecimento (parágrafo 19), Madrid, 2002. (ONU, 2002).

Assegurada a especial proteção constitucional ao idoso e às vulnerabilidades, inevitável apontar quais são as características, situações e o contexto, que ensejam a inclusão dessas pessoas no grupo de vulnerados.

O conceito normativo de idoso coube à legislação infraconstitucional, Lei 10.741/2003 – Estatuto do idoso, cujo primeiro artigo definiu que será considerado idoso, pessoa com idade igual ou superior a 60 anos.

A norma abrangente e desigual restringiu-se estritamente ao critério etário, "independente de qualquer outra conotação pessoal, social, laborativa, física ou psíquica, com o fito de dissipar eventuais divergências subjetivas", o que é insatisfatório, se considerar o aumento da expectativa e qualidade de vida da população. (RODRIGUES, 2006, p.771).

O corte objetivo da lei tendo como uma única referência à idade para a definição do idoso exige críticas contundentes, posto que os aspectos sociais, culturais, biológicos e psicológicos são fundamentais para a categorização de uma pessoa como idosa ou não. O processo de envelhecimento possui dimensões e significados que comprovadamente extrapolam a cronológica. (SCHNEIDER; IRIGARAY, 2008).

Na obra *"Reinvenção da velhice: socialização e reprivatização do envelhecimento"*, Guita Grin Debert (1999) aponta que o critério etário inserido na legislação da infância, juventude e velhice deslocou as relações privadas para o controle estatal. A antropóloga reflete "a reinvenção da velhice" como sendo a realidade vivida por cada pessoa singularmente no contexto socioeconômico e cultural em que está inserido.

O avanço da Biomedicina, surgimento de novos fármacos e a adoção de hábitos saudáveis de alimentação e atividade física acrescem mais tempo de vida às pessoas, tais fatores que contribuem para que o número de idosos no Brasil e no mundo aumente consideravelmente, alterando o perfil demográfico da população. (LIMA; SÁ, 2018, p.18; BÔAS; SARAIVA, 2019).

Ademais a adoção de um critério cronológico, apresenta risco de ofertar às pessoas em situações extremante distintas, um tratamento que pode ir contra a igualdade substancial, haja vista que, o processo de envelhecimento é multifatorial e deve ser compreendido considerando aspectos biológicos, sociológicos, psicológicos e culturais, não se relacionado exclusivamente com a quantidade de anos vividos. (CHIMENTI, 2015). Todavia, é compreensível que o legislador tenha adotado tal critério, pois sua objetividade propicia segurança jurídica ao aplicador da lei e ao idoso.

À vista disso, não se pode olvidar que a velhice está associada à diminuição progressiva das potencialidades humanas, o que por si só, já justificaria uma proteção especial do Estado, da sociedade e da família, na qual esse ente está inserido.

O Estado deve atuar de duas formas, garantindo a liberdade de autodeterminação do idoso e interferindo em situações nas quais essas pessoas se encontrem em vulnerabilidade, ressaltam Maria de Fátima Freire de Sá e Taisa Maria Macena de Lima (2018, p.18).

As autoras ensinam que, além de considerar o núcleo familiar em detrimento do Estado e da sociedade, é necessário pensar nas relações internas, desenvolvidas entre o idoso e os demais integrantes da família. Afinal não é incomum que entre estes haja interesses conflitantes. Por esse motivo, o princípio da autonomia deve ser interpretado como autonomia individual. (LIMA; SÁ, 2018, p. 20).

Por conseguinte, a autonomia familiar deve ser assegurada aos idosos, para que tenham "liberdade de fazer escolhas, sem interferências externas, seja da sociedade ou do Estado". O Estado deve atuar de duas formas, garantindo a liberdade de autodeterminação do idoso e interferindo em situações nas quais essas pessoas se encontrem em vulnerabilidade. (LIMA; SÁ, 2018, p. 20).

Ana Carolina Brochado Teixeira e Gustavo Pereira Leite Ribeiro (2009, p.5) acrescentam que identificada a vulnerabilidade ou dependência do idoso a tutela jurídica deve ser diferenciada, a fim de *suprir os déficits existentes, mas também capaz de valorizar os espaços de autonomia, nas áreas em que ele é competente para decidir, principalmente, acerca da sua própria vida.*

> [...] O ideal é que cada pessoa decida como quer viver a sua velhice. Ninguém melhor do que a própria pessoa para decidir os rumos de sua vida, conforme o projeto que desenvolveu para si, levando em conta seus valores e suas crenças. (TEIXEIRA; RIBEIRO, 2009, p.5).

Assim, em se tratando da representação do idoso no âmbito familiar, tem-se comumente, duas situações problemáticas, um excesso de intervenção que gera uma diminuição em seu poder de autodeterminação – sob o pretexto de proteger a pessoa – ou uma negligência, que se revela no descumprimento do dever de cuidado e assistência, seja moral ou material.

Verificar as peculiaridades das diferentes situações de cada grupo, como vem sendo feito com as crianças e os adolescentes, com os consumidores e com o idoso faz-se necessário neste contexto. (BARBOZA, 2009, p. 111).

> Indispensável, portanto, investigar o sentido e o alcance do princípio do melhor interesse do idoso, de modo a permitir a efetividade dos direitos fundamentais garantidos à pessoa idosa no texto constitucional. Para tanto, é preciso delimitar os contornos da vulnerabilidade específica da pessoa idosa e, por consequência, averiguar se a atual legislação atende ao ditame constitucional de proteção do melhor interesse do idoso, de modo a verificar os desafios à efetividade da norma protetiva. (BARBOZA, 2020, p. 4).

A partir da proteção integral jurídica da pessoa de idade avançada desafia-se a criação de mecanismos para sua efetivação e concretização, adequando-os a cada momento histórico e dinâmico da vida de cada indivíduo.

Todavia, a preservação do exercício da autonomia pelos idosos deve ser o norte da garantia dos direitos fundamentais, que somente alcançará tendo acesso à saúde, ao lazer, à convivência familiar e ao afeto, de forma que possa expressar a sua vontade sem que dependa de auxílio, que exponha a situação vulnerável decorrente da idade avançada. (VIVEIROS DE CASTRO, 2017, p. 101).

Na legalidade que se estabelece no art. 230 da Constituição consta disposto que "a família, a sociedade e o Estado têm o dever de amparar as pessoas idosas assegurando sua participação na comunidade, defendendo sua dignidade e bem-estar e garantindo-lhes o direito à vida". A intervenção do Estado na família deve ocorrer nos casos em que seja verificada uma situação de desequilíbrio ou vulnerabilidade, a fim de garantir direitos fundamentais.

Nesse panorama, confronta-se a assistência familiar ao idoso e sua autonomia. O desafio é precisar os limites entre o cuidado ao idoso e as restrições de seus direitos existenciais e patrimoniais e, contrariamente, a ausência do cuidado que poderá caracterizar abandono material ou moral exigindo a intervenção do Estado. (LIMA; SÁ, 2013, p.70).

Contrariamente à abordagem jurídica da criança de adolescente, que incentiva a construção da autonomia, *o idoso se vê ceifado do poder de autodeterminação, ignorando-se o seu discernimento*. Nesta toada, distancia-se da autonomia privada para aproximar da intervenção estatal, sob o argumento de *proteger o indivíduo de si mesmo*. (LIMA; SÁ, 2013, p.70).

Identificado por Heloisa Helena Barboza, o princípio do melhor interesse do idoso na Constituição Federal é consectário natural da cláusula geral de tutela da pessoa humana, que atua como fonte da proteção integral que é devida ao idoso. (BARBOZA, 2008, p.57).

Desafiador enfrentar a vulnerabilidade do idoso no âmbito do Direito de Família. A dinâmica da vida não permite conclusões herméticas e os inúmeros desmembramentos trazem à tona as diversas possibilidades de se apontar a exigência de proteção legal e de políticas públicas.

4. A PROTEÇÃO E VULNERABILIDADE DO IDOSO NO CONTEXTO FAMILIAR

Na condição de integrante de uma família, o idoso também recebe tutela jurídica no âmbito do Código Civil e, logicamente, todo o conjunto de situações jurídicas relacionadas aos aspectos dos direitos pessoais e patrimoniais no Direito de Família se direciona também à pessoa idosa. (GAMA, 2013, p. 8).

A família tem lugar de destaque para o idoso, haja vista que consiste no centro de desenvolvimento dos indivíduos nas relações sociais, afetivas e negociais – *a família é o locus da afetividade.*

O afeto, como fundante das relações familiares, introduziu a pluralidade das famílias na contemporaneidade, que permanecem em franca evolução, tendo como paradigma a busca da realização pessoal de cada um dos seus membros.

Para Maria Helena Novaes (2008, p. 138), o bom envelhecimento está intimamente conectado à afetividade como "tonalidade colorida da vida que corresponde aos desejos, anseios e fantasias durante o trajeto vital sendo a matéria-prima para se estabelecer vínculos e relações afetivas, tão importantes nesta etapa do desenvolvimento."

Partindo da premissa que, tal como em todas as fases da vida, o afeto é determinante para a biografia de cada individuo, o ordenamento jurídico brasileiro assegura a convivência familiar.

A convivência família trata-se garantia constitucional e não exclusiva do direito de família ou do Estatuto do Idoso, sendo cristalina que a fonte da proteção do idoso é a Constituição da República, como já descrito.

Como desdobramento da convivência familiar, fica resguardado ao idoso o direito de visitação dos netos. Muito embora não tenha norma específica, o exercício hermenêutico da principiologia dos melhores interesses das crianças e adolescentes conjugada com os melhores interesses dos idosos traz a garantia da avosidade.

Tema controverso e atual é, ao revés do afeto e convivência do idoso caracterizar abandono afetivo, tal como tem-se consolidado o abandono material e afetivo entre pais e filhos.

Embora não esteja sob o poder familiar, a definição de "cuidado" consolidada pela doutrina e jurisprudência traz à tona a responsabilidade civil familiar em relação ao idoso:

"Na pesquisa desenvolvida sobre o "cuidado" como um dos princípios norteadores do Direito de Família e uma das dimensões do princípio da dignidade da pessoa humana, impõe-se sua invocação nas hipóteses de responsabilidade civil e danos morais por parte dos pais ou responsáveis, por ato praticado pelo filho ou pupilo, como naquelas situações decorrentes do abandono afetivo somado às omissões, maus-tratos e negligência. Da mesma forma, o descuido, maus-tratos psicológicos e emocionais refletem a incapacidade de proporcionar à criança ou ao adolescente um ambiente de tranquilidade, bem-estar emocional e afetivo, o que é indispensável a um adequado crescimento, desenvolvimento. A ausência do afeto, depreciação, hostilidade verbal, ameaças e humilhações frequentes e exposição a situações de grande violência familiar são situações que repercutem no comportamento da criança, seu rendimento escolar, hábitos de sono e outras atividades. Estas situações devem ser consideradas na identificação do dano moral nas relações parentais, numa análise cautelosa de caso a caso". (PEREIRA, 2016, p. 339).

O cuidado apresenta novos contornos ao acolhimento e a solidariedade familiar, consequentemente a proteção do idoso, *somados a paciência e a tolerância, como desafios permanentes no cotidiano familiar, nos hospitais e nas entidades de atendimento.* (PEREIRA, 2008, p. XII).

A assistência material ou o sustento do idoso, alicerçado no princípio da solidariedade, caracterizam os alimentos em favor do idoso e são tratados de modo privilegiado pelo direito de família, ratificado pelo Estatuto.

Os vínculos de parentesco resguardam ao idoso o direito de assistência material e imaterial, assegurando-lhe uma vida digna.

A lei garante ao idoso pode acionar qualquer um dos obrigados ou vários deles com a possibilidade de propositura da ação em face do cônjuge, companheiro, ascendentes, descendentes e colaterais de segundo grau – os irmãos. O artigo 1.696 do Código Civil Brasileiro reprisa essa reciprocidade genérica, e o art. 11 do Estatuto do Idoso remete à lei civil a disciplina do direito aos alimentos ao idoso. (RODIGUES, 2006, p.774).

Admite-se, ainda, que o Estado possa figurar na ação em caráter subsidiário, muito embora não seja solução que promova efetivamente a assistência material digna ao idoso. Defende Maria Berenice Dias, que os parentes, que figurem na ordem de vocação hereditária da pessoa idosa, podem ser chamados à obrigação alimentar desde que, por óbvio, comprove-se necessidade. (DIAS, 2019).

É no direito sucessório que mais se atenta à identificação do parentesco, pois os parentes integram a ordem de vocação hereditária (CC, art. 1.829, IV). Ou seja, parentes têm direito à herança, mas só é assegurada herança a quem a lei reconhece como parente: descendentes, ascendentes e colaterais até o quarto grau.

Dias explicita que *o vínculo de parentesco não gera somente bônus: há ônus também.*

Os parentes têm direitos, mas também têm deveres: têm direito sucessório e têm obrigação alimentar. Quem faz jus à herança deve alimentos. No parentesco em linha reta, nem o vínculo parental (CC, art. 1.591), nem a obrigação alimentar (CC, art. 1.696), nem o direito sucessório (CC, art. 1.829, I e II) tem limite. Na linha colateral, o parentesco está limitado ao quarto grau (CC, art. 1.592) tanto para efeitos alimentícios como para efeitos sucessórios (CC, art. 1.829, IV). Assim, quando inexistirem descendentes, ascendentes ou cônjuge tem obrigação alimentar e também fazem jus à herança os parentes até o quarto grau: irmãos, tios, sobrinhos e primos. (DIAS, 2019).

Para Guilherme Calmon Nogueira da Gama (2013, p. 10-11), a natureza solidária da obrigação alimentar em favor do idoso necessitado, não viola qualquer norma constitucional, tratando-se de clara disposição discriminatória justificada em favor de vulnerável. Tem-se claro comando normativo no sentido da maior proteção e tutela das pessoas idosas, consolidando o princípio do melhor interesse do idoso, tal como foi sedimentado a noção do melhor interesse da criança e do adolescente.

Dentre tantos direitos resguardados e preservação da autonomia do idoso, merece destaque a limitação imposta pelo Código Civil Brasileiro para escolha do regime de bens aos maiores de 70 anos de idade.

A arbitrária disposição retira, não somente a autonomia existencial, mas a capacidade do maior de 70 anos escolher o estatuto patrimonial que lhe aprouver do seu próprio casamento.

Obviamente, a idade de 70 anos não gera qualquer mácula à capacidade ou restrição para os atos e negócios jurídicos. Mas a imposição do regime de separação de bens reduz a condição do idoso, revelando-se contrária aos princípios constitucionais da igualdade, da dignidade da pessoa humana e da não intervenção familiar.

Agrava-se ainda mais, o efeito legal e cultural devastador ao idoso e sua autoestima, cujo único atrativo para a autoritária lei parece ser patrimonial.

Dadas as inúmeras particularidades e peculiaridades do idoso não é possível uma definição rígida da norma no que tange o Direito de Família, mas o tratamento deve ser alicerçado nos princípios constitucionais de forma a equilibrar a autonomia privada e a proteção do idoso.

5. CONCLUSÃO

Mais que oportuno o desenvolvimento de pesquisas que investigam as vulnerabilidades da população idosa. As Professoras Ana Carolina Brochado Teixeira e Joyceane Bezerra de Menezes merecem aplausos na pela iniciativa de reflexão sobre *Gênero, autonomia existencial e vulnerabilidades*, tema tão relevante e atual.

Identificar as vulnerabilidades e resguardar a autonomia do indivíduo é a verdadeira consolidação da dignidade da pessoa humana e do Estado Democrático de Direito, mas também o grande desafio neste século.

Há um olhar diferenciado do legislador à autonomia existencial e familiar e à vulnerabilidade do envelhecer, cujo tratamento deve ter como alicerce os princípios constitucionais. No que tange ao direito de família e as vicissitudes experimentadas pela pessoa idosa é certo que há avanços no ordenamento jurídico.

O direito de família deve tratar o direito à velhice digna como expressão dos princípios da dignidade da pessoa humana, do melhor interesse do idoso e da solidariedade, que se desdobram no dever de cuidado e na preservação da autonomia da pessoa idosa.

A vulnerabilidade do idoso impõe a observação cautelosa de forma viabilizar o envelhecimento saudável. Problematizar, sem esgotar o tema, faz-se preciso, tendo em vista a dificuldade a enfrentar na identificação das vulnerabilidades ao longo dos tempos. Entretanto, fundamental a mudança de paradigmas culturais e comportamentais de *respeito* ao idoso.

Como mencionado, o cenário pandêmico atual contextualiza a abordagem proposta no presente artigo revelando a necessidade de proteção atenta à vulnerabilidade do idoso frente ao Covid-19, a atenção profunda do Estado e das políticas públicas, mas sem afastar o seu melhor interesse, que inclui a convivência familiar e social e o respeito à autonomia existencial.

Fechar os olhos para o preconceito contra os idosos, evidenciado em circunstâncias que estão mais vulneráveis e fragilizados por serem o grupo de maior risco, e ao mesmo tempo, perdendo a liberdade de ir e vir é experimentar uma espécie de 'morte simbólica'. (BARRUCHO, 2020).

O desafio está no público e no privado, observando o percurso do envelhecer, vislumbrando a dignidade abraçada à conscientização de um novo olhar para o idoso.

Os novos papéis assumidos pelo idoso rompem os estigmas ultrapassados e excludentes. A função do Direito é garantir o lugar do idoso como sujeito de direito, livre da visão negativa e decadente tão enraizada culturalmente.

A proteção do idoso clama que o avanço da idade seja reconhecido pela sociedade como um bem maior: a experiência de vida, expertises conquistadas, livros desvendados, afetos guardados, paisagens e histórias acumuladas, e, sobretudo, sabedoria daquele que já viveu décadas e ainda tem muito a ensinar e compartilhar com autonomia e liberdade.

6. REFERÊNCIAS

ALMEIDA, Vitor; BARBOZA, Heloisa Helena. *A proteção das pessoas idosas e a pandemia do covid19: os riscos de uma política de limpa-velhos.* Disponível em: [https://m.migalhas.com.br/coluna/migalhas-de-vulnerabilidade/324904/a-protecao-das-pessoas-idosas-e-a-pandemia-do-covid-19-os-riscos--de-uma-politica-de-limpa-velhos]. Acesso em: 17.04.2020.

ASCENSÃO, José de Oliveira. Aceitação, adaptação, esperança: as coordenadas fundamentais do envelhecimento. *Civilistica.com.* Rio de Janeiro, a. 6, n. 2, 2017. Disponível em: [http://civilistica.com/aceitacao-adaptacao-esperanca/]. Acesso em: 01.09.2019.

BARBOZA, Heloisa Helena. O princípio do melhor interesse da pessoa idosa: efetividade e desafios. In: ALMEIDA, Vitor, BARLETTA, Fabiana Rodrigues. *A tutela jurídica da pessoa idosa.* São Paulo: Foco, 2020.

BARBOZA, Heloisa Helena. O princípio do melhor interesse do idoso. In: PEREIRA, Tânia da Silva; OLIVEIRA, Guilherme de (Coord.). *O cuidado como valor jurídico.* Rio de Janeiro: Forense, 2008.

BARBOZA, Heloisa Helena. *Vulnerabilidade e cuidado: aspectos jurídicos.* In: PEREIRA, Tânia da Silva; OLIVEIRA, Guilherme de (Coord.). *Cuidado e Vulnerabilidade.* São Paulo: Atlas, 2009.

BARRUCHO, Luis. *Pandemia do coronavírus evidencia 'velhofobia' no Brasil.* BBC News Brasil. 02 mai. 2020. Disponível em: [https://www.bbc.com/portuguese/brasil-52425735]. Acesso em: 02.05.2020.

BEAUVOIR, Simone de. *A velhice.* Trad. Maria Helena Franco Martins. Rio de Janeiro: Nova Fronteira, 1990.

BÔAS, Bruno Villas; SARAIVA, Alessandra. População idosa no Brasil cresce 26% em seis anos. *Valor Econômico,* Rio de Janeiro, 26 mai. 2019. Disponível em: [https://valor.globo.com/brasil/noticia/2019/05/22/populacao-idosa-no-brasil-cresce-26-em-seis-anos.ghtml]. Acesso em: 01.12.2019.

BRASIL. [Constituição (1988)]. *Constituição da República Federativa do Brasil de 1988.* Brasília, DF: Presidência da República, [2019]. Disponível em: [http://www.planalto.gov.br/ccivil_03/constituicao/constituicao.htm]. Acesso em: 01.05.020.

CHIMENTI, Bruna Ambrósio. *O idoso, a hipervulnerabilidade e o direito à saúde.* 2015. 190f. Dissertação (Mestrado) – Programa de Pós-Graduação em Direito, Pontifícia Universidade Católica de São Paulo, São Paulo, 2015.

DEBERT, Guita Grin. *Reinvenção da velhice: socialização e reprivatização do envelhecimento.* São Paulo: Edusp, 1999.

DIAS, Maria Berenice. *Os alimentos após o Estatuto do Idoso.* Disponível em: [http://www.mariaberenice.com.br/manager/arq/(cod2_531)9__os_alimentos_apos_o_estatuto_do_idoso.pdf]. Acesso em: 11.04.2019.

FINEMAN, Martha Albertson, *The Vulnerable Subject and the Responsive State*. Emory Law Journal, v. 60; Emory Public Law Research Paper No. 10-130. Disponível em: [https://ssrn.com/abstract=1694740]. Acesso em: 22.03.2020.

FINEMAN, Martha Albertson, *Vulnerability and Social Justice* (March 14, 2019). Forthcoming in 53 Valparaiso University Law Review, 2019. Disponível em: [https://ssrn.com/abstract=3352825]. Acesso em: 22.04.2020.

FINEMAN, Martha Albertson. *'Elderly' as Vulnerable: Rethinking the Nature of Individual and Societal Responsibility*. Legal Studies Research Paper Series Research Paper No. 12-224. The Social Science Research Network Electronic Paper Collection. Disponível em: [http://ssrn.com/abstract=2088159]. Acesso em: 17.04.2020.

FOLHA DE SÃO PAULO. *Crivella estuda 'hospedagem compulsória' contra coronavírus para idosos de favela e Copacabana*. Disponível em: [https://www1.folha.uol.com.br/cotidiano/2020/04/crivella-estuda--hospedagem-compulsoria-contra-coronavirus-para-idosos-de-favela-e-copacabana.shtml?utm_source=whatsapp&utm_medium=social&utm_campaign=compwa]. Acesso em: 11.04.2020.

GAMA, Guilherme Calmon Nogueira da. Pessoa idosa no direito de família. *civilistica.com*. Rio de Janeiro, a. 2. n. 1. 2013/6. Disponível em: [http://civilistica.com/wp-content/uploads/2015/02/Gama-civilistica.com-a.2.n.1.2013.pdf]. Acesso em: 02.02.2020.

GOULART, Adriana da Costa. Revisitando a espanhola: a gripe pandêmica de 1918 no Rio de Janeiro. *História, Ciências, Saúde* – Manguinhos, v. 12, n. 1, p. 101-42, jan./abr. 2005.

INSTITUTO BRASILEIRO DE GEOGRAFIA E ESTATÍSTICA (IBGE). *Revista Retratos*. Disponível em: [https://agenciadenoticias.ibge.gov.br/media/com_mediaibge/arquivos/d4581e6bc87ad8768073f-974c0a1102b.pdf]. Acesso em: 11.04.2020.

KATHER, Regine. *Person: Die Begründung menschlicher Identität*. Darmstadt: Wissenschaftl. Buchgemeinschaft, 2007.

LEMOS, Daniela de et al. *Velhice*. Disponível em: [http://www.ufrgs.br/e-psico/subjetivacao/tempo/velhice-texto.html]. Acesso em: 17.04.2020.

LIMA, Taisa Maria Macena de; SÁ, Maria de Fátima Freire de. A família entre dois extremos: abandono e superproteção. *Revista da Faculdade Mineira de Direito*, v.16, n.31, jan/jun de 2013 p. 70, 2013. Disponível em: [http://periodicos.pucminas.br/index.php/Direito/article/view/P.2318-7999.2013v-16n31p69]. Acesso em: 30.11.2019.

LIMA, Taisa Maria Macena de; SÁ, Maria de Fátima Freire de. As várias faces da velhice na família: abandono, proteção e superproteção. In. LIMA, Taisa Maria Macena de; SÁ, Maria de Fátima Freire de. *Ensaios sobre a velhice*. 2. ed. Belo Horizonte: Arraes, 2018.

LIMA, Taisa Maria Macena de; SÁ, Maria de Fátima Freire de. O idoso e o direito à integridade física. *Revista da Faculdade Mineira de Direito*. v. 17, p. 144-153, 2014.

MORAES, Maria Celina Bodin de. *Danos à pessoa humana: uma leitura civil-constitucional dos danos morais*. Rio de Janeiro: Renovar, 2009.

NOVAES, Maria Helena. *Paradoxos contemporâneos*. Rio de Janeiro: E-Papers, 2008.

ONU BRASIL. *Especialista da ONU pede melhor proteção para idosos na pandemia do novo coronavírus*. Disponível em: [https://nacoesunidas.org/especialista-da-onu-pede-melhor-protecao-para-idosos--na-pandemia-do-novo-coronavirus/]. Acesso em: 11.04.2020.

ONU BRASIL. *Onu e as pessoas idosas*. Disponível em: [https://nacoesunidas.org/acao/pessoas-idosas/]. Acesso em: 21.09.2019.

ONU. *Political Declaration and Madrid International Plan of Action Ageing*. Nova Iorque, 2002. Disponível em: [https://www.un.org/en/events/pastevents/pdfs/Madrid_plan.pdf]. Acesso em: 21.09.2019.

ORGANIZAÇÃO MUNDIAL DA SAÚDE. *Relatório mundial de envelhecimento e saúde.* Disponível em: [https://sbgg.org.br/wp-content/uploads/2015/10/OMS-ENVELHECIMENTO-2015-port.pdf]. Acesso em: 02.03.2020.

ORGANIZAÇÃO PANAMERICANA DE SAÚDE (Brasil). *Folha informativa – COVID-19 (doença causada pelo novo   coronavírus).* Disponível em: [https://www.paho.org/bra/index.php?option=com_content&id=6101:covid19&Itemid=875]. Acesso em: 29.04.2020.

ORLEANS, Helen Cristina Leite de Lima. *Melhor idade?* A responsabilidade civil em relação ao idoso no contexto familiar. 2011. 138f. Dissertação (Mestrado) – Programa de Pós-Graduação em Direito, Universidade do Estado do Rio de Janeiro, Rio de Janeiro, 2011.

Pereira, Caio Mário da Silva. *Instituições de direito civil.* v. V: Direito de Família. 24. ed. Rio de Janeiro: Forense, 2016, p. 339.

PEREIRA, Tânia da Silva. Apresentação. In: PEREIRA, Tânia da Silva; OLIVEIRA, Guilherme de (Coords.). *O cuidado como valor jurídico.* Rio de Janeiro: Forense, 2008, p. XII.

PEREIRA, Tânia da Silva. Cuidado e afetividade na velhice: a importância da convivência familiar e social para o idoso. *Cuidado e afetividade:* projeto Brasil/Portugal – 2016-2017. (Org.). Tânia da Silva Pereira, Antônio Carlos, Mathias Coltro, Guilherme de Oliveira. São Paulo: Atlas, 2017.

PEREIRA, Tânia da Silva. Diálogos entre "estatutos": o cuidado e a tutela das vulnerabilidades. In: PEREIRA, Tânia da Silva; OLIVEIRA, Guilherme de; COLTRO, Antônio Carlos Mathias. (Org.). *Cuidado e cidadania:* desafios e possibilidades. Rio de Janeiro: GZ, 2019.

RODRIGUES, Oswaldo Peregrina. Estatuto do Idoso: aspectos teóricos, práticos e polêmicos e o Direito de Família. In: PEREIRA, Rodrigo da Cunha (Coord.). *Anais do V Congresso Brasileiro de Direito de Família: Família e Dignidade Humana.* Editora IBDFAM. 2006.

SCHNEIDER, Rodolfo Herberto; IRIGARAY, Tatiana Quarti. O envelhecimento na atualidade: aspectos cronológicos, biológicos, psicológicos e sociais. *Estudos de psicologia.* Campinas, vol.25 no.4, out./dez. 2008.   Disponível em: [https://www.scielo.br/scielo.php?script=sci_arttext&pid=S-0103-166X2008000400013]. Acesso em: 22.04.2020.

SCHRAMM, Fermin Roland. Bioética da proteção: ferramenta válida para enfrentar problemas morais na era da globalização. *Revista Bioética,* 2008, v.16, n.1.

TEIXEIRA, Ana Carolina Brochado; RIBEIRO, Gustavo Pereira Leite. Procurador para cuidados de saúde do idoso. In: PEREIRA, Tânia da Silva Pereira; OLIVEIRA, Guilherme de (Coord.). *Cuidado e Vulnerabilidade.* São Paulo: Atlas, 2009.

UOL. *Letalidade do novo coronavírus chega a 14,8% entre idosos, mostram dados.* Disponível em: [https://noticias.uol.com.br/saude/ultimas-noticias/redacao/2020/03/13/idosos-mortes-letalidade-corona-virus-china-estudo.htm]. Acesso em: 20.03.2020.

VALENTE, Jonas. *Idosos formam público que mais preocupa devido ao coronavírus.* Agência Brasil. Disponível em: [https://agenciabrasil.ebc.com.br/saude/noticia/2020-03/por-que-coronavirus-preocupa-idosos]. Acesso em: 11.04.2020.

VILLELA, João Baptista. *Variações impopulares sobre a dignidade da pessoa humana.* Superior Tribunal de Justiça – Doutrina edição comemorativa – 20 anos, 2009.

VIVEIROS DE CASTRO, Thamis Dalsenter. A função da cláusula de bons costumes no Direito Civil e a teoria tríplice da autonomia privada existencial. *Revista Brasileira de Direito Civil – RBDCivil,* Belo Horizonte, v. 14, p. 99-125, out./dez. 2017.

WORLD HEATH ORGANIZATION. Disponível em: [https://covid19.who.int/region/amro/country/br]. Acesso em: 03.05.2020.

É POSSÍVEL APLICAR AO IDOSO A MESMA SOLUÇÃO DO "ABANDONO AFETIVO"?

Tânia da Silva Pereira

Advogada especializada em Direito de Família, Infância e Juventude. Mestre em Direito Privado pela UFRJ, com equivalência em Mestrado em Ciências Civilísticas pela Universidade de Coimbra (Portugal). Professora de Direito aposentada da PUC/Rio e da UERJ.

Livia Teixeira Leal

Doutoranda e Mestre em Direito Civil pela Universidade do Estado do Rio de Janeiro – UERJ. Pós-Graduada pela Escola da Magistratura do Estado do Rio de Janeiro – EMERJ. Professora convidada da PUC-Rio e do EBRADI. Assessora no Tribunal de Justiça do Rio de Janeiro – TJRJ.

Sumário: 1. Introdução. 2. Reconhecimento do dever de Cuidado e suas repercussões jurídicas. 3. A controvérsia relativa ao dever de indenizar na hipótese de abandono afetivo e o posicionamento do Superior Tribunal de Justiça. 4. Abandono afetivo inverso: é possível aplicar ao idoso a mesma solução do "abandono afetivo"? 5. Conclusão. 6. Referências.

1. INTRODUÇÃO

O Direito de Família vem passando, nas últimas décadas, por significativas transformações, permeadas pelas constantes mudanças sociais que desafiam a estaticidade da lei. Com efeito, a partir da segunda metade do século XX, a sociedade começou a conferir um novo significado à subjetividade, fazendo emergir cada vez com mais força a busca pela realização individual.

Além disso, a redemocratização política do país no final da década de 80 apresentou importantes reflexos nas relações privadas (FARIAS, 2004), tendo a Constituição Federal de 1988 consolidado o ideal democrático também no que diz respeito à regulamentação da família. O Constituinte, no art. 226 e em seus parágrafos, contempla a igualdade entre os filhos, proibindo quaisquer designações discriminatórias relativas à filiação, além do exercício igualitário dos direitos e deveres referentes à sociedade conjugal, e do planejamento familiar como livre decisão do casal.

Com efeito, a Constituição Cidadã reflete a realidade plural que se apresenta na nova modernidade e possui como fundamento central a dignidade da pessoa humana (art. 1º, III), inserindo o indivíduo no epicentro do ordenamento jurídico.

Nesse contexto, a família adquire uma *função instrumental*, qual seja, a de permitir que seus membros se desenvolvam e realizem seus projetos individuais de vida, restando enfraquecida a visão da família enquanto instituição, protegida em si mesma (BODIN DE MORAES, 2013, p. 613). Em outras palavras, a família passa a existir em função dos seus integrantes, e não o contrário, de modo que as normas jurídicas devem ter sua aplicação voltada à concretização da dignidade humana no seio familiar.

Além disso, passa-se a valorizar com muito mais apreço as relações afetivas, como decorrência da valorização das escolhas pessoais. Nesse contexto, o afeto passa a ser caracterizado como fundamento jurídico de soluções concretas para os conflitos de interesse que se estabelecem no âmbito da família, constituindo, ao lado do critério biológico, importante parâmetro para o reconhecimento de situações jurídicas, a exemplo do reconhecimento da união estável como entidade familiar e da posse de estado de filho como fato gerador da filiação.

Contudo, é preciso observar que, muito embora a não ingerência estatal sobre a família, tenha representado, de um lado, uma conquista em face do antigo pensamento de que só seriam reconhecidas as relações legitimadas pela lei (aquelas fundadas no matrimônio), a ideia de que não caberia ao sistema jurídico – e ao Judiciário – interferir em conflitos familiares, sob o dogma da proteção ao direito à liberdade e à privacidade, poderia acarretar uma série de violações de direitos, seja contra a mulher, contra a criança e o adolescente ou contra o idoso.

Na legalidade constitucional, a intervenção do Estado na família deve ocorrer nos casos em que seja verificada uma situação de desequilíbrio ou vulnerabilidade, a fim de garantir direitos fundamentais. Como observa Gustavo Tepedino, a não ingerência do Estado na esfera da autonomia individual não pode significar um espaço de "não direito", na medida em que as relações familiares devem ser interpretadas sob a ótica da responsabilidade, não se restringindo à pura espontaneidade.

O sistema jurídico busca, assim, tutelar de forma pendular dois valores: por um lado, a *necessidade de se assegurar a liberdade nas escolhas existenciais* que propiciem o desenvolvimento pleno da personalidade da pessoa, e, por outro, a *tutela das vulnerabilidades*, a fim de que as relações familiares se desenvolvam em ambiente de igualdade de direitos e deveres, com o efetivo respeito da liberdade individual (TEPEDINO, 2016, p. 20).

O grande reflexo desse processo diz respeito à edição de estatutos protetivos, que apresentam uma regulamentação voltada à garantia de proteção diante da existência de uma vulnerabilidade, prevendo a intervenção estatal no âmbito doméstico quando há a violação desses direitos. Como exemplo, podem ser apontados: a Lei n. 8.069, de 13 de julho de 1990 (Estatuto da Criança e do Adolescente); a Lei n. 10.741, de 1º de outubro de 2003 (Estatuto do Idoso); a Lei n. 11.340, de 7 de agosto de 2006 (Lei Maria da Penha), dentre outras.

Ao lado da ampliação dos mecanismos de proteção da mulher, encontram-se aqueles direcionados à criança e ao adolescente e também ao idoso, reconhecida a sua situação de especial vulnerabilidade. Dentre os direitos garantidos a esses grupos, destacam-se aqueles destinados a promover uma convivência familiar saudável e a solidariedade entre os membros da família.

Diante desse cenário, em que se pretende conciliar *liberdade* e *responsabilidade* nas relações familiares, emergem questionamentos acerca da possibilidade de se reconhecer o dever de indenizar em decorrência do "abandono afetivo", tanto dos filhos menores pelos pais quanto dos pais idosos pelos filhos.

Este capítulo terá por escopo, assim, delinear os fundamentos para a configuração do dever de indenizar diante do descumprimento do dever de cuidado dos pais em relação aos filhos menores, analisando se esses pressupostos podem ser aplicados também quando quem sofre os danos são os pais idosos.

2. RECONHECIMENTO DO DEVER DE CUIDADO E SUAS REPERCUSSÕES JURÍDICAS

A concepção de cuidado foi desenvolvida, incialmente, por outros campos do saber, sendo integrada ao direito como preceito norteador posteriormente, exercendo relevante papel quanto à intepretação das normas jurídicas.

A palavra *cuidado* deriva da palavra latina *cura*, que significa *cuidado, atenção, interesse*. No mundo antigo, o cuidado era visto sob dupla perspectiva: ora como fardo, ora como solicitude (JUNGES, 2006, p. 175). No Cristianismo, o cuidado aparece como *cuidado das almas*, como *solicitude e preocupação pela experiência espiritual e cura interior do outro*.

Em 1988, Martin Heidegger passa a atribuir fundamentação antropológica ao cuidado, que se torna um *modo de ser* (JUNGES, 2006, p. 175-176). No mesmo sentido, Leonardo Boff propõe uma ética do cuidado, que protege, potencia, preserva, cura e previne, e que não invalidaria as demais éticas, mas as obrigaria a servir à causa maior que é a salvaguarda da existência humana e a preservação do planeta (BOFF, 2009).

Na contemporaneidade, o cuidado permanece ligado à ideia de *solidariedade*, mas a sua concepção enquanto *fardo* é substituída pela noção de *responsabilidade*, na medida em que passa a gerar direitos e deveres não só no âmbito social, como também no campo jurídico.

O marco para a consagração do cuidado como um valor norteador do ordenamento jurídico brasileiro é, sem dúvida, o advento da Constituição Federal de 1988, a partir da qual o cuidado passa a ser visto como *uma das dimensões do princípio da dignidade da pessoa humana*, consubstanciado pelo art. 1º, III, da Carta Magna (TUPINAMBÁ, 2008, p. 361).

Como subprincípio da dignidade humana, o cuidado exerce uma importante função hermenêutica, de integração e complementação das normas jurídicas, correspondendo a uma "valorização preponderante do homem face aos demais seres e coisas, culminando-se no entendimento de que o homem é valor originário de todos os demais valores, que seriam, portanto, valores derivados" (TUPINAMBÁ, 2008, p. 357).

Leonardo Boff caracteriza o cuidado como "desvelo, solicitude, diligência, zelo, atenção, bom trato" (BOFF, 2005, p. 29). Juridicamente, esse dever de diligência e compromisso é encontrado em diversos dispositivos do ordenamento.

Inicialmente, importa observar que constitui objetivo fundamental da República Federativa do Brasil a construção de uma sociedade livre, justa e solidária, nos termos do art. 3º, I. A solidariedade se reflete juridicamente nas relações humanas por meio de diversas disposições que conclamam um auxílio direcionado ao outro, estabelecendo-se importantes deveres jurídicos.

O art. 229 da Constituição Federal determina o dever dos pais de criar e educar os filhos menores, e dos filhos maiores de ajudar e amparar os pais na velhice, carência ou enfermidade. O art. 4º do Estatuto da Criança e do Adolescente e o art. 3º do Estatuto do Idoso estabelecem, ainda, a corresponsabilidade da família, da sociedade e do Poder Público em assegurar, com absoluta prioridade, os direitos fundamentais da criança, do adolescente e do idoso, reconhecendo a sua vulnerabilidade e necessidade de proteção.

O art. 1.566, IV, do Código Civil aponta como dever de ambos os cônjuges o sustento, a guarda e a educação dos filhos, sendo direito da criança e do adolescente "ser criado e educado no seio de sua família e, excepcionalmente, em família substituta, assegurada a convivência familiar e comunitária, em ambiente que garanta seu desenvolvimento integral", nos termos do art. 19 do ECA. Quanto aos pais com 60 anos ou mais, estabelece o art. 3º, §1º, V, do Estatuto do Idoso a priorização do atendimento do idoso por sua própria família, em detrimento do atendimento asilar.

Além disso, o dever dos pais de sustento dos filhos é assegurado por meio das disposições da Lei nº 5.478/68, que regula o rito especial da ação de alimentos, e da Lei nº 11.804/08, que disciplina o direito aos alimentos gravídicos. De outro lado, o art. 12 do Estatuto do Idoso determina a solidariedade da obrigação alimentar referente ao idoso, podendo este optar entre os prestadores.

Como aponta Heloisa Helena Barboza,

> Nestes termos, o valor cuidado implica um dever moral e um dever jurídico, implícito na cláusula geral de proteção da pessoa humana, que se espraia por outros dispositivos constitucionais, dentre os quais se destaca o princípio da paternidade responsável. O valor jurídico cuidado, quando considerado em sua dimensão de alteridade, reciprocidade e complementariedade traduz toda grandeza do conteúdo da paternidade responsável, e permite explicitar todos os deveres dos pais (BARBOZA, 2017, p. 183).

Desse modo, o dever de cuidado não apresenta apenas um conteúdo moral, mas irradia seus efeitos sobre a interpretação e a aplicação das normas jurídicas como *standard* norteador, implicando a priorização da solução que busque tutelar também as vulnerabilidades, tendo como fim último a dignidade humana.

Um dos principais reflexos práticos dessa concepção cuidado vem se configurando no campo da responsabilidade civil, mormente a fim se definir a possibilidade de reparação diante do descumprimento desse dever jurídico, conferindo-lhe, assim, efetividade.

3. A CONTROVÉRSIA RELATIVA AO DEVER DE INDENIZAR NA HIPÓTESE DE ABANDONO AFETIVO E O POSICIONAMENTO DO SUPERIOR TRIBUNAL DE JUSTIÇA

Já foi objeto de discussão, no âmbito do Direito de Família, a aplicabilidade ou não das regras de responsabilidade civil às relações familiares, nos casos em que o ofensor e a vítima sejam da mesma família ou possuam uma relação afetiva. Atualmente, a controvérsia cinge-se em se definir se a violação de algum dever específico do Direito das Famílias, por si só, seria suficiente para ensejar o dever de indenizar (FARIAS, 2016, p. 135).

É POSSÍVEL APLICAR AO IDOSO A MESMA SOLUÇÃO DO "ABANDONO AFETIVO"?

Enquanto parte da doutrina entende que só há responsabilização nos casos em que haja ilícito absoluto, como previsto no art. 186 c/c art. 927, do Código Civil de 2002, outros defendem que deve ser determinado o dever de indenizar tanto em casos gerais quanto em casos específicos, nas hipóteses de violação dos deveres conjugais.

Maria Celina Bodin de Moraes ressalta a importância de se diferenciar as relações conjugais das relações parentais para fins de reparação civil, apontando que, se na conjugalidade prevalece a autonomia dos indivíduos, na parentalidade, por outro lado, há uma ampliação cada vez maior das intervenções jurídicas nas relações de filiação, buscando-se a proteção dos incapazes (BODIN DE MORAES, 2015, p. 820).

Assim, no contexto constitucional de família, o descumprimento de algum dever conjugal (fidelidade, coabitação, assistência e respeito mútuos, lealdade, respeito e assistência[1]) não poderia ensejar, por si só, a reparação civil, prevalecendo a autonomia individual de cada cônjuge. Por outro lado, as relações filiais devem ser pautadas pela responsabilidade, atentando-se para a vulnerabilidade dos filhos menores, "a quem o ordenamento deve a máxima proteção, por força de dispositivos constitucionais" (BODIN DE MORAES, 2015, p. 817-820).

Cabe ressaltar, sob esse aspecto, a consagração da doutrina jurídica da *Proteção Integral* pelo art. 227 da Carta de 1988 e o reconhecimento da criança e do adolescente como efetivos sujeitos de direitos, que devem ter seus direitos assegurados de forma prioritária nas questões que lhes digam respeito. É nesse sentido que o item 3.1 da Convenção Internacional dos Direitos da Criança (Decreto nº 99.710/90), aponta que todas as "ações relativas às crianças, levadas a efeito por autoridades administrativas ou órgãos legislativos, devem considerar, primordialmente, o interesse maior da criança".

É preciso considerar, desse modo, que, enquanto no âmbito das relações conjugais prevalecem a autonomia e a liberdade como facetas da dignidade humana do indivíduo, nas relações de filiação prepondera a responsabilidade, na esteira do já mencionado art. 229 da CF/88.

Nessa seara, o tema da responsabilidade civil por abandono afetivo adquire especial destaque. Até 2012, prevalecia o entendimento de que a ausência de um dos pais em relação aos cuidados com o filho seria incapaz de reparação pecuniária.[2] No entanto, a partir do julgamento do REsp 1159242/SP, sob relatoria da Ministra Nancy Andrighi, a questão adquiriu novos contornos.

A decisão teve como base a omissão do pai em relação ao dever objetivo de cuidado,[3] pautando-se no supracitado art. 229 da CF/88, no art. 1.634 do Código Civil de 2002,

---

1. Art. 1.566, CC/02: São deveres de ambos os cônjuges: I – fidelidade recíproca; II – vida em comum, no domicílio conjugal; III – mútua assistência; IV – sustento, guarda e educação dos filhos; V – respeito e consideração mútuos. Art. 1.724, CC/02: As relações pessoais entre os companheiros obedecerão aos deveres de lealdade, respeito e assistência, e de guarda, sustento e educação dos filhos.
2. STJ, 4ª Turma, REsp 757411 / MG, Rel. Min. Fernando Gonçalves, j. 29.11.2005, DJ 27.03.2006. Contra a indenização: BERNARDO, 2008.
3. "Na pesquisa desenvolvida sobre o "cuidado" como um dos princípios norteadores do Direito de Família e uma das dimensões do princípio da dignidade da pessoa humana, impõe-se sua invocação nas hipóteses de responsabilidade civil e danos morais por parte dos pais ou responsáveis, por ato praticado pelo filho ou pupilo, como naquelas situações decorrentes do abandono afetivo somado às omissões, maus-tratos e negligência. Da mesma

que dispõe sobre a incumbência de ambos os pais, qualquer que seja a sua situação conjugal, de exercerem de forma responsável o poder familiar, e no art. 22 do Estatuto da Criança e do Adolescente, que prevê o dever dos pais de sustento, guarda e educação dos filhos menores.

Desse modo, como o exercício do poder familiar constitui, na verdade, um *poder-dever*, demandando o exercício de um núcleo mínimo de cuidados parentais que garantam aos filhos condições para uma adequada formação psicológica e inserção social, a 3ª Turma do STJ entendeu que esse *non facere* configuraria conduta ilícita, ou seja, uma ilicitude civil sob a forma de omissão, dando ensejo à reparação.[4]

No mesmo sentido, como aponta Ricardo Calderón:

> [...] a responsabilidade que decorre para os genitores com a prole não se restringe à mera responsabilidade civil voltada ao passado com finalidade reparadora, mas envolve também a dimensão ética da responsabilidade voltada a uma conduta futura desejável, dirigida para a criação e cuidados dos filhos. Esta dimensão ética de responsabilidade deve orientar o tratamento a ser conferido aos casos de abandono afetivo, constituindo-se em força motriz na busca da conscientização quanto as consequências do comportamento omisso parental nas relações familiares. Muito mais do que reparar o dano, há que se empreender esforços na tentativa de procurar evitar a ocorrência de dano existencial (CALDERÓN, 2017, p. 268).

Como requisitos para o dever de indenizar, vêm sendo considerados: (i) a conduta omissiva ou comissiva do genitor/genitora em relação ao dever jurídico de cuidado em relação à prole (ato ilícito), (ii) a existência de trauma psicológico sofrido (dano a personalidade), e (iii) o nexo causal entre o ato ilícito e o dano, nos termos do art. 186 do CC/02,[5] sem os quais não deve ser deferida a indenização.[6]

Aponta Anderson Schreiber, sob esse aspecto, que o juiz deve analisar se houve ou não violação do dever legal, considerando fatos objetivos, como "a participação do pai no processo educacional (...), frequência das visitas ao filho, pontual pagamento de pensão alimentícia, atividades conjuntas de lazer" (SCHREIBER, 2015, p. 182-184). Kátia Maciel chama atenção, ainda, para a possibilidade de o filho pleitear indenização dos pais que abandonam emocionalmente os filhos em instituições de acolhimento ou em família acolhedora, de forma injustificada (MACIEL, 2015, p. 197-198).

Também pode ser reconhecido o dever de indenizar nos casos de não reconhecimento da paternidade. Para a configuração do dano moral na investigação de paternidade, Rolf Madaleno aponta requisitos: fato gerador da responsabilidade civil, consistente no não reconhecimento espontâneo da filiação; culpa ou dolo do progenitor no ato voluntário do não reconhecimento, não sendo cabida a responsabilidade se a paternidade foi es-

---

forma, o descuido, maus-tratos psicológicos e emocionais refletem a incapacidade de proporcionar à criança ou ao adolescente um ambiente de tranquilidade, bem-estar emocional e afetivo, o que é indispensável a um adequado crescimento, desenvolvimento. A ausência do afeto, depreciação, hostilidade verbal, ameaças e humilhações frequentes e exposição a situações de grande violência familiar são situações que repercutem no comportamento da criança, seu rendimento escolar, hábitos de sono e outras atividades. Estas situações devem ser consideradas na identificação do dano moral nas relações parentais, numa análise cautelosa de caso a caso". (Pereira, 2016, p. 339).

4. STJ, 3ª Turma, REsp 1159242 / SP, Rel. Min. Nancy Andrighi, j. 24.04.2012, DJe 10.05.2012.
5. STJ, 3ª Turma, REsp 1557978 / DF, Rel. Min. Moura Ribeiro, j. 03.11.2015, DJe 17.11.2015.
6. STJ, 3ª Turma, REsp 1493125 / SP, Rel. Min. Ricardo Villas Bôas Cueva, j. 23.02.2016, DJe 01.03.2016.

condida do pai; nexo causal que consiste na negativa do reconhecimento do filho pelo progenitor biológico e os presumíveis traumas inferidos por esta sua negativa (MADALENO, 2015, p. 396).

A 4ª Turma do STJ, em julgado relatado pelo Ministro Raul Araújo – REsp 1087561 / RS –, já reconheceu, também, que o abandono material também pode gerar o dever de indenizar pelos danos morais gerados, se estabelecida a correlação entre a omissão voluntária e injustificada do pai quanto ao amparo material e os danos à integridade física, moral, intelectual e psicológica dali decorrentes.[7]

Observa-se, entretanto, que, seja nas relações conjugais, seja nas relações parentais, a aplicabilidade da responsabilidade civil no âmbito familiar é alvo de uma série de críticas, que perpassam pelas dificuldades de verificação da ocorrência efetiva do dano e de sua quantificação, pelo excesso de subjetivismo inerente a esses casos, pela chamada "monetarização" do afeto e pelo efeito inverso que a ação poderia gerar, na medida em que a reparação pecuniária poderia afastar ainda mais as partes.

Assim, não obstante tenha prevalecido o entendimento favorável à reparação civil por abandono afetivo, deve-se ressaltar que ainda pode ser observada alguma resistência em relação à configuração do dever de indenizar em tais hipóteses. No mesmo julgado considerado paradigma para o reconhecimento da indenização, em seu voto vencido, o Ministro Massami Uyeda afirma que

> Não é possível a fixação de indenização por dano moral na hipótese em que filha alega não ter recebido assistência do pai, sobretudo em relação ao aspecto afetivo, pois não é possível quantificar a negligência no exercício do pátrio poder, o que dificulta o reconhecimento do direito à compensação, cabendo reconhecer, apenas, a existência de uma lesão à estima da filha.

Em acórdãos posteriores, o Superior Tribunal de Justiça afastou, em alguns casos, o dever de indenizar, por entender não estarem presentes os pressupostos para a responsabilização civil. Em 2015, no bojo do REsp 1.557.978/DF,[8] de relatoria do Ministro Moura Ribeiro, a 3ª Turma não reconheceu o dever de reparar, nos seguintes termos:

> Considerando a complexidade dos temas que envolvem as relações familiares e que a configuração de dano moral em hipóteses de tal natureza é situação excepcionalíssima, que somente deve ser admitida em ocasião de efetivo excesso nas relações familiares, recomenda-se uma análise responsável e prudente pelo magistrado dos requisitos autorizadores da responsabilidade civil, principalmente no caso de alegação de abandono afetivo de filho, fazendo-se necessário examinar as circunstâncias do caso concreto, a fim de se verificar se houve a quebra do dever jurídico de convivência familiar, de modo a evitar que o Poder Judiciário seja transformado numa indústria indenizatória.

Em 2016, em outra oportunidade, a mesma Turma, no REsp 1.493.125/SP,[9] relatado pelo Ministro Ricardo Villas Bôas Cueva, também afastou a indenização, ressaltando o risco de ajuizamento de ações motivadas unicamente por um interesse econômico financeiro:

---

7. STJ, 4ª Turma, REsp 1087561 / RS, Rel. Min. Raul Araújo, j. 13.06.2017, DJe 18.08.2017.
8. STJ, 3ª Turma, REsp 1557978 / DF, Rel. Min. Moura Ribeiro, j. 03.11.2015, DJe 17.11.2015.
9. STJ, 3ª Turma, REsp 1493125 / SP, Rel. Min. Ricardo Villas Bôas Cueva, j. 23.02.2016, DJe 01.03.2016.

A possibilidade de compensação pecuniária a título de danos morais e materiais por abandono afetivo exige detalhada demonstração do ilícito civil (art. 186 do Código Civil) cujas especificidades ultrapassem, sobremaneira, o mero dissabor, para que os sentimentos não sejam mercantilizados e para que não se fomente a propositura de ações judiciais motivadas unicamente pelo interesse econômico-financeiro.

Por outro lado, a Corte vem buscando estabelecer outros parâmetros para a configuração do dever de indenizar, delineando seus contornos. A 4ª Turma já se manifestou no sentido de que, sendo a paternidade biológica do conhecimento do autor desde sempre, o prazo prescricional da pretensão reparatória de abandono afetivo começa a fluir a partir da maioridade do autor,[10] prescrevendo em três anos, nos termos do art. 206, §3º, V, do Código Civil.

A mesma Turma afirmou, no julgamento do REsp 1579021 / RS, relatado pela Ministra Maria Isabel Gallotti que "[n]ão há dever jurídico de cuidar afetuosamente, de modo que o abandono afetivo, se cumpridos os deveres de sustento, guarda e educação da prole, ou de prover as necessidades de filhos maiores e pais, em situação de vulnerabilidade, não configura dano moral indenizável". Além disso, reconheceu a improcedência da pretensão de indenização pelos atos configuradores de abandono afetivo, na ótica do autor, praticados no triênio anterior ao ajuizamento da ação, pelo decurso do prazo prescricional.[11]

Desse modo, apesar de ainda serem apontadas algumas críticas, o dever de cuidado vem sendo reconhecido na Jurisprudência Superior pátria, constituindo a sua inobservância ato ilícito, do qual exsurge o dever de indenizar, caso seja configurado o dano. Nesta esteira, indaga-se se seria possível aplicar o mesmo substrato teórico para fundamentar o dever de reparar na hipótese em que seja a mãe ou o pai idoso a vítima, o que será objeto de análise na sequência.

4. ABANDONO AFETIVO INVERSO: É POSSÍVEL APLICAR AO IDOSO A MESMA SOLUÇÃO DO "ABANDONO AFETIVO"?

O direito à convivência familiar do idoso tem base constitucional ao estabelecer o art. 229 da CF/88 a obrigação recíproca entre pais e filhos, ressaltando o dever dos filhos maiores ajudar e amparar os pais na velhice, carência e enfermidade. Essa reciprocidade de cuidados deve ser característica fundamental nas relações familiares e impõe a todos compromisso e responsabilidade, adquirindo relevo a ideia de *acolhimento*.

A ideia de *acolhimento* envolve a *solidariedade humana* que traduz, finalmente, o dever de assistência à pessoa em situação de perigo, essência fundante da Declaração dos Direitos do Homem, fixando a responsabilidade de cada um por seu semelhante, princípio da preservação da espécie, objeto primordial de todas as ciências (BARBOSA, 2008, p. 21).

Falar em *acolhimento* representa assumir compromisso e responsabilidade. É ajudar os idosos a serem capazes de satisfazer suas necessidades pessoais, buscando tornarem-se

---

10. STJ, 4ª Turma, REsp 1298576 / RJ, Rel. Min. Luis Felipe Salomão, j. 21.08.2012, DJe 06.09.2012. No mesmo sentido: STJ, 4ª Turma, AgInt no AREsp 1270784 / SP, Rel. Min. Luis Felipe Salomão, j. 12.06.2018, DJe 15.06.2018.
11. STJ, 4ª Turma, REsp 1579021 / RS, Rel. Min. Maria Isabel Gallotti, j. 19.10.2017, DJe 29.11.2017.

responsáveis por suas próprias vidas. Para aquele que acolhe, é sobretudo dar atenção integral, ampará-los e aceitá-los de maneira absoluta. É estar presente para com ele, com generosidade e compreensão, ouvindo-os sem julgamento, mesmo que discorde.

Dentre os direitos fundamentais do Idoso a Lei n° 10.741/2003 assegura (art. 3°), como obrigação da família, da comunidade, da sociedade, e do Poder Público, com absoluta prioridade, a convivência familiar e comunitária. Dentre as prioridades, prevê o inciso V do parágrafo único do mesmo art. 3°, *o atendimento por sua própria família em detrimento do atendimento asilar (exceto os que não a possuam ou careçam das condições de manutenção da própria sobrevivência)*.

Embora os abrigos devam suprir as necessidades básicas dos idosos abrigados, não proporcionam o amparo e a proteção pessoal que lhes podem dispensar seus familiares. Cada ser humano tem sua história e seu próprio envelhecimento, podendo o idoso tomar diferentes posições e formas de ser e de se comportar durante esta fase da vida.

Como observa Emanuela B.T. Mattos,

> [...] além de ser diferente para cada idoso, o envelhecimento se manifesta de maneiras diferentes e em tempos diversos. Pode-se encontrar um velho aos 50 anos, como também um jovem aos 70. Embora o físico e a mente envelheçam juntos, este envelhecimento não se efetiva no mesmo ritmo para ambos (MATTOS, 2008, p. 12).

Temos afirmado que a presença do idoso também representa a expansão do universo familiar, redimensionando os limites da privacidade reconquistados pela amizade e carinho de todos, exigindo que a sociedade enfrente os equívocos que envolvem essa destacada parcela da população (PEREIRA; LEAL, 2014, p. 413).

Esta expansão do universo familiar autoriza os avós pleitearem o direito de conviver com os netos, nele incluído o direito de hospedagem, bem como o de correspondência, donde se conclui que, atualmente, eles têm a faculdade de usufruir a companhia dos netos em outro lugar que não a sua casa, podendo até tê-los em pernoite, por exemplo. Com efeito, a presença dos avós no âmbito da família pode representar para os netos um aprendizado contínuo quanto as rotinas diárias, alimentação etc., bem como, um efetivo exemplo de experiência e hábitos de vida. A troca de conhecimentos propiciada entre gerações pode ser um referencial importante para aqueles que se encontram em fase de desenvolvimento (PEREIRA; LEAL, 2014, p. 423).

O art. 230 da CF/88 determina o dever de amparo às pessoas idosas, assegurando sua participação na comunidade, defendendo sua dignidade e bem-estar e garantindo-lhes o direito à vida.

Nota-se que o idoso se encontra no grupo dos que têm sua vulnerabilidade potencializada, devendo ser discriminado positivamente, para resguardo de sua dignidade. Para fins de direito, se todas as pessoas são vulneráveis, é preciso estar atento a "situações substanciais específicas" para que seja dado o tratamento adequado a cada uma delas. Nesse sentido, aponta Heloisa Helena Barboza que o idoso possui vulnerabilidade potencializada, "inscrevendo-se para fins de elaboração e aplicação das leis na categoria de vulnerados, ou seja, daqueles que se encontram, por força de contingências, em situação de desigualdade, devendo ser discriminado positivamente para resguardo de sua dignidade" (BARBOZA, 2008, p. 61).

No âmbito da proteção do idoso, a falta de cuidado, o descaso e negligência representaram especial preocupação na Lei nº 10.741/2003, ao indicar a corresponsabilidade da família, da comunidade, da sociedade e do Poder Público pela efetivação de direitos fundamentais, com absoluta prioridade (art. 3º). Além de especificar as obrigações das entidades de atendimento (arts. 49/50), identificou responsabilidades na esfera criminal, por ação ou omissão (arts. 95/108), visando o tratamento privilegiado aos maiores de 60 anos.

O §1º do art. 230 da CF/88 prevê expressamente que os programas de amparo aos idosos devem ser executados preferencialmente em seus lares. Portanto, a permanência de idosos em asilos públicos ou privados deve constituir medida de exceção, já que a regra é a sua estadia no seio familiar (RITT; RITT, 2008, p. 129).

Percebe-se que ao internar o idoso os resultados não são totalmente positivos, pois, por mais que o asilo atenda às suas necessidades básicas, este não cumpre com as suas satisfações pessoais por completo, tampouco supre a ausência da família, daqueles de quem deveria receber amor, respeito e cuidado (RITT; RITT, 2008, p. 130).

Concluem Caroline Fockink e Eduardo Ritt:

> [...] as pessoas institucionalizadas vivem restrições de convivência social, pois elas convivem sempre com as mesmas pessoas, atendem sempre as mesmas regras que lhe são impostas, seja de horários quanto atividades, e acabam não exteriorizando suas vontades pessoais. Além destes idosos viverem nesta mesma rotina, eles precisam lidar com o fato de estarem "abandonados" em um ambiente estranho com pessoas desconhecidas, sem poder fazer e satisfazer as suas vontades, o que acaba afetando seu estado emocional e psicológico. Ficando assim mais propensos a desenvolverem doenças (RITT; RITT, 2008, p. 131).

A solidariedade da prestação alimentar (art. 12, Estatuto do Idoso) em favor do idoso reflete, também a reciprocidade da obrigação alimentar, sendo certo que, diante do princípio da proteção integral cabe ao credor não só a opção de escolher qualquer prestador do mesmo grau de parentesco, como também netos, bisnetos, irmãos e sobrinhos.

O "Estatuto" privilegia a convivência e a responsabilidade familiar. O art. 10 indica, entre os vários aspectos da liberdade do idoso, seu direito à participação na vida familiar e comunitária (V). A coabitação no recesso do lar é um direito fundamental, sendo certo que seu afastamento só pode ocorrer se, havendo parentes, estes não tiverem condições de mantê-lo (art. 3º, V).

Alerte-se que o Estatuto impõe às entidades que desenvolvem programas de institucionalização de longa permanência a observância de princípios de preservação dos vínculos familiares, bem como, a participação do idoso nas atividades comunitárias, de caráter interno e externo (art. 49, incisos I e IV).

Todas as entidades de atendimento devem buscar a preservação dos vínculos familiares, não ficando restrita aos serviços que atendam apenas às necessidades básicas do idoso (art. 50, VI). Entre as medidas, deverão oferecer acomodações apropriadas para o idoso receber visitas. O Estatuto também impõe a participação do idoso em atividades comunitárias de caráter interno e externo (art. 49, IV), primando pelo atendimento personalizado e não massificado, promovendo a participação em atividades rotineiras de lazer e nas datas comemorativas tais como Natal, Páscoa e Ano Novo, respeitando suas limitações e fazendo que sejam partícipes nas decisões que lhe afetam, situando-se como sujeitos de direitos e obrigações (MAIO, 2012, p. 381).

No grupo de convivência, a importância de estar com o outro, as trocas de experiências, e o partilhamento das dificuldades fazem os idosos sentirem-se mais produtivos, pelo simples fato de serem aceitos, de conversarem sobre problemas semelhantes, de desenvolverem capacidades semelhantes, de olharem uns aos outros, como seres que têm desejos, lembranças, criatividades, e que podem levar ao crescimento por meio da motivação do grupo e coordenação do facilitador. Falamos em crescimento, não somente no aspecto individual, mas, também, no sentido mais amplo, ao "empoderarmos" aquelas pessoas a agirem sobre o mundo, sobre a sociedade e pessoas que vivem ao seu redor, no objetivo de torná-los sujeitos reflexivos e operativos (MATTOS, 2008, p. 20).

Diante desse cenário, verifica-se que o fundamento para a reparação civil do abandono afetivo do filho pelo pai é o mesmo para a situação oposta, no caso do denominado abandono afetivo inverso. O art. 229 da CF/88 determina que, se por um lado, os pais têm o dever de assistir, criar e educar os filhos menores, os filhos maiores também têm o dever de ajudar e amparar os pais na velhice, carência ou enfermidade. Além disso, o art. 230 determina uma obrigação solidária da família, da sociedade e o Estado de amparar as pessoas idosas, assegurando sua participação na comunidade, defendendo sua dignidade e bem-estar e garantindo-lhes o direito à vida.

O dever de cuidado, que se manifesta, inicialmente, no exercício do poder familiar, posteriormente se consubstancia no dever de solidariedade e de amparo que possuem os filhos em relação aos pais idosos. Ora, se a omissão no dever de cuidado dos pais em relação aos filhos gera a obrigação de indenizar, nos termos do já mencionado REsp 1.159.242 / SP, por que não seria da mesma forma na hipótese inversa, ou seja, quando os filhos abandonam a mãe ou o pai idoso à sua própria sorte? O ordenamento jurídico delineia uma rede de solidariedade e responsabilidade que constituem uma via de mão dupla, e não poderia ser diferente. O raciocínio é o mesmo: a omissão no dever de cuidado dos filhos em relação aos pais idosos também constitui ilícito civil, gerando o dever de indenizar.

Nesse sentido, foi apresentado o Projeto de Lei nº 4.294/08, que pretende alterar o Código Civil e o Estatuto do Idoso para prever a reparação civil em virtude do abandono afetivo, seja dos pais em relação aos filhos, seja na hipótese inversa. O referido projeto busca regulamentar uma prática que já vem sendo aplicada pelos tribunais brasileiros e possui importantes expoentes favoráveis na doutrina. A regulamentação legal dessa previsão garante segurança jurídica e possibilita certa uniformidade na responsabilização dos indivíduos.

O art. 2º do Estatuto do Idoso determina que a pessoa idosa goza de todos os direitos fundamentais inerentes à pessoa humana, devendo ser asseguradas, "por lei ou por outros meios, todas as oportunidades e facilidades, para preservação de sua saúde física e mental e seu aperfeiçoamento moral, intelectual, espiritual e social, em condições de liberdade e dignidade". Desta forma, ao idoso também subsiste o direito de ser cuidado e amparado por seus familiares, de modo que a lei, buscando assegurar os direitos dos mais velhos, determina a responsabilização civil para aqueles que se omitem quanto a esta obrigação.

Da mesma forma, não se pode negar que, apesar da terminologia utilizada para indicar a campanha de desqualificação com o fim de distanciar um familiar do outro – alienação *parental* (que indicaria a existência de uma relação de parentalidade), é possível ampliar tal concepção para abarcar situações diversas envolvendo os idosos, utilizando-se a noção de *alienação familiar*, empregada por Bruna Barbieri Waquim (WAQUIM, 2015, p. 58-60).

Além das situações em que o idoso é alvo de alienação como familiar alienado (como na hipótese em que um dos pais ou outro familiar busca o afastamento da criança em relação ao avô ou avó, por exemplo), há, ainda, a possibilidade de um ente – filho, neto, irmão – afastar o idoso de um ou dos demais familiares, buscando obter algum proveito econômico, ou influenciá-lo na formulação de testamento ou na disposição de bens em vida, por exemplo.

Com efeito, se as crianças e adolescentes se encontram em situação de vulnerabilidade, o mesmo se pode dizer em relação aos idosos, que, muitas vezes, com receio de contrariar seu cuidador, acabam por se afastar dos demais familiares, por influência daquele, em clara violação a seu direito à convivência familiar. Tal prática também pode ser reconhecida como abuso psicológico e moral, ensejando a aplicação de medidas diversas de proteção em favor da pessoa idosa vítima.

Assim, a partir da própria dicção do art. 229 da CF/88 e dos preceitos previstos pelo Estatuto do Idoso – Lei n. 10.741/03, que preveem o dever de assistência e cuidado dos filhos maiores em relação aos pais idosos, a mesma lógica relativa à indenização pela omissão quanto ao dever de cuidado deve ser aplicada ao filho que deliberadamente se omite, o que vem sendo denominado de abandono afetivo inverso.

A *afetividade,* reconhecida como princípio jurídico e como vetor das relações familiares, convoca os operadores do Direito um novo tratamento jurídico à temática da *responsabilidade*, envolvendo outras dimensões que não a mera responsabilidade civil. Para Ricardo Calderón, "interessa sobremaneira sua dimensão ética". O mesmo autor reporta-se a aos estudos de Paulo Luiz Netto Lobo ao afirmar que "na relação dos pais para com os filhos, em que aqueles têm deveres para com estes, independente de uma prévia exigência, ou de se saber se, na vida adulta os filhos retribuirão os cuidados dos pais" (CALDERÓN, 2017, p. 267).

Por derradeiro, deve-se observar que o dever de solidariedade não se restringe às situações de menoridade ou à velhice dos membros da família, mas sim estabelece uma rede de responsabilidades que devem ser exercidas ao longo de toda a vida.

5. CONCLUSÃO

A ordem jurídica que se estabelece sobretudo a partir da Constituição Federal de 1988 impõe um novo olhar sobre as relações privadas, inclusive aquelas constituídas no seio da família. Tendo como fim último a proteção do indivíduo e a preservação da solidariedade como eixos hermenêuticos, busca-se, ao mesmo tempo, assegurar a autonomia no que se refere às escolhas existenciais, mas sem descurar da necessária tutela das vulnerabilidades, que tem como fim último garantir que as liberdades possam ser exercidas por todos, em igualdade.

Inicialmente desenvolvido por outros campos, o cuidado foi incorporado ao ordenamento jurídico brasileiro como subprincípio da dignidade da pessoa humana, constituindo importante orientação hermenêutica para o deslinde de diversos conflitos constituídos nas relações privadas.

Na esteira familiar, o cuidado adquire especial relevo ao estabelecer o Constituinte, no art. 229 da Constituição da República, responsabilidades mútuas entre pais e filhos, das quais decorrem importantes deveres jurídicos, cujo descumprimento pode configurar ato ilícito, gerando o dever de indenizar caso reste configurada a ocorrência de dano.

O Superior Tribunal de Justiça vem encampando tal entendimento quando o ofensor é o pai ou a mãe e a vítima é o filho, conferindo efetividade ao dever jurídico de cuidado diante da omissão daquele que o detém e buscando parâmetros cada vez mais objetivos para a sua aplicação.

O mesmo raciocínio deve ser empregado quando a vítima é a mãe ou o pai idoso, considerando que, se os pais possuem o dever de cuidar dos filhos, os filhos também possuem tal dever quando os pais estiverem em situação especial de vulnerabilidade pelo avançar da idade.

Não se busca em tais situações impor o afeto, até porque tal imposição iria de encontro à própria lógica de preservação da autonomia nas relações interpessoais, mas sim de tutelar as vulnerabilidades de modo a preservar direitos e deveres básicos de convivência humana, cruciais para uma sociedade que se pretende livre, justa e solidária.

Afinal, como afirmou a Ministra Nancy Andrighi, "amar é faculdade, cuidar é dever".

6. REFERÊNCIAS

BARBOSA, Águida Arruda. Mediação e princípio da solidariedade humana. In: PEREIRA, Rodrigo da Cunha (Org.). *Família e solidariedade*: teoria e prática do Direito de Família. Rio de Janeiro: IBDFAM/ Lumen Juris, 2008. p. 19-33.

BARBOZA, Heloisa Helena. O princípio do melhor interesse do idoso. In: PEREIRA, Tânia da Silva; OLIVEIRA, Guilherme de (Coord.). *O cuidado como valor jurídico*. Rio de Janeiro: Forense, 2008. p. 57-71.

BARBOZA, Heloisa Helena. Perfil jurídico do cuidado e da afetividade nas relações familiares. In: PEREIRA, Tânia da Silva; OLIVEIRA, Guilherme de; COLTRO, Antônio Carlos Mathias (Coord.). *Cuidado e Afetividade*. São Paulo: Atlas, 2017. p. 175-191.

BERNARDO, Wesley Louzada. Dano moral por abandono afetivo: uma nova espécie de dano indenizável? In: TEPEDINO, Gustavo; FACHIN, Luiz Edson (Org.). *Diálogos sobre Direito Civil*. Rio de Janeiro: Renovar, 2008. v. 2. p. 475-500.

BODIN DE MORAES, Maria Celina. A nova família, de novo – Estruturas e função das famílias contemporâneas. *Pensar*, Fortaleza, v. 18, n. 2, p. 587-628, maio/ago. 2013.

BODIN DE MORAES, Maria Celina. A responsabilidade e reparação civil. In: PEREIRA, Rodrigo da Cunha (Org.). *Tratado de Direito das Famílias*. Belo Horizonte: IBDFAM, 2015. p. 829-855.

BOFF, Leonardo. O cuidado essencial: princípio de um novo ethos. *Inclusão Social*, Brasília, v. 1, n. 1, p. 28-35, out./mar., 2005.

BOFF, Leonardo. *Ética para a nova era*. 2009. Disponível em: [http://leonardoboff.eco.br/site/vista/2009/jun29.htm]. Acesso em: 14.05.2019.

CALDERÓN, Ricardo. *Princípio da Afetividade no Direito de Família*. Rio de Janeiro: GEN/Forense, 2017.

FARIAS, Cristiano Chaves de. A família da pós-modernidade: em busca da dignidade perdida da pessoa humana. *Revista de Direito Privado*, São Paulo, v. 19, p. 56-68, jul./set. 2004.

FARIAS, Cristiano Chaves de; ROSENVALD, Nelson. *Curso de direito civil*: famílias. 8. ed. Salvador: JusPodivm, 2016.

JUNGES, José Roque. Cuidado, Ética do: A palavra e o tema do cuidado. In: BARRETO, Vicente de Paulo (Coord.). *Dicionário de Filosofia do Direito*. São Leopoldo: Unisinos; Rio de Janeiro: Renovar, 2006. p. 175-181.

MACIEL, Kátia Regina Ferreira Lobo Andrade. *Curso de Direito da Criança e do Adolescente*: aspectos teóricos e práticos. 8. ed. São Paulo: Saraiva, 2015.

MADALENO, Rolf. *Curso de direito de família*. 6. ed. Rio de Janeiro: Forense, 2015.

MAIO, Iadya Gama. Comentários ao artigo 49 da Lei 10.741/2003. In: PINHEIRO, Naide Maria (Coord.). *Estatuto do Idoso comentado*. Campinas/SP: Servanda, 2012. p. 380-382.

MATTOS, Emanuela Bezerra Torres. *O Significado do Grupo de Convivência para Idosos*. Fortaleza, 2008.

Pereira, Caio Mário da Silva. *Instituições de direito civil*. Direito de Família. 24. ed. Rio de Janeiro: Forense, 2016. v. V.

PEREIRA, Tânia da Silva; LEAL, Livia Teixeira. A sustentabilidade do idoso: as conquistas e desafios para um envelhecimento sustentável. In: PEREIRA, Tânia da Silva. OLIVEIRA, Guilherme de. MELO, Alda Marina de Campos (Coord.). *Cuidado e Sustentabilidade*. São Paulo: Atlas, 2014. p. 411-433.

RITT, Caroline Fockink; RITT, Eduardo. *O Estatuto do Idoso*: aspectos sociais, criminológicos e penais. Porto Alegre: Livraria do Advogado, 2008.

SCHREIBER, Anderson. *Novos paradigmas da responsabilidade civil*. 6. ed. São Paulo: Atlas, 2015.

TEPEDINO, Gustavo. O conceito de família entre autonomia existencial e tutela de vulnerabilidades. *Tribuna do Advogado*, ano LXV, n. 555, fev. 2016.

TUPINAMBÁ, Roberta. O cuidado como princípio jurídico nas relações familiares. In: PEREIRA, Tânia da Silva; OLIVEIRA Guilherme de (Coord.). *O Cuidado como valor jurídico*. Rio de Janeiro: Forense, 2008. p. 357-379.

WAQUIM, Bruna Barbieri. *Alienação familiar induzida*: aprofundando o estudo da alienação parental. Rio de Janeiro: Lumen Juris, 2015.

PARTE IV

Gênero e vulnerabilidade no direito de família e das sucessões

A VULNERABILIDADE É UM CONCEITO QUE DEVE SER LEVADO EM CONTA PARA A RECONFIGURAÇÃO DA LEGÍTIMA?

Ana Luiza Maia Nevares

Doutora e Mestre em Direito Civil pela UERJ. Professora de Direito Civil da PUC-Rio e Coordenadora do Curso de Pós-Graduação lato senso de Direito das Famílias e das Sucessões da PUC-Rio. Membro do IBDFAM, do IBDCivil e do IAB. Advogada.

Sumário: 1. A Legítima no direito brasileiro. 2. Por que é preciso repensar a legítima dos herdeiros necessários? 3. A vulnerabilidade é um conceito que deve ser levado em conta para a reconfiguração da legítima? 4. Conclusão. 5. Referências.

1. A LEGÍTIMA NO DIREITO BRASILEIRO

No Direito Brasileiro, a legítima é fixada em cinquenta por cento por bens da herança (CC, art. 1.789), sendo herdeiros necessários os descendentes, os ascendentes, o cônjuge e o companheiro (CC, art. 1.845, RE 878.694-MG e 646.721-RS). Argumenta-se que a legítima dos herdeiros necessários concilia no Direito Sucessório a autonomia privada quanto às disposições *causa mortis* e a proteção da família, garantindo aos familiares mais próximos do autor da herança uma proteção de cunho patrimonial por ocasião da abertura da sucessão.

O princípio da intangibilidade da legítima permeia todo o Direito Sucessório. Assim é que aquele que tem herdeiros necessários não pode dispor de mais da metade de seu patrimônio, considerando o momento da doação. Além disso, o testador não pode diminuir a reserva dos herdeiros necessários em sua quantidade ou qualidade, não podendo onerá-la com encargos, usufruto ou fideicomisso. Nessa direção, só se pode gravar a reserva hereditária com as cláusulas restritivas da propriedade em caso de justa causa expressamente declarada no testamento (CC, art. 1.848, *caput*), sendo certo que a jurisprudência tem rechaçado cláusulas genéricas, meramente subjetivas, que não se refiram a singularidades do herdeiro ou fatos em concreto que justifiquem o gravame, como aquelas que se referem genericamente à "proteção do herdeiro" ou "à garantia quanto a incertezas futuras e má administração", "para evitar que o patrimônio seja dilapidado", sem uma definição específica da motivação.[1]

---

1. "Arrolamento – Doação – Imposição de cláusula de impenhorabilidade – Retificação da doação, a fim de constar a justa causa da restrição a ser imposta – Necessidade – Não aceitação de cláusula genérica de justificação – Aplicação do art. 1848 do Código Civil – Decisão mantida – Recurso desprovido". TJSP, 5ª C.D.Priv., A.I. 990100019244, julg. 2.6.2010 e "Apelação Cível. Sucessão Testamentária. Cláusula de Impenhorabilidade, Inalienabilidade e Incomunicabilidade. Bens da Legítima. Necessidade de Justo Motivo. Art. 1.848, do Código Civil – Motivo Genérico – Insubsistência da Cláusula. Em relação aos bens da legítima, a estipulação de cláusulas restritivas não é livre e

O herdeiro necessário só pode ser privado de sua legítima diante de causas típicas previstas na legislação civil, que configuram as hipóteses de indignidade (CC, art. 1.814) e deserdação (CC, arts. 1.961, 1.962 e 1.963). No primeiro caso, estão causas relacionadas à vida, à honra e à liberdade de testar do autor da herança, sendo certo que este último pode evitar eventual ação judicial a ser proposta pelos coerdeiros do indigno para exclui-lo da sucessão, perdoando-o em testamento ou em qualquer outro ato autêntico, ou seja, um documento escrito onde a intenção de perdoar reste inconteste (CC, art. 1.817). Neste caso, não haverá mais interesse de agir dos coerdeiros para a ação própria da exclusão por indignidade, onde deve ser provada a causa para o afastamento do sucessor da herança. Já a deserdação abarca as mesmas causas da indignidade, acrescentando para as hipóteses de herdeiros ascendentes ou descendentes a ofensa física, a injúria grave, relações ilícitas com o consorte do autor da herança e desemparo em hipóteses de grave enfermidade. Para a deserdação, é preciso que o testador declare de forma expressa o seu desejo de exclusão do herdeiro necessário, apontando a causa para tanto, sendo certo que não basta a mera disposição testamentária, sendo necessário o ajuizamento de ação própria para provar a veracidade dos motivos alegados pelo testador, quando será garantido àquele a quem se imputa a causa da deserdação o devido processo legal e a ampla defesa.

Na hipótese de sobrevir ao testamento herdeiro necessário que este não conhecia ou não tinha por ocasião da lavratura do ato, rompe-se o testamento em todas as suas disposições (CC, art. 1.973 e 1.974), tratando-se a hipótese de revogação presumida ou legal. Na esteira das lições de Clovis Bevilaqua, esta regra atende aos interesses do falecido e daqueles cujos pais não modificaram os seus testamentos por lhes sobrevir incapacidade, ou por circunstâncias superiores à sua vontade, pois "se o indivíduo faz o seu testamento, quando não tem descendente sucessível, ou não o conhece, distribuirá seus bens de um certo modo; e, se, depois, se reduzirem as suas liberalidades à metade, já o testamento não exprime a sua vontade" (BEVILAQUA, 1944, p. 232-233). Importante registrar que se consagrou a posição de que o rompimento exige a inexistência de prole anterior ao ato testamentário, ao argumento de que, se o testador já tinha descendentes e ainda assim elaborou testamento, a superveniência de outro sucessor da mesma classe

---

exige justo motivo que a respalde, sob pena de cancelamento dessa cláusula, nos termos do art. 1848, do Código Civil. A motivação genérica e não fundamentada não é capaz de preencher a justa motivação exigida pelo referido dispositivo." TJMG, 1ª C.C., Ap. Cív. 1.0694.14.000244-5/0010002445-21.2014.8.13.0694 (1), julg. 15.12.2015, publ. DJ. 22.11.2016. No julgamento da Apelação Cível 0040817-63.2011.8.26.0506, a justa causa mencionada foi considerada insubsistente. Em seu voto, o Relator do acórdão confirmou a sentença de primeiro grau nesse sentido e reproduziu seus trechos, conforme a seguir: "Essa justa causa, que passou a ser exigida no atual Código Civil, para se impor tais cláusulas restritivas sobre a legítima em testamento, não poderia ser assim genérica, de caráter extremamente subjetivo, refletindo mera opinião do testador. Não complementou ele sua manifestação de vontade, dizendo concretamente porque entendia que a genitora da filha menor dele não detinha condições de gerir o patrimônio que herdasse, na parte da legítima. Nada referiu sobre a qualificação pessoal ou profissional de Elta, nada disse sobre algum eventual problema de saúde que diminuísse ou mesmo restringisse a capacidade dela administrar os bens da filha, nada disse sobre eventual prodigalidade dessa genitora da herdeira, muito menos se referiu a qualquer fato concreto que houvesse ocorrido, para ele externar tal opinião. O testamento traduziu então uma manifestação de vontade que não pode prevalecer, por não atender a exigência legal, de verdadeiramente expor a 'justa causa' que podia ter, para clausular os bens com tamanha restrições". TJSP, 3ª C. Dir. Priv, Ap. Cív. 0040817-63.2011.8.26.0506, julg. 01.04.2014, publ. DJ 02.04.2014.

não teria o condão de modificar a sua vontade.[2] Exige-se, contudo, que os herdeiros necessários ignorados ou inexistentes à época da feitura do testamento sobrevivam ao testador, pois, se falecem primeiro que esse, não se rompe o ato de última vontade.

2. POR QUE É PRECISO REPENSAR A LEGÍTIMA DOS HERDEIROS NECESSÁRIOS?

Muito se discute sobre a pertinência de o ordenamento jurídico garantir para certos parentes uma parte da herança de forma obrigatória e, dessa forma, restringir a liberdade da pessoa de dispor de seus bens como bem lhe aprouver para depois de sua morte. De fato, muitos são os questionamentos sobre a pertinência de uma reserva hereditária, em especial diante das constantes modificações da família. Com efeito, a legítima não é um instituto isento de críticas.

Ultrapassadas as contestações de inspiração individualista, baseadas na autonomia da vontade e na concepção individualista do direito de propriedade, bem como aquelas de cunho socialista, alega-se que o instituto é ineficaz e inoportuno na família atual, havendo quem defenda sua abolição ou ao menos sua restrição, por manifesta inutilidade, em virtude da atual realidade biológica, social-econômica e jurídica da sociedade, marcada pela longevidade crescente de seus membros e por novas técnicas de proteção, como a Seguridade Social e os contratos de seguro (KONDYLI, 1997, p. 39).

Realmente, a partir do desenvolvimento das ciências, especialmente da medicina e da higiene da população, a média da duração de vida do homem aumentou consideravelmente e, assim, a sucessão hereditária ocorre na maior parte das vezes quando os descendentes do autor da herança já estão adultos e independentes, não sendo, assim, a herança um mecanismo indispensável de proteção da família. Isso porque na maior parte das vezes, os filhos herdam dos pais quando já receberam deles a educação necessária para suas respectivas formações, estando em suas fases mais produtivas.

Por outro lado, o aumento da longevidade da população trouxe a maior possibilidade de a pré-morte de filhos deixar pais idosos e dependentes que, por não estarem na linha preferencial sucessória, ficarão desprotegidos. Além disso, diante da pirâmide populacional envelhecida, o Direito de Família vê-se perante a problemática do cuidado dos parentes idosos e dependentes, indagando-se se seria possível encontrar no Direito Sucessório algum mecanismo de fomento para tal cuidado.

---

2. "Civil e Processual. Inventário. Nulidade de Testamento arguida pelo inventariante. Litisconsórcio Necessário. Matéria não prequestionada. Súmulas Ns. 282 E 356-STF. Reserva da Legítima. Bens disponíveis deixados a terceira pessoa. Nascimento de novo neto do de cujus após a realização do testamento. Preexistência de outros herdeiros da mesma qualidade. Nulidade do ato não configurada. Código Civil, Art. 1.750. Exegese. (...) II. Constitui condição estabelecida no art. 1.750 do Código Civil, para o rompimento do testamento, não possuir ou não conhecer o testador, ao tempo do ato de disposição, qualquer descendente sucessível, de sorte que se ele já possuía vários, como no caso dos autos, o nascimento de um novo neto não torna inválido o testamento de bens integrantes da parte disponível a terceira pessoa. III. Recurso especial não conhecido". STJ, 4ª T., REsp. 240.720, Rel. Min. Aldir Passarinho Júnior, julg. em 21.08.2003. No caso, um dos filhos do testador argumentou que o testamento seria nulo diante do nascimento de um neto, fruto de uma relação extraconjugal de seu irmão falecido, quatro meses antes do falecimento do avô, fato que este desconhecia.

Outra questão que perpassa o debate sobre a reserva dos herdeiros necessários, em especial quando o cônjuge ou o companheiro concorre com os descendentes do autor da herança, é aquela relativa ao fenômeno cada vez mais crescente das famílias recompostas. Nas últimas três décadas (de 1984 a 2014), o número de divórcios cresceu de 30,8 mil para 341,1 mil, com a taxa geral de divórcios passando de 0,44 por mil habitantes na faixa das pessoas com 20 anos ou mais de idade, em 1984, para 2,41 por mil habitantes em 2014 (http://www.brasil.gov.br/cidadania-e-justica/2015/11/em-10-a-nos-taxa-de-divorcios-cresce-mais-de-160-no-pais). De fato, o divórcio é uma das causas da recomposição das famílias, quando as pessoas constituem novos relacionamentos, com filhos anteriores exclusivos ou comuns, não sendo raro que na sucessão hereditária tenham que ser conjugados diversos interesses que não caminham numa mesma direção, a saber, aquele do cônjuge e do companheiro do *de cujus*, de seus filhos em comum com o consorte sobrevivente e de seus filhos exclusivos.

Também atrelada à questão da longevidade e do fenômeno cada vez mais comum da recomposição das famílias está o aumento da necessidade e do interesse pelos planejamentos sucessórios. Realmente, diante de pais mais idosos com filhos encaminhados profissionalmente e/ou filhos menores muitas vezes "temporãos", frutos de novos relacionamentos, filhos comuns com o cônjuge ou companheiro e filhos exclusivos, é crescente o número de pessoas que pretendem organizar a sua sucessão hereditária e não raras vezes os aludidos planejamentos esbarram nos limites impostos pela reserva hereditária e por tudo o que decorre de sua intangibilidade.

Como se percebe, muitos são os desafios atuais que o Direito Sucessório deve enfrentar e, diante deles, indaga-se o que deve prevalecer: a proteção à família ou a ampla liberdade de testar? Mais: a legítima como está regulada no Brasil, está desempenhando bem sua função de proteção da família atual, que é igualitária, democrática e instrumental ao desenvolvimento da pessoa de cada um de seus membros?

Quando se debate a questão da reserva hereditária, logo se comparam os países da Civil Law, que tradicionalmente garantem à família uma quota parte do patrimônio do *de cujus*, com aqueles da Common Law, nos quais, afirma-se, predominaria uma ampla liberdade de testar. Inicialmente é preciso corrigir tal ideia difundida de que nos países da Common Law há sempre uma ampla e irrestrita liberdade de testar. Isso porque mesmo em tais países não é facultado ao *de cujus* deixar certos parentes totalmente desamparados por ocasião da abertura da sucessão.

Na Inglaterra, por exemplo, o Ato de 1975, relativo à Provisão para a Família e seus Dependentes, autoriza que determinados parentes pleiteiem à Corte uma provisão financeira razoável se restarem desamparados por ocasião da abertura da sucessão. Além da Inglaterra, Irlanda do Norte, Nova Zelândia e Austrália contêm diplomas legais similares, que, portanto, limitam *a posteriori* a liberdade de testar, já que é apenas após a abertura da sucessão o momento de verificação de interferência na livre disposição dos bens via testamento pelo seu titular.

Nos Estados Unidos da América, há tantos sistemas sucessórios quantos são os seus respectivos Estados e, salvo quanto ao Estado de Louisiana, em que há um Código Civil tal como nos países da Civil Law, que garante uma reserva hereditária em favor dos

A VULNERABILIDADE DEVE SER LEVADA EM CONTA PARA RECONFIGURAR A LEGÍTIMA? **383**

filhos do *de cujus* que tenham até vinte e três anos de idade ou que por força de enfermidade física ou mental sejam permanentemente incapazes de cuidar de suas pessoas ou de administrar seus bens, vários Estados americanos conferem proteção patrimonial para o cônjuge sobrevivente e para os filhos do autor da herança se estes se encontrarem desamparados por ocasião da abertura da sucessão.

Quanto aos países da Civil Law, que tradicionalmente reservam uma parte da herança para parentes mais próximos, é preciso registrar que na maior parte dos casos estes preveem uma reserva rígida, ou seja, uma porção certa e determinada da herança destinada aos herdeiros necessários, variando, contudo, dita porção e o rol dos aludidos herdeiros. É o caso do Brasil, da França e da Bélgica.

Mas há, ainda, países que preveem uma reserva hereditária mais dúctil, porque ela não corresponde a uma porção da herança, mas sim a um direito de crédito contra o acervo hereditário. Desse modo, o autor da herança pode dispor de todo o seu patrimônio através do testamento, mas se privar aquele que é considerado herdeiro necessário, este terá um direito de crédito contra a herança. Este é o sistema adotado na Alemanha. Como pondera Christoph Castelein (2009, p. 32):

With a reserve (forced portion), the heir is in the confortable position that he does not have to prove anything. There is an irrefutable presumption that the heir has an absolute right. With mandatory asset claims, the burden of proof shifts. The comfortable starting position now lies with the testador and his legatees. Those who want to oppose that have to deliver clear proof: a sound foundation and proportionality[3].

Dessa forma, na perspectiva do Direito Comparado, podemos identificar três sistemas quanto à legislação relativa à reserva hereditária destinada a familiares do autor da herança: a) uma reserva rígida em relação à proporção da herança e àqueles que são os herdeiros necessários; b) uma reserva hereditária mais dúctil, porque se configura em um direito de crédito contra a herança e c) inexistência de uma reserva hereditária *a priori*, havendo, assim, ampla liberdade de testar do autor da herança, embora determinados parentes próximos possam reclamar proteção sucessória uma vez desamparados diante das disposições testamentárias.

Privilegiar apenas a liberdade de testar, não se coaduna com sistemas que tem como base da sua sociedade a família, como se dá com o brasileiro (CR, art. 226, *caput*), no qual da família hierárquica e patriarcal, passou-se à família instrumento, ou seja, aquela na qual a proteção está direcionada à pessoa de cada um de seus membros, sendo um *lócus* de realização e promoção da dignidade da pessoa humana (CR, art. 226, § 8º). Dessa forma, ao determinar a possibilidade de o testador dispor livremente de parte de seus bens, permite a legislação civil que ele exerça seu direito de propriedade, garantido constitucionalmente no inciso XXII do art. 5º da Constituição da República. Dessa maneira, consagra a autonomia privada, concretizando, no Direito Sucessório, a livre

---

3. Tradução livre "Com uma reserva (porção forçada), o herdeiro está na posição confortável de que ele não precisa provar nada. Existe uma presunção irrefutável de que o herdeiro tem um direito absoluto. Em sistemas em que se reivindica a reserva hereditária, o ônus da prova muda. A posição de partida confortável agora está com o testador e seus legatários. Aqueles que querem opor-se a isso devem entregar provas claras: uma base sólida e proporcionalidade".

iniciativa, que é um dos fundamentos da República Federativa do Brasil (CR, art. 1º, IV). Já garantindo à família parte dos bens do *de cujus*, busca-se a promoção da especial proteção que o Estado dispensa àquela, conforme os ditames do art. 226 da Constituição da República. A legítima, portanto, concretiza no Direito Sucessório a solidariedade constitucional, prevista no art. 3º, inciso I da Carta Magna, na medida em que preconiza uma distribuição compulsória de bens entre os membros mais próximos da comunidade familiar diante da morte de um deles.

No entanto, questiona-se se a proteção constitucional direcionada à pessoa de cada membro da entidade familiar e, portanto, a efetiva concretização da solidariedade constitucional encontra-se na legítima dos herdeiros necessários tal como resta disciplinada na legislação brasileira, uma vez que, em relação aos descendentes e aos ascendentes, por exemplo, não há qualquer diferenciação nas regras sucessórias com base nas características e especificidades dos herdeiros, bastando que integrem tal categoria de parentes para que possam ser considerados herdeiros necessários. De fato, uma das críticas que é direcionada ao Direito Sucessório é a sua neutralidade (Scalisi, 1991, p. 160-161), já que, no Brasil, raras vezes a lei estabelece a divisão da herança com base em critérios concretos de proteção da pessoa de cada integrante da família, como ocorreu com a Lei 10.050/2000, que previu o direito real de habitação em relação ao único imóvel residencial do monte para o filho órfão portador de deficiência que o impossibilitasse para o trabalho, incluindo o § 3º ao art. 1.611 do Código Civil de 1916.

Quanto ao cônjuge e ao companheiro, o legislador brasileiro tenta adequar a sua tutela sucessória ao regime de bens quando há a concorrência com os descendentes, objetivando criar um sistema que afasta a herança nesses casos quando o cônjuge já é contemplado com parte do patrimônio do casal por força da comunhão, assentando o pressuposto sucessório não apenas na conjugalidade, mas também nas relações concretas patrimoniais decorrentes do relacionamento. Em que pese tal constatação, o que se percebe é uma má sistematização da matéria no inciso I do art. 1.829 do Código Civil, que ao se valer de um critério abstrato, a saber, o regime de bens em si do casamento, gera inúmeras distorções, exatamente porque o critério deveria ser concreto, ou seja, deveria estar baseado no resultado da aplicação das regras do regime de bens no patrimônio do casal, de forma a realmente alcançar uma gradação da tutela sucessória do cônjuge conforme as relações patrimoniais decorrentes do regime matrimonial de bens.

Mais não é só. Além das relações patrimoniais quanto ao regime de bens, a sucessão do cônjuge e do companheiro enseja outros debates sobre sua qualidade de herdeiro, como a duração do vínculo conjugal,[4] o fato de o cônjuge ser ascendente dos herdeiros com que concorrer, bem como sobre a massa de bens em que deve incidir seus direitos sucessórios,[5] em virtude da possibilidade de o cônjuge sobrevivente herdar bens que

---

4. Código Civil Argentino – ARTICULO 2436 – Matrimonio "in extremis". La sucesión del cónyuge no tiene lugar si el causante muere dentro de los treinta días de contraído el matrimonio a consecuencia de enfermedad existente en el momento de la celebración, conocida por el supérstite, y de desenlace fatal previsible, excepto que el matrimonio sea precedido de uma unión convivencial.

5. Ainda segundo o Código Civil argentino, quando o cônjuge concorre com descendentes não tem direito a herdar quanto à parte dos bens comuns que cabem ao falecido (Código Civil e Comercial Argentino, art. 2433).

vieram da família do primeiro consorte do falecido, em detrimento de seus filhos das primeiras núpcias, muito pertinentes diante da nova dinâmica das famílias recompostas.

Dessa forma, assiste razão a Pietro Perlingieri, quando acentua que:

> A tal fine occorre revistarei l sistema ereditario in chiave costituzionale, snellendone i contenuti in modo decisivo; valorizzare l´autonomia negoziale equilibrandola con il dovere di solidarietà; prestare maggiore attenzione ai bisogni dela persona all´interno dela famiglia e, di conseguenza, elaborare critério per l´individuazione dei legittimari piú flessibili rispetto a quello dela prossimità del grado di parentela, in particolare avendo riguardo allo stato di bisogno (da intendersi lato sensi come incapacita di mantenere condizioni esistenziali adeguate a quelle godute durante la vita del de cuiús), alla durata e alla serietà del vincolo affettivo, nonché ad eventual condotte che, pur non integrando ipotesi di indegnità, rappresentino violazioni dei piú elementar doveri di solidarietà familiare e dunque possano costituire giusta causa di diseredazione, anche del legittimario" (PERLINGIERI, 2009, p. 145).[6]

3. A VULNERABILIDADE É UM CONCEITO QUE DEVE SER LEVADO EM CONTA NA RECONFIGURAÇÃO DA LEGÍTIMA?

A sucessão hereditária tem como um de seus fundamentos a família. Dessa forma, é preciso que a legislação sucessória apreenda a concepção de família que informa o ordenamento jurídico brasileiro. Como já ponderado, a família atual é igualitária, democrática e instrumental ao desenvolvimento da pessoa de cada um de seus membros (CR, art. 226, § 8º). Dessa forma, na proteção da família brasileira, verificou-se ao longo dos anos que vem se seguindo à Constituição da República de 1988 a primazia na tutela dos vulneráveis, a saber, menores, deficientes, idosos e mulheres. Assim resta cabalmente verificado na legislação de família superveniente à Constituição, valendo citar o Estatuto da Criança e do Adolescente, a lei que instituiu a guarda compartilha e aquela que dispõe sobre a alienação parental, o Estatuto do Idoso, o Estatuto da Pessoa com Deficiência e a Lei Maria da Penha. Diante da defesa dos direitos individuais de família e da proteção direcionada a cada um de seus membros, preponderando esta em relação à tutela da instituição familiar em si, foi natural que ocorresse uma paulatina diminuição da intervenção do Estado nas relações familiares, perceptível no abandono da discussão de culpa pelo fim do casamento, da objetivação do divórcio, bem como do reconhecimento de outras formações sociais como entidades familiares.

De que forma, então, é possível compatibilizar a legislação sucessória à perspectiva atual de família?

Na esteira do alerta de Carlos Nelson Konder, tem se tornado cada vez mais frequente no âmbito do direito civil a referência à categoria da vulnerabilidade,

---

6. Tradução livre: Para este fim, o sistema hereditário deve ser revisitado do ponto de vista constitucional, simplificando seu conteúdo de forma decisiva; valorizar a autonomia negocial equilibrando-a com o dever de solidariedade; prestar mais atenção às necessidades da pessoa dentro da família e, consequentemente, elaborar critérios mais flexíveis para a individualização dos legitimários, em relação à proximidade do grau de parentesco, em particular tendo em conta o estado de necessidade (estado de necessidade aqui entendido *lato sensu* como uma incapacidade de manter condições existenciais adequadas às que desfrutaram durante a vida dos *de cujus*), à duração e à seriedade do vínculo afetivo, bem como a eventuais comportamentos que, ao mesmo tempo em que não integram as hipóteses de indignidade, representam violações dos deveres mais elementares da solidariedade familiar e, portanto, devem constituir justa causa de deserdação, mesmo para os herdeiros necessários.

sendo certo, no entanto, que a utilização frequente e sem contornos definidos do conceito leva ao receio de que sua invocação represente mera retórica, sem força normativa efetiva (KONDER, 2015, p. 1). Apesar do alerta, o Autor citado sugere a abordagem da vulnerabilidade como categoria jurídica inserida em grupo mais amplo de mecanismos de intervenção reequilibradora do ordenamento, com o objetivo de realizar efetivamente uma igualdade substancial, na direção da solidariedade social (KONDER, 2015, p. 2).

Sem dúvida, a inserção do referido conceito no âmbito da sucessão hereditária é tarefa desafiadora, na medida em que o Direito Sucessório, como foi concebido após a Revolução Francesa, preconizou a exaltação máxima da igualdade entre os herdeiros, com o objetivo de eliminar os privilégios sociais que eram transmitidos hereditariamente e de fracionar a propriedade da terra, minando, assim, o poderio da nobreza, para permitir a ascensão da classe burguesa (LISERRE, p. 207-209; PANZA, 1997, p. 12.). De fato, o que impera no Direito Sucessório é a igualdade formal entre os herdeiros chamados à sucessão, parecendo ser dita área do Direito refratária a qualquer ideia de igualdade substancial.

No entanto, já passou da hora de o Direito Sucessório responder à crítica de sua neutralidade, acima referida. A consolidação de uma igualdade formal entre os herdeiros teve sua importância histórica, mas, sem dúvida, não se pode parar por aí, "congelando" o Direito das Sucessões num passado datado e que não encontra mais representatividade nos dias de hoje. Nessa direção, é preciso repensar a sucessão legítima, definindo quais desigualdades entre os sucessores e os bens que integram o monte hereditário serão consideradas relevantes para diferenciações na disciplina da transmissão *mortis causa*, em especial e fundamentalmente na legítima dos herdeiros necessários, que constitui uma limitação à autonomia privada patrimonial. Na medida em que a transmissão hereditária é esfera de alocação de bens, sem dúvida, a função social da propriedade é princípio que deve se irradiar em sua disciplina, a partir da observação do vínculo dos sucessores com os bens que integram a herança.

Nessa perspectiva, pode-se, inicialmente, fazer um exercício em relação a determinados direitos cogentes, que se referem a bens específicos que compõem o monte. O exemplo no Direito Brasileiro é o direito real de habitação, que está previsto no art. 1.831 do Código Civil para o cônjuge ou companheiro sobrevivente, em qualquer regime de bens, desde que o imóvel em questão seja o único da natureza residencial a inventariar. Como já debatido em outra sede, o legislador previu tal benefício sucessório sem atentar para as condições pessoais de seu titular. Mais: contemplou apenas o cônjuge como beneficiário de tal direito, esquecendo que outros parentes podem ser tanto ou mais dependentes da moradia do finado, como filhos menores ou maiores deficientes e pais idosos e dependentes, passando ao largo de passado recente em que dito benefício foi estendido para o filho órfão portador de deficiência que o impossibilitasse para o trabalho (Lei 10.050/2000).

Na jurisprudência, vem sendo colhidos julgados em que o direito real de habitação não foi concedido ao cônjuge porque ele já era proprietário de imóvel próprio ou tinha renda ou patrimônio suficiente para lhe garantir a própria moradia, bem como porque naquela sucessão em questão, já recebe bens e direitos que lhe garantem a moradia.[7] Em outros casos, o direito real de habitação do cônjuge foi afastado para garantir a moradia ou o interesse superior de outros sucessores vulneráveis, como ocorreu em caso julgado em São Paulo, em ação de extinção de condomínio, no qual litigavam os genitores e o consorte da pessoa falecida, este último titular do direito real de habitação. No caso em questão, os autores da ação eram pessoas idosas e aposentadas, sendo que um deles havia sido diagnosticado com câncer. Já o consorte sobrevivente – titular do direito real de habitação – era jovem e apto ao trabalho. Dessa forma, o direito real de habitação foi relativizado, permitindo a alienação do imóvel, para garantir interesse superior dos genitores do falecido, pessoas idosas, tendo restado consignado na ementa do julgado que "a solidariedade aos idosos é dever de todos, nos termos do artigo 230 da Constituição Federal".[8]

Em outro caso, havia sido outorgado à companheira do falecido, já com mais de 60 anos, o direito real de habitação em relação ao imóvel que servia de moradia para a família. No caso julgado, instalou-se um estado de animosidade entre ela e os filhos do finado, entre eles um filho portador de síndrome de down. Como a companheira era titular de imóvel, ponderou-se no caso os direitos de especial proteção que a legislação outorga aos idosos (a companheira sobrevivente contava com 60 anos) e aos portadores de deficiência e prevaleceu, no caso concreto, a proteção ao filho incapaz, tendo em vista sua condição de maior fragilidade, "pelas limitações da doença em si, pela circunstância da recente morte do pai, com quem ele vivia naquela casa", tendo sido afastado o direito real de habitação da companheira.[9]

---

7. "Inventário. Direito real de habitação da viúva, que é proprietária de outro imóvel. 1. O direito real de habitação é instituto de natureza eminentemente protetiva do cônjuge ou do companheiro supérstite, para que não fique desamparado após a morte de seu par, situação que não se verifica no caso, onde restou cabalmente demonstrado que a autora é proprietária de outro imóvel próprio para moradia. 2. Havendo herdeiras necessárias, não pode o direito delas sobre o único imóvel inventariado ser obstado, pelo reconhecimento do direito real de habitação à viúva, que possui outro imóvel e pode nele residir. Recurso provido. TJRS, Agravo de Instrumento 70 060 165 313, 7ª CC, Rel. Des. Sérgio Fernando de Vasconcellos Chaves, julgado em 30.07.2014 e "União estável. Meação e deferimento de direito real de habitação. Impossibilidade. (...). O direito real de habitação, sendo o Apelante proprietário de imóvel residencial que pode suprir-lhe a necessidade de moradia, não merece acolhimento sua pretensão. Recurso não provido", TJRJ, Apelação Cível 2001.001.22222, 18ª Câmara Cível, Rel. Des. José de Samuel Marques, julgado em 07/03/2002, unânime, *in* www.tj.rj.gov.br em 22/09/2002.
8. APELAÇÃO CÍVEL Ação de extinção de condomínio movida pelos genitores de pessoa falecida, com quem o requerido viveu em união estável. Direito real de habitação que embora prevaleça sobre o direito do herdeiro, em regra, pode ser relativizado no caso concreto, respeitados precedentes em sentido contrário – Autores idosos (nascidos em 1951) e aposentados, sendo que o coautor comprova ter sido diagnosticado com câncer. Ademais, *mens legislatoris* da criação do direito real de habitação que foi atender ao princípio da solidariedade familiar a ser observado pelos descendentes, limitando-lhes a propriedade do patrimônio herdado, para resguardar o bem estar do ascendente supérstite. Dignidade da pessoa humana que é fundamento da República (Artigo 1º, inciso III da Carta Magna). Solidariedade aos idosos que é dever de todos, nos termos do artigo 230 da Constituição Federal. Não bastasse, condomínio que constitui a "mãe das discórdias", no dizer dos romanos – Requerido, por outro lado, que é jovem (nascido em 1980) e apto ao trabalho e não ficará desamparado, sendo razoável a alienação judicial do imóvel após avaliação, sem prejuízo de fixação de piso de valor a ser pago pelo requerido pela ocupação exclusiva do bem até que se efetive a alienação e considerando a fração ideal devida e o valor de mercado do bem, feitas as perícias/ avaliações idôneas por corretores de imóveis, em fase de liquidação – Sentença reformada Recurso provido. TJSP, Apelação Cível 006003-52.2016.8.26.0079, 2ª C. Dir. Priv., julg. 13.03.2018.
9. AGRAVO DE INSTRUMENTO. UNIÃO ESTÁVEL. DIREITO REAL DE HABITAÇÃO. MORADIA DO FILHO INCAPAZ E DA COMPANHEIRA. ANIMOSIDADE DEFLAGRADA. PREVALÊNCIA DOS DIREITOS DO INCAPAZ. EXISTÊNCIA DE IMÓVEL DE PROPRIEDADE DA AGRAVADA. O agravante é portador de Síndrome de

Sem dúvida, é fundamental perquirir a *função* do direito real de habitação. Com efeito, em toda noção jurídica encontra-se uma estrutura e uma função (PERLINGIERI, 1997, p. 116), a primeira respondendo a pergunta relativa ao "como é?" e a segunda questionando "para que serve" determinado instituto jurídico. O direito real de habitação previsto no art. 1.831 do Código Civil foi previsto para tutelar a *moradia* do consorte sobrevivente, direito constitucionalmente garantido na Constituição da República, em seu art. 6º, *caput*. Trata-se, assim, de um direito instituído para atender interesses materiais, merecedores de tutela, na medida em que sejam instrumentos para o desenvolvimento da pessoa na sociedade. Assim, não há dúvida em se afirmar que a disposição em exame visa garantir a moradia do consorte sobrevivente, evitando que este seja privado da sua habitação em virtude da transmissão do patrimônio do *de cujus* aos seus sucessores. Subjacente à proteção da moradia do consorte supérstite está a proteção ao seu interesse moral em conservar suas relações afetivas e habituais com a casa em que viveu em comunhão de vida com o finado.

Realmente, para a proteção jurídica à dignidade da pessoa humana, cânone do ordenamento jurídico brasileiro (CR, art. 1º, III), é preciso que à pessoa sejam assegurados os meios materiais necessários ao desenvolvimento de sua personalidade. Dentre eles, sem dúvida alguma, está o direito à moradia (CR, art. 6º, *caput* e CR, art. 5º, § 2º). Como afirma Anderson Schreiber, "a própria condição humana depende de uma referência espacial particular, de uma esfera de ocupação determinada, segura e inviolável, em que a personalidade possa desenvolver-se plenamente, dignamente" (SCHREIBER, 2002, p. 83). A moradia, portanto, é requisito para o desenvolvimento da pessoa e esta é a *ratio* do dispositivo em análise.

No entanto, em diversas hipóteses, poderão estar presentes sucessores diversos do cônjuge ou companheiro que dependiam da moradia do falecido, filhos menores ou maiores deficientes e pais idosos e dependentes. Assim, um instituto que tem por função tutelar a moradia de um sucessor, não deveria apenas privilegiar o consorte do falecido, mas também outros herdeiros concorrentes vulneráveis que, no caso concreto, tinham as suas respectivas moradias dependentes daquela do finado. Nessa direção, vale o reenvio à função do instituto, ou seja, se o beneficiado com tal direito precisa efetivamente da moradia. Se assim não for, porque o contemplado com o direito real de habitação tem imóvel próprio ou renda suficiente para manter sua própria moradia, é de se afastar o benefício.

Down, residindo com o pai, agora falecido, e sua companheira, a quem, em antecipação de tutela, foi outorgado o direito real de habitação. O estado de animosidade que se instalou entre ela e os filhos do falecido indica ser temerário manter sob o mesmo teto a companheiro do *de cujus* e o incapaz. De outro lado, restou comprovado que ela é proprietária de imóvel urbano residencial na mesma cidade, no qual houve a construção de moradia pelo Programa "Minha Casa Minha Vida", a qual está concluída. De modo que o objetivo do direito real de habitação, no sentido de assegurar ao companheiro sobrevivente local para residir, perde força no caso. Além disto, aquilatados os direitos de especial proteção que a legislação outorga aos idosos (a agravada conta 60 anos) e aos incapazes, deve prevalecer, no caso, à proteção ao agravante, pois sua condição é de maior fragilidade, não fosse pelas limitações da doença em si, pela circunstância da recente morte do pai, com quem ele vivia naquela casa. DERAM PROVIMENTO. UNÂNIME. TJRS, 8ª CC, Agr. de Instrumento 70058962002, julg. 22.05.2014, Rel. Des. Luiz Felipe Brasil Santos.

Em projeto de lei capitaneado pelo IBDFAM para reforma do Direito das Sucessões, elaborado no âmbito da Comissão de Assuntos Legislativos do Instituto, sob a Presidência de Mario Delgado e coordenação de grupos de estudo, assim divididos, Sucessão Testamentária, coordenada por Mário Delgado, Sucessão Legítima, coordenado pela autora do presente artigo, Sucessão em Geral, coordenado por João Aguirre e Inventário e Partilha coordenado por Flávio Tartuce, foi proposta alteração no artigo 1.831 do Código Civil, na linha do acima exposto, *in verbis*:

> Art. 1.831. Ao cônjuge e ao companheiro sobrevivente, aos filhos ou netos menores ou deficientes, bem como aos pais ou avós idosos que residiam com o autor da herança ao tempo de sua morte, será assegurado, sem prejuízo da participação que lhes caibam na herança, o direito real de habitação relativamente ao imóvel que era destinado à residência da família, desde que seja bem a inventariar. O direito real de habitação poderá ser exercido em conjunto pelos respectivos titulares conforme seja a situação na data do óbito.

> Parágrafo único: Cessará o direito quando o titular adquirir renda ou patrimônio suficiente para manter sua respectiva moradia, bem como se casar ou iniciar união estável.

Além de refletir sobre direitos cogentes que incidam sobre bens específicos do monte, pode-se, ainda, avaliar uma maior flexibilidade para o autor da herança dentro da própria reserva hereditária e em favor dos herdeiros necessários vulneráveis. Exemplo da proposta aqui assinalada consta na recente codificação argentina de 2015, que autoriza o testador a destinar 1/3 da legítima para descendentes ou ascendentes incapacitados, considerando neste caso pessoas com incapacidade aquelas que padecem de uma alteração funcional permanente ou prolongada, física ou mental, que em relação à sua idade e meio social implica em desvantagens consideráveis de integração familiar, educacional ou laboral.[10] A ideia é ampliar a liberdade de testar, sujeitando dita ampliação a parâmetros qualificados, quais sejam, aqueles de tutela de sucessores vulneráveis. Assim, poderia haver um redirecionamento de parte da legítima conforme condições pessoais dos herdeiros necessários. Nessa direção, foi proposto inserir dispositivo na codificação civil através do já citado projeto de lei do IBDFAM para reforma do Direito das Sucessões:

> Art. 1.846. (...).

> § 1º O testador poderá destinar um quarto da legítima a descendentes, ascendentes, a cônjuge ou companheiro com vulnerabilidade. § 2º Considera-se pessoa com vulnerabilidade, para fins deste artigo, toda aquela que tenha impedimento de longo prazo ou permanente, de natureza física, mental, intelectual ou sensorial, o qual, em relação a sua idade ou meio social, implica desvantagens consideráveis para sua integração familiar, social, educacional ou laboral, obstruindo sua participação plena e efetiva na sociedade em igualdade de condições com as demais pessoas."

Outra preocupação constante nos planejamentos sucessórios é a proteção aos herdeiros menores ou deficientes, que dependem de seus pais. Como já exposto, o Estado

---

10. ARTÍCULO 2.448 – Mejora a favor de heredero con discapacidad. El causante puede disponer, por el medio que estime conveniente, incluso mediante un fideicomiso, además de la porción disponible, de un *tercio de las porciones legítimas para aplicarlas como mejora estricta a descendientes o ascendientes con discapacidad. A estos efectos, se considera persona con discapacidad, a toda persona que padece una alteración funcional permanente o prolongada, física o mental, que en relación a su edad y medio social implica desventajas considerables para su integración familiar, social, educacional o laboral.*

da Louisiana nos Estados Unidos da América, garante uma reserva hereditária em favor dos filhos do *de cujus* que tenham até vinte e três anos de idade ou que por força de enfermidade física ou mental sejam permanentemente incapazes de cuidar de suas pessoas ou de administrar seus bens.[11] Também a Noruega estabelece que os filhos podem obter quota preferencial em certos casos (*"right of children to take a prior share in certain cases"*). A norma norueguesa estabelece que os filhos *cuja criação não tenha sido finalizada ao tempo da morte do de cujus* têm direito a uma quota preferencial da herança, para assegurar seu sustento e sua educação, sempre que razoável conforme as circunstâncias. A quota é estabelecida conforme os seguintes parâmetros: (a) a herança a que faria jus o filho na hipótese de não recebimento da quota preferencial, (b) o patrimônio de titularidade do filho, (c) a possibilidade de sua criação ter sido assegurada por outros meios, (d) as despesas realizadas pelo *de cujus* para a educação de seus outros filhos, e (e) outros fatores.[12] Esse direito não pode ser limitado por testamento, devendo ser observado com

---

11. Louisiana Civil Code

    CHAPTER 3 – THE DISPOSABLE PORTION AND ITS REDUCTION IN CASE OF EXCESS

    Art. 1493. A. Forced heirs are descendants of the first degree who, at the time of the death of the decedent, are twenty-three years of age or younger or descendants of the first degree of any age who, because of mental incapacity or physical infirmity, are permanently incapable of taking care of their persons or administering their estates at the time of the death of the decedent.

    B. When a descendant of the first degree predeceases the decedent, representation takes place for purposes of forced heirship only if the descendant of the first degree would have been twenty-three years of age or younger at the time of the decedent's death.

    C. However, when a descendant of the first degree predeceases the decedent, representation takes place in favor of any child of the descendant of the first degree, if the child of the descendant of the first degree, because of mental incapacity or physical infirmity, is permanently incapable of taking care of his or her person or administering his or her estate at the time of the decedent's death, regardless of the age of the descendant of the first degree at the time of the decedent's death.

    D. For purposes of this Article, a person is twenty-three years of age or younger until he attains the age of twenty-four years.

    E. For purposes of this Article "permanently incapable of taking care of their persons or administering their estates at the time of the death of the decedent" shall include descendants who, at the time of death of the decedent, have, according to medical documentation, an inherited, incurable disease or condition that may render them incapable of caring for their persons or administering their estates in the future. [Amended by Acts 1981, No. 884, §1, eff. Jan. 1, 1982; Acts 1989, No. 788, §1, eff. July 1, 1990; Acts 1990, No. 147, § 1, eff. July 1, 1990; Acts 1995, No. 1180, §1, eff. Jan. 1, 1996; Acts 1996, 1st Ex. Sess., No. 77, §1; Acts 2003, No. 1207, §2]

    (...)

    Art. 1495. Donations *inter vivos* and *mortis causa* may not exceed three-fourths of the property of the donor if he leaves, at his death, one forced heir, and one-half if he leaves, at his death, two or more forced heirs. The portion reserved for the forced heirs is called the forced portion and the remainder is called the disposable portion.

12. (Chapter V do Inheritance Act): § 36 "Decedent's children whose fostering has not been completed at the time of decedent's death are entitled to a sum of the estate as a prior share in order to secure their sustenance and education, wherever reasonable under the circumstances. The size of such sum shall be adjusted according to the circumstances. For the purpose of such adjustment, due account shall be taken of the inheritance which the unfostered child will otherwise receive, whether the child has any property of its own, whether its fostering has been ensured in some other manner, the expenses incurred by the decedent for the education of his other children, and other factors. If several children have not been completely fostered, each child shall receive such amount as is reasonable, with due regard for their requirements and other circumstances. Children living at home who, without receiving reasonable compensation, have been of particularly great help to the decedent, may at the time of the inheritance settlement claim a sum of the estate as a prior share, if such claim is reasonable under the circumstances. The size of such sum shall be adjusted according to the circumstances. For the purpose of such adjustment, due account shall be taken of the help afforded by the child, its prospects for employment, the amount of the inheritance otherwise to be received by the child, the economic situation in general of the child and of the other heirs, and other factors".

A VULNERABILIDADE DEVE SER LEVADA EM CONTA PARA RECONFIGURAR A LEGÍTIMA? **391**

prioridade em relação a qualquer outro direito dos herdeiros, salvo quanto aos direitos do cônjuge sobrevivente previstos na legislação específica.[13]

4. CONCLUSÃO

Diante do que foi exposto, conclui-se que a vulnerabilidade é um critério que deve ser levado em conta para a reconfiguração da legítima, podendo informar direitos que deverão recair em bens específicos do monte com os quais haja vínculos especiais de herdeiros, seja por questões de moradia ou razões profissionais, bem como podendo ser utilizado como parâmetro para permitir que dentro da legítima possa o testador melhor dispor da reserva prevista na lei conforme as necessidades concretas de seus sucessores. Além disso, a vulnerabilidade deve informar a previsão de quotas preferenciais na herança ou a concessão de específicos direitos relacionados à subsistência, como o usufruto.

Para corroborar o caminho a percorrer, vale citar inovação do Código Civil presente no contrato de seguro de pessoa, prevendo o legislador que, na falta de indicação da pessoa ou beneficiário do seguro, ou se por qualquer motivo não prevalecer a que foi feita, não sendo o capital segurado pago às pessoas indicadas no dispositivo em questão (CC, artigo 792), serão beneficiários os que "provarem que a morte do segurado os privou dos meios necessários à subsistência".

5. REFERÊNCIAS

BASSET, Ursula. *Reducción de la legítima*: la devaluación de la solidaridad familiar por causa de muerte? Comentario al proyecto de reforma que reúne los Expdtes. 2776-D-10; 4639-D-10;834-D-1.

BEVILAQUA, Clovis. *Código Civil dos Estados Unidos do Brasil comentado*. v. VI. Rio de Janeiro: Livraria Francisco Alves, 5. ed., 1944.

BODIN DE MORAES, Maria Celina. O Princípio da Solidariedade. In: Peixinho, Manoel Messias; GUERRA, Isabella Franco; NASCIMENTO FILHO, Firly (Org.). *Os Princípios da Constituição de 1988*. Rio de Janeiro: Lumen Juris, 2001. p. 167-190.

CASTELEIN, Christoph. Introduction and Objectives. *Imperative Inheritance Law in a Late-Modern Society*: five perspectives. Antwerp: Intersentia, 2009. p. 1-38.

COMTE-SPONVILLE, Andre. *Apresentação da Filosofia*. São Paulo: Martins Fontes, 2002.

KONDER, Carlos Nelson. Vulnerabilidade patrimonial e vulnerabilidade existencial: por um sistema diferenciador. *Revista de Direito do Consumidor*, v. 99. São Paulo: Revista dos Tribunais, 2015, p. 101-123.

Kondyli, Ioanna. *La protection de la famille par la réserve héréditaire en droits français e grec compares*. Paris: Libraire Générale de Droit et Jurisprudence, 1997.

MATTHEWS, Paul. Comparative Law – United Kingdom. *In Imperative Inheritance Law in a Late-Modern Society*: five perspectives. Antwerp: Intersentia, 2009. p. 123-151.

---

13. § 37: "The right of children to take a prior share under § 36 cannot be limited by testament. The rules of § 29, second paragraph, and §§ 31-34 shall nevertheless apply correspondingly. The right to take prior share shall be satisfied by the state before any other inheritance but has no effect on the rights of a surviving spouse under the Probate Act. In an obligatory inheritance said right can be fulfilled only insofar as the other resources of the estate are insufficient".

NEVARES, Ana Luiza Maia. Uma releitura do direito real de habitação previsto no art. 1.831 do Código Civil, in PEREIRA, Rodrigo da Cunha; DIAS, Maria Berenice (Coord.). *Famílias e Sucessões*: Polêmicas, tendências e inovações. Belo Horizonte: IBDFAM, p. 155-171.

PERLINGIERI, Pietro. La funzione sociale del diritto successorio. *Rassegna di diritto civile*, n.1, p. 131-146, 2009.

PERLINGIERI, Pietro. *Perfis do Direito Civil*: uma Introdução ao Direito Civil Constitucional. 3. ed. Trad. Maria Cristina de Cicco. Rio de Janeiro: Renovar, 1997.

SCALISI, Vincenzo. Persona umana e successioni, itinerari di un confronto ancora aperto. *La civilistica Italiana dagli anni '50 ad oggi tra crisi dogmatica e riforme legislative*. Padova: Cedam, 1991, p. 138-166.

SCHREIBER, Anderson. Direito à moradia como fundamento para impenhorabilidade do imóvel residencial do devedor solteiro. *Diálogos Sobre Direito Civil*: Construindo uma Racionalidade Contemporânea. Rio de Janeiro: Renovar, 2002. p. 77-98.

COMO O GÊNERO PODE INTERFERIR NO PLANEJAMENTO SUCESSÓRIO?

Daniele Chaves Teixeira

Doutora e Mestre em Direito Civil pela Universidade do Estado do Rio de Janeiro – UERJ; Especialista em Direito Civil pela *Scuola di Specializzazione in Diritto Civile* pela *Università degli Studi di Camerino* – Itália. Pesquisadora bolsista do Max Planck *Institut für Ausländisches und Internationales Privatrecht* – Alemanha; Especialista em Direito Privado pela PUC-RJ; Professora e Coordenadora de Pós-Graduação *Lato Sensu* em Direito Civil Constitucional no CEPED/UERJ. Advogada.

André Luiz Arnt Ramos

Doutor e Mestre em Direito das Relações Sociais pela Universidade Federal do Paraná – UFPR; pesquisador visitante junto ao Instituto Max Planck para Direito Comparado e Internacional Privado; membro do Grupo de Pesquisa Virada de Copérnico; associado ao Instituto Brasileiro de Estudos em Responsabilidade Civil – IBERC – e ao Instituto dos Advogados do Paraná – IAP. Professor de Direito Civil na Universidade Positivo. Advogado.

Sumário: 1. Introdução. 2. Direito sucessório na sociedade contemporânea. 3. Gênero e planejamento sucessório. 4. Conclusão. 5. Referências.

1. INTRODUÇÃO

O Direito das Sucessões é um tema que lida com a morte, ou seja, com algo que a sociedade brasileira em geral não gosta de lidar. Entretanto, trata-se da única certeza que temos na vida, ao lado dos impostos, na anedótica frase costumeiramente atribuída a Benjamin Franklin. E, sobretudo hoje, o tempo não está propício para deixar tal assunto para ser debatido "depois". A composição da sociedade contemporânea, moldada por sensíveis transformações sociodemográficas, alça o tema à primeira ordem de preocupações da Teoria e da Prática do Direito. E nem poderia ser diferente, dada a notoriedade dos processos de industrialização, urbanização, redimensionamento das organizações familiares, mobilidade social e incorporação da mulher ao mercado de trabalho (cf. CARBONERA, 2013), entremeados a leituras e releituras dos institutos fundamentais de Direito Civil (V. PIANOVSKI RUZYK, 2011).

As necessidades de maior atenção ao Direito Sucessório – e, principalmente, ao crescimento e à importância dessa área – são realidades hoje. No passado, o impacto do Direito Sucessório era mais restrito. E isso se vislumbra por diversos prismas. A um, o desenho do modelo sucessório brasileiro apresenta maior aderência às peculiaridades de uma sociedade predominante agrária, de baixas expectativas médias de vida e na qual o recorte jurídico da Família é tendencialmente monista e hierarquizado. A dois, até meados do Século XX, eram raríssimas as ocasiões em que a Sucessão se espraiava para fora das fronteiras nacionais – e a grande preocupação do próprio Direito se circunscreve às fronteiras de seus respectivos Estados. A três, a composição da riqueza das famílias era timbrada pela prevalência da propriedade imobiliária, que é, no mais das vezes, indiferente à passagem do tempo. A quatro, enfim, os umbrais da Economia e do Direito favoreciam a concentração de patrimônio imobilizado, o que tornava a preocupação com a sucessão *mortis causa* problema de uns poucos.

Hoje, as funções tradicionalmente atribuídas ao Direito Sucessório – conservação da família transpessoal por meio da mantença, no tronco familiar, da propriedade privada, sobretudo imobiliária (BEVILÁQUA, 1978, p. 68-69) – perdem sentido mediante o estado do governo jurídico das relações entre particulares. Da mesma forma, o propósito de proteção aos desamparados pela morte de um provedor se decompõe frente ao vertiginoso aumento da expectativa média de vida, à igualmente sensível redução do número de filhos por mulher e à difusão de mecanismos de amparo mais eficazes do que a sucessão, a exemplo de arranjos de seguridade social e previdência complementar. A própria família perde seus traços institucionais, para se convolar em uma comunidade de afeto e solidariedade, responsável pelo desenvolvimento de seus integrantes (BODIN DE MORAES, 2013, p. 593).

No plano patrimonial, a riqueza se desmaterializa. Não mais a propriedade imobiliária, mas a *informação*, apresenta-se como o ativo de maior significância econômica. E ela não conhece fronteiras, bem assim as possibilidades, clareadas por aceleradíssimos fluxos informacionais de aquisição de bens móveis e imóveis no exterior. Enfim, o sucesso de programas de inclusão e a maior divisão social do trabalho permitem, senão uma melhor distribuição, ao menos um maior acúmulo de riqueza, mesmo por quem se considerava nas dobras do Direito e da Economia de outrora. A Sucessão, pode-se dizer, torna-se tópico de interesse comum.

A tendência, nas próximas décadas, diante disso tudo e de outras características da sociedade líquida, globalizada e conectada dos dias atuais, é de que haja brutais incrementos na transmissão de riqueza pela via sucessória *mortis causa*.

Nessa ordem de ideias, o despertar da sociedade contemporânea para o Direito das Sucessões vem acompanhado da necessidade de uma maior atenção ao planejamento sucessório. E, exatamente pelas referidas mudanças socioeconômicas, com a inserção da mulher no mercado de trabalho e as consequências da vulnerabilidade de gênero em várias áreas, tais como a violência doméstica, a discriminação salarial e acadêmica, torna-se oportuna a conjugação de um escrutínio dos mecanismos de planejamento sucessório[1] a uma leitura atenta à temática de gênero.

Deve-se observar que o Direito Sucessório no Brasil passou muito tempo ao largo das preocupações comunidade jurídica especializada. Esse distanciamento associa-se à dificuldade técnica, intensificada por duas peculiaridades. Uma, a de que o Direito das

---

1. Segundo Daniele Teixeira, "Destaca-se que a finalidade do planejamento está exatamente na flexibilização dos instrumentos jurídicos de que se vale para adequar-se às variáveis das situações fáticas. Não existe um modelo padrão; pode-se até ter instrumentos mais utilizados conforme a complexidade do patrimônio, visto que cada pessoa tem relações familiares e patrimoniais diversas uma das outras". (TEIXEIRA, 2019, p. 65).

Sucessões não comporta noções imprecisas; outra, a de que todos os problemas dos demais ramos do Direito Civil se reflete no estudo das Sucessões – as quais consistem em normativa de síntese, como já se teve oportunidade de enaltecer (CORTIANO JUNIOR; ARNT RAMOS, 2019, p. 767).

Diante desse pano de fundo, este trabalho objetiva fazer uma contextualização do Direito Sucessório brasileiro na sociedade contemporânea. Demonstra-se de que maneira os efeitos das transformações socioeconômicas desestruturaram os pilares do Direito das Sucessões, que são a família e a propriedade. Analisa-se, também, a questão de gênero e sua vulnerabilidade na sociedade e na aplicação de um planejamento sucessório.

2. DIREITO SUCESSÓRIO NA SOCIEDADE CONTEMPORÂNEA

A percepção dos brasileiros sobre a morte, com as cautelas que generalizações requerem, pode ser sintetizada pelo célebre verso de Gonzaguinha: *"Ninguém quer a morte; só saúde e sorte"*. Ela é, no entanto, inexorável e infalível. Como tal, merece enfrentamento sereno. Nesse giro, abordar esse tabu é um esforço que demanda atitude de compreensão íntima e de observação externa, para além da singela, mas certeira lição da Teoria do Direito Civil, de que a morte é evento futuro e certo – termo, portanto – mas de impossível precisão – o que lhe confere o qualificador *indeterminado*.

A sucessão, que é a transmissão de direitos, pode ocorrer durante a vida (*inter vivos*) ou após a morte (*causa mortis*). Nesse contexto, o Direito Sucessório é todo dedicado à sucessão *causa mortis* que, por seu turno, pode ocorrer a título universal ou singular. No primeiro caso, há a herança, e quem a recebe é o herdeiro; já a título singular, há o legado, e quem o recebe é o legatário. A função do Direito das Sucessões é estabelecer o destino das situações jurídicas transmissíveis do autor da herança, conforme os ditames constitucionais e legais. Com a morte, ocorre a abertura da sucessão, e é nesse momento que nascem os direitos hereditários.

O vigente Código Civil brasileiro pouco avançou na parte do livro do Direito das Sucessões, pois ainda reflete institutos que correspondiam às peculiaridades da sociedade predominantemente agrária do Brasil de fins do Século XIX e início do Século XX. É dizer: os enunciados normativos atinentes à Sucessão no Código Civil de 2002 não se coadunam com a sociedade contemporânea, com todas as complexidades sociais, porque, em geral, o sistema atual das sucessões não atende aos anseios finais dos indivíduos, detenham eles vastos patrimônios ou não. Pior: o Código se baseia numa família que não corresponde ao perfil das famílias da atual sociedade brasileira.

Pode-se afirmar que, no novo diploma, poucas mudanças foram registradas quanto ao Direito das Sucessões, diferentemente do que ocorreu em outras áreas do Direito Civil. Constata-se, dessa maneira, que o Direito Sucessório, dentro do Direito Civil, é esquecido pela doutrina, e que os legisladores do Código Civil de 2002 perderam uma ótima oportunidade para esclarecer e atualizar institutos do Direito Sucessório, tornando-os mais coerentes com as demandas do mundo contemporâneo.

A expansão do Direito das Sucessões decorre do mundo globalizado, tecnológico, imediatista, consumista e fluido em que vive a sociedade contemporânea (TEIXEIRA,

2019, p. 30). Para Anthony Giddens (1996, p. 64), a globalização se define como "a intensificação em escala mundial de relações sociais que conectam localidades distantes, de tal maneira, que acontecimentos locais são moldados por eventos ocorrendo a muitas milhas de distância e vice-versa".[2]

Deve-se dar destaque para a questão do desenvolvimento tecnológico e, consequentemente, da velocidade das novas técnicas de comunicação eletrônica. Isso levou à unificação de espaços, ou seja, à intercomunicação dos lugares que, embora geograficamente distantes, tornaram-se próximos.

Zygmunt Bauman também retrata precisamente essa sociedade instantânea e fluida.[3] O autor considera que "o derretimento dos sólidos levou à progressiva libertação da economia de seus tradicionais embaraços políticos, éticos e culturais. Sedimentou uma nova ordem, definida principalmente em temos econômicos" (BAUMAN, 2001, p. 10). Seria imprudente negar a mudança que a "modernidade fluida" produziu na condição humana, alterando, dessa forma, a condição política-vida de um modo radical e, consequentemente, fazendo com que seja necessário repensar os velhos conceitos.

Até este ponto buscou-se contextualizar a sociedade contemporânea, demonstrar o descompasso com o Direito Sucessório brasileiro e ressaltar a necessidade de adequar o Direito das Sucessões a essa nova sociedade. Cabe ressaltar que, por serem fatores que envolvem a sociedade contemporânea, vários ordenamentos jurídicos, tais como a França, a Alemanha, entre outros, efetuaram reformas na legislação relativas ao Direito das Sucessões. Nesse prisma, a conjugação aparentemente aporética entre as preocupações contemporâneas com a sucessão e a desatualização do Direito Sucessório conduz à busca pelo planejamento sucessório. Daniele Teixeira afirma:

> [...] a relevância do planejamento sucessório e sua respectiva demanda são crescentes nos dias de hoje, em razão de diversos motivos. Entre eles, então: as transformações das famílias e seus desdobramentos jurídicos; a valorização e fluidez dos bens; a economia no pagamento de impostos; a possibilidade de maior autonomia do autor de herança; a celeridade da sucessão; a prevenção de litígios futuros; e o evitamento da dilapidação do patrimônio (TEIXEIRA, 2019, p. 67).

Pode-se compreender que isso decorre pela cunhagem de mecanismos conformes ao Direito que permitam abrandar eventuais conflitos sucessórios, assegurar o cumprimento dos desígnios do titular do patrimônio a ser sucedido, reduzir os custos da sucessão de situações jurídicas *mortis causa* e ajustar o corpulento tempo do Direito ao cada vez mais fugaz tempo da vida.

---

2. Tradução livre. No original: "Globalisation can thus be defined as the intensification of worldwide social relations which link distant localities in such a way that local happenings are shaped by events occurring many miles away and vice versa".

3. O autor denomina como "'fluidez' a principal metáfora para o estágio presente da era moderna". Segundo ele, os fluidos não fixam o espaço, nem prendem o tempo; já para os sólidos, o que conta é o tempo mais do que o espaço que ocupa. As "descrições de líquidos são fotos instantâneas, que precisam ser datadas [...] A extraordinária mobilidade dos fluidos é o que os associa à ideia de 'leveza' [...]". Por isso, "fluidez" ou "liquidez" são metáforas adequadas quando se quer capturar "a natureza da presente fase, nova de muitas maneiras, na história da modernidade" (BAUMAN, 2001, p. 8-9).

3. GÊNERO E PLANEJAMENTO SUCESSÓRIO

O Direito, não sem algum atraso, apresenta, a nível mundial, grande tendência à mirada de grupos sociais para além das lentes do individualismo. Sem maniqueísmos, trata-se de um giro que remete a pressupostos epistemológicos da generalidade das Ciências Sociais. Isso vai muito para além da categoria marxiana de *classe* e dos critérios pretensamente assépticos de *agregação*.

A noção, propriamente dita, de *grupo social* é explicada por Young (2011, p. 43) como "uma coletividade de pessoas diferenciada de pelo menos um outro grupo por aspectos culturais, práticas ou estilos de vida"[4] de ordem identitária, que exprime relações sociais. Nessa qualidade, grupos são constitutivos de individualidades, não o contrário. Assim:

> [...] as pessoas se descobrem como membros de um grupo, ao qual experimentam como se dele sempre tivessem pertencido. É assim porque nossas identidades se definem em relação ao modo com que outros nos identificam, e eles o fazem em termos de grupos que são sempre associados a atributos específicos, estereótipos e normas[5] (YOUNG, 2011, p. 46).

A delimitação da categoria do grupo social é fundamental não apenas pela proliferação contemporânea de estatutos protetivos a diversos tipos de vulnerabilidades compartilhadas por determinadas coletividades humanas, mas também pelo impacto que eles têm na reordenação do debate em torno da igualdade e da justiça social. Mais precisamente: estas se realizariam, no dizer da a professora da Universidade de Chicago, pela superação de opressões[6] e dominações[7] a grupos sociais, para além das soluções distributivas e formal-igualitárias caras ao Direito moderno. Com maior refinamento, trata-se de superar a indizível injustiça consistente em tratar igualmente os desiguais (MENGER, 1908, p. 30).

No que toca ao gênero, não se pode olvidar o fato de que este "não é um termo exaustivo, visto que nem sempre se constitui de maneira coerente ou consistente nos diferentes contextos históricos" (BARBOZA, 2010, p. 40). Mas é certo que, nas palavras de Butler (2019, p. 21), "o gênero estabelece interseções com modalidades raciais, classistas, étnicas, sexuais e regionais de identidades discursivamente constituídas". As intersecções políticas e culturais que produzem e mantêm o gênero como categoria de análise[8] também respaldam seu emprego como critério de identificação de grupo social.

---

4. Tradução livre. No original: "*A social group is a collective of persons differentiated from at least one other group by cultural forms, practices and way of life*".

5. Tradução livre. No original: "*one finds oneself as a member of a group, which one experiences as always having been. For our identities are defined in relation to how others identify us, and they do so in terms of groups which are always already associated with specific attributes, stereotypes, and norms*".

6. A categoria *opressão*, em Young, é composta por cinco facetas: exploração, marginalização, carência de poder, imperialismo cultural e violência. Para uma exposição minudente do sentido de cada uma delas, v.: YOUNG, 2011, p. 48-63.

7. Dominação consiste, também Segundo Young (2011, p. 82 e ss.), na impossibilidade de participação do sujeito na determinação de suas ações ou das consequências delas.

8. Em seu entender, o gênero não resulta do sexo, nem é aparentemente tão fixo quanto o sexo biológico. É uma construção cultural, elaborada para questionar o determinismo biológico e para contestar a unidade do sujeito, ao abrir espaço para múltiplas interpretações do sexo: gênero são significados culturais assumidos pelo corpo sexuado e, consequentemente, não decorre de um sexo de maneira predeterminada (BUTLER, 2003, p. 24).

Nessa senda, a condição feminina, compartilhada pelo grupo social *mulheres*, é particularmente sensível em matéria sucessória, pela visceral conexão que esta tem com o regime jurídico da família. Esse, bem se sabe, foi, por longo tempo, um conjunto de instrumentos a serviço da dominação de mulheres e filhos,[9] assim como de justificação de modelos patriarcais de organização social. Um corpo, portanto, de instrumentos de exclusão explícita (v. RÉAUME, 1996, p. 274 e ss.), como relata Lôbo (2005, p. 634): "No Brasil, foram necessários 462 anos [...] para a mulher casada deixar de ser considerada relativamente incapaz [...]; foram necessários mais 26 anos para consumar a igualdade de direitos e deveres na família [...], pondo fim, em definitivo, ao antigo pátrio poder e ao poder marital".

A derrocada das exclusões explícitas, embora mereça festejo, não foi suficiente. Há práticas discriminatórias arraigadas nas sociedades contemporâneas, tributárias ou não daquelas, que reproduzem, mais veladamente, exclusões e dominações. A propósito:

> Entre as muitas revoluções que marcaram o século XX, poucas terão o relevo da iniciada pelas mulheres, na luta pelo reconhecimento de sua igualdade, formal e material, com os homens. Não se trata, por certo, de obra acabada. É, antes, realidade imperfeita e ainda em andamento, apesar das mudanças legislativas [...]. [N]ão se remove tão facilmente o que tem sobre si o peso do tempo, nem se estanca de um golpe o carro da história, com toda a sua carga de preconceitos, de estereótipos, de gestos repetidos, de hábitos e comportamentos que, irracionais ou não, chegaram a cristalizar-se e deitaram fundas raízes na sociedade e na cultura dos povos. (COUTO E SILVA, 2015, p. 501).

Trata-se das chamadas *exclusões implícitas*, que "operam por meio de regras ou decisões que têm uma face neutra relativamente ao sexo, mas que assumem normas masculinas, isso é, assumem que tudo o que for [...] valorado pelos homens será, automaticamente, suficiente para as mulheres"[10] (RÉAUME, 1996, p. 278). Em miúdos, apesar da supressão das discriminações oficiais às mulheres e a outros grupos sociais,[11] a diferença de tratamento existente entre mulheres e homens ainda é expressiva.[12] Isso é comprovado por dados contundentes,[13] tal como os do IBGE Instituto Brasileiro de

---

9. A tríade do privatismo doméstico, cunhada por Capistrano de Abreu, diz muito: "pai soturno, mulher submissa, filhos aterrados" (ABREU, 1954, p. 303).

10. Tradução livre. No original: "Implicit exclusion operates through rules or decisions that are sex-neutral on their face, but which nevertheless assume a male norm, that is, assume that whatever [...] is valued by men automatically suffices for women".

11. Segundo Djamila Ribeiro, "Ao nomear as opressões de raça, classe e gênero, entende-se a necessidade de não hierarquizar opressões". (RIBEIRO, 2019, p. 13).

12. Ligia Ziggiotti de Oliveira afirma: "É certo que a concepção estratificada da família não se originou no imaginário moderno, mas nele se manteve presente. Passou a ser reproduzida pelo Estado, desde então entendido, como, se não única, principal fonte irradiadora de Direito, e que passa a se apresentar como responsável por disciplinar também a realidade afetiva. Esta interferência se deu, em primeiro lugar, através de requisitos legais fechados a recepção de modalidades familiares destoantes do ideário dominante. Sintomático de um pensamento redutor do plural, o trato civilista delimitou, historicamente, *os espaços público e privado como para homens e mulheres*, respectivamente, restando claro, porém, que a superioridade deles também na esfera doméstica se dava pela voz de império, pela última palavra e pela sujeição de outros personagens, o que se explicava, pela mais acurada doutrina, como expressão de mero dado natural". (grifos nossos) (OLIVEIRA, 2016, p. 26-27).

13. O número de famílias chefiadas por mulheres mais que dobrou em uma década e meia. De acordo com estudo elaborado pelos demógrafos Suzana Cavenaghi e José Eustáquio Diniz Alves, coordenado pela Escola Nacional de Seguros, o contingente de lares em que elas tomam as principais decisões saltou de 14,1 milhões, em 2001, para 28,9 milhões, em 2015 – avanço de 105%. Disponível em: [https://epocanegocios.globo.com/Economia/noticia/2018/03/em-15-anos-numero-de-familias-chefiadas-por-mulheres-mais-que-dobra.html]. Acesso em: 13.07.2019.

Geografia e Estatística.[14] Essa circunstância é captada por Réaume (1996, p. 271), que circunscreve o fio condutor do *approach* feminista à Teoria do Direito à "análise da exclusão de (alguns) interesses, aspirações, necessidades ou atributos de mulheres no desenho ou na aplicação do Direito",[15] no bojo de um amplo compromisso com a igualdade, a percepção de que as injustiças enfrentadas pelas mulheres são sistemáticas, e uma mirada crítica às estruturas de poder que timbram o *statu quo* (cf. RÉAUME, 1996, p. 271).

Justamente por isso, investidas sobre as feições contemporâneas do Direito Sucessório não podem passar ao largo de preocupações com a condição feminina, mormente no contexto de um Direito Civil que se pretende plural. E isso é revelado, com bastante eloquência, por Monk, que acusa o esmagamento de identidades tidas como desviantes pelas regras gerais da sucessão *ab intestato*, assim como pelos critérios normais de interpretação da vontade testamentária (cf. MONK, 2011, p. 236), haja vista que "o ideal de imparcialidade encoraja a universalização do particular" (YOUNG, 2011, p. 205)[16] e se convola, justamente por isso, em mecanismo de controle e normação, ainda que não deliberada.

No mesmo trilho, e em estreita correspondência com a abordagem aqui proposta, Matos e Hümmelgen (2018, p. 57) afirmam que: "Como a intenção do planejamento sucessório é garantir maior autonomia na disposição do patrimônio, abre-se a possibilidade de agravar ainda mais a condição de desigualdade das mulheres no processo de sucessão, devido à perpetuação dos reflexos do patriarcalismo".

Um rápido inventário dos instrumentos mais usuais de planejamento sucessório, testamento e constituição de *holdings* familiares, dá conta de exprimir a preocupação com opressões e dominações estruturais; com "desvantagem e injustiça sofrida por algumas pessoas não por causa de constrangimentos por poderes tirânicos, mas por conta de práticas cotidianas de sociedades liberais bem-intencionadas" (YOUNG, 2011, p. 41).[17] Nesse giro:

> [O]pressão refere às vastas e profundas injustiças que alguns grupos sofrem como consequência de assunções e reações não raro inconscientes de pessoas bem-intencionadas em interações ordinárias,

---

14. Em 2018, o rendimento médio das mulheres ocupadas com entre 25 e 49 anos de idade (R$ 2.050) equivalia a 79,5% do recebido pelos homens (R$ 2.579) nesse mesmo grupo etário. Considerando-se a cor ou raça, a proporção de rendimento médio da mulher branca ocupada em relação ao do homem branco ocupado (76,2%) era menor que essa razão entre mulher e homem de cor preta ou parda (80,1%). Disponível em: [https://agenciadenoticias.ibge. gov.br/agencia-sala-de-imprensa/2013-agencia-de-noticias/releases/23923-em-2018-mulher-recebia-79-5-do-rendimento-do-homem]. Acesso em: 13.07.2019. O indicador utilizado para analisar a contribuição do rendimento monetário das mulheres foi a média do percentual do rendimento monetário das mulheres, de 10 anos ou mais de idade, em relação ao rendimento monetário familiar total. No Brasil, este indicador foi 40,9%, enquanto para os homens a média da contribuição foi 59,1%, em 2010. Para as mulheres residentes em áreas rurais, a contribuição monetária no rendimento familiar total foi ligeiramente maior (42,4%) em comparação àquelas residentes em áreas urbanas (40,7%). E enquanto no Nordeste o valor chegou a 46,8%, no Centro-Oeste foi o mais baixo entre as regiões, de 37,8%. Disponível em: [https://agenciadenoticias.ibge.gov.br/agencia-sala-de-imprensa/2013-agencia-de-noticias/releases/14691-asi-estatisticas-de-genero-mostram-como-as-mulheres-vem-ganhando-espaco-na-realidade-socioeconomica-do-pais]. Acesso em: 13.07.2019.

15. Tradução livre. No original: "[F]eminist jurisprudence is an analysis of the exclusion of (some) women's needs, interests, aspirations, or attributes from the design or application of the law".

16. Tradução livre. No original: "the ideal of impartiality encourages the universalization of the particular".

17. Tradução livre. No original: "oppression designates the disadvantage and injustice some people suffer not because a tyrannical power coerces them, but because of the everyday practices of a well-intentioned liberal society".

mídia e estereótipos culturais, bem assim de aspectos estruturais de hierarquias burocráticas e mecanismos de mercado – em resumo, os processos normais do dia a dia. (YOUNG, 2011, p. 41)[18]

Mais especificamente, não são raras as situações em que o privilégio da primogenitura seja empregado como justificativa para a sustentação de deixas testamentárias excludentes às mulheres de determinada família, protegido sob os auspícios da liberdade (formal) de disposição patrimonial do testador. É, aliás, o que revela o acórdão com o qual a 12ª Câmara Cível do Tribunal de Justiça do Estado do Paraná julgou a Apelação Cível 0001130-63.2015.8.16.0071, tirada de ação declaratória de nulidade de testamento:

> As apelantes também afirmam, nas razões recursais, haver necessidade do que designam como uma "correção axiológica da disposição de última vontade", pretendendo com isso questionar a validade do testamento com base no fato de estar justificado, como a sentença, no gênero do filho beneficiado. Teria havido, com isso, violação dos arts. 5°, 227, § 6°, da Constituição Federal, e 1.596 do Código Civil.
>
> [...]
>
> Admitindo-se, porém, o debate na perspectiva de que a violação a princípio constitucional induziria nulidade a ser apreciada de ofício, é preciso dizer que a sentença, a rigor, não se fundamenta no gênero, mas nos predicados do filho: "era seu filho homem quem estava ao seu lado para lhe auxiliar na construção do patrimônio". Isso está muito claro quando o juízo a quo repele a proposta de que a gratidão do pai fosse ofuscada por um "pensamento machista e/ou injusto". Por outro lado, não é possível extrair dos autos que a vontade do testador tenha violado o princípio da igualdade, impositivo da indistinção da pessoa humana pelo gênero ou sexo, quando pretendeu beneficiar o filho homem pela disposição de última vontade.[19]

A decisão, vê-se bem, leva em conta os *predicados* do filho homem, os quais se resumem, em larga medida, à idade e ao sexo. E a questão é tratada com naturalidade, seja pela intangibilidade do mérito do testamento, seja pela não superação da cultura patriarcal brasileira, a despeito da inclinação igualitária do Direito positivo.

Circunstâncias semelhantes são escrutinadas por Monk, a partir da análise de decisões judiciais estadunidenses, nas quais disposições restritivas à liberdade matrimonial de descendentes homoafetivos foram mantidas a despeito de contrariarem a *public policy* ou tidas por ineficazes não por seu caráter discriminatório, mas por serem demasiadamente genéricas. Por essa via, "falha-se em reconhecer que a liberdade testamentária tem impacto não apenas em indivíduos privados, mas também desempenha importante papel na manutenção de desigualdades e de uma ordem econômica particular" (MONK, 2011, p. 238).[20]

O mesmo se pode dizer em relação a organizações societárias que se prestam a facilitar a administração do patrimônio familiar e a azeitar sua continuidade, conforme a participação societária livremente conferida a parentes sucessíveis. Acerca desse tópico, Matos e Hümmelgen (2018, p. 63-64) alertam:

---

18. Tradução livre. No original: "oppression refers to the vast and deep injustices some groups suffer as a consequence of often unconscious assumptions and reactions of well-intended people in ordinary interactions, media and cultural stereotypes, and structural features of bureaucratic hierarchies and market mechanisms – in short, the normal processes of everyday life".

19. TJPR, AC 0001130-63.2015.8.16.0071, 12ª Câmara Cível, rel.: Alexandre Gomes Gonçalves, J. 9.5.2018.

20. Tradução livre. No original: "failing to acknowledge that testamentary freedom impacts not just on private individuals but plays an important role in sustaining inequalities and a particular economic order".

Percebe-se, nesse âmbito, portanto, a grande autonomia conferida ao fundador para que disponha de seu patrimônio, inclusive de forma desigual entre seus herdeiros. Por um lado, consagra-se o princípio da autonomia privada e reconhece-se a importância de um espaço de liberdade no planejamento sucessório para evitar os conflitos familiares e a judicialização das questões sucessórias. Por outro, contudo, devem-se levar em consideração as estruturas discriminatórias existentes na sociedade que podem acarretar uma divisão desigual do patrimônio entre as herdeiras mulheres e os herdeiros homens, tanto por meio de disposição testamentária quanto pela concessão do controle acionário da *holding* familiar em função de seu gênero.

[...]

Na sociedade brasileira contemporânea, conforme já mencionado, a posição de muitas mulheres ainda está condicionada ao papel social do cuidado com o espaço doméstico. Desse modo, estruturalmente, há uma dificuldade de inserção no mundo dos negócios, mesmo em empresas familiares. Percebe-se, por conseguinte, que elas teriam seus papéis restritos a dar suporte para a família, não sendo consideradas aptas para assumirem o de gestoras da sociedade empresarial familiar.

A preocupação externada pelas autoras tem grande aderência à realidade de boa parte das mulheres integrantes de organizações familiares que optaram por planejar a sucessão por meio de modelos societários. É o que confirma o acórdão proferido pela 7ª Câmara de Direito Privado do Tribunal de Justiça do Estado de São Paulo, quando do julgamento da Apelação Cível número 1005871-46.2014.8.26.0602:

Em que pese o inconformismo da autora pelo tratamento dispensado a ela pelo genitor, não é possível acolher sua pretensão, pois como bem pontuou o juiz a quo, na sentença proferida:

"Não pode a autora, querendo antecipar legítima e herança, devassa a vida dos outros requeridos, o que feriria o direito à intimidade deles.

Ademais, o pai ainda está vivo e tem o direito de incluir na sua empresa, quem ele quiser como sócio, tanto uma pessoa estranha, como um determinado parente. Tem livre escolha.

Impor ao pai uma determinada conduta, como se ele fosse relativamente incapaz ou não tivesse o direito de dispor dos seus bens em vida e administrá-lo da forma que entender melhor e mais correto, é ferir a sua dignidade humana e tentar limitar o seu direito de ir, vir e ficar.

A autora já fez tudo que estava ao seu alcance e que tinha direito. Foi reconhecida como filha e em outra ação, conseguiu a declaração de nulidade na transação de bens.

Agora, impor ao seu pai determinada conduta, em relação aos seus negócios, não há como prosperar tal desejo".

Ademais, verifica-se que a finalidade da autora com a presente demanda é punir o genitor, buscando obriga-lo a inseri-la como sócia, muito mais pela atenção, carinho e afeto que não dispensou a ela desde o seu nascimento, ou seja, por questões afetivas, o que é inadmissível.[21]

Embora a decisão tenha-se ancorado em outras razões suficientes para rejeição do recurso – desatenção à dialeticidade recursal, com a consequente inadmissão da insurgência –, o excerto transcrito, ancorado em normativas vigentes, finda por perpetuar históricos agravos aos filhos (mais ainda às filhas) extramatrimoniais. Isso a despeito de o Código Civil, em estrita correspondência ao texto constitucional, consagrar a plena igualdade de direitos entre os filhos de todas as origens.

---

21. TJSP, Apelação Cível 1005871-46.2014.8.26.0602, 7ª Câmara de Direito Privado, Rel. Des. José Rubens Queiroz Gomes, j. 9.2.2018.

Essa percepção recomenda, no prisma do Direito Civil contemporâneo, repensar a dimensão funcional do planejamento sucessório. Isso é: levar em conta fatores estruturais de opressão e dominação, para o fim de direcionar a sucessão à proteção dos vulnerados. Em miúdos, brecar práticas discriminatórias em concreto, justificadamente, bem assim cogitar, como fazem Matos e Hümmelgen, de possíveis inovações legislativas que confiram a proteção de que carecem grupos sociais *diferentes*. Junto a isso, e conquanto tardiamente, é tempo, como se vem sustentando alhures (cf. CORTIANO JUNIOR; ARNT RAMOS, 2019; TEIXEIRA, 2015), de reconsiderar o modelo autoritário de limitação em abstrato à liberdade de disposição patrimonial em vida e para depois da morte. Trata-se, enfim, de utilizar o planejamento sucessório tendo em mente os valores e princípios constitucionais em uma perspectiva da família democrática, conferindo a maior igualdade possível aos herdeiros e herdeiras.

4. CONCLUSÃO

A temática do planejamento sucessório se insere no universo do Direito das Sucessões, o qual, além de tardar em assimilar as viragens que marcam os demais ramos do Direito Civil, ainda ecoa ruídos do patriarcalismo do Direito de Família. Assim, embora os instrumentos de planejamento possam ser concebidos como vetores de liberdade, ingerências indevidas podem aflorar e perpetuar exclusões de mulheres e outros grupos sociais vulneráveis. Nesses casos, juízos de validade e eficácia atentos às contribuições de abordagens de gênero ao Direito simbolizam caminho para controlar, em concreto, o exercício da liberdade, segundo os parâmetros normativos estabelecidos pelo Ordenamento Jurídico em vigor. Essa percepção da interferência do gênero no planejamento sucessório pode, ademais, contribuir para o afastamento de limitações abstratas à liberdade de disposição patrimonial (inclusive com mirada *post mortem*), em prol de avaliações concretas, consentâneas com a promoção (e a preservação) de liberdade(s).

5. REFERÊNCIAS

ABREU, Capistrano. *Capítulos de História Colonial*. Rio de Janeiro: Briguiet, 1954.

BAUMAN, Zygmunt. *Modernidade líquida*. Tradução de Plínio Dentzien. Rio de Janeiro: Jorge Zahar, 2001.

BEVILAQUA, Clóvis. *Direito das sucessões*. Rio de Janeiro: Editora Rio, 1978.

BODIN DE MORAES, Maria Celina. A nova família, de novo – estruturas e função das famílias contemporâneas. *Pensar* – Revista de Ciências Jurídicas, Fortaleza, v. 18, n. 2, p. 587-628, maio/ago. 2013.

BUTLER, Judith P. *Problemas de gênero*: feminismo e subversão da identidade. Tradução de Renato Aguiar. 17. ed. Rio de Janeiro: Civilização Brasileira, 2019.

CARBONERA, Silvana Maria. Aspectos históricos e socioantropológicos da família brasileira. In: BEZERRA DE MENEZES, Joyceane; MATOS, Ana Carla Harmatiuk (Org.). *Direito das Famílias por juristas brasileiras*. São Paulo: Saraiva, 2013. p. 33-66.

CORTIANO JUNIOR, Eroulths; ARNT RAMOS, André Luiz. Diálogos: o Direito das Sucessões e os institutos fundamentais de Direito Civil. In: EHRHARDT JUNIOR, Marcos e CORTIANO JUNIOR,

Eroulths (Coord.). *Transformações no Direito Privado nos 30 anos da Constituição*: Estudos em homenagem a Luiz Edson Fachin. Belo Horizonte: Fórum, 2019. p. 765-776.

COUTO E SILVA, Almiro do. Casamento e a posição jurídica da mulher no Direito de Família Romano do Período Clássico. In: COUTO E SILVA, Almiro do. *Conceitos fundamentais do Direito no Estado Constitucional*. São Paulo: Malheiros, 2015. p. 500-518.

GIDDENS, Anthony. *The consequences of modernity*. Stanford: Polity Press, 1996.

LÔBO, Paulo Luiz Netto. Do pátrio poder ao poder familiar. In: TORRES, Heleno Taveira (Coord.). *Direito e Poder nas instituições e nos valores do público e do privado contemporâneos*. Barueri: Manole, 2005. p. 633-653.

MATOS, Ana Carla Harmatiuk; HÜMMELGEN, Isabela. Notas sobre as relações de gênero no planejamento sucessório. In: TEIXEIRA, Daniele (Coord.). *Arquitetura do planejamento sucessório*. Belo Horizonte: Fórum, 2019. p. 63-78.

MENGER, Anton. *Das bürgerliche Recht und die besitzlosen Volksklassen*. 4. ed. Tübigen: H. Laupp'schen Buchhandlung, 1908.

MONK, Daniel. Sexuality and Succession Law: beyond formal equality. *Feminist Legal Studies*, Londres, v. 19, n. 3, p. 231-250, 2011.

OLIVEIRA, Ligia Ziggiotti de. *Olhares Feministas Sobre o Direito das Famílias Contemporâneo*: Perspectivas críticas sobre o individual e o relacional em família. Rio de Janeiro: Lumen Juris, 2016.

PIANOVSKI RUZYK, Carlos Eduardo. *Institutos fundamentais de Direito Civil e liberdade(s)*: repensando a dimensão funcional do contrato, da propriedade e da família. Rio de Janeiro: GZ, 2011.

RÉAUME, Denise. What's distinctive about Feminist Analysis of the Law?: a conceptual analysis of women's exclusion from the Law. *Legal Theory*, Cambridge, v. 2, p. 265-299, 1996.

RIBEIRO, Djamila. *Lugar de fala*. São Paulo: Sueli Carneiro; Pólen, 2019. (Feminismo Plurais/ Djamila Ribeiro).

TEIXEIRA, Daniele Chaves. A necessidade de revisitar o instituto da legítima. In: MONTEIRO, Carlos Edison do Rêgo; RIBEIRO, Ricardo Lodi (Org.). *Direito Civil*. Rio de Janeiro: Freita Bastos Editora, 2015. p. 389-402.

TEIXEIRA, Daniele Chaves. *Planejamento sucessório*: pressupostos e limites. 2. ed. Belo Horizonte: Fórum, 2019.

YOUNG, Iris Marion. *Justice and the politics of difference*. Princeton: Princeton University Press, 2011.

É POSSÍVEL AFIRMAR A EXISTÊNCIA DE UMA FAMÍLIA FORMADA PELO CONCUBINATO? QUAIS SERIAM SEUS EFEITOS JURÍDICOS?

Luciana Brasileiro

Doutora em direito privado pela UFPE. Professora universitária. Advogada. Parecerista.

Maria Rita Holanda

Pós-Doutora em Direito pela Universidade de Sevilha (Espanha). Doutora em direito privado pela UFPE, professora universitária, advogada e parecerista.

Sumário: 1. Introdução. 2. Fundamento para a interpretação inclusiva do concubinato como entidade familiar. 3. Dado histórico que influenciou o repúdio ao concubinato no Brasil. 4. Contexto atual com afirmação da família concubinária. 5. Efeitos jurídicos do concubinato. 6. Conclusão. 7. Referências.

1. INTRODUÇÃO

A expressão concubinato deriva, etimologicamente, do termo latino *concumbere*, que significa, segundo o Dicionário Etimológico, "deitar-se com",[1] tendo ingressado na língua portuguesa apenas na forma feminina (concubina). É interessante observar que a expressão sempre foi designada para definir uma mulher que mantinha relações com um homem, sem o vínculo do casamento.

O termo concubinato chegou a ser utilizado também para relações exclusivas, enquanto perdurou no regime jurídico o casamento como único meio de formação de família. Assim, aqueles relacionamentos havidos entre pessoas "desimpedidas" para o casamento, que optavam por viver maritalmente, sem a formalidade, eram chamadas de concubinas.

O Código Civil de 1916 não trazia em seu bojo o conceito de concubinato, mas tão somente regras restritivas, relacionadas ao reconhecimento de filiação (art. 358), doação (art. 248, inciso IV) e deixa testamentária (art. 1.719, inciso III). Nos três dispositivos referidos, o Código trouxe regras direcionadas às mulheres tão somente. Ou seja, para o legislador da época, apenas as mulheres eram concubinas.

Atualmente, o concubinato está conceituado no Código Civil Brasileiro, em seu art. 1.727, que assim define: *as relações não eventuais entre o homem e a mulher impedidos de casar, constituem concubinato*. Apesar de aparentemente a regra ter se estabelecido com o objetivo de afastar os efeitos jurídicos da união estável, na medida em que o conceitua

---

1. Disponível em: [https://www.dicionarioetimologico.com.br/busca/?q=concubina]. Acesso em: 29.08.2019.

para diferenciá-lo desta, a irradiação trazida pela Constituição Federal de 1988 permite ao intérprete, no contexto atual, assimilar aquele conceito como entidade familiar implícita ao art. 226.

Isto porque, a hodierna noção de família, prevista na Carta Constitucional, está vinculada ao preenchimento de requisitos que, uma vez identificados, conduzem à necessidade de proteção das relações, com consequentes efeitos jurídicos. O presente artigo se destina a construir argumentos de afirmação das relações concubinárias descritas no art. 1.727 do Código Civil como entidades familiares e seus consequentes efeitos jurídicos. Para tanto, compreende-se como concubinato a relação havida entre duas pessoas (uma delas casada, ou ambas, sem separação de fato) impedidas para o casamento.

2. FUNDAMENTO PARA A INTERPRETAÇÃO INCLUSIVA DO CONCUBINATO COMO ENTIDADE FAMILIAR

É inegável que a Constituição Federal de 1988 trouxe uma nova roupagem para o direito familiar brasileiro, sendo certo, no entanto, que a pluralidade posta não teve a intenção de ser exemplificativa, mas apenas de abranger os tipos familiares comuns à época, que foram descritos no art. 226 na intenção de democratizar as relações e proteger eventuais situações de vulnerabilidade, a exemplo das famílias monoparentais, atribuídas especialmente às mães solo. Esta preocupação se revela da análise das atas das audiências públicas da Assembleia Nacional Constituinte, em atendimento a um pleito do Conselho Nacional dos Direitos da Mulher, que entregou a *Carta das Mulheres aos Constituintes*, em busca da concretização de igualdade de direitos e deveres, além da inclusão da sociedade de fato como entidade familiar.[2]

Muito embora o *tempo* da construção da norma tenha conduzido à manutenção do casamento como principal forma de constituição de família, lhe alçando a uma posição hierarquicamente superior à união estável, o fato é que o *hoje* não mais permite o tratamento discriminatório a partir da interpretação literal do §3º do art. 226 da Constituição Federal.

Dessa forma, a expressão *devendo a lei facilitar a sua conversão em casamento*, abandona um sentido de entidade familiar secundária e ocupa um sentido de facilitação procedimental pura e simplesmente.

Nesta evolução interpretativa, portanto, especialmente a partir do uso da metodologia civil-constitucional e, consequentemente, dos princípios que consagram a dignidade humana como fundamento da República, foi possível atribuir a condição exemplificativa ao rol de entidades descritas, admitindo outras conformações familiares implícitas (LÔBO, 2004a).

Por sua vez, o Supremo Tribunal Federal, em decisão inovadora que reconheceu a proteção jurídica às famílias homoafetivas nos autos da ADI 4277/DF e ADPF 132/RJ, utilizou-se do mesmo argumento conformando no sistema jurídico brasileiro a existência

---

2. Disponível em: [file:///C:/Users/lubrasileiro/AppData/Local/Temp/Temp1_audienciap.zip/8c%20-%20SUB.%20 FAM%C3%8DLIA,%20DO%20MENOR%20E%20DO.pdf]. Acesso em: 08.05.2018.

FAMÍLIA FORMADA PELO CONCUBINATO E SEUS EFEITOS JURÍDICOS **407**

de outras entidades familiares para além das que foram expressamente mencionadas, ou seja, casamento, união estável e família monoparental. Não obstante isso, a temática das uniões homoafetivas foi matéria de grandes discussões ao longo dos anos, sendo certo que, no campo doutrinário e jurisprudencial, máxime relativo aos direitos humanos, conduziu-se para o inevitável reconhecimento acima mencionado. Contudo, as famílias simultâneas ainda dividem opiniões, especialmente quando admitem proteção onde houve suposto descumprimento de dever conjugal (BRASILEIRO; HOLANDA, 2014).

3. DADO HISTÓRICO QUE INFLUENCIOU O REPÚDIO AO CONCUBINATO NO BRASIL

Para se compreender a razão da resistência à atribuição dos efeitos jurídicos ao concubinato, é importante refletir sobre a formação das relações familiares no Brasil. Isto porque, os registros históricos indicam que os relacionamentos decorrentes do processo de miscigenação foram, em grande medida, entre colonos casados (com suas "famílias" em Portugal) e as mulheres indígenas e escravas.

Para além disto, as diferenças culturais encontradas entre estes mesmos colonos e o povo brasileiro que, por exemplo, tinha suas relações familiares regidas na afetividade e, inclusive, na poligamia, diferentemente das famílias matrimonializadas, patrimonializadas e patriarcais de Portugal (BRASILEIRO, 2019, p. 32).

É inegável que estas relações eram, por muitas vezes, violentas, frutos de estupros e da imposição da força dos colonos, que usavam as mulheres para se relacionar, muitas vezes se utilizando do argumento da distância de suas "famílias portuguesas". É fato também que a formação destas relações foi tolerada por muito tempo, porque não há registros de envios de mulheres portuguesas ao Brasil. Este dado histórico é importante para que se perceba o quanto a pluralidade de relacionamentos foi evidente e, ainda, como foi tolerada num primeiro momento e posteriormente combatida fortemente, fazendo compreender porque ainda há tanta resistência em relação a temas como o do concubinato, que foi alvo de incursões jesuítas, na busca de sua erradicação. Não obstante, o concubinato foi a solução para os relacionamentos havidos entre os homens que passavam longos períodos longe de casa e, ainda, para os relacionamentos mantidos pelos padres. Ele foi conveniente até o momento em que a normatização das relações privadas se tornou fundamental (BRASILEIRO, 2019, p. 34).

Outro ponto que precisa ser enfrentado está relacionado à objetificação da mulher. Isto porque, como já mencionado, estes relacionamentos existiam entre colonos dominadores, e mulheres indígenas e escravas. O poder exercido sobre estas mulheres, inegavelmente, influenciou a formação da norma brasileira, juntamente com a forte incidência das Ordenações Filipinas, que puniam o adultério com pena de morte e das Constituições Primeiras do Arcebispado da Bahia, que regulavam o concubinato de forma específica, com penalidades, inclusive daqueles havidos entre mulheres e clérigos (BRASILEIRO, 2019, p. 42).

Quando se promove a análise desta legislação com estes fatores históricos e ainda, o próprio sentido da expressão concubinato, muitas vezes relacionada à prostituição, é impossível dissociar o efeito cultural a uma inconsciente leitura preconceituosa dos dispositivos constantes do Código Civil. Contudo, o atual contexto veda interpretações ou tratamentos discriminatórios, lançando a necessária proteção da pessoa humana pelo ordenamento jurídico, com consequente atribuição de responsabilidades mútuas às pessoas envolvidas, inclusive nas relações privadas. Esta evolução, inclusive hermenêutica, evita que haja ausência de tratamento isonômico, especialmente porque o Brasil ainda é um país com registros de vulnerabilidades em relação ao gênero feminino, tanto do ponto de vista existencial, quanto patrimonial.

4. CONTEXTO ATUAL COM AFIRMAÇÃO DA FAMÍLIA CONCUBINÁRIA

A fundamentação apresentada no contexto da pluralidade das entidades familiares vem sendo corroborada pela melhor doutrina, que valoriza a proteção da pessoa humana como preponderante à forma da entidade familiar.

Dessa forma, Paulo Lôbo (2004b) menciona o fenômeno da repersonalização das relações familiares, que desconfigura a importância da família enquanto instituição, e passa a valorizar os membros que a compõem, dignificando-os acima de qualquer forma escolhida para as relações de seus afetos, passando a família a ser, funcionalmente, o *locus* de desenvolvimento da personalidade de seus membros.

Apesar das relações simultâneas terem se mantido qualificadas, genericamente, como concubinato, na legislação civil de 2002, atribuindo-se à figura da concubina a responsabilidade pela interferência em uma relação conjugal, com a atribuição de penalidades do não reconhecimento, dentre os quais o não reconhecimento de efeitos jurídicos de alguns institutos, como a doação e o testamento, o conceito trazido pelo artigo 1727 e o reconhecimento da possibilidade de dependência econômica prevista no artigo 1708, corroboram a ideia de que a proteção concreta de situações jurídicas dessa natureza devem sim permitir efeitos jurídicos familiares.

Não é possível mais sustentar que foi alçada à categoria de entidade familiar apenas o concubinato "puro", na medida em que estão presentes as mesmas características deste também nas uniões concubinárias outrora denominadas "impuras", ainda que decorrentes da quebra de um dever de conjugalidade no casamento (fidelidade) ou na união estável (lealdade).

A esse respeito, é importante destacar as correntes que se formaram na doutrina jurídica como a que reconhece tratar-se de uma união ilícita, sem qualquer repercussão jurídica; a que seria apenas sociedade de fato com resolução no plano das obrigações; e a que reconhece como idêntica à união estável com natureza familiar (LÔBO, 2019, p. 183).

A terceira corrente, por muito tempo fundamentou decisões no âmbito do Direito previdenciário, que admitiram a partilha do benefício de servidores falecidos entre suas companheiras de uniões estáveis simultâneas. Contudo, em 2008, o STF por maioria de votos julgou pela impossibilidade dessa partilha através do RE 397.762, que influenciou uma série de outras decisões junto ao STJ nesse sentido, até que a Suprema Corte decidiu pela repercussão geral da matéria (Tema 526).

Não obstante os últimos precedentes das cortes superiores sejam no sentido de negar efeitos jurídicos ao concubinato, tanto no aspecto previdenciário, quanto no aspecto familiar o fato é que a redação dos dispositivos legais acima mencionados permitem a interpretação do concubinato como família revelando-se uma antinomia de regras com os demais dispositivos proibitivos.

O concubinato está previsto, como já mencionado, de forma literal no livro destinado à regulamentação das relações familiares do Código Civil como relação não eventual e, portanto, estável, distanciando-se do sentido atribuído à etimologia da palavra. Além disso, ele é equiparado, no art. 1708, ao casamento e à união estável, num mesmo patamar, quando possibilita a exoneração do devedor de alimentos em razão da formação, pelo credor, de uma nova família o que gera, por presunção legal, transferência de responsabilidades quanto à dependência econômica. Diante disto, não fosse o concubinato um tipo familiar, indaga-se: qual a razão de estar previsto como hipótese de exoneração ao lado do casamento e da união estável?

O reconhecimento dos efeitos jurídicos às relações concubinárias se mostra inevitável e iniciou, historicamente, com a quebra da blindagem do homem casado para a assunção de responsabilidades com relação aos "filhos adulterinos". A ausência de reconhecimento favorecida pela previsão do revogado art. 358 do Código Civil de 1916 representou uma das maiores exclusões do direito familiar. A atribuição de responsabilidades pela Lei 7.841/89, na revogação do artigo mencionado reconheceu a existência das famílias simultâneas como fato social capaz de gerar efeitos jurídicos (LÔBO, 2019, p. 184). A partir de então, o "homem casado" perdeu a proteção que gerava a sua irresponsabilidade na procriação "adulterina".

Da mesma forma, se constitui a necessidade de atribuição de responsabilidade a quem mantém relacionamento simultâneo, haja vista que, a negativa do reconhecimento da relação e seus efeitos jurídicos, isenta a pessoa que mantém múltiplos relacionamentos, de qualquer responsabilidade, como por exemplo, não sujeitar à partilha de bens, o patrimônio comum adquirido, pelo esforço direto ou indireto (BRASILEIRO; HOLANDA, 2014).

No mesmo sentido, Paulo Lôbo chama atenção para o dever de responsabilidade nas relações estáveis, o que também inclui as concubinárias, na construção doutrinária e jurisprudencial:

> A união estável é outro exemplo na responsabilidade positiva no direito de família. Jogada na vala comum das relações concubinárias, a irresponsabilidade imposta aos companheiros pelo direito apenas foi atenuada com a construção doutrinária e jurisprudencial da sociedade de fato. Retirada das sombras da ilegalidade e convertida em entidade familiar, resultou em assunção de responsabilidades igualitárias dos companheiros, que passaram a ser sujeitos recíprocos de direitos e deveres de natureza material e moral (LÔBO, 2019, p. 71).

Além disso, outras estratégias interpretativas foram utilizadas pela doutrina para afirmação das relações simultâneas como entidades familiares, tais como a distinção entre o sentido de lealdade na união estável e fidelidade o casamento; a inexistência de impedimento formal para a constituição de mais de uma união estável; e o argumento da boa-fé para justificar concessão de direitos, pautada na ignorância do impedimento, tal como ocorre no casamento putativo.

Esses elementos conduzem, portanto, à conclusão irrefutável de que o concubinato é família implícita ao art. 226 da Constituição Federal, incluída no rol dos tipos familiares que se enquadram como gênero da espécie união estável, juntamente com a união homoafetiva.

5. EFEITOS JURÍDICOS DO CONCUBINATO

O Código Civil Brasileiro, ao prever o concubinato, além dos artigos já trabalhados, estabeleceu regras restritivas para doação e deixa testamentária.

O art. 550 prevê que *a doação do cônjuge adúltero ao seu cúmplice pode ser anulada pelo outro cônjuge, ou por seus herdeiros necessários até dois anos depois de dissolvida a sociedade conjugal.*

Antes de mais nada, é importante chamar atenção ao fato de que o adultério foi descriminalizado, tendo em vista que sua prática não põe em risco a segurança da pessoa ofendida, superando uma cultura machista que estabeleceu regras para punir a "mulher adúltera" ou ainda, aquela que mantém relação simultânea ao homem casado, restringindo-lhe direitos.

A constatação extrai-se da leitura do dispositivo, que coloca a pessoa concubinada como cúmplice de um então criminoso, sendo certo que a superação da tipificação do adultério precisa também gerar uma reflexão a respeito desta regra. Especialmente porque em todo o texto do Código Civil a expressão "cúmplice" somente aparece no dispositivo em análise, sendo inegável que assim está colocado para vincular à terminologia do Direito Penal.[3]

Em matéria sucessória, o art. 1801, inciso III prevê que: *Não podem ser nomeados herdeiros nem legatários: (...) III – o concubino do testador casado, salvo se este, sem culpa sua, estiver separado de fato do cônjuge há mais de cinco anos.*

A regra precisa de ajuste, claramente. É um dispositivo que valoriza ainda a culpa pelo fim do relacionamento, define prazo mínimo para separação de fato e constituição da união estável, regra esta extinta em 1996. A redação inadvertida de 2002 decorre do projeto do Código ter sido idealizado antes mesmo da Lei do Divórcio, no ano de 1975 e ainda faz referência à união estável como se concubinato fosse.

Ainda que o objetivo dos artigos acima, numa análise hermenêutica mais contemporânea, seja no sentido de blindagem patrimonial, para evitar a confusão de bens ou ainda, a fraude a eventual regime de bens em relações simultâneas, o fato é que o atual ordenamento não permite tratamento discriminatório às relações familiares, sendo forçoso ainda reconhecer que essas regras se restringem às hipóteses de relações havidas com pessoas casadas e não para os casos de múltiplas uniões estáveis.

---

3. No Dicionário Michaelis a expressão cúmplice está assim definida: *Que ou aquele que contribui em delito ou crime cometido por outrem*. Disponível em: [www.michaelis.uol.com.br]. Acesso em: 29.08.2019.

FAMÍLIA FORMADA PELO CONCUBINATO E SEUS EFEITOS JURÍDICOS

Da leitura da lei ainda se observa grande contaminação cultural com a época de sua construção. Isto porque a vedação presume a existência de patrimônio comum entre a pessoa casada e seu cônjuge, ignorando a possibilidade, por exemplo, de que em todos os regimes se admite a existência de patrimônio exclusivo e o legislador não poderia invadir a esfera privada no exercício da autonomia na disposição de bens particulares.

A contaminação acima descrita também se observa na vedação do art. 1801, inciso III do Código, que, gize-se, não tem artigo correspondente na regra revogada de 1916. Isto porque o artigo em questão enumera as pessoas impedidas para figurar como herdeiras ou legatárias, relacionando aquelas que possuem alguma ligação com a confecção do testamento (testemunhas, pessoas que o escreveram, tabeliães...). O inciso III é completamente estranho à lógica do impedimento e viola o fato de que o testamento é negócio jurídico unilateral para disposição, sobretudo, da parte disponível do hereditando.

Mais uma vez, o dispositivo se afigura como invasão da autonomia privada, especialmente porque regula disposição de patrimônio, não devendo ser utilizado como argumento para o não reconhecimento de uma relação que é, antes de tudo, existencial.

Esta nova tônica, de proteção das pessoas, ainda que em detrimento do patrimônio, precisa ser considerada para a análise dos efeitos jurídicos do concubinato, que serão igualmente existenciais e patrimoniais.

O concubinato, como qualquer outra entidade familiar, tem os efeitos de cuidado e assistência mútuos, cuidados e responsabilidade com a prole, além do respeito e dever de sustento. De todas as obrigações, apenas o "dever" de lealdade/fidelidade seria dispensado entre as partes envolvidas. Contudo, interessante frisar que este dever não gera sanção, conforme preceitua Paulo Lôbo (2019, p. 185):

> O dever de lealdade é norma jurídica sem sanção, ou norma jurídica de conteúdo moral, não podendo servir como impedimento para o reconhecimento das uniões simultâneas. Não seria razoável considerar como juridicamente inexistente ou ineficaz união estável que preenche todos os requisitos legais, ante a precedência no tempo de outra. Note-se que o fato de o companheiro ser casado e separado de fato é impedimento para novo casamento até que obtenha o divórcio, mas não é impedimento para a constituição de união estável, o que torna inviável a simetria com o casamento.

Em relação ao dever de sustento propriamente dito, o art. 1708, já mencionado alça os concubinos como pessoas legitimadas a requererem alimentos entre si. Se podem ser exonerados pelo devedor, em razão do concubinato, por óbvio que isto decorre da presunção de transferência de responsabilidade para o novo relacionamento. Então, quem passa a viver numa relação concubinária, poderá ser exonerado dos alimentos havidos de relação jurídica anterior, porque passa a ser dependente de seu novo companheiro, em razão do dever de reciprocidade constitucionalmente protegido.

Igualmente, ainda na seara da dependência econômica, o direito previdenciário elege companheira ou companheiro como beneficiário do regime geral de previdência social. O art. 16 da Lei 8213/1991 impõe ausência de casamento para reconhecimento da união estável, sendo certo que, por ser anterior ao Código Civil, não observou a possibilidade prevista no art. 1723, § 1º, que reconhece a união estável para pessoas casadas e separadas de fato.

Contudo, a verdadeira noção de família e, consequente prova de dependência econômica surge no regulamento do INSS, que orienta as provas documentais a serem levadas para análise da concessão do benefício previdenciário.

A pessoa dependente, no caso de ser companheira, deve apresentar elementos que evidenciem a vida em comum, com objetivo de constituição familiar, dentre eles:

Certidão de nascimento de filho havido em comum;

Certidão de casamento Religioso;

Declaração do imposto de renda do segurado, em que conste o interessado como seu dependente;

Disposições testamentárias;

Declaração especial feita perante tabelião (escritura pública declaratória de dependência econômica);

Prova de mesmo domicílio;

Prova de encargos domésticos evidentes e existência de sociedade ou comunhão nos atos da vida civil;

Procuração ou fiança reciprocamente outorgada;

Conta bancária conjunta;

Registro em associação de qualquer natureza onde conste o interessado como dependente do segurado;

Anotação constante de ficha ou Livro de Registro de empregados;

Apólice de seguro da qual conste o segurado como instituidor do seguro e a pessoa interessada como sua beneficiária;

Ficha de tratamento em instituição de assistência médica da qual conste o segurado como responsável;

Escritura de compra e venda de imóvel pelo segurado em nome do dependente;

Declaração de não emancipação do dependente menor de vinte e um anos;

Quaisquer outros documentos que possam levar à convicção do fato a comprovar.

Na impossibilidade de serem apresentados 3 dos documentos listados, mas desde que haja pelo menos 1 (um) documento consistente, o requerente do benefício poderá solicitar o procedimento de Justificação Administrativa para fins de comprovação[4].

Não há dúvidas da possibilidade de pessoas que vivam relacionamentos simultâneos consigam fazer prova da existência de comunhão de vida, seja pela existência de filhos, de um lar, de contas em comum, ou até mesmo da própria dependência econômica. Essa prova distancia as relações concubinárias dos relacionamentos furtivos e as coloca em condição que não pode ser outra, senão a de família (BRASILEIRO, 2019, p. 153-154).

Em relação ao estatuto patrimonial na conjugalidade, a base constitucional é a da liberdade. Em que pese os modelos preestabelecidos dos regimes de bens previstos no Código Civil, a autonomia da vontade pode ser exercida pelas partes interessadas através do uso dos mecanismos do pacto antenupcial e do contrato de convivência de sorte que até mesmo um novo e inominado regime de bens pode ser construído para atender aos interesses do casal.

A única regra que relativiza o exercício dessa autonomia é a prevista no art. 1641, que impõe o Regime da Separação Obrigatória para aqueles que casarem sem observân-

---

4. BRASIL, Instituto Nacional do Seguro Social, orientações aos dependentes. Disponível em: [https://www.inss.gov.br/orientacoes/dependentes/]. Acesso em: 26.08.2018.

FAMÍLIA FORMADA PELO CONCUBINATO E SEUS EFEITOS JURÍDICOS **413**

cia das causas suspensivas da celebração do casamento, considerando-se que estas se destinam a evitar confusão patrimonial.

Contudo, o referido regime é regido pela Súmula 377 do STF, que prevê a comunicabilidade de todos os bens adquiridos durante a convivência, por presunção do esforço comum, este, natural de toda e qualquer relação familiar.

Assim, naquelas situações em que o concubinato venha a se estabelecer posteriormente a um casamento, o máximo que poderia lhe ser aplicado eventualmente, seria a imposição do Regime de Separação Obrigatória, isolando, como patrimônio do casal, apenas aquele oriundo do tempo de convivência.

É pacífica também a hipótese de aplicabilidade das regras dos regimes de bens entre os cônjuges à união estável, de forma que caberia aos companheiros os mesmos requisitos que cabem aos cônjuges. Confirma-se essa premissa no art. 1725, que prevê a aplicabilidade da comunhão parcial de bens aos companheiros no silêncio do contrato escrito, presumindo que este possa ser utilizado para os demais arranjos patrimoniais.

A natureza jurídica fática e informalidade da união também potencializa a liberdade conjugal na elaboração de pactos existenciais e patrimoniais que regulem ou afastem deveres que não sejam de ordem pública.

Retomando o argumento da responsabilidade como vetor das relações familiares, é importante destacar que o ordenamento jurídico pátrio veda, explicitamente, o enriquecimento sem causa e este também se encontra implicitamente vedado pelo art. 1642, inciso V, que restringe a anulabilidade e reivindicação, pelo cônjuge, dos bens comuns, móveis ou imóveis doados ou transferidos pelo outro cônjuge aos concubinos, à prova de que não teriam sido adquiridos por esforço comum destes.

Enquanto o concubinato for relegado ao espaço de não direito, haverá enriquecimento ilícito, uma vez que o não reconhecimento da entidade familiar sujeitará as partes à discussão de desfazimento de sociedade de fato, onde não há presunção de esforço comum indireto.

No que pertine ao direito sucessório este se revela como o responsável pelo início da reflexão crítica a respeito dos direitos nas relações concubinárias, do ponto de vista da perspectiva jurisprudencial. O Tribunal de Justiça do Rio Grande do Sul inovou na matéria no ano de 2005, ao reconhecer a participação de concubina no patrimônio do *de cujus,* reconhecendo a presunção de esforço comum, lançando como solução a "triação" do patrimônio hereditário. A regra surgiu da constatação de que é impossível rechaçar um dos relacionamentos em detrimento de outro quando ambos preenchem os requisitos da estabilidade, ostensibilidade e afetividade.

A partir desta decisão, outros julgados começaram a ser firmados em tribunais estaduais, contrariando o entendimento dos tribunais superiores, no sentido de reconhecer efeitos jurídicos às relações concubinárias, a partir de uma leitura da lei pautada na dignidade da pessoa humana. A exemplo, o Tribunal de Justiça de Pernambuco, na AC 296.862-5 firmou a mesma compreensão gizando que a existência de impedimento para a simultaneidade estaria restrita a mais de um casamento e, portanto, mais de um registro:

Uniões estáveis simultâneas. Reconhecimento. Partilha De Bens. Triação 1. Estando demonstrada, no plano dos fatos, a coexistência de duas relações afetivas públicas, duradouras e contínuas, mantidas com a finalidade de constituir família, é devido o seu reconhecimento jurídico à conta de uniões estáveis, sob pena de negar a ambas a proteção do direito. 2. Ausentes os impedimentos previstos no art. 1.521 do Código Civil, a caracterização da união estável paralela como concubinato somente decorreria da aplicação analógica do art. 1.727 da mesma lei, o que implicaria ofensa ao postulado hermenêutico que veda o emprego da analogia para a restrição de direitos. 3. Os princípios do moderno direito de família, alicerçados na Constituição de 1988, consagram uma noção ampliativa e inclusiva da entidade familiar, que se caracteriza, diante do arcabouço normativo constitucional, como o lócus institucional para a concretização de direitos fundamentais. Entendimento do STF na análise das uniões homoafetivas (ADI 4.277/DF e ADPF 132/RJ). 4. Numa democracia pluralista, o sistema jurídico-positivo deve acolher as multifárias manifestações familiares cultivadas no meio social, abstendo-se de, pela defesa de um conceito restritivo de família, pretender controlar a conduta dos indivíduos no campo afetivo. 5. Os bens adquiridos na constância da união dúplice são partilhados entre as companheiras e o companheiro. Meação que se transmuda em "triação", pela simultaneidade das relações. 6. Precedentes do TJDF e do TJRS[5]. (TJPE; AC 296.862-5; 5ª C.Cív; Rel. Des. José Fernandes de Lemos; DJPE 15/04/2014)

Jones Figueiredo Alves (2014) lança questionamento acerca da natureza jurídica do concubinato, propondo sua interpretação como entidade familiar atípica, *quando presentes os mesmos requisitos da união estável e sob a égide do valor jurídico da afetividade (affectio maritalis)*, mas pontua o posicionamento refratário da jurisprudência do STJ e do STF a respeito do tema. Observe-se a conclusão construída pelo Relator acerca da possibilidade de coexistência de entidades, para justificar sua decisão em colisão com o entendimento majoritário dos Tribunais Superiores, de que o Brasil é orientado pela monogamia, não sendo admissível a sua quebra (BRASILEIRO, 2019, p. 170-171):

Aliás, adotando-se a posição contrária, ou seja, a de que a duplicidade de relacionamentos afetivos acarreta a perda da affectio familiae e a quebra do dever de lealdade seria forçoso concluir que tal perda e tal quebra não se restringiriam a uma das relações apenas, mas se estenderiam a todas. No caso dos autos, considerando ilegítima a união afetiva da autora-apelante, teríamos de admitir, por identidade de fundamentos, descaracterizada também a relação do réu-apelado com sua outra companheira, ao menos durante o período em que verificada a simultaneidade, o que nos conduziria ao absurdo de, diante de duas famílias consolidadas no plano dos fatos, não conferir o devido reconhecimento jurídico a nenhuma delas. Por outro lado, tutelar apenas um dos relacionamentos, em desprezo do outro, implicaria clara ofensa à isonomia, por conferir tratamento distinto a situações substancialmente idênticas. Mais ainda, importaria desrespeito ao princípio da dignidade da pessoa humana, por negar à companheira desprestigiada a condição familiar, sem mencionar a duvidosa situação em que se veria o filho do casal, já que, admitindo-se como espúrio o relacionamento da dita concubina, recusar-se-ia a dignidade do núcleo familiar, comprometendo-se, inevitavelmente, a legitimidade da própria filiação.[6]

---

5. BRASIL. Tribunal de Justiça de Pernambuco, AC 296.862-5, Quinta Câmara Cível, Relator: Des. José Fernandes Lemos, Julgado em 15/04/2014. Disponível em: [http://www.tjpe.jus.br/consultajurisprudenciaweb/xhtml/consulta/escolhaResultado.xhtml]. Acesso em: 07.09.2018.
6. BRASIL. Tribunal de Justiça de Pernambuco, AC 296.862-5, Quinta Câmara Cível, Relator: Des. José Fernandes Lemos, Julgado em 15/04/2014. Disponível em: [http://www.tjpe.jus.br/consultajurisprudenciaweb/xhtml/consulta/escolhaResultado.xhtml]. Acesso em: 29.08.2019.

6. CONCLUSÃO

1. Os fundamentos para o reconhecimento da relação concubinária como entidade familiar se encontram na interpretação das normas constitucionais e infraconstitucionais a partir da valorização da pessoa em detrimento dos interesses exclusivamente patrimoniais e ainda, da atribuição de responsabilidades nas relações pessoais;

2. É possível identificar historicamente elementos que justificam o tratamento discriminatório dado ao concubinato, uma vez que este surgiu a partir de um processo de escravização e exploração da mulher indígena e negra pelos colonizadores portugueses no período do Brasil colonial;

3. Ao conceituar o concubinato a legislação civil de 2002 valorizou a relação, lhe reconhecendo estabilidade tal qual o gênero de sua espécie relativo à união estável;

4. Outra característica de entidade familiar se encontra no reconhecimento da dependência econômica que pode residir no concubinato, tendo sido este incluído no rol dos tipos familiares previstos no art. 1708, ao lado do casamento e da união estável;

5. As regras de restrição de direitos presentes no Código tanto para doação, quanto para deixa testamentária, revelam um conceito cultural destinado ao concubinato inadequado para a contemporaneidade e ainda, invasivas ao exercício da autonomia privada no âmbito da administração e disponibilidade patrimonial;

6. São efeitos jurídicos das relações concubinárias as obrigações patrimoniais relativas ao benefício previdenciário, a pensão alimentícia, a incidência das regras dos regimes de bens e o direito sucessório, nos limites e condições acima identificados.

7. REFERÊNCIAS

ALVES, Jones Figueiredo. Triação dos bens na partilha. 2014. Disponível em: [http://www.familiaesucessoes.com.br/?p=2083]. Acesso em 29.08.2019.

ANAIS DA ASSEMBLEIA NACIONAL CONSTITUINTE. Disponível em: [file:///C:/Users/lubrasileiro/AppData/Local/Temp/Temp1_audienciap.zip/8c%20-%20SUB.%20FAM%C3%8DLIA,%20DO%20MENOR%20E%20DO.pdf, p. 16]. Acesso em: 08.05.2018.

BRASIL, Instituto Nacional do Seguro Social, orientações aos dependentes. Disponível em: [https://www.inss.gov.br/orientacoes/dependentes/]. Acesso em: 26 ago. 2018.

BRASILEIRO, Luciana; HOLANDA, Maria Rita. A proteção da pessoa nas famílias simultâneas. In: RUZYK, Carlos Eduardo Pianovski; SOUZA, Eduardo Nunes de; MENEZES, Joyceane Bezerra de (Org.). *Direito Civil Constitucional*: a ressignificação dos institutos fundamentais do direito civil contemporâneo e suas consequências. Florianópolis: Conceito Editorial, 2014.

BRASILEIRO, Luciana. *As famílias simultâneas e seu regime jurídico*. Belo Horizonte: Fórum, 2019.

DICIONÁRIO ETIMOLÓGICO. Disponível em: [https://www.dicionarioetimologico.com.br/busca/?q=concubina]. Acesso em: 29.08.2019.

DICIONÁRIO MICHAELIS. Disponível em: [www.michaelis.uol.com.br]. Acesso em: 29.08.2019.

LÔBO, Paulo Luiz Netto. Entidades familiares constitucionalizadas: para além do *numerus clausus*. 2004a. Disponível em: [http://www.ibdfam.org.br/artigos/128/Entidades+familiares+constitucionalizadas%3A+para+al%C3%A9m+do+numerus+clausus]. Acesso em: 29.08.2019.

LÔBO, Paulo Luiz Netto. *Repersonalização das relações de família*. 2004b. Disponível em: [jus.com.br/artigos/5201/arepersonalizacao-das-relacoes-de-familia]. Acesso em: 29.08.2019.

LÔBO, Paulo Luiz Netto. *Direito Civil*: famílias. São Paulo: Saraiva Educação, 2019.

A AUTONOMIA REPRODUTIVA DA MULHER E O ACESSO ÀS TÉCNICAS DE REPRODUÇÃO HUMANA ASSISTIDA À LUZ DA JURISPRUDÊNCIA

Paula Moura Francesconi de Lemos Pereira

Doutora e mestre em Direito Civil pela Universidade do Estado do Rio de Janeiro (UERJ). Pós-graduada em Advocacia Pública pelo Centro de Estudos e Pesquisa no Ensino do Direito da Universidade do Estado do Rio de Janeiro – CEPED-UERJ. Pós-graduada em Direito da Medicina pelo Centro de Direito Biomédico da Universidade de Coimbra. Professora da Graduação e Pós-Graduação da Universidade Católica do Rio de Janeiro (PUC-RJ) e da Pós-Graduação Lato Sensu do CEPED-UERJ. Diretora do Instituto Brasileiro de Biodireito, Bioética e Sociedade (IBIOS). Membro da Comissão de Direito Civil e Órfãos e Sucessões da OAB-RJ. Advogada. E-mail: paula@francesconilemos.com.br.

Sumário: 1. Introdução. 2. As técnicas de reprodução humana assistida e o uso da FIV pelas mulheres. 3. Direito à saúde e direito ao planejamento familiar. 4. O acesso às técnicas de reprodução humana assistida e a jurisprudência. 5. Conclusão. 6. Referências.

1. INTRODUÇÃO

O reconhecimento dos direitos das mulheres[1] e sua efetivação no campo reprodutivo sofreu grande influência dos avanços da Medicina e biotecnológicos, tanto para a concepção quanto para a contracepção. No aspecto negativo, o uso da pílula anticoncepcional, ou do DIU, a adoção de procedimentos cirúrgicos, tal como ligadura de trompas. No aspecto positivo, cita-se o surgimento das técnicas conceptivas de reprodução humana assistida (RA.). Tudo isso confere às mulheres maior controle da sua sexualidade, do cuidado de sua saúde e uma nova leitura do projeto parental.

No campo da procriação humana alguns obstáculos, tais como a esterilidade, os limites etários e a necessidade do ato sexual vem sendo rompidos em razão do desenvolvimento das técnicas de reprodução humana assistida, que tiveram em seu nascedouro a busca para o tratamento da infertilidade considerada uma doença. Esses métodos são utilizados para atender aos mais diversos planejamentos familiares, sejam os daqueles que não podem ter filhos por problemas de saúde, aos que possuem interesse por uma produção independente (famílias monoparentais), ou os que encontram impedimentos físicos (famílias homoafetivas). Por isso, nem sempre o acesso a essas técnicas está ligado

---

1. O presente artigo fará uma análise sob a perspectiva do direito da mulher, o que não exclui a possibilidade de os homens reivindicarem seus direitos reprodutivos por meio do acesso aos serviços de reprodução humana assistida, até mesmo para propiciar seus arranjos familiares, monoparentais ou homoafetivos ou, até mesmo, pela gestação por substituição.

a problemas de saúde, mas pode se fazer necessário para propiciar a efetividade de um determinado modelo familiar.

A autonomia da mulher quanto à disposição ou não de seu corpo para fins reprodutivos sempre foi comprometida, seja por questões sócio-histórico-culturais, seja pelo excesso de intervenção do Estado e de profissionais de saúde. Isso ocorre tanto em razão dos limites impostos no que tange à opção pela prática do aborto[2] e da necessidade de consentimento do cônjuge para cirurgia de esterilização,[3] como pelo controle das escolhas em relação ao parto, o que vem acarretando diversas medidas[4] para reverter esse quadro que configura uma verdadeira medicalização do processo de procriação humana e violência obstétrica.[5] Além disso, acaba por ficar a cargo do médico a decisão sobre quem tem condições de participar da reprodução assistida, em uma análise baseada na saúde do paciente.

Atualmente, a alternativa do uso das técnicas de reprodução assistida, na modalidade de inseminação artificial ou fertilização *in vitro* – FIV, propicia à mulher a possibilidade de concretizar seu direito reprodutivo positivo, que, embora não expressamente previsto na Constituição Federal, encontra amparo no princípio da dignidade da pessoa humana (art. 1º, III, CF), no art. 5º, caput e X, da CF, referente à liberdade e à privacidade, no direito à saúde, (art. 6º), no art. 226, parágrafo 7º, ao dispor do planejamento familiar, e no art. 227, referente à paternidade responsável (SARMENTO, 2016).

No entanto, uma pergunta surge: será que é possível afirmar a existência de um direito fundamental à autonomia reprodutiva? Todas as mulheres têm acesso às técnicas de reprodução humana assistida? Haveria limite ao direito fundamental à reprodução, à liberdade de procriação, ao projeto parental? A quem cabe estabelecer esses limites? Aos médicos,[6] às autoridades de saúde, ao Estado, ao Poder Judiciário?

A falta de políticas públicas no Brasil quanto à disponibilidade de métodos e tratamentos conceptivos; a escassez de hospitais públicos[7] que prestam esses serviços; a

---

2. O Código Penal trata da questão do aborto nos arts. 124 a 128, sendo lícita a sua realização apenas nos casos de estupro; risco para a vida da mulher, e em virtude da decisão do Supremo Tribunal Federal na ADPF 54/DF, quando forem fetos anencéfalos. Está em fase de julgamento a ADPF 442 a fim de permitir a interrupção voluntária da gravidez nas 12 primeiras semanas de gestação, que enfrenta, de um lado, o direito à vida dos nascituros e, do outro, na esteira do pedido, a dignidade da mulher, a cidadania, a liberdade, a igualdade, o direito à saúde, o direito ao planejamento familiar etc. Disponível em: [http://portal.stf.jus.br/]. Acesso em: 22.11. 2019.

3. Art. 10, parágrafo 5º, da Lei 9.263/1996: "Art. 10. Somente é permitida a esterilização voluntária nas seguintes situações: § 5º Na vigência de sociedade conjugal, a esterilização depende do consentimento expresso de ambos os cônjuges." (BRASIL, 1996). Brasília, DF: Presidência da República, 1996. Disponível em: [http://www.planalto. gov.br/ccivil_03/leis/l9263.htm]. Acesso em: 17.12.2019.

4. Disponível em: http://www.ans.gov.br/gestao-em-saude/projeto-parto-adequado. Acesso em: 6 set. 2018.
   Disponível em: [https://www.abramge.com.br/portal/index.php/pt-BR/2014-04-11-17-45-11/parto-e-normal]. Acesso em: 6 set. 2018. A Portaria 569 de 2000 do MS instituiu o programa de Humanização no Pré-natal e Nascimento no âmbito do SUS. Disponível em: [http://bvsms.saude.gov.br/bvs/saudelegis/gm/2000/prt0569_01_06_2000_ rep.html]. Acesso em: 06.09.2018.

5. A respeito da violência obstétrica, merece leitura: Terra; Matos (2019).

6. Luciana Medeiros e Marta Verdi fazem a seguinte indagação: "Contudo, dando este mesmo Estado ao médico o poder de decisão sobre o acesso a um serviço destinado a toda uma população, não estaria ele não apenas destinando a um saber socialmente constituído o papel de legislador (que cabe a ele) – como se assim ele se eximisse de qualquer responsabilidade sobre a temática – mas também produzindo mais uma via de interferência (pelas mãos da medicina) nas vidas privadas, excluindo o indivíduo do direito de decidir sobre suas próprias questões fundamentais?" (MEDEIROS; VERDI, 2010, p. 3134-3135).

7. Hospital Universitário Antônio Pedro (Faculdade de Medicina da Universidade Federal Fluminense); Instituto de Ginecologia/Universidade Federal do Rio de Janeiro; Santa Casa; Hospital Universitário Pedro Ernesto (HUPE/

demora no atendimento em razão das longas filas de espera; o elevado custo para realizar o procedimento particular;[8] entre outros fatores, acabam por afastar grande parte da população da concretização de sua vontade de procriar. Além disso, tais fatos têm contribuído, inclusive, para o aumento da adoção do processo de inseminação artificial caseira, como vem sendo noticiado pelos jornais[9] e pelas redes sociais,[10] e que traz diversos questionamentos de ordem ética, moral e jurídica, até mesmo em razão de sua não regulamentação, da quebra do anonimato e da possibilidade de comercialização, além dos riscos à saúde da mulher e do futuro bebê.

A controvérsia acerca do tema impõe uma maior análise pelos operadores do direito da realidade enfrentada por boa parte da população brasileira e os impactos que a falta de acesso às técnicas de reprodução humana assistida têm acarretado.

Para isso, partir-se-á da compreensão dos métodos de reprodução, seu alcance, riscos e custos, em seguida, a análise do enquadramento jurídico desse direito, sua cobertura pelo Sistema Único de Saúde – SUS, e pelo sistema de saúde suplementar (art. 197 e 199, da CF) (BRASIL, 2016a). Para, ao final, a partir do posicionamento da atual jurisprudência quanto ao custeio pelo poder público ou cobertura pelo plano de saúde das técnicas de reprodução assistida, em razão de problemas de fertilidade, verificar se o direito das mulheres ao exercício de sua autonomia existencial reprodutiva, a livre disposição do seu corpo, tem sido observados.

2. AS TÉCNICAS DE REPRODUÇÃO HUMANA ASSISTIDA E O USO DA FIV PELAS MULHERES

A infertilidade, hoje reconhecida pela Organização Mundial de Saúde – OMS como uma patologia, propiciou, de certa forma, a evolução da tecnologia reprodutiva com novas soluções para o seu enfrentamento.

As técnicas de reprodução humana assistida são métodos utilizados para auxiliar e facilitar o homem no processo da prática reprodutiva por meio da manipulação de gametas, feminino e masculino, e de embriões.[11] No entanto, o uso de tais técnicas não se restringe ao "tratamento" da "infertilidade patológica", porquanto são

---

UERJ). Hospital das Clínicas de São Paulo – a maior referência na área no sistema público do Brasil –, em Brasília, o Hospital Materno Infantil (HMIB) Hospital das Clínicas e o Perola Byington, em São Paulo (SP).

8. "A solução convencional é recorrer a uma clínica de reprodução humana para realizar a inseminação artificial (quando o sêmen do homem é depositado direto no útero feminino). A grande barreira, no entanto, é o custo do procedimento, que varia entre R$ 2 mil e R$ 4 mil (quando utilizado o sêmen do próprio parceiro) e chega a custar cerca de R$ 20 mil (com sêmen do laboratório ou banco).". Disponível em: [https://revistacrescer.globo. com/Voce-precisa-saber/noticia/2018/07/inseminacao-artificial-caseira-os-riscos-da-ideia-que-se-espalha-cada--vez-mais-em-grupos-de-internet.html]. Acesso em: 24.11.2019.

9. Disponível em: [http://g1.globo.com/bahia/bahia-agora/videos/v/materia-especial-do-bds-fala-sobre-a-insemi-nacao-artificial-caseira/7480829/]. Acesso em: 24.11.2019. Disponível em: [https://revistacrescer.globo.com/ Voce-precisa-saber/noticia/2018/07/inseminacao-artificial-caseira-os-riscos-da-ideia-que-se-espalha-cada-vez--mais-em-grupos-de-internet.html]. Acesso em: 24.11.2019.

10. Disponível em: [facebook.com/pages/category/Community/Insemina%C3%A7%C3%A3o-casei-ra-114161142333398/]. Acesso em: 24.11.2019.

11. "A Reprodução Humana Assistida (RHA) é, basicamente, a intervenção do homem no processo de procriação natural, com o objetivo de possibilitar que pessoas com problemas de infertilidade e esterilidades satisfaçam o desejo de alcançar a maternidade ou a paternidade." (FREITAS; SIQUEIRA; SEGRE, 2008, p. 93).

empregadas também nos casos de pessoas solteiras, homossexuais e transexuais, propiciando a grupos sociais afastados do discurso político uma maior inserção e o exercício do direito ao planejamento familiar e à pluralidade familiar amparados na Constituição Federal.[12]

As técnicas de reprodução humana assistida[13] dividem-se em: i) inseminação artificial,[14] que ocorre quando a fecundação se dá de forma intracorpórea, ou seja, dentro do corpo da mulher, podendo utilizar a amostra de sêmen do marido, de companheiro da paciente (inseminação artificial homóloga), ou de terceiro, "doador" (inseminação artificial heteróloga); e ii) fertilização *in vitro*,[15] introduzida no ano de 1978, com o nascimento do primeiro bebê de proveta, Louise Brown, na Inglaterra, que acontece quando a fecundação intercorre de manipulação em laboratório, portanto, de forma extracorpórea (BARBOZA, 2004), podendo ser homóloga, quando o material genético empregado na fecundação for exclusivamente do casal que assumiu o projeto parental, ou heteróloga, quando parte ou todo o material genético for de terceiro, "doador" anônimo.

Na fertilização *in vitro* heteróloga, o embrião a ser transferido para o útero materno ou de terceira, no caso de gestação de substituição,[16] poderá ser resultado da combinação: (i) óvulo de doadora anônima + sêmen do pai; (ii) óvulo da mãe + sêmen de doador anônimo; e (iii) óvulo de doadora anônima + sêmen de doador anônimo (DINIZ, 2008).

No âmbito do Direito pátrio, a questão vem sendo negligenciada no que diz respeito à produção legislativa.[17] O Código Civil de 2002 contemplou a reprodução humana assistida apenas em seu artigo 1.597, III, IV e V, que trata da presunção de filiação decorrente da aplicação das técnicas de RA.[18]

---

12. A respeito do tema: Barboza (2009); Barboza; Almeida (2016).
13. Enunciado 105 da I Jornada de Direito Civil, do Conselho de Justiça Federal (CJF): As expressões "fecundação artificial", "concepção artificial" e "inseminação artificial" constantes, respectivamente, dos incs. III, IV e V do art. 1.597 deverão ser interpretadas como "técnica de reprodução assistida". CONSELHO DE JUSTIÇA FEDERAL. *I Jornada de Direito Civil*. 2016. Disponível em: [https://www.cjf.jus.br/cjf/CEJ-Coedi/jornadas-cej/Jornada%20 de%20Direito%20Civil%201.pdf/view]. Acesso em: 17.12.2019.
14. É o método por meio do qual um cateter atravessa o colo do útero e "injeta no interior do órgão uma quantidade de aproximadamente um mililitro de meio de cultura com espermatozoides tratados." (OLMOS, 2003, p. 187).
15. "É um método que promove em laboratório o encontro entre os espermatozoides e um óvulo colhido após tratamento com indutores." (OLMOS, 2003, p. 189).
16. BRASIL. Conselho Federal de Medicina. Resolução 2.168 de 10 de novembro de 2017. Autoriza, no item VII, a situação denominada gestação de substituição, caso exista alguma impossibilidade médica que impeça ou contraindique a gestação, ou nos casos de união homoafetiva e família monoparental. Disponível em: []. Acesso em: 30.01.2018.
17. Existem alguns Projetos de Lei do Senado: i) Projeto Original 90 de 1999, que foi aprovado e destinado para a Câmara, convertendo-se em Projeto de Lei 115/2015 – Institui o Estatuto da Reprodução Assistida, para regular a aplicação e utilização das técnicas de reprodução humana assistida e seus efeitos no âmbito das relações civis sociais. Conforme informações constantes na página do Senado na internet, os projetos de Lei sobre reprodução humana assistida, estão apensados uns aos outros.
    ii) Projeto de Lei 1.184, de 2003 – Define normas para realização de inseminação artificial e fertilização "in vitro"; proibindo a gestação de substituição (barriga de aluguel) e os experimentos de clonagem radical. iii) Projeto de Lei 4892/2012 – Institui o Estatuto da Reprodução Assistida, para regular a aplicação e utilização das técnicas de reprodução humana assistida e seus efeitos no âmbito das relações civis sociais. (Apensado ao PL 1184/2003).
18. "[...] contemplou a nova Lei Civil (Lei 10.406, de 10.01.2002) três hipóteses de procriação artificial, incluindo na presunção de paternidade resultante do casamento os filhos: a) havidos por fecundação artificial homóloga, mesmo que falecido o marido; b) havidos, a qualquer tempo, quando se tratar de embriões excedentários, decorrentes de concepção artificial homóloga; e c) havidos por inseminação artificial heteróloga, desde que tenha havido prévia autorização do marido (art. 1.597, III, IV e V).". (BARBOZA, 2004a).

No Brasil, desde 1992, a deontologia médica se encarregou de trazer diretrizes nesse sentido. A primeira Resolução editada pelo Conselho Federal de Medicina – CFM, regulamentando as normas éticas na utilização das técnicas de reprodução humana assistida, foi a Resolução 1.358/1992 do CFM, de 19 de novembro de 1992. Após 18 anos de vigência, essa foi revogada pela Resolução 1.957/2010 do CFM, de 06 de janeiro de 2011, que veio a ser substituída pela Resolução 2.013/2013 do CFM, de 09 de maio de 2013 revogada, posteriormente, pela Resolução 2.121/2015 do CFM, de 24 de setembro de 2015 que, após quase 2 anos de vigência, foi recentemente substituída pela Resolução atualmente em vigor, qual seja, a de n. 2.168/2017, de 10 de novembro de 2017, revogando e substituindo a Resolução 2.121/2015 do CFM, com algumas modificações.

Entre as principais mudanças trazidas pela Resolução 2.168/2017 do CFM, está o aumento da rede de familiares consanguíneos que podem ceder o útero temporariamente para pacientes de RA; a diminuição do tempo de congelamento para o descarte de embriões criopreservados; a possibilidade de descarte de embriões abandonados; e a possibilidade da doação voluntária de gametas femininos.

As referidas resoluções, que têm orientado os profissionais de saúde e os que atuam no setor, vêm sendo objeto de estudos pelos civilistas, e já estão sendo aplicadas pelos Tribunais Inferiores e Superiores que reconhecem sua força normativa. No entanto, devem ser afastadas quando, em cotejo com os valores e princípios constitucionais, demonstrem sua inobservância.

A possibilidade de utilização das técnicas de reprodução humana assistida, procedimento complexo, de várias etapas e elevado custo, tem acarretado um aumento no volume de demandas judiciais. A análise será feita pela perspectiva das mulheres que buscam acesso ao tratamento por meio da fertilização *in vitro* por problemas de fertilidade.

A fertilização *in vitro*, como já explicado, pode ocorrer com material da própria mulher ou com doação de terceiro. No caso do uso do próprio óvulo, a mulher dará início ao ciclo da FIV com a estimulação hormonal com uso de medicamentos injetáveis para estimulação da produção de óvulos. Em seguida, será submetida a exames de ultrassonografias repetidas para coleta dos óvulos maduros. Após a coleta do gameta feminino, será feita a manipulação do embrião com a junção do gameta masculino, seja do casal ou de terceiro por meio da doação.[19] Quando a mulher utiliza óvulo de doadora[20] também passará por um longo processo para receber o embrião. Mas em ambos os casos o tratamento envolve várias etapas, riscos e custos elevados, com o uso de medicação, a realização de exames, a participação de vários profissionais da área da saúde, a necessidade do uso dos serviços das clínicas, laboratórios, sem ter garantia de êxito, pois o sucesso depende de vários fatores (idade da mulher, condições fisiológicas etc.), que devem ser previamente esclarecidos por meio do consentimento informado.

Nessa seara se verifica uma forte interseção entre a Medicina e o Direito, especialmente quando a questão será resolvida levando em consideração a orientação médica quanto à indicação do uso das técnicas de reprodução, a chance de sucesso, considerando as especi-

---

19. A respeito do procedimento: Tecnologias de reprodução assistida no Brasil: opções para ampliar o acesso. Disponível em: [https://www.scielosp.org/article/physis/2015.v25n3/753-777/#]. Acesso em: 24.11.2019.

20. Sobre doação de óvulos, cabe a leitura: Wallauer; Pereira (2019).

ficidades do paciente. Além disso, o problema do acesso a esse tratamento envolve direitos envolvidos, que ultrapassam o campo da saúde, e abarcam o planejamento familiar – com atuação do Estado e dos participantes da saúde suplementar (FIGUEIREDO, 2012).

3. DIREITO À SAÚDE E DIREITO AO PLANEJAMENTO FAMILIAR

O direito ao planejamento familiar está diretamente atrelado ao direito reprodutivo da mulher, ao livre exercício da sexualidade e da maternidade.[21] Esses direitos estão alicerçados no princípio da dignidade da pessoa humana (art. 1º, III, da Constituição Federal), na autonomia reprodutiva, que constitui além de um direito ao livre desenvolvimento, um direito da personalidade – direito humano fundamental[22] – consagrado não só na Constituição Federal como em normas e instrumentos internacionais.[23] Ao lado do direito da mulher também não se pode deixar de ressaltar os princípios do melhor interesse da criança e da paternidade/maternidade responsável (art. 227, *caput*, da Constituição Federal), que devem ser observados em conjunto com o direito reprodutivo.

Para o exercício da autonomia reprodutiva é necessário um conjunto de ações de regulação da fecundidade que garanta acesso universal e igualitário de constituição, limitação ou aumento da prole pela mulher, pelo homem ou pelo casal (art. 196 da Constituição Federal e art. 2º da Lei 9.263/1996), e que está diretamente ligado ao atendimento global e integral à saúde, direito social (art. 6º da Constituição Federal) (BRASIL, 1996; 2016a).

Ao Estado cabe promover a saúde, o que pode ser feito diretamente ou por meio de terceiros e, também, por pessoa física ou jurídica de direito privado (art. 197 da Constituição Federal) (BRASIL, 2016a). O Sistema Único de Saúde e/ou em associação (art. 198 da Constituição) deve promover condições e recursos informativos, educacionais, técnicos e científicos que assegurem o livre exercício do planejamento familiar (art. 3º, 5º, 9º, da Lei 9.263/1996), seja para contracepção (fornecimento de métodos contraceptivos, esterilização por meio de vasectomia, laqueadura, aborto etc.), seja para concepção (BRASIL, 1996; 2016a).

O emprego das técnicas de reprodução humana assistida está diretamente atrelado ao direito humano fundamental à liberdade de procriação no seu aspecto positivo e não no negativo de contracepção (esterilização), o que torna indispensável o acesso aos serviços de saúde, seja por meio das instituições privadas ou públicas. Nesse sentido, a própria lei de planejamento determina que devem ser oferecidos todos os métodos e técnicas de

---

21. A garantia do direito reprodutivo como bem apontado no Enunciado 68 da II Jornada de Direito de Saúde promovida pelo Conselho Nacional de Justiça, vai propiciar o conjunto de direitos por ele abrangido – o livre exercício da sexualidade e da reprodução humana.

22. "O direito à reprodução sexual integra tanto o rol dos chamados direitos humanos, analisando-o sob a perspectiva de um 'direito das gentes', quanto dos direitos fundamentais, se examinado sob a ótica do exercício desse direito no âmbito de cada Estado, e, por fim, dos direitos de personalidade, no sentido de cada pessoa poder reproduzir-se livremente. Neste sentido, então, o exercício de sua autonomia é exercido em todos os níveis: internacional (direitos humanos), nacional (direitos fundamentais), e pessoal (direitos de personalidade)." (GOZZO, 2012).

23. Convenção Americana dos Direitos Humanos (Pacto de São José de Costa Rica); Convenção sobre a Eliminação de todas as formas de Discriminação contra a Mulher de 1979, ratificada pelo Brasil em 01/02/1984; Declaração e o Programa de Ação de Viena, resultante da II Conferência Mundial sobre Direitos Humanos, realizada no ano de 1993 (art. 18); Relatório final da Conferência Internacional sobre População e Desenvolvimento – Plano de Ação do Cairo, 1994 (princípio 8), Conferência Mundial de Beijing (art. 17.2).

concepção cientificamente aceitos e que não coloquem em risco a vida e saúde, devendo haver uma avaliação e acompanhamento clínico, com a devida informação sobre os riscos, vantagens, desvantagens e eficácia (art. 9º da Lei 9263/1996) (BRASIL, 1996).

No Brasil,[24] no entanto, tem predominado as ações voltadas para a anticoncepção,[25] faltando planos e políticas para a assistência à concepção necessários para garantir o acesso universal, igualitário, às ações e serviços para promoção, proteção e recuperação da saúde (art. 196 da Constituição Federal) (BRASIL, 2016a).

É dever do Estado,[26] de todos os entes federativos, de forma solidária[27] (art. 23, II, 196, CF) assegurar o acesso à saúde, a assistência médica-farmacêutica integral, o que inclui o fornecimento das técnicas de reprodução humana assistida e medicamentos para propiciar o exercício do direito à procriação a todo cidadão (BRASIL, 2016a).

O Sistema Único de Saúde – SUS (Lei 8.080/1990), incluindo todos os seus beneficiários, deve ter ações que permitam o exercício do planejamento familiar reprodutivo, o que já é previsto nas seguintes normas: Portaria 426/GM/MS de 22 de março de 2005, que institui a Política Nacional de Atenção Integral em Reprodução Humana Assistida; Portaria 1.459/GM/MS de 24 de junho de 2011, que institui no âmbito do Sistema Único de Saúde (SUS), a Rede Cegonha (arts. 2º e 4º no inciso V); Portaria 3.149/GM/MS de 28 de dezembro de 2012, que estabelece a destinação de recursos financeiros aos estabelecimentos de saúde que realizam procedimentos de atenção à Reprodução Humana Assistida, no âmbito do SUS, incluindo a fertilização *in vitro* e/ou a injeção intracitoplasmática de espermatozoides.

O uso das técnicas de reprodução, apesar de ligado à saúde pública, não se limita aos casos de diagnóstico de infertilidade[28-29] como, por exemplo, a verificação de endo-

---

24. Existem projetos de lei que tramitam na Câmara (PL 1.184/03 – o mais avançado em tramitação – e PL 5730/09), que tornam obrigatória a cobertura da Reprodução Assistida pelo SUS.

25. A respeito do tema: Barboza (2004ª).

26. A Constituição do Estado do Rio de Janeiro assegura no artigo 35 a liberdade procriativa com o fornecimento de meios para sua efetivação: Art. 35 – O Estado garantirá o direito à autorregulação da fertilidade como livre decisão da mulher, do homem ou do casal, tanto para procriar como para não o fazer, competindo-lhe, nos diversos níveis administrativos, fornecer os recursos educacionais, científicos e assistenciais para assegurar o exercício daquele direito, vedada qualquer atuação coercitiva ou indutiva de instituições públicas ou privadas. RIO DE JANEIRO. [Constituição Estadual (c2007)]. *Constituição do Estado do Rio de Janeiro.* Rio de Janeiro: Assembleia Legislativa do Estado do Rio de Janeiro, c2007. Disponível em: [http://alerjln1.alerj.rj.gov.br/constest.nsf/PageConsEst?OpenPage]. Acesso em: 17.12.2019.

27. RIO GRANDE DO SUL. Tribunal de Justiça do Rio Grande do Sul. *Apelação e Reexame Necessário 70068824671 da Vigésima Segunda Câmara Cível.* Relatora: Des. Denise Oliveira Cezar, 09 de junho de 2016.

28. Vanessa Sampaio destaca que infertilidade se difere de esterilidade: "A infertilidade traduz-se na diminuição da capacidade de ter filhos devido a alterações no sistema reprodutor masculino ou feminino, ou de ambos. Um casal é considerado infértil quando não consegue conceber num período de 12 a 18 meses, sem uso de métodos anticoncepcionais, mantendo relações sexuais frequentes. Já a esterilidade constitui a incapacidade absoluta de fertilização natural. Diz-se que um casal é estéril quando a capacidade natural de gerar filhos é nula." (SOUZA, 2016, p. 24-48).

29. Em Portugal, a Ministra da Saúde aprovou critérios de acesso dos casais às técnicas de PMA, tendo por base orientações de natureza estritamente técnica e de custo-benefício em saúde materno-infantil e são similares aos que prevalecem em grande parte dos países europeus, quais sejam: qualquer mulher, independentemente da sua idade, desde que referenciada pelo Médico de Família, pode aceder a uma consulta de apoio à fertilidade; todas as mulheres que não ultrapassem os 42 anos (41 anos e 364 dias) e que tenham indicação clínica para o fazer, serão admitidas ao conjunto de Técnicas de PMA de 1.ª linha (indução de ovulação e inseminação intrauterina); todas as mulheres que não ultrapassem os 40 anos (39 anos e 364 dias), com indicação clínica para tal, serão admitidas às Técnicas de PMA de 2ª linha (fertilização *in vitro* e injeção intracitoplasmática de espermatozoide). Disponível

metriose, obstrução tubária, ausência de tromba, Síndrome de Turner, entre outras,[30] pode ser uma forma de controle para evitar nascimento de criança com doença grave, com doenças de origem genética ou cromossômica, servindo de prevenção por meio de diagnósticos embrionários pré-implantatório,[31] ou para nascimento de criança que auxiliará no tratamento de outra. Há ainda, os casos de mulheres que optam por esse método por outras razões como a constituição de famílias monoparentais, homoafetivas, o que também encontra respaldo constitucional (art. 226, §§ 1º, 3º, e 4º, da Constituição Federal) (BRASIL, 2016a). Nessa última hipótese, pode-se enfrentar dificuldades no acesso às técnicas de reprodução, já que não está atrelada ao direito à saúde.

A Resolução 2.168/2017, do CFM, que estabelece as normas éticas para a utilização das técnicas de reprodução assistida, assevera seu papel de auxiliador na resolução dos problemas de reprodução humana, facilitando o processo de procriação, além de poderem ser utilizadas na preservação social e/ou oncológica de gametas, embriões e tecidos germinativos, ressalvando o seu uso, desde que exista a probabilidade de sucesso e desde que não se incorra em um risco grave de saúde para o(a) paciente ou o possível descendente (itens I.1, I.2, I.3) (CONSELHO FEDERAL DE MEDICINA, 2017). Além disso, ampliou o uso da técnica para relacionamentos homoafetivos e pessoas solteiras (item II.2) (CONSELHO FEDERAL DE MEDICINA, 2017).

O problema é que nem todos os hospitais públicos oferecem esses serviços, e os que podem prestá-los apresentam uma fila considerável, o que dificulta o acesso. Além disso, nem todos os entes privados têm convênio com o SUS para cobrir esse tipo de procedimento de reprodução. Esses fatores acabam por acarretar a busca por meio do Poder Judiciário para que determine o custeio pelo Estado ou a cobertura pelos planos

---

em: [https://www.saudereprodutiva.dgs.pt/gestao-de-noticias/ministerio-da-saude-fixa-criterios-de-acesso--dos-casais-as-tecnicas-de-procriacao-medicamente-assistida.aspx]. Acesso em: 02.12.2019. A Lei 32/2006 de Portugal prevê art. 4º: "Recurso à PMA. 1 – As técnicas de PMA são um método subsidiário, e não alternativo, de procriação. 2 – A utilização de técnicas de PMA só pode verificar-se mediante diagnóstico de infertilidade ou ainda, sendo caso disso, para tratamento de doença grave ou do risco de transmissão de doenças de origem genética, infecciosa ou outras. 3 – As técnicas de PMA podem ainda ser utilizadas por todas as mulheres independentemente do diagnóstico de infertilidade.". PORTUGAL. Lei 32/2006, de 26 de julho de 2006. Procriação Medicamente Assistida. *Procuradoria-Geral Distrital de Lisboa.* Lisboa, 26 jul. 2006. Disponível em: [http://www.pgdlisboa.pt/leis/lei_mostra_articulado.php?nid=903&tabela=leis&so_miolo=]. Acesso em: 17.12.2019.

30. Para a "Organização Mundial de Saúde 'a infertilidade é a incapacidade que um casal tem de conceber após um ano de relacionamento sexual sem uso de medidas contraceptivas', se restringirmos o sentido de infertilidade apenas como problema médico, e como tal solucionado via tecnologias reprodutivas, não serão colocadas em discussão no acesso a serviços de saúde as possibilidades de tratamento de causas de infertilidade que 'podem ser prevenidas, como doenças sexualmente transmissíveis (DSTs), poluição, pobreza, trabalho insalubre, aditivos químicos, hormônios, dispositivo intrauterino (DIU), infecção pós-parto e esterilização precoce de mulheres', que teriam um impacto mais abrangente do que as técnicas de RHA em si." (MEDEIROS; VERDI, 2010, p. 3135). É importante ressaltar a oncofertilidade que é uma interespecialidade da Medicina reprodutiva e Oncologia que surgiu recentemente e utilizada para preservar a fertilidade do paciente que será submetido a tratamentos oncológicos gonadotóxicos. Pacientes jovens em idade reprodutiva são submetidas à quimio ou radioterapia para tratamento de doenças neoplásicas (p.ex. câncer de mama, leucemias, linfomas), hematológicas não neoplásicas (p. ex. anemia aplásica severa) ou mesmo reumatológicas (p. ex. LES), e que podem preservar seus materiais genéticos para procriação futura (congelamento de espermatozoides, além de vitrificação de óvulos e embriões com excelentes resultados. Nessa parte também deve-se refletir do papel do Estado em propiciar esse tratamento prévio e até mesmo a inclusão pelos planos de saúde de sua cobertura.

31. O diagnóstico genético pré-implantacional tem sido utilizado para estudo para verificar a saúde genética dos embriões, a existência de doença hereditária, de doenças raras, ou a presença de alguma alteração cromossômica que ocasione o desenvolvimento de uma doença futura. A respeito do tema, Pereira (2019).

AUTONOMIA REPRODUTIVA DA MULHER, REPRODUÇÃO HUMANA ASSISTIDA E JURISPRUDÊNCIA **425**

privados de saúde dos serviços de reprodução que, além de serem especializados e de grande complexidade, é de custo elevado.

Ao tratar do acesso às técnicas de reprodução no âmbito privado, o fundamento do direito ao planejamento familiar por si só poderia acarretar obstáculo à responsabilidade do prestador de serviço de plano de saúde. Já ao se referir ao impedimento em razão de infertilidade – doença – surge outra barreira – os limites contratuais, que têm encontrado amparo na Lei de Planos de Saúde e pela Agência Nacional de Saúde[32] (Lei 9.961/1990) que regula o setor (arts. 10, III, 35-C, III, ambos da Lei 9.656/1998,[33] Resolução Normativa 428, de 7 de novembro de 2017, da ANS – art. 20, parágrafo 1º, III), que afastam da cobertura certos procedimentos. Dessa forma, diverge o regime legal e as obrigações que são impostas ao particular e ao Estado.

4. O ACESSO ÀS TÉCNICAS DE REPRODUÇÃO HUMANA ASSISTIDA E A JURISPRUDÊNCIA

A discussão quanto à observância da autonomia reprodutiva da mulher em razão dos limites que enfrenta pela dificuldade de acesso às técnicas de reprodução humana assistida ganha relevo quando se analisa o custeio dos tratamentos em caso de infertilidade, seja por parte do Poder Público, seja pelos planos de saúde.

Os Tribunais de Justiça têm divergido acerca do dever do Estado de custear tratamento de fertilização, mais especificamente, a FIV, em razão da complexidade do procedimento, dos riscos e custos elevados e do desequilíbrio orçamentário que levaria à ponderação quanto ao atendimento a outras necessidades mais urgentes da população, considerando a reserva do possível e o mínimo existencial. Já em relação à cobertura pelos planos de saúde que demanda a interpretação quanto à abusividade ou não das cláusulas excludentes constantes nos contratos de assistência à saúde celebrados com planos de saúde, tem preponderado a não obrigatoriedade em razão da Lei 9.656/98, art. 10, III, de acordo com o posicionamento mais recente do Superior Tribunal de Justiça,[34] embora existam decisões favoráveis.[35]

---

32. Disponível em: [http://www.ans.gov.br/planos-de-saude-e-operadoras/espaco-do-consumidor/central-de-atendimento-ao-consumidor/index.php?option=com_centraldeatendimento&view=pergunta&resposta=464&historico=1970068]. Acesso em: 25.11.2019.

33. Art. 10. É instituído o plano-referência de assistência à saúde, com cobertura assistencial médico-ambulatorial e hospitalar, compreendendo partos e tratamentos, realizados exclusivamente no Brasil, com padrão de enfermaria, centro de terapia intensiva, ou similar, quando necessária a internação hospitalar, das doenças listadas na Classificação Estatística Internacional de Doenças e Problemas Relacionados com a Saúde, da Organização Mundial de Saúde, respeitadas as exigências mínimas estabelecidas no art. 12 desta Lei, exceto: (Redação dada pela Medida Provisória 2.177-44, de 2001)
[...] III – inseminação artificial;
Art. 35-C. É obrigatória a cobertura do atendimento nos casos:
[...] III – de planejamento familiar. (Incluído pela Lei 11.935, de 2009). BRASIL. *Lei 9.656, de 3 de junho de 1998.* Dispõe sobre os planos e seguros privados de assistência à saúde. Brasília, DF: Presidência da República, 1998. Disponível em: [http://www.planalto.gov.br/ccivil_03/leis/l9656.htm]. Acesso em: 17.12.2019.

34. BRASIL. Superior Tribunal de Justiça (4ª Turma). *Agravo Interno no Recurso Especial 1.808.166/SP.* Relator: Min. Marco Buzzi, 30 de setembro de 2019c.

35. Encontra-se *sub judice* o REsp 1.794.629, que tem origem no Tribunal de Justiça de São Paulo, que julgou procedente a ação de casal (marido e mulher inférteis) para determinar à operadora o custeio do procedimento. O

A regulação dessas duas situações jurídicas é feita por normas diversas, mas ambas com a interpretação decorrente das normas constitucionais que permeiam todo o sistema jurídico pátrio acerca do planejamento familiar e do direito de saúde.

Por parte do Poder Público vários argumentos são utilizados para não custeio do tratamento de reprodução assistida:[36] i) sopesar os interesses particulares e o interesse público;[37] ii) o acesso igualitário à assistência médica e farmacêutica se destina exclusivamente à proteção indispensável à vida e à saúde; iii) ausência de risco iminente à saúde ou à vida;[38] iv) a escassez de recursos, as precárias condições financeiras e com notória dificuldade em atender satisfatoriamente a população na área da saúde pública, pelo que é necessário o direcionamento dos recursos públicos para as ações mais urgentes relativas à saúde pública, a Administração deve atender às demandas sociais pautada na razoabilidade e no princípio da reserva do possível, não podendo fornecer todo e qualquer tratamento que, eventualmente, seja considerado viável para o cuidado da patologia, sobretudo sem a comprovação da real urgência;[39] vi) necessidade de pedido prévio na via administrativa, nos hospitais que dão acesso; vii) obrigatoriedade de observância da fila; vii) falta de comprovação de êxito no tratamento;[40] e viii) não seria assegurado por lei, nem estaria regulamentado por programa governamental de planejamento familiar, além de não se mostrar indispensável para a manutenção da saúde.

Todos esses argumentos de ordem econômica, biológica, jurídica, social acabam por caracterizar verdadeiras restrições do acesso, que se baseiam ora na desnecessidade das intervenções, como se fosse escolha por mero capricho, futilidade; ora pela presença de riscos à saúde da mulher e/ou da criança, que pode nascer com sequelas, apontada pelos médicos e profissionais de saúde, além dos casos que implicam na análise do melhor interesse da criança refletida em possíveis danos psicofísicos ou sociais quando diante de maternidade tardia, ou casos de mães solteiras e de homossexuais (OLIVEIRA, 2014).

Mas, quem seria responsável por certas avaliações? Os médicos, o Estado? Seriam as restrições de ordem biológica apresentadas pelos médicos dos serviços de medicina de

---

Ministro Relator Moura Ribeiro, votou a favor do casal e, após pedido de vista, a Ministra Nancy se posicionou de forma divergente, negando a cobertura de fertilização in vitro por plano de saúde. A questão está pendente de julgamento final, mas já demonstra que se trata de questão polêmica.

36. Cabe fazer menção ao estudo feito por Vanessa Sampaio em artigo que abordou ampla pesquisa acerca das decisões do Tribunal de Justiça do Estado do Rio de Janeiro, entre os anos de 2005 e 2015, em ações em que muitos casais pleiteavam ao Estado, ao do Município ou a ambos solidariamente, a prestação coercitiva ou o custeio de serviços de reprodução assistida sob o argumento da existência do direito ao planejamento familiar e da catalogação da infertilidade como problema de saúde (Classificação Estatística Internacional de Doenças e Problemas Relacionados à Saúde – CID 10) (SOUZA; CALDAS, 2016).

37. Tribunal de Justiça do Estado de São Paulo, Apelação Cível 1008271-55.2018.8.26.0032. Relator: Oscild de Lima Júnior. 11ª Câmara de Direito Público. Data do julgamento: 07/11/2018.
Tribunal de Justiça do Rio Grande do Sul. Apelação cível 70071465405. Relator: Matilde Chabar Maia. Terceira Câmara Cível. Julgado em: 25/11/2016.

38. SÃO PAULO. Tribunal de Justiça do Estado de São Paulo. *Agravo de Instrumento 3000013-34.2018.8.26.9049, da Turma Recursal Cível e Criminal*. Relatora: Des. Andréa Schiavo, 25 de setembro de 2018a.

39. SÃO PAULO. Tribunal de Justiça do Estado de São Paulo. *Apelação Cível 1008271-55.2018.8.26.0032*. Relator: Oscild de Lima Júnior, 07 de novembro de 2018b.
RIO GRANDE DO SUL. Tribunal de Justiça do Estado do Rio Grande do Sul. *Apelação Cível 70071465405*. Relatora: Matilde Chabar Maia, [20--?].

40. SÃO PAULO. Tribunal de Justiça do Estado de São Paulo. *Apelação/Remessa Necessária 1026471-51.2015.8.26.0506*. Relator: Carlos von Adamek, 28 de fevereiro de 2019.

reprodução suficientes para vincular os aplicadores do direito quanto às objeções ao acesso de certas pessoas às técnicas de reprodução, seriam lícitas as negativas com esse fundamento? Todo procedimento não gera riscos? O fato do Estado não cumprir com seus deveres de garantir saúde, educação, saneamento básico, entre outros direitos fundamentais seria motivo para ponderar quais os direitos prevalecem diante do quadro de escassez?

O Supremo Tribunal Federal[41] ainda não enfrentou diretamente a questão, pois em pesquisa realizada no sítio do tribunal, os casos apreciados foram acerca do custeio pelo Estado de despesas com deslocamento para tratamento de fertilização em outra localidade, em que não adentrou no mérito em razão da matéria não alcançar estatura constitucional, pois eventual ofensa aos preceitos constitucionais invocados ocorreu de forma reflexa (art. 196 da Constituição Federal) (BRASIL, 2016a), além de demandar a reelaboração do quadro fático, o que encontra óbice por força da Súmula 279 do STF.[42]

Por outro lado, o Superior Tribunal de Justiça[43] já decidiu que a questão é de enfoque eminentemente constitucional, o que torna inviável a sua análise, sob pena de usurpação da competência do STF (Súmula 126 do STJ). Entretanto, a Segunda Turma do STJ, no Resp 1.617.970 – RJ, por unanimidade, nos termos do voto do relator, Ministro Herman Benjamin, negou provimento em parte ao recurso interposto pelo Estado do Rio de Janeiro, que fora condenado à obrigação de arcar com todo o tratamento de fertilização *in vitro* da recorrida no local indicado pelo ente público, apenas tendo que pagar as despesas efetuadas em hospital particular caso não cumpra a decisão judicial, ressaltando que não houve violação ao artigo 2º, § 1º, da Lei 8.080/1990, estando a interpretação do Tribunal fluminense de acordo com os precedentes do STJ, no sentido de que é dever do Estado, incluindo os seus três entes políticos, a garantia da saúde da população.

Apesar de forte tendência jurisprudencial em afastar o dever do Estado de custear tratamentos de fertilidade pleiteados pela via judicial, algumas decisões[44] se inclinam pela obrigatoriedade. O fundamento é justamente o princípio da dignidade da pessoa humana, o direito à preservação da saúde e da vida (arts. 196, 198, CF) (BRASIL, 2016a), ao planejamento familiar do exercício da autonomia privada que inclui a oferta de todos os métodos e técnicas cientificamente aceitas para concepção (art. 226, § 7º, arts. 2º, 3º, 4º, 9º, Lei 9296/96, Portarias do SUS, Resoluções do CFM). Outro argumento é que quanto mais velha a mulher fica, mais célere deve ser o fornecimento do tratamento.[45]

---

41. Segundo Agravo Regimental no Recurso Extraordinário. Administrativo. Tratamento de fertilização in vitro. Deslocamento e tratamento. Custeio do deslocamento pelo Estado. Análise de legislação infraconstitucional. Ofensa reflexa. Agravo regimental desprovido. BRASIL. Supremo Tribunal Federal (1ª Turma). *Segundo Agravo Regimental no Agravo Regimental no Recurso Extraordinário 790.771*. Relator: Min. Luiz Fux, 16 de setembro de 2016c.
No mesmo sentido: BRASIL. Supremo Tribunal Federal (1. Turma). *Agravo no Recurso Extraordinário 792.869*. Relatora: Min. Rosa Weber, 19 de dezembro de 2014.

42. BRASIL. Superior Tribunal de Justiça. Súmula 279. Para simples reexame de prova não cabe recurso extraordinário. *Súmula da Jurisprudência Predominante do Supremo Tribunal Federal – Anexo ao Regimento Interno*, Brasília, DF, p. 127, 1964.

43. BRASIL. Superior Tribunal de Justiça (2. Turma). *Agravo Regimental no Recurso Especial 1471559/RJ*. Relatora: Assusete Magalhães, 24 de fevereiro de 2015b.

44. RIO DE JANEIRO. Tribunal de Justiça do Rio de Janeiro. *Apelação Cível 0006500-48.2013.8.19.0026 da Vigésima Primeira Câmara Cível*. Relator: Des. André Ribeiro, 04 de julho de 2017.

45. Nesse sentido: RIO DE JANEIRO. Tribunal de Justiça do Rio de Janeiro. *Apelação Cível 0002218-83.2014.8.19.0073 da Décima Primeira Câmara Cível*. Relator: Des. Fernando Cerqueira Chagas, 24 de fevereiro de 2016. RIO GRANDE DO SUL. Tribunal de Justiça do Rio Grande do Sul. *Agravo de Instrumento 70047263785 da Vigésima Primeira*

No que diz respeito aos planos de saúde, o fundamento de algumas decisões[46] tem se inclinado no sentido de permitir a cobertura pela aplicação do Código de Defesa do Consumidor, que determina interpretação mais favorável ao usuário das cláusulas contratuais (art. 47 e art. 423, CC) (BRASIL, 1990). Logo, considera abusivas as cláusulas que afastam alguns direitos e coloque o consumidor em desvantagem (art. 51, IV e § 1º, II) (BRASIL, 1990). Por essa razão, como a infertilidade é reconhecida como doença, consoante a Classificação Estatística Internacional de Doenças e Problemas Relacionados com a Saúde, da Organização Mundial de Saúde, e é direito assegurado na Constituição Federal o planejamento familiar (art. 226, § 7º) (BRASIL, 2016a), deve ser assegurado o tratamento de reprodução humana, na modalidade de Fertilização *in Vitro*, por ser considerado o procedimento mais eficaz da medicina reprodutiva, com maior taxa de gravidez, dependendo do diagnóstico da infertilidade do casal e da idade materna. Esse direito estaria assegurado na própria Lei 9.656/98 (art. 35-C, III) (BRASIL, 1998), que prevê expressamente que os planos de saúde são obrigados a cobrir atendimentos nos casos de planejamento familiar, o que envolve o custeio desse tratamento. Além disso, considera o rol de procedimentos previstos em resolução normativa da ANS exemplificativo.

No entanto, tem prevalecido no Superior Tribunal de Justiça o entendimento de que o tratamento de fertilização *in vitro* é de cobertura facultativa pelos planos de saúde, conforme disposição expressa do art. 10 da Lei 9.656/98 (BRASIL, 1998) e atualmente[47] a Resolução 428 da ANS, de 17/03/2017, que disciplinam os procedimentos de cobertura obrigatória incluídos no planejamento familiar, art. 35-C, inc. III, da Lei 9.656/98 (BRASIL, 1998).[48]

Em abril de 2019, a Terceira Turma do STJ analisou a questão objeto do presente artigo ao decidir no Resp 1.795.867 – SP, recurso interposto pela operadora de saúde contra decisão do Tribunal de Justiça do Estado de São Paulo, que manteve a sentença e deferiu o pedido de cobertura de tratamento de fertilização *in vitro* por paciente portadora de um quadro de endometriose pélvica severa que obstruiu suas trompas e produziu a impossibilidade de gravidez espontânea.

De acordo com a decisão recorrida, a cobertura do tratamento é devida pela interpretação dos artigos 10, *caput*, e 35-C, III, da Lei 9.656/98 por se tratar de casos de planejamento familiar, o que inclui direito de constituição de prole, art. 2º da Lei 9.263/1996, não aplicando o art. 10, III, da Lei 9.656/98 por ausência de subsunção. Além disso, a inseminação artificial não pode ser confundida com fertilização *in vitro*, por se tratar de procedimentos distintos.

Câmara Cível. Relator: Des. Francisco José Moesch, 18 de abril de 2012. RIO DE JANEIRO. Tribunal de Justiça do Rio de Janeiro. *Apelação Cível 0431208-92.2012.8.19.0001 da Oitava Câmara Cível*. Relatora: Des. Norma Suely Fonseca Quintes, 10 de agosto de 2015.

46. BAHIA. Tribunal de Justiça da Bahia. *Apelação Cível 0562462-88.2018.8.05.0001 da Terceira Câmara Cível*. Relatora: Des. Sandra Inês Moraes Rusciolelli Azevedo, 22 de outubro de 2019.

47. Anteriormente a matéria era disciplinada pelas Resoluções Normativas 192/09 e 387/15 da ANS.

48. Nesse sentido merece citar os seguintes julgados de vários Tribunais de Justiça do Brasil: BRASÍLIA. Tribunal de Justiça do Distrito Federal e Territórios. *Apelação Cível 0717160-32.2017.8.07.0001 da Sexta Turma Cível*. Relatora: Des. Vera Andrighi, 10 de maio de 2018.; SÃO PAULO. Tribunal de Justiça de São Paulo. *Apelação Cível 1114468-92.2016.8.26.0100 da Terceira Câmara de Direito Privado*. Relator: Des. Nilton Santos Oliveira, 17 de setembro de 2018c.; BRASÍLIA. Tribunal de Justiça do Distrito Federal e Territórios. *Apelação Cível 0708835-68.2017.8.07.0001, da Primeira Turma Cível*. Relator: Des. Roberto Freitas, 07 de fevereiro de 2019; RIO DE JANEIRO. Tribunal de Justiça do Rio de Janeiro. *Apelação Cível 0010524-91.2016.8.19.0066 da Vigésima Câmara Cível*. Relatora: Des. Conceição Aparecida Mousnier Teixeira de Guimarães Pena, 04 de junho de 2018.

Os ministros, por sua vez, por unanimidade, deram provimento ao recurso especial para reformar a r. decisão recorrida, sob o argumento de que não é obrigatória a cobertura da técnica de fertilização *in vitro*, pela interpretação dos artigos 10, III, e 35-C, III, da Lei dos Planos de Saúde (Lei 9.656/98), que versam sobre exigências mínimas de ofertas aos consumidores e pela aplicação da Resolução Normativa 387/2015, vigente à época do caso em julgamento.[49] A Lei do Plano de Saúde exclui a obrigatoriedade de custear a inseminação artificial, mas determina a cobertura de atendimento no caso de planejamento familiar, tendo a ANS, órgão responsável por definir a amplitude das coberturas do plano-referência de assistência à saúde, previsto a possibilidade de exclusão da inseminação artificial do rol de procedimentos que abarcam o planejamento familiar e as técnicas a elas atreladas, nos termos dos arts. 8º, I, 20, parágrafo 1º, III (Resolução Normativa 387/2015).[50] No entanto, assevera a cobertura de outros procedimentos necessários à concepção e à contracepção relacionados ao genital e reprodutor masculino e feminino afetos ao planejamento familiar como o acompanhamento de profissional habilitado (v.g. ginecologistas, obstetras, urologistas), a realização de exames clínicos e laboratoriais, os atendimentos de urgência e de emergência, inclusive a utilização de recursos comportamentais, medicamentosos ou cirúrgicos, reversíveis e irreversíveis em matéria reprodutiva. Logo, conclui pela licitude da exclusão da inseminação artificial do rol de procedimentos obrigatórios do plano-referência,[51] com a ressalva de que cabe ao Estado, a quem se aplica a Lei 9.263/1996, a prestação de serviços públicos de saúde, e, portanto, a disponibilização pelo Sistema Único de Saúde de auxílio referente à reprodução assistida na modalidade fertilização *in vitro* por se tratar de política pública que não se confunde nem é capaz de alterar a relação contratual-privada própria dos planos de saúde regulados pela Lei dos Planos de Saúde.[52]

---

49. Atualmente está em vigor a Resolução 428 da ANS, de 17/03/2017, que não foi alterada nesta matéria.

50. Art. 8º: "I – planejamento familiar: conjunto de ações de regulação da fecundidade que garanta direitos de constituição, limitação ou aumento da prole pela mulher, pelo homem ou pelo casal.". Art. 20, § 1º: "III – inseminação artificial, entendida como técnica de reprodução assistida que inclui a manipulação de oócitos e esperma para alcançar a fertilização, por meio de injeções de esperma intracitoplasmáticas, transferência intrafalopiana de gameta, doação de oócitos, indução da ovulação, concepção póstuma, recuperação espermática ou transferência intratubária do zigoto, entre outras técnicas.". BRASIL. Ministério da Saúde. Resolução Normativa 387, de 28 de outubro de 2015. Atualiza o Rol de Procedimentos e Eventos em Saúde, que constitui a referência básica para cobertura assistencial mínima nos planos privados de assistência à saúde, contratados a partir de 1º de janeiro de 1999; fixa as diretrizes de atenção à saúde; revoga as Resoluções Normativas – RN 338, de 21 de outubro de 2013, RN 349, de 9 de maio de 2014; e dá outras providências. *Diário Oficial da União*. Seção: I, Brasília, DF, n. 207, p. 35, 29 out. 2015a.

51. Cabe ressaltar recente decisão unânime da Quarta Turma do Superior Tribunal de Justiça no REsp 1733013, que adotou o entendimento de que o rol de procedimentos e eventos em saúde da Agência Nacional de Saúde Suplementar (ANS), previsto na Resolução Normativa 428/2017, não é meramente exemplificativo, tratando-se de um mínimo obrigatório para as operadoras de planos de saúde. Com essa posição, o colegiado negou o recurso de uma segurada que pretendia que o plano cobrisse tratamento não incluído na lista da agência reguladora. Um dos fundamentos é a garantia do equilíbrio econômico financeiro do sistema de saúde complementar, que seria colocado em xeque se a lista fosse exemplificativa, com diversas pretensões fora do rol, afetando a segurança jurídica. BRASIL. Superior Tribunal de Justiça (3ª Turma). *Recurso especial 1733013*. Relator: Min. Luis Felipe Salomão, 10 de dezembro de 2019d. A respeito da decisão, cabe fazer remissão aos comentários de Gustavo Tepedino no Canal da OAB/RJ de 16/12/2019 intitulado: "O STJ e a benfazeja promoção do mutualismo". TEPEDINO, Gustavo. *O STJ e a benfazeja promoção do mutualismo*. 2019. Disponível em: [https://www.oabrj.org.br/colunistas/gustavo-tepedino/stj-benfazeja-promocao-mutualismo]. Acesso em: 23 dez. 2019.

52. Na mesma direção os seguintes julgados: BRASIL. Superior Tribunal de Justiça (3ª Turma). *Recurso especial 1590221*. Relatora: Min. Nancy Andrighi. 07 de novembro de 2017.

O tema foi enfrentado na I Jornada de Direito da Saúde do Conselho Nacional de Justiça no Enunciado 20, que assim concluiu: "A inseminação artificial e a fertilização 'in vitro' não são procedimentos de cobertura obrigatória pelas empresas operadoras de planos de saúde, salvo por expressa iniciativa prevista no contrato de assistência à saúde" (CONSELHO NACIONAL DE JUSTIÇA, 2014), Esse entendimento tem sido alvo de crítica pela doutrina por ser a infertilidade uma doença que precisa de tratamento para fins de propiciar e garantir o exercício do direito ao planejamento familiar.[53]

Dessa forma, diversas demandas para custeio pelo plano de saúde ou de reembolso dos custos realizados com procedimentos de fertilização *in vitro*, mesmo em casos de infertilidade, têm sido julgadas improcedentes, o que deve ser analisado à luz dos direitos envolvidos e de acordo com a forma de regulação de cada setor.

5. CONCLUSÃO

As novas formas de reprodução humana, com técnicas mais avançadas, apesar de romperem a barreira da infertilidade e propiciarem um melhor planejamento familiar, não estão acessíveis a todas as pessoas. Diversos fatores afastam grande parte da população do tratamento, e o principal motivo ainda é o seu alto custo, somado à parca e controversa legislação existente. Essa realidade tem aumentado a judicialização, com a intervenção do Poder Judiciário, que acaba por decidir quem terá ou não o direito ao exercício de sua autonomia reprodutiva e de estabelecer os contornos do direito à saúde quando se trata da busca do serviço de reprodução ou de seu custeio em razão da infertilidade.

O direito à reprodução da mulher, seja pelo método natural ou artificial, é assegurado no texto constitucional, com amparo no princípio da dignidade humana, no direito à saúde e ao planejamento familiar ao qual se confere o *status* de direito humano fundamental (PIOVESAN, 2002). No entanto, sua vulnerabilidade moral e social a tem afastado de seus direitos.

O exercício desse direito está atrelado a outras áreas do saber que vão muito além do Direito, pois envolve aspectos de saúde avaliados pelos profissionais médicos, biomédicos, geneticistas, entre outros, principalmente nos casos de uso da técnica de reprodução humana assistida em situações de diagnóstico de infertilidade. Antes mesmo de a questão ser judicializada, a mulher passa por longo processo de exames, consultas médicas para

---

BRASIL. Superior Tribunal de Justiça (3. Turma). *Recurso especial 1713429*. Relatora: Min. Nancy Andrighi, 21 de agosto de 2018. BRASIL. Superior Tribunal de Justiça (3. Turma). *Recurso especial 1761246*. Relatora: Min. Nancy Andrighi, 02 de abril de 2019a. BRASIL. Superior Tribunal de Justiça (3ª Turma). *Recurso especial 1780022*. Relatora: Min. Nancy Andrighi, 02 de abril de 2019b. BRASIL. Superior Tribunal de Justiça (2. Turma). *Recurso especial 1617970*. Relator: Min. Herman Benjamin, 20 de setembro de 2016b; BRASIL, 2019c.

53. É preciso observar que a infertilidade é sintoma de uma doença de modo que seu tratamento não se equipara a um procedimento meramente estético, e repensar o enunciado sob pena de interpretação incompatível com as normas básicas do direito do consumidor e que inova em restrição (no que tange à fertilização in vitro) sequer tratada na Lei dos Planos de Saúde (SCHMITT; SCHULMAN, 2014).

"Negar o direito à reprodução assistida através da fertilização in vitro é negar o direito dos consumidores de constituírem suas famílias de acordo com suas próprias perspectivas e valores, retirando o planejamento familiar da órbita da autonomia e transferindo-o para uma heteronomia definida pelos planos de saúde." (MASCARENHAS; COSTA, 2019, p. 323-345).

definir seu diagnóstico – endometriose, obstrução tubária, ausência de tromba, Síndrome de Turner –, até decidir pela inseminação artificial ou pela fertilização *in vitro*. Por isso, a questão deve ser enfrentada com o auxílio dos princípios Bioéticos e constitucionais, de forma a tutelar a dignidade da mulher.

Um dos argumentos que fundamentam as decisões contrárias ao custeio pelo Estado dos tratamentos de reprodução, em casos não abarcados pelos poucos hospitais públicos que prestam esses serviços, é a preponderância de outros cuidados de saúde, classificados como mais importantes, prioritários, em razão da escassez de recursos. Ora, é possível que questões financeiras-orçamentárias restrinjam o pleno exercício da dignidade da pessoa humana em todos os seus planos? Não caberia ao Estado aprimorar suas políticas públicas, fazer mais investimentos na área da saúde, esta entendida de forma ampla – bem-estar físico-psíquico-social, já que é seu dever o acesso à saúde e a obrigação de proporcionar recursos educacionais e científicos para o exercício do livre planejamento familiar?

No que diz respeito à saúde suplementar, as divergências interpretativas da Lei dos Planos de Saúde e Resoluções do Órgão regulador – ANS demonstram que a questão merece maior atenção do Poder Legislativo, Judiciário, do órgão regulador. Além de uma reavaliação por parte dos planos de saúde para inserir certos tratamentos reprodutivos até mesmo por meio de convênios com clínicas de reprodução, laboratórios, fazendo os devidos reajustes dos preços com base no equilíbrio econômico-financeiro dos contratos e avaliação dos riscos e custos efetivamente envolvidos, a fim de melhor atender os interesses dos consumidores. A inclusão de mais um procedimento gera impactos e precisará ser ajustado para garantir o mutualismo para preservar o desenvolvimento do setor.

A conclusão a que se chega, em relação à análise jurisprudencial e doutrinária, é a de que ainda há um longo caminho a trilhar para que se possa afirmar que há efetividade do exercício pelas mulheres do seu direito fundamental à autonomia reprodutiva, do reconhecimento de sua sexualidade e reprodução como bens jurídicos merecedores de proteção e promoção específicas em prol de sua dignidade e do seu livre desenvolvimento.

6. REFERÊNCIAS

BADALOTTI, Mariangela. Aspectos bioéticos da reprodução assistida no tratamento da infertilidade conjugal. *Revista da AMRIGS*, Porto Alegre, v. 54, n. 4, p. 478-485, 2010.

BAHIA. Tribunal de Justiça da Bahia. *Apelação Cível 0562462-88.2018.8.05.0001 da Terceira Câmara Cível*. Relatora: Des. Sandra Inês Moraes Rusciolelli Azevedo, 22 de outubro de 2019.

BARBOZA, Heloisa Helena. Direito à procriação e as técnicas de reprodução assistida. In: LEITE, Eduardo de Oliveira (Org.). *Bioética e Biodireito*: aspectos jurídicos e metajurídicos. Rio de Janeiro: Forense, 2004a. p. 153-168.

BARBOZA, Heloisa Helena. Direito dos transexuais à reprodução. In: DIAS, Maria Berenice (Org.). *Direito das famílias*: contributo do IBDFAM em homenagem a Rodrigo da Cunha Pereira. São Paulo: Revista dos Tribunais, 2009. p. 264-279.

BARBOZA, Heloisa Helena. Reprodução assistida e o novo código civil. In: SÁ, Maria de Fátima Freire de; NAVES, Bruno Torquato de Oliveira (Coord.). *Bioética, biodireito e o novo código civil de 2002*. Belo Horizonte: Del Rey, 2004b. p. 225-249.

BARBOZA, Heloisa Helena; ALMEIDA, Vitor. (Des)igualdade de gênero: a mulher como sujeito de Direito. In: TEPEDINO, Gustavo; TEIXEIRA, Ana Carolina Brochado; ALMEIDA, Vitor (Coord.). *O Direito Civil entre o sujeito e a pessoa*: estudos em homenagem ao professor Stefano Rodotà. Belo Horizonte: Fórum, 2016. p. 163-189.

BRASIL. [Constituição (1988)]. *Constituição da República Federativa do Brasil de 1988*. Brasília, DF: Presidência da República, 2016a. Disponível em: [http://www.planalto.gov.br/ccivil_03/constituicao/constituicao.htm]. Acesso em: 17.12.2019.

BRASIL. *Lei 8.078, de 11 de setembro de 1990*. Dispõe sobre a proteção do consumidor e dá outras providências. Brasília, DF: Presidência da República, 1990. Disponível em: [http://www.planalto.gov.br/ccivil_03/leis/l8078.htm]. Acesso em: 17.12.2019.

BRASIL. *Lei 9.263, de 12 de janeiro de 1996*. Regula o § 7º do art. 226 da Constituição Federal, que trata do planejamento familiar, estabelece penalidades e dá outras providências. Brasília, DF: Presidência da República, 1996. Disponível em: [http://www.planalto.gov.br/ccivil_03/leis/l9263.htm]. Acesso em: 17.12.2019.

BRASIL. *Lei 9.656, de 3 de junho de 1998*. Dispõe sobre os planos e seguros privados de assistência à saúde. Brasília, DF: Presidência da República, 1998. Disponível em: [http://www.planalto.gov.br/ccivil_03/leis/l9656.htm]. Acesso em: 17.12.2019.

BRASIL. Ministério da Saúde. Resolução Normativa 387, de 28 de outubro de 2015. Atualiza o Rol de Procedimentos e Eventos em Saúde, que constitui a referência básica para cobertura assistencial mínima nos planos privados de assistência à saúde, contratados a partir de 1º de janeiro de 1999; fixa as diretrizes de atenção à saúde; revoga as Resoluções Normativas – RN 338, de 21 de outubro de 2013, RN 349, de 9 de maio de 2014; e da outras providências. *Diário Oficial da União*. Seção: 1, Brasília, DF, n. 207, p. 35, 29 out. 2015a.

BRASIL. Superior Tribunal de Justiça (2ª Turma). *Agravo Regimental no Recurso Especial 1471559/RJ*. Relatora: Assusete Magalhães, 24 de fevereiro de 2015b.

BRASIL. Superior Tribunal de Justiça (2ª Turma). *Recurso especial 1617970*. Relator: Min. Herman Benjamin, 20 de setembro de 2016b.

BRASIL. Superior Tribunal de Justiça (3ª Turma). *Recurso especial 1590221*. Relatora: Min. Nancy Andrighi. 07 de novembro de 2017.

BRASIL. Superior Tribunal de Justiça (3ª Turma). *Recurso especial 1713429*. Relatora: Min. Nancy Andrighi, 21 de agosto de 2018.

BRASIL. Superior Tribunal de Justiça (3ª Turma). *Recurso especial 1761246*. Relatora: Min. Nancy Andrighi, 02 de abril de 2019a.

BRASIL. Superior Tribunal de Justiça (3ª Turma). *Recurso especial 1780022*. Relatora: Min. Nancy Andrighi, 02 de abril de 2019b.

BRASIL. Superior Tribunal de Justiça (3ª Turma). *Recurso especial 1733013*. Relator: Min. Luis Felipe Salomão. 10 de dezembro de 2019.

BRASIL. Superior Tribunal de Justiça (4ª Turma). *Agravo Interno no Recurso Especial 1.808.166/SP*. Relator: Min. Marco Buzzi, 30 de setembro de 2019c.

BRASIL. Superior Tribunal de Justiça. Súmula 279. Para simples reexame de prova não cabe recurso extraordinário. *Súmula da Jurisprudência Predominante do Supremo Tribunal Federal – Anexo ao Regimento Interno*, Brasília, DF, p. 127, 1964.

BRASIL. Supremo Tribunal Federal (1ª Turma). *Segundo Agravo Regimental no Agravo Regimental no Recurso Extraordinário 790.771*. Relator: Min. Luiz Fux, 16 de setembro de 2016c.

BRASIL. Supremo Tribunal Federal (1ª Turma). *Agravo no Recurso Extraordinário 792.869*. Relatora: Min. Rosa Weber, 19 de dezembro de 2014.

BRASÍLIA. Tribunal de Justiça do Distrito Federal e Territórios. *Apelação Cível 0708835-68.2017.8.07.0001*, *da Primeira Turma Cível*. Relator: Des. Roberto Freitas, 07 de fevereiro de 2019.

BRASÍLIA. Tribunal de Justiça do Distrito Federal e Territórios. *Apelação Cível 0717160-32.2017.8.07.0001* *da Sexta Turma Cível*. Relatora: Des. Vera Andrighi, 10 de maio de 2018.

CONSELHO DE JUSTIÇA FEDERAL. *I Jornada de Direito Civil*. 2016. Disponível em: [https://www. cjf.jus.br/cjf/CEJ-Coedi/jornadas-cej/Jornada%20de%20Direito%20Civil%201.pdf/view]. Acesso em: 17.12.2019.

CONSELHO FEDERAL DE MEDICINA. Resolução CFM 2.168/2017, de 21 de setembro de 2017. Adota as normas éticas para a utilização das técnicas de reprodução assistida – sempre em defesa do aperfeiçoamento das práticas e da observância aos princípios éticos e bioéticos que ajudam a trazer maior segurança e eficácia a tratamentos e procedimentos médicos –, tornando-se o dispositivo deontológico a ser seguido pelos médicos brasileiros e revogando a resolução CFM 2.121, publicada no D.O.U. de 24 de setembro de 2015, Seção I, p. 117. *Diário Oficial da União*: Seção I, Brasília, DF, n. 216, p. 73, 10 nov. 2017.

CONSELHO NACIONAL DE JUSTIÇA. *I Jornada de Direito da Saúde*. 2014. Disponível em: [https://www. cnj.jus.br/wp-content/uploads/2014/03/ENUNCIADOS_APROVADOS_NA_JORNADA_DE_DI-REITO_DA_SAUDE_%20PLENRIA_15_5_14_r.pdf]. Acesso em: 17.12.2019.

DINIZ, Maria Helena. *O estado atual do biodireito*. 5. ed. São Paulo: Saraiva, 2008.

FIGUEIREDO, Leonardo Vizeu. *Curso de saúde suplementar*: manual jurídico de planos e seguros de saúde. 2. ed. Rio de Janeiro: Forense, 2012.

FREITAS, Márcia de; SIQUEIRA, Arnaldo A. F.; SEGRE, Conceição A. M. Avanços em reprodução assistida. *Revista Brasileira de Crescimento e Desenvolvimento Humano*, São Paulo, v. 18, n. 1, p. 93-97, 2008.

GOZZO, Débora. Bioética, direitos fundamentais e a reprodução humana. *Revista do Instituto dos Advogados de São Paulo*, São Paulo, v. 15, n. 30, p. 469-496, 2012.

MASCARENHAS, Igor de Lucena; COSTA, Ana Paula Correia de Albuquerque da. Fertilização in vitro e o direito ao planejamento familiar: a ilegalidade do enunciado 20 da I Jornada de Direito da Saúde do Conselho Nacional de Justiça e a teoria da captura aplicada à ANS. *Revista de Direito do Consumidor*, São Paulo, ano 28, v. 121, p. 323-345, 2019.

MEDEIROS, Luciana Soares de, VERDI, Marta Inez Machado. Direito de acesso ao serviço de reprodução humana assistida: discussões bioéticas. *Ciência & Saúde Coletiva*, Rio de Janeiro, v. 15, p. 3129-3138, 2010. Supl. 2.

OLIVEIRA, Guilherme de. Restrições de acesso à parentalidade. *Revista de Direito de Família e das Sucessões*, São Paulo, v. 1, n. 1, p. 225-252, 2014.

OLMOS, Paulo Eduardo. *Quando a cegonha não vem*: os recursos da medicina moderna para vencer a infertilidade. São Paulo: Carrenho, 2003.

PEREIRA, Paula Moura Francesconi de Lemos. Responsabilidade civil e diagnóstico genético embrionário. In: ROSENVALD, Nelson; DRESCH, Rafael de Freitas Valle; WESENDONCK, Tula (Coord.). *Responsabilidade civil*: novos riscos. Indaiatuba, SP: Foco, 2019. p. 318-346.

PIOVESAN, Flávia. Direitos reprodutivos como direitos humanos. In: COOK, Rebecca J. et al. (Org.). *Reprodução e sexualidade*: uma questão de justiça. Porto Alegre: Sérgio Antônio Fabris, 2002. p. 61-80.

PORTUGAL. Lei 32/2006, de 26 de julho de 2006. Procriação Medicamente Assistida. *Procuradoria-Geral Distrital de Lisboa*. Lisboa, 26 jul. 2006. Disponível em: [http://www.pgdlisboa.pt/leis/lei_mostra_articulado.php?nid=903&tabela=leis&so_miolo=]. Acesso em: 17.12.2019.

RIO DE JANEIRO. [Constituição Estadual (c2007)]. *Constituição do Estado do Rio de Janeiro*. Rio de Janeiro: Assembleia Legislativa do Estado do Rio de Janeiro, c2007. Disponível em: [http://alerjln1. alerj.rj.gov.br/constest.nsf/PageConsEst?OpenPage]. Acesso em: 17.12.2019.

RIO DE JANEIRO. Tribunal de Justiça do Rio de Janeiro. *Apelação Cível 0002218-83.2014.8.19.0073 da Décima Primeira Câmara Cível*. Relator: Des. Fernando Cerqueira Chagas, 24 de fevereiro de 2016.

RIO DE JANEIRO. Tribunal de Justiça do Rio de Janeiro. *Apelação Cível 0006500-48.2013.8.19.0026 da Vigésima Primeira Câmara Cível*. Relator: Des. André Ribeiro, 04 de julho de 2017.

RIO DE JANEIRO. Tribunal de Justiça do Rio de Janeiro. *Apelação Cível 0010524-91.2016.8.19.0066 da Vigésima Câmara Cível*. Relatora: Des. Conceição Aparecida Mousnier Teixeira de Guimarães Pena, 04 de junho de 2018.

RIO DE JANEIRO. Tribunal de Justiça do Rio de Janeiro. *Apelação Cível 0431208-92.2012.8.19.0001 da Oitava Câmara Cível*. Relatora: Des. Norma Suely Fonseca Quintes, 10 de agosto de 2015.

RIO GRANDE DO SUL. Tribunal de Justiça do Rio Grande do Sul. *Agravo de Instrumento 70047263785 da Vigésima Primeira Câmara Cível*. Relator: Des. Francisco José Moesch, 18 de abril de 2012.

RIO GRANDE DO SUL. Tribunal de Justiça do Rio Grande do Sul. *Apelação e Reexame Necessário 70068824671 da Vigésima Segunda Câmara Cível*. Relatora: Des. Denise Oliveira Cezar, 09 de junho de 2016.

RIO GRANDE DO SUL. Tribunal de Justiça do Estado do Rio Grande do Sul. *Apelação Cível 70071465405*. Relatora: Matilde Chabar Maia.

SÃO PAULO. Tribunal de Justiça do Estado de São Paulo. *Agravo de Instrumento 3000013-34.2018.8.26.9049, da Turma Recursal Cível e Criminal*. Relatora: Des. Andréa Schiavo, 25 de setembro de 2018a.

SÃO PAULO. Tribunal de Justiça do Estado de São Paulo. *Apelação Cível 1008271-55.2018.8.26.0032*. Relator: Oscild de Lima Júnior, 07 de novembro de 2018b.

SÃO PAULO. Tribunal de Justiça de São Paulo. *Apelação Cível 1114468-92.2016.8.26.0100 da Terceira Câmara de Direito Privado*. Relator: Des. Nilton Santos Oliveira, 17 de setembro de 2018c.

SÃO PAULO. Tribunal de Justiça do Estado de São Paulo. *Apelação / Remessa Necessária 1026471-51.2015.8.26.0506*. Relator: Carlos von Adamek, 28 de fevereiro de 2019.

SARMENTO, Daniel. *Dignidade da pessoa humana*: conteúdo, trajetórias e metodologia. 2. ed. Belo Horizonte: Fórum, 2016.

SCHMITT, Cristiano Heineck; SCHULMAN, Gabriel. Reflexões críticas sobre os enunciados de saúde suplementar aprovados na I Jornada de Direito da Saúde do Conselho Nacional de Justiça (2014). *Revista de Direito do Consumidor*, São Paulo, ano 23, v. 95, p. 361-376, 2014.

SOUZA, Vanessa Ribeiro Corrêa Sampaio; CALDAS, Mayara Saldanha Cesar Guimarães Caldas. A construção teórica dos direitos reprodutivos e as técnicas de reprodução assistida: acesso e efetividade via Poder Judiciário. *Revista Nacional de Direito de Família e Sucessões*, Porto Alegre, v. 2, n. 11, p. 24-48, 2016.

TERRA, Aline de Miranda Valverde; MATOS, Ana Carla Harmatiuk. Violência obstétrica contra a gestante com deficiência. *Pensar – Revista de Ciências Jurídicas*, Fortaleza, v. 24, n. 1, p. 1-13, 2019.

TEPEDINO, Gustavo. *O STJ e a benfazeja promoção do mutualismo*. 2019. Disponível em: [https://www.oabrj.org.br/colunistas/gustavo-tepedino/stj-benfazeja-promocao-mutualismo]. Acesso em: 23.12.2019.

WALLAUER, Rafaela Jardim Soto; PEREIRA, Paula Moura Francesconi de Lemos. A natureza jurídica da doação compartilhada de oócitos em técnicas de reprodução humana assistida. In: TEPEDINO, Gustavo; MENEZES, Joyceane Bezerra de. (Org.). *Autonomia privada, liberdade existencial e direitos fundamentais*. Belo Horizonte: Fórum, 2019. p. 167-189.

A FIXAÇÃO DOS ALIMENTOS NO MOMENTO DO DIVÓRCIO RESSALTA A QUESTÃO DE GÊNERO E OFERECE RESPOSTA JURÍDICA SATISFATÓRIA A UMA EVENTUAL VULNERABILIDADE?

Silvia Felipe Marzagão

Advogada especializada em Direito de Família e das Sucessões. Mestranda em Direito Civil pela PUC-SP. Extensão em Direito Processual Civil pela PUC-SP. Diretora do Instituto Brasileiro de Direito de Família – IBDFAM/SP; Secretária da Comissão de Direito de Família do Instituto dos Advogados de São Paulo – IASP .

Sumário: 1. Introdução: a ordem constitucional de equiparação de homens e mulheres e a fixação de alimentos entre cônjuges. 2. Os alimentos devidos entre cônjuges. Dever de solidariedade x Equidade de gêneros. 3. A assoberbada equiparação judicial quando ela ainda não existe na prática social – inequívoca persistência da vulnerabilidade feminina nos dias atuais. 4. Conclusão: inobservância da vulnerabilidade feminina quando da fixação da verba alimentar pós-rupturas. 5. Referências.

1. INTRODUÇÃO: A ORDEM CONSTITUCIONAL DE EQUIPARAÇÃO DE HOMENS E MULHERES E A FIXAÇÃO DE ALIMENTOS ENTRE CÔNJUGES

A evolução cultural e social impulsiona mudanças em todos os campos do direito. Não há dúvidas, todavia, que o direito das famílias seja um dos ramos que mais movimentações apresenta. Nessa evolução social – acompanhada, obviamente, por evolução legislativa – tivemos como marco emblemático, especialmente ao direito das famílias, a Constituição Federal de 1988. Podemos falar, não restam dúvidas, que as mudanças foram tão paradigmáticas que, tal como um divisor de águas, podemos dividir o Direito de Família em antes e depois do advento da Constituição Federal (LIMA; ROSA; FREITAS, 2012, p. 27).

Dos mais importantes avanços que podemos citar é que a constituição cidadã, em seu artigo 5º, inciso I, preconiza a igualdade entre direitos e obrigações de homens e mulheres. Significa dizermos, portanto, que aquela mulher que, durante grande parte do século passado era tida como ser secundário de direitos foi, a partir de 1988, alçada à condição de par do homem, até então mantido em condição de superioridade jurídica positivada.

De fato, com a expressa previsão no artigo 5º, inciso I, da Constituição, a mulher passou a usufruir de um *status* jurídico formal de igualdade com os homens, numa relevante evolução, tendo em vista que até 1962 – ou seja, até o advento da Lei 4.121 – o *status* legal da mulher era de pessoa relativamente incapaz, implicando em limitações para a prática autônoma de diversos atos da vida civil, inclusive uma profissão (LOIS; CASTRO, 2019, p. 216).

Numa primeira – e superficial – análise, poderíamos imaginar que séculos de desigualdade positivada estariam, em razão do festejado preceito constitucional, superados. Passaríamos, então, com a igualdade jurídica, a imaginar a existência desde logo, de igualdade plena entre homens e mulheres. Como, todavia, lei não altera, ao menos de imediato, realidades sociais, a situação feminina passa a largo dessa igualdade.

Não há como negarmos que a igualdade estritamente jurídica somente transcenderá a letra da lei – planando também nos vieses sociais – quando for conferido às desigualdades tratamento desigual na medida de sua desigualdade, e indivíduos identificados como especialmente vulneráveis em função do grupo social a que pertencem têm reconhecido pelo sistema constitucional o direito à proteção do Estado, na forma de mecanismos eficazes de dissuasão, contra violações de sua integridade pessoal (STF, RE 658.312/RJ).

Muito embora ainda se tenha uma realidade social de grande desigualdade, muitos temas familiaristas – guarda, convivência de filhos, questões patrimoniais e, principalmente, a fixação de pensão alimentícia para o cônjuge/companheiro (leia-se, na grande maioria das vezes, para as mulheres) – já passaram a ser enfrentados sopesando a igualdade constitucionalmente prevista.

Vale repisarmos que a fixação judicial de alimentos entre cônjuges (diga-se, mais uma vez, para as mulheres) foi, a nosso ver, a mais influenciada pela equiparação judicial dos gêneros.

De fato, antes tínhamos a fixação de alimentos entre cônjuges como certa, sem maiores discussões e estabelecida de maneira vitalícia. Atualmente, contudo, essa mesma fixação passou a ser, de maneira reiterada em nossos Tribunais (inclusive os Superiores), tida como excepcional e transitória. Há, assim, plena aplicação de igualdade de gêneros quando, infelizmente, de fato ela ainda não existe.

Diante desta problemática, este artigo tem como proposta a análise da observância – ou não – da questão afeta ao gênero e as eventuais vulnerabilidades decorrentes da evidente ausência de equiparação entre homens e mulheres, propondo uma apuração das mudanças na fixação alimentar desde o período pré-Constituição Federal até os dias atuais. Verifiquemos, pois.

2. OS ALIMENTOS DEVIDOS ENTRE CÔNJUGES. DEVER DE SOLIDARIEDADE X EQUIDADE DE GÊNEROS

A realidade da mulher como colaboradora – e não sujeito ativo de direitos – relegava a ela papel secundário na formação familiar. Era o homem – e somente ele – responsável pela administração dos bens da família, pela escolha do local onde todos viveriam, pela representação legal do clã, enfim, era o chefe da sociedade conjugal.

O parágrafo acima, que poderia ser apenas uma constatação social, nada mais é que a transcrição do que preconizava o artigo 233 do Código Civil de 1916. Podemos dizer, assim, sem titubear, que a desigualdade mantida entre homens e mulheres era,

ALIMENTOS NO DIVÓRCIO, QUESTÃO DE GÊNERO E VULNERABILIDADE **437**

além de um aspecto social, chancelada pela própria legislação. A subjugação feminina era, portanto, positivada.

Dentro dessa sistemática em que havia um chefe (homem) e uma colaboradora (mulher) não havia como se falar em qualquer autonomia feminina para a gestão de sua vida financeira, tampouco para a contribuição efetiva dentro do universo das finanças familiares. Temos uma dinâmica evidente de dependência financeira plena da mulher casada, com obrigação (legal, inclusive) de o marido sustentar aquela com quem se casou (vide artigo 234, CC 1916).

Podemos dizer que o advento da Lei 6121/62 (conhecida como Estatuto da Mulher Casada, grande marco para a autonomia jurídica feminina) trouxe ganho muito significativo à condição da mulher ao restabelecer a ela plena capacidade jurídica, bem como tornar desnecessária a autorização marital para que a mulher pudesse trabalhar. Ainda assim, questionamos: que mulher, na década de 60, ousaria trabalhar se o marido não permitisse?

O homem, como dito, era o chefe da família. Os casamentos, por sua vez, eram indissolúveis, celebrados para durar a eternidade. Casada, a mulher só poderia deixar de viver ao lado do marido – de quem era presumidamente dependente[1] – pela viuvez.

O advento da Lei do Divórcio, em 1977, muda parcialmente esse cenário, trazendo a baila uma questão que até então pouca preocupação poderia causar à sociedade: o pensionamento da mulher desquitada. Muito embora ainda não tivéssemos, à época, equiparação jurídica entre homens e mulheres, o artigo 19 da Lei do Divórcio já tratava a fixação entre "cônjuges", vinculando à culpa pela separação a possibilidade ou não do estabelecimento de verba pensional.

O artigo 19 da Lei do Divórcio e a Lei de Alimentos (Lei 5.478/68) aliados à obrigação legal do marido de sustento da esposa (artigo 233, IV, CC 1916), como também aos deveres matrimoniais – especialmente o de mútua assistência (artigo 231, III, CC 1916) –, davam base legal aos pedidos de alimentos formulados pelas esposas ao término do casamento.

Certo, todavia, seria que o marido suportaria o sustento daquela com quem ficou casado, sem fixação de qualquer tempo ao pensionamento. A discussão ficava adstrita exclusivamente ao *quantum* a ser destinado mensalmente para suprir as necessidades da mulher. Tal situação, não há dúvidas, se coadunava com a realidade social experimentada à época, especialmente na primeira metade do século passado.

Não seria possível imaginarmos que uma mulher, alçada à condição de colaboradora (muitas vezes reles expectadora) da vida conjugal tivesse, ao término do casamento, condições plenas de suportar sozinha seu sustento. Aliado ao alijamento completo da vida financeira, temos que considerar como fator preponderantemente dificultador todos os pesos sociais que eram inerentes à situação da então mulher desquitada.

---

1. A fixação de alimentos para a mulher ocorria como regra, baseada na presunção de plena dependência financeira da esposa em relação ao marido. Deste modo, o artigo 4º da Lei de Alimentos estabelecia que "o juiz fixará desde logo", não o fazendo apenas se houver dispensa daquele que deveria ser pensionado.

Como se sabe, as mulheres descasadas praticamente não mantinham vida em sociedade, sofrendo fortíssima repressão social. Eram expulsas de festas, eventos sociais e até excomungadas. Reconstruir a vida, para uma mulher desquitada, era um pecado mortal, punido com completo banimento social, o que tornaria muito difícil (para não se dizer impossível), eventual entrada no mercado de trabalho.

Talvez por essa razão, a nosso ver, a Lei 5.478/68 presumia ser a mulher dependente do marido, estabelecendo que os alimentos somente não seriam fixados se houvesse expressa declaração do credor no sentido de que deles não necessitasse. A legislação chancelava, até então, a desigualdade e considerava a hipossuficiência feminina que não poderia ser ignorada à época.

Há de ponderarmos, outrossim, que não havia nenhum questionamento jurídico que nos levasse a pensar em transitoriedade ou provisoriedade da verba alimentar, ficando absolutamente subtendido que, após rupturas, não havia como se falar em retomada da mulher como responsável direta por seu sustento.

A realidade fática, portanto, suportada pelos posicionamentos judiciais, seguia no caminho em que os pensionamentos para mulheres eram fixados de modo a serem suportados por anos a fio pós divórcio, não sendo raras as vezes em que esse período ultrapassava, até mesmo, o tempo que as partes permaneceram casadas (situação com a qual, obviamente, nos dias de hoje, também não podemos compactuar).

Ainda que discretamente, em meados do século anterior, especialmente com o início do movimento feminista, vê-se a mulher ganhando um pouco mais de autonomia tanto na vida familiar, quanto na vida em sociedade. O primado da responsabilidade marital pelos encargos familiares, compatível com os usos e costumes dominantes à época da elaboração do CC/1916, como compensação à chefia da sociedade conjugal, foi-se diluindo paulatinamente a partir de meados do século passado em razão das novas posturas reconhecidas à mulher na sociedade moderna (CAHALI, 2009, p. 148).

Muito embora pudéssemos começar a observar pequena alteração comportamental social no tocante ao lugar da mulher e sua atuação na organização da sociedade (na década de 80, por exemplo, as mulheres representavam cerca de 26% dos trabalhadores em atividade profissional),[2] a evolução jurídica de sua condição, todavia, ainda caminhava lentamente naquela época.

Eis que então temos o advento da Constituição Federal de 1988 que chancela, expressamente, que homens e mulheres são iguais sujeitos de direitos e deveres.

Cabe neste ponto, inclusive, uma expressa homenagem às mulheres que participaram da Assembleia Nacional Constituinte (1987-1988), não sendo demasiado ponderar que as mulheres constituintes foram corajosas em seu discurso, enaltecendo o papel da mulher para a construção da sociedade (URTADO, PAMPLONA, 2019, p. 61).

Todos os louros são insuficientes para comemorarmos a inclusão, na carta magna, da igualdade entre homens e mulheres. É extremamente significativo e emblemático que

---

2. Dados do censo demográfico realizado pelo Instituto Brasileiro de Geografia e Estatística –IBGE. Disponível em: [http://www.abep.org.br/publicacoes/index.php/anais/article/viewFile/1307/1271] – Acesso em: 27.05.2019.

nossa Constituição garanta que homens e mulheres sejam sujeitos iguais em direitos e deveres, prevendo no texto constitucional tal equidade.

Infelizmente, a inclusão constitucional não foi acompanhada, ao menos num primeiro momento, de modificação expressiva na legislação infraconstitucional, muito menos de real modificação nas estruturas sociais. Continuavam flagrantes no texto legal, especialmente no Código Civil de 1916, a desigualdade positivada em leis que alçavam o homem a lugar de indiscutível superioridade. A igualdade legal custava, e muito, a chegar, especialmente no ordenamento que tratava do direito das famílias, onde ainda se lia em artigo de lei expressões discriminatórias e extremamente sexistas.

A título de exemplo, vale indicarmos o disposto nos artigos 240 do CC l916 e seguintes onde se impunha à mulher a nítida condição acessória na relação familiar. No artigo 247, do CC 1916, por exemplo, há presunções às permissões da mulher em relação a condutas pessoais, demonstrando nitidamente subserviência feminina em relação aos homens.

Com a promulgação do Código Civil de 2002, temos significativa melhora neste quadro, com positivação de avanços em equidade. Ao estabelecer, por exemplo, que a direção da sociedade conjugal será exercida, em colaboração, pelo marido e pela mulher, sempre no interesse do casal e dos filhos, a previsão contida no artigo 1567 contempla significativo ganho na igualdade positivada.

O direito a alimentos entre cônjuges, por sua vez, passa a ter previsão legal no artigo 1704 daquele diploma legal, que já nos traz uma clara equiparação entre homens e mulheres na possibilidade do pedido judicial, em evidente consonância com o texto constitucional de equiparação legal entre os gêneros.

A fixação de alimentos para a mulher, a esta altura, deixa de ser certa para passar a questionável. É então que aparecem os primeiros debates que tem levado à conclusão que a verba alimentar para a mulher está, ao que parece, com dias contados.

De fato, os doutrinadores nacionais passam a encarar quase que certeiro o fim da obrigação alimentar que antes era tida como incontestável. Neste sentido, Madaleno (2011, p. 930):

> A obrigação alimentar entre cônjuges é recíproca e está vinculada à efetiva necessidade, não mais se presumindo a necessidade da mulher aos alimentos, como inclusive previsto na Lei n. 5.478/1968. Trata-se de uma evolução social, aportada com a emancipação da mulher na relação conjugal e com a Carta Política de 1988, ao desfazer o sistema imperante na organização familiar que considerava o marido como sendo o provedor econômico da mulher e filhos, e que, portanto, ela sempre tinha direito aos alimentos, salvo se expressamente afirmasse deles não precisar (art. 4º da Lei n. 5.478/1968) cuja presunção de necessidade, hoje, apenas milita em favor dos filhos menores e incapazes.

Outra problemática que se passou a enfrentar no tocante à fixação de alimentos para o cônjuge deu-se com a promulgação da Emenda Constitucional 66/10 que permitiu a decretação do divórcio diretamente. Desde então, passou-se a questionar a possibilidade – ou não – de fixação de alimentos pós-divórcio, o que pode, em alguns casos, trazer ainda mais dificuldades ao pensionamento feminino.

De fato, com a EC 66/10, a decretação do divórcio passou a ser muito mais célere e eficiente. Na grande maioria das vezes, a definição acerca do fim do vínculo se dá antes mesmo que se possa resolver qualquer questão sobre alimentos, partilha ou as situações inerentes aos eventuais filhos comuns.

Há quem entenda, portanto, ser incabível pedido de alimentos ao ex-cônjuge após o divórcio, pouco importando tenha sido omitida referência aos alimentos por ocasião do divórcio, dispensados ou renunciados (CARVALHO, 2015, p. 405), entendimento doutrinário que, algumas vezes, resvalou em entendimento jurisprudencial (STJ, Resp. 199.427/SP; STJ, Resp 199.427/SP).

Majoritariamente se fixou a doutrina no sentido de ser possível, pós divórcio, a fixação da verba alimentar entre cônjuges. Ainda assim, a existência dessa discussão pode trazer mais um elemento dificultador da fixação de verba alimentar devida à mulher.

A verdade, portanto, é que se passou de uma sistemática que pressupunha a plena existência de dependência financeira da mulher para outra prática pós equiparação constitucional que chega, em alguns extremos, a extirpar a possibilidade de qualquer fixação pós rompimento de vínculos matrimoniais, situação que, a nosso ver, traz um importante questionamento: 30 anos são suficientes para uma reorganização social ao ponto de presunção de dependência financeira feminina passar a presunção de plena capacidade de se auto sustentar após o divórcio? Vejamos.

3. A ASSOBERBADA EQUIPARAÇÃO JUDICIAL QUANDO ELA AINDA NÃO EXISTE NA PRÁTICA SOCIAL – INEQUÍVOCA PERSISTÊNCIA DA VULNERABILIDADE FEMININA NOS DIAS ATUAIS

Como vimos acima, as legislações vigentes até muito pouco tempo positivaram uma dominação de gênero masculino ao feminino, alçando a mulher à subcategoria de ser de direitos. A própria gestão da unidade familiar, até a promulgação do Código Civil em 2002, era exclusiva do homem que ocupava a posição de cabeça da família e grande responsável por sua vida financeira.

De fato, com a alteração legislativa – e os avanços que levaram à igualdade jurídica entre homens e mulheres – natural que alterações nos posicionamentos judiciais fossem surgindo, aplicando-se a igualdade jurídica decorrente da Constituição Federal de 1988.

Esperava-se, todavia, que o movimento de equiparação se desse de maneira mais paulatina e não tão assoberbada. Acontece, contudo, que assim como a legislatura conta com maior superioridade numérica masculina, a interpretação das normas, também pelo maior número de homens na sua aplicação, possui caráter eminentemente sexista:

> A interpretação dos direitos fundamentais, quer estejam previstos em constituições nacionais ou em tratados internacionais, também tem sido realizada por homens, os debates em torno de direitos individuais ou de direitos sociais, ficam confinados a debates, interpretações, leis e decisões feitas por homens e nos termos que eles estabelecem (TOMAZONI; BARBOZA, 2019, p. 244).

O que se observa, portanto, é que a interpretação da questão afeta aos alimentos frente a igualdade de gêneros tomou corpo baseada em experiências do gênero masculino. Como se pode prever, portanto, se concluiu que, como homens e mulheres são seres de direitos e deveres em pé de igualdade, devem da mesma maneira – também em pé de igualdade – responder por seu sustento pós-rupturas.

Daí que, logo nos primeiros meses após promulgação da Constituição Federal, nos deparamos com decisões aplicando a plena equiparação entre gêneros: no sistema de igualdade não há razão nenhuma para que o homem deva prosseguir na condição de mantenedor da mulher. A disposição do art. 233, IV, do CC é uma das que têm que ser relidas à luz do art. 5º, I, da Constituição. Em face da igualdade, não há mais obrigação específica em razão de sexo. Há bilateralidade no dever de manutenção (TJSP, 1989. RTTJSP 120/23).

O que era indiscutível – dependência financeira da mulher que gerava dever de pensionamento – virou exceção, levando nosso Superior Tribunal de Justiça a assentar entendimento consolidado no sentido que se: O dever de prestar alimentos entre ex-côn-juges é regra excepcional que desafia interpretação restritiva, ressalvadas as peculiaridades do caso concreto, tais como a impossibilidade do beneficiário em laborar ou eventual acometimento de doença invalidante (Resp 1608413/MG).[3]

A questão, a nosso ver, é que a adequação da fixação alimentar ao novo paradigma de igualdade jurídica deu-se de maneira, salvo engano, apressada. Ao partir do pressu-posto que homens e mulheres têm a mesma condição de autossustentar-se, o sistema judicial deixa de levar em consideração arranjos familiares que, muitas vezes, privilegiam a carreira do homem em detrimento à da mulher, que passa a ser a principal (não raras vezes, a única) responsável pelo cuidado da prole.

É bem verdade que com a saída da mulher do lar conjugal e sua entrada no mercado de trabalho ocorreram modificações sistêmicas na família, geradas por novas necessidades. Começou a haver nova distribuição de tarefas em relação aos filhos (CEZAR-FERREI-RA; MACEDO, 2016, p. 52), mas não restam dúvidas que a carga feminina, ainda que consideremos apenas a mental, muitas vezes, ainda é muito superior.

---

3. RECURSO ESPECIAL. DIREITO CIVIL. FAMÍLIA. ALIMENTOS. EXONERAÇÃO. OBRIGAÇÃO ALIMENTAR PROLONGADA. OCIOSIDADE. POSSIBILIDADE. PARENTESCO. SOLIDARIEDADE. ARTIGOS 1.694 E 1.695 DO CÓDIGO CIVIL. NOVO PEDIDO.

   1. Cinge-se a controvérsia a definir se é possível a fixação indefinida de alimentos a ex-cônjuge, que, à época da decretação dos alimentos, possuía condições para sua inserção no mercado de trabalho.

   2. O fim do casamento deve estimular a independência devida e não o ócio, pois não constitui garantia material perpétua.

   3. O dever de prestar alimentos entre ex-cônjuges é regra excepcional que desafia interpretação restritiva, res-salvadas as peculiaridades do caso concreto, tais como a impossibilidade do beneficiário em laborar ou eventual acometimento de doença invalidante.

   4. A obrigação que perdura por quase duas décadas retrata tempo suficiente e razoável para que a alimentanda possa se restabelecer e seguir a vida sem o apoio financeiro do ex-cônjuge.

   5. No caso dos autos, não restou demonstrada a plena incapacidade da recorrida para trabalhar, impondo-se a exoneração da obrigação alimentar tendo em vista que há inúmeras atividades laborais compatíveis com a situação de saúde explicitada em atestados médicos, que não impedem todo e qualquer labor.

   6. O ordenamento pátrio prevê o dever de solidariedade alimentar decorrente do parentesco (arts. 1.694 e 1.695 do Código Civil), remanescendo à alimentanda a possibilidade de formular novo pedido de alimentos direcionado a seus familiares se de fato ficar demonstrado não possuir condições de prover, parcial ou totalmente, a própria subsistência.

   7. Recurso especial provido. (REsp 1608413 / MG – Ministro RICARDO VILLAS BÔAS CUEVA – 3ª Turma).

Não há como negar que a condição feminina teve importante mudança nos últimos 100 anos. O direito ao voto, à participação política, ao exercício de atividade profissional deu a mulher, ao menos no mundo ocidental, especial melhora de condições de vida.

Muito embora as conquistas sejam inúmeras, há muito a ser feito. A Organização das Nações Unidas estima que serão necessários 81 anos para que se possa falar em real igualdade entre os gêneros (ONU, 2015). No Brasil, estudo realizado pela da Fundação Getúlio Vargas (FGV, 2016) aponta que metade das mães que trabalham são demitidas até dois anos depois que acaba a licença, devido à mentalidade de que os cuidados com os filhos são praticamente uma exclusividade delas.

A vulnerabilidade feminina, de fato, ainda persiste. Mulheres, de um modo geral, têm renda 30% inferior aos homens e não ocupam os cargos de maior visibilidade e poder (FGV, 2013).

A realidade pós-divórcios ainda é bastante prejudicial à mulher e a reconstrução de sua vida. Com efeito, recente pesquisa realizada pelo Instituto Brasileiro de Geografia e Estatística – IBGE demonstra que cerca de 70% das crianças permanecem, pós-divórcio, sob guarda exclusivamente materna (TALLMANN; ZASSA; MARTINS, 2019).

Significa, portanto, na prática, que estamos diante de grande discrepância na responsabilização dos genitores com relação aos cuidados da prole, situação que traz dificuldades inerentes à falta de tempo, de atualização profissional, de recolocação no mercado de trabalho, enfim, de retomada de vida de maneira plena.

Sob esse aspecto, aliás, cumpre questionarmos a fixação da pensão alimentícia para mulher por prazo determinado. Tem-se visto, com preocupante frequência, que os pensionamentos para mulheres, nas decisões atuais, necessariamente ocorrendo com termo final.

De fato, no novo paradigma da verba alimentar para cônjuges, a regra determina que, logo em fixação provisória – a nosso ver, em dissonância com o teor do artigo 13, parágrafo 3º – termo final para que o marido suporte verba alimentar devida à esposa, muitas vezes em prazo até mesmo inferior ao andamento regular do processo judicial.

Tem-se construído jurisprudência nacional no sentido de que o prazo (muitas vezes máximo) para a reconstrução profissional da mulher não pode ultrapassar 24 meses, independentemente do histórico conjugal/familiar no qual aquelas pessoas estão inseridas: Os alimentos devidos entre ex-cônjuges devem ser fixados por prazo certo, suficiente para, levando-se em conta as condições próprias do alimentado, permitir-lhe uma potencial inserção no mercado de trabalho em igualdade de condições com o alimentante (STJ REsp 1653149 / SP, 2017).

O que se vê, na prática, é a aplicação de uma equação que nem sempre se coaduna com a realidade social: tendo-se igualdade jurídica garantida (homens e mulheres são iguais perante a lei), tem-se que implementar igualdade, via decisões judiciais, para que homens e mulheres suportem, desde logo, o próprio sustento pós rupturas.

A situação fica ainda mais preocupante quando se fala na mulher em posição de vulnerabilidade. A epidemia de violência doméstica que assola o país, com números assombrosos revelados dia a dia, trazem a baila uma discussão que fica longe das decisões judiciais quando o assunto é fixação de verba alimentar.

Muitas vezes o julgador deixa de observar matizes importantes da realidade da mulher violentada (física ou emocionalmente) partindo apenas da ideia constitucionalmente imposta no sentido de que o gênero não mais impacta em diferença real nas condições de cada parte do casal conjugal.

No nosso entender, o novo paradigma na fixação de verba alimentar para mulheres deve atender uma sistemática de transitoriedade real, ou seja, deve observar que, num mundo de extremas discrepâncias entre gêneros, maridos e esposas não podem, desde logo, ter a mesma participação em seus próprios sustentos se essa não era a realidade experimentada pelo casal conjugal durante o convívio.

O que não se pode, como se tem visto, é perpetuar, via Judiciário, a desigualdade de gêneros baseando-se numa suposta igualdade jurídica, sob pena de se apenar mulheres com legislação que a elas deveria ser benéfica e garantidora de direitos.

4. CONCLUSÃO: INOBSERVÂNCIA DA VULNERABILIDADE FEMININA QUANDO DA FIXAÇÃO DA VERBA ALIMENTAR PÓS-RUPTURAS

Diante das reflexões apontadas na presente análise, concluímos que não são, quando da fixação de pensão alimentícia pós-rupturas, observadas as questões de gênero e vulnerabilidade das mulheres.

É, portanto, deixada de lado a análise de questões cruciais no tocante ao dever alimentar. De fato, os alimentos devidos na relação conjugal, decorrentes da assistência mútua entre cônjuges, precisam ser observados de maneira ampla até mesmo porque são oriundos da solidariedade familiar (garantia constitucional), além da dignidade da pessoa humana, a qual deve ser preservada por todos, como os reais fundamentos e bases para a relação alimentícia no divórcio, separação ou dissolução da união estável, entre consortes (CARDOSO, 2018, p. 147).

Daí podemos afirmar que os alimentos entre cônjuges ultrapassam a barreira do parentesco (já que marido e mulher não são parentes), para fundar-se em princípios ainda mais solidificados, oriundos do dever de mútua assistência àquela pessoa a quem se escolheu para partilhar a trajetória de vida conjunta.

Deste modo, a fixação alimentar de verba pensional devida ao cônjuge/companheiro deve, além da observância clássica do binômio necessidades x possibilidades, atentar-se (i) à realidade familiar e conjugal das partes; (ii) aos arranjos próprios e particulares daquela família pós ruptura, que considere também os ajustes com a prole e seus cuidados; e (iii) à condição social feminina diante de um quadro de evidente desigualdade entre gêneros.

Bem verdade, portanto, que quando da fixação da verba alimentar pós-rupturas o julgador deve estar atento à interpretação legal que não deixe de considerar a vivência social daquele casal, não sendo possível que se fie exclusivamente na igualdade formal constitucional para, então, excluir da mulher direito (até então certo, diga-se) de ver seu sustento suportado, ainda que transitoriamente, por aquele que o fez durante a vida conjugal.

Não por outra razão defendemos que a interpretação do texto legal deve estar atenta às questões do feminino, observando que:

> [...] o constitucionalismo feminista, como meio e possibilidade da hermenêutica feminista de compreender e interpretar o Direito e a Constituição, do lugar de fala do feminino, em toda a sua mais ampla acepção, consiste em: identificar e desafiar os elementos da dogmática jurídica que discriminam por gênero, raciocinar a partir de um referencial teórico segundo o qual as normas jurídicas e constitucionais são respostas pragmáticas para dilemas concretos das mulheres reais, mais do que escolhas estáticas entre sujeitos opostos ou pensamentos divergentes (PETER, 2018, s.p.).

Evidente – e este trabalho jamais se posicionará de maneira contrária – que a dignidade humana perpassa pela autodeterminação e pelo sustento próprio, sendo deveras importante que cada qual viva do resultado de seu trabalho e esforço pessoal. O que se está questionando é que, infelizmente, a igualdade jurídica alçada a igualdade fática não corresponde à realidade social que se vivencia nos dias atuais.

Por séculos a mulher foi deixada à margem da vida financeira e profissional. Foi subjugada à condição de expectadora da vida familiar, com obrigações voltadas apenas ao trabalho doméstico e, quando muito, à caridade. Quando, todavia, é inserida no mercado de trabalho o faz em condições bastante desiguais, ocupando lugares de menor impacto de poder e com remunerações menos significativas que os homens.

Considere-se, ademais, que em algumas classes sociais um pouco mais privilegiadas, vê-se também uma dinâmica familiar bastante própria de "escolha" (aqui referenciada entre aspas, pois, muitas vezes, a escolha é imposição marital) da mulher pelos cuidados da família, privilegiando-se a carreira masculina em detrimento de eventual incursão profissional da mulher mãe.

Não são raros, assim, os casos em que os casais, de comum acordo, optam pela permanência da mulher no seio do lar – e como principal cuidadora da prole – e pelo marido como único provedor financeiro da família e, como não poderia deixar de ser, essa circunstância não poderá ser ignorada quando da fixação judicial de verba alimentar.

Estamos nos deparando no Judiciário atual, infelizmente, com uma completa inobservância das questões de gênero e das eventuais vulnerabilidades femininas quando da fixação da verba alimentar.

A realidade jurisprudencial se apresenta com a fixação de verba alimentar para mulheres de forma bastante excepcional, tendo sendo praticamente regra a estipulação, quando mundo, de alimentos por períodos extremamente exíguos, passando a largo de uma análise real das perspectivas femininas na reinserção no mercado de trabalho.

Concluímos pontuando que se faz necessário, na realidade imprescindível, que as fixações de verbas alimentares para as mulheres observem critérios minuciosos de análise casuística, com mensuração (i) do tempo no qual a mulher esteve afastada do mercado de trabalho para dedicar-se exclusivamente ao ambiente familiar; (ii) pós ruptura, quais as condições e chances reais de reinserção desta mulher na realidade profissional que se vivencia à época do divórcio, (iii) qual será o arranjo familiar pós divórcio e qual a efetiva participação do ex-consorte nos cuidados com a prole, de modo a se propiciar a real retomada da mulher de sua vida profissional e, finalmente (iv) qual o tempo razoável para que o pensionamento se dê observados toda as variáveis citadas.

As condições inerentes às desigualdades sociais de gênero devem ser, ao nosso entender, ponderadas pelos julgadores na aplicação do texto legal, de modo a se observar, de maneira efetiva, a concretização dos princípios da solidariedade e, acima de tudo, da dignidade da pessoa humana.

A existência de políticas públicas capazes de equalizar as desigualdades entre gêneros também pode, sem sombra de dúvidas, ser importante ferramenta para se atingir a plenitude que a Constituição Federal buscou alçando a mulher à igual categoria de direitos.

Não nos parece razoável – ao menos que se queira chancelar de maneira definitiva as desigualdades até então postas – que a igualdade jurídica constitucional possa, ainda que de maneira não intencional, ser usada contra aquela que dela mais deve ser beneficiária: a própria mulher.

5. REFERÊNCIAS

CAHALI, Youssef Said. *Dos Alimentos*. São Paulo: Ed. RT, 2009.

CARDOSO, Fabiana Domingues. *A indignidade no direito aos alimentos*. São Paulo: IASP, 2018.

CARVALHO, Dimas Messias. *Direito das Famílias*. São Paulo: Saraiva, 2015.

CEZAR-FERREIRA, Verônica A. da Motta; MACEDO, Rosa Maria Stefanini. *Guarda Compartilhada* – uma visão psicojurídica. Porto Alegre: Artme, 2016.

FGV. Pesquisa. *Mulheres ainda ocupam poucos cargos de alta direção no Brasil*. Disponível em: [https://portal.fgv.br/noticias/pesquisa-fgv-aponta-mulheres-ainda-ocupam-poucos-cargos-alta-direcao-brasil-0]. Acesso em: 22.05.2019.

FGV. Pesquisa. *Mulheres perdem trabalho após terem filhos*. Disponível em: [https://portal.fgv.br/think-tank/mulheres-perdem-trabalho-apos-terem-filhos https://portal.fgv.br/sites/portal.fgv.br/files/the_labor_market_consequences_of_maternity_leave_policies_evidence_from_brazil.pdf]. Acesso em: 22.05.2019.

LIMA, Ana Cristina Quint de; ROSA, Conrado Paulino da; FREITAS, Douglas Philips. *Adoção por casal homoafetivo*. Florianópolis: Vox Legem, 2012.

LOIS, Cecília Caballero; CASTRO, Carolina Soares Casteliano Lucena de. Feminismo Estatal, injustiças metapolíticas e a formação do rol de legitimados do controle concentrado de constitucionalidade. In: SILVA, Christiane Oliveira Peter da; BARBOZA, Estefânia Maria de Queiróz, FACHIN, Melina Girardi (Org.). *Constitucionalismo Feminista*. Salvador: JusPodivm, 2019. p. 216 -237.

MADALENO, Rolf. *Curso de Direito de Família*. Rio de Janeiro: Forense, 2011.

ORGANIZAÇÃO DAS NAÇÕES UNIDAS. *Análise de disparidade de gêneros*. Disponível em: [https://nacoesunidas.org/as-vespera-do-dia-internacional-da-mulher-onu-pede-fim-da-disparidade-de-genero-ate-2030/]. Acesso em: 23.05.2019.

PETER, Christine. *Constitucionalismo Feminista ressoa no Supremo Tribunal Federal*. Disponível em: [https://www.conjur.com.br/2018-dez-29/observatorio-constitucional-constitucionalismo-feminista-ressoa-supremo-tribunal-federal]. Acesso em: 22.05.2019.

TALLMANN, Helena; ZASSA, José; MARTINS, Rita. Dividindo responsabilidades. *Retratos* – A revista do IBGE, Rio de Janeiro, n. 16, p. 7-11, fev. 2019. Disponível em: [https://agenciadenoticias.ibge.

gov.br/media/com_mediaibge/arquivos/d4581e6bc87ad8768073f974c0a1102b.pdf]. Acesso em: 22.05.2019.

TOMAZONI, Larissa; BARBOZA, Estefânia. Interpretação Constitucional Feminista e a Jurisprudência do Supremo Tribunal Federal. In: SILVA, Christiane Oliveira Peter da; BARBOZA, Estefânia Maria de Queiróz, FACHIN, Melina Girardi (Org.). *Constitucionalismo Feminista*. Salvador: JusPodivm; 2019. p. 244-252.

URTADO, Daniela; PAMPLONA, Danielle Anne. A última constituinte brasileira, as bravas mulheres e suas conquistas. In: SILVA, Christiane Oliveira Peter da; BARBOZA, Estefânia Maria de Queiróz, FACHIN, Melina Girardi (Org.). *Constitucionalismo Feminista*. Salvador: JusPodivm, 2019. p. 53-66.

PARTE V
Gênero, Saúde e Educação

EDUCAÇÃO E TRABALHO INTERDISCIPLINAR NA ASSISTÊNCIA À SAÚDE DE PESSOAS TRANSGÊNERO – RELATO DE EXPERIÊNCIA

Aline Veras Morais Brilhante

Doutora em Saúde Coletiva pelo Programa de Pós-Graduação em Saúde Coletiva em Associação Ampla – Universidade Estadual do Ceará, Universidade Federal do Ceará e Universidade de Fortaleza. Professora do Programa de Pós-Graduação em Saúde Coletiva da Universidade de Fortaleza. Membro da Linha de Pesquisa Ciências Sociais e Epistemologia em Saúde. E-mail: alineveras@unifor.br.

Ana Paola de Castro e Lins

Doutoranda em Direito Constitucional pelo Programa de Pós-graduação em Direito da Universidade de Fortaleza. Mestra em Direito Constitucional pelo Programa de Pós-graduação em Direito da Universidade de Fortaleza. Professora do curso de graduação do Centro Universitário Farias Brito. Membro do Grupo de Pesquisa de Direito Civil na legalidade constitucional. Coordenadora da Linha de Pesquisa Autonomia, Diversidade e Gênero do Laboratório de Estudos sobre Violências contra Mulheres, Meninas e Minorias da Universidade de Fortaleza. E-mail: paola@unifor.br.

Christina César Praça Brasil

Pós-Doutora em Tecnologia em Saúde pela Faculdade de Medicina da Universidade do Porto – Portugal. Doutora em Saúde Coletiva pelo Programa de Pós-Graduação em Saúde Coletiva em Associação Ampla – Universidade Estadual do Ceará, Universidade Federal do Ceará e Universidade de Fortaleza. Professora do Programa de Pós-Graduação em Saúde Coletiva da Universidade de Fortaleza. Membro da Linha de Pesquisa Política, Planejamento e Avaliação em Saúde. E-mail: cpraca@unifor.br.

Tiago José Nunes de Aguiar

Especialista em Voz pela Universidade de Fortaleza e em Habilitação e Reabilitação Auditiva em Crianças, pela Universidade de São Paulo. Fonoaudiólogo do Núcleo de Atenção Médica Integrada da Universidade de Fortaleza. E-mail: tiagoaguiar@unifor.br.

Sumário: 1. Introdução. 2. Relato da experiência. 2.1 O início. 2.2 Organização atual dos serviços. 2.3 Pilares do serviço. 3. Discussão. 4. Conclusão. 5. Referências.

1. INTRODUÇÃO

Segundo levantamento do Grupo Gay da Bahia (GGB), em 2018, foram registradas 420 mortes de pessoas LGBTTI (sigla para Lésbicas, Gays, Bissexuais, Travestis, Pessoas Trans e Intersexos), sendo 320 homicídios e 100 suicídios. Segundo o mesmo grupo

(GGB), em termos relativos, as pessoas trans representam a categoria mais vulnerável a mortes violentas. Essas mortes – cujos números seriam ainda maiores não fosse a subnotificação – são a materialização extrema de uma ordem social que determina quais formas de violência são culturalmente consentidas e contra quem o são (MINAYO, 2005). Essa construção decorre de discursos de diversos campos de saberes que colocam determinados grupos em posições periféricas aos demais sujeitos (LOURO, 2013). Nesse contexto, o discurso acadêmico – ou seu silêncio – diz muito sobre a exclusão dos corpos LGBTTI (TEIXEIRA, 2011; 2013).

A heteronormatividade hegemônica na ordem social reflete-se em práticas assistenciais permeadas pelo cerceamento dos direitos humanos básicos, como o direito à saúde (ALBUQUERQUE; GARCIA; QUIRINO; ALVES; BELÉM; FIGUEIREDO; PAIVA; NASCIMENTO; MACIEL; VALENTI; ABREU; ADAMI, 2016). Seja pela invisibilidade de seus corpos, seja pela patologização de suas características e de seus afetos (MELLO, 2012; CARDOZO; FERRO, 2012), é frequente que a violência normativa (BUTLER, 2004) converta-se em violência institucional (AGUIAR, 2011), comprometendo ou inviabilizando o acesso à saúde. A desqualificação da assistência prestada a essa população é reforçada por sua exclusão dos currículos acadêmicos e pela fragmentação do cuidado (MELLO, 2012; CARDOZO; FERRO, 2012).

Isso porque a formação do profissional em saúde, em regra, é pautada em uma cultura acadêmica que presume a heterossexualidade como "padrão universal", o que pode vir a desencadear discursos homofóbicos, preconceituosos e discriminatórios. Observa-se que a resistência em debater, durante a trajetória acadêmica, temas inerentes à sexualidade e que façam parte dos tabus sociais acarreta um prejuízo na qualidade do atendimento à saúde ofertado à população LGBTTI. A ausência de investimento em ações diferenciadas, voltadas às necessidades singulares das diversas identidades, faz com que parte do atendimento não corresponda às reais demandas do paciente, provocando reações que vão desde o medo de revelar a orientação sexual até a automedicação, o que compromete, sobremaneira, o direito fundamental à saúde (ALBUQUERQUE; GARCIA; QUIRINO; ALVES; BELÉM; FIGUEIREDO; PAIVA; NASCIMENTO; MACIEL; VALENTI; ABREU; ADAMI, 2016, p. 5).

Enfatize-se que o conceito democrático de saúde não é a mera ausência de doença; mas o completo bem-estar físico, mental e social da pessoa, ou, até mesmo, a ausência do medo (da perda da liberdade), garantindo ao paciente o lugar de sujeito ativo da sua condição sanitária (TEIXEIRA, 2010, p. 14). Esclareça-se, ainda, que o tema ora abordado diz respeito ao direito à saúde de todas as pessoas; uma vez que não se considera, em absoluto, que os sujeitos trans sejam pessoas doentes ou mereçam ter sua experiência identitária tratada de maneira patologizada. Admite-se, portanto, a necessidade de uma assistência não generalizante e que não esteja pautada em parâmetros de normalização social.

O movimento de despatologização exige, pois, uma reconstrução das práticas clínicas capazes de atender identidades plurais. Isso implicaria a mudança do paradigma de patologia, levando-se em conta que declarações internacionais, a exemplo dos Princípios

EDUCAÇÃO E TRABALHO INTERDISCIPLINAR NA ASSISTÊNCIA À SAÚDE DE PESSOAS TRANSGÊNERO **451**

de Yogyakarta,[1] apontam a livre expressão da identidade de gênero e o gozo do direito ao mais alto padrão alcançável de saúde como direitos fundamentais. Assim, o modelo de avaliação deve ser baseado na autonomia e na tomada de decisão de maneira compartilhada, no qual os sujeitos trans tenham poder decisório central e liberdade narrativa para interferir, afastando o modelo paternalista do cuidado clínico (BORBA, 2016, p. 50).

Nesse sentido, relata-se a experiência de um projeto-piloto de um serviço que presta assistência interprofissional a pessoas trans em um núcleo de assistência à saúde integrada de uma Instituição de Ensino Superior (IES) privada localizada em Fortaleza, Ceará, Brasil. Objetiva-se, deste modo, considerar três pontos principais: a identificação das dificuldades que as pessoas trans encontram na busca pelo direito ao acesso à saúde e as estratégias desenvolvidas para transpô-las; a importância de uma assistência interprofissional às pessoas trans, centrada nas necessidades dos usuários do serviço e que escape à lógica da patologização da sexualidade; e a relevância dessas experiências no processo da formação de profissionais da saúde, confrontando-os com seus próprios preconceitos e possibilitando momentos de reflexão.

2. RELATO DA EXPERIÊNCIA

2.1 O início

O núcleo de assistência à saúde onde o estudo foi realizado é uma referência como clínica-escola nas regiões Norte e Nordeste do Brasil. Seu principal objetivo é contribuir com a promoção da saúde e da qualidade de vida da população, por meio de uma atenção interdisciplinar e humanizada. Nesse ambiente, alunos, professores e profissionais da saúde vinculados ao Centro de Ciências da Saúde (CCS) atuam em estágios, associando teoria e prática, vivenciando, de forma integrada, atividades de ensino, pesquisa, extensão e responsabilidade social.

Em sua moderna estrutura, realizam-se atendimentos ambulatoriais, contemplando ações de promoção, prevenção, diagnóstico, tratamento e reabilitação, nas seguintes áreas: reabilitação física, auditiva e intelectual; Terapia Ocupacional; Psicologia; Fonoaudiologia; Fisioterapia; Nutrição; Medicina; Enfermagem e Educação Física. O núcleo ainda oferece ampla assistência farmacêutica, posto de coleta de leite humano, serviço social, vacinação e serviço de apoio ao diagnóstico (laboratório de análises clínicas e setor de imagens). A maioria dos atendimentos é realizada visando a atender o Sistema Único de Saúde (SUS), oferecendo serviços gratuitos e de qualidade à população.

Nesse contexto, as pessoas trans passaram a ser envolvidas, na medida em que a demanda foi se configurando com a aproximação dessa população na busca de soluções para algumas questões de saúde nem sempre atendidas em outros locais – a exemplo da saúde ginecológica (para os homens trans) e da saúde vocal (para as mulheres trans). Assim, o núcleo, iniciando pelos ambulatórios de Ginecologia e Fonoaudiologia, precisou se organizar para prestar assistência de qualidade e personalizada. É válido deixar claro

---

1. Princípios sobre a aplicação da legislação internacional de direitos humanos em relação à orientação sexual e à identidade de gênero.

que uma peculiaridade perpassa toda a organização desse serviço – o fato de a demanda ter partido das próprias pessoas trans.

Em outubro de 2016, foi o primeiro momento formal em que se registrou essa demanda, quando representantes de uma associação local procuraram o serviço social da referida unidade de saúde. Inicialmente, homens trans buscavam assistência à saúde sexual e traziam diversos relatos de exclusão e violência institucional. Diante da procura, iniciaram-se os agendamentos para as consultas ginecológicas. Pouco tempo depois, chegaram as mulheres trans, que traziam à tona a necessidade de cuidados e adequações da voz para se ajustar às suas características pessoais. A escuta ativa dessa população fez com que os serviços fossem se integrando, à medida que as necessidades dessa população eram evidenciadas. Nesse percurso, os primeiros serviços a se organizarem em prol dos atendimentos às pessoas trans foram o de Ginecologia e o de Fonoaudiologia, os quais se associaram ao de Psicologia.

Percebendo que alguns dos funcionários apresentavam comportamentos que oscilavam do desconhecimento ao preconceito, realizou-se um trabalho de educação e conscientização com recepcionistas, seguranças, técnicos de enfermagem e funcionários do laboratório e do serviço de ultrassonografia. Nesse processo, foi pactuada com os gestores da clínica-escola a garantia do direito ao uso do nome social como principal meio de identificação dos usuários.

Desde o início dos atendimentos no serviço de Ginecologia, o acolhimento dos homens trans foi realizado por uma acadêmica da Psicologia. Dois meses após o seu início, a equipe ganhou o reforço de um grupo de alunos da Psicologia que já vinha desenvolvendo trabalhos e ações sociais referentes às questões de gênero. Diante do desconhecimento demonstrado por acadêmicos de Medicina acerca dos conceitos básicos sobre identidades de gênero, os estudantes que participaram desses ambulatórios passaram por um treinamento prévio, no qual foram trabalhados aspectos conceituais e questões éticas relativas aos direitos humanos.

Com o passar dos anos, a procura pelo serviço de Ginecologia voltado aos homens trans foi aumentando, tornando-se uma referência no município de Fortaleza e adjacências. É importante ressaltar que os usuários costumam encaminhar a sua rede de amigos ao serviço, o que atesta a credibilidade e a satisfação desse público com as ações desenvolvidas.

Outro setor que passou a acolher a população LGBTTI foi o ambulatório de voz, no serviço de Fonoaudiologia. Nos anos de 2017 e 2018, registrou-se uma crescente procura por tratamento vocal por um grupo de mulheres trans. Diante das queixas trazidas por elas, vislumbrou-se a necessidade de criar um horário para atendimento para essa população, já que relatavam queixas psicossociais refletidas pelos impactos da voz na sociedade. Posteriormente, com o auxílio dos psicólogos e os encaminhamentos internos, constituiu-se também um grupo de atenção à voz de homens trans. Essa experiência evidenciou que as queixas vocais neles eram menores em relação ao grupo de mulheres trans.

Embora tenham se iniciado de forma independente, as demandas dos próprios usuários culminaram na aproximação entre os serviços. A partir desse momento, pa-

EDUCAÇÃO E TRABALHO INTERDISCIPLINAR NA ASSISTÊNCIA À SAÚDE DE PESSOAS TRANSGÊNERO **453**

cientes que buscavam assistência na Ginecologia, na Psicologia ou na Fonoaudiologia recebiam o convite para a assistência interprofissional. O olhar integral e personalizado do serviço em pauta à população LGBTTI reafirma o respeito ao ser humano em todas as dimensões, o que favorece a integralidade na atenção à saúde, o acesso e a inclusão (PAIM; SILVA, 2010).

2.2 Organização atual dos serviços

No ambulatório de Ginecologia, antes da consulta, é realizada uma acolhida aos pacientes por acadêmicos do curso de Psicologia, o que é feito, inicialmente, em grupo e, em seguida, individualmente, possibilitando a escuta reservada de cada indivíduo. Nessa ocasião, ocorre o agendamento da assistência psicológica, caso o assistido assim o deseje. Simultaneamente à acolhida, a médica responsável reforça alguns aspectos da preparação com os internos do curso de Medicina ou médicos residentes que atuam no ambulatório. Esta ação consiste em orientações básicas para que a consulta não se transforme em um momento de revitimização para essas pessoas.

Importa destacar que a acolhida individual ocorre em uma sala privativa ao lado do ambulatório de Ginecologia. Nessa ocasião, o paciente é informado sobre os serviços interdisciplinares e de psicoterapia individual e grupal, o que é oferecido mediante agendamento. Em seguida, executa-se a anamnese por um(a) interno(a) ou residente, acompanhado(a) pela médica responsável, a qual também realiza o exame físico. Nesse momento, é identificada a necessidade de o paciente ser assistido por outros profissionais de saúde (especialmente endocrinologistas, fonoaudiólogos, psicólogos, psiquiatras), sendo, então, efetuados os devidos encaminhamentos.

Registra-se, ainda, que desde o início do ambulatório de Ginecologia voltado a homens trans, até dezembro de 2018, foram cadastrados e atendidos aproximadamente 98 pacientes com esse perfil. Esse número é bastante significativo, diante do cenário de exclusão social que essa população vivencia e da restrição de serviços preparados para acolhê-la.

No ambulatório de Fonoaudiologia, realizam-se atendimentos individuais, constando de anamnese, avaliação perceptual e acústica da voz, além de terapia vocal. Observou-se que a principal queixa das mulheres trans era a identificação da voz masculina pelo outro, não estando condizente com a imagem feminina, gerando incômodo e descontentamento. Assim, muitas chegavam a calar-se em locais públicos, por não se sentirem à vontade para falar, por vergonha e medo da reação das pessoas. Os relatos de preconceito, agressão física e verbal mostraram-se presentes no grupo.

As principais queixas apresentadas pelas mulheres trans dizem respeito ao fato de terem criado um novo padrão vocal para ser utilizado no meio social, como forma de amenizar o traço sonoro masculino da voz. Isto lhes causava cansaço laríngeo ao fim do dia, além da falta de identificação vocal. A partir da semelhança dos discursos, criou-se um grupo terapêutico para discutir a identidade vocal de cada uma delas. Para isso, realizaram-se cinco encontros, nos quais foram abordados os seguintes assuntos: produção vocal; diferenças entre as vozes masculinas e femininas; impacto vocal na sociedade e na personalidade; cirurgias laríngeas para elevar a frequência vocal; voz e imagem corporal; e construção da identidade vocal.

A troca de experiências entre o grupo foi bastante significativa, uma vez que os resultados evidenciaram que muitas das participantes modificaram a "imagem vocal" que tinham de si, diante do conhecimento construído a partir dos encontros. Solicitações das mulheres trans para agudizar a voz (elevar a frequência fundamental, tornando a voz mais "feminina") eram constantes no início dos grupos terapêuticos como sendo a única forma conhecida por elas de caracterizar a voz feminina. Ademais, questionavam bastante sobre a possibilidade de realização de cirurgias laríngeas para a modificação do padrão vocal.

Diante dos debates preliminares, inicialmente, fez-se um trabalho de percepção auditiva por meio da escuta e análise de vozes sem identificação do gênero. A atividade consistia na escuta de um áudio de algumas vozes pelo grupo, o qual opinava sobre o gênero da pessoa. Nessa ocasião, o fonoaudiólogo responsável questionava sobre os traços sonoros que identificavam o gênero dos falantes, cujas vozes foram apresentadas. Chamou-se a atenção para a modulação, o vocabulário, a variação melódica, as gírias, as inflexões, ou seja, para aspectos expressivos da voz. Características estas que, até então, passavam despercebidas. Quando as imagens das pessoas cujas vozes analisadas foram visualizadas, as mulheres trans perceberam que nem todas as vozes graves eram de homens e que nem todas as vozes agudas eram de mulheres. Isso abriu espaço para ampla discussão e caracterização de novas versões de vozes femininas, partindo do princípio de que a expressividade vocal é imprescindível neste momento.

Como elementos principais, foram trabalhados os aspectos de frequência, intensidade, ressonância, padrão articulatório, postura de língua, vocabulário, variação melódica e velocidade de fala. Com o fim dos encontros, todas as participantes passaram a realizar atendimentos individuais, já trazendo maior clareza sobre a caracterização da identidade vocal. Ao fim do trabalho com o grupo em pauta (15 mulheres trans), foram obtidos resultados satisfatórios com grande aceitação da "nova" voz pelas participantes, contribuindo de forma relevante para o processo de construção social da identidade destas pessoas.

Quanto aos homens trans, verifica-se que este público é menos assíduo ao ambulatório de Fonoaudiologia, uma vez que o tratamento com o hormônio testosterona já faz com que desenvolvam um tipo de muda vocal, diminuindo a frequência fundamental (agravando a voz) e caracterizando a voz masculina. Assim, encontram-se cadastrados no serviço 10 homens trans, os quais já passaram por acompanhamento fonoaudiológico e somente retornam quando apresentam algum sintoma ou dúvida relacionados à voz.

2.3 Pilares do serviço

Diante das particularidades que marcam a estruturação dos serviços, os ambulatórios apresentados organizam-se sobre três pilares, quais sejam: identificação das dificuldades que as pessoas trans encontram na busca pelo direito ao acesso à saúde e às estratégias desenvolvidas para transpô-las; importância de uma assistência interprofissional à população LGBTTI centrada nas necessidades dos usuários do serviço e que escape à lógica da patologização da sexualidade; e importância dessas experiências no processo da formação de profissionais da saúde, confrontando-os com seus princípios e preconceitos, o que possibilita momentos de reflexão.

Durante o acolhimento realizado por acadêmicos de Psicologia, os homens trans atendidos no serviço de Ginecologia eram convidados a relatar as barreiras encontradas na busca pelo acesso ao direito à saúde. Desses relatos, os principais pontos identificados foram: despreparo dos profissionais de saúde; preconceitos dos profissionais e dos demais usuários; e falta de estrutura dos serviços para atender a essa demanda.

Os pacientes LGBTTI relataram que escutam, com frequência, de vários profissionais de distintas áreas (saúde ou não) que estes não se consideram tecnicamente aptos para atendê-los, ou que suas demandas não se encontram amparadas em técnicas respaldadas por evidências científicas. Ambas as afirmações são – conscientemente ou não – falaciosas. Embora o desconhecimento de técnicas específicas em algumas áreas possa ser uma realidade, não se constitui justificativa para a "desassistência", posto que, nesses casos, cabe encaminhamento para profissionais capacitados. Destaca-se que os principais serviços buscados por essas pessoas são de assistência básica à saúde, como, por exemplo, ambulatórios de Ginecologia.

É válido ressaltar, entretanto, a inexistência de diferenças técnicas na assistência prestada a mulheres heterossexuais e a homens trans nos ambulatórios de Ginecologia. Entretanto, o respeito à identidade de gênero dos indivíduos, a empatia e as habilidades de comunicação que busquem evitar a revitimização são elementos que devem ser considerados para facilitar o acolhimento e a adesão. Apesar de ser uma questão sem especificidades técnicas que a justifiquem, estes relatos estão presentes nas falas da maioria dos homens trans assistidos e envolvem profissionais da saúde das diferentes áreas.

A desassistência, em alguns momentos, converte-se em formas mais diretas de violência institucional, caracterizadas por um franco preconceito. Há discursos que revelam ofensas diretas, tanto pelo uso de termos estigmatizantes, como "aberração", "pecado" e "anomalia"; como por comportamentos e atitudes inadequadas de profissionais e demais usuários dos serviços em relação à população LGBTTI. Muitas pessoas trans demonstram receio em permanecer nas salas de espera, em decorrência da postura de algumas pessoas e de profissionais da recepção. Some-se a isto a falta de estrutura dos serviços.

As falas que versam sobre esses aspectos vão desde a negação ao direito legal ao uso do nome social até a negativa de agendamento de consultas em decorrência de o serviço não ser especializado para atender pessoas trans. Essa negativa ocorreu até quando o motivo da busca por assistência em nada tinha relação com a identidade de gênero, a exemplo de: queixas de dores pélvicas, sangramentos genitais disfuncionais, hipertensão e diabetes.

Nesse contexto, estrutura-se uma rede informal de saúde, onde aqueles que conseguem ser atendidos passam aos outros as orientações recebidas. A partir dessas informações, descontextualizadas e desconsiderando os méritos técnicos, as pessoas trans vão cuidando da própria saúde e de seus pares, afastando-se cada vez mais de um sistema que não faz o devido esforço para acolhê-los e os priva do acesso à saúde como um direito fundamental.

Os registros apresentados são cruciais para retroalimentar as práticas assistenciais na experiência ora descrita. Os profissionais orientam-se pelos relatos a fim de realizarem uma atenção interprofissional centrada nas necessidades dos usuários do serviço. Além disso, existe uma autoanálise perene, na busca de escapar à lógica da patologização das sexualidades.

Ao término de cada atendimento nos ambulatórios de Ginecologia e de Fonoaudiologia, os usuários são convidados a avaliar os serviços, desde a recepção até a sua conclusão. Esse procedimento objetiva a obtenção de subsídios para o aprimoramento da assistência prestada. Concluídos todos os atendimentos do dia, reúnem-se profissionais da saúde, internos e/ou residentes e estudantes de Psicologia para debaterem as experiências vividas, as particularidades dos cuidados dispensados aos usuários, as necessidades específicas das pessoas assistidas, bem como estratégias para atender essas demandas.

O diálogo e a troca de ideias são consideradas de suma importância pelos gestores dos serviços, dada a relevância dessas experiências no processo da formação de profissionais da saúde. Nessas ocasiões, os(as) acadêmicos(as) e/ou residentes, de modo geral, enfatizam o silenciamento sobre a população trans nos currículos acadêmicos. Os(as) estudantes apontam que o fato de até então não terem recebido em suas práticas pacientes trans é inicialmente uma fonte de ansiedade. Após os atendimentos, contudo, estudantes e/ou residentes demonstram-se tranquilos e avaliam de forma positiva a experiência. Todos os que passaram nos serviços em questão, até o momento de escrita deste capítulo, consideraram esta experiência como uma oportunidade para desconstruir conceitos preconcebidos.

3. DISCUSSÃO

A centralidade dos usuários é basilar ao processo social e político de construção do Sistema Único de Saúde – SUS (BRASIL, 1990). No caso particular da experiência ora relatada, essa centralidade, além de favorecer a colaboração interprofissional (FURTADO, 2007), foi fundamental para o estabelecimento de uma atenção que escapa à lógica da patologização das sexualidades. Nesse contexto, os discursos que versam sobre o percurso em busca por assistência, contudo, evidenciam a vivência de diversas situações marcadas pela hostilidade e pela falta de acolhimento. Isto, entretanto, encontra-se em franco desacordo à integralidade do cuidado e ao exercício da cidadania (CERQUEIRA-SANTOS; CALVETTI; ROCHA; MOURA; BARBOSA; HERMEL, 2010). Ademais, essas posturas estão ancoradas em valores morais acerca das identidades de gênero que culminam no tratamento dos usuários de acordo com padrões heteronormativos (MELLO, 2011; AMORIM, 2013).

Quando ocorre a fixação de uma determinada identidade como norma, provoca-se uma hierarquização das identidades. Considera-se a normalização como um dos processos mais sutis pelos quais o poder se manifesta no campo da identidade e da diferença. Silva (2007, p. 83) aduz que normalizar tem o condão de eleger, de modo arbitrário, uma identidade específica como o parâmetro em relação ao qual as outras identidades são avaliadas e hierarquizadas, atribuindo-se a essa identidade todas as características positivas possíveis, em relação às quais as outras só podem ser avaliadas de forma negativa.

Os saberes médicos acabaram se curvando ao fato de que as realidades físicas das pessoas se fazem infinitas e se multiplicam à medida que se desenvolvem a biologia e a biomedicina. Torna-se cientificamente irrefutável o que a prática médica já há muito havia constatado: cada paciente é singular (VIVEIROS DE CASTRO, 2009, p. 29). Nesse sentido, as características corporais simbolizam a identidade e o sentimento de pertença a determinadas classes, chegando a envolver modificações corporais mais radicais. Não se pode negar que a cultura dominante ainda apresenta resistência em respeitar certas características, principalmente quando elas se afastam de padrões de "normalidade" (MORAES; KONDER, 2012, p. 95).

Não é regra que certa conduta, causadora de ofensa a determinados padrões sociais, enseje consequências jurídicas limitadoras da autonomia existencial. Isto é, a ofensa a padrões morais não representa motivo que atraia a providência jurídica de intervenção limitadora da autonomia privada, haja vista inexistir, nesses casos, ofensa a direitos alheios aos do titular da situação jurídica subjetiva (VIVEIROS DE CASTRO, 2017, p. 66).

Importante é ressaltar a premissa na qual este trabalho se baseia: de que as características físicas e as qualidades atribuídas ao sexo dependem de escolhas culturais e sociais, e não necessariamente de uma condição imutável da natureza. A condição de homem ou mulher não é determinada com o nascimento, como um verdadeiro destino biológico (LINS; MENEZES, 2017, p. 6). Pelo contrário, "a condição do homem e da mulher não se inscreve em seu estado corporal, ela é construída socialmente" (LE BRETON, 2007, p. 66), em um processo que se inicia muito antes da vida adulta.

Dentre os Princípios de Yogyakarta, o de número 17 orienta que "Toda pessoa tem o direito ao padrão mais alto alcançável de saúde física e mental, sem discriminação por motivo de orientação sexual ou identidade de gênero" (CORRÊA; MUNTARBHORN, s/d, p. 25). Sendo a saúde sexual um aspecto essencial desse direito à saúde, os Estados devem adotar medidas voltadas a efetivá-lo, tais como:

a) Tomar todas as medidas legislativas, administrativas e outras medidas necessárias para assegurar o gozo do direito ao mais alto padrão alcançável de saúde, sem discriminação por motivo de orientação sexual ou identidade de gênero;

b) Tomar todas as medidas legislativas, administrativas e outras medidas necessárias para garantir que todas as pessoas tenham acesso às instalações, bens e serviços de atendimento à saúde, inclusive à saúde sexual e reprodutiva, e acesso a seu próprio histórico médico, sem discriminação por motivo de orientação sexual ou identidade de gênero;

c) Assegurar que as instalações, bens e serviços de atendimento à saúde sejam planejados para melhorar o status de saúde e atender às necessidades de todas as pessoas, sem discriminação por motivo de orientação sexual ou identidade de gênero, mas levando em conta essas características, e que os registros médicos relacionados a isso sejam tratados de forma confidencial;

d) Desenvolver e implementar programas para enfrentar a discriminação, preconceito e outros fatores sociais que solapam a saúde das pessoas por efeito de sua orientação sexual ou identidade de gênero;

e) Assegurar que todas as pessoas sejam informadas e empoderadas para tomarem suas próprias decisões no que diz respeito ao atendimento e tratamento médicos, com consentimento realmente baseado em informações confiáveis, sem discriminação por motivo de orientação sexual ou identidade de gênero;

f) Garantir que todos os programas e serviços de saúde sexual e reprodutiva, educação, prevenção, atendimento e tratamento respeitem a diversidade de orientações sexuais e identidades de gênero, estando igualmente disponíveis para todas as pessoas, sem discriminação;

g) Facilitar o acesso daquelas pessoas que estão buscando modificações corporais relacionadas à re-assignação de sexo/gênero, ao atendimento, tratamento e apoio competentes e não discriminatórios;

h) Assegurar que todos os provedores de serviços de saúde tratem os/as clientes e seus parceiros ou parceiras sem discriminação por motivo de orientação sexual ou identidade de gênero, inclusive no que diz respeito ao reconhecimento de parceiros e parceiras como parentes mais próximos;

i) Adotar políticas e programas de educação e treinamento necessários para capacitar as pessoas que trabalham nos serviços de saúde a proverem o mais alto padrão alcançável de atenção à saúde a todas as pessoas, com pleno respeito à orientação sexual e identidade de gênero de cada uma. (CLAM, 2006, p. 25-26).

Desse modo, aduz-se que uma ordem jurídica democrática não pode persistir com práticas sanitárias baseadas na divisão binária dos gêneros e da injunção à heterossexualidade. Para que haja a assistência integral e igualitária, propõe-se que "a lei deve desconsiderar o sexo do indivíduo", de forma a desconstruir a natureza sexuada do sujeito de direito (BORRILLO, 2010, p. 315-316).

Nas experiências dos ambulatórios que atendem pessoas trans, a colaboração interprofissional foi crucial para o processo de sensibilização. A interação entre profissionais e acadêmicos de diferentes campos do conhecimento, além de proporcionar uma atenção à saúde mais abrangente (ELLERY, 2014), envolve comunicação aberta e direta, respeito por diferentes perspectivas e a busca de uma solução compartilhada para os problemas (D'AMOUR; GOULET; LABADIE; SAN MARTIN-RODRIGUEZ; PINEAULT, 2008; WHO, 2010).

O espaço compartilhado por acadêmicos de Medicina e de Psicologia, assim como as vivências dos alunos de Fonoaudiologia com os grupos e pessoas trans, além do debate conjunto após os ambulatórios, proporcionaram a confluência de múltiplos e diversos olhares sobre as mesmas questões. Esse aspecto é salutar para a formação dos futuros profissionais, uma vez que a cooperação interprofissional se relaciona a uma ética do cuidado que propicia o desenvolvimento de um olhar novo para o paciente, para o colega de trabalho e para si mesmo (CECILIO; MERHY, 2003; MERHY, 1997) e traz novas nuances para o próprio universo acadêmico (ALMEIDA, 2016).

Este contexto contribui para a formação de profissionais mais aptos a enfrentar problemas do modelo de atenção e da força de trabalho em saúde, favorecendo o fortalecimento do sistema (WHO, 2010; COSTA; VILAR; AZEVEDO; REEVES, 2014; BARR, 2015) e dos princípios de universalidade do acesso, integralidade, participação social e a atenção básica à saúde como ordenadora do cuidado (BRASIL, 2012).

4. CONCLUSÃO

A centralidade dos usuários e o trabalho interprofissional são cruciais para a manutenção dos princípios que norteiam os ideais do SUS. Esses pontos, contudo, assumem relevância ainda maior quando nos referimos à assistência a uma população sumariamente invisibilizada dentro da Rede de Atenção, como é o caso da população LGBTTI.

EDUCAÇÃO E TRABALHO INTERDISCIPLINAR NA ASSISTÊNCIA À SAÚDE DE PESSOAS TRANSGÊNERO

A experiência aqui relatada – em contínuo processo de construção, desconstrução e reconstrução – surgiu com naturalidade, em resposta a uma demanda, sem necessariamente haver incentivos ou fomento. Fundamentou-se no reconhecimento de que todos compomos a sociedade e desejamos que se torne mais igualitária, solidária e inclusiva.

Nesse sentido, é papel de todos e todas contribuir para a universalização do acesso à cidadania, possibilitando às pessoas trilharem seus caminhos identitários de forma despatologizada e individualizada, partindo do pressuposto de que o gênero não funciona como elemento definidor do sujeito de direito.

Isso tudo só é possível se a saúde for entendida na contramão de um movimento que busca homogeneizar a humanidade em uma concepção mais ampla e plural, com o fim de permitir ao sujeito a livre escolha dos procedimentos médicos necessários à sua proteção como pessoa.

Diante da necessidade de avançar com as ações já realizadas no serviço em pauta, está prevista a realização de um seminário anual que aborde a assistência multiprofissional à população LGBTTI, organizado pelo curso de Medicina da Instituição. A proposta é que, apesar de ser um evento acadêmico, haja uma forte presença da sociedade civil, particularmente dos grupos e coletivos de pessoas trans. Parte-se do pressuposto de que qualquer planejamento de assistência deve ser pautado pelas necessidades e reivindicações do público em questão, minimizando, assim, o risco de se tomar assistencialismo por assistência, ou de se infligir violências institucionais travestidas de boas intenções.

Ademais, as experiências piloto relatadas neste capítulo subsidiam o planejamento e a reestruturação dos serviços ambulatoriais ofertados. Assim, é importante ressaltar que essas ações são necessárias para a otimização e ampliação dos atendimentos voltados à população LGBTTI, além do estabelecimento de uma escuta ativa, no sentido de buscar um aprimoramento contínuo dos serviços prestados. A participação social nos contextos da saúde, independentemente da sua orientação de gênero, cor, idade e outras características, constitui um movimento contínuo em busca da equidade e da transformação.

5. REFERÊNCIAS

AGUIAR, Janaína Marques de; D'OLIVEIRA, Ana Flávia Pires Lucas. Violência institucional em maternidades públicas sob a ótica das usuárias. *Interface* – Comunic., Saúde, Educ., São Paulo, v. 15, n. 36, p. 79-92, 2011.

ALBUQUERQUE, Grayce Alencar; GARCIA, Cintia de Lima; QUIRINO, Glauberto da Silva; ALVES, Maria Juscinaide Henrique; BELÉM, Jameson Moreira; FIGUEIREDO, Francisco Winter dos Santos; PAIVA, Laércio da Silva; NASCIMENTO, Vânia Barbosa do; MACIEL, Érika da Silva; VALENTI, Vitor Engrácia; ABREU, Luiz Carlos de; ADAMI, Fernando. Access to health services by lesbian, gay, bisexual, and transgender persons: systematic literature review. *BMC Int Health Hum Rights.* v. 16, n. 2, 2016. Disponível em: [http://dx.doi.org/10.1186/s12914-015-0072-9]. Acesso em: 25.04.2019.

ALMEIDA, Taciana da Costa Farias. A importância da Interprofissionalidade na Graduação. In: BRANDÃO, Gisetti Corina Gomes; ALMEIDA, Taciana da Costa Farias; ARAÚJO, Vitória Regina Quirino

(Org.). *Educação e Saúde na Perspectiva Interprofissional*: Programa de Educação pelo Trabalho para a Saúde – Redes de Atenção à Saúde – PET-RAS. João Pessoa: Ideia, 2016. p. 37-42.

AMERICAN PSYCHIATRIC ASSOCIATION. *Manual Diagnóstico e Estatístico de Transtornos Mentais*. 5. ed. Porto Alegre: Artmed, 2014.

AMORIM, Sylvia Maria Godoy; VIEIRA, Fernanda de Souza; BRANCALEONI, Ana Paula. Percepções acerca da condição de vida e vulnerabilidade à saúde de travestis. *Saúde Debate*, Rio de Janeiro, v. 37, n. 98, p. 525-535, 2013. Disponível em: [http://www.scielo.br/scielo.php?pid=S0103-11042013000300016&script=sci_abstract&tlng=pt]. Acesso em: 30.04.2019.

BARR, H. *Interprofessional education*: the genesis of a global movement. London: Centre for Advancement of Interprofessional Education, 2015.

BENTO, Berenice. *A reinvenção do corpo*: sexualidade e gênero na experiência transexual. Rio de Janeiro: Garamond, 2006.

BENTO, Berenice; PELÚCIO, Larissa. Despatologização do gênero: a politização das identidades abjetas. *Estudos Feministas*, Florianópolis, v. 20, n. 2, p. 569-581, 2012.

BORBA, Rodrigo. *O (Des)Aprendizado de si*: transexualidades, interação e cuidado em saúde. Rio de Janeiro: Fiocruz, 2016.

BORRILLO, Daniel. O sexo e o Direito: a lógica binária dos gêneros e a matriz heterosexual da Lei. *Meritum*, Belo Horizonte, v. 5, n. 2, p. 289-321, jul./dez. 2010. Disponível em: [http://www.fumec.br/revistas/index.php/meritum/article/view/1092]. Acesso em: 30.03.2019.

BRASIL. *Lei 8.080, de 19 de setembro de 1990*. Dispõe sobre as condições para a promoção, proteção e recuperação da saúde, a organização e o funcionamento dos serviços correspondentes e dá outras providências. Diário Oficial da União. 19 Set 1990.

BRASIL. Ministério da Saúde. *Política Nacional de Atenção Básica*. Ministério da Saúde: Brasília (DF): MS, 2012. Disponível em: [http://189.28.128.100/dab/docs/publicacoes/geral/pnab.pdf]. Acesso em: 14.01.2019.

BRASIL. Ministério da Saúde. Secretaria de Gestão Estratégica e Participativa. Departamento de Apoio à Gestão Participativa. *Política Nacional de Saúde Integral de Lésbicas, Gays, Bissexuais, Travestis e Transexuais* / Ministério da Saúde, Secretaria de Gestão Estratégica e Participativa, Departamento de Apoio à Gestão Participativa. 1. reimp. Brasília: Ministério da Saúde, 2013.

BUTLER, Judith. Gender Regulations. In: BUTLER, Judith. *Undoing Gender*. New York, London: Routledge, 2004. p. 40-56.

BUTLER, Judith. *Bodies that matter*: on the discursive limits of "sex". New York & London: Routledge, 1993.

BUTLER, Judith. *Problemas de gênero*. Feminismo e subversão da identidade. Rio de Janeiro: Civilização Brasileira, 2003.

CARDOSO, Michelle Rodrigues; FERRO, Luís Felipe. Saúde e população LGBT: demandas e especificidades em questão. *Psicol. ciênc. prof.*, Brasília, v. 32, n. 3, p. 552-563, 2012. Disponível em: [http://www.scielo.br/scielo.php?script=sci_arttext&pid=S1414=98932012000300003-&lng=en&nrm-isso]. Acesso em: 05.04.2019.

CECILIO, Luiz Carlos de Oliveira; MERHY, Emerson Elias. A integralidade do cuidado como eixo da gestão hospitalar. In: PINHEIRO, Roseni; MATTOS, Ruben Araujo de (Org.). *Construção da integralidade*: cotidiano, saberes e práticas em saúde. Rio de Janeiro: IMS/UERJ/ABRASCO, 2003. p. 197-210.

CERQUEIRA-SANTOS, Elder; CALVETTI, Prisla U.; ROCHA, Kátia B.; MOURA, Andreína; BARBOSA, Lúcia H.; HERMEL, Júlia. Percepção de Usuários Gays, Lésbicas, Bissexuais e Transgêneros,

Transexuais e Travestis do Sistema Único de Saúde. *R Interam Psicol.*, v. 44, n. 2, p. 235-245, 2010. Disponível em: [http://www.redalyc.org/html/284/28420641004/]. Acesso em: 30.04.2019.

COELHO, Juliana Sousa. Construindo a participação social no SUS: um constante repensar em busca de equidade e transformação. *Saúde soc.* [online], v. 21, suppl. 1, p.138-151, 2012.

CORRÊA, S. O.; MUNTARBHORN, V. (Org.). *Princípios de Yogyakarta*: princípios sobre a aplicação da legislação internacional de direitos humanos em relação à orientação sexual e identidade de gênero. Disponível em: [http://www.clam.org.br/pdf/principios_de_yogyakarta.pdf]. Acesso em: 30.04.2019.

COSTA, M. V.; VILAR, M. J.; AZEVEDO, G. D., REEVES, S. Interprofessional education as an approach for reforming health professions education in Brazil: emerging findings. *J Interprof Care.* v. 28, n. 4, p. 379-380, 2014.

D'AMOUR, Danielle; GOULET, Lise; LABADIE, Jean François; SAN MARTIN-RODRIGUEZ, Leticia; PINEAULT, Raynald. A model and typology of collaboration between professionals in healthcare organizations. *BMC Health Services Research*, v. 8, p. 188, 2008.

ELLERY, Ana Ecilda Lima. Interprofissionalidade na Estratégia Saúde da Família: condições de possibilidade para a integração de saberes e a colaboração interprofissional. *Interface* Comun Saúde Educ., Botucatu, v. 18, n. 48, p. 213-214, 2014.

FURTADO, Juarez Pereira. Equipes de referência: arranjo institucional para potencializar a colaboração entre disciplinas e profissões. *Interface* – Comunic., Saúde, Educ., Botucatu, v. 11, n. 22, p. 239-255, 2007.

LE BRETON, David. *A sociologia do corpo*. 2. ed. Tradução: Sonia M. S. Fuhrmann. Petrópolis, RJ: Vozes, 2007.

LINS, Ana Paola de Castro e; MENEZES, Joyceane Bezerra de. A hormonioterapia em adolescente diagnosticado com disforia de gênero como reflexo do direito ao desenvolvimento da personalidade. *Civilistica.com*, Rio de Janeiro, a. 6, n. 1, 2017. Disponível em: [http://civilistica.com/a-hormonio-terapia-em-adolescente/]. Acesso em: 05.02.2019.

LOURO, Guacira Lopes. *Um corpo estranho*: ensaios sobre sexualidade e teoria queer. 2. ed. Belo Horizonte: Autêntica, 2013.

MELLO, Luiz; AVELAR, Rezende Bruno de; MAROJA, Daniela. Por onde andam as políticas públicas para a população LGBT no Brasil. *Soc. Estado*, Brasília, v. 27, n. 2, p. 289-312, 2012.

MELLO, Luiz; PERILO, Marcelo; BRAZ, Camilo Albuquerque de; PEDROSA, Cláudio. Políticas de saúde para lésbicas, gays, bissexuais, travestis e transexuais no Brasil: em busca de universalidade, integralidade e equidade. *Sexualidad, Salud y Sociedad*, Rio de Janeiro, n. 9, p. 7-28, dec. 2011. Disponível em: [http://www.scielo.br/pdf/sess/n9/02.pdf]. Acesso em: 15.03.2019.

MINAYO, Maria Cecília de Souza. Violência: um problema para a saúde dos brasileiros. BRASIL. Ministério da Saúde. Secretaria de Vigilância em Saúde. *Impacto da violência na saúde dos brasileiros*. Brasília: Ministério da Saúde, 2005. p. 9-41.

MORAES, Maria Celina Bodin; KONDER, Carlos Nelson. *Dilemas de direito civil-constitucional*: casos e decisões. Rio de Janeiro: Renovar, 2012.

PAIM, Jairnilson Silva; SILVA, Ligia Maria Vieira. Universalidade, integralidade, equidade e SUS. *BIS, Bol. Inst. Saúde (Impr.)* [on-line], v. 12, n. 2, p. 109-114, 2010.

SILVA, Tomaz Tadeu da. A produção social da identidade e da diferença. In: SILVA, Tomaz Tadeu da; HALL, Stuart; WOODWARD, Kathryn (Org.). *Identidade e diferença*: a perspectiva dos estudos culturais. 7. ed. Petrópolis: Rio de Janeiro: Vozes, 2007. p. 73-102.

TEIXEIRA, Ana Carolina Brochado. *Saúde, corpo e autonomia privada*. Rio de Janeiro: Renovar, 2010.

TEIXEIRA, Flávia do Bonsucesso; ROCHA, Rita Matins Godoy; RASERA, Emerson Fernando. Construindo saberes e compartilhando desafios na clínica da travestilidade. In: MISKOLCI, Richard; PELÚCIO, Larissa (Org.). *Discursos fora da ordem*: sexualidade, saberes e direitos. São Paulo: Annablume, 2011. p. 155-178.

TEIXEIRA, Flávia do Bonsucesso. *Dispositivos de dor*: saberes-poderes que (com)formam as transexualidades. São Paulo: Annablume, FAPESP, 2013.

VIVEIROS DE CASTRO, Thamis Dalsenter. *Bons costumes no direito civil brasileiro*. São Paulo: Almedina, 2017.

VIVEIROS DE CASTRO, Thamis Dalsenter. *Corpo e autonomia*: a interpretação do artigo 13 do Código Civil Brasileiro. 2009. 161f. Dissertação de Mestrado. Departamento de Direito – Pontifícia Universidade Católica do Rio de Janeiro, Rio de Janeiro, 2009.

WORLD HEALTH ORGANIZATION. *Framework for action on interprofessional education & collaborative practice*. Geneva: WHO, 2010.

O ALCANCE DO PODER PARENTAL E AS DISCUSSÕES SOBRE "IDEOLOGIA DE GÊNERO" EM ESCOLAS

Ana Carla Harmatiuk Matos

Mestra e Doutora em Direito pela UFPR e mestre em Derecho Humano pela Universidad Internacional de Andalucía. Tutora Diritto na Universidade di Pisa – Italia. Professora na graduação, mestrado e doutorado em Direito da Universidade Federal do Paraná. Professora Colaboradora do Mestrado profissional em Direito da UNIFOR. Diretora da Região Sul do IBDFAM. Vice-Presidente do IBDCivil. Autora de livros e artigos. Conselheira Estadual da OAB-PR. Advogada.

Lígia Ziggiotti de Oliveira

Doutora em Direitos Humanos e Democracia pela Universidade Federal do Paraná. Mestra em Direito das Relações Sociais pela mesma instituição. Professora de Direito Civil da Universidade Positivo. Autora de livros e artigos. Membra das Comissões de Estudos sobre Violência de Gênero e de Diversidade Sexual e de Gênero da OAB-PR. Advogada.

Sumário: 1. Introdução. 2. Famílias, entre o público e o privado. 3. Realizações da família democrática em contraste às narrativas sobre a "ideologia de gênero". 4. Lições para uma análise crítica do poder parental. 5. Conclusão. 6. Referências.

1. INTRODUÇÃO

Em fevereiro de 2019, noticiou-se controvérsia estabelecida no Tribunal de Justiça de Santa Catarina sobre a desistência de estudar encabeçada por uma adolescente que havia acabado de se casar. Para o Ministério Público daquele estado, o fato não impedia a responsabilização parental, porque embora cessada a incapacidade civil por conta do matrimônio, nos termos do Código Civil vigente, a decisão pelo abandono escolar não se abriria a uma adolescente.

O Tribunal de Justiça de Santa Catarina, porém, não deu razão ao *Parquet*, considerando que a comunicação do Conselho Tutelar de que a jovem estaria faltando às aulas já não lhes competia, em função da cessão de sua incapacidade civil, a qual lhe concedia o condão desta decisão (BRASIL, TJSC, 2019).

O relato pode parecer confortável ao Direito das Famílias clássico. Há um casamento juridicamente então possível de uma adolescente, que perde o aspecto da incapacidade em razão deste matrimônio, e rompe-se, assim, a necessidade da responsabilização parental, bem como se legitima a ausência dela em ambiente escolar, já que se tornou, com a situação conjugal, autônoma às lentes jurídicas.

Um olhar atento às promessas de família democrática na conjuntura contemporânea, contudo, permite pinçar uma série de elementos problemáticos do acórdão em questão.

A relação entre parentalidade, conjugalidade e autonomia de uma adolescente permite debates produtivos. Também os contrastes entre os principais pilares formadores de sua personalidade – escola e família – merecem uma especial análise, já que o ingresso pelas portas matrimoniais por uma jovem é lido como uma desvinculação parental abrupta e como uma automática criação de independência para rejeitar a formação pedagógica em um ensino formal.

Sem dúvidas, as imbricações entre o público e o privado encontram-se ainda pouco exploradas na tratativa da infância e da juventude, a despeito dos profícuos caminhos que oferecem para uma profunda reflexão acerca do Direito das Famílias com que se pretende contribuir.

Uma dos principais possibilidades de se traçar um panorama crítico para este embate provém de uma atual discussão que avança nas esferas de poder – considerados os poderes legislativo, executivo e judiciário, que já produziram discursos a tal propósito – com o fito ora de impedir, ora de abonar, que os currículos escolares prevejam a abordagem da diversidade sexual e de gênero em salas de aula. Portanto, para abarcar a discussão, mobiliza-se o conceito de "ideologia de gênero", dado que sintetiza a aversão de determinado grupo de parlamentares a estas lições direcionadas às crianças e aos adolescentes.

Em esfera judicial, já houve posicionamento endossando a assunção educacional de temáticas desta natureza. Por outro lado, especialmente em meios de produção legislativa, há uma incessante iniciativa – efetivamente alcançada, em certos estados e municípios brasileiros – de proibi-la nos mesmos meios.[1]

O principal argumento que mobiliza tais narrativas, relevantes ao Direito das Famílias, consiste nos limites e nas possibilidades de atuação do poder parental de orquestrar a instrução transmitida aos estudantes em contextos escolares.

Como se deseja desenvolver no presente ensaio, o horizonte de democratização do ambiente familiar aponta para a concretização de ideais republicanos, inscritos na Constituição Brasileira de 1988, e, neste caso, a responsabilização conjunta entre pais e Estado por crianças e por adolescentes se torna uma premissa que se deve tomar a sério.

2. FAMÍLIAS, ENTRE O PÚBLICO E O PRIVADO

De acordo com uma minuta de projeto de lei disponibilizada em sítio eletrônico do Escola Sem Partido, constitui "direito dos pais a que seus filhos recebam a educação moral que esteja de acordo com suas próprias convicções", devendo o Poder Público evitar a aplicação da ideologia de gênero em sala de aula (ESCOLA SEM PARTIDO, 2019).

---

1. Em abril de 2018, havia a estimativa de 147 projetos com teor que interessa ao presente tema: "Destes, 108 envolvem o 'Escola Sem Partido' e 39 são relacionados à proibição de conteúdos de gênero. Ainda, segundo a publicação, são 103 projetos em tramitação, apenas 26 foram rejeitados e 18 estão em vigor – dos quais 7 envolvem o "Escola Sem Partido" e 11 são contra os conteúdos de gênero na escola. Dos 18 projetos aprovados e em vigor, nove têm questionamento de sua constitucionalidade perante o Supremo Tribunal Federal" (INSTITUTO DE DESENVOLVIMENTO E DIREITOS HUMANOS et al, 2018).

O projeto constitui uma das principais frentes de conflito político entre as diretrizes de educação institucionalmente assumidas e aquelas ligadas à tradição doméstica. Para Thaís Fernanda Tenórico Sêco (2019, p. 248-249), trata-se de proposta que dialoga com outras também crescentes na arena política, como a valorização do ensino privado em detrimento do público e a de facilitação do ensino em casa (*homeschooling*), inclusive através de modalidades de ensino à distância.

Em primeiro lugar, portanto, é importante a compreensão destas tensões representadas pelos papeis dos pais e das escolas frente à infância e à juventude a partir de uma ideia de família democrática. Como a educação é um direito fundamental oferecido pelo Estado, é comum enquadrar a pauta em um âmbito público, o que contrasta, por um movimento lógico, com a conotação doméstica que se confere aos lares.

Em tal cadência, a teoria crítica costuma denunciar a artificialidade das distinções reconhecidamente assentadas sobre o que se considera, em geral, público ou privado. Costuma-se apontar que o Estado pactua com uma lógica do que é tido como público e a família, do que é tido como privado, mas a organização destes sentidos não pode ser naturalizada.

Esta ordem de ideias pressupõe uma sequência, como a de uma privatização historicamente percebida dos espaços domésticos, que nem sempre se deu de modo plano. A aclamada série "História da vida privada" é significativa para a demonstração de que há oscilações importantes entre o que se considera necessariamente íntimo e o que se considera necessariamente compartilhado em nossas experiências sociais.[2]

Considerando-se, portanto, que a naturalização sobre os significados de tais significantes não é pertinente, é, ainda, necessário expor que a relação entre o público e o privado se pronuncia de modo bastante dinâmico do ponto de vista jurídico, a depender da espacialidade e da temporalidade em que opera.

Esta constatação acaba por tornar menos proveitosas as conclusões de que Estado e família se relacionam apenas em situação de oposição ou apenas em situação de harmonia, apesar do imenso êxito que estes diagnósticos encontram em sede doutrinária. As oscilações argumentativas sobre um Estado ausente ou presente nas relações familiares são notáveis na produção jurídica, como se este ente atuasse de modo sempre estável sobre as realidades domésticas.

Por exemplo, é conhecida a perspectiva clássica de que nesta esfera imperou o privatismo doméstico, resguardando-se, o Estado, de adentrar por este espaço, como bem descreveu Orlando Gomes sobre o imaginário por trás do Código Civil de 1916 (GOMES, 2006, p. 22).

Mais recentemente, em uma aplicação da categoria de Estado mínimo para o Direito das Famílias, Leonardo Barreto Moreira Alves (2010) apontou para a pertinência da participação estatal apenas em casos de violência intrafamiliar, sob pena de rompimento de liberdades relevantes por partes de seus membros.

---

2. Refere-se à coletânea de cinco volumes organizada pelos historiadores Georges Duby e Philippe Ariès, em 1985, em que se contextualiza a produção desta distinção atualmente assentada entre tais esferas.

Também se pode citar a interessante perspectiva de Maria Celina Bodin de Moraes (2013), para quem o eixo conjugal deve contar cada vez menos com a intervenção do Estado e o eixo parental, com a sua crescente participação, dada a assimetria etária produtora de vulnerabilidade – reconhecida, inclusive, pelo ordenamento jurídico através de sua anunciação da criança e do adolescente como titulares de especial proteção, seja no texto constitucional (art. 227), seja na lógica estatutária (Lei 8.069, de 1990). Este último posicionamento certamente se alinharia a uma ideia de que os filhos não constituem propriedade dos genitores, abonando, assim, a noção democrática de família.

Ocorre, contudo, que a dicotomia entre tais universos, público e privado, não se sustenta à completude, porque, em verdade:

> [...] a intervenção estatal no âmbito das famílias desponta como consequência de uma elaboração político-ideológica, ora justificando a inclusão de certas normas, ora mantendo a omissão da atuação pública com base em preceitos anteriores, mormente em razão do legado concernente aos papeis hierárquicos que outrora se destacavam na concepção transpessoal de família (LIMA; ZIGGIOTTI DE OLIVEIRA, 2018, p. 07).

Por consequência, o que parece mais seguro é afirmar que este sentido de participação máxima ou mínima é, em última escala, aparente, porque o Direito das Famílias passa, em qualquer caso, por previsões estatais. Por isso é que um Estado que parece ausente na oferta de providências a famílias monoparentais femininas pode ser absolutamente atuante em desconstituições de poder familiar direcionados a famílias abatidas pela pobreza. As decisões legislativas e judiciais sobre como será a atuação do Estado acabam, assim, por revelar a concepção política em curso sobre o que se entende por entidade familiar.

Para exemplificar o que se argumenta, retrocede-se ao contexto da década de 70, com a aprovação da Lei do Divórcio no país (Lei 6.515 de 1977), hoje já mitigada pela Emenda Constitucional 66 de 2010. Naquela conjuntura, em que a violência doméstica ainda ocupava pouco das narrativas jurídicas sobre as famílias, e que a máxima de que "em briga de marido e mulher não se mete a colher" permitia afirmar a prevalência de um privatismo doméstico, o Estado controlava, cautelosa e duramente, o direito de desconstituição do matrimônio.

Em outro enquadramento, quando se retoma a adoção simples, efetuada em cartório, e prevista no Código Civil de 1916, permite-se constatar, de modo enviesado, que o poder estatal não se dedicava às crianças e aos adolescentes, deixando-os, apenas, a cargo de seus pais. E, assim, perde-se de vista que havia um intenso controle do Poder Público em relação à infância e à juventude pobres, as quais, ao longo do século XX, foram constantemente institucionalizadas de modo precário e irresponsável (VOGEL, 2011, p. 316).

Trata-se, pois, de um conceito em disputa e que circula em inúmeras esferas sociais. As conclusões a que se aporta, porém, em âmbitos executivo, legislativo e judiciário têm importante impacto na vida concreta dos indivíduos, em razão do enlace que se tem, em uma conjuntura moderna, entre Estado e Direito.

A articulação do Poder Público frente às famílias não é sempre plana e coerente. Consequentemente, não é que o Estado se ausente de tais relações, ou que delas participe em excesso em determinados momentos históricos. Mas, sem dúvidas, a sua atuação

O ALCANCE DO PODER PARENTAL E AS DISCUSSÕES SOBRE "IDEOLOGIA DE GÊNERO" EM ESCOLAS **467**

se torna mais ou menos visível quando se encontra em sintonia ou em contraste com a concepção jurídica de família presente no imaginário hegemônico, produzindo ruídos relevantes em dadas temáticas.

Aplicando-se tal compreensão à questão da suposta doutrinação ideológica de gênero em ambientes educacionais, que sugere, por sua vez, uma espécie de envolvimento excessivo do Estado onde não seria, a princípio, desejável a sua presença, tem-se que, em verdade, o que se disputa é uma concepção de família incompatível com a igualdade de gênero e com a diversidade sexual.

Esta ótica parte da compreensão de que a convicção dos pais sobre a anormalidade das relações igualitárias e plurais, em gênero, deve prevalecer à previsão estatal de que conteúdos com este teor devam ser transmitidos ao corpo discente durante o processo pedagógico.

Todavia, tal perspectiva, desde a nossa percepção, não se coaduna às promessas de família democrática sobre as quais se dedicou grande parte do Direito das Famílias nas últimas décadas. É necessário, pois, revisitar o sentido desta concepção para enlaçar os riscos representados pelas narrativas em circulação sobre a "ideologia de gênero" como uma ameaça à infância e à juventude.

3. REALIZAÇÕES DA FAMÍLIA DEMOCRÁTICA EM CONTRASTE ÀS NARRATIVAS SOBRE A "IDEOLOGIA DE GÊNERO"

Como discorre Silvana Carborena (2013), houve um salto qualitativo, em termos de texto positivado, sobre a concepção jurídica da família ao longo do último século.

Em geral, há o apontamento de que a previsão codificada de 1916, limitada quanto à estrutura das entidades reconhecidas como legítimas, arraigadas apenas no matrimônio, alçou um horizonte mais democratizado com o texto constitucional de 1988, que permitiu aberturas relevantes ao que se compreende por Direito das Famílias (LÔBO, 2002).

Sob o aspecto da conjugalidade e da parentalidade, múltiplas formas de relacionamento afetivo têm sido consideradas produtoras de importantes efeitos jurídicos. Famílias formadas por casais do mesmo sexo (MATOS, 2004), compostas por mais de dois pais ou de duas mães (CASSETARI, 2014), diversas do padrão monogâmico (SILVA, 2013), por exemplo, têm marcado a preocupação da literatura especializada ao longo do século XXI.

A igualdade – ao menos formal – de gênero e o reconhecimento de vulnerabilidades – como as etárias, que se destacam na constelação do ordenamento – no seio doméstico, repousadas na Constituição e na lógica dos microssistemas, impulsionaram as conclusões mais otimistas do campo, e contaram com importantes ressonâncias na jurisprudência, que alçou efeitos vanguardistas em Direito das Famílias em searas nas quais o ambiente legislativo parecia inerte.

Porém, esta movimentação passa, agora, a competir com investidas mais predatórias, contrárias à consolidação de uma concepção democrática de família, e com relevante adesão parlamentar. Mobiliza-se, para tanto, a infância e a juventude, partindo do potencial controle parental que se tem sobre as suas vivências, e o discurso sobre a "ideologia de gênero" articula papel importante de promoção de uma sorte de pânico moral que conclama o campo jurídico a reavivar os valores ligados à família tradicional bem representada pelo contexto codificado do início do século XX.

De fato, com a circulação mais abrangente de modelos igualitários, quanto a gênero, também no Direito das Famílias, houve o reconhecimento progressivo em termos normativos, nacional e internacionalmente, e de políticas públicas, de que o ambiente educacional deveria imprimir uma cultura de paz em relação às experiências de meninas, de mulheres, da população transexual, bissexual e homossexual.

É neste sentido que a educação norteada pelo Estado se tornou pedra-de-toque para o sentido avesso àquele, produzindo *backlash* no campo, entendido como uma motivação enfática para retrocessos políticos e jurídicos (DE CAMPOS; BERNARDES, 2019, p. 08). Nossa concepção de *backlash* aborda a intensa reação às decisões judiciais consideradas de vanguarda em temas polêmicos, proferidas pelas Cortes Superiores. Muitas vezes, concretiza-se essa resposta contrária mediante propostas legislativas, entre outras iniciativas, alavancadas por determinados setores e bancadas parlamentares singulares, que objetivam derrotar formalmente o entendimento dado pelos tribunais sobre determinada pauta.

De acordo com Thaís Fernanda Tenório Sêco (2019, p. 248):

> Os atores do pânico moral contra as escolas têm sugerido lidar com o problema que eles acreditam existir através de um fortalecimento dos mecanismos de controle dos pais sobre o universo cultural dos filhos. Em especial, eles partem de uma prévia visão a respeito do poder familiar, pela qual entendem que ele abrange o direito dos pais regência do universo cultural de seus filhos.

Com efeito, temores que teriam sido acionados em função da chamada "ideologia de gênero" se apresentam solucionados quando anuncia a existência de uma preponderância parental, em relação ao Estado, sobre o encaminhamento da infância e da juventude. Esta tensão entre os agentes supostamente privados e públicos, como sugerido no tópico anterior, pode se tornar menos evidente em momentos nos quais ordem jurídica e senso comum hegemônico harmonizam-se, amenizando as eventuais denúncias estridentes de excesso ou de ausência de participação do Poder Público no cenário doméstico.

No fundo, o que há são incessantes estímulos contextuais para que o Estado promova ou para que se abstenha de promover um modelo específico de experiências conjugais e parentais, e, neste ponto, a percepção a partir do senso comum hegemônico é limitada, na medida em que a concepção de família democrática inclui, necessariamente, as demandas das minorias políticas por reconhecimento de suas realidades.

O caminho argumentativo tomado pelas frentes temerosas da chamada "ideologia de gênero", assim, pinça a vulnerabilidade etária para ilustrar crianças e adolescentes como alvos fáceis de uma suposta doutrinação empreendida pelas mãos estatais. Nesta concepção, "os grupos que reforçam as consequências negativas da discussão de gênero nas escolas enfatizam uma suposta natureza fixa e imutável do que é ser homem ou ser mulher e rejeitam as discussões sobre diversidade sexual, identidades de gênero e feminismo" (DE ALMEIDA; DA LUZ, 2018, p. 83).

Em um esforço genealógico, o termo tem sido acionado com certa recorrência pela Igreja Católica desde a década de 90, em especial, através dos textos do anterior Papa

O ALCANCE DO PODER PARENTAL E AS DISCUSSÕES SOBRE "IDEOLOGIA DE GÊNERO" EM ESCOLAS

Joseph Ratzinger, em denúncia a pretensões feministas que seriam contrárias à natureza humana (MISKOLCI; CAMPANA, 2017, p. 726).

Por exemplo, durante a IV Conferência Mundial das Mulheres de Pequim (1995), a inscrição do termo gênero não produziu maiores polêmicas nos debates:

> Na semana anterior, havia terminado a Cúpula de Desenvolvimento Social de Copenhague, onde nós, feministas envolvidas com essas conferências desde a Rio 92, organizamos uma greve de fome para assegurar a inclusão no documento final de menções aos impactos negativos dos programas de ajuste estrutural nos países do Sul global (...) nele incluímos muitas referências a gênero, em especial no que diz respeito à divisão sexual do trabalho entre homens e no âmbito da reprodução social. Mas naquele momento, essa terminologia não foi objeto de maior controvérsia (CORRÊA, 2018).

Posteriormente, contudo, a questão passou a ser considerada problemática:

> Ao chegar em Nova Iorque, contudo, a primeira coisa que me disseram é que gênero estava entre colchetes: ou seja, já não era mais uma definição consensual. Fui informada que os debates estavam paralisados porque as/os diplomatas que coordenavam as negociações não estavam preparadas/os para os acirrados embates que haviam proliferado em torno a terminologia de gênero e outros temas polêmicos. Numa das salas de trabalho, assisti um delegado do Sudão exigir, vigorosamente, o "colcheteamento" da palavra e ser apoiado por outros países islâmicos, sem que a coordenadora da sessão conseguisse conter seu longo e agressivo discurso. Nessa cena, as mãos nem tão invisíveis do Vaticano eram detectáveis, pois embora a Santa Sé não tenha se manifestado, as delegações de Honduras, Nicarágua e El Salvador, seus aliados fiéis, apoiaram a posição sudanesa (CORRÊA, 2018).

No campo jurídico, uma remissão à origem do forte discurso midiático mobilizado pela "ideologia de gênero" parece remontar ao embate que envolveu o Plano Nacional de Educação (PNE), em vigor, a princípio, entre 2014 e 2024. A disputa que marcou o período de elaboração deste documento de diretriz da educação brasileira prevista pelo art. 214 da Constituição da República, compreendeu, exatamente, o intervalo de sua preparação, ocorrida entre 2010 a 2014, e preencheu, negativamente, o significado da expressão, cuja exitosa propagação se deve, em larga medida, ao forte engajamento de setores mais conservadores das igrejas (DE ALMEIDA; DA LUZ, 2018).

A predominância da vontade de pais e de mães sobre a prole consistiu, e ainda consiste, em um dos principais argumentos desabonadores das iniciativas educacionais de debater gênero em salas de aula, considerando-se, para tanto, que esta é uma decisão da qual o contexto doméstico detém monopólio.

Alguns enquadramentos são reveladores desta conjuntura.

O deputado federal Erivelton Santana, do Partido Social Cristão (PSC), propôs o Projeto de Lei 7180/2014, com o intuito de alterar o art. 3º da Lei 9.394, de 20 de dezembro de 1996, a Lei de Diretrizes e Bases da Educação Nacional (LDB), incluindo entre os princípios do ensino o respeito às convicções do aluno, de seus pais ou responsáveis, dando precedência aos valores de ordem familiar sobre a educação escolar nos aspectos relacionados à instrução moral, sexual e religiosa.

Em que pese esteja atualmente arquivado, a proposição propiciou a abertura do caminho legislativo para esse movimento, incitando diversos outros projetos correlacionados aos propósitos do Projeto Escola Sem Partido, tais como o PL 867/2015, de autoria do Deputado Izalci, do Partido da Social Democracia Brasileira (PSDB), que visa à inclusão do Programa Escola Sem Partido na LDB.

O PL 1859/2016, do Victório Galli, filiado ao PSC, visa proibir a orientação ou distribuição de livros destinados às escolas públicas que versem sobre a orientação de diversidade sexual para crianças e adolescentes. O PL 1859/2015, com vários autores, intenta incluir previsão junto à LDB para impedir a ideologia de gênero ou orientação sexual na educação.

Além da via legislativa, na última década, observou-se um crescimento exponencial no apoio político que o movimento recebeu, sendo utilizado como instrumento eleitoral e de diretriz governamental. Do Movimento Brasil Livre (MBL), o vereador paulista Fernando Holiday frequentou algumas aulas em instituições de ensino da cidade São Paulo/SP com a finalidade de averiguar o conteúdo ministrado por docentes. O deputado federal Eduardo Bolsonaro (Partido Social Liberal-SP) e o senador eleito Flávio Bolsonaro (Partido Social Liberal-RJ) demonstraram apoio à iniciativa.

O presidente eleito em 2018, Jair Bolsonaro (PSL), embora não tenha se referido ao movimento, utilizou-se de seu conteúdo durante a campanha presidencial, levantando questões como os riscos do ensino de uma "ideologia de gênero" e a suposta existência de um "kit gay" em ambientes escolares, os quais divulgavam materiais que incentivavam uma sexualização precoce e a diversidade sexual e de gênero.

O projeto encabeçado pelo deputado Ricardo Arruda (PSL), no Paraná, obteve aprovação estadual. Também seguem sendo instrumento de políticos como o Governador do estado de São Paulo, João Dória (PSDB), o qual reafirmou que Escola Sem Partido constitui uma bandeira durante seu governo.

Recentemente, após a divulgação de um vídeo através da rede social Twitter do Presidente da República, Jair Bolsonaro, em que uma estudante denuncia a doutrinação ideológica de uma professora, o atual Ministro da Educação, Abraham Weintraub, afirmou que filmar professores em sala de aula é um direito dos alunos, reacendendo a discussão acerca do movimento e apontando para qual postura o atual governo federal deve adotar sobre o tema.

Apesar de ainda não ter se tornado lei, o movimento conta com diversos instrumentos para que materialmente esteja em funcionamento. Com isso, incentiva-se a denúncia de professores ou instituições de ensino que estejam supostamente doutrinando seus alunos, com a disponibilização, por diferentes vias, de um campo de contato que permite o envio de relatos sobre tal prática. Diversos vídeos e relatos têm circulado a fim de demonstrar a suposta existência de professores "militantes", instaurando um clima denuncista entre os educadores e a sociedade.

Consequentemente, o panorama fortalece um clima de trincheiras entre pais, escola, crianças e adolescentes.[3]

---

3. Para consultar estratégias de defesa do corpo docente, confira-se: AÇÃO EDUCATIVA DEMOCRÁTICA et al. *Manual de defesa contra a censura nas escolas*. Disponível em: [http://www.manualdedefesadasescolas.org/manualdedefesa.pdf]. Acesso em: 17.07.2019.

O ALCANCE DO PODER PARENTAL E AS DISCUSSÕES SOBRE "IDEOLOGIA DE GÊNERO" EM ESCOLAS

Possivelmente as massivas reações não são totalmente fruto de reflexões racionais sobre as motivações e objetivos almejados. Assim, a análise deve ser mais ampla do que tão somente atribuir a um grupo específico de pessoas as reações fortes contrárias às conquistas no Direito das Famílias. Trata-se, a nosso ver, de algo mais complexo, um movimento capitaneado que revela, talvez, o medo generalizado e velado da transformação social e envolve até elementos irracionais ou inconscientes. A emancipação de mulheres e as conquistas de cidadania LGBTI, entre outros, apontam para um novo horizonte afastando-se do sentimento de segurança da ordem social fundada num dado modelo heteronormativo.

Assim, importante compreender o *backlash* como um instrumento de diálogo e de efetivação do sistema de freios e contrapesos da democracia brasileira. Sua ocorrência evidencia o relacionamento difícil entre o poder formal e a participação popular nas deliberações polêmicas, contramajoritárias, quando seu resultado provoca reações. É, assim, um mecanismo do dissenso.

4. LIÇÕES PARA UMA ANÁLISE CRÍTICA DO PODER PARENTAL

A narrativa da família democrática, celebrada nas últimas décadas no país, não deve perder de vista que as anunciações sobre experiências conjugais e parentais igualitárias e afetivas correspondem ao plano, por enquanto, do dever-ser, e não ao plano do ser, ainda profundamente marcado em nosso país por assimetrias profundas (ZIGGIOTTI DE OLIVEIRA, 2016).

Reconhecer as falências na vida concreta destas perspectivas envolve desmistificar os espaços de formação de crianças e de adolescentes, dentre os quais família e escola despontam como centrais (SÊCO, 2019, p. 250). E, neste aparato, a romantização do poder parental como local privilegiado de realização instrutiva impede o efetivo comprometimento com obstáculos relevantes para a concretização de projetos igualitários em termos de gênero.

São reiteradas as estatísticas nacionais sobre violência doméstica contra as mulheres, sobre expulsão de jovens transexuais e homossexuais de seus lares, sobre abuso sexual de crianças e de adolescentes, entre outros aspectos que demonstram a urgência da reflexão sobre os riscos deste suposto monopólio parental.

Aponta-se, no país, para um dado de 70% dos abusos sexuais contra crianças e 60%, contra os adolescentes, em suas próprias casas (COELHO, 2018). Reportam-se, empiricamente, consequências nefastas à saúde psicológica de jovens lésbicas, gays e transexuais que foram rejeitados, afetivamente, por seus próprios pais após revelarem a eles a sua orientação sexual ou a sua identidade de gênero (BRAGA; DE OLIVEIRA; DA SILVA; DE MELLO; SILVA, 2018). Mais de 1,2 milhão de casos de violência doméstica pendiam de julgamento no país ao final de 2017 (HUMAN RIGHTS WATCH, 2019).

Consequentemente, a impressão que se extraía da literatura jurídica contemporânea sobre o desmantelamento do arcaico pátrio poder em nossa sociedade merece ressalvas. Sobre a dinâmica precedente, reitera Paulo Lôbo (2015, p. 125): "A concepção então existente de pátrio poder era de submissão do filho aos desígnios quase ilimitados do pai;

a criança era tida mais como objeto de cuidado e correção do que como sujeito próprio de direitos".

Por isso, é legítimo afirmar que as prerrogativas parentais extraídas da narrativa da "ideologia de gênero" dialogam diretamente com um retorno ao modelo pretérito, e, assim, permite-se aplicar a categoria de *backlash* acima trazida também para o Direito das Famílias. Há um esforço retornante a certas nuances de absolutismo do pátrio poder na atual conjuntura. O fenômeno denominado *backlash* tem sido observado com frequência no Brasil e em demais países nos quais as Cortes Constitucionais têm julgado questões sensíveis para a sociedade.

É possível ver as respostas sociais e legislativas que se insurgem, conjuntamente, contra o reconhecimento obtido judicialmente – como a apresentação do projeto de lei que institui o chamado Estatuto da Família[4] como exemplo de uma efetiva ação política e legislativa em sentido contrário a posicionamentos inclusive conquistados no âmbito do Poder Judiciário.

Em paralelo, a produção teórica acerca do poder parental tem se esforçado para a mediação responsável de suas irradiações em uma escala intrafamiliar. O bom uso de referidas atribuições pulsa em temas recentes à iniciativa legislada, como demonstram as tentativas de condução satisfatória de aplicação de institutos como o da guarda compartilhada ou da alienação parental, a partir dos quais se mobilizam críticas relevantes a eventuais abusos de poder por parte dos genitores em relação aos seus filhos.

A percepção pode, portanto, ampliar o seu espectro e considerar tais agentes como em interação constante com variadas instituições e outros personagens sociais que atravessam as vivências infantojuvenis. Do ponto de vista jurídico, o fio condutor que informa referidos atravessamentos reside no texto constitucional de 1988, que prevê uma aliança entre Estado, família e sociedade civil em prol do melhor interesse da criança e do adolescente, pelo teor de seu art. 227. Uma interpretação sistemática da Constituição aponta para a necessidade de horizontes comuns entre estes pilares para a conformação de uma sociedade livre, justa e solidária, conforme as expressões extraídas do art. 3º, I.

Nesta cadência, sendo a igualdade de gênero positivada na ordem constitucional, a insistência pelo seu avesso, ainda que motivada por convicções parentais, não deve definir, em absoluto, uma agenda comprometida com o pacto republicano. Esta concepção, efetivamente, não potencializa o combate às discriminações sociais "porque ela própria é reprodutora de um discurso que legitima essa violência" (DE CAMPOS; BERNARDES, 2019, p. 14).

Nestes casos, aliás, o contraponto oferecido por uma escola que alberga a complexidade das relações humanas permite uma atmosfera plural e relevante ao melhor desenvolvimento deste público, e a reação parental contrária a este estímulo, através da limitação arbitrária do conteúdo escolar, pode configurar uma espécie de abuso do poder parental.

---

4. Projeto de Lei 6.583/13, que considera entidades familiares apenas o núcleo social formado a partir da união entre um homem e uma mulher, por meio de união estável ou casamento, ou por apenas um dos pais e seus filhos.

O ALCANCE DO PODER PARENTAL E AS DISCUSSÕES SOBRE "IDEOLOGIA DE GÊNERO" EM ESCOLAS **473**

Não por menos, por ocasião de decisão liminar suspendendo o Projeto Escola Sem Partido que havia sido implementado pelo estado alagoense, o Ministro do Supremo Tribunal Federal Luís Roberto Barroso apontou "uma deturpação da pluralidade presente no processo de construção de conhecimento que historicamente esteve presente nos espaços educacionais" (BRASIL, STF, 2017).

Ainda, em conformidade com o julgado:

> Há uma evidente relação de causa e efeito entre o que pode dizer um professor em sala de aula, a exposição dos alunos aos mais diversos conteúdos e a aptidão da educação para promover o seu pleno desenvolvimento e a tolerância à diferença. Quanto maior é o contato do aluno com visões de mundo diferentes, mais amplo tende a ser o universo de ideias a partir do qual pode desenvolver uma visão crítica, e mais confortável tende a ser o trânsito em ambientes diferentes dos seus (BRASIL, STF, 2017).

Em similar toada, o Supremo Tribunal Federal declarou, recentemente, inconstitucional legislação do Município de Novo Gama, de Goiás, que vedava o uso de materiais e conteúdos vinculados ao que se denomina "ideologia de gênero" em salas de aula. Conforme observou o relator do caso, Ministro Alexandre de Moraes, em seu voto, a estratégia adere ao obscurantismo e se distancia dos corolários democráticos de propagação livre e ampla de conhecimento em prol da igualdade (BRASIL, STF, 2020).

Por fim, o conflito instaurado entre poder parental e educação escolar não tem considerado, com frequência, a autonomia dos principais personagens de tais narrativas: as crianças e os adolescentes, que são apontados, equivocadamente, como vítimas da "ideologia de gênero", vez que "qualquer crítica às regras normalizadoras do comportamento feminino e masculino, e consequente afirmação de formas divergentes de sermos homens e mulheres, é caracterizada como ameaça à identidade heterossexual e cisgênera de crianças" (DE CAMPOS; BERNARDES, 2019, p. 09).

Constantemente retratados como sujeitos passivos, sugestionáveis, disponíveis à moldagem pelo mundo adulto, desvalorizam-se universo, linguagem e práticas que a eles dizem respeito, reconfortando-se, para isso, os juristas clássicos, de modo cada vez mais inseguro, em institutos, para além do poder parental, como capacidade civil, representação e assistência.

Como expõe Ricardo Luis Lorenzetti ao comentar as escolhas do Código Civil Argentino de 2015, os critérios etários duros perderam espaço para reconhecer mais nuances de capacidade decisória do público abaixo de 18 anos (LORENZETTI, 2019, p. 81). Isso significa dizer que a elaboração dos valores transmitidos em diversificados espaços de formação é um processo do qual participam ativamente, em um processo criativo e único de contorno de suas próprias subjetividades.

A premissa extraída do discurso sobre a "ideologia de gênero" que anula o corpo discente como potente, além de atentar contra as promessas de família democrática que preencheram o melhor conteúdo de Direito das Famílias das últimas décadas, fraturando uma concepção mais adequada de poder parental, também tende a destoar de uma crescente valorização da infância e da juventude enquanto período no qual se pode decidir sobre mais aspectos do que consideravam os civilistas clássicos.

5. CONCLUSÃO

Ao se reprisar o caso com que foi aberto o presente capítulo, reitera-se a necessidade de um comprometimento efetivamente democratizante por parte da doutrina quanto às vivências infantojuvenis em seus contextos familiares. Já não parece mais plausível ancorar as respostas em um modelo de poder familiar totalizante, marcado apenas pelo critério da capacidade civil, e em dissintonia com a educação formalmente oferecida pelos ambientes escolares.

O desenvolvimento das noções acerca do mau uso do poder familiar pode ser útil para o enfraquecimento de referido conflito que foi traduzido, neste ensaio, como um sintoma de um processo de *backlash* atual que também se abate sobre o campo do Direito das Famílias, onde as vulnerabilidades sociais são absolutamente sentidas.

As iniciativas que circulam sob a inscrição de "ideologia de gênero" parecem ter sido criadas por grupos religiosos conservadores como ataque aos direitos das mulheres e da população LGBTI, e se expandiram para diversos setores que têm feito do hetero-patriarcado verdadeira bandeira política. Por isso, a institucionalização crescente do *backlash* nos âmbitos legislativo e executivo deve acentuar as estratégias de hermenêutica constitucional contra-majoritárias no campo jurisprudencial. É vitoriosa, portanto, a recente posição do Supremo Tribunal Federal de declarar inconstitucionais, tanto formal quanto materialmente, legislações que aplicam as premissas antidemocráticas do Movimento Escola Sem Partido.

Entre a doutrina civilista, para além das perspectivas de mediação de realidades familiares distantes da união matrimonial para a melhor criação de filhos – que tem tomado o fôlego da literatura especializada, em face do divórcio ser tão recente em nosso ordenamento jurídico, impulsionando os debates sobre guarda, convivência, alienação parental, entre outros –, é necessário reposicionar as previsões codificadas sobre este público para além da esfera doméstica, passando a compreendê-lo de modo mais amplo e mais realista, porque se encontra em interação com esferas do Estado, do mercado, da comunidade de que participam cotidianamente, e estão atravessados por inúmeros marcadores como gênero, classe social e raça. Há um emaranhado complexo a ser ainda enfrentado pelo campo quanto a estes sujeitos tão recentemente notados pela racionalidade jurídica.

Como possibilidade prospectiva, os discursos acerca da "ideologia de gênero" têm um franco potencial de acender o que pode haver de mais sensível ao Direito das Famílias contemporâneo: os paradoxos entre o público e o privado em termos de proteção de crianças e de adolescentes; a reinvenção do papel parental na formação de tais indivíduos; e a compreensão mais efetiva de sua capacidade em se posicionarem frente ao direito como agentes históricos.

6. REFERÊNCIAS

AÇÃO EDUCATIVA DEMOCRÁTICA et al. *Manual de defesa contra a censura nas escolas*. Disponível em: [http://www.manualdedefesadasescolas.org/manualdedefesa.pdf]. Acesso em: 17.07.2019.

ALVES, Leonardo Barreto Moreira. *Direito de família mínimo*. Rio de Janeiro: Lumen Juris, 2010.

O ALCANCE DO PODER PARENTAL E AS DISCUSSÕES SOBRE "IDEOLOGIA DE GÊNERO" EM ESCOLAS

BODIN DE MORAES, Maria Celina. A nova família, de novo: estruturas e função das famílias contemporâneas. *Pensar* – Revista de Ciências Jurídicas, Fortaleza, v. 18, n. 2, 2013.

BRASIL. Tribunal de Justiça de Santa Catarina. *Apelação Criminal 09000689220188240019*. Relator Desembargador Antônio Zoldan da Veiga. Julgado em 31 de janeiro de 2019.

BRASIL. Supremo Tribunal Federal. *Arguição de Descumprimento de Preceito Fundamental 457*. Relator Min. Alexandre de Moraes. Julgado em 24 de abril de 2020.

BRASIL. Supremo Tribunal Federal. *Medida Cautelar na Ação Direta de Inconstitucionalidade 5.537*. Relator Ministro Luís Roberto Barroso. Julgado em 22 de março de 2017.

BRAGA, Iara Falleiros; DE OLIVEIRA, WANDERLEI ABADIO; DA SILVA, Jorge Luiz; DE MELLO, Flávia Carvalho Malta; SILVA, Marta Angélica Iossi. Violência intrafamiliar contra adolescentes e jovens gays e lésbicas: um estudo qualitativo. *Revista Brasileira de Enfermagem*, Brasília, vol. 71, 2018.

CARBONERA, Silvana. Aspectos históricos e antropológicos da família brasileira: passagem da família tradicional para a família instrumental e solidarista. In: MENEZES, Joyceane Bezerra de; MATOS, Ana Carla Harmatiuk (Org.). *Direito das Famílias por juristas brasileiras*. São Paulo: Saraiva, 2013.

CASSETTARI, Christiano. *Multiparentalidade e parentalidade socioafetiva*: efeitos jurídicos. São Paulo: Atlas, 2014.

COELHO, Tatiana. *Maioria dos casos de violência sexual contra crianças e adolescentes ocorre em casa; notificações aumentaram 83%*. Disponível em: [https://g1.globo.com/ciencia-e-saude/noticia/maioria-dos-casos-de-violencia-sexual-contra-criancas-e-adolescentes-ocorre-em-casa-notificacao-aumentou-83.ghtml]. Acesso em: 15.07.2019.

CORRÊA, Sonia. A "política do gênero": um comentário genealógico. *Cadernos pagu*, Campinas, n. 53, 2018.

DE ALMEIDA, Kaciane Daniella; DA LUZ, Nancy Stancki. Ideologia de gênero: a gênese de um discurso. In: OLIVEIRA, Ligia Ziggiotti de; CUNHA, Josafá Moreira da; KIRCHHOFF, Rafael dos Santos (Org.). *Educação e interseccionalidades*. Curitiba: NEAB-UFPR, 2018. P. 75-86.

DE CAMPOS, Carmen Hein; BERNARDES, Márcia Nina. Violência contra as mulheres, reação violenta ao gênero e ideologia de gênero familista. *Civilistica.com*, Rio de Janeiro a. 08, n. 01, 2019. Disponível em: [https://civilistica.emnuvens.com.br/redc/article/view/403/337]. Acesso em: 10.07.019.

ESCOLA SEM PARTIDO. *Anteprojeto de lei estadual e minuta de justificativa*. Disponível em: [http://escolasempartido.org/sindrome-de-estocolmo-categoria/484-anteprojeto-de-lei-estadual-e-minuta-de-justificativa]. Acesso em: 10.07.2019.

GOMES, Orlando. *Raízes históricas e sociológicas do Código Civil brasileiro*. São Paulo: Martins Fontes, 2006.

HUMAN RIGHTS WATCH. *Relatório Mundial 2019*. Disponível em: [https://www.hrw.org/pt/world-report/2019/country-chapters/326447]. Acesso em: 15.07.2019.

INSTITUTO DE DESENVOLVIMENTO E DIREITOS HUMANOS et al. *Dossiê da Sociedade Civil sobre o projeto "Escola sem Partido" e outras iniciativas de criminalização e intimidação a professores no Brasil*, no prelo.

LIMA, Francielle Elisabet Nogueira; ZIGGIOTTI DE OLIVEIRA, Ligia. Reflexões e desafios propostos pela leitura feminista acerca do descumprimento de deveres conjugais. *Civilistica.com*, Rio de Janeiro, a. 07, n. 3, 2018. Disponível em: [https://civilistica.emnuvens.com.br/redc/article/view/381/321]. Acesso em: 10.07.2019.

LÔBO, Paulo. Direito de família e os princípios constitucionais. In: PEREIRA, Rodrigo da Cunha (Org.). *Tratado de Direito das Famílias*. Belo Horizonte: IBDFAM, 2015.

LÔBO, Paulo. Entidades familiares constitucionalizadas: para além do *numerus clausus*. *Revista Brasileira de Direito de Família*, v. 3, n. 12, p. 40-55, jan./mar. 2002.

LORENZETTI, Ricardo Luís. Incidencia de la constitucionalización del derecho privado en la regulación de la vida cotidiana de las personas – el caso del Código Civil y Comercial de la Nación Argentina. In: TEPEDINO, Gustavo; MENEZES, Joyceane Bezerra de (Org.). *Autonomia privada, liberdade existencial e direitos fundamentais*. Belo Horizonte: Fórum, 2019.

MATOS, Ana Carla Harmatiuk. *União entre pessoas do mesmo sexo*: aspectos jurídicos e sociais. São Paulo: Del Rey, 2004.

MISKOLCI, Richard; CAMPANA, Maximiliano. Ideologia de gênero: notas para a genealogia de um pânico moral contemporâneo. *Revista Sociedade e Estado*, Brasilia, v. 32, n. 3, p. 725-748, 2017.

SÊCO, Thaís Fernanda Tenório. A visão implícita de poder familiar no Projeto Escola Sem Partido. *Revista Brasileira de Direito Civil*, Belo Horizonte, v. 19, p. 247-268, jan./mar. 2019.

SILVA, Marcos Alves da. *Da monogamia*: a sua superação como princípio estruturante do direito de família. Curitiba: Juruá, 2013.

VOGEL, Arno. Do Estado ao Estatuto: propostas e vicissitudes da política de atendimento à infância e à adolescência no Brasil contemporâneo. In: RIZZINI, Irene; PILOTTI, Francisco. *A arte de governar crianças*: a história das políticas sociais, da legislação e da assistência à infância no Brasil. 3. ed. São Paulo: Cortez, 2011.

ZIGGIOTTI DE OLIVEIRA, Ligia. *Olhares feministas sobre o direito das famílias contemporâneo*: perspectivas críticas sobre o individual e o relacional em família. Rio de Janeiro: Lumen Juris, 2016.

APONTAMENTOS JURÍDICOS DA VIABILIDADE DO ENSINO SOBRE DIVERSIDADE DE GÊNERO NAS ESCOLAS BRASILEIRAS

Gustavo Câmara Corte Real

Mestre em Direito pela Cumberland School of Law, Samford University, EUA. Juiz de Direito do Tribunal de Justiça do Estado de Minas Gerais. Professor de Sociologia Jurídica na Faculdade da Ecologia e Saúde Humana, Minas Gerais.

Sumário: 1. Introdução. 2. Conceito de gênero. 3. O gênero performativo de Judith Butler. 4. A questão do reconhecimento adequado de gênero como um direito humano e fundamental. 5. Direito à inclusão integral no ensino da diversidade. 6. Conclusão. 7. Referências.

1. INTRODUÇÃO

O Brasil hoje é considerado um dos países com a legislação mais avançada no mundo no tocante à defesa de direitos do público classificado como "minorias". Por força de uma decisão tomada em 2011 pela unanimidade dos Ministros do Supremo Tribunal Federal, foi garantida a isonomia nas relações conjugais entre casais heteroafetivos e pares homoafetivos, reconhecendo a união contínua, pública e duradoura entre pessoas do mesmo sexo como entidade familiar plena. Em 2013 o Conselho Nacional de Justiça determinou que todos os cartórios do país procedessem com o devido registro desses casamentos e uniões civis. Desde 2016 é reconhecido o direito ao uso do *nome social* por travestis e transexuais no âmbito da administração pública federal. O estado brasileiro vem promovendo, há mais de uma década, diversos programas direcionados ao combate à violência e discriminação fundadas na diversidade de gênero (Brasil sem Homofobia, lançado pelo governo federal em 2004, criação do Conselho Nacional de Combate à Discriminação no ano seguinte, dentre outros).

Não obstante a existência de sólida legislação com o desígnio de acolher e proteger essa inomogeneidade de constituição de gênero, o mesmo Brasil é considerado um dos países com os piores índices de violência contra mulheres, gays e, especialmente, transexuais. Nesta última esfera respondendo, inclusive, por mais da metade das mortes violentas em todo o mundo. Essa dissensão comprova que não basta alterar o direito. O maior enfrentamento está nas ideias. Principalmente como elas contribuíram para a formação de uma sociedade tão desigual, nitidamente de cunho heteronormativa, que tanto discrimina e agride os que são diferentes.

A possibilidade de incluir o tema da diversidade de gênero nas escolas representa um sopro de esperança na tentativa de construir uma sociedade mais igualitária, que aprenda a crescer e conviver com as diferenças presentes e atuantes no corpo social. Inicialmente será apresentada a temática do *gênero*, com todos os seus desdobramentos e conceitos, sendo demonstrada uma possível releitura da definição tradicional do termo. Em um segundo momento, justificado o direito ao reconhecimento da própria diversidade como um direito humano e tutelado. Por fim, a praticabilidade de introdução desse assunto nas grades curriculares no ensino face ao que dispõe a legislação vigente, destacando-se os inúmeros tratados internacionais abordando o tema, já incorporados ao direito brasileiro.

2. CONCEITO DE GÊNERO

A discussão sobre a existência de outras formas de concepção de gênero, diversas da definição meramente biológica (binária), talvez seja um dos temas com maior dificuldade de interlocução entre acadêmicos e a sociedade. Uma tentativa de inclusão dessa temática nas escolas brasileiras, por parte do Ministério da Educação em 2016,[1] despertou uma cisão profunda no discurso social e, consequentemente, uma leva expressiva de desinformação e absoluto desconhecimento sobre o que se define como sendo sexo, gênero e identidade sexual.

O *sexo* seria uma classificação meramente biológica, embasada na formação física do indivíduo (cromossomos, órgãos sexuais, hormônios, dentre outros fatores). Apesar da manifesta predominância de existência de dois conjuntos de características sexuais (homem e mulher), eles não são mutuamente exclusivos, existindo pessoas com ambos caracteres. De qualquer forma, a definição de sexo indica, dentro do campo científico-biológico, a existência de espécimes machos e fêmeas.

Ocorre que tal definição é exígua para justificar e compreender os diferentes papéis sociais atribuídos aos homens e mulheres na sociedade. Chega-se, assim, ao conceito de *gênero*. A Organização Mundial da Saúde – OMS define gênero como sendo o conjunto de características que integram e diferenciam o que se considera como masculino e feminino:

> O gênero é usado para descrever as características de mulheres e homens que são socialmente construídos, enquanto o sexo se refere àqueles que são biologicamente determinados. As pessoas nascem do sexo feminino ou masculino, mas aprendem a ser meninas e meninos que se transformam em mulheres e homens. Esse comportamento aprendido compõe a identidade de gênero e determina os papéis de gênero. (OMS, 2017).

Já a *identidade de gênero* corresponde à experiência subjetiva de uma pessoa. Ela é independente do sexo biológico. Seria a percepção de si mesmo e do outro. Como eu me vejo e como gostaria de ser visto e reconhecido (MIKKOLA, 2017). Tem relação com a questão afetiva de cada pessoa, de orientação sobre como essa manifestação de gênero se relaciona com os demais.

O conceito de gênero foi desenvolvido pelas ciências sociais, no intuito de questionar a predominância dessa noção determinista/biológica, excluindo por completo

---

1. "*MEC repudia tentativas de cerceamento dos principios e fins da educação brasileira*". Disponível em: [http://portal.mec.gov.br/ultimas-noticias/211-218175739/35841-nota-publica-sobre-tentativas-de-cerceamento-dos-principios-e-fins-da-educacao-brasileira]. Acesso em: 07.05.2019.

qualquer possível combinação que não se enquadre no conceito binário de homem e mulher. Fugindo completamente do tradicionalismo ocidental, a questão das diferenças intrínsecas entre homens e mulheres passou a contemplar a expressão individual (de gênero) como uma agregação de diversos fatores histórico-culturais.

Mulheres se tornariam mulheres (e homens se formariam homens) por meio de um processo de estruturação, composto de diversos fatores, adquirindo traços específicos e (in)conformatórios com os padrões estabelecidos pelas instituições sociais envolvidas. A masculinidade e a feminilidade seriam, portanto, construídas causalmente e não definidas a partir do nascimento (MIKKOLA, 2017). A técnica de distribuição desse imaginário é justamente o aprendizado social, compartilhado inicialmente pela família, com gradual extensão a outros mecanismos de implantação de valores sociais, como escola e igreja.

Entretanto, essa imposição de normas sociais embasadas somente na existência de dois gêneros (masculino e feminino) se mostrou altamente problemática. Classificar é o mesmo que exercer uma relação de poder e controle sobre o sujeito. Uma criança é construída a se tornar uma mulher ou um homem. Não há hereditariedade em se sujeitar a um papel de subordinação e passividade. Ninguém nasce submisso, mas aprende a não questionar, a desempenhar corretamente o papel que lhe foi designado pela sociedade. A própria linguagem já demonstra diferenças acentuadas nessa estereotipização classificativa.

Esse processo prematuro de atribuição desejada de gênero é bastante evidente na sociedade brasileira. Além dos tradicionais uniformes de times de futebol, em muitos casos a primeira roupa que uma criança veste, o fator da "cor" exemplifica qual é o gênero pretendido pelos pais. Meninos vestem azul. Meninas, o rosa. Os primeiros brinquedos também seguem um padrão determinado, sempre estereotipados de acordo com essa expectativa de construção de gênero. Meninas são incentivadas ao cuidado do lar e dos (futuros) filhos. Recebem como presentes tanques de lavar roupa, cozinhas, panelas, vassouras, bonecas e apetrechos que incentivam à beleza e ao culto do corpo feminino, sempre belo e meticulosamente preparado para os elogios (KIMMEL, 2016, p. 124-126).

Desde cedo aprendem os preceitos da feminilidade. Valoriza-se a docilidade, as roupas e a vaidade. Elas são desencorajadas à prática de esportes predominantemente masculinos, como futebol e artes marciais. O contato e a intensidade dos movimentos não se adequam à estrutura corporal frágil e encantadora. Ainda, podem prejudicar a beleza, deixar marcas e influenciar um comportamento mais agressivo. A literatura, também, desde cedo deve acompanhar essas diretivas. Contam-se histórias de princesas e donzelas que foram salvas por cavaleiros, encantados pela sua beleza e graça.

Por outro lado, meninos são altamente levados a praticar esportes "radicais". A belicosidade é natural dos homens. Nada melhor do que aprender, desde cedo, que homem é sempre forte, impositivo e violento. Não há uma indústria de moda tão avançada nos primeiros anos de vida. O menino "belo" é aquele que se comporta como um "pequeno homem". A vestimenta, para eles, importa bem menos. Os contos infantis elevam a figura do homem corajoso, destemido e patriarca. Os antigos soldados de chumbo, substituídos por sofisticados personagens atuais, indicam o que se espera deles no futuro: um corpo viril, dominador e esbelto pela evidência dos músculos aparentes.

No campo afetivo, tais diferenças são ainda mais acentuadas. Espera-se que as meninas demonstrem de forma mais evidente os seus sentimentos. Elas são classificadas como amorosas, sensíveis e, por consenso social, com uma relação profunda com a figura do pai. Na verdade, esse imaginário em torno do "pai" simboliza o senso comum sobre o papel masculino na sociedade: o poder de normatização, de uniformização, a imagem da lei e da imposição da valoração. Com efeito, "o domínio e o poder exercem grande influência sobre a filha; a reação comumente presente é o medo: o temor ao pai e às normas e a tudo o que for representante do universo do Pai" (GARCIA, 2007). Por outro lado, os meninos aprendem a "não chorar", não expressar sinais de fraqueza e fragilidade. O sentimento, assim, adota uma representação restrita, vinculada aos valores primordiais de uma sociedade patriarcal. Um líder deve demonstrar força e segurança em sua conduta.

Essas diferenças marcantes na formação do indivíduo social acabam por delinear relações de poder evidentes. O feminino em uma situação de subordinação e submissão. O masculino, em posição de liderança, coordenação e força. Formam-se verdadeiras cadeias de significações dirigidas, presentes em praticamente todos os âmbitos da vida habitual.

> As desigualdades de gênero efetivam mecanismos de produção e reprodução da discriminação. Esses mecanismos adquirem concretude em todas as instâncias da vida social pública e privada, na profissão, no trabalho, no casamento, na descendência, no padrão de vida, na sexualidade, nos meios de comunicação e nas ciências. Portanto, a utilização do termo gênero implica numa rejeição às diferenças assentadas simplesmente no aspecto biológico e demonstra, por parte da perspectiva teórica feminista, uma absoluta rejeição aos enfoques naturalistas que envolvem a aceitação da categoria implícita de subordinação da mulher ao homem baseada nas estruturas biológicas de cada indivíduo de uma mesma espécie. (ALMEIDA, 2011).

Dessa forma, por meio dessa conceituação binária de *gênero* se estabelece padrões claros de poder e conduta. Não obstante, tal compreensão possui uma formação sociocultural perceptível. Ela retrata, na verdade, todo o conjunto de valores que uma sociedade preza como sendo fundamental para a sua correta estrutura e funcionalidade. Os movimentos feministas pregam pelo reconhecimento dessa diferença, mas embasada na premissa de igualdade e não opressão. Ocorre que tal propósito apenas se realiza a partir da desconstrução pontual dessa classificação.

Outra(s) categoria(s) de *gênero* também se manifesta(m) a partir dessa quebra de paradigma: aqueles que não se encaixam (conformam) na definição binária. Não se adequam ao conceito de *gênero* masculino ou feminino, necessitando de uma elucidação muito mais ampla. No capítulo seguinte, serão questionadas as diversas facetas do verdadeiro escopo que é a definição de gênero.

3. O GÊNERO PERFORMATIVO DE JUDITH BUTLER

A filósofa estadunidense Judith Butler apresenta uma tese crítica sobre a distinção entre os conceitos de *sexo* e *gênero*. A autora questiona a *política de identidade* que se construiu sobre as premissas de gênero, como sendo exclusivamente masculino ou feminino. Essa política seria mobilizada em torno de mulheres e homens enquanto uma ordem rígida, determinada por características físicas ou de comportamento.

VIABILIDADE DO ENSINO SOBRE DIVERSIDADE DE GÊNERO NAS ESCOLAS BRASILEIRAS | **481**

> Se o caráter imutável do sexo é contestável, talvez o próprio construto chamado 'sexo' seja tão cultu-
> ralmente construído quanto o gênero; a rigor, talvez o sexo sempre tenha sido o gênero, de tal forma
> que a distinção entre sexo e gênero revela-se absolutamente nenhuma. Se o sexo é, ele próprio, uma
> categoria tomada em seu gênero, não faz sentido definir o gênero como a interpretação cultural do
> sexo (BUTLER, 2018, p. 31).

A necessidade de enquadramento em categorias de gênero acaba por impedir o reconhecido da "multiplicidade de interseções culturais, sociais e políticas nas quais o conjunto concreto de 'mulheres' é construído" (BUTLER, 2018, p. 24). Há um claro questionamento da proposição determinista biológica, contudo, com o objetivo de desconstruir tal diferenciação, acaba-se por adotar uma nova classificação, a "mulher de gênero". Como já abordado, toda classificação implica, necessariamente, na inclusão e exclusão daqueles que não integram o delineamento conceitual adotado.

Cria-se, assim, a maneira correta e adequada de "ser mulher" ou "ser homem", mesmo que rompendo com a tradição patriarcal "se uma pessoa não exibe uma personalidade distintamente feminina, a implicação é que ela não é 'realmente' um membro da categoria feminina nem qualifica-se adequadamente para a representação política feminista" (MIKKOLA, 2017). A mulher, segundo Butler, não poderia ser definida de forma a necessitar de adequação a determinadas disposições socionormativas implícitas. Não haveria uma propriedade essencial de gênero, que se constitui por meio de um processo ilusório e aparente, mantido por estruturas sociais e de poder predominantes. O dimensionamento da conceituação de gênero, assim, acaba por perpetuar as mesmas indiferenças e desigualdades tão combatidas pelas ondas feministas.

O gênero seria, dessarte, inteligível se o indivíduo logra êxito em demonstrar, exibir de maneira coerente esse sequenciamento de comportamentos adequados (onde o desejo sexual decorre da orientação sexual específica que, por sua vez, decorre de comportamentos femininos/masculinos que se segue do sexo biológico). Trata-se de evidente categorização e, consequentemente, exclusão discriminativa. Como na sociedade cristã ocidental impera a noção heterossexual e patriarcal, a primeira forma de agir é vista como algo natural (e correto), enquanto qualquer diversificação dessa conduta é concebida como desvio e socialmente reprimido.

> O gênero não deve ser meramente concebido como a inscrição cultural de significado num sexo pre-
> viamente dado (uma concepção jurídica); tem que designar também o aparato mesmo de produção
> mediante o qual os próprios sexos são estabelecidos. Resulta daí que o gênero não está para a cultura
> como o sexo está para a natureza; ele também é o meio discursivo/cultural pelo qual "a natureza sexu-
> ada" ou um "sexo natural" é produzido e estabelecido como "pré-discursivo", anterior à cultura, uma
> superfície politicamente neutra sobre a qual age a cultura. (BUTLER, 2018, p. 30).

Butler questiona o axioma de existência de *núcleos de gênero*, pertencentes seguramente a homens e mulheres, fomentando o ideal de que homens seriam masculinos e, mulheres, femininas. A identidade de gênero, assim, é instituída através da iteração estilizada de atos performativos e não por definições categorizadas rígidas. A forma como o indivíduo se concebe no mundo exterior, como fala, age e teatraliza, gesticula, se movimenta e encena papéis, é a sua expressão de *gênero* em atuação e constante transformação.

Ninguém pertenceria a um determinado gênero, mas sim performatizaria em sua direção. Um *"fazer e não um ser"* (MIKKOLA, 2017). O ato sexual heterossexual, logo, não definiria o gênero. Seria apenas mais uma das atividades de expressão direcionadas, juntamente com as roupas, opiniões e outras figurações típicas.

Essa proposição multifacetária questiona a noção convencional que impera na sociedade. Butler propõe disseminação de "matrizes rivais e subversivas de desordem do gênero" (BUTLER, 2018, p. 37), no intuito de desconstituir o *falocentrismo* e a *heterossexualidade compulsória*. Ambos os conceitos como um produto oriundo de construções sociais históricas, que levaram à padronização do que é "certo e errado", mormente a conduta conformada e funcional heterossexual, como necessária à procriação e perpetuação da espécie humana.

A teoria denominada de *gênero performativo*, logo, visa desestruturar as definições inflexíveis de apenas dois gêneros distintos e não correlacionados. O gênero é performativo e constituído a partir das ações individuais, as quais devem ser ressignificadas no sentido de não definição, mas sim de elucidação de como são construídos discursivamente. A atribuição de sexo seria normativa e não descritiva. A partir do primeiro ato de definição quanto ao gênero (logo após o nascimento), o indivíduo passa a ser adequado paulatinamente às expectativas sociais em relação ao seu comportamento. A sociedade e as suas inúmeras instituições se responsabilizam por moldar (e conformar), atribuindo significado sempre de forma opressiva.

O gênero, assim, tradicionalmente se concebe como sendo o conjunto dessa sequência de atos constitutivos (ser chamado de menino pelo médico, receber roupas azuis, ganhar brinquedos típicos "de meninos") e não performativos, deixando de levar em consideração a forte presença de *condicionantes socioculturais*, que acabam por classificar o indivíduo pelo sexo biológico.

> O fato de a realidade do gênero ser criada mediante performances sociais contínuas significa que as próprias noções de sexo essencial e de masculinidade e feminilidade verdadeiras ou permanentes também são constituídas, como parte da estratégia que oculta o caráter performativo do gênero e as possibilidades performativas de proliferação das configurações de gênero fora das estruturas restritivas da dominação masculina e da heterossexualidade compulsória. (BUTLER, 2018, p. 210).

A teoria de Butler (também denominada de *Teoria Queer*, pela referência à tradução como *esquisita*) acaba por trazer uma justificação conceitual questionadora do padrão tradicional de família e sexualidade. Propõe um novo modelo de concepção do que seria *gênero*, totalmente diverso do determinismo biológico que impera, em especial, na sociedade brasileira.[2]

---

2. Em uma pesquisa realizada pelo *IBOPE* em fevereiro de 2018, houve um considerável aumento no "Índice de Conservadorismo" entre a população brasileira. Cerca de 80% da população é contrária à descriminalização do aborto; 50% é favorável à pena de morte; 73% favoráveis à redução da maioridade penal; 50% contra (39% a favor) do casamento entre casais *gays* e 77% a favor da prisão perpétua para crimes hediondos. Disponível em: [http://www.ibopeinteligencia.com/noticias-e-pesquisas/cresce-o-grau-de-conservadorismo-do-brasileiro-em-alguns--temas/]. Acesso em: 07.05.2019. Em uma análise comparada sobre as legislações aplicáveis, por exemplo, ao aborto, o Brasil possui um dos regimes mais restritos do mundo, juntamente com a Polônia, Irlanda, Indonésia, Etiópia, Namíbia, Irã e Iêmen, dentre outros (GUILLAUME, Agnès; ROSSIER, Clémentine. L'avortement dans le

VIABILIDADE DO ENSINO SOBRE DIVERSIDADE DE GÊNERO NAS ESCOLAS BRASILEIRAS **483**

Nessa abordagem, o *gênero* seria uma expressão continuamente repetida que se estabiliza ao longo do tempo. No entanto, apesar da aparente naturalidade dessa construção íntima (porém externalizada e visível), trata-se de uma mera ilusão. Não é o papel definido e incorporado pelo indivíduo que será determinante, mas sim algo que fazemos, ao invés de algo que somos. Possui um legível caráter histórico, transitivo e, principalmente, instável.

O benefício (ganho social) dessa nova interpelação vem da redefinição dos ideais e relações de poder que se estabeleceram e foram perpetuadas por gerações. As desigualdades manifestas de gênero são altamente documentadas no país.[3] A violência com base nessa sujeição, da mesma forma.[4] Esses números assombrosos não são dados isolados. Integram essa leitura histórico-social sobre como essa associação entre a concepção predominante de gênero e o poder se estruturou.

Dentre os vários sociólogos que trataram sobre essas *relações de poder*, a obra de Foucault merece especial destaque. Para o pensador francês *poder* seria situacional. Não se deve confundi-lo com as instituições (mesmo as disciplinadoras), até porque não é exclusivo a elas. O *poder* se exerce em "*meio a relações desiguais e móveis*" (FOUCAULT, 1989, p. 104). Sempre que houver resistência, haverá uma relação de poder.

> Não tomar o poder como um fenômeno de dominação maciço e homogêneo de um indivíduo sobre os outros, de um grupo sobre os outros, de uma classe sobre as outras [...] O poder deve ser analisado como algo que circula, ou melhor, como algo que só funciona em cadeia. Nunca está localizado aqui e ali, nunca está em mãos de alguns, nunca é apropriado como uma riqueza ou um bem. O poder funciona e se exerce em rede [...] Em outros termos, o poder não se aplica aos indivíduos, passa por eles (FOUCAULT, 1989, p. 183).

Tal máxima, quando levada para o campo das relações de *gênero*, encontra perfeita consonância. A imposição do conceito de *gênero* masculino sempre preponderou. Não se desconhece a existência de sociedades primordialmente matriarcais ao longo da história, contudo, na atualidade se apontam poucos casos ainda prevalentes.[5]

Portanto, o conceito de performatividade trazido por Butler, interrelacionado com a constatação de uma realidade discursiva e de poder, esclarece sobre as ações contínuas identificadas com um padrão específico de *gênero*, possuindo também um potencial subversivo bastante evidente. Ao questionar tais premissas, abre-se espaço para uma nova

---

monde. État des lieux des législations, mesures, tendances et conséquences, *Population,* 2018/2, v. 73, p. 217-306. Disponível em: [https://www.cairn.info/revue-population-2018-2-page-225.htm]. Acesso em: 07.05.2019.

3. Cerca de 10% dos cargos na Câmara dos Deputados é ocupado por mulheres; elas também recebem um salário 25% menor, sendo a diferença acrescida quanto maior a remuneração; o Brasil ocupa a 90º no índice mundial de desigualdade de gênero (pesquisa IBGE 2018, divulgada pela Revista Exame, edição de 7 de março de 2018). No judiciário, a discrepância quanto ao número de mulheres nos Tribunais Superiores é ainda maior. Segundo o Conselho Nacional de Justiça, em um censo realizado em 2014, as mulheres ocupavam apenas 35,9% das posições na magistratura, sendo que no Supremo Tribunal Federal apenas 8,57% ao longo de sua história (cnj.jus.br).

4. O Brasil, juntamente com a Rússia, México e a maioria dos países subsaarianos se enquadra na categoria com os maiores índices de mortes violentas de mulheres no mundo (*Woman stats Project*. Disponível em: [http://www.womanstats.org/maps.html]. Acesso em: 06.05.2019).

5. Em uma reportagem publicada no *The Washington Post* no ano de 2005, a jornalista Emily Wax retratou uma vila no Quênia que é liderada por uma mulher. Disponível em: [http://www.washingtonpost.com/wp-dyn/content/article/2005/07/08/AR2005070801775.html]. Acesso em: 06.05.2019.

composição social (e de relações de poder), desconstruída e modificada no sentido de superação da heteronormatividade dominante.

Resta inquirir sobre como esse novo ideal de *gênero* poderia integrar e ser reconhecido como um direito propriamente dito.

4. A QUESTÃO DO RECONHECIMENTO ADEQUADO DE GÊNERO COMO UM DIREITO HUMANO E FUNDAMENTAL

A Constituição da República Federativa do Brasil de 1988 – CRFB/1988 significou um avanço extraordinário na consolidação dos direitos e garantias fundamentais. Logo em seus primeiros capítulos, destaca a relevância dos direitos e garantias da pessoa, elevando-os à categoria de *cláusulas pétreas* (artigo 60, § 4º, CRFB/1988), passando a compor o seu chamado *núcleo material intangível* (conceito trazido por PIOVESAN).

Em seu artigo 1º, III, a Constituição Federal traz como fundamento do Estado democrático de Direito a *dignidade da pessoa humana*. Dessa premissa maior derivam inúmeros direitos individuais, sociais e coletivos, bem como deveres da função estatal para sua garantia e como instrumento da salvaguarda desses direitos. O artigo 5º da mesma Carta traz à luz a consagração do *princípio da igualdade*: "Todos são iguais perante a lei, sem distinção de qualquer natureza, garantindo-se (...) a inviolabilidade do direito à vida, à liberdade, à igualdade, à segurança e à propriedade, nos termos seguintes".

Aludido princípio se encontra representado na Constituição Federal, também, no artigo 4º, inciso VIII, que dispõe sobre a igualdade racial; do artigo 5º, I, que trata da igualdade entre os sexos; do artigo 5º, inciso VIII, que versa sobre a igualdade de credo religioso; do artigo 5º, inciso XXXVIII, que trata da igualdade jurisdicional; do artigo 7º, inciso XXXII, que versa sobre a igualdade trabalhista; do artigo 14, que dispõe sobre a igualdade política ou ainda do artigo 150, inciso III, que disciplina a igualdade tributária. Segundo Alexandre de Moraes:

> O princípio da igualdade consagrado pela constituição opera em dois planos distintos. De uma parte, frente ao legislador ou ao próprio Poder Executivo, na edição, respectivamente, de leis, atos normativos e medidas provisórias, impedindo que possam criar tratamentos abusivamente diferenciados a pessoas que se encontram em situação idêntica. Em outro plano, na obrigatoriedade ao intérprete, basicamente, a autoridade pública, de aplicar a lei e atos normativos de maneira igualitária, sem estabelecimento de diferenciações em razão de sexo, religião, convicções filosóficas ou políticas, raça e classe social. (MORAES, 2018, p. 67).

Tal princípio é também assegurado no âmbito privado familiar. Segundo o artigo 226, § 5º, da Constituição Federal, os direitos e deveres referentes à sociedade conjugal são exercidos igualmente pelos homens e pelas mulheres. O mesmo texto reconhece a união estável entre o homem e a mulher como entidade familiar (§ 3º do mesmo dispositivo constitucional), garantindo os mesmos direitos aos filhos, havidos ou não da relação de casamento, ou por adoção, proibidas quaisquer designações discriminatórias relativas à filiação (art. 227, § 6º, da CRFB/1988).

VIABILIDADE DO ENSINO SOBRE DIVERSIDADE DE GÊNERO NAS ESCOLAS BRASILEIRAS | **485**

Ao conjugar a normatividade internacional (adotada pelo país na condição de signatário de diversos tratados internacionais sobre o tema) e constitucional, conclui-se que "no âmbito jurídico resta assegurada a plena igualdade entre os gêneros no exercício dos direitos civis e políticos, sendo vedada qualquer discriminação contra a mulher" (PIOVESAN, s.d.).

Ocorre que a Constituição Federal, na expressa dicção de seu já mencionado artigo 226, conquanto não expresse e limite um conceito uníssono de família, autoriza inferir que reconhece como entidade familiar apenas a união heterossexual, ao dispor pelo exercício de direitos *entre homens e mulheres*, bem como reconhecendo a *união estável entre homem e mulher*. O Código Civil, em vigor desde 2002, também dispõe de forma clara que o casamento "se realiza no momento em que o homem e a mulher manifestam, perante o juiz, a sua vontade de estabelecer vínculo conjugal" (artigo 1.514) e artigo 1.723 ("É reconhecida como entidade familiar a união estável entre o homem e a mulher").

Apesar da ausência de previsão legal expressa garantindo esse tratamento isonômico entre leituras diversas de *gênero*, o Supremo Tribunal Federal de forma unânime decidiu em 2011, no julgamento da Arguição de Descumprimento de Preceito Fundamental – ADPF 132/RJ e da Ação Direta de Inconstitucionalidade 4.277/DF, pelo reconhecimento de iguais efeitos para uniões formadas fora do conceito dual de *gênero*.

> O sexo das pessoas, salvo disposição constitucional expressa ou implícita em sentido contrário, não se presta como fator de desigualação jurídica. Proibição de preconceito, à luz do inciso IV do art. 3º da Constituição Federal, por colidir frontalmente com o objetivo constitucional de "promover o bem de todos". Silêncio normativo da Carta Magna a respeito do concreto uso do sexo dos indivíduos como saque da kelseniana "norma geral negativa", segundo a qual "o que não estiver juridicamente proibido, ou obrigado, está juridicamente permitido". Reconhecimento do direito à preferência sexual como direta emanação do princípio da "dignidade da pessoa humana": direito a autoestima no mais elevado ponto da consciência do indivíduo. Direito à busca da felicidade. Salto normativo da proibição do preconceito para a proclamação do direito à liberdade sexual. O concreto uso da sexualidade faz parte da autonomia da vontade das pessoas naturais. Empírico uso da sexualidade nos planos da intimidade e da privacidade constitucionalmente tuteladas. Autonomia da vontade. Cláusula pétrea. (BRASIL, STF, 2011).

Posteriormente, o Conselho Nacional de Justiça editou a Resolução 175, de 14 de maio de 2013, que veda "às autoridades competentes a recusa de habilitação, celebração de casamento civil ou de conversão de união estável em casamento entre pessoas de mesmo sexo" (BRASIL, CNJ, 2013).

Essa alteração drástica de definição de *família* por parte do Supremo Tribunal Federal foi vista, por alguns, como um ativismo judicial descomedido por parte da Corte. Streck (2009), por exemplo, destaca um verdadeiro *risco democrático* pela adoção de medidas e julgamentos por parte da Suprema Corte com base em entendimentos pessoais dos Ministros, ou pela mera conformação com a opinião de determinada parcela da sociedade.[6] Ocorre que o silogismo empregado pelos Ministros foi de uma *interpretação conforme* a Constituição (no caso do artigo 1.723 do Código Civil), tendo sempre o Tribunal a

---

6. Dentre os diversos pareceres contrários ao pró ativismo judicial, destaca-se o entendimento de Lenio Luiz Streck (2009, p. 77): "há uma tentativa de instauração de uma verdadeira jurisprudência da valoração, na medida em que se pretende criar uma 'abertura de espaços jurídicos' para a criação de algo que depende de regulamentação do poder legislativo".

posição de defensor de direitos e garantias. Ainda, restou claro na fundamentação da decisão a necessidade de *ponderar* princípios constitucionais de igual monta. De um lado a previsão expressa de uma família com distinção dual de *gênero*; do outro, a necessidade de atender aos objetivos e fundamentos da República (a promoção do "bem de todos" e o direito à "preferência" sexual como um direito à liberdade corolário da própria dignidade humana). Malgrado o emprego de uma terminologia já ultrapassada (gênero como uma "preferência" e não como um estado inerente à pessoa humana), tal reconhecimento de igualdade de condições e direitos pode ser concebido como uma mudança significativa acerca da compreensão da ordem jurídica brasileira vigente.

Em que pesem as limitações de abrangência desse novo entendimento consagrado pelo Supremo Tribunal Federal em 2011, tal mudança de posicionamento frente ao texto constitucional, passando a tutelar juridicamente outras formas de composição familiar (além da tradicional distinção biológica), significou um importante passo na integração da diversidade social que impera no país.

A ausência de um parecer concreto por parte do Poder Legislativo é altamente compreensível. Como já indicado (notas 3 e 4), o Brasil é um país de perfil predominantemente conservador. Os grupos políticos dominantes dificilmente iriam obter votos em número expressivo em eleições majoritárias levantando (abertamente) uma bandeira de reconhecimento legal de formas diversas de denominação de *gênero*. A decisão do Supremo Tribunal Federal constitui uma evidente abertura interpretativa para fins de assegurar princípios de dignidade humana, liberdade individual e isonomia *material*.

O espectro social muda de acordo com o tempo e lugar. Em muitos casos, o direito atua como fator de mudança social. Deixa-se influenciar pelos caminhos tomados pelo povo que regula, bem como interfere nas relações sociais. A decisão tomada nos autos da ADPF 132/RJ nada mais fez do voltar o olhar para uma realidade cada vez mais aparente: existem pessoas (sim, humanos) que não se conformam ou adequam aos os padrões perpetuados de sexualidade e formação do núcleo familiar.

O *ativismo judicial*, assim, se justifica pela necessidade de tutelar valores maiores defendidos não somente na Constituição e tratados internacionais, mas pela composição de um novo paradigma, de caráter emancipatório, no sentido de assegurar o exercício pleno da cidadania civil e política por todas as pessoas, em sua totalidade. Um desfecho interessante quanto a esse tema é trazido por Butler: "O que é mais importante é deixar de legislar para todas as vidas o que é tolerável apenas para alguns, e da mesma forma, evitar proibir para todas as vidas o que é intolerável para alguns" (BUTLER, 2004, p. 8).

Além de garantir direitos e endossar o conceito de igualdade material, deve-se considerar também a questão da observância da *antidiscriminação*. Não basta garantir que casais gays possam se casar ou permitir que pessoas se identifiquem e pratiquem livremente a sua percepção de gênero. É preciso, também, atuar no sentido de educar e informar a população sobre essa noção de diversidade. Esse reconhecimento por meio de decisão judicial (ou até alteração legislativa) terá pouco efeito na formação dos cidadãos, se não for acompanhado de uma contrapartida pedagógica/elucidativa. Tal assertiva fundamenta a imprescindibilidade de trazer o assunto para as universidades e, principalmente, escolas.

VIABILIDADE DO ENSINO SOBRE DIVERSIDADE DE GÊNERO NAS ESCOLAS BRASILEIRAS **487**

5. DIREITO À INCLUSÃO INTEGRAL NO ENSINO DA DIVERSIDADE

Em novembro de 2006, em Yogyakarta, Indonésia, foi realizada conferência organizada por uma coalizão de organismos internacionais coordenada pela Comissão Internacional de Juristas e o Serviço Internacional de Direitos Humanos. Esse encontro contou com a participação de especialistas de 29 países em diversas áreas do conhecimento, tendo como propósito desenvolver um conjunto de princípios jurídicos internacionais sobre a aplicação da legislação às violações de direitos humanos baseadas na orientação sexual e identidade diversificada de gênero.

A finalidade era atribuir maior clareza, coerência e informação às obrigações de direitos humanos dos Estados no tocante a essa temática. Ao fim dessa conferência, foi aprovada uma carta de princípios sobre a aplicação da legislação internacional de direitos humanos em relação à orientação sexual e identidade de gênero, os chamados Princípios de Yogyakarta (INDONÉSIA, 2006).

Dentre as matérias abordadas, o *princípio 16* dispõe sobre o "Direito à Educação", voltado para a indispensabilidade de garantir, em um primeiro momento, acesso efetivo aos meios de educação sem distinção de gênero. Já como obrigação imposta aos Estados "Garantir que a educação seja direcionada ao desenvolvimento da personalidade de cada estudante (...) atendendo-se às necessidades dos estudantes de todas as orientações sexuais e identidades de gênero" (INDONÉSIA, 2006). Em 2017, em uma nova conferência (*The Yogyakarta Principles plus 10 – YP+10*), também foi incluído o seguinte preceito:

> Garantir a inclusão de material compreensivo, afirmativo e preciso sobre questões sexuais, diversidade biológica, física e psicológica, e os direitos humanos das pessoas de diversas orientações sexuais, identidades de gênero, expressões de gênero e sexo características, na formação de professores e no desenvolvimento profissional continuado programas.

No Relatório do Relator Especial das Nações Unidas sobre o direito à educação sexual submetido à Assembleia Geral em 23 de julho de 2010 (UNDoc A/65/162), o Princípio 16 de Yogyakarta foi considerado como uma "ferramenta básica para acabar com a discriminação contra pessoas de diversas orientações sexuais (...) O Relator Especial endossa totalmente os preceitos do Princípio 16" (ONU, 2010). No mesmo documento, consta a necessidade de se observar uma educação efetivamente compartilhada entre pais, guardiãs e escolas sobre o ensino da diversidade de gênero.

Interessante destacar neste relatório o questionamento quanto à influência de preceitos religiosos como impeditivo para a correta educação (e informação) quanto a questões envolvendo gênero: "não deve permitir que as instituições religiosas estabeleçam educação ou conduta que se alega não se aplicar apenas a seus seguidores, mas a todos cidadãos, independentemente de pertencerem ou não à religião em questão" (INDONÉSIA, 2006).

O direito à educação deve também abranger o direito à *educação sexual*. Trata-se de verdadeiro *direito humano* em si, bem como meio indispensável de realizar e concretizar outros direitos, tais como saúde e informação.[7] Essa educação deve compreender ade-

---

7. Sempre relevante destacar o conteúdo do artigo 26 da Declaração Universal dos Direitos Humanos: "2. A instrução será orientada no sentido do pleno desenvolvimento da personalidade humana e do fortalecimento do respeito

quadamente as normas, papéis e relacionamentos de gênero como são demonstrados na sociedade, tendo como orientação princípios de tolerância e aceitação. Destaca-se a relevância da incorporação desse tema da diversidade nas escolas, para fins de propiciar uma mudança cultural na abordagem da mulher, gays, lésbicas, transexuais e demais denominações. A desigualdade de *gênero* que predomina na sociedade ocidental é uma construção histórica, tendo como base essa *heteronormatividade* que sempre prevaleceu. As relações de poder, como corolário dessa associação, podem igualmente se transformar, reduzindo os índices de violência e as discrepâncias de proporções nos cargos públicos e mercado de trabalho.

A Convenção sobre a Eliminação de Todas as Formas de Discriminação contra Mulheres, incorporada no direito brasileiro pelo Decreto 4.377, de 13 de setembro de 2002, impõem aos Estados a obrigação de eliminar a discriminação contra as mulheres em todas as esferas públicas e privadas de suas vidas, incluindo a educação. Mencionado texto convoca os Estados partes a adotarem todas as medidas apropriadas para padrões de conduta de homens e mulheres, buscando "a eliminação de preconceitos e costumes e todas as outras práticas que são baseadas na ideia da inferioridade ou da superioridade de qualquer um dos sexos ou em papéis estereotipados para homens e mulheres" (artigo 5º, Decreto 4.377, de 13 de setembro de 2002).

No mesmo sentido, a redação da Convenção Interamericana sobre a Prevenção, Punição e Erradicação da Violência contra as Mulheres (Convenção de Belém do Pará), incorporada pelo Decreto 1.973, de 1º de agosto de 1996, ao afirmar que o direito das mulheres em serem livres de violência inclui direito "a ser valorizado e educado livre de padrões estereotipados de comportamento e práticas culturais baseadas em conceitos de inferioridade ou subordinação" (artigo 6º do Decreto 1.973, de 1º de agosto de 1996).

Oportuno destacar que na própria Constituição Federal, em seu capítulo relativo à educação, é prevista a colaboração e incentivo no processo de ensino, visando o "*pleno desenvolvimento da pessoa*" (artigo 205, CRFB/1988). O "*pluralismo de ideias*" também se destaca entre os princípios da educação nacional, bem como a "liberdade de aprender, ensinar, pesquisar e divulgar o pensamento, a arte e o saber" (artigo 206, III e II, respectivamente, CRFB/1988).

No ano de 2007 foi instituído pelo Ministério da Educação o Programa Saúde na Escola (Decreto 6.286, de 5 de dezembro de 2007). Dentre as principais diretrizes do programa, destaca-se justamente a "transversalização dos princípios de respeito mútuo, da solidariedade, da cooperação e da valorização da vida, das diferenças de gênero, geracionais, étnico-raciais, regionais, socioculturais, religiosa etc.",[8] no intuito de promover

---

pelos direitos humanos e pelas liberdades fundamentais. A instrução promoverá a compreensão, a tolerância e a amizade entre todas as nações e grupos raciais ou religiosos, e coadjuvará as atividades das Nações Unidas em prol da manutenção da paz; 3. Os pais têm prioridade de direito na escolha do gênero de instrução que será ministrada a seus filhos". (Disponível em: [https://nacoesunidas.org/wp-content/uploads/ 2018/10/DUDH.pdf]. Acesso em: 07.05.2019).

8. Texto integrante da cartilha disponibilizada pelo Governo Federal. Disponível em: [http://189.28.128.100/dab/docs/legislacao/passo_a_passo_pse.pdf]. Acesso em: 07.05.2019.

o envolvimento e o protagonismo da criança e do adolescente na construção de um imaginário saudável, livre de preconceitos e violência.[9]

O próprio Estatuto da Criança e do Adolescente (Lei 8.069, de 13 de julho de 1990) prevê que toda criança e adolescente terão direito à educação, visando ao seu pleno desenvolvimento como pessoa (artigo 53), além do direito à informação adequada para esse fim (artigo 71).[10]

Cabe salientar o disposto no artigo 2º, III, da Lei 13.005, de 25 de junho de 2014, inserindo no Plano Nacional de Educação a diretriz de "superação das desigualdades educacionais, com ênfase na promoção da cidadania e na erradicação de todas as formas de discriminação (diversidade)".

É clara a defesa da educação como direito nessas leis, e essa é uma das características da "expansão" do propósito educacional. O que se defende é uma maior ênfase nos princípios de liberdade, aceitação da diversidade e solidariedade, os quais deveriam abordar a dimensão de gênero como uma expressão fundamental dos direitos humanos. O propósito seria contribuir para a superação das discriminações relativas às construções histórico-culturais das diferenças de sexo, presentes também nas relações escolares, assim como nas questões que permeiam algumas decisões a serem tomadas no âmbito da legislação educacional.

Em setembro de 2018, o Ministério Público do Estado de Minas Gerais ajuizou uma Ação Civil Pública em face do Colégio Santo Agostinho de Belo Horizonte, requerendo a condenação da instituição de ensino no pagamento de danos morais coletivos, pela situação de risco às crianças e adolescentes, com exposição indevida a materiais escolares, práticas e dinâmicas incompatíveis com as respectivas idades.[11]

No pedido inicial, o *parquet* fundamenta sua pretensão na suposta violação aos artigos 3º e 6º, incisos I, II e IV da Lei 8.069, de 13 de julho de 1990, indicando que houve uma violação da chamada *Doutrina da Proteção Integral*. Ainda, justifica a necessidade de impedir qualquer menção a gênero (que não a visão tradicional binária) nas escolas, pela letra da Constituição Federal, que não abrange outra hipótese senão a de um relacionamento entre pessoas de sexo biológico distintos. Aponta também a previsão, na Constituição Federal, da primordialidade da educação por meios dos pais e não da escola (artigo 227, CRFB/1988).

---

9. No ano de 2006, o Governo Federal promoveu a divulgação de cursos envolvendo a educação sobre gênero nas escolas brasileiras (Gênero e Diversidade na Escola – GDE), para fins de promoção de uma educação inclusiva, não sexista, não racista e não homofóbica. Disponível em: [http://portal.mec.gov.br/ultimas-noticias/ 202-264937351/6330-sp-227339367].

10. As mesmas instruções, ressaltando o pleno desenvolvimento da criança ou adolescente, podem ser encontradas na Lei de Diretrizes e Bases da Educação Nacional, que também menciona o direito à liberdade e tolerância, nos artigos 2º e 3º, I e IV (Lei 9.394, de 20 de Dezembro de 1996).

11. Autuada sob 0945859-75.2018.8.13.0024, em trâmite perante a Vara Cível do Juizado da Infância e Juventude da Comarca de Belo Horizonte. Pela leitura da petição inicial não foi possível apontar qual seria a sua motivação fática. Não consta, pelo menos no documento inaugural do processo, qualquer menção às supostas "práticas" indevidas empreendida pelo colégio. Processo disponível em consulta no sítio eletrônico do *tjmg.jus.br*. Uma cópia do pedido inicial pode ser encontrada em: [https://www.conjur.com.br/dl/acao-sto -agostinho.pdf]. Acesso em: 07.05.2019.

Pela simples leitura do pedido inicial formulado nos autos daquela ação civil pública, observa-se grande desinformação e desconhecimento sobre o que seria, efetivamente, uma "ideologia de gênero". O pedido fala na prevalência de uma sexualidade "binária e objetiva", definida unicamente por critérios biológicos, apontando que a "*teoria de gênero afronta a natureza humana*", levando ao "*incentivo à indefinição sexual*", sendo inclusive um estímulo à permissividade da prática de "*incesto*".

Um pedido dessa natureza ideado em 2018 e, especialmente, com tais fundamentos, apenas ilustra como o tema da diversidade de gênero deve ser abordado, estudado e discutido no campo acadêmico e científico.[12]

Em uma decisão liminar tomada em março de 2017 nos autos da Medida Cautelar na Ação Direta de Inconstitucionalidade 5.537/AL, o Ministro Luís Roberto Barroso do Supremo Tribunal Federal suspendeu a integralidade dos dispositivos da Lei 7.800/2016 do Estado de Alagoas, que criava o "Programa Escola Livre", instituindo os princípios de "*neutralidade política, ideológica e religiosa do Estado*", além do "direito dos pais a que seus filhos menores recebam a educação moral livre de doutrinação política, religiosa ou ideológica" (artigo 1º, incisos I e VI da Lei Estadual 7.800, de 5 de maio de 2016).

A fundamentação da decisão prolatada pelo Ministro foi de violação à competência exclusiva da União para legislar sobre educação e direito civil (artigo 22, incisos I e XXIV e artigo 24, inciso, IX da CRFB/1988), além da impossibilidade dos pais limitarem "o universo informacional de seus filhos ou impor à escola que não veicule qualquer conteúdo com o qual não estejam de acordo" (STF, 2017). No caso, os preceitos constitucionais de liberdade de aprendizado e pluralismo no ambiente educacional deveriam preponderar face a qualquer interpretação restritiva. Pelo notável esclarecimento sobre o tema, cabe transcrever um excerto do julgado: "Quanto maior é o contato do aluno com visões de mundo diferentes, mais amplo tende a ser o universo de ideias a partir do qual pode desenvolver uma visão crítica, e mais confortável tende a ser o trânsito em ambientes diferentes dos seus" (STF, 2017).

A identificação com uma (ou mais) forma(s) de gênero deve ser compreendida como algo inerente ao ser humano. Compreende-se perfeitamente que a construção ideológica desse tema esteja atrelada a questões culturais e, principalmente, de crenças. As três grandes religiões monoteístas definem, unanimemente, o gênero como sendo atrelado exclusivamente ao sistema binário (determinismo biológico).

O objetivo dessa nova visão quanto ao conteúdo educacional tende a construir afetos e desenvolver um papel transformador para os homens, redesenhando-os enquanto personagens no imaginário patriarcal. Sim, homens podem se beneficiar com essa interpelação diferenciada, auxiliando-os a se posicionar em relações mais igualitárias e livres de preconceitos e formas subliminares de dominação. Não se deve desconsiderar que essa proposta de releitura do *gênero* deve englobar todas as suas possíveis manifestações. Os dilemas *masculinos* merecem toda a atenção e desenvolvimento. Sem tal inclusão, impossível se falar em qualquer transformação.

---

12. Apesar da própria instituição ter requerido a suspensão do processo, alegando possível conflito de competências. Disponível em: [https://www.mpmg.mp.br/comunicacao/noticias/promotoria-de-justica-da- educacao-suscita--conflito-positivo-de-atribuicoes-no-caso-do-colegio-santo-agostinho.htm]. Acesso em: 07.05.2019.

VIABILIDADE DO ENSINO SOBRE DIVERSIDADE DE GÊNERO NAS ESCOLAS BRASILEIRAS | **491**

Para ser abrangente, a educação sexual deve dispensar atenção especial à diversidade, já que todos têm o direito de lidar com sua própria sexualidade sem ser discriminados por motivos de orientação ou identidade de gênero. O não detalhamento das definições e derivações desses princípios de diversidade, em sua interação com as relações de gênero, acaba por impulsionar ainda mais uma cultura embasada no patriarcalismo e discriminação.

6. CONCLUSÃO

A superação de um sistema historicamente construído e prevalecente de desigualdades com base no gênero não se alcança somente por meio de alterações legislativas. Os desequilíbrios recorrentes em uma ordem (mesmo) democrática são sequelas de mecanismos de imposição e dominação socialmente estruturados.

Existe absoluta viabilidade jurídica (legal) para que as escolas introduzam conteúdo relacionado com a discussão sobre gênero em suas grades curriculares. Essa aquiescência não deriva somente dos dispositivos constitucionais e da interpretação *conforme* a constituição de preceitos infraconstitucionais, em especial os diversos decretos incorporando ao direito brasileiro os tratados internacionais sobre a matéria, mas fundamentalmente de uma leitura social objetiva.

A Constituição Federal é suficientemente clara ao dispor que a educação será promovida e incentivada *"com a colaboração"* de todos. O mesmo texto indica que *"os pais têm o dever de educar os seus filhos"*. Ocorre que tal asserção não importa no domínio absoluto dessa esfera da vida, impedindo que os filhos sejam submetidos ao ensino diversificado e plural, com cunho integrativo.

Na verdade, os que contrariam o possível reconhecimento (e introdução) da *teoria da performatividade de gênero* nas escolas partem do pressuposto que o determinismo biológico seria a única e exclusiva forma de concepção de gênero, sem nenhuma possibilidade de qualquer construção diversa ao longo da vida. Desconhecem que o próprio conceito de *gênero* é altamente díspar nas sociedades antigas e modernas. Os temidos e respeitados guerreiros de Esparta eram iniciados na vida sexual com outros homens. Na verdade, os relacionamentos homoafetivos eram o verdadeiro centro da cultura guerreira nas cidades-estado gregas (HANSON, 2009, p. 124). Durante o Período Edo no Japão (1603-1868), no auge da cultura dos guerreiros samurais, os aprendizes eram formalmente submetidos ao sexo com os guerreiros mais velhos. Com efeito, havia um genuíno sistema codificado e estruturado de homossexualidade conhecido como *shud* , segundo o qual o samurai mais experiente ensinava as habilidades marciais, a etiqueta guerreira e o código de honra samurai, bem como a prática frequente e incentivada de sexo (GARY, 1997, p. 164). Atualmente também se verificam inúmeras discrepâncias quanto à concepção de gênero. Na Índia subcontinental, por exemplo, as *hijras* são oficialmente reconhecidas como terceiro gênero, sendo consideradas nem completamente masculinas nem femininas (SHARMA, 2012).

Em uma compilação realizada pelo *Centro de Estudo da Desigualdade* da Universidade de Cornell, nos Estados Unidos, constatou-se em mais de 75 publicações que filhos de pais gays ou lésbicas tiveram o mesmo resultado escolar das crianças filhas de pais heterossexuais.[13] Em um estudo elaborado pela Universidade de Amsterdã em 2017, com uma amostra nacionalmente representativa, não foram encontradas diferenças significativas em qualquer avaliação do bem-estar psicológico das crianças em agregados familiares do mesmo sexo e homens do mesmo sexo versus agregados familiares de sexos diferentes.[14] Outra coletânea de estudos empreendida pela Universidade de Bergen, na Noruega, concluiu que não há diferenças estatísticas relevantes entre a orientação sexual de filhos de pais gays ou lésbicas em relação aos filhos de pais heterossexuais.[15]

Tais pesquisas apenas reforçam a compreensão de que o nível de ingerência quanto à designação de *gênero* não possui relevância do ponto de vista estatístico. O fato de uma criança ser criada por um casal gay não irá lhe prejudicar no desenvolvimento escolar, bem como não irá contribuir para que essa criança venha a construir um *gênero*, necessariamente, não dual.

Essa conclusão pode ser facilmente aplicada ao ensino adequado de *gênero* nas escolas, desarticulando o principal argumento contrário a tal proposição, qual seja, a suposta (e irreal) indução a um comportamento sexual distinto daquele que a criança iria, autonomamente de qualquer influência, construir ao longo de sua vida.

Evidentemente a forma de apresentação desse conteúdo é matéria a ser debatida e tratada por especialistas. As informações devem ser compatíveis com o período de desenvolvimento da criança ou adolescente. Não se trata de antecipar etapas que são, por natureza, paulatinas e progressivas. O que se pode fazer é fornecer informação adequada no tempo certo. Conteúdo esse, inclusive, embasado em conhecimento científico e não em convicções religiosas ou míticas.

As desigualdades de gênero desempenham claros mecanismos de produção e reprodução de uma cultura segregacionista. As configurações de poder que se estabelecem com essa repartição unicamente binária de gêneros, da mesma forma que os significados, as normatizações valorativas, práticas e arquétipos, formam redes de significações factuais, que se relacionam e acabam se consolidando no imaginário social. Não é somente na forma de se vestir, nas predileções íntimas ou no tipo de afeto desenvolvido que se manifestam. Essa rede de significações é altamente pervasiva, particularmente nas relações de poder e status. Perpetuar essa cultura de dominação e reducionismo, sem repensar e reconstruir os papéis sociais imperativos, é o mesmo que ser conivente com todos os flagelos por ela motivados.

---

13. Indicando que em 4 estudos houve uma piora no desempenho escolar de filhos de casais homossexuais. Disponível em: [https://whatweknow.inequality.cornell.edu/topics/lgbt-equality/what-does-the-scholarly-research-say-about-the-wellbeing-of-children-with-gay-or-lesbian-parents/]. Acesso em: 08.05.2019.

14. Interessante destacar que a Holanda foi o primeiro país no mundo a legalizar, em 2001, casamentos entre pessoas do mesmo sexo, motivo pelo qual a referência ao estudo longitudinal naquele país possui tanta relevância acadêmica. Disponível em: [https://www.nllfs.org/images/uploads/bos-et-al-2017-family-process.pdf]. Acesso em: 08.05.2019.

15. Disponível em: [https://www.ncbi.nlm.nih.gov/pubmed/12361102]. Acesso em: 08.05.2019.

7. REFERÊNCIAS

ALAGOAS (ESTADO). Lei Estadual 7.800, de 5 de maio de 2016. *Institui, no âmbito do sistema estadual de ensino, o programa "Escola Livre"*. Maceió, AL, maio 2016. Disponível em: [https://sistemas. pm.al.gov.br/sistemas/public/sislegis/publico/download/id/169/param/2/ set/2/get/d2068f64/ dist/1530109400]. Acesso em: 07.05.2019.

ALMEIDA, Janes Soares de. As relações de poder nas desigualdades de gênero na educação e na sociedade. *Série-Estudos*, Campo Grande, n. 31, p. 165-181, jan./jun. 2011.

BRASIL. Conselho Nacional de Justiça. *Resolução 175, de 14 de maio de 2013*. Dispõe sobre a habilitação, celebração de casamento civil, ou de conversão de união estável em casamento, entre pessoas de mesmo sexo. Brasília, DF, mai. 2013. Disponível em: [http://www.cnj.jus.br/busca-atos-adm?documento=2504]. Acesso em: 08.05.2019.

BRASIL. [Constituição (1988)]. *Constituição da República Federativa do Brasil de 1988*. Brasília, DF: Presidência da República, [2019]. Disponível em: [http://www.planalto.gov.br/ccivil_03/constituicao/ Constituicao Compilado.htm]. Acesso em: 08.05.2019.

BRASIL. *Decreto 4.377, de 13 de setembro de 2002*. Promulga a Convenção sobre a Eliminação de Todas as Formas de Discriminação contra a Mulher. Brasília, DF, set. 2002. Disponível em: [http://www. planalto.gov.br/ccivil_03/decreto/2002/d4377.htm]. Acesso em: 08.05.2019.

BRASIL. *Decreto 1.973, de 1º de agosto de 1996*. Promulga a Convenção Interamericana para Prevenir, Punir e Erradicar a Violência contra a Mulher. Brasília, DF, ago. 1996. Disponível em: [http://www. planalto.gov.br/ccivil_03/decreto/1996/D1973.htm]. Acesso em: 08.05.2019.

BRASIL. *Decreto 6.286, de 5 de dezembro de 2007*. Institui o Programa Saúde na Escola – PSE. Brasília, DF, dez. 2007. Disponível em: [http://www.planalto.gov.br/ccivil_03/_Ato2007-2010/2007/Decreto/ D6286.htm]. Acesso em: 08.05.2019.

BRASIL. *Lei 8.069, de 13 de julho de 1990*. Dispõe sobre o Estatuto da Criança e do Adolescente e dá outras providências. Disponível em: [http://www.planalto.gov.br/ccivil_03/ leis/ L8069Compilado.htm]. Acesso em: 08.05.2019.

BRASIL. *Lei 10.406, de 10 de janeiro de 2002*. Institui o Código Civil. Brasília, DF, jan. 2002. Disponível em: [http://www.planalto.gov.br/ccivil_03/leis/2002/L10406compilada.htm]. Acesso em: 08.05.2019.

BRASIL. *Lei 13.005, de 25 de junho de 2014*. Aprova o Plano Nacional de Educação – PNE. Brasília, DF, jun. 2014. Disponível em: [http://www.planalto.gov.br/ccivil_03/_ato2011-2014/2014/lei/l13005. htm]. Acesso em: 08.05.2019.

BRASIL. Supremo Tribunal Federal. *Arguição de Descumprimento de Preceito Fundamental – ADPF 132/ RJ*. Conferir "interpretação conforme à Constituição" ao art. 1.723 do Código Civil. Relator: Min. Ayres Britto, 14 de outubro de 2011. Disponível em: [http://redir.stf.jus.br/paginadorpub/paginador. jsp? docTP=AC&docID=628633]. Acesso em: 06.05.2019.

BRASIL. Supremo Tribunal Federal. *Medida Cautelar na Ação Direta de Inconstitucionalidade 5.537/AL*. Direito Constitucional. Ação Direta de Inconstitucionalidade. Programa Escola Livre. Lei Estadual. Relator: Min. Luís Roberto Barroso, 21 de março de 2017. Disponível em: [http://portal.stf.jus.br/ processos /downloadPeca.asp?id=311456113&ext=.pdf]. Acesso em: 06.05.2019.

BUTLER, Judith. *Problemas de Gênero*: feminismo e subversão da identidade. 16. ed. Rio de Janeiro: Civilização Brasileira, 2018.

BUTLER, Judith. *Undoing Gender*. Nova Iorque: Routledge, 2004.

FOUCAULT, Michel. *Microfísica do poder*. 8. ed. Rio de Janeiro: Graal, 1989.

GARCIA, Ana Carolina Falcone. De pai para filha: as contribuições do pai na construção da identidade da mulher. *Psic. Rev. São Paulo*, São Paulo, v. 16, n.1 e n.2, p. 119-131, 2007.

GARY, Leupp. *Male Colors*: The Construction of Homosexuality in Tokugawa Japan. Oakland: University of California Press, 1997.

HANSON, Davis Hanson. *The Western Way of War*: Infantry Battle in Classical Greece. 2 ed. Oakland: University of California Press, 2009.

INDONÉSIA. YOGYAKARTA. *Princípios sobre a aplicação da legislação internacional de direitos humanos em relação à orientação sexual e identidade de gênero.* 2006. Disponível em: [https://yogyakartaprinciples.org]. Acesso em: 07.05.2019.

KIMMEL, Michael. *The Gendered Society*. 6 ed. Nova Iorque: Oxford University Press, 2016.

MIKKOLA, Mari. Feminist Perspectives on Sex and Gender, 2017. *The Stanford Encyclopedia of Philosophy*, Edward N. Zalta (Rd.). Disponível em: [https://plato.stanford.edu/archives/win2017/entries/feminism-gender/]. Acesso em: 07.05.2019.

MORAES, Alexandre de. *Direito Constitucional*. 35. ed. São Paulo: Atlas, 2018.

ORGANIZAÇÃO MUNDIAL DA SAÚDE. *Gender, equity and human rights*, 2017. Disponível em: [https://www.who.int/gender-equity-rights/understanding/gender- definition/en/]. Acesso em: 06.05.2019.

ORGANIZAÇÃO DAS NAÇÕES UNIDAS. *Report of the United Nations Special Rapporteur on the right to education*, 23 de julho de 2010, UN Doc. A/65/162. Disponível em: [https://undocs.org/A/65/162]. Acesso em: 07.05.2018.

PIOVESAN, Flávia. Igualdade de Gênero na Constituição Federal: os Direitos Civis e Políticos das Mulheres no Brasil. *Estudos Legislativos*. Disponível em: [https://www12.senado.leg.br/publicacoes/estudos-legislativos/tipos-de-estudos/outras-publicacoes/volume-i-constituicao-de-1988/principios-e-direitos-fundamentais-igualdade-de-genero-na-constituicao-federal-os-direitos-civis-e-politicos-das-mulheres-do-brasil]. Acesso em: 06.05.2019.

SHARMA, Preeti. Historical Background and Legal Status of Third Gender in Indian Society. *International Journal of Research in Economics & Social Sciences*, v. 2, Issue 12, dez. 2012.

STRECK, Lenio Luiz; BARRETTO, Vicente de Paulo; OLIVEIRA, Rafael Tomaz de. Ulisses e o canto das sereias: sobre ativismos judiciais e os perigos da instauração de um terceiro turno da constituinte. *Revista de Estudos Constitucionais, Hermenêutica e Teoria do Direito* (RECHTD), São Leopoldo, v. 1, n. 2, p. 75-83, jul.-dez./2009.